国家卫生和计划生育委员会“十三五”规划教材
全国高等医药教材建设研究会“十三五”规划教材

全国高等学校药学类专业第八轮规划教材
供药学类专业用

药学服务概论

主　编　丁选胜

副主编　张伶俐　许杜娟　马　国

编　者（以姓氏笔画为序）

丁选胜（中国药科大学）
马　国（复旦大学药学院）
王　驰（重庆医科大学）
方　芸（南京大学医学院附属鼓楼医院）
许杜娟（安徽医科大学第一附属医院）
孙树森（美国西新英格兰大学药学院）
张伶俐（四川大学华西第二医院）
宫　建（沈阳药科大学）
徐　明（中国药科大学）
焦　正（复旦大学附属华山医院）
曾晓芳（福建医科大学附属协和医院）

人民卫生出版社

图书在版编目（CIP）数据

药学服务概论 / 丁选胜主编. —北京：人民卫生出版社，2016

ISBN 978-7-117-22187-0

Ⅰ. ①药… Ⅱ. ①丁… Ⅲ. ①药物学－高等学校－教材 Ⅳ. ①R9

中国版本图书馆 CIP 数据核字（2016）第 040154 号

药学服务概论

主　　编：丁选胜
出版发行：人民卫生出版社（中继线 010-59780011）
地　　址：北京市朝阳区潘家园南里 19 号
邮　　编：100021
E - mail：pmph @ pmph.com
购书热线：010-59787592 010-59787584 010-65264830
印　　刷：北京铭成印刷有限公司
经　　销：新华书店
开　　本：850 × 1168 1/16 印张：25
字　　数：688 千字
版　　次：2016 年 2 月第 1 版 2021 年 8 月第 1 版第 2 次印刷
标准书号：ISBN 978-7-117-22187-0/R · 22188
定　　价：58.00 元

出版说明

全国高等学校药学类专业本科国家卫生和计划生育委员会规划教材是我国最权威的药学类专业教材，于1979年出版第1版，1987—2011年进行了6次修订，并于2011年出版了第七轮规划教材。第七轮规划教材主干教材31种，全部为原卫生部“十二五”规划教材，其中29种为“十二五”普通高等教育本科国家级规划教材；配套教材21种，全部为原卫生部“十二五”规划教材。本次修订出版的第八轮规划教材中主干教材共34种，其中修订第七轮规划教材31种；新编教材3种，《药学信息检索与利用》《药学服务概论》《医药市场营销学》；配套教材29种，其中修订24种，新编5种。同时，为满足院校双语教学的需求，本轮新编双语教材2种，《药理学》《药剂学》。全国高等学校药学类专业第八轮规划教材及其配套教材均为国家卫生和计划生育委员会“十三五”规划教材、全国高等医药教材建设研究会“十三五”规划教材，具体品种详见出版说明所附书目。

该套教材曾为全国高等学校药学类专业唯一一套统编教材，后更名为规划教材，具有较高的权威性和较强的影响力，为我国高等教育培养大批的药学类专业人才发挥了重要作用。随着我国高等教育体制改革的不断深入发展，药学类专业办学规模不断扩大，办学形式、专业种类、教学方式亦呈多样化发展，我国高等药学教育进入了一个新的时期。同时，随着药学行业相关法规政策、标准等的出台，以及2015年版《中华人民共和国药典》的颁布等，高等药学教育面临着新的要求和任务。为跟上时代发展的步伐，适应新时期我国高等药学教育改革和发展的要求，培养合格的药学专门人才，进一步做好药学类专业本科教材的组织规划和质量保障工作，全国高等学校药学类专业第五届教材评审委员会围绕药学类专业第七轮教材使用情况、药学教育现状、新时期药学人才培养模式等多个主题，进行了广泛、深入的调研，并对调研结果进行了反复、细致的分析论证。根据药学类专业教材评审委员会的意见和调研、论证的结果，全国高等医药教材建设研究会、人民卫生出版社决定组织全国专家对第七轮教材进行修订，并根据教学需要组织编写了部分新教材。

药学类专业第八轮规划教材的修订编写，坚持紧紧围绕全国高等学校药学类专业本科教育和人才培养目标要求，突出药学类专业特色，对接国家执业药师资格考试，按照国家卫生和计划生育委员会等相关部门及行业用人要求，在继承和巩固前七轮教材建设工作成果的基础上，提出了“继承创新”“医教协同”“教考融合”“理实结合”“纸数同步”的编写原则，使得本轮教材更加契合当前药学类专业人才培养的目标和需求，更加适应现阶段高等学校本科药学类人才的培养模式，从而进一步提升了教材的整体质量和水平。

为满足广大师生对教学内容数字化的需求，积极探索传统媒体与新媒体融合发展的新型整体教学解决方案，本轮教材同步启动了网络增值服务和数字教材的编写工作。34 种主干教材都将在纸质教材内容的基础上，集合视频、音频、动画、图片、拓展文本等多媒介、多形态、多用途、多层次的数字素材，完成教材数字化的转型升级。

需要特别说明的是，随着教育教学改革的发展和专家队伍的发展变化，根据教材建设工作的需要，在修订编写本轮规划教材之初，全国高等医药教材建设研究会、人民卫生出版社对第四届教材评审委员会进行了改选换届，成立了第五届教材评审委员会。无论新老评审委员，都为本轮教材建设做出了重要贡献，在此向他们表示衷心的谢意！

众多学术水平一流和教学经验丰富的专家教授以高度负责的态度积极踊跃和严谨认真地参与了本套教材的编写工作，付出了诸多心血，从而使教材的质量得到不断完善和提高，在此我们对长期支持本套教材修订编写的专家和教师及同学们表示诚挚的感谢！

本轮教材出版后，各位教师、学生在使用过程中，如发现问题请反馈给我们（renweiyaoxue@163.com），以便及时更正和修订完善。

全国高等医药教材建设研究会

人民卫生出版社

2016 年 1 月

国家卫生和计划生育委员会“十三五”规划教材
全国高等学校药学类专业第八轮规划教材书目

序号	教材名称	主编	单位
1	药学导论(第4版)	毕开顺	沈阳药科大学
2	高等数学(第6版)	顾作林	河北医科大学
	高等数学学习指导与习题集(第3版)	顾作林	河北医科大学
3	医药数理统计方法(第6版)	高祖新	中国药科大学
	医药数理统计方法学习指导与习题集(第2版)	高祖新	中国药科大学
4	物理学(第7版)	武　宏	山东大学物理学院
		章新友	江西中医药大学
	物理学学习指导与习题集(第3版)	武　宏	山东大学物理学院
	物理学实验指导***	王晨光	哈尔滨医科大学
		武　宏	山东大学物理学院
5	物理化学(第8版)	李三鸣	沈阳药科大学
	物理化学学习指导与习题集(第4版)	李三鸣	沈阳药科大学
	物理化学实验指导(第3版)(双语)	崔黎丽	第二军医大学
6	无机化学(第7版)	张天蓝	北京大学药学院
		姜凤超	华中科技大学同济药学院
	无机化学学习指导与习题集(第4版)	姜凤超	华中科技大学同济药学院
7	分析化学(第8版)	柴逸峰	第二军医大学
		邸　欣	沈阳药科大学
	分析化学学习指导与习题集(第4版)	柴逸峰	第二军医大学
	分析化学实验指导(第4版)	邸　欣	沈阳药科大学
8	有机化学(第8版)	陆　涛	中国药科大学
	有机化学学习指导与习题集(第4版)	陆　涛	中国药科大学
9	人体解剖生理学(第7版)	周　华	四川大学华西基础医学与法医学院
		崔慧先	河北医科大学
10	微生物学与免疫学(第8版)	沈关心	华中科技大学同济医学院
		徐　威	沈阳药科大学
	微生物学与免疫学学习指导与习题集***	苏　昕	沈阳药科大学
		尹丙姣	华中科技大学同济医学院
11	生物化学(第8版)	姚文兵	中国药科大学
	生物化学学习指导与习题集(第2版)	杨　红	广东药科大学

续表

序号	教材名称	主编	单位
12	药理学(第 8 版)	朱依谆	复旦大学药学院
		殷　明	上海交通大学药学院
	药理学(双语)★★	朱依谆	复旦大学药学院
		殷　明	上海交通大学药学院
	药理学学习指导与习题集(第 3 版)	程能能	复旦大学药学院
13	药物分析(第 8 版)	杭太俊	中国药科大学
	药物分析学习指导与习题集(第 2 版)	于治国	沈阳药科大学
	药物分析实验指导(第 2 版)	范国荣	第二军医大学
14	药用植物学(第 7 版)	黄宝康	第二军医大学
	药用植物学实践与学习指导(第 2 版)	黄宝康	第二军医大学
15	生药学(第 7 版)	蔡少青	北京大学药学院
		秦路平	第二军医大学
	生药学学习指导与习题集★★★	姬生国	广东药科大学
	生药学实验指导(第 3 版)	陈随清	河南中医药大学
16	药物毒理学(第 4 版)	楼宜嘉	浙江大学药学院
17	临床药物治疗学(第 4 版)	姜远英	第二军医大学
		文爱东	第四军医大学
18	药物化学(第 8 版)	尤启冬	中国药科大学
	药物化学学习指导与习题集(第 3 版)	孙铁民	沈阳药科大学
19	药剂学(第 8 版)	方　亮	沈阳药科大学
	药剂学(双语)★★	毛世瑞	沈阳药科大学
	药剂学学习指导与习题集(第 3 版)	王东凯	沈阳药科大学
	药剂学实验指导(第 4 版)	杨　丽	沈阳药科大学
20	天然药物化学(第 7 版)	裴月湖	沈阳药科大学
		娄红祥	山东大学药学院
	天然药物化学学习指导与习题集(第 4 版)	裴月湖	沈阳药科大学
	天然药物化学实验指导(第 4 版)	裴月湖	沈阳药科大学
21	中医药学概论(第 8 版)	王　建	成都中医药大学
22	药事管理学(第 6 版)	杨世民	西安交通大学药学院
	药事管理学学习指导与习题集(第 3 版)	杨世民	西安交通大学药学院
23	药学分子生物学(第 5 版)	张景海	沈阳药科大学
	药学分子生物学学习指导与习题集★★★	宋永波	沈阳药科大学
24	生物药剂学与药物动力学(第 5 版)	刘建平	中国药科大学
	生物药剂学与药物动力学学习指导与习题集(第 3 版)	张　娜	山东大学药学院

续表

序号	教材名称	主编	单位
25	药学英语(上册、下册)(第5版)	史志祥	中国药科大学
	药学英语学习指导(第3版)	史志祥	中国药科大学
26	药物设计学(第3版)	方　浩	山东大学药学院
	药物设计学学习指导与习题集(第2版)	杨晓虹	吉林大学药学院
27	制药工程原理与设备(第3版)	王志祥	中国药科大学
28	生物制药工艺学(第2版)	夏焕章	沈阳药科大学
29	生物技术制药(第3版)	王凤山	山东大学药学院
		邹全明	第三军医大学
	生物技术制药实验指导***	邹全明	第三军医大学
30	临床医学概论(第2版)	于　锋	中国药科大学
		闻德亮	中国医科大学
31	波谱解析(第2版)	孔令义	中国药科大学
32	药学信息检索与利用*	何　华	中国药科大学
33	药学服务概论*	丁选胜	中国药科大学
34	医药市场营销学*	陈玉文	沈阳药科大学

注:*为第八轮新编主干教材;**为第八轮新编双语教材;***为第八轮新编配套教材。

全国高等学校药学类专业第五届教材评审委员会名单

前　言

随着科技进步与医药卫生事业的发展，一方面，新药研发速度越来越快，临床可供选择的药物越来越多；另一方面，社会公众健康意识逐渐增强，用药需求不断增长。同时，随着社会发展和环境变化，人类疾病谱也在不断发生变化，人类对疾病的认识也在不断提高。面对新的发展与变化，现代药学工作者需要转变传统药学的思想观念以适应新形势的要求，树立“以人为本”的现代药学服务理念。

基于此背景，全国高等医药教材建设研究会、人民卫生出版社在广泛调研的基础上提出，并经全国高等学校药学类专业第八轮规划教材论证会议讨论通过，首次增加《药学服务概论》这门教材，以适应培养高层次药学服务型人才教育教学的需求。

本教材的编写，坚持三基“基本理论、基本知识、基本技能”、五性“思想性、科学性、启发性、先进性、适用性”、三特定“特定对象、特定要求、特定限制”的原则，以药学类相关专业的人才培养目标为依据，按照药学服务型人才应具备的知识和能力要求，科学、合理安排编写内容。全书共十六章，内容涵盖：药学服务道德与药学服务礼仪，药学服务沟通技巧，临床药学与临床药师，药学监护，药学信息服务，处方调剂，静脉用药集中调配，临床常见疾病的药学服务，特殊人群的药学服务，药品不良反应监测，治疗药物监测与个体化给药，用药评价与研究方法，社区药学服务，中药药学服务，常用医疗器械知识等与药学服务相关的多方面内容。各章除正文之外，还适当增加“知识拓展”“案例分析”等栏目，以拓宽知识面，引导和启发学生更好地掌握学习内容。同时，每章后均统一安排了“实训项目”，以强化学生实践动手能力的培养。

因此，本教材除适用于药学、临床药学、中药学类专业学生的教学之用外，也可供从事药学服务各岗位人员提高专业理论知识以及临床药师、执业药师培训之用。

参加本教材编写的人员均为来自综合性大学、高等医药院校及其附属医院多年来一直从事一线教学、一线药学服务工作的专家，并十分荣幸邀请到从事临床药学教学与实践的美国西新英格兰大学孙树森教授参与本教材的编写。

本教材的编写得到了各有关院校的大力支持和帮助，各位副主编及编委成员友好合作、齐心协力，在此一并致谢。

尽管我们整个编写团队成员已竭尽努力，但限于学术水平和各种原因，书中不妥或错误之处难免，恳请广大师生及其他读者批评指正，以便今后修订完善。

丁选胜

2016年1月

目　录

第一章 绪 论

第一节 概 述

随着科技进步与医药卫生事业的发展，一方面，新药研发速度越来越快，临床可供选择的药物越来越多；另一方面，社会公众（包括医药护人员、患者及其家属、其他关心用药的群体等）健康意识逐渐增强，用药需求不断增长。同时，随着社会发展和环境变化，人类疾病谱也不断发生变化，人类对疾病的认识以及药物与机体之间相互作用的规律乃至作用机制的认识也在不断提高。面对新的发展与变化，现代药学工作者如何转变职能、拓宽服务内容、转变思想观念以适应新形势的要求，是对传统药学发展的一个挑战。强调“以人为本”的药学服务理念，以患者为中心，为患者提供全程化、立体化的药学服务，都将是现代药学发展的必然趋势。

一、药学服务的概念

药学服务（pharmaceutical services，PS）是指在整个医疗过程中，在任何场所，在预防疾病、药物治疗之前和过程中以及治愈后恢复等任何时期，药学工作者应用药学专业知识、专业技能和相关工具，向社会公众（包括医护人员、患者及家属、其他关心用药的群体等）提供直接的、负责任的、与药品使用相关的各类服务。药学服务的目标是提高药物治疗的安全性、有效性、经济性，改善和提高人类生活质量。

1975 年，Mikeal 等最早提出药学服务的概念，将其内容界定为满足患者获得安全与合理用药需求的服务。1980 年，Brodie 等强调为了保证患者获得最优的安全性与有效性治疗，药学服务还应包括用药决策和提供患者所需药品与治疗前、治疗中、治疗后 3 个阶段必要的针对个体的药学服务内容。1987 年，美国学者 Dr.Hepler 在美国药学院校协会（American Association of Colleges of Pharmacy，AACP）年会上提出了药学服务的初步概念：“药师以负责的态度提供药物治疗，以达到特定的治疗结果，并因而改进患者的生活质量”。1990 年，Hepler 教授和 Strand 教授又进一步明确了药学服务的定义，他们认为药学服务是提供负责的药物治疗，目的在于改善患者生活质量的既定结果，这些结果包括治愈疾病、消除或减轻症状、阻止或延缓疾病进程及防止疾病或症状的发生。药师应对药物治疗结果负责，发现潜在的或实际存在的用药问题，解决实际发生的用药问题和防止潜在的用药问题发生。

美国药师协会对药学服务的定义为：药学服务是以患者为中心的全方位服务，它是以推进社会用药的合理性，提高人们的健康水平，降低卫生资源的消耗为目的的。

世界卫生组织（WHO）对药学服务的定义是：以患者的利益为药师活动中心的行为哲学。

20 世纪 90 年代初，药学服务概念被我国药学界接受。由于中英文表达差异，早期译法很多，包括药学关爱、药学关怀、药师照顾、药学保健、药疗保健、药学监护、药学服务等，但其内涵和实质都是一致的。随着医疗卫生事业的发展和改革的不断深入，国内药师的传统观念和工作模式也发生了明显的转变，正由“以药品为中心”的供应保障型向“以患者为中心，服务于临床，服务于患者”的药学服务型转变。因此，目前国内较认同的是“药学服务”这一说法。

药学服务不仅仅是医院药师的职业理念，更是药学工作的具体实践。它是一个群体（药学工作者）对另一个群体（社会公众）的关怀和责任。

笔记

药学服务是在临床药学基础上发展起来的医院药学工作的新模式，是从生物医学模式向生物-心理-社会医学模式的转变。这标志着医院药学从以前的提供药品的观念转向"以患者为中心"提供全方位、全程化服务的全新理念。医院药学的发展必然促使药师走出药房，走进临床科室，走近患者、医生与护士，由以往关注药物的间接服务转向关注患者的直接服务。总之，药学服务的践行对于保障社会公众用药的安全性、有效性、经济性具有极其重要的意义。

二、药学服务产生的背景

纵观世界医院药学发展历史，其主要经历了从传统药学、临床药学再到药学服务 3 个阶段的升级和转变。伴随着医药科技的发展，现代社会对药师提出了更高的要求和希望。享受药学服务成为所有药物使用者的权利，实施全程化药学服务是社会发展的必然。

（一）人类疾病谱的变化以及医药科技的进步

疾病从发生、发展到结束的自然进程是一个连续过程，该过程有多种表现形式，包括亚临床表现、临床表现和结局所呈现的所有表现形式，这些表现形式被称为疾病谱。随着社会发展和环境变化，人类的疾病谱发生着变化，人类对疾病的发生、发展及结局进程都有了新的认识。同时，医药科技的迅速发展，新药研发速度越来越快，临床可供选择的治疗药物越来越多，用药复杂性增加；此外，虚假药品广告蔓延，假药劣药屡禁不止，都使因药品使用不当引起的社会问题越来越多。另一方面，医疗科技的进步使得人类对药物与机体之间相互作用的规律乃至作用机制的认识也在不断提高，使药物治疗方案不断完善，加上治疗药物监测技术的应用，推动了个体化治疗方案的实施。因此，人类疾病谱的变化以及医药科技的进步是实施药学服务的前提。

（二）社会公众对提高生命质量的期望

随着社会进步和发展，人们的物质生活、精神生活水平得到丰富和提高，使得人们对提高生命质量的期望不断提高，自我保健、自我药疗的意识逐步增强。同时，新药层出不穷，药物治疗信息日新月异，在治疗过程中因使用药物不当而引起的药物不良事件越来越多，使得社会公众对于以患者为中心、以提高生命质量为目标的药学服务的需求越来越紧迫。因此，社会公众对药学服务的迫切需求是实施药学服务的社会基础。

（三）药学及药学相关学科的发展

药学理论与技术的发展，使得药物研发越来越快，药物治疗方面的知识越来越复杂，促进了药学工作者从管理药、提供药的角色向提供全方位、立体化药学服务的角色转变。同时，药物信息学的发展为合理用药提供了理论解释和决策支持；药物经济学的发展为药物治疗方案成本效果的比较和选择提供方法和手段；循证医学的发展为研究药物疗效、不良反应的发生提供了重要依据。因此，药学学科的发展为药学服务奠定了重要的理论基础。

（四）药品分类管理制度的建立

药品分类管理是国际通行的管理办法。根据药品的安全性、有效性原则，依其品种、规格、适应证、剂量及给药途径等的不同，将药品分为处方药和非处方药并作出相应的管理规定。实施药品分类管理的目的是加强处方药的监管，规范非处方药的监管，改变现有的药品自由销售状况，保障人民用药安全有效。1985 年，我国颁布了《中华人民共和国药品管理法》，以《药品管理法》为统一药品分类的根本依据。2000 年，颁布《药品分类管理实行办法》。药品分类管理制度的建立为实施药学服务奠定了重要的制度保障。

（五）药学工作者素质的提高与队伍的壮大

笔记

药学服务的人员必须具有药学或中药学专业的教育背景，具备扎实的药学或中药学专业知识、临床医学基础知识以及开展药学服务工作的实践经验和能力，并具备药学服务相关的药事管理与法规知识以及高尚的职业道德。同时，还应具备较高的交流沟通能力、药历书写能力和技巧，以及一定的投诉解释能力和技巧。为了满足药学服务岗位对药学技术人才培养的要求，许多医药院校和高职院校相继开设了药学、中药、药品经营与管理、临床药学等专业。药师素质的提高与队伍的壮大为实施药学服务提供了重要的人才保障。

三、药学服务的对象

药学服务的对象是社会公众，包括患者及其家属、医护人员、药品消费者和其他关心用药的群体。以下几类人群为药学服务的重点对象：

1. **用药周期长或终身用药的慢性病患者** 如糖尿病患者需长期用药将血糖控制在正常范围内，以降低糖尿病患者并发症的发生率和死亡率。

2. **用药效果不佳，需重新选择药物或调整用药方案、剂量者** 如高血压患者为了将血压控制在合理范围内，需根据降压效果调整用药方案，以达到最佳治疗效益。

3. **用药种类多或患有多种疾病者** 如老年患者常合并多种疾病，用药较多，应特别关注。

4. **使用易出现不良反应的药物者** 如服用降糖药物患者易出现低血糖反应。

5. **特殊人群** 主要包括特殊体质、肝肾功能不全、血液透析、小儿、老人、妊娠及哺乳期妇女等。如肾功能不全患者，使用经肾脏排泄（氨基糖苷类抗生素）的药物时应特别关注。

6. **服用特殊剂型、特殊给药途径药物者** 如阿托品、毒扁豆碱、毛果芸香碱等滴眼剂有毒性，滴眼后应压迫泪囊区 2～3 分钟，以免流入鼻腔吸收中毒。

7. **使用治疗指数低、安全范围窄的药物需做监测者** 如使用强心苷类（地高辛等）药物患者。

8. **临床医务工作者** 如临床医生在为患者制订用药方案及护士在临床给药时，需要了解药物的配伍、注射剂溶媒的选择、溶解和稀释浓度、静脉给药速度、不良反应、禁忌证、药物相互作用等问题，同样是药学服务的重点对象。

四、药学服务的内容

药学服务全面体现“以人为本”的中心思想，其核心是向患者和公众提供服务和治疗监护，其终极目标是提高生命质量，其关注的内容不再局限于治疗药物本身，而是包含社会公众用药相关的全部需求。药学服务的服务内容随其服务对象和服务场所的不同而有所区别和侧重，但主要包括以下几个方面：

（一）处方调剂

处方调剂是药学工作者面向患者，提供正确的处方审核、调配、复核和发药并提供用药指导，这是药物治疗的基本保证，也是药学工作者所有工作中最基础的内容。但随着医疗改革的推进和医药科技的发展，医院药学已从处方调剂为主向以临床服务为主转移，从单纯的保证药品供应向提供全方位的药学服务转移。

（二）参与临床药物治疗

药学服务的目标是提高生命质量，要求药师在药物治疗的全过程中，为患者争取最好的药物治疗效果。这也要求药师深入临床第一线，参与查房、会诊、病案讨论等，积极参与药物治疗的全过程，运用自己的专业特长，参与用药决策，指导合理用药，提供咨询服务。如对患者进行用药指导，建立药历，对药物治疗的全过程进行监护和处理；解答医护人员提出的有关药物治疗、相互作用、配伍禁忌以及药品不良反应等方面的问题。

（三）治疗药物监测

治疗药物监测（therapeutic drug monitoring，TDM）是以药动学和药效学理论为指导，应用灵敏快速的检测技术，分析测定药物在血液或其他体液中的浓度，为制订或调整给药方案提供依据，从而保证临床合理用药。TDM 是药物治疗发展的必然趋势，同时也是药师参与临床药物治疗、提供药学服务的重要途径。

笔记

（四）药品不良反应监测和报告

医疗机构是药学工作者开展药品不良反应监测的重要场所。药品不良反应监测主要是监测上市后药品的不良反应情况，是药品再评价工作的一部分。监测工作的主要内容是：①收集药品不良反应信息，对药品不良反应的危害情况进行进一步的调查，及时向药品监督管理部门报告，提出对有关药品如何加强管理的意见、建议；②及时向药品生产、经营企业，医疗预防保健机构和社会大众反馈药品不良反应信息，防止药品不良反应的重复发生，保护人民的用药安全。通过药品不良反应监测报告，把分散的不良反应病例资料汇集，并进行因果关系的分析和评价，并及时上报。建立和完善药品不良反应监测和报告制度是药品质量管理规范的一项重要内容，也为药学工作者进行相关药学服务提供准则。

（五）药物利用研究与评价

药物利用研究是药学服务一个新的研究领域，其从经济学角度出发，综合考虑医疗过程中的各种药物和非药物因素，针对某一类药物，或具有某些特性的药物，或某一疾病的药物治疗方案进行对照和评价，探讨其使用的合理性。包括从医疗方面评价药物的疗效以及从社会、经济等方面评价其合理性，以期获得最大的药物治疗效益。药物利用研究和评价的方法有两种：定量研究和定性研究。开展定量药物利用研究和评价意义重大，一方面可推断人群内部不同地区、年龄、性别、疾病等群体的药物利用情况；另一方面可考察药物信息服务和药事法规的医疗和社会效果，揭示某一地区药品消耗量和消费结构等。而定性药物利用研究和评价则是通过开展处方分析和用药医嘱分析，来评价和保障药物的合理利用。

（六）药学信息服务

提供药学信息是医疗机构开展药学服务的基本工作。在医疗机构药学信息传递过程中，药学部门处于核心地位。及时掌握大量和最新的药物信息、建立药学信息系统，是提供药学服务、保证药物合理利用的基础。因此，药师在提供药学服务时应走在药学发展前沿，密切跟踪整理国内外药物治疗方面的研究进展和经验总结等药学信息，包括药物的疗效、作用机制、不良反应、禁忌证、合理用药、药物相互作用、药品价格、药物研究和评价信息等，以便应对药物治疗中的问题，提供药学信息服务。

（七）开展药学健康教育

药学健康教育（pharmaceutical health education）是以传播、教育、干预为手段，以帮助个体和群体合理用药为目标，以保障人民健康为目的所进行的系列活动及其过程。健康教育的核心是教育社会公众树立健康意识、促使公众养成良好的生活行为方式，以减少或消除影响健康的危险因素。对社会公众进行健康教育也是药学服务工作的重要工作。药师为患者提供用药指导时，还应向社会公众提供药学相关的健康服务。

五、药学服务的方式

随着医院药学的发展，药学工作者开展药学服务的方式将越来越多样化，其最终目标都是保障药物使用的有效性、安全性、经济性和合理性，提高社会公众的生命质量。当前，医疗机构开展药学服务的方式主要有以下几种：

（一）临床药学服务

药师深入临床，运用药学专业知识，指导临床合理用药，提高药物治疗效果。在临床药物治疗过程中，为医师用药提供参考意见，如给药途径、用法用量、联合用药等，协助医师制订个体化用药方案。同时，在给药过程中，对患者进行用药指导，提高患者的用药依从性。

（二）药患面对面

笔记

患者在药房取药时，药师对患者进行面对面的用药指导。该方式是药师进行药学服务最普遍的方式。药师在处方调配的同时，对患者进行用药指导和非药物治疗教育。药师与患者直接沟通，有利于提高药物治疗的有效性。

（三）药物知识讲座

该模式主要通过报告会、讲座以及培训会的形式，宣传药物知识，开展药学健康教育，指导社会公众合理用药。

（四）网络咨询

这也是开展药学服务的方式之一，药房建立药学服务网站，有助于扩大药学服务的对象，方便药师与社会公众进行互动交流，宣传和普及医药卫生知识，提高社会公众健康意识。

六、药学服务的特点

药学服务是药学工作者为提高社会公众生命质量进行的专业服务，有以下几个基本特征：

（一）与药物治疗有关

药学服务要求药师不仅要提供合格的药品，更重要的是关注药物的合理使用，要为临床疾病治疗过程提供决策，包括治疗药物的选择、剂量的确定、给药方法的优化、治疗效果的评估等，同时还应从心理、社会等方面关心和帮助患者，以实现药物治疗的安全性、有效性和经济性，提高患者的生命质量。

（二）服务具有主动性

药学服务强调对患者健康的关注和责任，尽管不需要对患者提供实际照顾，但药师应对服务对象实施发自内心、负责任的服务，这种服务方式不同于既往被动的处方调配的服务方式。

（三）服务目标明确

药学服务的预期目标明确，包括预防疾病、治愈疾病、减轻或消除症状、延缓或阻止病程，提高社会公众生命质量，而不只是提供合格的药品，这些目标正是医护人员和公众所期望的，也是医疗卫生保健的最终目标。

（四）关注生命质量

把药物治疗与改善患者生命质量联系起来，体现了对药物治疗本质认识的深化，药物不再仅用于防治疾病，更应以改善患者生命质量为目标。

（五）承担相应责任

社会公众将药物治疗托付给药师，药师接受委托并承担责任，协助医生或者患者制订个体化用药方案，并监督计划的落实，以保障获得预期结果。这一过程中，药师需要倾注身心，直接对药物治疗结果负责。

七、药学服务的效果

药学服务的效果体现在提高药物治疗的安全性、有效性和经济性。主要包括治疗学效果、安全性效果、经济学效果。

（一）治疗学效果

药学服务的治疗学效果主要体现在以下几个方面：①改善病情或症状，如疼痛、哮喘、高血压及高血糖等；②减少和降低疾病的发病率、复发率、并发症和死亡率等；③提高药物治疗的依从性，帮助患者按照药品说明书或医嘱使用药物；④指导医护工作者正确使用药品，包括用法用量、溶媒选择、联用配伍等需求的指导；⑤帮助公众提高健康意识。

（二）安全性效果

主要是预防药品不良反应发生，减少药源性疾病发生。

（三）经济学效果

主要有两点：①缩短住院时间，减少急诊次数和住院次数，减少医药资源的浪费；②提高药物治疗效益 - 费用的比值，节约治疗费用。

知识拓展

循证药学(evidence-based pharmacy, EBP)

循证药学是循证医学在药学领域的延伸,循证药学的应用过程就是临床药师搜集、评价科研证据(文献),评估其在确定临床治疗方案中的作用,并以此做出临床药物治疗决策的临床实践过程。循证药学的实施通常包括以下几个步骤:①根据对患者的诊断、治疗等临床情况的了解,确定一个需要回答的有关该患者个体选择最适宜药物的问题;②寻找关于问题的最高循证文献级别证据;③证据的评价;④将已评价的循证药学证据应用于临床。

八、药学服务人员的基本素质要求

尽管不同的药学服务人员其工作范围、工作能力、工作岗位存在差别,但都应该具备相关的基本素质,例如:以专业的态度与其他医务人员协作;以专业的标准协助医师共同决策,为患者提供良好的药学服务;以专业的知识和技能降低临床用药风险;通过终身学习和科学研究提高专业素质,为临床药学的专业发展做出贡献等。药学服务人员需要具备的基本素质如下:

(一)药学服务人员应当以患者为先

1. 药学服务人员应当将保障患者的健康作为首要任务。

2. 药学服务人员为患者提供药学服务时应当富有同情心,并从药师的专业角度对待患者。

3. 药学服务人员向患者介绍药品或者推荐药品时,尽可能先从循证医学的角度判断药物的有效性和安全性,继而根据患者个人的选择、个体差异和健康状况作出相应的推荐,高度重视患者的个人意愿。

4. 药学服务人员应该利用临床药学的专业知识对药品的安全性作出判断,预测是否可能导致不可逆转的健康危害,以保证患者的用药安全。

5. 药学服务人员应该确保患者了解所用药品的风险和益处,必要时要告知患者用药后不良反应的临床表现和药师的联络方式。

6. 患者用药史可能出自不同的医疗机构和科室,因此,药学服务人员应该通过用药医嘱、处方重整为患者提供药物安全性评价的信息,使患者用药连贯、安全。

7. 药学服务人员必须做到:

(1)服务患者是药学服务人员首要和最重要的责任。

(2)以专业的知识和专业的方式、富有同情心地为患者提供药学服务。

(3)向具有特殊需求的患者提供个体化的药学服务。

(4)避免损害患者利益的任何行为。

(二)药学服务人员应当保护患者的隐私权和知情权

1. 药学服务人员对于患者的权利应当给予应有的尊重,积极鼓励患者参与药物治疗方案的制订。

2. 药学服务人员应当充分尊重患者的尊严和隐私,尊重患者的个性,尊重患者拒绝咨询或治疗的权利,并对患者的隐私和个人信息保密。

3. 药学服务过程中的知情同意书是在向患者提供足够信息的基础上,让患者做出药物的知情决定。

4. 药学服务过程中提供的信息应该适应患者的个体需求,采用非评判性的语言。

5. 药学服务人员在与其他医务人员之间的沟通过程中,也要注意患者隐私的保护。

笔记

6. 当药学服务人员不能为患者提供药学服务时，应当告知患者理由，并要向患者告知从何处可以获得适当的药学服务。

7. 药学服务人员必须做到：

(1) 尊重患者的尊严。

(2) 认可并尊重患者的多样性，如文化、信仰、价值观和特性等，任何方面都不能成为歧视患者的理由。

(3) 通过知情同意，鼓励患者参与共同决策，并且以适当的语言和信息为患者提供与治疗相关的意见和建议。

(4) 尊重患者的选择，包括患者拒绝的权利。

(5) 确保维护患者的隐私权。

(6) 确保对患者的信息保密。

(三) 药学服务人员应当获取公众信任

1. 药学服务人员应当努力获得社会公众对其专业角色和责任的广泛认同。

2. 药学服务人员应当坚守个人信誉。

3. 药学服务人员应当确保自己不受不适当的营销影响，为公众提供最适当的药品和服务。

4. 药师向患者提供的药学服务信息应该有科学依据，通俗易懂，满足患者的个体需求。

5. 药学服务人员必须做到：

(1) 时刻遵守职业和个人行为准则。

(2) 尊重其岗位所代表的个人和职业的社会价值。

(3) 为患者提供适当、客观、准确、可信、有关联性的药学服务信息。

(四) 药学服务人员应当促进临床药学专业的发展

1. 药学服务人员应当致力于推进临床药学行业的发展，包括：开展临床药师培训，教学工作，带教学生、实习生、下级药师或技术员等。

2. 药学服务人员应当不断更新专业知识，提高临床合理用药管理的实践能力。

3. 药学服务人员应当具有终身学习的精神和自我发展的能力，实施临床药学专业的影响力。

4. 药学服务人员应当尊重自身和同事的执业行为，与其他医务人员密切合作。

5. 药学服务人员应当运用临床药学专业技能，管理和化解药学服务中的冲突和潜在的矛盾。

6. 药学服务人员应当积极参与学术活动，包括：职业发展和岗位培训，参加学术会议，向患者宣传临床药学专业的角色，向其他医务人员和政府部门展示临床药学专业的责任。

(五) 药学服务人员应当密切与其他医务人员的协作关系

1. 药学服务人员应当与医师、护师、营养师、心理咨询师等医务人员共同协作，优化患者的药物治疗结果。

2. 药学服务人员应当开展针对医师、护师、营养师、心理咨询师等治疗团队的咨询服务，确保患者用药安全、有效。

3. 药学服务人员不应对患者、同事或其他医务人员做任何不恰当、不真实的、不专业的评论。

4. 药学服务人员必须做到：

(1) 向其他医务人员提供药学服务时，保持临床药学的专业性。

(2) 尊重和理解其他医务人员的专业知识。

(3) 与其他医务人员协同工作，为其他医务人员提供药学服务，以达到最好的治疗结果。

(4) 与其他医务人员建立良好的工作关系，积极与其他医务人员进行良好的沟通。

(六) 药学服务人员应当竭力保证药品质量和用药安全

1. 药学服务人员应当确保在药品生产、采购、供应、养护等管理环节上能做到责任制和问责制。

笔记

2. 药学服务人员对于不合格的药品，应当单独安全存放，小心恰当处理。

3. 药学服务人员应当及时报告疑似药物不良事件，这也是职业责任和公众要求。

4. 药学服务人员有责任推动实现国家药物政策，推进和维护医药行业的健康发展。

（七）药学服务人员应当树立终身学习的思想

1. 药学服务人员应当认识终身学习和自我发展对其专业能力提升的重要性，并在临床药学实践中始终贯彻这个理念。

2. 药学服务人员应当认识职业表现的自我评估、他人评估或评价的重要性，并予以适当的回应或调整。

3. 当其他医务工作者需要协助时，药学服务人员应当给予建议和支持。

第二节 药学服务发展现状

一、国外发展现状

20 世纪中期以后，化学制药工业迅猛发展，新药品种不断增加，新剂型、新制剂层出不穷。而医生没有足够的精力全面掌握大量药物知识，导致在药物治疗中，不合理用药和药品不良反应时有发生，并呈不断增加的趋势。一些医院药师随着医院药学的发展和临床治疗的需求，从单纯的配方发药开始转向对临床医护人员和患者提供药学服务。目前，在国外一些大型医疗机构中，均设有药学服务中心，下面主要介绍美国、日本、欧洲等药学服务开展情况。

（一）美国

美国于 1965 年开始逐步建立了临床药师服务体系，提出药师与医生共同在医院为患者提供医疗服务。药师的职能是为医生提供合理用药建议，与护士合作对患者进行关爱，最大限度地减少用药错误。因此，全美各医院逐渐采用这种体系服务患者。随着美国老龄人口的增加，处方药需求加大，药物使用率增高，势必会使药品不良反应增加、药物引发的药源性疾病增加等。因此，对药师的需求增大。

美国的临床药师分布在社区药房、医院健康机构、家庭护理关爱机构、长期关爱保健机构、管理关爱机构、制药业、政府管理机构中。从事药学工作的人员可分为临床药师和药师技工。临床药师必须持执照上岗，在医院工作的临床药师，其工作职责分别是临床药学的服务、一般药物的调剂、制定药物使用指导标准、开展教学工作和科研工作。其中，临床药学的服务是非常繁重的，要对患者一对一地进行服务，对患者已使用的药物进行评估，做出用药计划，并针对患者疾病情况的变化提出用药建议。

美国卫生系统药师协会定期报道医院药学服务项目及开展情况，其药学服务项目较全面，具有代表性。主要项目如下：

1. 审查处方用药，协商选药、用药。
2. 参与医疗实践，与医生一起进行医疗查房，协商和研究合理用药。
3. 与临床试验室合作，利用检测的参数，指导个体化给药。
4. 为医护人员和患者提供用药咨询。
5. 参加危重患者抢救，由临床药师现场提供急救药品选择和指导用药。
6. 进行药物信息检索和应用。
7. 协助临床医师申报有关药物的临床研究课题。
8. 承担临床药学的实习教学工作。

此外，美国十分明确医师专业和医院药师专业的范围和业务分工，即医师有诊断处方权但无调配处方权，反之，医院药师无诊断处方权但有调配处方权，也就是说美国实行的是国际上通

用的医药分业概念，即医学和药学专业的分业，而不是医院药房归商业系统的“医药分业”。而且，美国十分重视临床药师的作用，在美国拥有处方权的临床药师有权对医生开的处方进行修改，如停药、改剂量、换药等。但作为拥有处方权的药师，即使有权修改处方，也会先和处方医师探讨其修改处方的目的，在与处方医师达成一致意见后再对处方进行修改，而不是擅自修改处方。

美国临床药师实行两年一注册制度。至2007年底，全美已经注册登记的临床药师达到30余万名，为药品安全使用提供了保障。在医院综合评价中，临床药师的评估是一项重要内容，其中包括抗生素使用问题、对患者疼痛症状的控制问题、是否在发药前对患者进行了药物疗效和毒副作用解释等。

美国社会药店药师除向患者或公众提供药品外，同时还进行用药指导、疫苗接种与免疫、紧急避孕、为毒品滥用者及性传播疾病者提供防治服务、戒烟和健康教育等。

（二）日本

自1962年引入美国药物信息服务的理念后，日本的临床药学才开始发展。1965年，日本药学界召开了药物信息服务研讨会，使药物信息服务的理念得到了进一步普及。在日本，临床药学也叫医疗药学，医院药师服务为收费服务，国家健康保险还给临床药学某些服务项目进行承保。日本医院药剂部每年都要进行人员的大流动，药师在任何岗位上都要承担或协助一部分临床药学工作，遇到相关问题会尽力解决，决不推脱责任。水平较高、经验丰富的药师则负责各病区的药学监护，其工作程序是：随病区主任或教授查房，记录监护对象的用药变化，并提出干预措施及理由；治疗干预发生时，药师填写给药建议单，医生或护士填写采纳或执行单，以采纳次数或执行次数计算药学服务的工作量。

日本对临床药学人才的培养很重视，主要表现在：①通过现有药剂师的进修以充实各级医院的临床药师队伍；②药剂部直接招收硕士或博士生进行定向培养，所招收的药学专业出身的硕士或博士生，在学习期间，一边参与课题研究，一边参加具体的药剂部业务，毕业后成为各医院临床药学工作的骨干力量。此外，日本的药学专业学生临床实习的时间都在一年以上，这也为今后参与临床药学工作打下基础。

日本社会药店除零售非处方药（OTC）外，还开展处方调配等服务，但由于历史原因，日本社区药店主要限于药品销售。

（三）欧洲

英国从20世纪70年代开始推行药学服务，开始了药师对患者用药的监护工作。通过40多年的发展，药学服务在英国取得了显著的成效。目前，在英国的社区医院中就有临床药师直接面向患者服务。英国药店除提供药品和用药指导外，还开展健康教育活动和相关研究，药师需提供个体化健康方案和长期跟踪指导，以提高人们保持自身健康的能力。

1945年，法国成立了药师协会，组织药师参加各类药学活动和对外交流，并对经资格认证合格的药师进行注册管理。根据法国的法律，药品的生产、流通、使用的每个环节都需要有药师参与，从而有效地保证了从医生开处方到患者使用药品这一过程的安全性。在法国，无论是公立还是私立医院都必须依法配备经资格认证的药师，药房提供的服务项目视药房的规模及设施而定，医院药师可以是全职，也可以是部分任职。医院药房除了为住院患者提供服务，同时也对某些特定门诊患者提供服务。在法国，按照政府规定，每500张床位配备一名药师。在医院药房，药师职责主要是：审核医生处方，向患者提供有关其药物治疗和顺从性重要性的咨询，收集患者信息，维护患者的治疗用药记录。在新药临床试验中负责研究药物的贮存和保管，临床有关试验文件的保管，试验药品供应，药物临床疗效和毒性观察及记录等。

总之，国外药师开展药学服务主要是按照WHO发布的《药师在自我保健和自我药疗中的作用》的规范进行，药师作为交流者、培训者和监督者、合作者以及健康促进者，向患者和其他医药专业人员提供质量合格的药品和优良的药学服务。

笔记

二、国内发展现状

（一）我国药学服务现状

1987年，原华西医科大学招收第一届临床药学专业学生，标志着我国开始涉足这一领域。我国临床药学的发展较为缓慢，且工作的重点多偏向于药学研究、治疗药物浓度监测、药品不良反应监测及合理用药咨询等，药师深入临床参与个体化合理用药决策则很少。药物监测工作大多也局限于实验室，与临床治疗联系不紧密，这与国外情况有很大的差别。而国内临床药师的医学基础知识比较薄弱，缺乏临床实践经验，虽然部分药师历经多年努力，在临床药师工作岗位上做出了一定的成绩，但就全国范围而言人数还很少。近年来，我国也开始积极发展临床药学事业，推行临床药师制度，开展以患者为中心的药学服务。我国现阶段药学服务开展的工作包括以下几个方面：

1. **开展药品不良反应监测** 目前，国内许多大中型医院都相继成立了药品不良反应监测组织，及时发现和收集药品不良反应病例，重视对药品不良反应因果关系的分析评估，加强对药品不良反应的预防，促进了临床的合理用药，保障了用药安全和医疗质量。

2. **开展药物咨询服务** 用药咨询服务是药学服务的重要内容，也是降低不良反应的有效途径。目前，国内大部分医院已开展了这一富有意义的工作。

3. **开展治疗药物血药浓度监测，设计个体化给药** 治疗药物血药浓度监测为临床治疗提供科学设定药物剂量的依据，可促进临床合理用药与医疗质量的提高，以达到用药安全有效的目的。因为同一种药物在不同患者体内的药动学过程和参数各不相同，所以不同患者使用同一药物时不能采取相同的给药方案，这需要药师运用药动学、药效学知识，并结合患者的年龄、性别、肝肾功能、疾病因素、环境因素进行综合判断，协助医生个体化给药。

4. **药师深入临床，直接参与患者用药** 药师深入临床，与医生一起查房，参加危重患者急救，参加会诊，协助医生选用药物，做好在院和出院教育，监护临床联合用药中易出现的相互作用和配伍禁忌。对重点监护患者的用药则与医生一起制订药物治疗方案，预测和分析血药浓度数据等。

5. **建立患者药历，建立患者用药档案** 药历是药师为参与药物治疗和实施药学服务而为患者建立的用药档案，其源于病历，但又有别于病历。药历由药师填写，作为动态、连续、客观、全程掌握用药情况的记录，内容包括其监护患者在用药过程中的用药方案、用药经过、用药指导、药学监护计划、药效表现、不良反应、治疗药物监测、各种实验室检查数据、对药物治疗的建设性意见和对患者的健康教育忠告。

虽然由于各种因素导致我国药学服务发展缓慢，但经过20多年的不断探索，我国的药学服务还是取得了很大的进步：①从20世纪80年代初期开始，我国已陆续开展了多种形式的临床药师培训，着重与实践相结合，且重视临床药师的继续教育；②合理用药的观念得到了医药界的普遍认可，药师下临床指导患者用药，参与临床查房、会诊等，从思想上重视合理用药；③国家制定各种规定，在政策法规上明确了临床药学和临床药师工作的职责、内容和目标；④国家在临床药学研究上给予大力支持，使得临床药学在制剂、药物体内作用、药物动力学、药理学研究等方面都取得了长足的进步。

知识拓展

药历

药历是药师对患者治疗或预防疾病进行药物治疗过程的全面、客观的记录和评价，包括药师对患者进行的与医疗有关的教育与指导，以及药师对药物治疗过程的干预。药

历的内容主要来自于患者药物治疗过程的客观记录，同时要体现药师为保障用药安全有效提供的专业技术服务。其中部分内容来源于病历，但又有别于病历。药历由药师填写，目前国内外主要的药历书写模式主要有如下几种：

SOAP 药历模式	TITRS 药历模式	我国药历模式
患者主诉（subjective）	主题（title）	基本情况（含自然情况）
体检信息（objective）	诊疗的介绍（introduction）	病历摘要
评价（assessment）	正文部分（text）	用药记录（与药相关信息）
提出治疗方案（plan）	提出建议（recommendation）	用药评价
	签字（signature）	

（二）我国药学服务目前存在的主要问题

随着中国医疗体制改革的不断深化和“以患者为中心”服务理念的深入，药学服务的开展对医院适应当代医疗体制改革、增强医院的竞争能力都有积极的意义，并将成为今后医院药学发展的主要方向。如何保护患者的用药利益，减少用药副作用，促进合理用药，使得以患者为中心的药学服务成为发展的必然。“如何建立以患者为中心的药学服务”已成为近年来药学界讨论的焦点。要建立以患者为中心的药学服务需要药师提供药学技术服务，参与临床疾病的治疗，从而提高医疗质量。要实现这一目标，需要一系列的软硬件的支持。目前，我国的药学服务尚需进一步完善，解决以下几个关键问题：

1. **药学专业人才缺乏**　在我国，高等院校的药学专业一般为四年制，课程主要以化学为主，培养方向是实验室药学研究，内容包括药品稳定性和配伍稳定性、处方筛选、制剂工艺、药品检验方法、药品的体外质量评价等，而没有临床用药直接相关的内容。直到近几年，随着临床药学重视程度的不断提高，才相继有高等院校开设了与临床相关的 5 年制临床药学专业。但是，还没有形成规模，无法满足需要。

此外，从事医院药房工作的药学人员无论是药学专业毕业的，还是以其他形式培养的，均存在知识结构不全面的问题，不能完全胜任目前提倡的药学服务工作。而且，目前医院对药师毕业后的继续教育不成体系，与国外相比距离较大，同时医院药师不注意也没有机会来丰富自己的专业知识，所以无法适应当前医药事业的发展。

2. **不受重视**　长期以来，人们心中的药师，总是与抓草药、配药水联系在一起，与药房、药店、药库联系在一起。药学本科教育出现后才逐步有所改观，但其焦点仍然是围绕药品自身问题，如药品的稳定性和配伍稳定性、处方筛选、制剂工艺、药品检验方法、药品的体内外质量评价等，而对药物与机体间的相互作用，病理、生理状态对药物体内处置的影响等研究则相对匮乏。有些医院虽然早在十几年前就成立了临床药学研究室，但其工作仅限于对临床治疗药物浓度进行监测，绝大多数的药师都要承担或者偏重于制剂及相关的研究工作，临床药学工作未能真正地开展。而生产厂商最大限度地利用其产品的让利空间，使用不规范竞争行为进行促销。这无疑与临床药学所强调的安全、有效、经济的合理药物使用原则相违背。此外，医院临床科室没有药师编制，临床药师进入临床科室的角色无法定位。医院药学工作的模式、药师的职能没有发生根本转变。

3. **缺乏硬件**　开展药学服务，需要一定的检测仪器和设备，资料收集、整理需要办公设备以及信息化支持。在我国，即使是低档次的仪器设备和电脑，在一般医院也不具备或者说很难备齐。

4. **法规不健全**　我国的《药品管理法》《执业医师法》对药师、医师的职权范围、责任都有明

笔记

确的规定，药师只能在法规许可的范围内开展工作。而随着药学服务的实施与发展，现有法规的局限性不断显现，事实上，这已在一定程度上限制了药学服务的开展，有待修订完善。

（三）我国药学服务工作的发展策略

1. 借鉴发达国家经验、推动我国临床药学发展 由于我国的医药行业正处于发展阶段，医疗体制改革正在推进，我国的临床药学发展应借鉴发达国家的经验，尽量少走弯路，避免造成不必要的损失。如英国国家卫生管理部门建议所有的医院开展药学服务，临床药师的工作岗位是病房，审查药品使用情况，保证药品的安全和疗效，向患者提供人文关怀和科学的用药知识。目前，英国一名临床药师管理40个病床或60个老年人，每日80%的工作时间是和患者在一起，所有用药的问题都要经过药师的审查，由于有了药师的参与，使患者减少了住院日和用药支出，降低了住院费用。

2. 结合中国国情开展临床药学工作 随着中国医疗体制改革和“以患者为中心”服务理念的深入人心，临床药学的发展也应与之相结合而发展。

(1) 明确职责：从医生角度来说，临床药师进入病房、门诊，首先要明确是去做什么。从专业角度讲，医生的用药水平不会差，但跨专业用药和新药品种繁多，难免会有药物相互作用问题，以及时间的把握、剂量的多少、会不会有不良反应等，而这些正是应该通过临床药师的药学服务得到解决，是临床药师的主要职责。

(2) 相互学习：临床药师一定要对医生的诊断有深入的了解，对医生开具的处方中的药物的相关用药规范和指南要清楚，通过与医生的沟通和交流，取长补短，共同进步。

(3) 主次分明：医生毕竟是治疗的主体，对患者最终的责任还主要是在医生身上，在这种情况下，临床药师要做好服务和配合，不能各行其是，反而延误了患者的治疗。从这个角度讲，在规定制度时，一定要从我们国家的国情出发，实事求是。

3. 制度保证 国家医药卫生管理部门应在法律和制度上确定医院临床药师的编制和设置，同时，医院领导也应重视这一学科的发展，积极督促临床药师下临床参与查房和指导临床合理用药。大力遏制医药不正之风，规范药品销售市场，推动医药改革，这些措施都可使临床药学发展得更快。当前的医疗体制改革，为我国临床药学的快速发展提供了极为有利的契机。因此，我们要积极呼吁，取得社会各界支持、动员社会力量广泛参与。

实训项目一 药学服务工作现状调查实训

【实训目的】

1. 熟悉医疗机构和社会药店药学服务的工作内容。
2. 了解医疗机构和社会药店药学服务开展状况。

【实训条件】 分管教学工作的院系领导或带教老师与相关医疗机构或社区药店联系，获得对方支持，实地进行药学服务工作现状调查。

【实训要求】

1. 带教老师提前与前往调查的医疗机构或社区药店联系，就实训内容、安排与对方详细沟通，并制订详细实训计划。

2. 实训学生必须掌握药学服务概念、内容，了解医疗机构或社会药店结构、功能。

【实训准备】

1. 实训学生根据实训要求，查阅相关资料，补充相关知识储备。
2. 制订合理的调查方案和具体实施计划。

【实训内容】

1. 实地调查医疗机构在处方调配和临床药物治疗过程中药学服务开展情况。

2. 实地调查医疗机构或社会药店用药咨询服务开展情况。掌握对患有慢性疾病的长期用药者建立药历的方法。在接受咨询时，要正确介绍所使用药品的作用、用法、不良反应、配伍禁忌、注意事项、同类药品的不同特点以及对疾病的预防知识。正确指导用药者合理使用药品，在调配处方药时，要严格进行审方、配药、核对、指导，确保处方药调配的合规合法，确保用药安全。

【实训过程】

1. 在教师带领下，学生分组到调查单位，按照调查方案和计划要求，进行药学服务情况的调查。

2. 实训完成后，以小组为单位，完成医疗机构或社会药店药学服务情况调查报告。

实训路径示意图：

【实训考核】

1. 带教老师在实训结束后，根据学生实训过程中的表现情况给予评价。

2. 根据实训调查报告完成情况进行考核评估。

【思考题】

1. 从事药学服务工作人员应具备哪些素质？

2. 为医护人员提供用药咨询服务时需注意哪些问题？

3. 根据调查情况，谈谈你对开展药学服务工作有哪些建议？

（丁选胜）

第二章 药学服务道德与药学服务礼仪

药学服务道德与药学服务礼仪直接影响着药学服务工作的质量，与社会公众的生命和健康息息相关。《中国执业药师职业道德准则》中明确指出，药学技术人员应“以专业知识、技能和良知，尽心尽职为患者及公众提供药品和药学服务，保证公众用药安全、有效、经济、合理”。在药学服务中，讲究药学服务礼仪，主动、周到地为患者提供服务是药学技术人员的基本职业素养和道德要求。

第一节 药学服务道德

一、职业道德与药学服务道德

（一）职业道德

职业道德是人们在从事职业活动中所遵循的行为准则和道德规范的总和，由职业理想、职业态度、职业技能、职业纪律、职业责任、职业良心、职业荣誉、职业作风八个要素构成。职业道德不仅是从业人员在职业活动中的行为标准和要求，更是对社会所承担的道德责任和义务，职业道德是社会道德在职业生活中的具体化表现。

职业道德作为从业人员道德生活的特定领域，具有如下特征：①职业性：职业道德的内容与职业实践活动紧密相连，反映着特定职业活动对从业人员行为的道德要求，每一种职业道德都只能规范本行业从业人员的职业行为，在特定的职业范围内发挥作用；②实践性：职业行为过程，就是职业实践过程，只有在实践过程中，才能体现出职业道德的水准，职业道德的作用是调整职业关系，对从业人员职业活动的具体行为进行规范，解决现实生活中的具体道德冲突；③继承性：在长期实践过程中形成的，会被作为经验和传统继承下来，即使在不同的社会经济发展阶段，一种职业因服务对象、服务手段、职业利益、职业责任和义务相对稳定，职业行为道德要求的核心内容将被继承和发扬，从而形成了被不同社会发展阶段普遍认同的职业道德规范；④多样性：不同的行业和不同的职业，有不同的职业道德标准。

（二）药学服务道德

药学服务道德是指药学技术人员在依法开展药学服务活动时必须遵循的道德标准。药学服务道德是一般社会道德在药学服务领域中的表现，是从事药学服务工作者的职业道德，它具有很强的专属性、广泛的适用性和鲜明的时代性。高尚的药学服务道德要求药学技术人员既要掌握扎实的药学知识与技能，又要有良好的人文精神，以适应新形势下对药学服务的要求。药学技术人员应当具有对社会公众健康高度的责任感和献身精神。在药学服务工作中要认真、仔细；关心患者，热忱服务，一视同仁，平等对待；语言亲切，态度和蔼；尊重人格，保护隐私。

知识拓展

国际组织、国外药学会有关药学职业道德规范

1. 1936年，加拿大药学会（CPhA），道德准则。
2. 1973年10月10日，日本药剂师会，日本药师宣言。

3. 1983年，美国药学院协会（AACP），药师誓言。

4. 1988年5月13日，第41届世界卫生大会通过，推销药品的道德准则。

5. 1993年，美国药学会（APhA），药师职业道德准则。

6. 1997年，国际药学联合会（FIP），药师职业道德准则。

7. 1997年，澳大利亚药学会，药师道德准则。

8. 1997年10月24日，日本药学会，药剂师道德规范。

9. 2000年5月，英国皇家药学会，药师的伦理和职业行为标准（英国药房法指南）。

药学服务道德包括对药学职业认识的提高、职业情感的养成、职业意志的锻炼、职业理想的树立以及良好的职业行为和习惯的形成等多方面的丰富内容。它可以在思想上、感情上、作风上和行为上促进协调医药行业内外各种关系，避免利害冲突和意见分歧，完成和树立医药行业新风貌。药学服务道德可以帮助药学技术人员完善自我教育，总结和发扬医药行业的优良传统，不断纠正本行业的缺点；要求药学技术人员在履行自己的职业任务时，应当顾大局、讲原则、守信用、公平竞争、诚实待人、廉洁奉公，做到道德觉悟和专业才能的辩证统一。

知识拓展

中国执业药师职业道德准则

一、救死扶伤，不辱使命　执业药师应当将患者及公众的身体健康和生命安全放在首位，以我们的专业知识、技能和良知，尽心尽职尽责为患者及公众提供药品和药学服务。

二、尊重患者，一视同仁　执业药师应当尊重患者或者消费者的价值观、知情权、自主权、隐私权，对待患者或者消费者应不分年龄、性别、民族、信仰、职业、地位、贫富，一律平等相待。

三、依法执业，质量第一　执业药师应当遵守药品管理法律、法规，恪守职业道德，依法独立执业，确保药品质量和药学服务质量，科学指导用药，保证公众用药安全、有效、经济、合理。

四、进德修业，珍视声誉　执业药师应当不断学习新知识、新技术，加强道德修养，提高专业水平和执业能力；知荣明耻，正直清廉，自觉抵制不道德行为和违法行为，努力维护职业声誉。

五、尊重同仁，密切协作　执业药师应当与同仁和医护人员相互理解，相互信任，以诚相待，密切配合，建立和谐的工作关系，共同为药学事业的发展和人类的健康奉献力量。

中国执业药师协会

二、药学服务道德的基本原则

药学服务道德的基本原则是药学技术人员在药学服务领域活动实践中应遵循的根本指导原则，它调整着药学服务领域各种人际关系、统率药学服务道德的一切规范和范畴，贯穿于药学服务道德发展过程的始终，是评价与衡量药学服务领域内所有人员的个人行为和思想品质的最高道德标准。药学服务道德的基本原则包括保证药品安全有效、实行人道主义、全心全意为公众健康服务。

笔记

1. **保证药品安全有效**　优质安全的药品直接关系到社会公众的健康，甚至影响整个社会的稳定和经济的发展。药学服务道德要求药学技术人员坚持以人为本，从治愈疾病和提高患者生活质量出发，在保证药品安全有效的前提下，尽可能提供经济、合理的药品，真心实意地为患者提供药学服务，以满足社会公众防病治病的需求。

2. 实行人道主义 人道主义在医药道德领域内，具有十分重要的意义。人道主义的核心是尊重人的生命。一视同仁地维护健康、关心患者是传统医药学道德的精华所在。在我国提倡的人道主义，不仅是对个人的尊重、肯定个人的价值、关心个人的幸福，而且扩展到对社会群体健康的关怀，并贯穿整个医药卫生事业之中，从各方面提供和保证优质的药学服务。

3. 全心全意为公众健康服务 药学技术人员在具体工作过程中，要真正做到全心全意为公众健康服务，必须处理好以下三个方面的关系：

(1) 正确处理药学技术人员自身与服务对象的关系：药学技术人员的直接服务对象是患者，通常情况下，药学技术人员处于主动地位，患者处于被动地位。这就需要药学技术人员时刻以服务对象的利益为重，主动热情地提供与药品使用有关的各种服务，以高度负责的精神确保药品质量和用药安全，维护和促进社会公众健康。

(2) 正确处理个人利益与集体利益的关系：药学服务工作需要依靠集体的力量来完成。因此，药学技术人员之间的密切配合尤为重要。在个人利益与集体利益发生矛盾时，应牺牲个人利益，以广大社会公众的生命健康利益为重，不可因个人或小集体利益损害社会公众的权益。

(3) 正确处理德与术的关系：药学技术人员要做到全心全意为社会公众的防病治病、健康服务，既需要有良好的道德品质，又要有过硬的技术本领，二者缺一不可。

三、药学服务道德规范

（一）药学服务道德规范的概念

药学服务道德规范是指药学技术人员在依法开展药学服务活动时必须遵守的行为准则和道德规范，用以指导人们的言行，协调药学服务领域中的各种人际关系，是社会对药学技术人员行为基本要求的概括，是药学服务道德基本原则的具体表现、展开和补充。药学服务道德规范也是道德行为和道德关系普遍规律的反映，是衡量和评价药学技术人员道德水平与行为的具体道德标准，它体现了社会对药学技术人员道德行为的基本要求。

（二）药学服务道德规范的特点

1. 针对性 药学服务道德是针对药学技术人员中存在的不良道德现象所提出的具体的职业道德要求。

2. 理想性 药学服务道德既含有基本的道德要求，又包含有较高理想的道德要求，药学技术人员要对患者有高度责任心并乐意为药学事业献身。

3. 现实性 药学服务道德要求药学技术人员在执业过程中将患者及公众的身体健康和生命安全放在第一位，尊重患者，依法执业，严格遵守药品管理法律和法规，科学指导用药，拒绝调配错误处方等。药学服务道德规范是药学技术人员在药学服务实践的基础上提出的，通过努力是完全可以实现的。

（二）药学服务道德规范的基本内容

1. 药学技术人员对服务对象的道德规范

(1) 仁爱救人，文明服务：药学技术人员必须把服务对象的健康和安全放在首位，对待服务对象要有仁爱之心，同情、体贴患者疾苦。在药学服务工作过程中，要维护用药者的合法权益，尊重服务对象的人格，公平对待、一视同仁，保证合理的药物治疗。

(2) 严谨治学，理明术精：药学服务工作具有很强的技术性，药学技术人员应努力完善和扩大自己的专业知识，以科学求真的态度对待药学服务实践活动，保证药品质量，提供合格药品，开展药学服务，全力维护公众用药安全有效。

(3) 济世为怀，清廉正派：药学服务工作是一项解除患者疾苦，促进人体健康的高尚职业。药学技术人员在工作中，应为服务对象保守保密，确保其享有接受安全、有效治疗的权利，自觉抵制各种诱惑，不利用自身在专业上的优势欺诈患者，谋取私利。

2. 药学技术人员对社会的道德规范

(1) 坚持公益原则，维护人类健康：药学技术人员在实践中运用自己掌握的知识和技能为服务对象工作的同时，还肩负着对社会公共利益的维护责任。药学技术人员以发展药学事业为目标，只能为自己的服务获取公正合理的报酬，做到对服务对象负责与对社会负责的高度统一。

(2) 宣传医药知识，承担保健职责：在药学服务工作中，药学技术人员应向社会宣传医药卫生知识，积极开展健康教育，实现社会公众的安全、合理用药。

3. 药学技术人员间的道德规范

(1) 谦虚谨慎，团结协作：谦虚的态度是一切求知行为的保障。药学技术人员要孜孜不倦地钻研业务知识，以谦虚谨慎的态度向他人学习，尊重他人的价值和能力，对同事应主动热情地给予帮助，与有关人员和机构通力合作，以促进药学服务质量的提高。

(2) 勇于探索创新，献身医药事业：解除人类疾病痛苦，不断满足社会公众日益增长的对健康的需求，不断在科学发展的道路上探索新理论、新技术、新产品是药学技术人员的神圣使命和职责。药学技术人员应树立献身于药学事业的精神，追求至善至美的境界，不断促进药学服务事业的健康发展。

四、药学服务道德范畴

(一) 药学服务道德范畴的概念

药学服务道德范畴既是对药学服务道德实践普遍本质的概括和反映，又是一般道德范畴和药学服务实践相结合的产物，反映了一般道德范畴在药学服务实践中的应用。

(二) 药学服务道德范畴的内容

1. 良心 它是一定的道德观念、道德情感、道德意志和道德信念在个人意识中的统一，是人们在履行对他人、对社会的义务过程中形成的道德责任感和自我评价能力。

药学服务道德范畴中的良心是指药学技术人员在处理与服务对象及社会的关系时，对自己的职业行为具有的道德责任感和自我评价能力。药学技术人员凭借这种药学道德良心在没有任何外来压力、监督和社会舆论的情况下，自觉地履行自己的义务，并对自己的道德行为作出自我道德评价。

因此，药学技术人员在从业过程中应时刻以职业良心来约束自己，真正把患者的利益放在首位，对患者充满同情、爱护，以积极的态度热心为患者和社会公众服务。

2. 责任 它是一定的社会或阶级在一定的社会条件下表达或规定个人应尽的义务。药学服务道德范畴中的责任关系着患者的生命安危，因此要以极端负责的态度对待工作，认真调配每张处方、解答患者的每个问题，确保社会公众的用药安全。

3. 信誉 它是人们通过一个个具体的行为所赢得的社会信任和赞誉，是一种行为人或团体高尚的道德追求，反映了行为人的意志品质和心理特征。信誉的获得主要通过多种形式的舆论表达，尤其是群众舆论，它表现为一种广泛性和深刻性的评价能力。信誉一经获得，会对行为人的全部其他行为产生深远的影响。所以，药学技术人员应以荣誉为动力，踏实工作，全心全意地为社会公众的健康服务。

4. 职业理想 它是人们在职业上依据社会要求和个人条件，借想象而确立的奋斗目标，即个人渴望达到的职业境界。职业理想是人类特有的一种精神现象，是与人生奋斗目标相联系的有实现可能性的想象，是鼓舞人奋斗前进的巨大精神力量。药学技术人员应树立崇高的职业理想，立志为药学服务事业的健康发展贡献力量。

笔记

第二节 药学服务礼仪

一、服务礼仪的概念、特征、原则和作用

（一）服务礼仪的概念

服务礼仪是指服务人员在工作中，通过言谈、举止、行为等对客户表示尊重和友好的行为规范。服务礼仪是体现服务的过程和手段，使无形的服务有形化、规范化、系统化。做好服务工作，不仅需要职业技能，更需要懂得服务礼仪规范，良好的服务礼仪能让服务人员在与服务对象的交往中赢得理解、好感和信任。服务人员应具备热情周到的态度，敏锐的观察能力，良好的口语表达能力，以及灵活、规范的事件处理能力。

知识拓展

服务礼仪的基本理论

白金法则：1987年，美国学者亚历山大德拉博士和奥康纳博士论文提出了“在人际交往中要取得成功，就一定要知道交往对象需要什么，我们就要在合法的条件下满足对方什么”的白金法则。白金法则有三个要点：一是行为合法；二是交往应以对方为中心；三是对方的需要是基本的标准。

三A法则：即Accept，接受对方；Appreciate，重视对方；Admire，赞美对方。

首轮效应与末轮效应：首轮效应是人与人第一次交往中给对方留下的印象，在对方的头脑中形成并占据着主导地位的效应。末轮效应是相对于首轮效应而言的，强调服务结尾的完美和完善。

零度干扰：是使顾客不受到语言、表情、举止等任何干扰。

（二）服务礼仪的特征

1. **规范性** 服务礼仪主要以服务人员的仪容规范、仪态规范、服饰规范、语言规范等岗位规范为其基本内容。在其中的各个具体问题上，服务礼仪对于服务人员到底应该怎么做和不应该怎么做，都有详细的规定和特殊的要求。

2. **可操作性** 服务礼仪的可操作性，表现得非常具体，绝不抽象，它不是“患者至上”“以人为本”的口号，而是一条条、一款款可操作的细则。比如有药店规定：向顾客介绍、引导、指明方向时，手指自然并拢，手掌向上斜，以肘关节为轴，指向目标，上身稍向前倾。

3. **单向性** 服务礼仪拥有其他礼仪没有的单向性，这是由于服务关系的特殊性所决定的。服务从内容上讲是服务人员满足服务对象需求的行为，消费者向服务人员提出需求，服务人员则依据消费者的需求提供服务。在服务关系中，服务人员有义务最大限度地满足服务对象的各种需求，却不能同时要求服务对象来满足自己的某些需求。如药学技术人员面对患者的大声斥责和不满，即便有理也不能以同样的方式回敬患者。

（三）服务礼仪的原则

1. **宽容的原则** 宽容就是要求我们在服务过程中既要严于律己，更要宽以待人。要多体谅他人，多理解他人，学会与服务对象进行心理换位，而不要求全责备，咄咄逼人，这实际上也是尊重对方的一个主要表现。

2. **敬人的原则** 即人们在社会交往中，要常存敬人之心，处处不可失敬于人，不可伤害他

人的个人尊严，更不能侮辱对方的人格。敬人就是尊敬他人，包括尊敬自己，维护个人乃至组织的形象。不可损人利己，这也是人的品格问题。

3. **自律的原则**　这是礼仪的基础和出发点。学习、应用礼仪，最重要的就是要自我要求，自我约束，自我对照，自我反省，自我检查。自律就是自我约束，按照礼仪规范严格要求自己，知道自己该做什么，不该做什么。

4. **遵守的原则**　在交际应酬中，每一位参与者都必须自觉、自愿地遵守礼仪，用礼仪去规范自己在交往活动中的言行举止。遵守的原则就是对行为主体提出的基本要求，更是人格素质的基本体现。遵守礼仪规范，才能赢得他人的尊重，确保交际活动达到预期的目标。

5. **适度的原则**　适度就是要求应用礼仪时，为了保证取得成效，必须注意技巧，合乎规范，特别要注意做到把握分寸，认真得体。凡事过犹不及，假如做过了头，或者做不到位，都不能正确地表达自己的自律和敬人之意。

6. **真诚的原则**　真诚就是要表达对服务对象的尊敬和友好，倘若仅把礼仪当做一种道具和伪装，在具体操作礼仪规范时口是心非，言行不一，则有悖礼仪的基本宗旨。

7. **从俗的原则**　由于国情、民族、文化背景的不同，存在着“十里不同风，百里不同俗”的现象。从俗就是要求我们在服务过程中坚持入乡随俗，确保自己的言行与绝大多数人的习惯做法保持一致，切勿目中无人、自以为是、唯我独尊，随意批评和否定他人的习惯性做法。尊重习俗，可使礼仪规范应用得心应手、生动自如。

8. **平等的原则**　平等是礼仪的核心，即尊重交往对象，以礼相待，对任何交往对象都必须一视同仁，给予同等程度的礼遇。礼仪是在平等的基础上形成的，是一种平等的、彼此之间相互对待关系的体现，其核心问题是尊重以及满足相互之间获得尊重的需求。在交际活动中既要遵守平等的原则，同时也要善于理解具体条件下对方的一些行为，不应过多地挑剔对方的行为。

（四）服务礼仪的作用

礼仪的作用概括地说，是表示人们不同地位的相互关系和调整、处理人们相互关系的手段。礼仪的作用表现在以下几个方面：

1. **尊重的作用**　尊重的作用即向对方表示尊敬、表示敬意，同时对方也还之以礼。礼尚往来，有礼仪的交往行为，蕴含着对彼此的尊敬。

2. **约束的作用**　礼仪作为行为规范，对人们的社会行为具有很强的约束作用。礼仪一经制定和推行，久而久之，便形成为社会的习俗和社会行为规范。任何一个生活在某种礼仪习俗和规范环境中的人，都自觉或不自觉地受到该礼仪的约束，自觉接受礼仪约束的人是“成熟”的标志，不接受礼仪约束的人，社会就会以道德和舆论的手段来对他加以约束，甚至以法律的手段来强迫之。

3. **教化的作用**　礼仪具有教化作用，主要表现在两个方面：一方面是礼仪的尊重和约束作用。礼仪作为一种道德习俗，它对全社会的每个人，都有教化作用，都在施行教化。另一方面，礼仪的形成、礼仪的完备和凝固，会成为一定社会传统文化的重要组成部分，它以“传统”的力量不断地由老一辈传给新一代，世代相继、世代相传。在社会进步中，礼仪的教化作用具有极为重大的意义。

4. **调节的作用**　礼仪具有调节人际关系的作用。一方面，礼仪作为一种规范、程序，作为一种文化传统，对人们之间相互关系模式起着规范、约束和及时调整的作用；另一方面，某些礼仪形式、礼仪活动可以化解矛盾、建立新关系模式。相逢一笑解千愁，化干戈为玉帛。可见礼仪在处理人际关系中，在发展健康良好人际关系中，是有其重要作用的。

5. **提升的作用**　礼仪具有提升的作用：①竞争力：可以加速地提升团队的竞争力；②素质和质量：更好地提高服务人员的个人素质及服务质量；③效益：更多地为单位创造经济效益和社会效益。

二、药学服务人员礼仪要求

药学服务礼仪是礼仪在药学服务行业的具体运用，是药学服务人员在自己的工作岗位上向服务对象提供的标准的、正确的药学服务行为，它包括药学服务人员的仪容仪表、服饰、仪态、语言和岗位规范等基本内容。拥有良好的药学服务礼仪是药学服务人员必备的职业素质之一。

（一）仪容仪表

1. 头发整洁，发型美观大方，适合工作场所要求。男性不宜留长发、大鬓角和胡子；女士应化淡妆，给人清新、淡雅和自然的形象，不宜使用刺激味重的香水。

2. 指甲长短适宜，保持清洁，制剂人员不得佩戴戒指，药房窗口人员不得戴手套调配和发药。

3. 口腔保持清洁，工作时间不吃零食。

（二）服饰

工作人员应按规定着工作服上岗，保持服装干净，并佩带好工作牌。工作服、衬衣等应熨烫平整，男士领带以素色为宜，工作时间不穿拖鞋。

（三）形体仪态

1. **站姿** 两脚着地，合上脚跟和膝盖、脚尖分开微向外，挺胸直背，两臂自然下垂，置重心于脚掌，姿态优美、文明、富于规范化。

2. **手势** 向顾客介绍、引导、指明方向时，手指自然并拢，手掌向上斜，以肘关节为轴，指向目标，上身稍向前倾。

3. **表情** 目视前方，表情开朗得体，面带微笑，情绪饱满热情，精力集中、持久，兴奋适度、谨慎。

（四）接打电话

1. 听到电话铃响，应尽快接听，通话时应先问候“您好”，仔细听取并记录对方讲话要点，结束时礼貌道别，待对方切断电话后方可放下话筒。

2. 通话内容应简明扼要，不应在电话中聊天。

3. 对自己不能处理的电话内容，应做出合理解释或向上级反映。

（五）文明用语

1. **打招呼** 招呼用语要求与服务对象打招呼应落落大方，微笑相迎，使其有宾至如归的感觉，如“阿姨，您好！请问有什么需要可以帮忙？”等。

2. **介绍用语** 介绍用语要求热情、诚恳、实事求是，突出药品特点，抓住顾客心理，当好顾客的参谋，如“这是品牌药品，疗效好，价格合理，一向很受欢迎！”等。

3. **收款** 收款用语要求唱收唱付，吐字清晰，交付清楚，将找款递送顾客手中，如“您买东西共计×元，收您×元钱，找您×元钱，请点一下！”等。

4. **包装** 包装用语要求在包装过程中关照顾客注意事项，双手递交给顾客药品，如“药品我已帮您装好，请不要倒置！”等。

5. **道别** 道别用语要求谦逊有礼，和蔼亲切，使顾客感觉愉快和满意，如“请慢走，祝您早日康复！”等。

实训项目二 药学服务的基本礼仪模拟实训

【实训目的】

1. 通过讲解，结合教师示范，使学生了解药学服务礼仪的基本内涵，理解仅有美好的外表修饰是不行的，要提高自身素质和修养，从而做到内外兼修。

2. 通过观看礼仪教学视频，使学生熟悉药学服务礼仪的主要内容。

3. 进行角色扮演，使学生掌握药学服务的基本要求和注意事项，培养学生良好的仪容礼仪和观念，明确服务礼仪对于树立药学工作者形象的重要意义。

【实训条件】 具有多媒体播放设备的教学条件。

【实训要求】

1. 带教老师提前准备用于教学的礼仪视频，所选礼仪教学视频要典型，能给学生留下较深印象，能帮助学生树立药学服务礼仪的意识。

2. 实训学生必须掌握药学服务礼仪的基本概念、内容。

【实训准备】

1. 实训学生根据实训要求，查阅相关资料，补充相关知识储备。

2. 准备礼仪模拟训练用基本道具（如服装、化妆品等）。

【实训内容】 根据行业和工作特点，安排设定“药学服务工作人员基本礼仪”实训内容，主要包括：

1. 着装训练　主要有工作服、胸针（牌）、衬衫、领带、鞋袜等内容。

2. 仪表训练　主要有化妆、坐姿、站姿、微笑、待人接物等内容。

3. 沟通训练　主要有接打电话、医护沟通、医患沟通、投诉处理等相关行为礼仪内容。

【实训过程】

1. 教师讲解实训内容及实训安排，并进行服务礼仪视频教学。

2. 学生以5～8人为一小组，按组轮流交替进行药学服务工作人员基本礼仪训练，并对实训内容要点及注意事项做详细记录。

3. 实训结束前，各组需要选取任意实训内容进行随堂演示，由带教老师进行现场集中讲评。

实训路径示意图：

【实训考核】

1. 各小组任选一项实训内容进行相关礼仪演示，带教老师进行现场点评和总结，指出各组在项目完成过程中的成功和不足之处。

2. 带教老师根据各组在实训过程中的表现，演示和回答问题的情况等进行现场综合评分。

【思考题】

1. 药师开展药学服务过程中应掌握哪些基本礼仪？

2. 开展药学服务基本礼仪训练的意义？

3. 谈谈你对药学服务礼仪实训的意见或建议？

（方　芸）

笔记

第三章 药学服务沟通技巧

随着医学模式自生物医学模式向生物 - 心理 - 社会医学模式的转变，药学服务在医疗过程中的作用越来越重要。目前，我国医院药学的发展已经从既往“以药品为中心”转向“以患者为中心”，向患者提供全方位、全程化的服务，从而促使药师走出药房，走进临床科室，走近患者、医师、护师。药师由以往关注药物的间接服务转向关注患者的直接服务，并向社会公众（包括医护人员、患者及家属、其他关心用药安全的群体等）提供直接的、负责任的、与药品使用相关的各类服务，继而提高药物治疗的安全性、有效性、经济性，改善和提高人类的生活质量。

药学服务成功的关键之一在于良好的人际沟通。人际沟通是以交换意见、表达情感、满足需求为目的的，药学服务过程即是药师与患者、社会大众之间信息沟通交流的一个过程，也是药师与被服务对象双方获得心理满足的过程。在药师提供药学服务过程中，任何一个沟通环节出现问题，都会导致药学服务的偏差或失败。一般认为，药师提供药学服务过程主要是以语言沟通和非言语沟通两种方式进行的。

药学服务人员与患者沟通最为关注的问题是患者对治疗的不依从。多数情况下，药师为患者仅仅提供知识并不能有效地改善患者的依从性，特别是患者经过长时间的治疗以后。只有当患者关注、理解并且能够记住药学服务的内容时，知识才能够发挥作用。目前，我国的药学服务模式正逐步倡导让患者参与治疗方案的制订，这种趋势更加强调了患者和药学服务人员之间沟通交流的必要性，患者可以清楚地了解自己的病情和自身的治疗方案，经过仔细考虑后做出最终的决定。医院药学和临床药学本身的发展趋势也都是将不断增进这种治疗关系作为药学服务人员的必备要求。此外，药学服务人员在提供药学服务过程中，也要能够有效地和其他医务人员沟通交流，以便获取更多的患者信息并讨论患者药物治疗中的相关问题。因此，为了实现药学服务的目标，药师需要具备良好的人际沟通的技能。

第一节 药学服务沟通的基本技能

沟通是人与人之间、人与群体之间信息、思想、感情的传递和反馈的过程，通常采用语言、非言语方式交流事实、思想、意见、感情，以达到相互之间对信息的共同理解和认识，取得相互之间的了解、信任。药学服务沟通主要指药师和患者在疾病诊疗过程中进行的信息交流与反馈，围绕患者的伤病、诊疗、健康及相关因素等主题，以药师为主导，通过全方位信息的多途径交流，使双方形成共识并建立信任合作关系，达到治疗疾病、维持健康的目的。有效的药学服务沟通对于药师开展药学服务工作，实现药师的职业价值意义深远。此外，药师在开展药学服务工作过程中，不仅包括专业的临床药学服务，如用药咨询、指导个体化用药、开展临床药物疗效与安全性评价等，还包括药事管理的职能，如参与药品遴选、制定药物管理制度、实施处方点评和干预等。这些工作需要药师与患者、医师、药师、护师、营养师、心理咨询师、管理者等进行沟通、协商并达成共识，进而达到药物治疗的安全、有效、经济，改善和提高人类生活质量。因此，药学服务沟通就成为药师提供药学服务的一项重要内容和技能。

药学服务沟通的结构包括：①信息源，即具有信息并且启动沟通的药师；②信息，可以是文字、声音、表情、姿势、动作等；③通道，即接受信息的渠道，主要是个体的各种感觉器官，其中视听器官常常为主要的通道；④信息的接收对象，即药学服务的对象；⑤反馈，即接受信息的个体在接受和理解信息后对药师传输信息，使沟通过程变成一个互动的过程。

一、药学服务沟通的原则

沟通是思想在两个或两个以上人群中的传递或交换的过程，是信息传递、反馈、互动的过程；沟通是为了实现人与人之间的相互影响、相互理解，以达到双赢；沟通的基本原则是相互尊重、相互理解、以诚相待、宽容。药学服务沟通由于其服务对象和服务目的的特殊性，故对其沟通原则的把握需要始终以患者为中心。患者是特殊的弱势群体，他们的身心饱受疾病的侵害；患者的医学、药学专业知识相对缺乏，常常对于治疗给予过多的期望，常出现病急乱投医的现象。因此，患者对医学、药学专业性极强的医务人员的依赖成为一种客观事实，医务人员对于疾病治疗方案的制订拥有完全的话语权和主动权，患者常常处于被动的弱势地位。药学服务沟通过程中，药师必须忠于职守，极尽所能，真心关爱患者，以开阔的胸怀去获得患者的理解、支持。

1. **相互尊重**　尊重是一种修养，也是社会伦理学中的重要内涵，被尊重是人的本质需要。实现相互尊重是药师与患者沟通的良好前提。药师在开展药学服务过程中，要与患者建立人格与人格平等的伙伴关系，切不可把患者看作观察、研究的对象，应当将患者视为“身处逆境”的人，明确患者尤其应该受到关爱。在与患者的沟通过程中，药师应当充分尊重患者，学会换位思考，通过对患者提供优质的药学服务来获得患者的尊重。药学服务的专业性极强，患者对相关知识和治疗方案的了解基本上都是通过药师来获得的，故药师要尊重患者的知情权，对患者的疑问进行耐心细致的解答，提供专业的药学服务，才有可能获得患者的认同，进而得到患者的尊重。

2. **相互理解**　每个人观察世界的角度都不尽相同，其审美眼光体现了自身的素质、修养和文明程度。药师在开展药学服务时，应该有胸怀去理解患者的不同观点，做到换位思考，在相互尊重的基础上，相互理解。药师要从患者的利益出发，尽可能多地去了解患者的生理和精神状况，理解患者的情绪；患者常常会出现消极负面的情绪，药师不仅要给予充分的理解，还要多加关心、多加疏导，在提供药学服务的同时也要对患者的情绪做适当的安抚。只有通过自身的努力和优质的服务，药师才能赢得患者的理解和信任。

3. **以诚相待**　药学服务过程中，药师的职业操守和素质最能够体现其对药师职业的忠诚程度。药师对患者的真诚是通过专业化的药学服务和尽职尽责的作风来体现的。在与患者沟通时，药师不仅要提供高质量的药学服务，还要有情感的投入，从患者的利益出发，为患者着想。药师应当切实体现以患者为中心的药学服务理念，促进良好的、有益于患者康复的药患关系的建立。

4. **包容**　患者在疾病治疗过程中，经常遇到耗材耗力又无法快速达到预期治疗效果的情形，继而可能产生过分的消极情绪或者是情绪很容易产生波动，表现出性急、易怒、多虑等，进而对临床的治疗方案不信任、对临床用药产生怀疑，甚至对医务工作者抱有怨气。药师在开展药学服务工作时，对于患者的各种质疑，应该多加体谅，多做耐心、细致的解释工作。对于患者的误解，药师应尽可能以客观、宽容的姿态相待，同时以宽容的态度对待那些不理解、不宽容、甚至是无理取闹的患者，但是需要依据法律的界定加强自我保护意识。

知识拓展

医患关系

医患关系，指医务人员在给患者提供医疗服务过程中，与患者建立的相互关系。有广义和狭义之分。广义的医患关系是指提供医疗服务的群体与接受医疗服务群体之间

笔记

的相互关系。其中，提供医疗服务的群体包括医师、药师、护师、医技科室人员及医院的行政代言人；接受医疗服务的群体包括患者、患者家属及监护人、患者的工作单位代言人。狭义的医患关系是指医生个体与患者个体之间的相互关系。医患关系是人们在社会交往中发展起来的，符合一般人际关系的特点，同时也是一种专业性的人际关系，具有自身的特点：明确的目的性，医患双方的地位是平等的，医生是医患关系的主要影响者，医患关系有时限性。

二、药学服务沟通的技巧

药师开展药学服务过程中与患者的沟通是双向的，但患者只有在患病的时候才会涉及沟通问题，加之在传统的医疗模式中，医务工作者往往是主导的一方，所以药师要掌握一定的与患者进行药学服务沟通的技巧。同时，药师开展药学服务过程中还涉及与治疗团队中其他医务人员的沟通交流。因此，药师需要兼顾不同的药学服务对象，竭力促进良好药学服务沟通的开展。

1. **建立良好的信任关系** 药师向患者提供药学服务的目的是帮助患者早日恢复健康、改善患者的生活质量，药师与患者建立友好关系是实现这一目的的重要基础。建立患者认同的良好医患关系有利于提高患者的依从性，这在心理学上称为医疗联盟。医疗联盟可以被视为在疾病治疗过程中，药师和患者一起面对疾病，相互尊重，相互信任，相互认同。当患者把信任给予药师时，他也会把理解、包容等情绪带到药学服务过程中，患者会对药师的努力给予理解支持，对治疗的预期抱有更多的耐心和信心。

2. **倾听与同理心** 药师与患者建立相互信任、良好友爱关系的重要条件是倾听和同理心。倾听与听到不同，听到是被动地，无论愿意与否，听到随时都在进行；倾听是主动的，是有听的主动意愿。药学服务过程中，当药师从患者的角度来看问题时，倾听就变得很重要了。药师有责任倾听患者的述说，是专心、专注、耐心的聆听，药师的情感要与患者同步，并且要对患者做出适当的积极回应，能够充分理解患者的意图或者思想。通过倾听，药师将获得患者的认同，这对开展药学服务、建立良好的医疗同盟意义重大。

同理心与同情心不同，同情心是以自己的观点来看待别人的困境而产生的悲悯之心；同理心是以某个人的角度来体验世界，重新创造个人观点的能力，即换位思考，移情于对方，能够体会他人的情绪和想法、理解他人的立场和感受，并且要站在他人的角度思考和处理问题。这是药师与患者开展有效的药学服务、建立良好医疗同盟关系最重要的因素。同理心可以促使药师进一步了解患者的想法，但未必要赞同患者；没有同情心也可以产生同理心。

3. **口头语言** 语言是人类最重要的交流工具之一，是开展良好药学服务的载体，药师必须善于运用口头语言技巧，避免使用伤害性语言，实现有效地沟通。药师应当熟练掌握职业性语言，包括医疗性语言、临床药学语言、安慰性语言、鼓励性语言、朋友性语言、劝导性语言等。良好的药学服务沟通能力通过语言表达能力，适宜的语调、语音和语气来体现。药学服务过程中，药师如果能够充分运用语言技能与患者沟通交流，将收到事半功倍的效果。这种口头语言的运用能力不仅需要平时学习的积累，而且需要实践的积累。

4. **肢体语言** 除了语言之外，非言语行为也是药学服务沟通的重要方式，即肢体语言。肢体语言指人们的表情、动作、姿势等，它们随时都在向外界传递信息。有些信息是具有实际用途的，语言可以传达想法，而肢体语言可以传达态度和情感。药师与患者的药学服务沟通中，应注意口头语言与肢体语言的一致性。当药师以友善的笑容和握手向患者致意时，其给患者的感觉将明显不同于只约略点头的药师。药师在向患者提供药学服务时，坐姿是向前还是向后，

笔记

眼神是专注还是游移不定，表情是木然还是生动，都会向患者透露出药师的同理心有多少，药师对患者的关心有多少，反之又体现出药师被患者信任的程度有多少。此外，药学服务过程中，患者的肢体语言可以揭秘患者的情感，患者的表情、坐姿都可以提示患者的状况和情绪。如果患者东张西望、坐立不安，提示药师与患者再多的沟通也可能导致药学服务失效，药师应该以简洁明了的方式沟通或者是终止沟通。如果患者眼中流露出期盼的眼神，说明药师提供的药学服务对于患者很有效。

5. **药师要有团队意识和合作精神**　药学服务过程中药师与其他医务人员的沟通交流要有团队意识和合作精神。医疗过程中医师、药师、护师、营养师、心理咨询师等各有所长，各有分工，应谦虚谨慎，团结合作。药师在开展药学服务过程中如果发现医疗工作存在错误或不足时，应善意地提醒，并注意提醒的时间、地点、场合、语气、语调。尤其需要注意的是，药师不要在患者或家属面前数说治疗团队中其他成员的错误或不足。

6. **药师要勤奋学习，谦虚谨慎**　药学服务过程中药师会学到很多临床知识和应对方法，但仍然可能会遇到解决不了的问题。当其他医务人员向药师提出当时回答不了的问题时，不能不懂装懂，应该诚恳地表示抱歉，并且尽快查阅文献或者请教上级药师，解决回答不了的问题。

7. **药师要加强交流技巧的学习**　药学服务过程中，药师需要了解患者和社会大众的心理，本着“以患者为中心”的理念，不断加强交流技巧的学习，提高药学服务沟通的效率，促进药学服务目标的实现。

知识拓展

移情、反移情

移情，即患者无意识地将自己对亲人（父母、姊妹、兄弟、恋人等）的情感，如爱、恨、愤怒、依恋等指向医师、药师或者其他治疗者的情况。反移情，指医师、药师或其他治疗者将自己对亲属的情感无意识地指向患者的情况。Freud 认为移情中患者对于治疗者的情感有其象征意义，因此在一定的范围内，通过患者的移情可以了解患者真正的情感指向对象，从而了解到患者心理障碍的心理根源。此外，患者和医生之间的移情和反移情，在一定程度上可以建立起真正的信任关系，有利于某些治疗，特别是某些心理治疗的进行。但是，移情和反移情发展到一定的程度，就会改变医疗行为中的医患关系，对治疗产生严重的妨碍。

三、药学服务沟通技能提高的方式

药学服务过程中，药师在掌握药学服务沟通技巧的前提下，能够促进良好药学服务的开展。大多情况下，不同患者需要不同的治疗方案，并且在一些特定的情况下需要一些特殊的处理，药师需要充分认识到这些情况，并且应该了解药学服务过程中所面临的各种问题。因此，药师需要不断探索药学服务沟通技能的提高方式，以便应对所面临的各种挑战。

1. **药师要给患者留下良好的第一印象**　我国现行的医疗体制下，绝大多数患者在开始接受药学服务时，与药师是第一次见面，药师给患者的第一印象可以影响到患者对药师的信任程度，继而影响到患者的依从性和药学服务的效果。因此，药师首先要从语言上获得患者的信任：①药师开展药学服务时语气要中肯，这是药师提供药学服务诚挚态度的体现，表示药师有诚挚的意愿帮助患者，患者将很乐意倾听药师的意见；②药师开展药学服务时讲话的态度要温和，这是药师本身素质的体现，温文尔雅的态度也符合我国传统的儒家风范，而且可以促进药学服

笔记

务质量的提高；③药师开展药学服务时说话要委婉，委婉是药师可以充分利用的表达思想的谈话艺术，如果药师采取委婉的方式开展药学服务，患者很容易从理智上和感情上接受药师的建议，从而提高药学服务的质量。

2. **药师要尊重患者的主张** 药师开展药学服务的过程中，与患者所处的立场、观察事物的角度均存在差别，如果不涉及到原则性的问题，药师要学会求同存异。随着大数据时代的到来，很多患者在感觉到自己身体不适的时候，已经从网络或其他渠道获得了很多跟自己健康问题有关的信息，患者本人也有很多想法和要求，这些想法和要求有些是合理的，有些是不合理甚至是错误的，药师在开展药学服务过程中，针对患者想法和要求的回应要谨慎，既要尊重患者，同意其要求中合理的部分，也要对其不合理的部分予以委婉的拒绝，但不能表现出不耐烦，更不能直接批评患者。

3. **药师要鼓励患者说** 药师在向患者提供药学服务过程中，对于患者的叙述，药师要积极给予鼓励，并且做出及时和恰当的反应，例如，点头示意、微笑、沉默、重复患者的谈话、简短的回应等。

4. **药师要体会患者的感受** 药师在向患者提供药学服务过程中，患者提及的许多感受是药师没有亲身经历过的，如果药师不能很好的体会，很容易导致理解上的偏差；药师要设身处地的从患者的角度去理解、体会他所谈到的问题，继而促进医患双方的认识和情感交流，达到药学服务的目的。

5. **药师要善于使用问句引导话题** 药师开展药学服务的过程必须围绕交谈的目的，既要充分沟通，也要简洁明了。运用提问引导话题有利于把握核心问题，但药师在提问时切忌生硬地打断患者，而是要在恰当的时机礼貌地提出问题，如患者的谈话间隙。

6. **药学服务过程中要抓住主要问题** 药师在开展药学服务过程中，要展开广泛的思考，思考患者说了什么内容，所说的内容提示什么问题，并且要理解患者谈话中的感情色彩、心理倾向等弦外之音；结合交谈的目的和提纲，药师要抓住主要问题作出进一步深入的了解，以节省时间、提高药学服务效率。

7. **药师要尽量使用大家熟悉的例子说明问题，避免专业性太强的术语** 药师在开展药学服务过程中，为了能够让患者更好地理解问题，要尽量选择大家熟悉的例子解释说明，并且在做病情说明时要留有余地。药师与患者的对话交流，要先了解患者对医学知识的了解程度，以便采取符合患者语言习惯的词语同患者进行交谈，继而促进更深一步的交流。药师在对患者进行服药方法的说明时，要尽可能以普通用语进行详细的说明，如避免使用镇静剂、胃黏膜保护剂、肌松药等专业术语，而要采用胃药、降压药、外敷药、口服药等日常用语。

8. **药师要尽量使用开放式提问** 药学服务过程中针对患者的开放式提问，有助于药师在很短时间内有效地和患者进行交流，最大程度地获取患者的相关信息。如"药物使用后现在感觉怎么样？"在开放式提问中，患者是主动的，患者能够把自己最担心的话题拿出来自由述说，这对患者来说是一种极大的满足。药师需要控制和掌握患者谈话的节奏，避免患者说起来没完没了。药学服务时采用开放式提问不会让患者轻易地回答"是"或"否"，能促使患者多说话，药师不仅能够获得想要的信息，可能还会获得患者治疗过程中的其他信息，这些信息有时对于提高药学服务效率、促进患者的健康具有重要的价值。

9. **药师要尽量少用或者拒绝使用封闭式提问** 药师在开展药学服务过程中，与患者交流时要尽量少用或者拒绝使用封闭式提问，如"……，是吗"？对于这类提问，患者只能回答"是"或者"否"，药师如果想进一步扩大话题，则必须再次追加选择项进行提问。封闭式提问能够让药师快速地获得患者的信息，目标明确；但患者回答起来觉得不是很安全，可能会遗漏很多重要的信息。

药师在开展药学服务过程中，沟通的各种基本技巧和提高技巧的单独运用或者是组合运

笔记

用，都要以一个大的原则为基础，即因服务对象的具体情况而异。药学服务沟通还受到患者的个性特征、文化背景、群体生活习惯等因素影响，药师本人的个人素养、人格魅力、知识面、职业道德水准等也是非常重要的因素。

第二节　药学人员的语言沟通

语言是沟通的桥梁，是以交流观点、意见、思想为目的的。药学人员的语言沟通不同于普通社交场合的人际关系沟通，药师在开展药学服务过程中的语言沟通是“以患者为中心”的，是要竭力提高患者药物治疗的安全性、有效性、经济性和依从性。近百年来，医学的服务模式都是由医师主导的，医师拥有绝对的权威性，医师决定患者的诊断，替患者决定治疗方案，患者只能被动接受。随着医学模式的转变，生物 - 心理 - 社会医学模式背景下患者的自我权利意识越来越强，患者要求更多的知情权，患者也越来越关注到可以与医师、药师共同决定自己的诊疗计划。近年来，我国的医疗服务体系正逐步向顺应患者的需求转变，逐步提供越来越人性化的医疗服务和药学服务。药学服务过程中，药师与患者的语言沟通是必然的，为促进患者的身心健康，要求药师不断提高药学服务的沟通能力，除了在日常生活中加强沟通能力的锻炼外，还需要在与患者沟通技巧方面加强学习。

一、语言沟通的原则及要求

语言沟通是信息沟通的一个重要方式，主要是以口头语的方式沟通，即交谈或晤谈，书面语的形式运用较少。药师开展药学服务过程中与患者的交谈能准确地表达和传达药学服务信息，只要药师和患者对语言及语境理解一致，沟通中损失的信息就很少，这是药师和患者之间最主要的交往方式。药师与患者语言沟通的原则如下：

1. 药师要尊重患者　药师与患者的交谈要在平等、和谐的医患关系中进行。在传统的医患关系中，患者一方常处于弱势、被动服从的地位，因此需要药师在开展药学服务过程中尽力避免患者的信息不能很好地表达，避免产生沟通障碍。

2. 药师对待不同的患者要平等　药师在开展药学服务过程中要有爱心和同情心，对待地位不同、收入不同、职业不同的患者应该一视同仁，平等对待。

3. 药师对患者的沟通要有针对性　药学服务是医疗活动的一部分，药师与患者的交谈应该有目的、有计划地进行。在语言沟通之前，药师要做充分的准备，明确沟通的目的、步骤、方式。药师在提供药学监护服务时，要求在短时间内向患者重点说明药物的药效、用法、用量，提供药品不良反应、相互作用、饮食注意等重要信息。

4. 药师要对患者提供的信息及时做出反馈　药学服务过程中，药师要对患者的谈话及时做出反馈，采用插话、点头、表情等手段对患者的谈话进行应答；这有利于药师与患者交谈过程的顺利进行，也有利于双向信息的交流。另外，药师对交谈中获得的信息要及时整理分析，并将有关的内容反馈给患者，如治疗方案的实施、药物的更换等。

5. 药师与患者的语言沟通要机动灵活　同样的药学服务问题针对不同的患者有不同的处理方法；不同的处理方式，获得的药学服务效果不同。药师在面对不同的患者时要因人而异，采用不同的交谈方式。

药学服务过程中，药师希望向患者提供药品使用相关的各类服务，提高药物治疗的安全性、有效性、经济性；患者希望药师能够了解自己的病情，借助药师所掌握的知识提高自己的生活质量。表面上看，药师与患者之间的沟通似乎很容易达成一致，实际过程中，药师还需要按照药学人员的语言要求进行沟通，才能达到药学服务的目标。

(1) 药学人员语言沟通的首要任务是准确获取患者的病史和了解患者的想法。

笔记

(2) 药学人员语言沟通的总体目标是保障患者用药安全。

(3) 药学人员的语言沟通要能够向患者解释清楚临床用药方案，继而提高患者的依从性。

(4) 药学人员的语言沟通要尊重患者的意愿，将患者的意愿纳入最终的决定中。

(5) 药学人员的语言沟通要能够与患者达成协议，药师要就药物作用机制、药物疗效、药物使用方法、可能的不良事件、药物的疗效和价格等问题与患者做细致的沟通交流以获得患者的理解，达成一致。

(6) 药学人员的语言沟通要真诚、用心。

(7) 药学人员的语言沟通既要规范职业用语，也要注重人文情怀。

二、书面沟通

书面沟通可以防止患者因记忆差错而导致的用药问题，它是语言沟通的补充方式。药师在进行药学服务沟通时，针对特殊情况，例如丧失语言能力的患者、需要进行某些特殊检查的患者、需要采取特殊治疗或重大手术的患者、患者或患者家属不配合或不理解医疗行为，应当采用书面形式进行沟通。此外，药师在开展药学服务过程中，遇到下列情形也常常会使用书面沟通。

1. **专业性较强的内容** 尽管药物都有专业又详细的使用说明书，但是能够认真阅读的患者是少数，加之患者对疾病和药物专业知识的缺乏，大部分患者都对用药情况缺乏了解。药师在开展药学服务过程中，能够高度概括说明书中的核心内容，形成用药的指导材料，这对于患者的正确用药是很有帮助的。

2. **年龄较长的患者** 一般来说，年龄较长的患者记忆力和理解力均不够好，例如老年高血压患者、老年糖尿病患者，不仅用药时间长，而且药物种类多，药师在开展药学服务时提供一份简洁明了的书面用药提示，对于提高患者的用药依从性和有效性是很有价值的。

3. **转述** 当药师没有直接面对患者，通过第三方(如患者家属)转述用药情况时，书面沟通可以避免不必要的信息丢失或是错误转达，继而可以提高患者用药的安全性。

药师在开展药学服务过程中使用的书面沟通，在某种程度上属于医疗文件的范畴，因此，书面沟通的书写需要符合基本要求：①药师的书面沟通必须符合客观真实，实事求是；②药师的书面沟通必须字迹工整、清晰；③药师的书面沟通内容要完整，不能遗漏信息；④药师的书面沟通不得随意涂改或剪贴，必要修改处要签名或盖自己的印章以示负责；⑤针对急性患者、危重患者的书面沟通应特别注明，并准确记录书面沟通的时间；⑥每次药学服务的书面沟通都要注明日期，记录后药师必须签署全名；⑦药学服务的书面沟通应在规定的时间内完成书写，不得后延；⑧需要科主任和上级药师签字的书面沟通应及时汇报，签字确认。

第三节 药学服务的言语性沟通技巧

一、倾听

倾听是药学服务沟通过程中最重要、也是最基本的一项技巧，药师与患者交谈时要专心、耐心、关心地倾听患者的诉说，并要对患者的叙述有所反应。如果药师表现出心不在焉、似听非听，或者随意打断患者的谈话，都是不礼貌的。饱受病痛折磨的患者，在接受药学服务时的迫切心情就是清楚地表述自己的疾病和药物使用情况，如果药师能够从患者的角度考虑问题，开诚布公，将会很快接近患者的内心世界，提高药学服务的效果。倾听，有技巧问题，也有注意力稳定、分配、转移的问题。

(一) 药师要建立良好的倾听习惯与技巧

1. **药师要全心全意地倾听** 药师在开展药学服务过程中，和患者交谈的时候，要留心听患者说话。有两点注意事项：①药师要表情自然地注视着患者，点头示意或打手势鼓励患者说下去，借此表明在用心倾听，但药师也不要自始至终一动不动地死盯着患者；②药师为保证药学服务的顺利进行，不要急于插话，不要打断患者的讲话，要等到患者告一段落时，再不失尊重地表明自己的看法，或是说明不得不结束谈话的原因。

2. **药师要感受性地倾听** 药师不要批评性地去听，患者对药学服务的评论未必都正确，即便药师要提醒和劝导患者，但药师作为听者，应当是感受性地倾听，即先以同理之心进行移情交流，然后再适当地对患者予以分析和评价。感受性地听，从正面做出反应，会使药师和患者都感到心悦诚服。如果药学服务过程中患者主动多次表述，药师要用心去配合，在倾听中用表情会意，形成尊重，解除患者的心病，同时收集患者的细节信息。

3. **药师要引导患者说下去** 药学服务过程中，要让患者讲话，并让患者把话讲完，有时也需要药师的巧妙引导：①药师要在倾听中积极地做出反馈，例如，在聆听中适时地点头、微笑或简单重复一下患者的要点，适当的赞美，利用倾听的时间构思自己要说的话该怎么表达，药师要有所准备才会说得恰当得体；②药师在倾听中，要鼓励患者、引导患者说下去，可以采取提问、赞同、简短评论、复述对方话头、表示同意等方法。药师在开展药学服务过程中要做到坚持与患者谈话，主动了解患者药物使用情况，引导患者说话，表明一视同仁的态度；③药师在倾听中要适时地提问，要求患者把重要之处说得详细一些。这样，药师可以获得更多的信息，然后努力去回答问题，这既表明药师对患者所说的内容很有兴趣，也可以增进药师与患者的感情，但一般不要提与药学服务无关的问题；④药师在倾听中不要随便打断患者，不要贸然地给患者的谈话下判语，对自己没有听清楚的话要随时询问。

4. **药师不要随便纠正患者的错误** 药学服务过程中，无论患者说了什么话，药师最好不要随便纠正他的错误，这样才不会引起患者的反感。药师如果要提出意见，一定要讲究时机和态度，不要太莽撞，以免影响药学服务的效果。

5. **药师要善于发现患者话语中美好的成分、积极的因素** 药师在和患者交流的过程中，时常会听到一些纷杂的话语和声音，并因此而感到厌烦，这是药学服务过程中难以避免的，但其中会有某些美好的人性和闪光的思想值得药师去发现、去感受。药师的倾听也意味要用爱心去听，善于把患者许多纷杂的话语和声音转换为提高药学服务质量的动力。

（二）药师用心倾听的好处

1. **药师用心倾听才能更多地了解患者** 很少有人会轻易随便地把自己内心的一切袒露给他人，但也没有人能够不让自己的心理活动、意图、个性从言谈举止中流露出来。因而，药师力求了解患者的基本途径和最好方式除了注意观察，就是用心倾听。

2. **药师用心倾听有可能捕捉到药学服务过程中宝贵的知识和信息** 只要留心，药师总能发现和获得药学服务相关的某些宝贵的知识和信息，从而触发药师提高药学服务质量的灵感。

3. **药师在沟通时要留心自己的声音** 药学服务过程中，若药师能分出部分精力来留心自己的声音，就可以时时清醒地了解到与患者沟通的效果。药师要留心自己说话的内容，在沟通的同时不断反省自己，避免不适当的话语或说话方式。

二、称呼与介绍

药师的称呼与介绍被看作是良好药学服务沟通的起点，是药师与患者关系是否融洽的初步体现。药师开展药学服务的语言沟通首先要称呼得体，称呼语是药师与患者交往的起点，称呼得体会给患者以良好的第一印象，为药学服务的顺利开展打下互相尊重、互相信任的基础。药师称呼患者的原则是：①根据患者的身份、职业、年龄等具体情况因人而异，力求恰当；②避免直呼患者的名字，尤其是药师与患者初次见面时；③药师不可以病床号取代患者的称谓；④药师与患者谈及其配偶或家属时应用敬称，如“您夫人”“您母亲”，以示尊重。

药学服务过程中药师除了要礼貌地称呼患者外，还需要注意自我介绍的方式。药师第一次与患者见面时，应该使用陈述语介绍自己，意在即刻让患者明白为他提供药学服务的人是具有专业知识和职业素养的药师。陈述语直接、简单、明了，可以表现出药师的自信，又内含威严。如果药师在自我介绍时适当地将礼貌用语与陈述语结合，即可改变陈述语的刚性，增加柔性，使患者感到亲切而更加易于接受，且可以建立友好的药患关系。

三、交　谈

药师在药学服务实践中，要注意交谈的技巧性和灵活性，这样才能充分发挥专业技术特长，提高药学服务质量。药师与患者的交谈要专注、真诚、尊重。专注是药师认真、重视、负责任的一种态度表现，是建立信任的前提。药师在与患者的交谈过程中不仅要理解患者语言的口头含义，而且要观察患者的表情、举止等，领悟患者的言外之意，体会患者的心声。专注一般表现为：①聚精会神地倾听；②目光正视患者；③及时给患者以反馈，如点头、微笑等；④耐心地提出问题、回答问题。

真诚是药师在开展药学服务过程中要善待患者，其感情基础是爱心，药师要替患者着想，尽最大努力避免伤害到患者。真诚是药师获得患者信任的基础，药师和患者交谈过程中表达真诚时应注意：①讲话亲切、自然、不矫揉造作；②具有与人为善的良好愿望；③能设身处地为患者着想；④真实地表达自己的情感和想法；⑤语言表达与表情举止等肢体语言应保持一致。

尊重是药师与患者建立信任关系的基本要素，当患者受到药师的尊重时，就意味着患者受到了平等的对待，他的存在和价值得到了药师的承认和肯定。药师与患者交谈时表达尊重时要意识到以下几点：①尊重患者就是尊重药师自己；②药师要换位思考；③药师对患者的讲话不要急于下结论，尤其是定性的结论，即便看法不同，也要委婉地提出。

四、恰当地使用沉默

沉默是药师在开展药学服务时可以使用的超越语言力量的信息沟通方式，它表达的意义是丰富多彩的。沉默以语言形式的最小值换来了沟通交流意义上的最大值，既可以衬托出语言的作用，又可以表现出语言运用的艺术。沉默可以表达药师的接受、关注、同情，也可以表达药师委婉的否认和拒绝，关键是沉默运用的时机、场合。因此，药师在与患者的交谈中恰当地使用沉默，可以收到意想不到的效果。此外，药学服务过程中，药师的沉默可以是给患者思考的时间，也可以是药师给自己提供观察患者非言语行为的时间。对于患有焦虑的患者，药师的沉默常常可以让患者感受到药师的体贴和关心。

五、说　理

药师在开展药学服务过程中，常常会遇到患者依从性不好的情况，甚至会遇到患者不肯治疗的情况，此时，药师要恰当地同患者说理，尽可能地说服患者。

1. **药师要从患者的利益角度进行说理**　药师应该紧紧抓住患者依从性不好的主要原因，揭示患者疾病发展的趋势和对患者的影响，晓之以理，才能使患者认识到积极配合的重要性，从而提高药学服务效果。

2. **药师要从患者的性格出发进行说理**　药师在开展药学服务过程中，说理要因患者而异、因病情而异；药师的语言表达对任何患者都是必要的，针对患者性格有的放矢、措辞准确的说理最能说服患者，从而达到药学服务的目的。

3. **药师要揣摩患者的需求和目的**　药学服务过程中，药师要通过问题引导患者去发现问题的症结所在，这也有助于药师整理自己的思路，使得药师深入地了解患者的需求和目的，从而有针对性地提高药学服务的效果。

笔记

4. 药师要告知患者药学服务的关键点和注意事项　患者的依从性是影响药学服务质量的主要因素之一，很多情况下，患者自觉临床症状好转后，依从性就会下降。药师在开展药学服务时，要把疾病的病程、患者的病情、药物的药效等方面的问题跟患者沟通清楚，借以提高药学服务的效果。

六、赞　美

希望得到他人的赞美是人类的天性之一，药师在开展药学服务过程中，要适当地赞美患者，患者得到药师的肯定和承认，可以提高依从性，进而提升药学服务的质量。

1. **药师的赞美要坦诚得体**　药师赞美患者的首要条件，是诚挚的心意和认真的态度。

2. **药师的赞美要实事求是，措辞适当**　真诚的赞扬应是建立在客观事实的基础上的：①药师的措辞不要夸张，应该朴实、自然，不添加任何修饰成分；②药师的赞扬要适度，不要过分；③药师的赞美不要陈词滥调；④药师在使用赞美时不可触及患者的忌讳。

3. **热诚赞美，深入细致**　药师在开展药学服务过程中，赞美患者要把内容具体化，例如：患者良好的作息习惯，这种作息习惯对提高药物疗效的帮助，患者得益于良好作息习惯提高药物疗效的主观感受。

七、感恩与道歉

药师在开展药学服务过程中，恰当地运用感恩和道歉，能够提高药学服务的质量。感恩是处世哲学中的大智慧，药师在"以患者为中心"提供药学服务时，患者应该以感恩的心态对待，但这需要药师在与患者沟通时主动培养患者的感恩心态，适度强调医师、药师、护师、心理咨询师、营养师等医务工作者的付出，这样患者才会有一个积极的、健康的心态，促进药学服务质量的提升。药学服务过程中，药师在不断完善临床知识体系的同时，也能够认识到自己知识上的欠缺，此时与患者沟通时，不能不懂装懂，应该诚恳地向患者道歉，切忌先辩解，开脱自己，然后药师要竭力弥补，最终将有助于药学服务质量的提高。

八、积极影响对方情绪

患者的病情在医疗过程中会有很多变数，发生意想不到的情况也是常有的，此时患者的情绪很容易受到影响，药师在开展药学服务过程中，要以充满信心、乐观积极的心态影响患者的情绪。患者情绪的改善，将有助于药学服务质量的提高。

第四节　药学服务的非言语性沟通技巧

语言并非是药师与患者之间沟通的唯一方式，非言语性沟通以人体语言（非语言行为）作为载体，通过目光、表情、动作、空间距离等来进行药师与患者之间的信息交流，是语言沟通的重要补充形式。一般而言，信息传递的总效果中有 7% 取决于语言内容，38% 取决于语调语速，55% 取决于表情动作。很多情况下，非言语沟通方式往往比语言性沟通方式更有效，至少也具有和语言性沟通方式相同的效果。当药师的非言语性沟通与语言沟通表述不一致时，患者会更加相信非言语沟通所传递的信息，可见药师的非言语沟通是影响药学服务效果的重要因素。

一、什么是非言语沟通

非言语沟通即人体语言沟通，是有他人在场时，个体以人体语言为载体，如目光、表情、动作、人际距离等表现出来的，能够被他人感觉到的信息传递方式。非言语沟通在药师与患者的沟通中占有重要地位，药师在开展药学服务过程中，不可能总是以语言的形式表达"以患者为中

笔记

心”的理念，通过表情动作、目光接触、周围环境信息等非言语手段表达出来，更加容易获得患者的理解、信任、依从，从而达到药学服务的目的。非言语沟通可以分为动态与静态两种，动态非言语沟通主要包括目光、视线、动作、面部表情、身段表情、人际距离、说话的语调和语速等；静态非言语沟通主要包括仪表、服装、沉默、环境信息等。

1. **药师的非言语沟通** 药师自开展药学服务开始，就学习如何使用语言向患者和公众提供与药品使用相关的技术服务，并在工作实践中不断培养这一方面的技能，但在药学服务过程中依然会出现与患者沟通不畅的情况，一个重要的原因就是药师没有注意到非言语沟通的重要性。药师与患者的关系不同于普通的服务提供者与被服务者的关系，药师开展药学服务时，需要知道患者的不适以及有关的用药信息，甚至包括患者对其他人都没有说过的隐私。因此，药师的非言语沟通对患者的影响很大，药师要通过积极的非言语方式影响患者的情绪，提高药学服务的质量。

2. **患者的非言语沟通** 药师在开展药学服务过程中，除了需要不断地提高自己的语言以及非言语沟通能力以外，还要学会读懂患者的非言语信息。患者的非言语沟通往往是药师开展药学服务之后的效果体现，因此药师在与患者沟通过程中，要始终注意患者的非言语信息，留心观察患者口头上的或视觉上的线索，即患者所说的和没有说出来的信息，包括患者讲话的动作、语调、姿势、面部表情。这些线索都是患者隐蔽的或不太隐蔽的思维程序的标识，识别这些标识将有助于提高药学服务的质量。

二、非言语沟通的特点

药师在开展药学服务过程中，所使用的非言语沟通不完全等同于普通人际交往的非言语沟通，由于服务对象的特殊性，药学服务过程中的非言语沟通兼具特殊性和普遍性。

1. **多渠道沟通** 药师的非语言沟通信息可以通过多种渠道传达，例如：反应时间、身体语言、声音特点、环境参与等。

2. **反应时间** 患者发出求助信息被药师接收并作出反应，进而提供药学服务所间隔的时间。若间隔时间长，则患者可能接收到一个负面的非言语信息，即药师不关心患者。

3. **身体语言** 药师通过身体的外观、姿势、手势、触摸、步态、目光接触、面部表情等均可以向患者传递“以患者为中心”的理念。

4. **声音表达** 非言语沟通同样可以通过声音的渠道传递，例如，药师的语速、语调、声音的大小等。此外，药师在开展药学服务过程中，不要让声音信息打断整个过程，例如，药师不可以在开展药学服务时接听电话。

5. **环境参与** 药师开展药学服务的环境要明亮宽敞、清洁整齐、空气清新，这有助于缓解患者的紧张情绪。

6. **多种目的性** 药师在与患者沟通时，恰当地使用非言语沟通可以简单明了地表明不同的目的。药师在开展药学服务过程中，切不可时常看自己的手表或手机，这种非言语行为会使患者感到药师对他(她)的谈话不感兴趣。因此，药师要注意识别患者非言语信息的准确含义，同时注意自己非言语行为给患者带来的影响。

7. **无意识性** 尽管药师在开展药学服务过程中的非言语沟通有时是被有意识选择的，但多数情况下，非言语行为是无意识表达出来的，所以药师在与患者沟通过程中，要注意识别患者无意识表露出来的非言语行为。

8. **情绪表现** 非言语沟通是药师和患者表达情绪的一种手段，非言语沟通和语言沟通的配合使用，常常可以强调或扩大所选词语的含义。药师在和患者沟通过程中，非言语沟通往往已经提前把药师的情绪展现出来了。

9. **较强的真实性** 药师在开展药学服务过程中，大多非言语行为都是“以患者为中心”的

无意识的体现，它不像语言沟通中词语的选择可以有意识地控制，所以，非言语行为能够将药师的真实想法更准确地流露和表达，更加能够获得患者的理解和支持，从而提高药学服务质量。

10. **文化的差异性**　药师在开展药学服务过程中，要区分不同服务对象非言语行为的文化差异性，以免影响药学服务的质量。

三、非言语沟通的功能与作用

药学服务过程中，药师采用非言语沟通的功能与作用就是传递信息、沟通思想、交流感情。

1. 药师使用非言语沟通符号来重复语言所表达的意思或加深患者对药学服务的理解。

2. 药师的替代语言，即药师使用非言语沟通符号来表达“以患者为中心”的理念。

3. 药师语言沟通的辅助工具，非言语符号可以使药师开展药学服务的语言表达的更准确、更生动、更有力、更具体。

4. 调整和控制语言，药师借助非言语符号来表示药学服务交流沟通中不同阶段的意向，传递自己意向变化的信息。

5. 表达超语言意义，药师在与患者沟通过程中，非言语符号有时要比语言更具有说服力，当药师认同患者时深深地点头，要比任何语言沟通更能表达药师的心情。

四、非言语沟通的方式

1. **药师的仁爱之心是与患者沟通的基石**　非言语沟通大多是发自内心、难以压抑或掩饰的。因此，药师要时刻牢记“以患者为中心”的药学服务理念，才会真正提高与患者沟通的能力。药学服务中，药师代表患者并为患者的利益工作，这一角色赋予了药师一定的权力，药师在患者面前也具有了一定的权威性。因此，仁爱之心是药师职业的天然需要。

2. **仪表和身体的外观**　实践表明，84% 的人对另一个人的第一印象来自于他的外表。药师的仪表会直接影响患者对药师的印象，开展药学服务时，药师应注意自己的着装和修饰，力求给患者带来信心和美感，这有利于药学服务的顺利进行。在医院内，所有的医务人员都要穿固定样式和颜色的工作服，并且工作服应该在任何时候都保持干净挺括，这是医院专业氛围的具体反映。

3. **面部表情**　面部表情是身体语言中最重要的一种，也是最丰富、最有表现力的一种。面部表情包括眼、嘴、颜面肌肉的变化，这是药师观察患者内心变化的一个重要信息来源，同时也是患者了解药师内心活动的窗口。药师在药学服务中与患者沟通时，一些细微的表情变化可以提示患者对药师谈话的反应，如果患者表现出疑惑不解的表情，提示患者可能没有听懂，药师可能需要改用通俗的语言加以解释；如果患者表现出心不在焉的表情，说明患者根本没有在听药师正在说的话，这时药师应该停止谈话，探询患者内心的想法，否则将事倍功半。

4. **身段表情**　药师可以采用扬眉毛、扩大鼻孔、噘嘴、点头、摇头、挥手、耸肩等外部动作同患者进行沟通。药学服务过程中，药师诚实友善地向患者点头，临走时向患者挥挥手，都能增进与患者的感情。

5. **眼神**　“眼睛是心灵的窗口”，药学服务过程中，眼神的力量已经远远超出药师能够用语言表达的内容。药师面对患者时注视对方，既表示对患者的尊重，是“倾听”的信号，也能够促进药师与患者的沟通，给患者以反馈。药师适当运用目光眼神的作用，可以判断患者的心理状态和药学服务信息被接受的程度，对提高药学服务的质量会有很好的促进作用。当药师的目光注视患者时，如果患者马上将视线回避，提示该患者比较内向，有自卑感，药师在沟通中应以鼓励、启发方式为主。谈话过程中，如果患者的眼神突然转向别处，说明患者对药师的谈话内容不感兴趣或者拒绝接受，此时药师需要重新评估患者的需求或换个方式与患者进行沟通。患者游移不定的眼神常常提示没有主见或者多疑的性格特点，此时药师需要更加耐心、语气要比较

笔记

肯定，以提高患者对药师的信任感。此外，药师的视线应停留在患者的两眼与嘴之间的三角区，要避免斜视患者。药师注视患者的时间应该占药学服务时间的30%～60%，特别是异性的药患之间不要超过60%。

6. **人际距离和朝向** 药师与患者沟通交往的距离与朝向取决于彼此之间的亲密程度，这在初次开展药学服务时很重要，会直接影响到服务的质量。这里所指的距离是沟通过程中药师和患者之间的距离，距离不恰当很可能成为沟通的障碍和沟通失败的原因之一。实践中各种不同关系的个体之间沟通时应保持的距离通常为：①亲密距离，0.5米以内，亲人之间在进行沟通时的合适距离，例如，夫妻、母子、父子等；②个人距离，0.5～1.0米，朋友之间在进行非正式沟通时比较合适的距离；③社交距离，1.0～4.0米，相互认识的个体在进行沟通时比较合适的距离；④公众距离，3.0～7.0米，在正式场合进行单向沟通比较适合的距离，例如，对公众讲课、演讲。药师在开展药学服务时经常用到的沟通距离有公众距离（例如，对患者及亲属群体进行健康教育）、社交距离（例如，对患者或亲属传递有关医疗信息的正式沟通）、亲密距离（例如，对孤独自怜的患者、儿童患者、老年患者的沟通）。药师与患者沟通时，直接面对面的方式很容易让患者产生紧张情绪，推荐使用90°角的朝向方式；对于卧床的患者，不要站着与患者进行沟通，最好能够坐在病床旁边，保持视线与患者病床同高的水平为好。

7. **语气和语调** 语气和语调能够传递语言以外的很多含义。患者和药师沟通过程中，语气犹豫、低沉，提示患者的状态很差。语调有升调、降调两种，药师的发问、怀疑常用升调，药师叙述事实常用降调。语调的表达与音长、音量有关，药师要刻意强调的内容常常是音长延长，不重要的内容往往是音长缩短，音量的高低同样可以表达药师的情绪和态度。因此，药学服务过程中，药师要恰当地运用语气和语调去沟通，将会得到患者的支持和理解，而患者也会听从药师的嘱咐和建议。此外，药师仔细观察患者说话的语气和语调，也可以了解到患者对于药学服务的反馈信息。

8. **身体触摸** 药学服务过程中，触摸身体是药师可以审慎使用的一种很有效的沟通方式，触摸可以向患者表达理解、体贴、关心、支持、安慰等情感。触摸是一种表达非常个体化的行为，受性别、年龄和文化等因素的影响，因此触摸也是一种容易被误解的沟通方式，药师要依据患者特点审慎地使用。

药师的举手投足都是其素质修养的准确体现，也是其生活环境长期影响的结果，所以药师在平时的工作生活中要注意非言语行为的培养。

第五节 药学服务沟通技巧实例

患者，女，65岁，诊断患有2型糖尿病。药师刚给她调剂了一张处方，格列吡嗪控释片5mg，一天1片，此时患者来到药学咨询室。

药师："您好，我有什么能够帮助到您的？"

患者（没精打采的）："我想咨询一些问题。"

药师："好的，请坐。"

患者（忧心忡忡的）："大夫说我用饮食控制血糖不管用了，让我现在开始使用药物治疗。"

药师（看了看患者的病历）："不用担心，很多人到了你这个年纪都患有糖尿病，只要你规律地使用药物，控制饮食，就没有多大问题。"

患者（高兴）："啊，谢谢，大夫给我开的药，会不会有副作用？"

药师："任何药物都有副作用的，你以前对什么药物过敏吗？"

患者："没有药物过敏。"

药师："那就好，你用的这个药物和磺胺类药物有交叉过敏的可能。使用这个药物最主要的

副作用是低血糖，你要定时定量饮食，不要剧烈、长时间运动，不要饮酒，这样会减少低血糖的发生。我这里有一份这一类降糖药物使用的注意事项（药师递给患者一份纸质宣传单，上面列出了磺脲类药物最主要的不良反应及相关注意事项），我把其中特别要注意的地方给你解释一下（解释过程略）。当然，如果你在用药过程中出现其他不舒服的情况，请及时和我或者是给你开药的医师联系。”

患者：“非常感谢，我吃药时还有什么要注意的啊？”

药师：“这个药是控释片，你不能破坏它的剂型（药师观察到患者出现不解的神情），控释片是缓慢释放药物，保证你一整天血糖的平稳，所以你要整片吞下，不能把药掰开吃半片。”

患者：“好的。”

药师：“刚才谈话的内容，你都理解了吗？还有其他问题吗？我这儿有一份糖尿病患者健康教育的材料，它会告诉你生活中需要注意哪些事项，良好的生活习惯对你的血糖控制很有帮助，上面有我的电话，有什么疑问随时跟我联系。”

分析：这是一例患者向药师咨询格列吡嗪药品不良反应和用法、药师向患者提供药学服务的案例。药师在提供药学服务过程中与患者进行了良好的沟通：①药师观察到患者对糖尿病的恐惧心理，适时对其进行了安慰，缓解了患者的紧张情绪，提高了患者进一步咨询的意愿；②患者在咨询格列吡嗪的不良反应时，药师做了较为准确的解答，并给患者提供了相关的纸质材料，为了避免患者对于不良反应的过度焦虑，药师没有把所有的不良反应列出，同时交代患者如有不适及时与医务工作者联系，从而确保了患者如果出现了一些罕见严重的药品不良反应时能够得到及时的处理；③患者在咨询药物的用法时，药师意识到使用了太多的专业术语，改用通俗语言和患者沟通，确保患者能够理解相关信息；④药师在药学服务沟通结束时，确认患者理解了沟通的内容，及时进行了健康宣传教育，并提供了进一步沟通的途径。

实训项目三　药学服务沟通技巧实训

【实训目的】

1. 通过医疗机构现场实训，使学生了解药学服务沟通的一般原则和特点。

2. 掌握药学服务沟通的基本技巧，培养学生药学服务沟通的能力。

【实训条件】 分管教学工作的院系领导或带教老师与相关合作医院联系，获得对方支持，实地开展药学服务沟通；不具备实地开展药学服务沟通的学校，可建立一间模拟病房进行模拟实训。

【实训要求】 所选病例典型，具有教学价值，能给学生留下较深印象，能锻炼其药学服务沟通的技能。

【实训准备】

1. 实训的组织　①联系开展药学服务沟通的医院及其科室；②由本项目带教老师主持，实习学生、临床药师、临床医生和某种疾病患者（或学生扮演的临床药师、临床医生、患者）等参加。

2. 实训前的准备　①带教老师准备：在病房进行药学服务时，查房前一天准备某种疾病患者病例，并告知患者。获得患者的同意后，方可进行教学。查阅病史记录和用药记录，熟悉患者的基本情况，准备药学服务流程及记录表，准备问题；②实习学生准备：查阅相关文献资料，熟悉某种疾病患者药学服务的内容、工作流程和药学服务记录；③如是模拟实训，则须准备某种疾病病例资料，并进行角色安排，进行排练。

【实训内容】 学生分组进行药学服务沟通实训。内容包括：

1. 床边查视患者，了解患者基本情况。

2. 现场与患者沟通，了解用药情况、解答患者的用药问题等。

3. 制订药学监护方案。

【实训过程】

1. 在带教老师带领下，学生以 8～10 人为一组，到所联系的医院实地进行药学服务沟通；或由学生分别扮演临床药师、医师、护师、患者、患者家属等进行情景模拟实训。并对所进行药学服务沟通基本情况进行分析。

2. 调查过程中积极询问患者基本情况、用药情况、用药过程中存在的疑问、用药的效果，并进行详细记录。

3. 调查结束后，带教老师进行药学服务沟通技巧的现场集中讲评。

实训路径示意图：

【实训考核】

1. 各组学生在预先充分讨论的基础上推选 1 名代表做总体汇报，其他同学做补充。

2. 带教老师在汇报和答辩结束后进行点评和总结，指出各组在实训过程中好的表现和不足之处。

3. 带教老师根据各组的药学监护方案进行综合评分。

【思考题】

1. 如何发现和处理住院患者和门诊患者药学服务沟通过程中出现的问题？

2. 哪些患者、哪些药物容易出现药学服务沟通问题？

3. 针对某一特殊的患者群体，举例说明药学服务沟通技巧的运用情况？

（宫　建　王　驰）

笔记

第四章 临床药学与临床药师

第一节 临床药学

一、概 述

在人类生存繁衍的漫长岁月里，疾病如影随形，人类从未停止过与疾病的抗争，而疾病的药物治疗则是人类对抗疾病的最常用、最重要的方法。应用药物与疾病抗争，是人类保护自身健康，维持生存繁衍的重要的、有效的手段。随着社会的发展，工业化、城镇化、老龄化及环境污染等问题，导致今天人们要面对更加复杂的疾病、越来越多的患者及愈加复杂的药物治疗。人类对自身健康越来越关注，对健康的需求也越来越强烈。面对数以万计的药物和纷繁复杂的药物治疗方法，只有安全、有效、经济地使用药物才能有效地治愈疾病，维系健康。

当前药物应用面临严峻问题，不合理用药现象层出不穷，合理用药成为社会关注的焦点。在人类探求药物应用规律，解决各种用药问题，为患者提供药学服务的过程中，临床药学学科和临床药师职业应运而生并逐渐发展起来。临床药学（clinical pharmacy）是指将药学与临床相结合，直接面向患者，以患者为中心，以合理用药为核心，研究并实践临床药物治疗，提高药物治疗质量和水平的综合性应用学科。临床药学作为医药结合的桥梁，是药学领域中产生的新兴学科，以探索药物与机体、疾病之间的相互关系作为学科内涵，关注用药者，关心用药方法、用药过程与用药结果。临床药学的基本任务是提供药学服务，促进合理用药。

二、临床药学的产生与发展

（一）临床药学的产生背景

1. **人类健康的需求** 人类对自身健康的需求是临床药学产生的根本原因。二十世纪初，威胁人类健康的主要疾病是急性和慢性传染病、营养不良性疾病及寄生虫病等。二十世纪后半叶开始，高血压、冠心病、脑卒中、糖尿病、癌症和慢性呼吸系统疾病等慢性非传染性疾病严重威胁着人类的健康，并已成为当今世界上最主要的死因，占所有死亡的63%。疾病已成为人类生命和健康的最可怕威胁，阻碍着人类社会的发展。保护健康，消除疾病是人类永恒的追求。疾病的防治有多种方法，药物治疗是其中最常用、最重要的方法之一。人类对健康的需求，不仅需要高质量、高效率的药品保障供应，更需要高质量、高水平、高效率的药学服务。开展以患者为中心的药学服务，促进人类健康和社会和谐发展成为新时期药学学科的重要任务，也催生和促进了临床药学的产生和发展。

2. **人类面临严峻的用药问题** 人类面临严峻的用药问题是临床药学学科产生的重要动因之一。随着威胁人类健康的疾病谱不断发生变化、药品种类及其信息的快速增加，给疾病的药物治疗带来了巨大挑战。目前，我国流通的药品品种繁多，市场上的药品已经超过10多万，药物两两之间的相互作用更是千变万化。面对复杂多变的疾病、种类繁多的药品和越来越复杂的药物治疗，药物应用的安全性问题日益突出，药源性疾病逐年增加，用药不当、药物滥用、药品不良反应/事件层出不穷，逐年增加。例如，2014年全国药品不良反应监测网络收到药品不良反应/事件报告132.8万份，其中新的和严重药品不良反应/事件报告341 300余份，与2013年比增长了17.0%，占同期报告总数的25.7%。1999年至2014年，全国药品不良反应监测网络累

计收到《药品不良反应/事件报告表》近790万份(图4-1)。

药物的不合理使用已经成为威胁人类健康的全球性问题。据世界卫生组织(World Health Organization, WHO)公告称,全球有超过50%的药品在处方、配发或销售过程中存在不合理性,有50%的患者不能正确地使用药物。严峻的用药问题使合理用药成为当务之急。针对药物应用过程中出现的各种问题,医疗机构十分有必要建立结构合理、分工协作、能提供全方位优质医疗服务的团队,促进药物合理使用,将药物安全性问题带来的威胁降至最低,提高整体医疗服务质量。这种社会需求促使临床药学学科与临床药师职业迅速发展起来。临床药师参与药物治疗,为患者和医护人员提供专业的药学专业技术服务,可提高药物使用的安全性、有效性、经济性和依从性,促进药物合理应用,提高整体医疗水平。

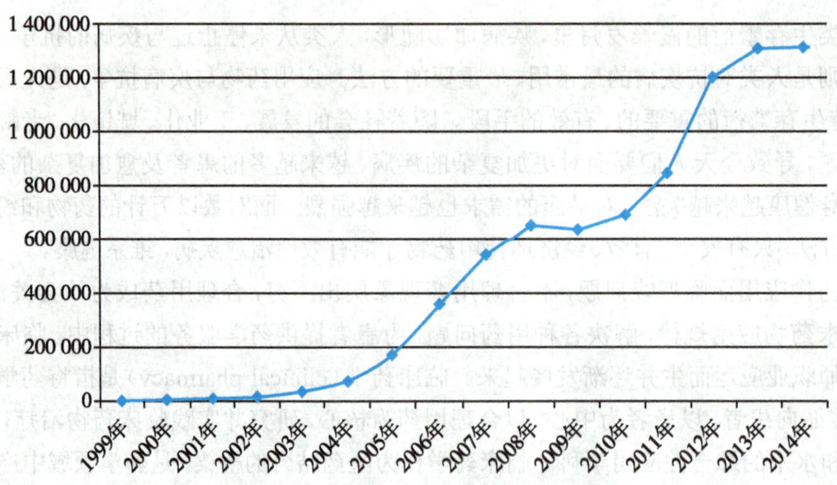

图4-1 1999—2014年全国药品不良反应/事件报告数量增长趋势

3. **医院药学工作内容和模式的转变** 医院药学工作是医院医疗工作的重要组成部分。以药品保障供应为主的传统医院药学工作模式,曾为解决缺医少药问题发挥了积极的作用。但是,面对药品应用出现的严峻问题,传统的医院药学工作内容与模式已不能适应社会发展的需求。现代医药科技的发展和医学模式的转变,医疗卫生体制改革和公众健康需求的发展,要求医院药学工作重心从"药物"转移到"人",工作模式从传统的"保障供应为主"向"技术服务为主"转变;医院药学工作者的主要工作内容向临床药学服务转变,并由此产生了药学监护(pharmaceutical care)工作模式。因此,以服务于患者为宗旨的临床药学工作内容和药学监护工作模式成为医院药学的主要发展方向。医院药学工作内容和工作模式的转变促进了临床药学的产生和发展。

4. **药学学科的自身发展** 在生命科学发展的大环境下,人们已不再仅重点关注药物研究开发和生产流通,而开始更多地关注药物的应用,关注疾病,关注药物在疾病处置中的作用、作用规律和作用结果。在药学学科发展的现阶段,药学与医学特别是临床医学的联系愈来愈紧密。临床药学将药学学科的关注点由药物转移到人,将学科视野扩大到药物应用环节及应用结果,为药学学科提供了更广阔的发展空间。药师越来越多地参与到临床药物治疗工作中,加速了临床医学与药学的学科融合,这种融合催生出了一门新兴学科——临床药学。

(二)临床药学的发展现状

1. **国外临床药学发展现状** 临床药学起源于美国。20世纪,由于药品不良反应及药源性损害给许多患者、家庭及社会带来了痛苦的、沉重的负担,人们需要药师提供合理用药方面的服务。这种患者和社会的需求促成了临床药学的诞生和发展。1948年,美国药学院校联合会(American Association of Colleges of Pharmacy, AACP)提出了以合理用药为核心的临床药学体

制和设立临床药师岗位的建议。20 世纪 50～60 年代，美国率先建立了临床药学这一新兴学科，把过去传统的药学教育由“药”转向“人”。1957 年，美国密西根大学药学院 Donald Francke 教授建议，医院药师需要实行 6 年制药学博士（Doctor of Pharmacy，Pharm.D.）培训计划，临床药学专业从此设立。1990 年，美国的 Hepler 和 Strand 两位专家提出了药学服务的新模式——药学监护（Pharmaceutical Care，PC），其核心就是倡导“以患者为中心”的药学服务模式代替“以药物为中心”的传统医院药学工作模式。Pharm.D. 专业教育成为了实践“以患者为中心”的药学服务新模式的必然选择。1997 年，美国药学教育认证委员会（Accreditation Council for Pharmacy Education，ACPE）通过了 Pharm.D. 专业教育实施程序认证标准指南，规定从 2000 年 6 月 1 日起，全面实施 Pharm.D. 教育。经过 ACPE 认证的所有药学院都要在 2004 年前将传统的 4 年制药学教育改为 6 年制的 Pharm.D. 学位教育，并在 2005 年后停止传统的药学教育。截至目前，美国经 ACPE 认证可开展 Pharm.D. 专业学位教育的高校达 100 多所，可开展继续药学教育的单位达 400 多所。Pharm.D 教育成为美国药学教育的主流。Pharm.D 成为美国执业药师的准入学位要求。

美国医院药师协会（American Society of Hospital Pharmacists，ASHP）依据临床药学工作内容的变化，将美国临床药学的发展概括为三个阶段。第一阶段是 20 世纪 50～80 年代，以医院药学被动服务为主的临床药学阶段，这个阶段药师主要在医院里开展工作，通过药品供应保障与质量控制，确保临床所用药品的质量，药师对患者的药物治疗结果不承担直接责任；第二阶段是 20 世纪 80～90 年代，是向药学监护过渡的阶段，临床药学工作范围逐渐扩大，临床药师参与对患者的具体治疗工作，注重于直接对患者提供服务，并且将目光开始转向院外患者的药物治疗，如在健康中心、老人护理院等开展合理用药工作；第三阶段为药学监护阶段，即二十世纪 90 年代以后，临床药师的职业观念发生了根本的转变，从“以药物为中心”的工作模式转变为了“以患者为中心”的工作模式，药师的职能和工作范围进一步扩展。临床药师队伍伴随着临床药学的发展逐渐产生和壮大，地位日益巩固，成为医疗机构不可缺少的、具有法定职称的专业技术人员。目前，药学服务已经渗透到美国医疗机构的各个科室和专业，社区医疗中心、老人护理院、零售药店、家庭病床等社会保健机构也在积极开展药学服务工作，甚至开设特殊专业的药师门诊服务，如糖尿病药师门诊、抗凝药师门诊、精神疾病专科药师门诊等。临床药学的兴起与发展适应了社会发展的需求，是医院药学发展的必然趋势。随后，美国临床药学的成功实践被许多国家所效仿，纷纷以患者为中心，开展药学服务，提高用药质量和水平。

英国临床药学的开展与其国民医疗保障体制和报销制度紧密结合。英国国家保健服务系统（National Health Service，NHS）管理着全英国的公立医院。由于英国实行全民免费医疗服务，所以保证患者生命健康安全和合理使用 NHS 预算成为英国公立医院高度重视的问题。而临床药学工作的开展，对提高医疗水平，保证药物合理使用，节约医疗卫生资源都具有积极的作用。因此，临床药学在英国受到高度重视。1978 年，英国第一个临床药学硕士培训班在 Manchester 创立。学生药学本科毕业后继续学习 1～2 年的课程，可获得临床药学研究生文凭（PG certificate/diploma of clinical pharmacy）。20 世纪 90 年代，英国设立了药学硕士荣誉学位 M.Pharm，大学本科可直接攻读，学制为 4～5 年，学生毕业后直接参加皇家药学会的药师资格认证。2005 年一份调查显示，NHS 管辖的公立医院中，94% 的医院可提供临床药学服务。

2. 我国的临床药学发展现状 我国的临床药学从二十世纪 60 年代提出到现在，已经走过了 50 多年的路程。在 1964 年的全国药剂学研究工作经验交流会上，老一代医院药学工作者就提出应重视临床药学问题，建议在医院开展临床药学工作。二十世纪 70 年代末至 80 年代初，一些医院根据自身条件，开始尝试开展临床药学工作，药师开始到病房了解药物使用情况，并给予医生和患者一些用药建议。1978 年，我国正式提出了“以患者为中心，以合理用药为核心”的临床药学发展方向。1982 年，原卫生部在“全国医院工作及医院药剂条例”中首次列入临床

笔记

药学的内容。1983 年，中国药学会在黄山召开了全国首届临床药学学术研讨会。二十世纪 80 年代，原华西医科大学、原上海医科大学、原北京医科大学、中国药科大学等医药院校举办了多届临床药学学习班，积极地推动了我国临床药学的开展。1989 年，原华西医科大学药学院（现为四川大学华西药学院）开始探索 5 年制临床药学本科教育。1991 年，原卫生部在医院分级管理中首次规定三级医院必须开展临床药学工作，并将其作为考核标准之一。

21 世纪以来，我国的临床药学学科和临床药师职业进入快速发展阶段。2002 年，原卫生部和国家中医药管理局颁布了《医疗机构药事管理暂行规定》，该规定指出："药学部门要建立以患者为中心的药学保健工作模式，开展以合理用药为核心的临床药学工作，参与临床药物诊断、治疗，提供药学技术服务，提高医疗质量"，并明确提出"逐步建立临床药师制"。2011 年，原卫生部、国家中医药管理局、总后勤部卫生部联合颁发了《医疗机构药事管理规定》，该规定进一步指出医疗机构"药学部门具体负责药品管理、药学专业技术服务和药事管理工作，开展以患者为中心，以合理用药为核心的临床药学工作，组织药师参与临床药物治疗，提供药学专业技术服务"，并明确了临床药师的工作职责。此外，2005 年和 2007 年原卫生部先后开始开展临床药师培训试点工作和临床药师制的试点工作，分别出台了《临床药师培训试点工作方案》和《临床药师制试点工作方案》，指导临床药师的规范化培训和临床药师制的试点工作。2009 年底试点工作结束后，原卫生部在全国范围内大力推行临床药师制的工作，这标志着我国临床药学已发展到一个新的高度。所有这些工作都推动了我国临床药学的发展。

30 多年来，在原卫生部等有关部门重视下，我国临床药学得到了迅速的发展。临床药学在我国从无到有，并由三级医院向二级医院扩展，各地都因地制宜地开展了不同水平、各具特色的临床药学实践工作，按照临床药学的工作内容和工作方法，开展了以合理用药为核心内容的临床药学服务，如药师深入临床参与临床药物治疗与合理用药，开展治疗药物监测、药品不良反应监测、中毒解救咨询，用药咨询、药物相互作用、药物经济学及药物流行病学等研究。目前我国医疗机构的临床药学工作正处在快速发展阶段，其工作内容和工作模式主要仿效美国，同时又结合了我国临床药学工作实际。

临床药学教育方面，从 2004 年开始，四川大学、中国药科大学、沈阳药科大学、北京大学、复旦大学、第二军医大学等先后建立了临床药学系或教研室，开始了临床药学专业的硕士与博士学位研究生教育。针对我国临床药师严重缺乏的问题，原卫生部于 2005 年底批准了 19 所医院作为临床药师培训基地，开始了临床药师培训试点工作。截至 2014 年底，共设置了 153 家临床药师培训基地和 13 家带教师资培训基地，共培训结业 2825 名临床药师。2006 年 7 月，全国高等医药教材建设研究会与原卫生部教材办公室成立了"全国高等学校临床药学专业（方向）教材评审委员会"，开始了临床药学专业规划教材建设，目前已出版了两轮教材。2010 年 11 月，原卫生部启动了临床药学国家临床重点专科建设项目。2012 年 9 月，教育部正式颁布实施的《普通高等学校本科专业目录（2012 年）》中，将 5 年制临床药学专业作为国家特设专业和国家控制布点专业列入。截至 2015 年 8 月，经教育部备案，设置 5 年制临床药学本科专业学的高校达到 29 所。因此，21 世纪初是我国临床药学学科确立和临床药师职业产生并快速发展的时期。

三、临床药学的地位和作用

临床药学是药学学科的重要组成部分和医院药学的主要发展方向。临床药学的学科出现改变了我国以往"重研发、轻应用"的药学发展模式，使学科结构更加全面合理。药物研发的目的是为了应用，药物应用反过来为药物研发提出了许多新问题和新要求，促进了其发展。目前，我国许多医药高校都意识到临床药学学科的重要性，纷纷开设临床药学专业，开展临床药学人才培养。

临床药学工作是医院药学工作的核心，同时也是医疗工作的重要组成部分。临床药学工作

的开展和药学服务的实施不仅提高了医疗质量和药物治疗水平，促进了临床合理用药，同时也充分发挥了药师在医疗过程中的作用，提升了临床药师在医疗机构中的地位，提高了临床药师本身的业务素质，拓展了医院药学工作的空间，为医院药学的发展带来了新的生机。

四、临床药学的主要任务和工作内容

临床药学的主要任务是研究并实践药物临床合理应用的方法，提高临床用药质量，促进临床合理用药；为患者、医护人员及社会公众提供优质的药学服务，对患者实施药学监护，提高药物治疗的质量和水平，维护患者健康；促进临床药学学科和临床药师职业可持续发展。临床药学工作的主要内容是以患者为中心，以合理用药为核心，组织药师参与临床药物治疗，提供药学专业技术服务。具体包括：

1. **参与临床药物治疗**　临床药物治疗是临床药师实施药学服务的基础，也是临床药学工作的主要内容。临床药师深入临床一线，主动参与临床查房和会诊，积极开展药学查房和药学会诊，参与危重患者抢救和病例讨论，协助临床医生遴选药物，根据患者实际情况，制订个体化给药方案，监护患者用药情况，随时提出改进措施，调整给药方案，提高药物治疗的质量和水平。

2. **研究并实践合理用药**　临床药学工作的核心是合理用药。临床药师应与临床医师、护士一起组成医疗团队，开展合理用药工作。临床药师开展临床药学工作，无论是参与临床治疗，协助临床医师制订给药方案，还是面向患者和公众开展药物咨询和用药宣传，进行用药教育和用药指导，均应围绕以合理用药为核心，按照安全、有效、经济、适度的原则展开。

3. **开展药学监护**　药学监护是一种非常重要的临床药学工作模式和药学服务模式。它要求临床药师直接面向患者，为患者提供直接的、负责的、全程的药学服务，维护患者的健康，改善其生存质量和生活质量。这要求临床药师在临床药学工作过程中，坚持以患者为中心，监护患者用药的安全性、有效性、经济性和依从性，发现、解决和预防实际存在的或潜在的用药问题，对患者的药物治疗过程和结果负责。

4. **治疗药物监测**　治疗药物监测（therapeutic drug monitoring，简称 TDM）是在药动学原理指导下，应用现代分析检测技术，测定血液中或其他体液中药物浓度，设计或调整给药方案。通过对治疗指数低、安全范围窄、毒性反应强的药物，个体间血药浓度差异大且药理作用较强的药物、具有非线性药动学特征的药物、个体差异大的药物等进行监测，获得药动学参数，制订或调整个体化给药方案，提高药物的疗效，避免或减少毒副作用；同时也为药物过量中毒的诊断和治疗提供有价值的实验室依据，从而为临床治疗提供最佳给药方案。

5. **药物安全性监测与药品风险管理**　药物安全性监测包括药品不良反应（adverse drug reaction，ADR）、用药失误和药物不合理应用等的监测。临床药学工作过程中，临床药师应积极开展药品不良反应发现、判断、评估、报告与防治等监测工作；对不合格药品、药物治疗错误、药物滥用与错用、用药失误及不良药物相互作用等进行药物警戒；加强高危药品、不合格药品、特殊药品等高风险药品的监测与管理，对用药风险进行防范，保障患者用药安全。

6. **药学信息服务**　进行药学信息的收集、保管、整理、评价、传递、提供、利用和管理，向医护人员、药学人员、患者、普通民众、卫生行政管理人员等不同人群提供及时、准确、全面的药物相关信息，进行药物咨询等药学信息服务，促进安全、有效和经济用药。

7. **用药指导和用药教育**　在临床药物治疗过程，对患者及医护人员进行用药指导和（或）用药教育；深入社区开展社区药学服务，对公众进行选药用药、合理用药等方面的宣传和指导，提高药物使用的安全性、有效性、经济性和依从性，促进合理用药。

8. **药品调配服务**　在门（急）诊药房开展处方审核、调配、核对、用药交代、处方点评、不合理处方干预等调剂相关药学服务；在住院药房开展住院医嘱的审核、调配、核对、发放、点评及

不合理医嘱的干预等药学服务。特别地，按照《静脉用药集中调配质量管理规范》的要求，积极开展静脉用药集中调配服务（pharmacy intravenous admixture services，PIVAS），配制肠外营养液（全静脉营养液）、危害药品（如细胞毒类药物）和抗生素等静脉用药，为临床药物治疗及合理用药服务。

9. **个体化药学服务** 为高血压、冠心病、高血脂、脑卒中、糖尿病、哮喘、癫痫、癌症、阿尔茨海默病、帕金森病等常见慢性病患者，老年、儿童、妊娠与哺乳期妇女、危重症、理解能力受限、具有潜在医患矛盾患者等特殊人群提供个性化的药学服务，制订个体化给药方案。

10. **应急情况下的药学服务** 针对突然发生，造成或者可能造成社会公众健康严重损害的重大传染病疫情（如人感染高致病性禽流感、传染性非典型肺炎、甲型肝炎、鼠疫）、群体性不明原因疾病、重大食物和职业中毒以及其他严重影响公众健康的突发公共卫生事件提供应急药学服务；参与药物、食物、化学品等急性中毒诊断和防治，开展毒物检测，制订药物救治方案。危急情况下，临床药师提供正确、及时、专业、高效的药学服务可充分体现其职业价值。

11. **临床药学研究** 除临床药学实践工作外，临床药学专业人员应根据临床药学的学科发展趋势，结合临床药学工作实际，开展临床药物治疗学、临床药理学（药效学）、临床药动学、药物相互作用、药品不良反应与药物警戒、药物流行病学、药物经济学、药物信息学、药物基因组学、循证药学、药物代谢组学、药物利用与评价、药物临床试验等临床药学相关研究工作，为提高药学服务质量和水平提供理论支持和技术保障，推动临床药学学科向前发展。

12. **临床药学教育** 建设一支具有系统的临床药学知识结构、专业技能和实践能力的人才队伍是临床药学可持续发展的基本条件。临床药学工作者（临床药学专业教师和临床药师）应积极开展或参与临床药学普通（本科、研究生）教育、毕业后培训、临床药师岗位培训和继续教育等不同形式的临床药学教育，培养临床药学人才，促进临床药学学科和临床药师职业可持续发展。

知识拓展

药学实践活动的分类

A 确保合适的治疗和效果	C 促进健康和预防疾病
A1 确保适当的药物治疗	C1 给予预防性的临床服务
A2 确保患者了解并执行治疗计划	C2 监督和报告公共卫生议题
A3 监测和报告治疗效果	C3 在社会上倡导安全用药
B 调剂药品及其装置	D 医疗系统管理
B1 调剂处方或用药医嘱	D1 管理实践内容
B2 准备药物	D2 通过医疗系统管理药品
B3 发出药品或用药装置	D3 在医疗系统内管理药品的应用
	D4 参与研究活动
	D5 参与跨专业领域的合作

摘自：美国药师学会（The American Pharmacists Association，APhA）发起的“药学实践活动分类办法（The Pharmacy Practice Activity Classification，PPAC）”。

五、临床药学的研究内容

临床药学是一门实践性和应用性非常强的学科。在临床药学实践和药学服务过程中，总会遇到各种各样的药物应用问题。临床药学研究应围绕临床药学工作实际，以探索药物、机体、

疾病相互关系为基础，以药物合理应用的方法和技术为核心，以提高人类的生命质量和健康水平为最终目标。临床药学研究的特点主要表现在：研究的目的是促进合理用药，提高药学服务的质量和水平；研究内容针对临床用药的实际问题，从微观到宏观地揭示药物作用机制、影响药物作用结果的各种因素和规律；研究方法主要应用生物学、临床医学、药学和社会学方法探索药物与机体的相互作用；研究结果主要关注药物应用的结果。临床药学研究内容非常广泛，涉及的领域主要包括：

1. **药学专业技术服务研究** 临床药学的核心是建立"以患者为中心"的药学监护工作模式，开展"以合理用药为核心"的临床药学工作，提供药学专业技术服务。因此，临床药学研究的主要任务应是研究患者的药学监护计划、药物治疗与合理用药的方法、药学服务的伦理、道德与礼仪、药学信息服务、各种疾病的治疗指南以及药学服务的专业技术、方法和模式等。

2. **临床药物治疗研究** 临床药物治疗是临床药学工作的主要内容。临床药物治疗主要研究在临床治疗实践中如何合理的使用药物，即研究如何应用基础医学、临床医学与药学等相关理论与知识，利用患者疾病的临床资料，研究临床药物治疗实践中合理选用药物进行治疗的策略，指导临床医师制订和实施合理的个体化药物治疗方案，以获得最佳疗效和最低治疗风险。

3. **药效学研究** 药效学以研究药物作用和不良反应为主要内容，研究的重点是药物作用及其作用机制。通过药效学研究，为临床正确选药、用药、给药方案设计和药物评价提供依据。临床药学领域的药效学研究主要侧重临床药效学研究，即研究药物对人体的影响。

4. **临床药动学研究** 临床药动学主要研究药物在人体内的吸收、分布、代谢、排泄动态变化规律，并应用于临床给药方案制订和药物临床评价。主要研究内容包括：结合临床开展药物量效关系、药物治疗方案设计、治疗药物监测、药动学相互作用、疾病状态下的药动学、特殊人群药动学、群体药动学、生理药动学、时辰药动学、药动学 - 药效学（pharmacokinetics- pharmacodynamics，PK-PD）模型、新药临床药动学、生物利用度与生物等效性等，研究成果对指导新药设计、剂型改进、给药方案制订、提高药物疗效和减少不良反应具有重要意义，特别是可以为患者设计个体化给药方案提供科学依据。

5. **药物临床评价** 通过评价药物在临床应用过程中的安全性、有效性、经济性和依从性，为临床给药方案制订和药物合理应用提供科学依据。主要研究内容包括：药品不良反应、药物警戒、药物利用、高风险药品的监测与管理、药物治疗作用比较、不同给药方案的药物经济学评价，提高患者用药依从性的方法等。

6. **药物相互作用研究** 研究药物配伍应用后的体内外相互作用机制，包括药物配伍禁忌、药效学相互作用、药动学相互作用、中西药相互作用、药物食物相互作用、药物与内源性物质相互作用等；对药物配伍应用后的相互作用进行预测，研究如何充分利用有益的药物相互作用，规避或减少不良药物相互作用。

7. **药物流行病学研究** 药物流行病学研究主要包括药物上市后有效性、安全性监测和再评价；药品不良反应 / 事件监测及其危害程度定量评价，药品不良反应信号监测方法研究；中药上市后的安全性评价与药物警戒；药物利用研究与评价；通过药物流行病学方法学研究，探索药物流行病学研究的新方法；探索建立用药人群的数据库，进行药品风险管理研究，提高药物警戒水平；国家基本药物的遴选。

8. **药物经济学研究与评价** 药物经济学研究与评价主要包括药物经济学在临床药学实践中的应用研究；临床常用药物的药物经济学研究与评价；临床药物治疗方案的药物经济学分析与评价；药物利用研究与评价；药物经济学的分析评价方法研究。

9. **循证药学研究** 研究利用循证药学的理论和方法，解决临床药学实践过程中遇到的问题，指导药物利用评价，指导基本药物遴选、药品的购进和淘汰，指导药物临床试验，指导个体化给药，为临床药物治疗决策提供科学依据。

10. 药物基因组学研究 研究内容主要包括药物代谢酶、转运体、受体（或靶点）及信号转导通路相关蛋白的基因多态性与合理用药的关系；研究利用药物基因组学的信息、方法和技术，优化药物治疗方案，改善药物治疗效果，为患者或特定人群（如基因缺陷或基因变异患者）寻找最合适的药物，实现"个体化治疗"。

11. 药学信息服务研究 利用信息学原理、方法和技术，研究药学信息的收集、整理、保管、分析、加工、传递、利用、评价和管理及其在药物服务中的应用；研究药学信息服务的实施和评价的方法和技术；利用大数据技术，开展大数据（Big data）在临床药学领域的应用研究，整合多组学数据和临床资料，构建疾病与药物知识网络，开展大数据电子病例 / 药历、药物临床评价、个体化药物治疗、精准药物治疗及药物临床试验研究，构建临床药学数据挖掘、存储、集成、分析、利用、管理和共享系统，使普通民众能够获得方便、快捷、优质的药学服务。

12. 个体化用药的分子生物学基础研究 研究如何利用转录组学（transcriptomics）、蛋白组学（proteomics）、基因组学（genomics）、代谢组学（metabolomics）和代谢物组学（metabonomics）等多组学理论、方法和技术，探索个体化用药的分子生物学基础。

第二节 临床药师

一、概 述

（一）临床药师产生的背景

临床药师（clinical pharmacist）是指以系统药学专业知识为基础，并具有一定医学和相关专业基础知识与技能，直接参与临床用药，促进药物合理应用，保护患者用药安全，提供药学服务的药学专业技术人员。临床药师是伴随着医院药学工作模式的转变、临床药学学科的发展、临床药学工作的开展，特别是药学服务需求而产生的。

随着医药科技的飞速发展和医疗体制的不断改革，医院药学工作内容和模式发生了根本改变，医院药学工作的重心从"药"转向"人"，工作模式从"供应保障为主"转向"药学技术服务为主"，药师的工作内容从药品调剂、制剂、质量控制等传统药学工作转向直接面向临床、面向患者、面向医疗团队的药学服务。这使一部分医院药师从繁重的调剂、制剂等业务中解放出来，进入临床，开展临床药学实践工作，向患者和医护人员提供药学服务，逐步成长为一名临床药师。医院药学工作内容和模式的转变促进了临床药师职业的产生。

随着人口老龄化加剧、慢性病发病率升高、新感染疾病频发以及有效药物种类增多，治疗药物的使用急剧增加。不适当的药物治疗和不合理的用药导致药品不良反应 / 事件、药源性疾病、用药错误等药物安全性问题层出不穷，药物应用面临严峻问题，合理用药成为当务之急。发现、解决和预防潜在的或实际存在的用药问题，是药师的使命和义不容辞的责任。药师加入医疗团队，直接面向患者，参与临床药物治疗，促进药物合理应用，将药物安全性问题带来的危害降至最低，已成为社会发展的需求。正是这种社会需求促使临床药师职业迅速发展起来。

临床药学学科的快速发展，临床药学工作的全面开展，以及人们对维护自身健康的强烈需求，均需要具有临床药学理论知识、专业技能和人文素养的药学专业技术人员——临床药师来完成。从 2002 年到 2011 年，原卫生部先后颁布了《医疗机构药事管理暂行规定》《关于开展临床药师培训试点工作的通知》《关于开展临床药师制试点工作的通知》和《医疗机构药事管理规定》等规定或通知，要求医疗机构逐步建立并推行临床药师制，推动与规范临床药师培养，并规定了配备临床药师的数量及临床药师的工作职责。这些法规、规定的出台为临床药师产生、发展及临床药学工作的开展提供了强有力的政策支持。至此，我国临床药师职业和临床药师群体得以产生并迅速发展起来。

笔记

(二)临床药师制

1. 我国临床药师制的建立

2002年1月,原卫生部和国家中医药管理局颁布的《医疗机构药事管理暂行规定》明确规定,医疗机构要"逐步建立临床药师制"。

2005年3月,原卫生部颁布的《医院管理评价指南(试行)》,进一步明确要求开展临床药学工作,建立临床药师制度。

2005年11月,为适应医疗机构开展临床药学工作、逐步建立临床药师制的需要,推动与规范临床药学人才培养工作,原卫生部办公厅发布了《关于开展临床药师培训试点工作的通知》,公布了《临床药师培训试点工作方案》,在全国选取19家医院作为临床药师培训基地,探索临床药师的培养模式及相关政策。这项工作很快在全国范围内得到推广,对临床药学人才培养起到示范和引导作用,有力地推动了临床药师制的建设。

2007年12月,在临床药师培训试点工作的基础上,原卫生部医政司发布了《关于开展临床药师制试点工作的通知》,出台了《临床药师制试点工作方案》,探索临床药师的准入标准、工作模式、岗位责任和管理制度等,并确定北京医院等42家医院作为试点单位,推行临床药师制试点工作。2009年底试点工作结束后,原卫生部在全国范围内大力推行临床药师制的工作,这标志着我国临床药师培养进入一个新阶段,具有中国特色的临床药师制就此建立。

2. 临床药师任职专业技术基本要求 如果想成为一名临床药师,需达到以下任职专业技术基本要求:

(1)专业理论知识

1)基础理论知识:掌握扎实的临床药学专业基础理论知识。包括解剖学、病理生理学、生物化学、药理学与临床药理学、药剂学与生物药剂学、药动学与临床药动学、临床药物化学、临床药物治疗学、药物经济学、药物基因组学、药物流行病学、药学信息学、药学伦理学、药事管理学等学科的基本理论知识。

2)相关理论知识:了解与临床药学相关的理论知识,包括基础医学与临床医学基本理论及其他相关知识,如诊断学、临床检验学、微生物学、传染病学、免疫学、遗传病学、内科学、外科学、妇产科学、儿科学、肿瘤学、医学心理学、医学统计学和循证医(药)学等知识。熟悉与本专业有关的法律与法规。

3)学识水平:了解临床药学国内外现状及发展趋势,了解或掌握国内外有关本专业新理论、新知识、新方法、新技术,并能在实践中加以应用;能熟练阅读本专业外语文献;掌握计算机应用的基本知识和操作技能。

(2)专业学历与实践能力

1)高等医药院校本科临床药学专业或本科药学专业以上学历,通过规范化培训并经考核合格取得临床药师专业技术职称。

2)临床药师平均每年参加临床实践工作的时间不得少于40周,平均每周在临床参与临床用药相关工作的实践时间不得少于80%。

(3)从事本专业工作能力

1)符合专科化、专职化要求,对某一临床专科或药理学分类药物,能运用药学知识与技能对疾病的药物治疗提出意见与建议;具有发现、解决、预防潜在的或实际存在的用药问题的能力。

2)懂医精药,掌握常见疾病的药物治疗方案设计与评价方法,了解常见疾病的诊断与治疗,熟悉临床用药的基本原则与特点,对所从事临床专科的药物治疗有一定研究,并有较强的实际工作能力。

3)具备对本临床专科的病历以及与疾病相关的医学检验学、影像学及心电图报告的阅读和应用能力,能正确采集与药物临床应用相关的信息。

4）具备较强的掌握本临床专科用药和相关药物应用知识的能力，并能熟练应用于临床药物治疗工作中。

5）具备获取药物新信息与药物治疗新知识的能力。

6）具备一定的文字表达能力与正确书写药历等相关医疗文书的能力。

7）具备与其他医务人员及患者沟通与交流的能力。

8）具备提供及时、准确、完整的药物信息咨询、宣传合理用药知识及开展临床用药教育与用药指导的能力。

9）具备一定的科研能力。

临床药师任职专业技术基本要求是临床药师的最低准入标准。医疗机构应根据这个基本要求选配临床药师。

3. 临床药师的设置标准 临床药师的岗位设置需与医疗机构的等级规模和医疗服务水平相适应。《医疗机构药事管理规定》要求：医疗机构应当根据本机构性质、任务、规模配备适当数量临床药师，三级医院临床药师不少于5名，二级医院临床药师不少于3名。目前，一些临床药学工作开展的比较好的医院，其临床药师数量配置已远超规定要求。

二、国内外临床药师概况

（一）国外临床药师概况

1. 发展现状 20世纪60年代美国就有医院药师参与临床药学工作，临床药师工作岗位开始出现。1960年，White药师重塑药房形象，开始建立患者的药历制度。1964年，Francke发表了“医院药学服务指南”（the audit of pharmceutical service in hospital），提出医院药师可以开展临床药学服务。1965年，药学教育家Brodie提出“药学服务的最终目标必须是公众安全使用药物”。1966年，“临床药学”和“药物使用控制”的概念在加利福尼亚大学（University of California）的医学中心被明确提出。它包括卫星药房、单位剂量发药系统（unit dose system）、药物情报中心和患者药历等。20世纪60年代，美国卫生保健制度的改革，特别是医疗补助方案（medicaid）和医疗服务方案（medicare）的出台，进一步把药师推向临床。1969年，美国药学会的职业道德准则改为“药师应把患者的健康和安全作为首要任务，应向每个患者充分提供自己的专业才能”。

20世纪70年代，随着电子计算机的推广，药师开始应用计算机建立患者药历，监测药物相互作用，改进用药记录的存取。一些药学院校不仅把药学博士（doctor of pharmacy，Pharm.D.）课程扩大到临床药学，而且还扩大到社会和行为药学。

20世纪80年代，临床药学进入药学监护（pharmaceutical care）时代。由于各国对控制卫生费用增长的普遍要求，在医院药房，提高药物治疗的成本效果比变得非常关键。面对巨大的社会、经济和科学变化，美国药学界召开了几次重要会议，试图寻找未来药学发展的方向。1984年，举行了第一次21世纪药学会议，药师们展望了20世纪最后20年的药学实践。随后在1985年的Hilton会议上，提出了临床药学实践的方向。1989年召开了第二次21世纪药学会议，正式提出药学服务的概念。会后，许多医院药师把药学服务作为药学发展的主要目标。据1990年美国医院药师学会的全国性调查，80%的公立医院的药师参与药物治疗监测；42%的药师参与药动学服务；92%的药师参与药物利用评价。

20世纪90年代，科技进步和社会发展给医院药学带来了巨大变化。一方面以疾病诊断为主的医生在治疗药物的选择和使用上需要药师给予帮助；另一方面，患者自我保护意识的增强使其需要了解自己所用的药物相关信息，这些都导致医院药师的工作重点转向临床药学。此外，药房发药逐步实现自动化，往日医院药师的工作和任务逐渐被药房技术员替代，更多的医院药师开始参与临床药物治疗，开展药学服务，成为一名临床药师。随着药学服务的深入以及

工作范围的拓宽，临床药师在医疗团队和患者心目中的地位逐步提升，作用更加明显，特别在患者药物治疗方面发挥越来越重要的、不可替代的作用。

伴随着临床药学的快速发展，美国临床药师队伍日益壮大。目前在医院工作的临床药师已达药师总数的 25%，另有大量的临床药师活跃在社区药房、诊所、护理院、政府机构、管理式医疗（managed care）组织、家庭医疗保健服务机构及学术界等。在美国一些大的医疗中心，普遍设有临床药学服务机构，一名或几名医师必须配一名临床药师共同工作，医疗机构若无临床药师的加入就不允许开业。从 2014 年开始，医生、护士等医疗保健提供者（health care providers）可以向临床药师志愿者小组（The Panel of Volunteer Clinical Pharmacists）申请临床药学咨询。

当前，临床药师及其药学服务在美国已深入人心，服务范围不断扩大，临床药师已成为医疗团队和社会药房中不可或缺的一员，法律地位和工作职责明确，在医疗团队中的地位日益巩固，薪酬待遇高，深受欢迎。

2. 政策和章程 近年，美国等国家修订并发布了临床药师相关的职责、政策和章程，目的是为了扩展临床药师的职能，给患者提供最佳的药物治疗，以及进行行政审查。这一系列新政策包括：①药师接受患者临床药疗的规范；②患者病情控制方法；③病史采集和病情判断；④调整药疗方案的程序和依据（临床干预的法则与处置计划）；⑤药品处方的分级管理；⑥实验检查和检查标准；⑦转诊和会诊的特殊标准；⑧医疗记录表单和文书；⑨临床药师工作的监督和评估；⑩培训和考查等。

在出台一系列有关临床药师政策法规的同时，还特别强调临床药师必需经过专业考核认证。绝大多数药师也已充分认识到专业考核认证的重要性。通过专业考核认证的药师，其身份和地位都会得到提升，职业竞争力加强，薪酬提高甚至有些药师被授予处方权。

3. 工作职责 美国临床药师学会（The American College of Clinical Pharmacy，ACCP）对临床药师工作职责描述如下：

（1）评估患者健康状况，判断所开具的药物能否满足患者需求和达到治疗目标。

（2）评价药物治疗的适宜性和有效性。

（3）确认疾病可以通过适当的药物治疗来改善或解决。

（4）根据患者病程变化，确定所开药物对患者健康的影响。

（5）向医生和其他卫生保健人员提供关于所选择的药物治疗方案能否满足患者需求，能否有助于整体治疗目标的实现方面的咨询。

（6）向患者提供合理用药建议。

（7）支持卫生保健小组对患者开展健康教育，鼓励患者采取改善或维持健康的一些重要措施，如运动、饮食和预防措施（如免疫）。

（8）请医生或其他健康专业人士解决患者具体的健康问题。

4. 职业定位 世界卫生组织（WHO）和国际药学联合会（International Pharmaceutical Federation，FIP）共同提出了“八星药师”的标准和角色要求，可作为临床药师的职业定位，具体包括：

（1）服务提供者（a care-giver）：应成为药物治疗专家，为患者提供高质量的药学服务，还要对个人、群体提供与药物治疗和药物使用有关的教育、信息和建议，保证安全、有效、经济地为患者服务，提高患者的健康程度。

（2）决策者（a decision maker）：应具有与药学职业有关的知识和核心信息的理解力，能系统地分析、评价和应用信息，并在拥有扎实的专业知识的基础之上作出最优决策。

（3）沟通者（a communicator）：应与患者对话，获得充分、翔实的患者药物治疗的历史资料。必须询问和准确记录患者的状况，并向患者传递相关信息。为满足患者需要，药师必须具有足够的知识储备，同时能够使用、解释来自其他渠道的信息。要求药师在关注患者状况细节的同时，必须为患者保守秘密，维护患者的隐私权。

(4) 领导者(a leader):为了患者和社区的福利,药师应处于一种“领导”位置;在关注公众健康的政策发展方面,药师应该在与其他机构的合作中起到引领作用。

(5) 管理者(a manager):为了药品和医疗服务的可获得性和有效性,药师应有效地、创造性地管理资源和信息,这样可实现对患者的最佳护理;药师还必须保证药品的质量和合适的储备量。

(6) 教育者(a teacher):应该建议、教育大众及特定人群通过合理的生活方式或行为调整,以及正确使用药物治疗或医疗器械等任何一种有助于获得最佳结果的方式,预防疾病,提高健康水平;同时,还应参与到培养和教育未来药师的工作中,指导药学实习生进行药学实践活动。

(7) 终身学习者(a life-long learner):必须树立终身学习的观念和习惯,真正做到终身学习,成为一名终身学习者。

(8) 研究者(a researcher):无论是新药研究开发,还是药物上市后评价,药师都应参与其中,发现问题,解决问题,充分发挥自己的作用,开展相关研究工作。

“八星药师”是一个国际化的标准,是药师应该具备的职业能力和素质,是世界范围内对药师公认的期望。尽管我国临床药师的总体水平与“八星药师”的标准还有较大差距,但应该将此作为广大临床药师奋斗的目标。

5. **工作内容** 目前,美国的临床药师活跃在医院、社区药房、老人护理院等多个不同机构。临床药师的工作岗位不同,具体工作内容有所不同。其中,医院岗位的临床药师主要从事以下工作:

(1) 直接监测患者的药疗情况,包括给药品种、途径、给药后的症状或精神问题、实验室数据及患者转归和评估,向医生、护士等其他相关人员转达患者药物治疗过程中发现的问题及处置方法。

(2) 与医师、护士及其他的治疗人员就药物治疗上的适应证、禁忌证、毒副作用、不良反应等交换意见。

(3) 与病区医师一起选定药物治疗方案,决定治疗终止时间,回答药动学、营养支持等药学咨询。

(4) 对个别或某类患者进行药物治疗方面知识教育,交待必须注意的问题、应该获得的疗效、可能出现的毒副作用和不良反应,评估自我药疗的潜在可能性。

(5) 通过查阅病历,同医师一起会诊以及参与其他医疗质量管理,回顾药物利用情况。

(6) 作为治疗小组成员参加制订和评估治疗计划,实现治疗个体化。

(7) 发起和执行培训计划,进行药物治疗方面的继续教育。

(8) 准备和调配处方和医嘱单,审核处方书写是否合适和规范,检查有无药物 - 药物、药品 - 食物之间的相互作用,检查处方用药是否符合国家或州联邦的法规、是否符合医疗保险规定、是否符合治疗指南,是否符合医药伦理。

(9) 监督和控制病区或门诊治疗药物供应和分发。

(10) 参与或指导药物临床应用的调查和研究。

(11) 监督助理药师及药房技术员进行药房工作,如处方药品准备、发放等。

(12) 其他的相关工作。

(二) 国内临床药师概况

1. **发展历程** 从 20 世纪 70 年代末至 80 年代初,国内一些有条件的医疗机构开始开展初步的临床药学工作,药师开始走出药房,进入病房,了解药物使用情况,并给予医生和患者一定的用药建议。截至目前,临床药学实践工作已开展了约 35 年。然而,直到进入 21 世纪,我国的临床药师职业才进入快速发展阶段。此前,尽管一些药师从事了一些临床药学服务工作,如门诊窗口的药物咨询,药品不良反应监测和治疗药物监测等,但是他们多为兼职工作,还没有成

笔记

为一个独立的职业群体，工作岗位不明确，还没有真正成为医疗团队的一员，还不是真正意义上的临床药师。

2002年1月，原卫生部和国家中医药管理局颁布的《医疗机构药事管理暂行规定》要求“各级卫生行政部门和医疗机构要重视临床药师的培养和使用，充分发挥其在临床药物治疗工作中的作用”，并规定了临床药师的任职资格。

2011年1月，原卫生部、国家中医药管理局、总后勤部卫生部联合颁布的《医疗机构药事管理规定》指出，医疗机构“药学部门具体负责药品管理、药学专业技术服务和药事管理工作，开展以患者为中心，以合理用药为核心的临床药学工作，组织药师参与临床药物治疗，提供药学专业技术服务”，明确了临床药师的工作职责。该规定进一步要求“医疗机构应当根据本机构性质、任务、规模配备适当数量临床药师，三级医院临床药师不少于5名，二级医院临床药师不少于3名”。这些法规、规定的出台为临床药师职业和临床药师群体的产生和发展提供了强有力的政策支持。截至2014年5月，我国共设置有153家临床药师培训基地和13家带教师资培训基地，共培训结业2825名临床药师。

2. **发展现状** 根据医院药学工作岗位分工的不同，目前国内医院药师分为药房药师和临床药师。其中，药房药师，又称为药剂师，是指具有系统药学专业知识与技能，掌握药物特点与相关属性和临床应用，在医疗机构从事处方或用药医嘱审核、校对、用药教育与咨询、医疗机构制剂以及系统药品质量监控等药学专业技术服务，不直接参与临床药物治疗工作的药学技术人员。而临床药师则面向临床、面向患者，直接参与临床药物治疗，进行药物治疗方案的制订、实施和评价。根据工作岗位和工作内容的不同，临床药师又分为专科临床药师和通科临床药师。

尽管我国临床药学工作取得长足进步，临床药师的工作能力和职业素质有了大幅提升，临床药师职业越来越受到关注和尊重。然而，由于我国临床药学起步较晚，临床药学教育先天不足，一些医疗机构对临床药学工作和临床药师岗位重视程度不够，国家关于临床药学与临床药师相关法规政策出台晚且不健全，缺乏成熟、规范的职业标准，导致临床服务的深度和广度不够。一些临床药师自身专业素质较低，还不能完全胜任临床药学工作，药学服务质量和水平也不高，甚至出现脱离临床、远离患者的状况，难以满足患者药物治疗的需要。此外，临床药师目前法律地位仍未完全明确，薪酬待遇不高，还没有正式的、独立的职称体系。所有这些均阻碍了临床药学工作和临床药师职业的发展和提高。

三、临床药师的职业特征

临床药学学科产生的背景、临床药学学科的创新性、综合性、实践性与社会性特色以及临床药师的工作任务决定了临床药师的具有以下职业特征。

1. **专业特征** 作为一名临床药师，必须能够直接面向患者，参与临床药物治疗和个体化给药方案设计，研究并实践合理用药，开展药学监护、治疗药物监测、药物安全性监测、药学信息服务与药物咨询等药学专业技术服务，能够发现、解决、预防临床用药问题，并开展临床药学相关研究。临床药师的工作性质、工作职责和工作内容决定了其必须具备系统的临床药学理论知识、专业技能和能力，才能胜任本职工作。临床药师工作显示了非常强的专业性特征。

2. **服务特征** 临床药学是一门实践性、应用性非常强的新兴学科。药学服务成为贯穿临床药学工作的主要特征。临床药师的工作对象和工作重点是“人”，而不是药物。临床药师的工作职责要求其必须“以患者为中心”，参与临床药物治疗，全心全意为病患服务。

3. **社会心理特征** 临床药师为患者、医生、护士、社会公众、医药管理者等不同人群提供药学服务，与他们沟通交流，会产生相应的社会心理特征。与患者沟通交流时，要注意用通俗易懂的语言，关心患者疾病状况与心理活动，尊重和保护患者隐私，取得患者信任，以便顺利开展药学服务，避免药疗纠纷。临床药师作为临床治疗团队的一员，要注意恰当地处理与医生、护

士等相关人员的关系，营造团结协作的氛围，取得他们的理解、支持和配合，以便充分发挥自身在医疗团队中的作用。当临床药师参与医疗和药品监管等部门的药物政策决策时，服务对象是政府管理人员，应本着得客观、公正、科学、真实的原则，从全社会的立场出发，进行方案研究设计，以便管理者做出正确决策，促进有限的卫生资源合理分配。临床药师在实施药学服务时，应树立服务和责任意识，秉持以人为本，注重人文关怀的社会心理，遵守职业伦理与道德。

四、临床药师的职业素质

临床药师在开展临床药学工作，提供药学服务时，除具备丰富的临床药学理论知识和良好的专业能力外，还必须具备良好的职业素质。临床药师的职业素质是指临床药师对自身职业了解与适应能力的一种综合体现，是职业内的规范和要求，包括职业道德（professional ethics）、职业技能（professional skills）、职业行为（professional behavior）、职业作风（professional style）和职业意识（professional consciousness）等。

1. **职业道德** 职业道德是临床药师在临床药学实践过程中形成并遵循的行为准则和规范。

（1）职业道德的基本原则：临床药师从事临床药学工作，提供药学服务时应遵循合理用药原则、人道主义原则、服务奉献原则。即以患者利益为最高标准，为公众提供直接的、负责任的、高质量的、高效率的药学服务，保障公众用药安全、有效、经济，关爱患者，维护人们用药的合法权益，救死扶伤，实行人道主义，全心全意为人民健康服务。

（2）职业道德的基本规范：仁爱救人、文明服务；严谨治学、理明术精；济世为怀、清廉正派；谦虚谨慎、团结协作；勇于探索、开拓创新；坚持公益、维护健康；宣传合理用药、承担保健责任。

（3）职业道德的基本范畴：临床药师职业道德的基本范畴包括良心、责任、荣誉、诚信和职业理想。

1）良心：临床药师应时刻以职业道德来约束自己，具有强烈的道德责任感、义务感和善良之心。

2）责任：对患者、同仁和社会有责任感，积极履行应尽的义务，对患者的药物治疗负责。

3）荣誉：对所从事的临床药师职业具有崇高的荣誉感，自愿献身临床药学事业，珍惜来自于患者和社会的褒奖和赞许。

4）诚信：塑造诚实守信的品行、品德和人格，待人处事真诚、老实、讲信誉，言必信，行必果，一诺千金。

5）职业理想：热爱临床药学事业和临床药师职业，并将其作为人生的奋斗目标。

（4）职业道德的内容和要求：药学服务的核心是临床药师面向患者，提供直接的、负责的药物治疗，对患者用药的全过程负责。药学服务中最基本的关系是临床药师与患者的关系，这是一种新型的信托关系。患者赋予临床药师实施药学服务的权力并给予充分的信任，临床药师必须将患者的生命健康放在首位，监控患者的用药情况，承担药物治疗的责任，履行合理用药的义务，降低患者用药风险。

临床药师的主要职责是提供药学服务，保护患者用药安全，促进合理用药。临床药师在协同临床医师进行药物治疗的过程中，应坚守自身的职业道德，并以此主动去影响医师和患者。因此，临床药师在临床药学工作中应坚守以下职业道德要求：①爱岗敬业，尽职尽责；②关心患者，热忱服务；③一视同仁，平等相待；④尊重人格，保护隐私；⑤团结协作，紧密配合；⑥坚守道德，合理用药；⑦认真负责，全心全意；⑧尊重科学，精益求精；⑨语言亲切，态度和蔼；⑩廉洁自律，维护清誉。

笔记

2. **职业技能** 职业技能是指按照国家规定的临床药师职业标准（如卫生部临床药师专业培训指南、临床药师任职专业技术基本要求等），通过政府授权的考核鉴定机构（如中国医院协会药事管理专业委员会、临床药师培训工作指导委员会)，对临床药师的专业知识和技能水平进行客观公正、科学规范地评价与认证的活动。具备扎实的职业技能是临床药师从事临床药学岗位工作的前提条件。

临床药师应具备的职业技能主要包括：

(1) 能开展药学查房、药学会诊、临床抢救和病例讨论，参与临床药物治疗，对药物治疗提出建议和意见。

(2) 能开展处方和医嘱的审核、分析与点评，用药情况调查和医嘱审查，对医院的药物利用情况、用药趋势进行分析评价，提出指导性意见。

(3) 能掌握个体化给药方案设计、治疗药物监测、不良反应监测、分析与评价的能力、正确推荐药品的能力及药品风险管理能力。

(4) 能以患者为中心，实施药学监护。

(5) 能进行患者用药教育与用药指导。

(6) 具备获取药物信息的能力、外语听说读写译能力及分析判断能力，能开展药学信息服务与药物咨询服务。

(7) 具备灵活而独立分析、解决药物治疗问题的能力，能及时发现、解决和预防存在的或潜在的用药问题，能从收集到的患者的临床信息资料及患者当前疾病病情、用药情况等方面综合分析，提出合理的意见和建议，进行药学干预。

(8) 能提供应急状态的药学服务及社区药学服务。

(9) 具备良好的沟通交流、组织协调和团队协作能力。

(10) 能结合临床开展临床药学教学、科研和临床药师培训。

3. 职业行为 职业行为是指临床药师对临床药学职业劳动的认识、评价、情感和态度等心理过程的行为反映，是临床药师在经过系统的职业化培训后，在组织或团队工作中所表现出来的具备相当职业素养的行为。职业行为体现着一定的道德关系，职业行为的发生都会伴随着一定的道德价值产生。

临床药师作为职业化的人员同样会通过日常行为细节的表现影响到职业的整体形象，应该对自己的行为有所约束，一要知荣明耻，自觉走在时代前列，始终坚持社会主义荣辱观和科学发展观，始终保持谦虚谨慎、不骄不躁、淡泊名利、无私奉献的敬业精神，全面提高自身综合素质；二要恪守医德，诚实守信，践行“医乃仁术”和“大医精诚”的理念，常怀有仁者之心，善待生命，增强以患者为中心，合理用药、精诚服务的自觉性和廉洁从业的意识，做一个值得公众托付健康和生命的人；三要立足本职，勤奋工作，刻苦钻研，开拓进取，不断更新服务理念，创新药学服务方式，开展药学监护；始终坚持精益求精、一丝不苟、严谨务实、奋发拼搏的科学精神，始终做到干一行、爱一行、钻一行、精一行，努力提高业务技能，满足药学服务需求；四要遵纪守法，严于律己，增强知法守法意识，提高卫生政策理解与药学服务水平，严于律己，见贿不沾，拒腐不染。

4. 职业作风 职业作风是指临床药师在其职业实践和职业生活中所表现的一贯态度。临床药师在职业实践中应培养积极进取、科学严谨、实事求是、灵活机智、踏实细致、虚心好学、坚忍不拔和持续改进的作风。临床药师只有具备健康向上的工作动机，积极进取，才会有高涨的工作热情，才能全心全意地为患者服务。要在工作中不惜投入更多的精力，善于发现问题和解决问题；只有虚心好学，才会不断充实和提高自己，多角度思维、多方面入手、深刻领会和掌握临床药物治疗理念、原则和技巧，并学以致用；只有踏实细致，才能在大量信息资料支撑下，勤于观察、主动问诊、认真分析、积极思考，不疏漏任何一个与药物治疗有关的细节，经过深思熟虑及全方位的准备提出药物治疗干预意见，脚踏实地做好每一项临床药学工作；只有坚忍不拔，才能耐得住寂寞，有决心和毅力去克服各种困难，日积月累，获得高超的工作能力和处理问题

笔记

的技巧；事前做好精心准备，不打无准备之仗，提前预测到问题发生的可能性，并有计划地采取行动，提高工作效率；只有持续改进，才能不断进步，提高药学服务质量和水平。

5. **职业意识** 职业意识是临床药师在职业选择与定向过程中，通过学习或实践形成的关于自身职业的方法和价值的认识、评价、情感、态度的反映。临床药师职业意识的具体内容和外延应包括以下几个方面：职业期望、职业道德、敬业与奉献意识、服务与责任、竞争与合作意识、质量与效率意识、成本与效果意识、创新意识、团队意识和劳动纪律观念。临床药师职业意识的时间跨度不限于临床药学工作中，还包括岗位工作以外的其他时间；空间也不仅限于医院，还应包括家庭、社会公共场合等活动空间。临床药师要牢固树立服务和责任意识，全心全意为患者服务，对药物治疗结果勇于承担责任。

五、临床药师工作模式

根据工作岗位的不同，临床药师分为专科临床药师和通科临床药师。专科临床药师主要在某一临床科室或专科从事临床药学服务工作。通科临床药师，也称全科临床药师，指在处方和医嘱审核、用药咨询、抗感染药物临床应用和慢性病药物治疗等方面从事药学服务的临床药师。专科临床药师工作模式又分为两种，一种是以临床科室确定工作岗位，岗位主要设在某一个专科或专业，例如心血管内科、呼吸内科、消化科、肾内科、神经内科、内分泌科、器官移植专科、肿瘤专科、ICU专科等，另一种是以治疗药物确定工作岗位，例如抗感染药物专业、抗肿瘤药物专业、抗凝药物专业等。一般来说，二、三级医疗机构的临床药师主要是专科型的，一级医疗机构（如社区卫生服务中心）的临床药师主要是全科型的。

按照《医疗机构药事管理规定》，临床药师应当全职参与临床药物治疗工作。当前，许多医院，特别是三级医院的临床药师多是全职、在岗开展临床药学工作，但是部分医院，特别是有些二级医院的临床药师是兼职的，这主要是与当前我国临床药师还非常缺乏，不能满足医疗机构的需求有关。各级医疗机构应根据临床工作实际需求，结合临床药师的工作能力，采取独立或参与的方式开展临床药师岗位工作。

1. **独立工作** 由临床药师单独承担的工作，如药学查房、药学会诊、药学监护、医嘱审核、药历撰写、用药教育、用药指导、药学信息与药物咨询服务、合理用药宣传、治疗药物监测、静脉用药集中调配、个体化给药方案设计、社区药学服务及临床药学科研与教学等。

2. **参与工作** 与临床医生、护士合作，共同完成的工作，如参加临床查房、临床会诊、病例讨论，疑难、危重患者医疗救治，协同医师做好药物使用遴选；参与临床药物治疗，对临床药物治疗提出意见或调整建议；参与处方点评、新药临床试验、药品不良反应监测、新药上市后监测与评价等；参与影响公众健康的突发公共卫生事件、急性中毒等危急情况下的人员救治；指导病房（区）护士请领、使用与管理药品等。

六、临床药师工作职责与工作内容

临床药师是临床治疗团队成员之一，与临床医师一样，通过临床实践，充分发挥自身在药物治疗过程中的作用，在临床用药实践中发现、解决、预防潜在的或实际存在的用药问题，提供药学专业技术服务，促进药物合理使用。临床药师的工作职责和工作内容包括：

1. 以患者为中心，以合理用药为核心，直接参与临床药物治疗，深入临床了解药物应用情况，审核用药医嘱或处方，与临床医师共同进行药物治疗方案的设计、实施与监护；对临床药物治疗提出意见或调整建议，与医师共同对药物治疗负责。

2. 参与日常性医疗查房、会诊，参加疑难、危重患者的救治和病案讨论，协助临床医师做好药物鉴别遴选工作；在用药实践中发现、解决、预防潜在的或实际存在的用药问题，进行病历分析和药历书写；开展药学监护、药学查房和药学会诊，提供药学专业技术服务。

笔记

3. 根据临床药物治疗的需要进行治疗药物监测，并依据其临床诊断和药动学、药效学的特点设计个体化给药方案。

4. 掌握与临床用药有关的药物信息，为医务人员和患者提供及时、准确、完整、可靠的信息资源和正确而不偏颇的循证支持信息；开展药物咨询和合理用药教育，宣传用药知识，指导患者安全用药。

5. 开展静脉用药集中调配；指导护士做好药品请领、保管和正确使用工作。

6. 开展药品质量监测，药品不良反应和用药损害的收集、整理、报告等工作；协助临床医师共同做好各类药物临床观察，特别是新药上市后的安全性和有效性监测，并进行相关资料的收集、整理、分析、评估和反馈工作；开展抗菌药物临床应用监测，实施处方点评与超常预警，促进药物合理使用。

7. 开展或参与社区药学服务、影响公众健康的突发公共卫生事件、急性中毒等危急情况下的药学服务。

8. 结合临床药物治疗实践，开展合理用药、药物利用、药物评价和新药临床试验等临床药学相关研究工作；参与临床药学教育和临床药师培训。

以上临床药师的工作职责也是其日常工作内容。

七、临床药师工作考核与工作评估

（一）临床药师工作考核

临床药师的工作绩效考核需遵循一定的标准，具体如下：

1. 根据临床药师工作职责，临床药师应定期深入病房，参与临床药物治疗，参加查房、会诊、急救及病例讨论。

2. 临床药师每月深入临床查房应不少于10次，每次不少于2小时。

3. 临床药师需跟随临床医师进行日常查房，查房结束后参加医疗小组的讨论；对有特殊情况（如发生药品不良反应、危重患者、药物治疗复杂及严重肝肾功能损害者等）的重点患者进行单独查房。临床药师可结合查阅病历、与医生交流了解病情后，对患者或患者家属进行询问、用药教育和用药指导。每周至少进行1次单独药学查房，对重点患者建立药历，并做好工作记录。

4. 参与危重患者的抢救和病案讨论，并做好记录。临床药师在参加会诊前，应事先查阅病历、问诊，了解病情，进行必要的资料查阅和计算，以提出科学谨慎的观点，协助临床医师提高救治效果。临床药师应积极参加和旁听所在临床科室的其他相关会诊。

5. 每周进行工作小结，每月举行1次工作例会，交流心得、沟通信息、讨论疑难药物的应用与管理。

6. 临床药师应积极进行药物咨询，对医生、护士和患者提出的问题应积极给予答复，若当时不能给予解答，应及时记录，事后咨询有关专家或查阅资料尽量给予满意答复。对重点咨询或典型问题应有详细记录，年终有总结。

7. 收集、整理、分析、反馈药物安全信息，做好药品不良反应监测工作，应主动关心和指导发生不良反应的患者，帮助他们提高用药依从性。不漏报严重的药品不良反应，每2个月出1期药讯。

8. 根据临床需要和药物特点协助医护人员做好治疗药物监测工作的设计、申请、采样、结果解释及用药调整，应积极做好检测患者状况及记录监测结果的工作，积累群体药动学资料。

9. 结合临床用药，积极开展病历、处方分析等药物评价和药物利用研究。每年确立1个重点用药调研课题，写出调研分析报告；积极与医护人员进行多方面的沟通交流，从中发现临床所急需解决的课题，促进临床药学研究的发展；每年至少开办一次药学教育讲座，公开发表学术论文1篇以上。

10. 每年组织1次对临床药师任职情况的考核，考核结果记入年终考评结果。

（二）临床药师工作评价

1. 临床药师工作评价架构

（1）外部评价：包括卫生行政管理部门评价、患者及其家属等公众评价。

1）卫生行政管理部门评价：主要是卫生行政管理部门在医院等级评审、各项检查和督导工作中列入的临床药师相关工作评价内容。例如，在医院等级评审中要求配备临床药师、要求临床药师参与临床药物治疗，提供药物咨询服务，促进合理用药。在外部评价中，其评价内容会不断更新，评价指标会有所调整，需要各医疗机构管理者重视，也需要临床药师在工作内容上进行相应的充实、完善，给予重点关注。例如，《三级综合医院医疗质量管理与控制指标（2011年版）》中合理用药指标，涉及三个方面：①处方指标：每次就诊人均用药品种数、每次就诊人均药费、就诊使用抗菌药物的百分率、就诊使用注射药物的百分率、基本药物占处方用药的百分率等；②抗菌药物用药指标：住院患者人均使用抗菌药物品种数、住院患者人均使用抗菌药物费用、住院患者使用抗菌药物的百分率、抗菌药物使用强度、抗菌药物费用占药费总额的百分率、抗菌药物特殊品种使用量占抗菌药物使用量的百分率、住院用抗菌药物患者病原学检查百分率等；③外科清洁手术预防用药指标：清洁手术预防用抗菌药物百分率、清洁手术预防用抗菌药物人均用药天数、接受清洁手术者术前0.5～2.0小时内给药百分率、重点外科手术前0.5～2.0小时内给药百分率等。这些涉及合理用药的评价指标，不仅是医疗管理质量的考评，也是对以合理用药为核心的临床药学工作质量和临床药师服务水平的考评，从中可体现临床药师工作对于整体医疗安全和医疗质量的贡献大小。

2）公众评价：临床药师为患者提供各种药学专业技术服务。临床药师的服务态度、质量和水平，药学服务过程中是否坚持“以患者为中心”，患者及其家属具有最直观的感受和发言权。尽管其评价可能主观性比较强，但却非常有说服力。

（2）内部评价：主要是医疗机构内的评价，可以通过医院、科室、同行和自我评价四个部分组成。

1）医院评价：依托于医院“药事管理与药物治疗学委员会”“医院医疗质量管理委员会”等相关组织机构的评价得以体现。2011年3月颁布的《医疗机构药事管理规定》要求，二级以上医院应当设立药事管理与药物治疗学委员会，其他医疗机构应当成立药事管理与药物治疗学组，并提出七项职责要求，如“监测、评估本机构药物使用情况”“分析、评估用药风险和药品不良反应、药品损害事件”等。建立临床药师制，将医生、药师、护士组成的医疗团队的工作质量列在综合评价中，通过设立合理用药相关指标，进行临床用药质量监控，随着服务质量的不断改进，逐步调整控制标准，全面提高合理用药的水平。

2）科室评价：主要依托于部门的质量控制管理，科室是医疗质量管理体系的重要组成部分，科主任是科室医疗质量的第一责任人，在科室医疗质量控制中增加临床药师工作管理内容，结合临床专业特点，制定（修订）科室药物治疗常规、药品使用规范，结合临床路径和单病种质量控制指标等组织实施。药学部门应根据临床药学特点及发展趋势，结合本单位临床药学工作与临床药师的实际情况，评价临床药师在医疗团队发挥的作用，发现临床药师工作中的问题，提出整改措施。

3）同行评价：广义的同行评价是指包括临床医师、临床药师、护士等在内的临床治疗团队成员的评价；狭义的同行评价仅指其他临床药师的评价。临床药师是临床治疗团队成员之一，与医护人员团结协作，共同开展治疗工作，不仅为患者提供药学服务，同时也为医护人员提供专业服务。因此，医生和护士对临床药师的专业技术水平、药学服务质量的评估有重要的发言权，其评价也非常有说服力。同一科室或同一专业的临床药师对同行的专业技术水平、业务能力和职业素质最熟悉，最有发言权，只要秉持客观、公正的原则，其评价结果也最有说服力。

笔记

4）自我评价：在临床药师成长和成才过程中，自我评价是重要的一个方面。临床药师在开展临床药学工作，提供药学服务过程中，内心深处会自觉或不自觉地对自身的专业水平、工作能力、职业素质、能否胜任本职工作、药学服务的质量和水平有一个认知和评价。临床药师应实事求是、客观公正地对自身工作作出评价。唯有如此，才能使自己不断自我发展、自我完善和自我实现。

2. 临床药师个体工作评估

（1）总体评估：可从德、能、勤、绩、廉五个方面对临床药师个体进行综合评估。

1）德：主要考核政治思想表现和职业道德表现，一切以患者为中心，作风正派，办事公正，遵守纪律和职业伦理道德，维护社会公德，具有实事求是的科学态度和严肃认真的工作作风。

2）能：主要考核业务技术水平，管理能力的运用发挥，业务技术提高、知识更新情况，是否胜任本职工作。

3）勤：主要考核工作态度、勤奋敬业精神和遵守工作纪律情况。

4）绩：主要考核履行岗位职责情况，完成工作任务的数量、质量、效率、取得成果的水平以及产生的社会效益和经济效益。

5）廉：主要考核廉洁自律、执业为民情况。

（2）考核标准：专业技术人员考核各等次的基本标准一般分为四个等次：优秀、合格、基本合格、不合格。

（3）考核方式：鉴于临床药师岗位设置在临床科室，对临床药师的考核应由临床药师所在临床科室和药学部门共同进行，考核时注意兼顾被考核者的学历、职称与在岗位时间。

（4）考核重点：①工作职责：重点考核是临床药师履行工作职责情况，是否做到尽职尽责；②工作业绩：重点考核临床药师在医疗治疗团队中的贡献，能否圆满完成各项工作任务及其完成的质量和水平，能否提供专业、优质、高效的药学专业技术服务；③创新性工作：能否结合自身的临床药学实践，开展较高水平的研究工作，培养高层次的临床药学人才（如硕士生和博士生）。

八、临床药师查房与会诊

药学查房（pharmaceutical ward round）和药学会诊（pharmaceutical consultation）是临床药师日常工作的重要内容和提供药学服务的重要形式。开展药学查房和药学会诊，参与病例讨论和疾病的临床药物治疗，制订和实施个体给药方案，开展以合理用药为核心的药学服务工作，是新时期赋予临床药师的使命。

（一）药学查房

1. 药学查房的目的　药学查房同医疗查房、护理查房一样，通过查房监测患者用药的有效性和安全性，提出改进药物治疗的意见和建议，提高患者用药依从性，提高药物治疗的质量和水平，促进临床合理用药。

2. 药学查房的形式　临床药师开展药学查房，主要包括两种形式：跟随临床医师查房和临床药师单独查房。实际工作中临床药师可先跟随医师进行临床查房，了解患者的基本情况、诊疗方案和治疗难点，积极参与治疗方案的讨论；随后再进行独立的药学查房，特别是有特殊情况时，如患者病情危重、发生严重药品不良反应、药物治疗复杂及肝肾功能严重损害等，临床药师进入病房，结合患者病历及与医生交流的情况，对患者及其家属进行询问，给予用药指导和用药教育。

3. 药学查房的基本原则

（1）以临床问题为中心：治疗疾病就是解决临床问题，临床问题可来源于患者、家属、临床医师、护士。临床药师查房时只有主动发现和提出问题，才能显著提高自己的药学服务质量和

水平。临床药师查房应重点关注临床用药问题，特别是不合理用药问题，如选药、用药、联合用药是否恰当，有无超处方、超适应证用药，有无配伍禁忌和不良反应发生等。

(2) 以循证为基础：临床药师通过"问"和"看"来获得临床证据。首先是问患者、家属、医生、护士关于患者病史、治疗史和用药史等；其次是看体检结果、辅助检查、病程记录、护理记录、药师查房记录、检查和治疗计划等，并做好查房记录。通过"问"和"看"全面了解患者用药情况，做出正确判断，给出专业的建议。规范化的问诊可以获得患者完整的、与用药相关的第一手资料。

(3) 以疾病评估做辅助：临床药师要深入临床，树立临床思维。通过查房，临床药师对患者病情有了一定的了解，能够解决一部分临床问题，但对于病情复杂或者对于临床诊断知识缺乏的临床药师，在病情评估上往往面临很多不确定的问题。只有对患者病情做出全面、合理的评估，才能在选药用药和药物治疗上提出合理的建议。

(4) 坚持以患者为中心，以合理用药为核心，保证患者用药安全、有效、经济和适度，提高药学查房的质量和水平。

4. 药学查房的基本要求

(1) 做好充分的准备：查房之前要先熟悉患者的基本情况，通过观察患者的面容神态、体形体征，获得对患者的初步印象，然后查看病史记录和用药记录，初步掌握患者的基本病情和用药情况。

(2) 遵守查房礼仪：进病房时要衣着整洁，发型、妆容得体，举止大方；面带自然微笑，目光柔和；言语清晰，语调和蔼，动作轻柔。

(3) 积极沟通交流，注意查房技巧：查房过程中，临床药师要注意倾听患者及其家属对病情的描述，认真听取医师汇报病历，明确目前存在的、需要临床药师解决的问题，特别是药物应用方面的问题。在关注、真诚和尊重原则的基础上，积极与患者、医护人员进行沟通，并注意沟通的方式和技巧。询问和回答患者问题时要尽量避免使用医药学专业术语，将其转换成通俗易懂的语言，使患者能够理解和交流。

(4) 进行药学问诊，做好查房记录：临床药师要询问患者及其家属，患者有无不良反应或禁忌证用药史，并做好相关记录，建立患者的药历档案。查房记录要做到准确、完整。

(5) 提出建设性意见或可行性药物治疗方案：听取医师追问病史，对患者进行体格检查，找出问题的关键所在。在参与病情讨论时，尽量提出建设性意见或可行性药物治疗方案。

(6) 遵守职业道德，关爱患者，防范药疗纠纷：把"以患者为中心"理念落实到实际工作中，注意保护患者的隐私权和知情权，把握好查房的时间、地点、频率、提问和回答问题的场合及方式方法，规范语言表达，避免误导，产生歧义和产生药疗纠纷。临床药师要防范用药差错和药疗纠纷，加强自身保护。

5. 药学查房的基本程序

(1) 制订药学查房计划：依据患者的基本情况，进行药学评估，判断患者所需药学服务方式和内容，制订药学查房计划，做好查房的各项准备。

(2) 初始药学查房：对患者进行初次巡视时需进行简单的自我介绍，告知患者药学查房的主要目的，介绍用药注意事项，促进药物合理应用，并注意引导患者回答与药物相关的问题。

(3) 用药教育和用药指导：与每一例患者或其陪护人员交流，了解患者用药信息，回答其提出的问题，进行用药教育和用药指导，提高患者用药依从性。

(4) 集中点评：查房完毕，召集所有参与查房的人员进行集中讲评，重点对用药情况进行点评。

(5) 查房后的处理：查房结束后，将查房经过、药学服务内容和用药建议等详细记录下来，建立患者药历，结合患者病情分析患者的用药情况。对不合理用药现象及药物咨询方面遇到的

问题及时查阅相关文献，并以文字的形式写成书面材料，及时反馈给临床医生，注意加强与临床医生的沟通交流。

6. 药学查房的主要内容

(1) 患者入院药学评估：查看病历，了解病程，查看用药情况（药历），通过药学问诊对患者进行药学评估，询问现病史、既往病史、既往用药史、家族史、伴发疾病与用药情况、过敏史、药品不良反应及处置史等，明确疾病治疗的原则，对疾病的药物治疗提出意见与建议，优化药物治疗方案，关注药品不良反应和药物相互作用，发现、解决和预防潜在的或实际存在的用药问题。

(2) 实施药学监护：对患者用药的疗效、安全性和依从性进行监护，检查药物治疗是否及时、有效、彻底，治疗时间的长短，有无因用药不当（用药剂量、用药时间、用药方法错误）而给患者带来不必要的心理或生理方面的痛苦、损害以及感染和差错事故等；使患者了解药物治疗方案，帮助患者识别并及时处理药物相关性事件，最大限度规避或减少药品不良反应；关注药物治疗效果，重点关注治疗效果差、用药依从性差、需要进行重点监护以及使用特殊药物或特殊剂型患者的药物应用情况。

(3) 解决用药问题，进行用药教育和用药指导：积极与医护人员、患者及其家属进行沟通和交流，对患者进行用药教育和用药指导。发现不合理用药问题后，及时纠正和处理。有些问题，比如服药方法和服药时间，可以现场给患者解决，但是关于调整用药方案，更改用药医嘱等问题，需要先同临床医生进行协商。

(4) 出院前药学查房与用药指导：关注药物治疗效果，告知疾病治疗现状（特殊者除外）；使患者明确病情进展及出院后药物治疗方法，提示应定期监测的指标及监测时间；告知患者出院后继续用药的必要性及用药品种；药物应用方法与疗程；如何正确保存药品；可能出现的用药问题与处理方法；生活方式调整；必要时可预约随访。

7. 药学查房应注意的问题

(1) 查房前应与医生进行沟通：当患者咨询他的病"用什么药好"等用药问题时，你的回答应与医生保持一致。如果与医生用药观点有冲突，患者通常会找医生理论或要求医生更改医嘱，甚至怀疑医生的用药水平，此时容易引发矛盾。因此，查房前应注意就患者的病情、用药等问题与医生沟通交流。

(2) 保护患者隐私：为保护患者的隐私权，查房时应注意时间、地点、提问和回答问题的场合及方式、方法。在病房时可询问患者的用药史、是否有不良反应等，而讨论或谈论患者的隐私以及某些疾病（如性病、艾滋病、不孕不育症等）的治疗用药时，要符合临床药师职业道德规范，不要当着其他患者的面，以免引起患者的不满，甚至医疗纠纷。

(3) 注意沟通技巧：首先，注意语言交流时要真诚、友好、谦虚、自信；其次，要实事求是，不要信口开河，尽量不要使用"也许""可能""大概""不太清楚"等不确定性词汇，以免引起患者对你的不信任。临床药师要对自己说的每一句话负责，因此不明白的事不乱讲，待自己弄清楚后，再告诉咨询者。

（二）药学会诊

会诊是临床医疗工作中集思广益，发扬学术民主，共同解决患者诊疗问题的重要措施，在诊断、治疗上有困难或涉及其他专业问题需要专科协助解决时，应及时组织会诊。随着临床药学工作的广泛、深入开展，具备一定资质和能力的临床药师会受邀参加或独立开展药学会诊工作。药学会诊主要是指由2个以上不同专科、有一定资历的临床药师（必要时临床医师一同参加）共同研究和解决临床中用药相关的问题，使患者用药更加安全、有效、经济。药学会诊是临床药学工作的重要组成部分，也是临床药师综合素质的体现。

笔记

1. 药学会诊的目的　药学会诊同临床会诊一样，通过会诊，群策群力，探讨、发现、解决和预防临床用药中出现的重要或重大问题，提出改进药物治疗的建议，保证患者用药的安全性和有效性，提高药物治疗的质量和水平，促进临床合理用药。

2. **药学会诊的形式** 按参与形式不同，药学会诊分为临床药师参与临床会诊和临床药师单独会诊两种形式。前者多是临床药师受临床医师之邀，参加临床医师组织并主导的临床会诊，在会诊中与医师进行交流，就药物治疗和用药问题进行积极讨论，发表意见，提出建议。临床药师参与临床会诊又分为两种形式：①单独邀请会诊。临床药师需在会诊单上填写会诊意见；②多专业会诊。药师口头发表意见，由组织者记录会诊意见。临床药师单独会诊是以临床药师为主导，由2个以上不同专科的临床药师为解决临床用药问题而独立进行的会诊，如对病情危重患者、药物治疗复杂患者、发生严重药品不良反应患者、严重肝肾功能损害患者、需要治疗药物监测的患者等进行药学会诊，共同商讨制订药物治疗方案，尽量做到给药方案个体化，确保患者用药安全、有效。

根据会诊范围不同，临床药师会诊可分为科内会诊（department consultation）、院内会诊（hospital consultation）、院外会诊（external consultation）和远程会诊（remote consultation），目前以前两种情况居多。科内会诊为本病区或本科内的会诊，由主治医师或主管药师提出，经科主任同意后，召集本病区或本科室的医药护人员参加。院内会诊又分为科间会诊和全院会诊。科间会诊是指在临床治疗中，对于诊治病情疑难或危重的患者，仅凭一个科室不能解决、需要其他科室协助时，由申请科室发出会诊申请单，被邀科室中级及以上职称的医师和临床药师前往会诊并共同确定诊疗意见的过程。在本专科领域内对患者的诊治有困难，需要相关学科协助的，可提出科间会诊。全院会诊，又称多学科协作会诊（multidisciplinary team，MDT），通常指来自多个相关学科的专家，组成相对固定的专家组，针对某一个器官或系统疾病，通过定期、定时、定址的会议，提出诊疗意见的临床诊疗模式。MDT尤其适用于重大、罕见疾病、疑难杂症的诊断治疗，参加科室往往涉及多个临床科室和医技科室（检验科、病理科、放射科、临床药学室等）。根据会诊的紧急与否，院内会诊又分为急会诊和普通会诊。

院外会诊是指针对本院不能解决的危重疑难病病例，如严重感染性疾病治疗方案、药品不良反应的应急处理、急性中毒的药物解救、公共突发卫生事件中的药物救治等，邀请院外的专家进行会诊。

远程会诊，就是利用电子邮件、网站、信件、电话、传真等现代化通讯工具，为患者完成病历分析、病情诊断和药学问诊，进一步确定治疗方案，它是一种非常方便的新型诊疗方式，有力地带动了传统治疗方式的改革和进步，为医疗走向区域扩大化、服务国际化提供了坚实的基础和有力的保障，为完善医疗服务体系、交流医疗服务经验提供了新的工具，对于提高边远地区的医疗质量和水平也发挥重要作用。

3. **药学会诊的基本原则** 临床药师参与临床会诊，参与危重患者的救治和病案讨论，目的是提高患者的救治率，提高医疗机构的合理用药水平。这对临床药师的专业水平、业务能力和职业素质要求比较高，具有极大的挑战性。临床药师参与会诊应坚持以患者为中心，以合理用药核心，保证患者用药安全、有效。

4. **药学会诊的基本要求** 会诊的形式和内容不同，会诊要求也往往不同。

(1) 急会诊与普通会诊：急会诊指应邀科室应在接到会诊邀请后10分钟内前往会诊；普通会诊指应邀科室应在接到会诊邀请后24小时内前往会诊；严禁应邀医师未查看患者而直接进行电话会诊。

(2) 科内会诊：原则上由各科主班医师和主管临床药师负责完成，并做好会诊的登记工作，如碰到较为疑难的会诊，或同一患者经两次会诊后仍未明确诊治意见的，会诊医师和临床药师应立即如实地汇报科主任，由科主任安排处理。

(3) 住院患者的普通会诊：由管床医师或临床药师提出，经主治医师或主管药师同意后，填

写会诊邀请单。会诊单上应详细写明患者的病情、邀请会诊的目的和要求，经签字确认后送至被邀请科室。被邀请科室医师和临床药师前来会诊时，必须有分管的床位医师陪同，以便共同讨论。会诊结束后会诊医师应将会诊意见按规定格式记录在会诊单上，同时在会诊记录本上签字。床位医师也应及时将会诊意见记录在病程录中。

(4) 住院患者的急会诊：由主管医师或临床药师提出，经上级医师或临床药师同意后，可直接电话联系被邀请科室，后补填写会诊邀请单，会诊结束后会诊医师应将会诊意见按规定格式记录在会诊单上。

(5) 急诊患者的急会诊：由急诊当班医师提出，临床药师直接参与，可直接电话联系被邀请科室，后补填写会诊邀请单。

(6) 全院疑难、危重病例会诊：住院患者病情诊断有困难或病情危重需要他科协助诊治的，可提出全院会诊。全院会诊由科主任主持，并指定专人记录，会诊结束后由床位医师及时将会诊意见记录在病程录中。

(7) 院外会诊：本院不能解决的疑难病例或由于本院无相应学科不能解决诊疗问题时，可提出院外会诊。经治科室应当向患者或其授权委托人说明会诊、费用等情况，征得患者或其授权委托人同意后，由经治科室科主任提出，书面报医务科批准；当患者不具备完全民事行为能力时，应征得其近亲属或者监护人同意。

(8) 远程会诊：远程药学会诊要满足会诊的软硬件条件，对会诊人员和会诊设备要求较高。会诊的专家方需有专业技术水平高、经验丰富的临床药学专家组成；会诊双方具有开展远程会诊的场所和远程设备。

5. 药学会诊的基本程序

(1) 门(急)诊药学会诊：以下情况需要进行门(急)诊药学会诊：对于诊断明确、无需住院的门(急)诊患者，由于病情复杂，涉及多学科、多系统、多器官用药，药物治疗方案非常复杂，需要多学科协同制订个体化给药方案；患者在一个专科就诊多次，药物治疗方案几经调整仍无效；患者给药后出现严重的不良反应或毒副作用，需要救治和调整给药方案；急救患者需要几个专业临床药师参与制订药物救治方案。出现这几种情况时，临床药师可考虑进行药学会诊或与临床医师一起进行临床会诊。门(急)诊药学会诊的一般程序为：

1) 提出会诊：首诊科室医师或临床药师发现符合上述几种情况的患者，征得患者或其家属同意并签名后，开具会诊预约单。

2) 预约会诊：患者凭会诊预约单到门诊客户服务中心登记盖章备案后，根据首诊科室医师或临床药师提出的要求，邀请相应科室临床药学和(或)临床医学专家会诊，约定会诊时间与地点。会诊当日，患者须携带病历、检查报告、化验结果、影像学等全部资料按约定时间抵达指定地点，等候会诊。

3) 会诊前的准备：申请会诊的医师或临床药师提前完成病历、药历整理和必要的辅助检查，为会诊做好充分准备。

4) 组织会诊：门诊部专人负责组织，然后由首诊科室医师或临床药师向专家组做详细病例和用药情况报告。专家们认真阅读患者的相关资料，集中讨论，形成会诊方案，必要时还会请患者进入会诊现场接受问诊等。讨论结束后，专家将会诊意见告知患者或其家属，并解答他们的疑问，申请会诊的医师或临床药师详细记录各科会诊意见。

5) 会诊后随访：会诊后归口的专科临床药师向患者出具会诊意见书。归口的专科临床药师实施会诊提出的药物治疗方案，需要住院的患者由本专科直接收住入院，门诊治疗的患者由本专科负责接待复诊。归口的专科临床药师负责对会诊患者进行追踪观察，根据病情及时调整药物治疗方案，确保会诊质量。

(2) 科内会诊：科内会诊是本病区或本科内组织的会诊。一般由主治医师或主管临床药师

提出，经科主任同意后，召集本病区或本科室的临床药师、临床医生、护士等参加，亦可结合疑难病例讨论会进行。

(3) 院内会诊

1) 会诊通知：科间会诊一般由相关科室发出口头或书面邀请，全院会诊由医务处正式行文通知。接到医务处或临床科室的会诊通知，临床药师一方面要仔细阅读会诊单，了解患者情况和会诊目的；另一方面应及时到会诊科室，进一步向主治医师详细了解患者有关情况，询问本次会诊需要临床药师协助解决的主要问题，并摘录病例中有关用药、检查等基本信息，必要或条件允许时可直接向患者或其家属问诊。

2) 会诊前准备：组织临床药师，对拟会诊的患者有关资料进行分析，尤其是与用药相关的信息，查阅相关资料，集思广益后提出会诊意见，提高会诊质量。

3) 会诊讨论：临床药师应按时参加会诊，可单独也可组成小组参加。在参加会诊时，仔细听取临床医务人员介绍病情和疑难情况，在领会临床需求的基础上，客观、全面地提出自己的观点。回答问题一定要客观谨慎，实事求是，防止因未了解全面情况或对问题理解不全面而产生误导。

4) 会诊记录：临床药师参加会诊所提出的意见，应如实记录于临床会诊的病历及临床药师的会诊记录本上。临床药师的会诊意见不论是否被临床医师采纳，都需要对该患者的诊疗过程进行追踪，并建立药历；如果发现会诊意见需要修改，应及时与相关医生联系沟通，避免造成不良后果。会诊结束后，临床药师应对药学会诊相关内容进行补充和整理，包括临床医学专家对疾病的分析。

(4) 院外会诊

1) 会诊邀请：院外会诊由床位分管主治医师提出，经科主任同意后，由管床医师填写院外会诊邀请单，内容包括拟邀请医院、临床医师和临床药师的姓名、专业及技术职称、会诊的目的、理由、时间、地点、费用和联系人等情况，并附会诊患者病历摘要。经审核后加盖医务科公章，由医务科工作人员向被邀请医院发出书面会诊邀请函。

2) 会诊接待：院外会诊由科主任负责接待会诊专家，必要时可邀请分管院领导或医务科同志一起参加，指定专人记录，会诊结束后由床位医师及时将会诊意见记录在病程录中。

(5) 远程会诊

1) 会诊前进入临床药学专家诊室（会诊系统），检查视频、音频是否正常，将想咨询的问题记录下来，防备会诊时忘记。

2) 会诊开始，发出邀请医院的临床医师或临床药师简要介绍病史、检查结果、既往药史、用药情况及药物治疗结果等。

3) 临床药学专家向发出邀请医院的主治医生询问病情，向临床药师或药师做出药物治疗和合理用药建议。

4) 临床药学专家解答发出邀请医院的临床药师或药师提问。

5) 患者与临床药学专家进行交流。

6) 会诊结束，受邀医院向发出邀请医院发送会诊意见书，供其参考。

6. 药学会诊的主要内容

(1) 药物选择与治疗方案制订：临床用药品种繁多，许多临床医师由于工作繁忙，获得全面药品信息资料的时间有限，从而在众多的治疗药物中作出合理选择的难度增大，尤其对于非本专业的治疗用药，如制订患者多重耐药菌感染的个体化治疗方案、患者围手术期用药方案、术后感染的防治、疑难危重病例、患有多种并发症患者的用药方案等。临床药师可以针对整体治疗方案，也可针对治疗方案的局部，或药物治疗方案的具体实施细节以及出现的反应发表意见，提出合理建议。例如，遵循合理用药原则，尽量选择安全、有效、经济的药物，制订最佳的药物

治疗方案，尽量做到给药方案个体化，帮助医生设计或调整给药方案，必要时找到合适的替代方案或替代药物等。

（2）药品不良反应及药源性疾病的甄别与治疗：在临床实际用药中，临床医师比较关注药品的有效性，临床药师则应对药品的安全性、有效性、经济性和依从性全面关注。患者在临床上出现一些症状和体征，当临床医师根据各种检查不能确定究竟是疾病所致还是药物所致时，常邀请临床药师参与会诊。临床药师可以利用自己所掌握的临床药学理论知识和工作经验，协助医师鉴别诊断药物引起的相关疾病或不良反应。

（3）解答其他临床用药问题：临床医生进行疾病治疗时，往往会遇到各种用药问题。例如，高风险药物如何选用，如何合理使用抗菌药物；解决药疗矛盾，食物或药物中毒的救治；老人、儿童、妊娠和哺乳期妇女、肝肾功能不全患者、特殊职业患者、精神障碍患者等特殊人群如何用药等；药物联合应用能否提高疗效，有无不良药物相互作用和配伍禁忌等。面对纷繁复杂的用药问题，临床医师有时会感到困惑，这时需要临床药师帮助解决。临床药师应充分发挥自己在药物应用方面的专业优势，提供合理建议，为患者和医护人员服务。

7. 药学会诊应注意的问题　遵守各级各类医院制定的临床会诊管理办法，特别是院外会诊由院方安排，先行登记与报告。参加临床会诊（除急会诊外）如时间允许，应进行前期准备，特别是临床药师在参加会诊的起步阶段，先行了解会诊患者的基本情况和请求会诊的原因，可利用临床药师团队，借鉴临床医师会诊的经验，进行临床药师的集体讨论，从不同专业角度进行审视，提出各自的建议，供参加会诊的人员参考。会诊意见要慎重且严谨，应关注对建议的采纳情况及建议的效果，进行资料的整理和汇总，以便不断提高自己的业务能力。

鉴于我国临床药师工作目前仍处于初级阶段，仅有部分临床药师经过规范化培训，高等学校培养的临床药学毕业生，大部分刚刚踏入临床药学工作岗位，应注意在临床药学实践中再学习，积极参加日常会诊和疑难、危重患者医疗救治会诊，积极发言，提出建议，不断提高参与会诊的能力。

九、用药教育与用药指导

2011 年颁布的《医疗机构药事管理规定》明确要求："临床药师应当全职参与临床药物治疗工作，对患者进行用药教育，指导患者安全用药"。用药教育与用药指导是临床药师的重要工作内容和工作任务之一。

（一）用药教育

1. 用药教育的目的与意义　用药教育（Medication education，ME）是指对患者和公众进行合理用药指导，普及合理用药知识，增加他们的用药知识，预防药品不良反应，提高用药依从性，降低用药错误发生率。用药教育是确保患者用药安全、有效的一个重要手段，也是临床药师开展临床药学工作的一项重要任务。临床治疗过程中，如果患者的治疗依从性不高，对于药物的合理使用认识程度不足，或者缺少对药物使用过程中各种注意事项的了解，以及未按要求对那些治疗窗较窄的、风险大的药物进行必要的监测等，均可能使患者的治疗达不到预期效果；更有甚者，还会由于药物使用不当而引起严重不良事件的发生。因此，用药教育对于改善患者的预后，提高药物治疗的安全性和有效性至关重要。

患者用药教育的主要对象是患者。患者用药教育（patient mediation education，PME）是临床药师工作职责中的一项重要内容，通过直接与患者及其家属交流，解答用药疑问，介绍药物和疾病相关知识，提供用药咨询服务，提高患者对药物治疗的依从性，减少用药相关问题。通过收集与患者用药相关的信息，直接为患者提供用药教育。

2. 用药教育的基本原则和要求　用药教育的基本原则是"以患者为中心，以合理用药为核心"，"量体裁衣"，具有针对性、主动性、人性化和多样化。临床药师应根据患者情况（年龄、性

笔记

别、病情、心理)、疾病情况及药物特点，有针对性地进行沟通交流，开展个性化用药教育。为患者提供用药教育时既要积极主动，充满热情，寓教于乐，浅显易懂，方式多样，又要秉持科学、严谨的态度，注意沟通交流的方式、方法。

3. **用药教育的方式** 根据教育对象的不同，用药教育可分为门诊患者用药教育、住院患者用药教育和公众用药教育。门诊患者用药教育主要包括门诊药房发药窗口的常规用药教育、药物咨询窗口和各专科门诊患者的个体用药教育。根据治疗阶段的不同，住院患者用药教育又进一步分为患者入院用药教育、住院期间(治疗过程中)用药教育和患者出院用药教育。

除对患者进行单独的、一对一的个体用药教育外，临床药师还可把患有相同疾病的患者集中在门诊大厅、病区大厅或宣教室进行集中的团体或小组用药教育。对于一些精神病患者，还应定期举办培训与聚会，这样家属之间更容易沟通和进行经验交流。对于普通民众的社区用药教育也主要采用集中教育方式。

用药教育的形式可多种多样，不拘一格，如口头、音频、视频、书面、网络、电话、邮件和家访等均可采用。目前应用较多的用药教育形式包括以下几种:

(1) 药学讲座:通过在医院、社区等开设药学讲座，对患者和公众进行合理用药教育。可开展儿童安全用药、妊娠期和哺乳期安全用药、老年人合理用药等讲座，也可开展高血压、糖尿病、脑卒中、癌症、阿茨海默病等慢性病药物防治讲座。

(2) 用药咨询:为门诊及住院患者提供面对面的用药咨询服务，是最基本、最主要的用药教育方式。针对患者的病情，通过口头讲解，让患者了解疾病发展过程、症状处理、用药目的、药物疗效、药品不良反应、禁忌证、药物使用方法及注意事项等。对于老人、儿童、妊娠期和哺乳期妇女、肝肾功能不全患者、器官移植患者及其他存在用药风险的患者应加强随访，追踪用药教育的效果。

(3) 书面宣教:对于有一定文化程度的患者，采取健康教育小册子、宣传单、图文相册、壁报等书面形式，将教育内容交给患者自己阅读，对于需要进行书面教育的患者，应给予必要的解释，使患者正确理解教育的内容。书面宣教方式教育内容全面，又节省时间，值得提倡。

(4) 网络教育:临床药师可充分利用发达的网络信息系统，通过药学网站、药学论坛、微信等方式与患者和公众进行互动交流，解答疑问，传播合理用药知识。医疗机构和健康教育中心等机构可建立合理用药相关网站，也可在本单位官网上开辟“用药教育”专区或专栏，对患者或公众进行用药教育、药物咨询和合理用药指导，让患者足不出户就可免费享受临床药师提供的用药教育和药物咨询服务。这种教育方式具有非常高的效率、时效性和便捷性，也最节约成本和资源，深受患者和公众欢迎，值得进一步推广。

4. **用药教育的基本程序**

(1) 临床药师根据患者需求，为其制订个性化的用药教育计划并付诸实施

1) 了解患者及其家属的教育需求:通过与患者或其家属交流，收集患者信息和确定需求，评估出患者的知识水平及需要教育干预的问题。影响患者健康行为的各种因素，如患者对疾病的认识，年龄、个性及知识水平等因素。虽然家属不常参与，但家属对患者的态度和行为有着非常重要的影响，特别是需要家属协助下才能更好地遵循医嘱的人群，如老人、儿童、精神障碍患者等。

2) 明确教育的目的和目标:必须与患者讨论用药教育的目的及目标，以确保他们理解并接受，制订的目标必须是切实可行的。

3) 选择适当的教育方法:临床药师在选择教育方法时应结合患者实际情况，根据教育目标选择最有效的教育方法，并考虑教育的内容。在保证教育效果的同时，还应考虑患者和临床药师的时间和成本。

笔记

4) 实施教育计划:将选择好的教育方法和资料整合到教育计划中，制订好教育的开始时

间、持续时间，以及何时进行评估。与患者讨论教育目标并对实现目标的时间形成一致意见，还要安排随访，评价目标的完成情况。

5）评估：提前做好评估计划和方法，并与患者沟通，针对教育的目标进行评估。

（2）为特定患者群体制订用药教育计划：临床药师除对个体患者进行用药教育外，还对具有相似用药问题的特定的患者群体开展用药教育，为他们制订一个共同的、有针对性的教育计划。特定的患者群体包括使用的药物（如治疗窗窄的、高危药物等）需要密切监护的患者、依从性不好的患者（如老人、儿童及其他不愿服药患者）、妊娠和哺乳期的患者等。特定患者群体的教育计划与个体患者的计划一样，包含相同的要素，只是起始步骤包括选择目标患者群及找到他们面对的共同话题。

对目标患者群体进行用药教育时，药师应选择多种教育方法及资料，以满足不同患者的需求。即使为患者群体制订了教育计划，还是要考虑到每一位患者的特殊需求，应使得教育计划能满足一些个体的特殊需求。

5. 用药教育的主要内容

（1）门诊患者用药教育：因门诊药房工作繁忙，药师一般只进行常规用药教育，包括介绍患者处方药物的名称、规格、作用、用法用量及注意事项等。若是药物咨询门诊或专科门诊用药教育，临床药师可结合专科用药及疾病特点，对患者进行详细解答，包括向患者介绍药物基本信息、目前需要解决的主要问题，以及相应药物使用的目的，药物使用注意事项、药品不良反应、药物治疗方案进行调整的原因等。以哮喘门诊为例，很多哮喘用药都是使用激素类喷雾剂，装置的使用方法、激素类药物的特点、使用疗程及注意事项等对于疾病的治疗至关重要。对于需要进行用药教育的哮喘患者，医生应开具用药指导单，由哮喘专业的临床药师对患者进行用药教育，同时，还要求患者定期回诊，临床药师跟踪患者的用药及疾病改善情况。

（2）住院患者用药教育：患者在入院、住院期间和出院时，如果患者有用药教育需求或治疗小组认为有必要对患者进行用药教育，临床药师就进入病房，对患者进行床旁用药教育。

1）刚入院时临床药师对患者的用药教育：通过交流沟通让患者了解临床药师在其治疗过程中所能提供的帮助，同时赢得患者对临床药师的充分信任，以便日后工作的开展；另外也可以初步评估患者对疾病及药物的认知水平、接受能力、服药依从性等，为下一步进行药学服务做好铺垫。

2）住院期间临床药师对患者的用药教育：在明确治疗方案或进行药物治疗方案调整时，临床药师都要对患者进行必要的说明。包括向患者介绍目前需要解决的主要用药问题及并发症的情况，药物使用的目的、依据和意义，药物使用应注意的事项，药物联用的必要性、药物治疗方案进行调整的原因、发生药品不良反应如何处理等。药物治疗过程中患者可能存在不适的临床表现，有些可能是疾病因素引起的，有些可能与药物的毒副作用相关。若由非疾病因素引起，需要临床药师介入，发挥专业特长，协助临床医师甄别是否存在药品不良反应。

3）患者出院用药教育：为保障患者出院后安全、有效地使用药物，临床药师应根据治疗方案，为出院患者提供出院用药指导单，详细且通俗地介绍患者出院后所带药物的名称、规格、作用、主要不良反应、用法用量及注意事项等。必要时让其复述注意事项，以最终确认患者的掌握程度。对于需要进行血药浓度监测的患者，还应进行特别提醒。

（3）公众用药教育：对普通公众进行用药教育宣教，主要采取社区教育的方式。通过社区用药教育，可有效指导社区居民合理用药，提高其对疾病和合理用药的认识，提高药物疗效，规避或减少药品不良反应，保障公众用药安全。公众用药教育内容主要包括：

1）合理用药观念：通过用药教育，使公众了解安全、有效、经济和适度的合理用药原则，树立合理用药观念，减少用药错误，提高用药质量，保障用药安全。

2）药物的选择：是否有用药的必要，选择哪种药最合适，同时考虑药物的疗效与不良反应，

笔记

权衡用药的利弊。

3）药物剂型的选择：同一药物有多种剂型，注意选择合适剂型，慢性病多用口服剂型，急症多用注射剂，儿童尽量用口服制剂和栓剂等。如氢氧化铝治疗胃及十二指肠溃疡宜选择凝胶剂，中和胃酸，保护溃疡面。

4）给药剂量的选择：应选择合适的剂量，剂量太小，无效或疗效降低；剂量过大，超剂量用药可引起药品不良反应、中毒甚至死亡。年龄、性别、营养状况、遗传因素等对用药剂量都有影响。小儿所需剂量较小，一般可根据年龄、体重、体表面积按成人剂量折算。老人用药可按成人剂量酌减。另外，对于体弱、营养差、肝肾功能不全者用药量也应相应减少。

5）给药途径的选择：从口服、直肠给药、舌下给药、注射给药、黏膜给药、局部给药等常见给药途径中选择最合适的给药途径。口服是最常用的给药途径，具有方便、经济、安全等优点。直肠给药主要适用于儿童及不能口服给药的患者。注射给药具有吸收迅速完全、疗效确切可靠等优点，特别适用于危重患者。

6）给药时间、给药间隔及给药疗程的选择：适当的给药时间间隔是保证药物安全有效的必要条件。有些药（如阿卡波糖）适合饭前服，有些药（如阿司匹林）适合饭后服，要按规定时间服药。给药时间间隔太长，不能维持有效血药浓度，间隔过短可能会使药物在体内蓄积，引起中毒。如氢氧化铝治疗胃酸过多、胃及十二指肠溃疡时餐后1小时及临睡前服用，效果更好，与其他药同服应间隔1～2小时，连续服用不宜超过7日。有些降压药、镇痛药等具有时辰节律性，可按时辰节律给药。再如，人们白天对疼痛敏感性低，耐受程度高，肌注同样剂量的哌替啶注射液镇痛效果白天比夜间好，给药时应注意调整剂量，夜间剂量要高于白天。例如，人体肾上腺皮质激素分泌高峰在早晨7:00～8:00，黎明时分泌最低。如果将地塞米松、泼尼松等肾上腺皮质激素类药物全天药量分次、等量给患者服用，在治愈疾病的同时，患者可出现肾上腺皮质功能紊乱的严重不良反应。这主要是因为分次等量给予上述肾上腺皮质激素类药物扰乱了体内皮质激素的正常分泌节律所致。如果必须长期服用此类药物，宜采用早晨7:00～8:00时一次给药或隔日早晨一次给药的方法，以减轻对下丘脑-脑垂体-肾上腺皮质系统的反馈抑制，从而减少肾上腺皮质功能下降甚至皮质萎缩的不良后果。

6. 患者用药教育的技巧

（1）与患者谈话的技巧

1）站在患者的立场上，耐心倾听患者的叙述，注意观察患者的反应和情绪，采取接纳的态度，即要帮助、指导，不能批评、训诫。

2）与患者谈话时，语气要中肯、主动、热情，态度和蔼，表达通俗，使患者易于接受。要让患者感觉出临床药师的诚意。

3）掌握会谈时间，把握重点，避免不成熟的建议或承诺，以免加重患者心理负担或导致医疗纠纷。

（2）电话或网络随访技巧：电话、网络（QQ，微信等）随访是一种开放式、延伸式的用药教育形式，具有简单易行，成本低，方便有效的优点。提高电话或网络随访效能的技巧：

1）准备：电话或网络随访前，临床药师需复习随访患者的相关资料，准备好随访时需了解的问题，每次通话或网上交流的时间不宜过长，宜控制在10分钟内。

2）询问：应事先询问对方是否方便，在得到对方许可后，方可讨论与疾病及用药相关的问题。

3）引导：应善于引导患者正确描述自身健康状况和用药效果，控制谈话的节奏、方向和气氛。注意坚持因时而异、因人而异，持续评估的原则。

笔记

4）语言：在交谈过程中要态度和蔼，语言亲切，尽量用通俗易懂的语言，避免使用难以理解的医药学术语。尊重对方的生活习惯和风俗人情，个性化交流，使对方感受到被尊重和关心。

5）保护：注意自我保护，切忌大包大揽，说话不负责任。如遇到不能解答的问题，应坦率说明，在请教过他人或查阅资料后及时告之对方。

6）提醒：预约下次电话随访的时间。如发现病情有变化应及时提醒、督促对方尽快就诊，以免贻误病情。

7. 慢性病患者用药教育　常见慢性疾病，如高血压、冠心病、脑卒中、癌症、糖尿病、慢性阻塞性肺病等，患者需要长期用药。对患者及其家属进行用药教育，使其了解该类疾病的特点、治疗药物的特点、选药、用药和药物治疗的常识及注意事项，对于提高药物治疗的安全性、有效性、经济性和依从性至关重要。

高血压是一种世界性的常见病、多发病，严重威胁着人类健康。我国是高血压高发国家，患者人数已突破3.3亿，高血压患病率为29.6%，知晓率、治疗率和控制率分别为42.6%、34.1%与9.3%，接受降压治疗的患者中血压达标率为27.4%。原因是多方面的，其中一个重要原因是患者对高血压的认识不足，存在大量认识误区，并且治疗的依从性差。因此，对高血压患者进行用药教育，提高患者对高血压的危害及长期治疗重要性的认识很有必要，可大大提高高血压治愈率和控制率。鉴于高血压广泛的发病率和对人类健康的严重危害，在此以高血压患者用药教育为例，简述慢性病患者用药教育的方法。

（1）临床药师对高血压患者用药教育的责任：由于高血压是一种慢性疾病，高血压一旦发生就需要终身管理，患者除了就诊时与医生有短暂的交流，大部分时间需要进行自我血压监测与管理。加强对高血压患者的健康教育和用药教育，指导患者逐步掌握高血压的防治知识和技能，促其养成良好的遵医行为，以达到自觉地改变不良生活方式、控制危险因素、提高治疗依从性，提高降压达标率并减少并发症的发生，是临床药师不容辞的责任。

目前高血压认识误区比比皆是，主要表现为：高血压无不适症状，可以不用降压药；凭感觉用药，头晕吃药，头不晕停药；降压治疗血压正常了，就停用降压药；用食疗或理疗仪器，不服用降压药；认为是药三分毒，不愿意长期用降压药；跟着广告走，频繁更换降压药等。针对以上高血压认识的误区，临床药师有责任根据自己的专业知识，遵照《中国高血压防治指南》和《中国高血压患者教育指南》，因人而异地对患者进行高血压相关知识的讲解教育，针对不同的目标人群，进行行为干预，提供相应的健康教育、用药教育和行为指导。

（2）高血压健康教育内容

1）健康教育的核心：血压健康教育的核心是行为干预。针对不同的目标人群，提供相应的教育内容和行为指导。

2）重点教育内容：药物应用指导（患者所用药物的用法、剂量、药品不良反应及用药的注意事项等）、生活方式指导（饮食指导，帮助患者建立良好的生活习惯，生活要有规律，适当参加体育活动的时间和内容）、心理指导（介绍疾病的有关知识，增强战胜疾病的信心，解除过多的顾虑，心情舒畅地尽早回归家庭和社会）、功能锻炼指导（制订功能锻炼的计划，并耐心示范锻炼方法）。

（3）高血压健康教育方法

1）医院健康教育

A. 门诊教育：患者候诊时，采取口头讲解、宣传栏、黑板报、小册子、广播、医院视频健康教育联播系统、录像、电子显示屏、电脑触摸屏、多媒体投影等形式开展健康教育和用药教育。随诊时向患者提供高血压自我保健的健康教育处方。告诉患者看病前应该做什么准备，如目前用药清单、带上药品包装；近3～7天每天晨服药前血压和入睡前血压自测情况记录；新出现的症状和问题。

一分钟教育：大型医疗机构医生、临床药师、护士的工作繁忙，时间紧张，可针对患者的主要问题进行一分钟重点教育。患者若能信任医生和临床药师，能够取得好的效果。例如，治疗

笔记

依从性很差的中年2级高血压患者。临床药师要告知患者高血压不控制的危害；高血压需要长期治疗；坚持正规治疗，对预防并发症有益；每个月随访一次，在家里自测血压；降压目标是血压小于140/90毫米汞柱等。

B. 住院教育：住院治疗期间，临床药师可进行较系统的、循序渐进的高血压防治知识、技巧和自我管理的教育。患者出院时应进行出院教育和随访。告诉患者出现何种症状应立即到医院复查诊治，或者立即与临床药师或社区医生联系咨询，须将健康教育或用药教育列入病区常规工作制度及整体护理措施。根据患者病情和学习能力决定教育内容。教育内容应当简单、重要、有用，并可多次重复，以加深患者的印象或使其熟练掌握合理用药技能。

2）社区和工作场所的健康教育

A. 开展社区调查，发现社区人群的健康问题和主要目标人群；根据社区人群特点，确定相应的健康教育内容，如"抗高血压药的合理应用"；利用各种渠道宣传普及健康知识和合理用药知识，提高社区人群对高血压及其危险因素的认识，提高健康意识和合理用药观念；教育患者的家属、亲朋好友、近邻等对目标人群最有影响力的人群，去影响患者，督促其遵医行为，逐步改变不良习惯。

B. 根据不同场所人群的特点，利用各种社会资源，开展生活、工作、学习场所的健康教育和药物咨询活动。

3）社会性宣传教育：利用节假日或专题宣传日（世界高血压日、全国高血压日、重阳节等），积极参加或组织社会性宣传教育、咨询活动。组织临床药师宣传正确的高血压防治知识，解答患者在高血压防治中出现的困惑和药物治疗问题；发放相关宣传资料，发放防治高血压的自我检测工具（盐匙、油壶；体重计、计步器等）；设置防治技能指导体验区（血压测量、健康膳食、适当运动、阅读药品说明书等），帮助患者掌握高血压防治技能。

（二）用药指导

1. 用药指导的目的与意义　随着临床药学工作的飞速发展以及人们自我保健意识的提高，患者和普通民众迫切需要医务人员（如临床药师、医生）向其普及合理用药知识，提供用药指导。用药指导已成为临床药师的重要工作内容之一。

用药指导（medication guidance）是指临床药师综合运用医药学知识，用简洁明了、通俗易懂的语言向患者和民众说明药物的用法、用量及注意事项等，解释用药过程中可能出现的问题及应对措施，科学指导患者正确使用药品。对患者进行用药指导，让患者正确、合理地使用药物，正确对待用药后出现的不良反应，避免和减少用药差错、药品不良反应的发生，从而促进药物合理应用，提高患者用药的依从性。

2. 用药指导的基本原则和要求　用药指导的基本原则是以患者为中心，患者利益至上，指导工作围绕合理用药展开，提高患者用药的安全性、有效性、经济性和依从性。现在越来越多的患者及其家属主动要求临床药师提供用药指导。临床药师要胜任用药指导工作，需要具备丰富的临床药学专业理论知识、扎实的专业技能和良好的职业道德素养，工作经验丰富，业务娴熟，熟悉患者心理，具有良好的语言表达能力和沟通交流能力，能用简洁明了、通俗易懂的语言回答患者及其家属的问题，对患者的用药指导能抓住要领，能科学、正确地指导患者合理用药，很好的满足患者的用药指导需求。

3. 用药指导的主要内容

（1）门诊用药指导

1）调剂窗口药师的用药指导：门诊药房调剂窗口的药师除配方发药外，还应对患者或其家属进行简短的用药指导，告知药物的用法、用量、可能出现的药品不良反应、药物储存保管及主要注意事项等，开展"一分钟药学服务"，进行用药常识指导。

2）药物咨询窗口的用药指导：药物咨询窗口的临床药师肩负着向患者及其家属提供药物

咨询和用药指导的任务。临床药师可深入浅出地向患者或其家属详细介绍处方中的药物治疗什么疾病、药物作用的特点及潜在的不良反应、药物的禁忌证、服药方法、服药剂量、服药的适宜时间、服用多少疗程、用药期间是否需要限制饮食、严禁烟酒、如何正确贮存药物、何时停药以及其他需注意的问题，并回答患者提出的问题。通过门诊用药指导，使患者严格按照规定的服药方法、服药时间和服药剂量服药，最大限度地发挥药物的治疗作用，防止或减少不良反应的发生。

(2) 病区用药指导：临床药师对住院患者的用药指导一般在药学查房时进行，指导内容如下：

1) 前期准备：临床药师对患者进行用药指导前应阅读病历，尽可能了解患者病情和用药情况，如患者的病史、检验结果、药物治疗方案等；根据患者用药信息查阅相关资料，如所用药物的药理作用、适应证、用法用量、不良反应、注意事项等。临床药师平时应善于积累丰富的专业知识，才容易正确地回答患者提出的各种问题，才有能力发现、解决和预防已存在的或潜在的用药问题。

2) 与患者交流：首先根据掌握的患者的基本情况，询问患者与用药或疾病相关的问题。如他们对自己疾病的了解程度，对所患疾病及其治疗方案的态度，对药物的了解，是否知道自己在用什么药，是否明白这些药会解决什么问题，目前的治疗效果如何，以及对治疗的满意度和进一步的意愿等。主动与患者交流，掌握第一手资料。

3) 分析存在的问题：对患者提供的情况进行分析时，临床药师的思维要清晰，反应要敏锐，患者有些看似不经意的话，正是问题的关键，应抓住不放，以便进一步了解详细情况，对患者用药问题进行指导。

4) 指导患者正确用药：当发现患者的问题所在后，临床药师应根据自己掌握的临床药学知识进行耐心讲解。

5) 回答患者提问：有些患者会主动向临床药师提出问题，临床药师应科学、准确、细致、耐心地给予解答。

4. 用药指导的技巧

(1) 要使用确定性语言：在讲述药物知识、回答患者及医护人员提问时，临床药师不能使用“大概”“可能”“也许”等不确定性用语，以避免患者和医护人员对临床药师产生不信任。临床药师应对自己掌握的知识和具备的能力充满自信，交流时要敢于发表看法和意见，这样可增强患者对药物治疗的信心和依从性，获得患者和医护人员的信任和支持。

(2) 不宜过早下结论：当出现的用药问题与病情有关或患者未理解医生用药意图时，应与医生及时沟通后回答，避免臆断。

(3) 不随意“诋毁”医生和护士：对患者进行用药指导时，临床药师应事先与医生、护士进行沟通，保持意见一致。即使发现医生存在用药失误，要注意与医生及时沟通，耐心给患者做好解释，不要随意“诋毁”医生和护士。

(4) 尊重患者：患者来自四面八方，年龄、习惯、文化层次等各不相同。文化层次高的患者，如果经常阅读自身所患疾病的相关书籍，对自己所服药物的作用、不良反应等了解得非常清楚，指导他们用药时可以使用相对专业的术语。而对于文化程度低、对自己疾病了解比较少的患者，就要用通俗易懂的语言，给患者做耐心讲解。临床药师对不同性别、年龄、职业、性格的患者要一视同仁，亲切热情，让患者感受到良好的氛围，从而有助于进行用药指导。

(5) 实事求是，避免不懂装懂：医药知识浩如烟海，疾病和用药问题纷繁复杂、千差万别。临床药师不可能对所有用药知识都十分精通，对于不确定的问题，应先查阅资料后再给予明确回答。对于确实不清楚、不明白的要勇于承认，切忌不懂装懂，以免贻误治疗，对患者造成损害。

(6) 注意非语言沟通与交流：在指导患者用药时，临床药师主要以语言作为载体，进行面对

面的信息传递和交流。除语言交流外，非语言信息传递也有很强的感染力和非常重要的作用。临床药师衣着得体、仪表端庄、谈吐大方、举止礼貌、态度和蔼，会给患者留下美好印象；尊重的目光、认真的倾听及面部表情的变化均会影响交流效果。只有让患者感觉到临床药师亲切，值得信赖，他才愿意交谈并接受临床药师的意见和建议。

5. **高血压用药指导** 高血压是一种世界性的慢性疾病，是心血管疾病发病、致病和死亡的重要危险因素之一。高血压病程多较漫长，且疗效难以巩固。目前，高血压尚没有根治的方法，对于大多数原发性高血压患者，除去诱因之外，关键在于药物治疗。但是目前在国内，绝大多数患者对高血压知识的了解不多或不全面，血压的控制并不十分理想。所以，良好的用药指导，对提高高血压患者的用药率及规范用药，减少高血压并发症的发生率有重要意义。降压药物的应用要在医生和临床药师指导下进行，才能保证安全、有效。所以，高血压治疗时，要遵循以下原则：

（1）小剂量开始：绝大多数患者需要长期甚至终生服用降压药。小剂量开始有助于观察治疗效果和减少不良反应。如效果欠佳，可逐步增加剂量。达到血压目标水平后尽可能用相对小而有效的维持量以减少副作用。

（2）逐渐降压：除高血压急症以外，降压以在数日、数周内逐渐降低为好，特别是老年人，以及有高血压多年病史的患者，其机体已经适应了高血压的水平，突然降低反而不好。

（3）优先使用长效制剂：尽量使用一天一次服用而具有 24 小时平稳降压作用的长效制剂（如硝苯地平控释片、贝那普利片、缬沙坦胶囊等），以有效控制全天血压与晨峰血压，更有效地预防猝死、脑卒中和心肌梗死等心血管事件。中、短效制剂，每天需服药 2～3 次，易发生漏服或错服，导致血压波动较大，心血管病风险增加。

（4）联合用药：高血压是一种多因素疾病，涉及肾素 - 血管紧张素 - 醛固酮系统、交感神经系统、体液容量系统等多个方面，有约 30%～40% 的高血压患者服用一种降压药就能降压达标，约有 70% 的患者需联合应用两种或两种以上作用机制不同的降压药才能降压达标。降压药物小剂量联合，具有降压机制互补，降压疗效叠加，互相抵消或减轻不良反应的特点。联合用药，既可以服用多种降压药，也可服用单片复方制剂。

（5）个体化用药：高血压患者的体质各有差异，产生高血压的机制不同，某一药物对一部分患者疗效好，而对另一部分患者可能疗效不好。因此，不能机械地套用或照搬他人有效的药物治疗方案。临床药师和医生应根据患者的具体情况（如年龄、血压升高的类型与幅度、有无并发症或并存的疾病等）量身定制，设计个体化降压方案（药物的种类选择、配伍、用量、给药途径等）。

（6）改变不健康的生活方式：服用降压药和改变不健康的生活方式是治疗高血压的主要方法，二者缺一不可。改善生活方式是基础，合理用药是血压达标的关键。只有配合健康的生活方式，降压药才能有好的效果。所有的高血压患者，自始至终都要坚持健康的生活方式，主要包括合理饮食（限制食盐摄入、限制总热量和营养均衡），控制体重，避免超重和肥胖，戒烟限酒，适度运动，保持心理平衡，提高睡眠质量。

6. **特殊人群用药指导** 小儿、老年人、孕产妇、哺乳期妇女、肝肾功能不全患者及精神障碍患者等特殊群体，由于生理、生化功能以及药物处置方面表现出一定的特殊性，药物在体内的吸收、分布、代谢和排泄与正常人群有差异。如果按常规方案给药，常难以达到理想效果，甚至出现毒副反应。临床药师应掌握特殊人群的用药知识，在药学服务中采取特殊措施，根据其各自特点进行用药指导，提高用药的安全性、有效性、经济性和依从性。

（1）小儿用药指导

笔记

1）小儿用药特点：小儿，尤其是新生儿和婴幼儿，许多脏器（如肝、肾）及神经系统、内分泌系统等功能尚未发育完善，免疫机制也不健全，对药物的代谢和排泄功能较差。不同年龄阶段的儿童，其药物应用不同，年龄越小，与成人的差别越大。许多因素，如给药方案（给药方法、剂量、途径、时间等）、疾病、医师、家长、治疗环境等，均影响小儿用药的依从性。因此，小儿用药必须考虑其生理、生化特点及用药特殊性，重视儿童用药的选择，严格掌握用药指征和注意事项，避免小儿用药“成人化”，规避或减少药品不良反应、药源性疾病的发生。

2）小儿用药指导与建议

A. 要明确诊断，全面分析，科学用药：小儿疾病具有特殊规律，主诉多不清楚，合作性差，切记勿凭经验用药。应根据病情决定如何用药，尤其要考虑到小儿的用药特点及剂量，权衡利弊，保证疗效的同时，特别关注用药安全性和依从性。

B. 用药时要有明确的指征：根据药物的特点，结合小儿的具体情况，选用安全、有效、可靠、价廉、易得的药物。不能用疗效不确切的药物，不要轻信广告药品，不要盲目选用新药、贵药。

C. 严格掌握给药剂量，注意服药时间：小儿许多组织器官发育还不完善，各种生理功能和自身调节功能尚未发育好，体重指标与成人有很大差别。临床上应根据小儿年龄、体重、发育情况及所用药物特点选药，采用合适的方法计算给药剂量，制订给药方案，并按规定的时间服药。

D. 优选药物剂型和给药途径：小儿用药依从性差，给药方法和途径有一定特殊性，选择适宜的药物剂型和给药途径，可保证给药的剂量准确和小儿乐于接受。尽量采用口服给药，给药剂型宜选择糖浆剂、口服液、颗粒剂、栓剂等。新生儿和婴幼儿口服给药吞咽困难，大多数不愿配合服药，可选择静脉注射和静脉滴注。尽量选择剂量小、规格化的儿童用药物剂型。如果没有儿童规格，使用成人规格时要注意分剂量准确。

E. 密切观察用药后的反应，避免和减少毒副作用：小儿由于心智发育还不完全，对用药后反应描述往往不够清楚，与家长和医务人员沟通往往不准确、不及时，用药后的表现有一定特殊性，不良反应常隐匿发生，一旦发生往往比较突然，有些甚至预后不良，造成终身残疾或死亡。临床药师应熟悉小儿用药特点，注意严密观察小儿病情，提前做好防范，制订好不良反应防治预案。要对家长和小儿做耐心细致、详细周到的用药指导。

F. 积极开展合理用药教育和指导，走出用药误区：要对小儿及其家长进行合理用药指导，让其了解小儿禁用和慎用药物，告知不要滥用抗生素、解热镇痛药，不要迷信贵药和新药，不要轻信广告宣传和他人宣传，不要随意滥用成人药和保健食品等。

（2）老年人用药指导

1）老年人用药特点：随着我国人口老龄化的发展，老年患者合理用药和用药安全日益受到临床和社会的关注。由于老年人组织器官逐渐老化，各系统功能降低，表现为视力下降；听力下降；吞咽功能退化；咀嚼功能不佳；行动能力差；灵活性减退；记忆及认知能力下降等，极易造成漏服、错服或多服药物。尤其胃肠、肝肾等器官功能衰退，导致机体对药物的吸收、分布、代谢和排泄等功能减弱，容易导致用药后疗效降低或蓄积中毒。加之老年人多种疾病共存，临床表现复杂，用药种类也比较多，周期长，用药方案复杂，用药依从性差，增加了发生不良反应的风险。2014 年，我国 65 岁以上老年患者不良反应报告比例达 19.9%。经对国家药品不良反应监测数据库分析显示，自 2009 年以来，该比例持续上升；严重报告中 65 岁以上老年患者报告比例更高，占到 27.3%，老年患者用药安全问题应引起格外关注。因此，对老年人加强用药指导时十分有必要的。

2）老年人用药指导与建议

A. 合理选用药物：老年人用药需格外谨慎，应在临床药师或医生指导下用药；尽量选用毒副作用小的药物；遵医嘱用药，用药剂量个体化，用药方法正确；不自行随便增减药量；避免药物滥用，尽量减少药物的种类，宜少不宜多，并注意药物配伍后的相互作用；选择适当的给药剂型、给药剂量、给药方法、给药途径、给药时间和给药疗程；重视非药物疗法；加强用药前和用药

笔记

期间监护与监测；尽量规避和减少药品不良反应。

B. 用药指导要细致到位：用药指导时要详细询问老年人的身体功能状况、既往用药情况等；口头指导时需要详细讲解每种药的作用、服用次数、每次剂量，饭前服还是饭后服，药物可否掰开服用，可能会出现的不良反应，如何避免不良反应等。需要强调的是，口头指导要让老年患者重述一遍以确认其掌握程度，并及时纠错。

C. 采取各种措施，提高用药依从性：尽可能为老年人提供详细的书面资料，以便其带回家进一步详细阅读或请家人帮忙指导；将药袋或标签的字体变大，或提供其看得懂的特殊标识，便于其识别记忆；将用药信息及注意事项制作成图片或卡片，形象、直观，易于老人理解和记忆；将药品放在容易看得到的地方，让家属提醒其用药，也可借助药盒、日历、闹钟等提醒工具。注意尽可能简化服药程序，复杂的用药方案使患者不能准确地遵守，容易将用法混淆，特别是老年人由于健忘和痴呆更会无所适从。加强家属的用药指导和培训，发挥家属的监督作用，使用单剂量药盒，提高用药依从性。

(3) 妊娠期和哺乳期妇女用药指导

1) 妊娠期和哺乳期用药特点：妊娠期和哺乳期是妇女的特殊生理期，合理用药对母体、胎儿和新生儿的健康非常重要。对妊娠期和哺乳期妇女进行用药指导是确保母子健康平安的重要手段之一。与正常人相比，药物在孕妇体内的吸收、分布、代谢和排泄的药动学过程有较大变化，导致药物不容易代谢和排泄，易发生蓄积中毒，而且一些进入母体的药物可通过胎盘转运进入胎儿体内，尤其是在孕早期胎器官形成时，药物对胎儿的影响大，不利于胎儿健康发育。一些药物可通过乳汁排泄，哺乳期用药必须考虑经乳汁排泄的药物可能会对新生儿和婴幼儿的生命健康造成影响。因此，孕妇和哺乳期妇女用药应该非常谨慎，即便是感冒也不可随意用药。虽然孕妇用药有一定的风险，并不是完全无益，一些疾病本身对胎儿、母亲的影响远远超过药物的影响。这时，应权衡利弊，在医生和临床药师指导下合理用药。

2) 妊娠期和哺乳期用药指导与建议

A. 避免滥用药物：由于许多药物对胎儿、新生儿和婴幼儿可造成多种不良影响，甚至致畸、导致流产或夭折，所以妊娠期间和哺乳期间应避免滥用药物，因病必须用药时要在医师和临床药师指导下使用。在药效相似的情况下，应使用那些已经使用了较长时间而已证实对胎儿或新生儿、婴幼儿无危险的有效药物。

B. 不要拒绝用药：由于孕妇用药对胎儿的影响受到广泛关注，致使一些人对药物对胎儿的危害性无限夸大，甚至有些妇女怀孕后谈"药"色变，即便有病也拒绝用药，这是因缺乏妊娠用药的安全信息所致。其实，在众多药物中，现已证实对胎儿有危险的药物很少，因此只要孕期能在医师和临床药师指导下科学合理用药，则对胎儿仍是相对安全的。

C. 指导科学合理用药：鉴于药物对胎儿、哺乳儿的影响与母亲用药的种类、性质、时间及剂量等密切相关，因此在妊娠期和哺乳期妇女用药时，既要考虑药物的治疗作用，还要考虑到对胎儿、哺乳儿的毒副作用。医师和临床药师在为孕妇和哺乳期妇女选择药物时，应遵循以下原则：

第一，正确选择对胎儿无损害而又对孕妇所患疾病最有效的药物。

第二，能用疗效肯定的老药，就避免用尚未确定对胎儿有不良影响的新药。

第三，为使对胎儿的危险降至最低，能用小剂量药物就避免用大剂量药物。

第四，尽量用一种药物，避免联合用药，联合应用时应密切关注药物相互作用。

第五，孕妇出现紧急情况必须用药时，应尽量选用经临床多年验证无致畸胎作用的A、B类药物。

第六，根据孕周大小即胎儿所属发育时期选择用药，孕3个月以内是胎儿器官发育重要时期，用药要特别慎重，可以推迟治疗的，尽量推迟到这个时期以后。

笔记

第七，孕期应尽量避免不必要的用药，包括保健食品。

第八，孕期患者接受氨基糖苷类、万古霉素、氯霉素、磺胺药、氟胞嘧啶等药物治疗时，必须进行血药浓度监测，尽量减少药物副作用。

(4) 精神障碍患者用药指导

1) 精神障碍患者用药特点：有精神疾患的人群临床表现呈现多面性，有幻觉、妄想、联想障碍、焦虑、情绪低落、情感高涨、紧张、强迫等，导致用药依从性差，并使病情反复甚至加重，临床药师需要学习医药心理学和伦理学，注意语言的应用，加强心理辅导及心理暗示，切忌加重患者对用药及治疗的疑虑。

2) 精神障碍患者用药指导与建议

A. 加强看护人员或家属的全面培训，进行知识宣教，建立随访档案，发放指导手册，标明治疗方案，服药注意事项及不良反应，有利于取得配合。针对患者不愿服药的特点，对其家属及监护人进行监督服药的方法和要求培训，嘱其按时复诊，并利用复诊的机会了解服药依从性的情况，对不按时复诊的通过电话、信函联系，发现问题所在，并提出合理化建议。

B. 交代家属注意保管好药品，按时发放给患者，以免患者一次性吞服造成毒性反应，危及生命，每次服药后要检查其口腔，看药物是否吞下，以免患者积蓄、顿服造成意外。

C. 给家属及患者讲解坚持服药的重要性，说明出院后继续服用抗精神病药物是维持治疗、预防复发的手段，不可擅自停药。

(5) 肝、肾功能不全患者用药指导

1) 肝、肾功能不全患者用药特点：肝脏和肾脏分别是药物在体内最重要的代谢器官和排泄器官。当各种原因造成肝肾损伤后，可引起机体代谢和排泄功能下降，药物消除减少，造成蓄积，势必造成药效改变，甚至出现毒性反应。因此，肝肾功能不全患者临床用药时要充分考虑其对药动学和药效学的影响，调整给药方案。

2) 肝、肾功能不全患者用药指导与建议

A. 熟悉药物的肝、肾毒性：应熟悉对肝、肾有损害的药物种类及所致损害的类型。同一疾病有多种药物可以治疗时，在保证疗效的同时，尽量选用无肝肾毒性或毒性小的替代药物，并注意调整给药方案。以抗菌药物为例，如果药物无肝肾毒性，可正常剂量使用；如果药物肝肾毒性较小，可减量慎用；如果药物肝肾毒性较大，可避免使用或禁用。

B. 掌握临床用药原则：明确诊断，合理选药，谨慎向患者和医生推荐有肝、肾毒性的药物，避免或减少使用肝、肾毒性大的药物，尽量选用对肝、肾无毒性或毒性小的药物；如果必须使用有肝、肾毒性的药物，则应短期或交替使用，不可滥用，并注意联用保肝、护肾药物；用药时宜从小剂量开始，必要时进行血药浓度监测，制订个体化给药方案；注意药物联用后可能产生的不良药物相互作用，避免将多个有肝毒性或肾毒性的药物合用。

C. 定期检查肝肾功能：严密观察患者病程发展，定期检查肝、肾功能，必要时进行血药浓度监测。根据检查结果掌握病程发展，可根据肝、肾功能损害程度及时调整给药剂量和给药间隔，减轻对肝肾的损害。

实训项目四(一) 药学查房模拟实训

【实训目的】

1. 通过实地教学查房或模拟实训，使学生理论和实践相结合，掌握药学查房的基本知识和基本技能，培养学生独立观察、分析和解决临床实际问题的能力。

2. 使学生熟悉药学查房的基本程序和主要内容，树立正确的临床思维。

3. 使学生了解药学查房的模式和意义。

【实训条件】

1. 分管教学的院系领导或带教老师与医院（附属医院或教学医院）联系，获得对方支持，实地参加该医院某专业科室的药学查房。

2. 不具备开展实地药学查房条件的学校，可建立一间模拟病房进行模拟查房实训。

【实训要求】

1. 根据药学查房方式，提供一个教学病例或模拟病例（见下），组织学生与患者（或模拟患者）进行沟通、交流，并对病例进行讨论，提出意见。

2. 通过实训使学生掌握药学问诊的方式、技巧及查房记录的书写；熟悉药学查房的工作流程、工作内容及注意事项；了解药学查房的基本模式。

3. 带教老师是临床药学专业教师或临床药师，必须有组织协调能力，不仅要维持现场的秩序，控制实训的进程，还要总结学生的查房意见。

【实训准备】

1. 查房的组织　①带教老师联系开展药学查房示范教学的医院临床科室（心血管内科、呼吸科、消化科、神经内科、肾内科、内分泌科、感染科等选择其一）；②由带教老师主持，实训学生、临床药师、临床医生和患者（如果是模拟实训可由学生扮演）参加。

2. 查房前的准备　①查房前一天查阅患者病历，查看病史记录和用药史记录，熟悉患者的基本情况（病情、用药情况）；②如果是模拟实训则还应准备好相关病例资料，并进行角色安排；③查阅相关文献资料，熟悉药学查房的工作流程和内容，制订一份药学查房计划方案；根据所提供的病例资料，初步判断患者是否存在不合理用药问题，准备好发言和提问。

3. 教学病历　病史摘要：患者，女，66 岁，体重 45kg。25 年前诊断类风湿关节炎，一直服用泼尼松片（10mg/d）缓解关节症状。10 天前无明显诱因出现畏寒、高热、气促、头痛、呕吐、伴咳嗽、咯黄脓痰，在当地医院门诊对症治疗 5 天，症状无缓解入院。查体：T 39.8℃，P 90 次 / 分，R 28 次 / 分，BP 108/75mmHg，双肺满布干湿啰音。实验室检查：WBC 24.6×10^9/L↑，Hb 104g/L，N 92%↑。入院诊断：①类风湿关节炎并肺间质病变（纤维化）；②肺部感染；③支气管扩张并感染。医嘱给予亚胺培南 / 西司他汀 + 哌拉西林 / 他唑巴坦抗感染，3 天后，血象降低，肺部啰音减少。7 天后，为避免广谱抗生素长期使用诱发的二重感染，及连续 3 天痰和血培养显示大肠埃希菌感染，对 β- 内酰胺类 + 酶抑制剂敏感，降阶梯只使用哌拉西林 / 他唑巴坦抗感染。而 3 天后，患者体温又上升，血常规示 WBC 20.3×10^9/L↑，Hb 104g/L，N 85%↑，医师怀疑合并革兰阳性菌感染，现拟用万古霉素 + 头孢哌酮 / 舒巴坦联合抗感染。

查房问题：患者感染没有控制住的原因是什么？医生新拟定的"万古霉素 + 头孢哌酮 / 舒巴坦"联合抗感染给药方案是否合理？如果不合理，请设计一个合理的给药方案。

【实训内容】

针对上述病例，实地参加药学查房或进行模拟实训。

实训内容包括：

1. 做好查房前各项准备工作，制订查房计划。

2. 带教老师组织学生实地（或模拟）药学查房，组织现场讨论。

3. 带教老师进行现场点评和总结。

4. 对学生进行成绩考核。

【实训过程】

1. 做好查房准备　做好查房的各项准备工作后，在带教老师带领下，以 5～8 人为一小组，到所联系的医院实地参加药学查房；或由学生分别扮演临床药师、医生、护士、患者及其家属等，在学院的模拟病房进行药学查房情景模拟实训。

2. 实施药学查房　①带教老师先进行简单的自我介绍，告知患者药学查房的主要目的，现

笔记

场阅读病历资料；②临床药师对患者进行药学问诊，询问患者病情、诊治过程、用药情况和药物治疗效果，回答患者和医护人员提出的问题；③结合患者病历和药历，组织学生现场讨论，评价药物治疗方案是否合理，分析和判断当前是否存在不合理用药问题，如果存在问题应当场予以解决；④鼓励学生踊跃提问，积极回答问题，发表自己的见解，对患者进行用药教育和指导。

3. 查房后点评和考核 ①查房结束后，带教老师召集所有参与查房的人员，由临床药师或带教老师进行现场集中讲评和总结；②要求参与查房的学生将查房过程和内容、现场提问和回答的问题、提出的用药建议等详细记录下来；③建立患者药历，将查房记录和结果反馈给医护人员，在与医师沟通后，及时将查房意见反馈给患者；④对学生进行成绩考核和评定。

实训路径示意图：

【实训考核】

1. 针对实训内容在班级组织一次汇报和答辩，各组同学在预先充分讨论的基础上推选 1 名代表发言，其他同学做补充。

2. 带教老师在汇报和答辩结束时进行点评和总结，指出各组在项目完成过程中的成功和不足之处。

3. 带教老师根据各组在查房（或实训）过程中的表现，汇报、答辩和回答问题的情况进行现场综合评分。

【思考题】

1. 临床药师开展药学查房需具备哪些基本技能和职业素质？

2. 药学查房时应注意哪些问题？

3. 如何让患者和医护人员接受临床药师提出的用药建议？

4. 请分析上述病例中患者感染控制不住的原因是什么？

5. 医生新拟定的“万古霉素 + 头孢哌酮 / 舒巴坦”联合抗感染治疗方案是否合理？如果不合理，请制订一个合理的给药方案。

实训项目四(二) 药学会诊模拟实训

【实训目的】

1. 通过药学会诊模拟实训，使学生学以致用，掌握会诊的基本知识和基本技能，培养学生的独立观察、分析和解决临床实际问题的能力。

2. 使学生熟悉药学会诊的基本程序和主要内容，树立正确的临床思维。

3. 使学生了解药学会诊的模式和意义。

【实训条件】 准备一间教室作为模拟会诊中心，提供一名模拟患者和一份模拟病例。

【实训要求】

1. 按照药学会诊要求，提供一个哮喘模拟病例，组织学生与模拟患者沟通并对模拟病例进行讨论，提出会诊意见。

2. 通过实训使学生掌握药学会诊的工作流程及查房记录的书写；熟悉药学会诊的主要内容和注意事项；了解药学会诊的基本模式。

3. 带教老师是临床药学专业教师或临床药师，必须有组织协调能力，不仅要维持讨论的秩序，控制讨论的进程，还要总结学生的会诊意见。

【实训准备】

1. 会诊的组织 由带教老师主持，实习学生扮演临床药师、医师、护士和患者等参加会诊，

笔记

必要时可进行角色轮换。

2. 会诊前准备　①根据教学计划，带教老师编写一个病史摘要，提出讨论的问题并提供给学生，给学生一定时间自学和查阅资料；②对模拟患者进行培训；③准备教学病例的相关资料，如就诊卡、病历卡、化验单等，有条件的学校还可准备好必要的道具，如听诊器、吸入装置、峰流速仪等；④会诊前一周进行学生角色安排，让学生查阅相关文献资料，了解会诊的工作流程、主要内容和注意事项，了解会诊需要解决的问题，准备好发言和提问。

3. 教学病历　病史摘要：患者，女性，65 岁，反复气喘 5 年，加重 1 个月。5 年前患者受凉后出现气喘症状，当时没有治疗，自行缓解。此后气喘症状时有发生，一般冬春季出现，夜间为甚。实验室检查：支气管激发试验阳性。近两个月来，患者症状有所加重，几乎每天都有气喘。听诊：双肺散在哮鸣音。肺功能示：FEV_1 为预计值的 75%。患者平时无烟酒嗜好，无其他基础疾病，无药物过敏史。诊断：支气管哮喘Ⅲ级（中度持续）。处方：沙美特罗 / 氟替卡松吸入剂（250μg）1 瓶，1 吸，b.i.d；沙丁胺醇气雾剂（100μg）1 瓶，2 喷，p.m。治疗 1 个月后患者再次来到门诊，诉气喘发作情况无改善。医生考虑可能沙美特罗 / 氟替卡松剂量不够，于是换用沙美特罗 / 氟替卡松吸入剂 500μg，1 吸，b.i.d。1 个月后患者气喘发作情况仍然没有改善。

会诊问题：患者哮喘不能控制的原因是什么？如何调整给药方案？

【实训内容】

针对模拟病例，开展药学会诊模拟实训。实训内容包括：

1. 做好实训各项准备工作，制订药学会诊计划。

2. 带教老师组织学生讨论，进行模拟药学会诊。

3. 带教老师进行现场点评和总结。

4. 对学生进行成绩考核。

【实训过程】

1. 做好会诊准备　做好会诊的各项准备工作后，由 5～8 名学生为一小组，组成会诊小组，进行药学会诊情景模拟实训。

2. 实施药学会诊　①带教老师先介绍会诊的目的，然后以幻灯片的形式现场阅读病历资料，介绍模拟患者的病史，内容包括简要的病史资料、用药情况及药物治疗结果，提出会诊需解决的问题；②请模拟患者参与会诊，学生与其沟通交流，询问患者病情、诊治过程、用药情况和药物治疗效果，患者回答学生提出的问题，现场让患者演示喷雾剂的用法，让学生判断患者用药方法是否正确；③组织学生现场讨论，结合患者病历和药历，探讨患者哮喘治疗无效的原因，找出药物治疗方案存在的问题，给药方案如何调整，鼓励学生相互提问和积极发表意见。

3. 会诊后点评和考核　①会诊结束后，带教老师召集所有参与会诊的人员，现场进行集中讲评和总结；②要求参与会诊的学生将实训过程、讨论内容、会诊意见等详细记录下来；③对学生进行成绩考核和评定。

实训路径示意图：

【实训考核】

1. 针对实训内容在班级组织一次汇报和答辩，各组同学在预先充分讨论的基础上推选 1 名代表发言，其他同学做补充。

2. 指导老师在汇报和答辩结束时进行点评和总结，指出各组在项目完成过程中的成功和不足之处。

3. 指导老师根据各组在实训过程中的表现，汇报、答辩和回答问题的情况等进行现场综合评分。

笔记

【思考题】

1. 开展药学会诊，临床药师需要具备哪些基本技能和职业素质？
2. 药学会诊时应注意哪些问题？
3. 模拟病例中哮喘的药物治疗方案是否合理？
4. 该患者哮喘控制不满意的可能原因有哪些？
5. 根据模拟病例提供的信息设计一个合理的给药方案。

（马　国）

笔记

第五章 药学监护

第一节 概 述

一、药学监护的起源与发展现状

（一）美国药学监护的起源与发展现状

随着社会的发展，工业化、城镇化、人口老龄化及环境污染等问题日益突出，导致人们不得不面对不断增多的患者、复杂多变的疾病、种类繁多的药品和越来越复杂的药物治疗。当前药物应用面临严峻问题，用药差错、用药不当、药物滥用等不合理用药现象层出不穷，药品不良反应/事件、药源性疾病逐年增加。药物的不合理使用已成为威胁人类健康的全球性问题。据世界卫生组织（WHO）报告，全球有 50% 的患者不能正确地使用药物。全球有 1/7 老年人不是死于自然衰老或疾病，而是不合理用药。

随着生活水平的提高，人们越来越关注自身的健康，对健康的需求也越来越强烈。面对日益突出的用药安全问题，人们需要药师以患者为中心，以合理用药为核心，提供直接的、恰当的个体化药物治疗，以优质的药学服务提高患者的生命质量和健康水平。日益突出的不合理用药问题和人们不断增长的健康需求促使了药学监护（pharmaceutical care，PC）的产生和发展。

药学监护是伴随着药学学科的发展、医院药学工作模式的转变，特别是临床药学工作的开展而产生的。以美国为例，可将药学划分为三个发展阶段：传统药学阶段、以合理用药为核心的临床药学阶段和以患者为中心的药学监护阶段。在每一个阶段，药学因其功能和社会作用不同而承担不同的责任和义务。

20 世纪初，药房的角色相当于药店，药师的角色相当于药商，主要负责调配和出售药品。在这一传统药学阶段，药师的职责是采购、制备药品及给药品定价，其义务是保证所售出的药品是质量合格的、不掺假的、按规定制备的。尽管当时也要求药师为患者提供用药建议，但这是次要的，药师对患者的药物治疗结果并不需要承担责任。随着制药工业逐渐取代了药师的药剂制备及医师掌握了药物的选择权，药师的上述传统作用逐渐衰退，药师的作用也受到了限制。20 世纪 20—60 年代（1922—1969 年），美国药学会（American Pharmaceutical Association，APhA）限制药师与患者讨论处方的组成和治疗效果，并建议将所有有关患者药物治疗的问题移交给医生。1951 年发布的“药品、食品和化妆品法”Durham- Humphrey 修正案提出了药师唯一的合法身份是处方调剂，使药师被降级到只能调配药品。

20 世纪 60 年代，二战后的美国医药行业发展迅猛，越来越多的药品应用于临床，随之也越来越多地出现各种用药问题，药物不良反应/事件增加、药源性疾病暴发，药害事件导致医疗费用上升等，并且新药研究报告越来越多，各种药学信息大量涌现，以上种种引起了医药界的关注。此时，以合理用药为核心的临床药学实践开始出现。这个阶段药房功能迅速扩大，工作内容开始多样化。药师主动寻求发挥自己的专业能力，如根据药动学给药，开展治疗药物监测和药物信息服务等。药师出色的专业知识和技能得到了医生和公众的认可，专业形象得到提高，由此开始了临床药学的实践工作。但人们很快又发现，此时的临床药学工作注重的仍然是“药物”本身。虽然开展临床药学工作使药师能更加接近患者，但其工作焦点仍集中在药物上，而不是患者个体。人们意识到只有明确药师工作是为保护患者免受药物损害，及时提供用药后的反

馈信息，为患者的健康履行职责，才能真正树立药师良好的职业形象，提高其地位。这促使人们进行新的尝试。

新的发展阶段就是在这种尝试中产生的。1975 年，Mikeal 给出了药学监护的最初定义：给予患者所需要的服务，使其安全、合理地使用药物。20 世纪 80—90 年代，临床药学开始向药学监护过渡，临床药学工作范围逐渐扩大，药师参与患者的具体治疗工作，注重直接对患者提供服务，并开始将目光转向院外患者的药物治疗。1987 年，在美国临床药学学会（American Association of Colleges of Pharmacy，AACP）年会上，Hepler 教授指出"未来 20 年，药师应该在整个医疗保健体系中发挥自己在药物使用控制方面的能力，应该特别表明由于药师的参与可以减少整个保健费用，如缩短住院时间，减少其他昂贵的服务费用等"。在这次会议上，Hepler 教授提出了"药学监护（pharmaceutical care）"的概念。

20 世纪 90 年代，有学者指出，临床药学当前的实践并没有直接体现患者的利益，药师应该直接与患者接触，提供一对一的直接服务。1990 年，Hepler 和 Strand 在"American Journal of Hospital Pharmacy"中说到"过去 40 多年里，药学实践出现新的发展趋势，即从最初的以药品供应为中心转换到以服务患者为中心"。药师的角色也从药品的调配者和供应者逐渐转变为药学服务和药品信息的提供者，并最终成为患者监护的提供者。药师的任务变成保障患者药物治疗具有合适的指征，达到最佳疗效和最大的安全性，便于患者应用。通过对每位患者的用药相关需求直接负责，药师可以在提高药物治疗效果和改善患者生活质量方面做出自觉而独特的贡献。这种新的服务模式被命名为"药学监护（pharmaceutical care）"。广泛接受的定义为：药学监护是为获得明确的治疗结果以改善患者生活质量而负责任地提供药物治疗服务。1998 年，国际药学联合会（International Pharmaceutical Federation，FIP）采纳了这一定义，并修正为"为获得明确的治疗结果以改善或维持患者的生活质量而负责任地提供药物治疗服务"。1998 年和 2004 年，Hepler 和 Strand 将药学监护的定义进一步更新为"一种以患者为中心的实践，实践者负责患者与药物相关的需求并为之承担责任"，将药学监护由"药品的管理者"更新为"以患者为中心"的实践。药学监护概念的提出标志着药师工作进入了一个新的发展阶段。

20 世纪 90 年代以后，临床药师的职业观念发生了根本改变，药学工作模式从"以药物为中心"转变为"以患者为中心"，药师成为医疗团队的一员，工作职能进一步扩展。为推动药学监护的发展，美国等国家的药学界为此做了大量工作。1991 年，在美国新奥尔良召开的 APhA 第 138 届年会的主题设为"增值的服务（value added services）"。APhA 开始教授药师在新的以患者为中心的专业使命中所必需的技巧。1992 年，圣地亚哥年会上，APhA 与 AACP 共同发起"1 分钟顾问"项目，目的在于为药师在药学监护中提供高质量、快捷、有效的与患者沟通交流的技巧。在以后几年的药学年会中都开办了这类项目的培训，APhA 杂志每年都设有此专栏。1993 年，美国医院药师协会（The American Society of Health-System Pharmacists，ASHP）召开会议，会议的一个中心议题就是实施药学监护，并给出"药学监护"的统一定义："药师的使命是提供药学监护，药学监护是提供直接的、负责任的、与药物治疗有关的服务，目的是获得改善患者生存质量的确定结果"。药学监护经过不断探索和实践，其内涵和服务内容均得到了很大发展。1993 年，在达拉斯召开的 APhA 年会的主题则是帮助药师理解提供药学监护是他们在高消费的医疗保健市场中能否生存的关键。1994 年，在西雅图召开的"药学监护展示会"则为药师了提供一个药学监护实地观摩的机会。1995 年，奥兰多第 142 届药学年会要求药师出席各个方面（如哮喘管理、糖尿病护理、患者监护等）的药学监护教学会议。参加者完成某一特定实习项目后，可得到证明该药师具备了提供更高水平患者监护能力的资格证书。同年，APhA 制定了一系列政策以保证药师开展药学监护工作，并建议对药师工作能力及发展前景的评估应从其在药学监护中所表现出的能力、经验以及教育情况等方面着手。APhA 在药学杂志上设立了药学监护继续教育专栏，邀请结合工作实际开展药学监护的药师介绍经验。1996 年，APhA 第 143 届年会则以

笔记

"为药学监护重新设计你的未来"为主题。

进入21世纪后，药学监护的内涵进一步扩展，开始向"药物治疗管理服务"发展。2003年，美国首次在"医疗现代化法案(Medicare Modernization Act)"中使用了"药物治疗管理服务(medication therapy management services，MTMS)"一词，其含义为"是一种由药师提供的、可改善患者治疗结果，促进安全、有效使用药物的专业服务，能够为患者提供更好的治疗或监护的一种方法"。药学监护是MTMS建立的基础，MTMS对象不限于任何特定人群和支付团体。MTMS具有重要的临床价值、经济价值和人文价值，可使患者获得最大收益。

2006年，美国联邦政府在实施医疗保险计划的新药获益条款时则首次采用了"medication management services(MMS)"一词来定义"药物治疗管理服务"。MMS与MTMS由不同的组织定义，其内容基本一致，侧重点稍有不同。MMS对于医疗保健行业内外的人士来说都是比较新的概念。MMS作为一项专业活动，旨在帮助患者管理他们的药物治疗。药物治疗管理服务作为一项确保患者用药安全、有效、方便、适宜的专业服务现在已被承认和接受。这些服务是必要的和有价值的，并已在各种场所(医院、社区、家庭、诊所、长期护理院、福利院、精神卫生中心)中实施。现在人们已经认可药学监护专业实践是所有以患者为中心的药物治疗管理服务的核心。

药学监护作为一种新型的药学服务模式和医疗保健(health care)模式在美国受到高度重视，已成为患者监护(patient care)的重要组成部分和国际药学发展的重要趋势。美国药学监护内容主要集中于三个方面：①药物治疗监测，发现、解决与预防药物治疗相关问题，减少不必要的药物治疗；②药物治疗管理与疾病治疗；③服务于患者和医疗保健委员会。

为了控制飞涨的医药费用支出，综合评价药物信息，促进药物合理使用，加强用药监护，全面实施健康管理，使公众合理使用药物保险政策，美国成立了美国药学监护管理协会(The Pharmaceutical Care Management Association，PCMA)。该协会开展专业的药品福利管理(pharmacy benefit management，PBM)服务，平衡协调包括患者、政府、保险机构和制药商等多方利益，管理超过2.1亿美国人的处方药计划，旨在降低处方药的成本，提升用药的经济学评估。其提供的服务包括处方集目录管理、药品邮购服务、鼓励使用通用药、处方赔付申请处理、药品利用评价、电子处方、药学信息服务以及疾病管理服务等。其中，为了提高患者用药依从性，改善治疗效果，为客户提供一系列有利于保持全面健康的疾病管理服务，包括提高药物治疗依从性、患者监控、药物咨询、用药教育和护理结果测试等，旨在确保患者了解到他们正在服用的药物以及可能产生的影响。慢性疾病的患者需要长期的药物治疗，药师为其提供每周7天、每天24小时的咨询服务，提供药物副作用、药物相互作用的详细解释，进行健康教育，同时监控患者的用药依从性。通过改善治疗和监控依从，可节省成本，提高治疗质量。

药学监护是一项全新的实践，美国药学界从提出、接受到实施经历了10年时间。怎样有效地实施药学监护，发挥药师的专业作用目前仍在不断探索中。尽管如此，人们已经感受到药学监护为整个社会带来的巨大利益。广大医疗保健人员已经清醒地认识到解决药物治疗相关问题所花费的费用已远远超过购买药品本身的费用，而由此带来的间接损失则更大。如果药师不率先在此方面发挥自己的专业特长，帮助患者取得理想的药物治疗结果，降低与药物有关的费用，药学事业将会停滞不前。药学监护使药师直接为患者治疗结果承担责任，是药学服务的巨大进步，是药学专业走向成熟的标志。

(二)我国药学监护的起源与发展现状

20世纪90年代初，"药学监护(pharmaceutical care)"的概念传入我国的时候，我国的药学实践正在从以药品调配为主的传统药学阶段向以合理用药为核心的临床药学时期过渡。2002年，我国原卫生部颁布了《医疗机构药事管理暂行规定》。该规定要求药学部门要建立以患者为中心的药学保健(pharmaceutical care)工作模式，开展以合理用药为核心的临床药学工作，参与临

笔记

床药物诊断、治疗，提供药学技术服务，提高医疗质量。要求医疗机构逐步建立临床药师制，药师要开展临床药学相关工作，解决药物相关问题，促进合理用药。该规定首次提出了进行临床药学管理，建立以患者为中心的药物治疗管理（medication therapy management，MTM）工作模式，明确了临床药学的工作内容、临床药师的职业定位和工作职责。

2006 年，原卫生部开始实施临床药师培训试点工作，制订了《临床药师培训试点工作方案》，推动与规范临床药学人才培养。该培训方案要求，通过为期 1 年的培训，要求临床药师树立自己是医疗团队一员的思想，培养临床思维，参与临床药物治疗工作，具有药物治疗方案设计与评价的能力；具备发现、解决、预防潜在的或实际存在的用药问题的能力；掌握药物相关知识，能对疾病进行最佳鉴别和选择用药；能阅读和分析本人参与的临床病历；掌握与患者、医务人员沟通的技能；具有提供药物信息咨询和宣传合理用药知识的能力；具有对患者进行用药教育的能力等。特别地，该培训方案要求临床药师下临床，参与医疗查房，开展初步的药学监护工作。通过对临床药师的规范化培训，目的在于提高临床药师的药学监护水平，更好地为患者提供药学服务。

2011 年，原卫生部颁布了《医疗机构药事管理规定》，要求医疗机构设立药事管理与药物治疗学委员会（组），并将"推动药物治疗相关临床诊疗指南和药物临床应用指导原则的制定与实施，监测、评估本机构药物使用情况，提出干预和改进措施，指导临床合理用药"和"分析、评估用药风险和药品不良反应、药品损害事件，并提供咨询与指导"等作为其重要职责。该规定要求加强医疗机构临床用药管理，建立由医师、临床药师和护士组成的临床治疗团队；进一步明确要求药师必须开展"以患者为中心"，"以合理用药为核心"的临床药学工作，组织药师参与临床药物治疗，提供药学专业技术服务，并提出配备临床药师的数量要求；指出临床药师应当全职参与临床药物治疗工作，对患者进行用药教育，指导患者安全用药；建立临床用药监测、评价和超常预警制度，对药物临床使用安全性、有效性和经济性进行监测、分析、评估，实施处方和用药医嘱点评与干预；医务人员发现药品不良反应、用药错误和药品损害事件后，应当积极救治患者，立即向药学部门报告，并做好观察与记录。该规定对临床用药管理和药师工作职责的相关要求处处体现了药学监护的理念和服务内容。

目前，国内药学监护狭义的理解指的是临床药师开展的以患者为中心、以合理用药为核心的临床药学工作，主要是针对住院患者进行的药学监护。临床药师在不同的临床药学专科（如心血管内科、呼吸科、消化科、肾内科、神经内科、内分泌科、器官移植专科、肿瘤专科、ICU 专科）或药物治疗专业岗位（如抗感染药物专业、抗肿瘤药物专业、抗凝药物专业）等开展药学监护服务工作。但是，目前基于药物治疗管理服务的药学监护主要在一些临床药师制试点医院开展，主要针对住院患者，还没有在全国全面、深入地开展。

广义的药学监护可以延伸为药师为患者和公众提供的所有与用药相关的服务，提高患者的用药经验和生活质量。与欧美等发达国家相比，当前我国的社区药学监护和药物治疗管理服务开展的还非常少。许多工作，如监测社区或家庭患者用药的安全性、有效性、经济性和依从性，对儿童、老年人、妊娠期和哺乳期妇女等高危人群的持续监护开展的还非常少。目前尽管对高血压、冠心病、糖尿病、血脂异常、哮喘等慢性疾病的药物治疗开展了一些合理用药宣传、用药教育与用药指导工作，但直接面对社区患者，为其提供直接的、负责任的、全面系统的药学监护服务还需要大大加强。社区药学监护开展的比较少与现行医疗卫生体制下我国社区药学服务发展薄弱，缺乏面向社区的专业临床药师有关。

虽然临床药师愿意开展药学监护工作，但我国临床药学教育起步晚，缺少高水平的临床药师和药物治疗专家，现有的临床药师的药学监护知识和技能比较缺乏，部分患者及医疗机构管理人员对药学监护服务认识不足或知之甚少，缺乏激励临床药师开展药学监护服务的机制（如收取药学监护费、实施药学服务保险补偿机制），这些因素在一定程度上都影响了药学监护工作

笔记

的开展。当前我国MTM服务被接受、采纳和实施还面临许多挑战。首先，以患者为中心的药学监护和MTM服务的理念在中国还没有被完全认可和接受，还缺乏MTM理论框架和现实应用环境，缺乏开展MTM服务的合格专业人员。其次，只有一些医疗水平较高的省市级医院才有条件和能力开展MTM服务。此外，我国尚缺乏有效的、标准化的理论体系和行政管理措施去评估药学监护和MTM服务。

目前，药学监护已成为全世界药师的一种占主导地位的实践形式。大多数国家的药师组织或政府机构正在积极推进该服务模式，并尝试激励药师们向患者提供药学监护。药师在改善患者药物治疗结果，促进合理用药及降低治疗成本方面的贡献已被公认。如今，药学监护实践正在积极向社区推进。为了提高药学监护的效果，一方面药师需要掌握丰富的专业知识、有扎实的专业技能、树立良好的专业态度、锻炼自己的专业能力，提高专业素质。另一方面，需要逐步建立一个涵盖了成本的药学监护服务的支付机制，以激励药师积极参与药学监护实践，提高他们的工作积极性。

总之，与美国等药学监护开展的比较好的国家相比，我国的药学监护工作仍处于起步阶段，尚未建立标准化的药学监护和MTM服务工作模式以及评价标准，在药学监护服务的规范化和标准化方面还有许多工作需要深入开展，这也为药学服务人员提供了前所未有的机遇和挑战。我国应继续加强临床药学专业教育，鼓励开展药学监护实践和MTM服务，同时继续改革医药卫生体制和医疗保险制度，提高药学服务的质量和水平。

二、药学监护相关概念及其内涵

药学监护是在20世纪70年代中期出现的突破性概念，它要求所有药学执业人员应该对他所服务的患者的药物治疗结果负责。药学监护来源于“良好的药学实践（good pharmacy practice）”概念，同时考虑了患者监护和经济方面的问题，目的是实现以证据为基础的、合理的药物治疗。概括来说，药学监护（pharmaceutical care，PC）是为获得明确的治疗结果以改善或维持患者生活质量而直接地、负责任地提供与药物治疗有关的服务。这是旨在预防、识别和处理药品和健康相关问题的合作过程，也是药物应用的持续质量改善过程。这一定义把药师的活动建立在以患者监护为中心的基础上，以最大限度地改善患者身心健康为目标，针对患者的需求作出决定并给予相应的服务，并承担起监督、执行、保护患者用药安全、有效、经济、依从的社会责任。药学监护是药学服务的一种新的工作模式，是药学实践重要内容。

“pharmaceutical care”一词目前国内有多种翻译，分别译为“药学监护”“药学服务”“药学保健”“药学照护”“药学关怀”“药师监护”“药疗保健”“药疗服务”“药疗照顾”“药物治疗管理”等。其中，“药学监护”和“药学服务”应用的比较多。出现这种译名不统一的局面，主要是由于“care”一词本身内涵非常丰富，加之药学监护内容一直在不断发展变化，不同的学者对“care”的理解不同就不足为怪。国外药学界对“care”和“service”进行过讨论，后用“care”。“care”除关心、关注、照顾、护理之外，还具有“责任”“义务”的含义，“care”是实施者一种非常专业的、负责任的行为，体现了药师工作的积极性和主动性；而“service”仅指服务功能或行为，内容比较宽泛。“药学监护”概念包含了对患者利益上的情感承诺，包含了同情、关心、理解、信任、尊敬、奉献、人性温柔的情感和行为。药学监护意味着借由药物治疗来尽可能地减轻患者的痛苦。通过药学监护照顾患者，意味着药师需要花时间和精力去了解每位患者的用药经验，这样可以优化未来的药物治疗方案，并意味着相互信任、尊重和承担责任的药物治疗关系。

药学服务（pharmaceutical services）是指药师团队所提供的、用于实现药学监护的全部服务内容，除提供药品外，药学服务还包括提供药物信息、用药教育和药患沟通以提高公众健康水平，为医疗团队提供药物信息和用药咨询，协调服务内容，教育和培训医务人员。由此可见，药学服务涉及所有药学方面的服务工作，其范围非常广泛，可面向科研机构、制药企业、医药公

司、医院、社区、政府部门、高等院校等不同部门，涉及药物研发、生产、流通、应用、管理及药学教育等多个环节，可面向患者、医生、护士、公众、管理人员等不同群体，提供药学各方面的服务。药学监护主要是针对个体患者的药学服务，解决个体患者的用药问题，是药学服务的核心。但是，药学监护不是一种简单的药学服务行为，而是一切从患者利益出发，为患者提供恰当、合理的药物治疗，对患者的治疗结果负责，使患者的健康和生命达到最佳效果。由此可见，药学服务的领域非常广泛，其服务内容包含了药学监护；药学监护则针对性很强，强调以患者为中心，为患者提供直接的、负责的、个性化的药学服务，是一种临床药学工作模式和临床药师业务模式，是一个参与设计、执行、监测药物治疗的过程。本文采用"pharmaceutical care"的中文译名"药学监护"，旨在说明"care"是实施者一种非常专业的、负责任的行为，体现了药师工作的责任心和主动性。

药学实践（pharmaceutical practice）包括提供药品、药学服务和药学监护，覆盖了药师在医疗卫生体系中所能提供的所有的活动和服务。药学监护是一种药学实践，要求实践者（药师）为患者药物相关的需求负责，并对这一承诺承担责任。在药学实践过程中，提供负责任的药物治疗，以达到良好的病患预后为目的。

药学监护的实施结果包含了四种情形：①治愈疾病；②消除或减轻患者症状；③阻止或减缓疾病进程；④防止疾病或症状的发生。药学监护是药师、患者、医生、护士等共同制订、执行和监控药物治疗方案的合作过程。药学监护具有三大功能：①鉴别潜在的或已经发生的用药问题；②解决已经发生的用药问题；③防止潜在的用药问题的发生。

药学监护强调对公众健康状况和生活质量的关注，超越了以往仅对疾病治疗结果的关注，如降压药和降糖药分别使患者血压和血糖下降即产生了治疗效果，但未评估降压和降糖的同时是否引起药品不良反应，是否影响生活质量，很少评估患者对药物治疗的感受，药学监护增加了对患者健康状况等生活质量的考察，能比较全面地反映药物治疗的近期和远期效果。药学监护使医务人员在药物治疗时充分考虑患者的利益，同时也使药师直接为药物治疗承担责任。

三、实施药学监护的原因

1. **社会的需求** 近几十年来，上市药品数量急剧增加，药物治疗越来越复杂，不合理用药现象层出不穷，用药差错、药品不良反应/事件等药物治疗相关问题（medication-related problems，MRPs）屡见不鲜，这为药物合理使用带来了许多挑战，彰显了药学工作模式改革的紧迫性。在全球医疗服务不断改革和持续变化的背景下，药学实践模式也正在发生转变。药学监护、用药干预、合理用药成为可及的、可持续的、可负担的和公平的医疗服务系统的重要组成部分。只有这样的医疗服务系统才可以确保药品的有效、安全和质量可靠。通过实施以患者为中心的药学监护，可以对用药过程进行积极、主动的干预，可以优化药物的使用，减少用药差错，避免药物滥用，减少与药物相关的发病率和死亡率，降低不良反应发生率，降低药物治疗总费用，节约医药资源，满足社会需求。

2. **患者的需求** 在疾病的药物治疗过程中，患者需要了解药物、治疗过程和结果等客观信息，需要药师提供及时、准确的药学监护服务，希望在疾病的治疗上获得最大收益，取得满意疗效的同时，规避或减少药品不良反应和药源性疾病。患者是医疗保健的有力推动者。患者的需求是实施以患者为中心的药学监护的原因和动力。

3. **药师的责任** 以药品供应和调配为主的传统药学时代，药师们无需对药物治疗负责，其结果是没有详细记录，无法监测及回顾他们所提供的服务，也就无法展示药学监护的结果。过去40年中，随着临床药学的快速发展，药师的角色已经逐步从"药品提供者和调配者"转变为"药学监护服务者和药物治疗管理者"。药师不但对药品供应和使用各个方面负责，从选择、购

笔记

买、存储、配送、调剂及使用方面保证药品质量，使药品造福患者而不会伤害患者；同时药师开始对药物治疗的过程和结果负责，以患者为中心，以合理用药为核心，为患者提供直接的、负责任的药学监护服务。药师接受并承担这些职责是实践药学服务所必需的。药学监护实践使药师真正地担负起帮助患者合理用药的责任。

现在，药学实践的范围包括以患者为中心的药学服务，如提供药物咨询、药学信息服务与药物治疗监测等药学技术服务，以及药物治疗管理服务。通过在患者服务中做出重要贡献，药师可承担其在药物治疗工作中的新角色。在现有的资源背景下，药师有能力改善药物疗效，提高用药的安全性，提高患者生活质量，而且必须将自己定位在医疗服务系统的前沿岗位。在这个过程中，向药学监护方向转变是关键因素。一方面药师评估并满足患者的需求，指导患者正确用药，另一方面药师通过对药物治疗进行监测和评估，发现、解决和预防潜在或已存在的药物治疗问题，为维护患者健康做出重要贡献。

四、药学监护的目的与意义

药学监护的目的是为了实现以证据为基础的、合理的药物治疗，从而有利于每位患者及整个社会。药学监护是开展个体化药物治疗（individualized pharmacotherapy）的前提和保障，也是实施精准医学（precision medicine）和个体化医疗（individualized medicine）的重要举措。开展药学监护具有重要的现实意义，主要表现在：

1. **促进药师工作职能的转变** 药师的传统职能是调配和分发药品，其工作中心主要围绕“药品”展开。随着医疗体制的改革和医疗工作的深入发展，医院药学工作模式发生了根本改变，药师的调剂工作逐步被网络化、自动化调剂设备或受过良好培训的技术员所取代。医院药学的发展及社会的需求要求药师从调剂柜台后面走出来，转变工作职能，能够像医生和护士那样直接面对患者，以患者为中心，提供专业的药学监护服务，对药物治疗的过程、结果和质量承担专业责任。

2. **为患者提供安全有效的药物治疗等药学监护服务** 随着生活水平的提高，公众不再仅满足于药师为他们提供安全有效、质量合格的药品，而是要求药师能够为其提供安全有效的药物治疗等药学监护服务。药学监护使药师的专业特长得到充分、彻底的发挥，与医师和护士一起为安全有效的药物治疗把关，从而促进药物治疗质量和水平的提高，减少药品不良反应、用药差错的发生率和致死率，提高患者的生命质量和健康水平。

3. **提高药师的工作责任心** 药学监护要求药师对药物治疗结果负责，担负起患者用药安全的责任。对药师而言，机遇和挑战并存。为了达到这一目标，药师必须具有丰富的理论知识，良好的专业技能和敏锐的眼光，能够发现与药物有关的问题，了解患者的需求；能够解决已经发生的或预防可能发生的药物治疗问题。药学监护的实施可促使药师提高对药物治疗工作的责任心，进而提高药学服务的质量和水平。

总之，药师应该从调剂柜台后面走出来，着手开展对公众的药学服务而不仅仅是调配药品。单纯调配药品是没有前途的，它不能充分体现药师的专业价值。事实上，药师接受过良好专业训练，是专业的健康服务者，他们应该承担更多的责任，可以为公众提供更好的服务。

五、药学监护的核心

药学监护是药学事业发展史上的一个重要里程碑，也是医疗卫生事业发展的必然结果，更是患者对改善自身健康和生活质量的基本需求。药学监护的核心是要求药师：①直接面向患者；②以患者为中心；③对患者的药物治疗负责；④提高患者生命质量和生活质量。药学监护要求药师在药物治疗全过程中处处以患者为中心，以患者利益为最高利益，权衡药物治疗的风险与收益，为患者争取最好的结果，使患者不因用药而造成伤害，提高药物治疗的质量，使患者

笔记

的药物治疗安全、有效、经济，并表现出良好的依从性。药学监护的实施是药师职责范围扩大的体现，是卫生保健的重要组成部分，也是药物治疗团队（医生、药师、护士、患者）相互联系的纽带。

六、药学监护的对象与内容

（一）药学监护的对象

药师（包括临床药师和药房药师）是药学监护的主体。药学监护的对象可以是个人（个体患者），也可以是群体。当前，我国药学监护的对象主要是个体患者，特别是住院患者。药学监护的实施主要由临床药师组织，并与患者、医师、护士及其他医疗保健提供者一起共同合作完成。药房药师在调剂过程中也可以对患者进行药学监护，包括提供用药指导与药物咨询服务等。患者在疾病治疗时需要药师的药学监护服务，成功的药物治疗具有患者专属性，它是针对个体患者所做的药物治疗决定，患者需与医师、药师就药物治疗达成共识（共同商定要达到的治疗目标及如何达到），药师进而对患者实施系列监测活动。对每位患者的药物治疗，药师须与患者共同制订一套监护计划。患者不像以前那样完全依赖于医护人员，药师应积极参与治疗计划的制订，对自己的治疗结果负责。

以“群体为基础的药学监护”是运用人口统计学和流行病学的数据建立处方集或药品目录，建立药房政策并监测执行，建立并运营药房网络合作，准备和分析药品应用情况与费用情况的报告，从事药品利用评估，并给医师提供药品使用政策与流程方面的支持。以群体为基础的药学监护，是在服务个体患者之前或之后产生的需求，而且群体药学监护可提供有价值的信息，但是不能取代对个体患者特定的监护服务。假如没有针对个体的药学监护，就不存在能够有效管理药物治疗及监测药物相关问题的系统。

（二）药学监护的内容

现阶段我国临床药师以患者为中心，开展不同层次的药学监护服务工作，其监护内容和基本流程如下：

1. **确定药学监护的对象** 由于现阶段我国临床药师相对缺乏，故对于许多患者还无法提供直接的、全程化的药学监护服务。因此有必要明确哪些患者需要进行重点监护。监护对象的确定有多种形式，如按疾病类型确定或按患者人群确定。按疾病类型主要是针对特定病种的患者，如心血管系统、呼吸系统、神经系统、消化系统疾病患者等，也可具体到某一种或某几种疾病患者，如高血压患者、脑卒中患者、糖尿病患者、哮喘患者、癌症患者、艾滋病患者等；按患者人群是指特殊病理生理状况的患者，如婴幼儿、老年人、孕妇、哺乳期妇女、肝肾功能异常的患者、血液透析患者等。之所以要有针对性地对上述患者进行药学监护，主要基于两方面原因：一是为了将目前有限的临床药学资源用在最需要进行药学监护的患者身上，另一方面也是出于对临床药师自身考虑，正如医师一样有其各自的专科一样，不同专科的临床药师对本科室患者实施药学监护，可为患者提供更为专业的药学监护服务。

2. **患者信息采集** 采集患者信息是临床药师实施药学监护的重要工作内容之一。临床药师在患者入院后需与患者进行面对面的沟通，除询问患者的基本信息外，应着重了解患者的疾病信息与用药信息。

（1）基本信息：年龄、性别、种族、身高、体重、职业、烟酒嗜好、个人史、家族史等。

（2）疾病信息：主诉、现病史、既往病史、相关检查结果等。

（3）药物信息：既往用药史、入院前用药情况、用药依从性、用药后的治疗效果、药物过敏史等。

（4）其他：生活习惯、饮食习惯、经济状况、家庭情况等。

3. **患者评估** 患者评估是实施药学监护至关重要的一环。正确的患者评估要求临床药师

具有丰富的药物治疗学和疾病治疗的知识，并且要全面考虑患者和用药的危险因素。患者评估可以分为用药评估和病情评估两部分。

（1）用药评估：通过与患者交流，了解患者用药情况，综合运用药物治疗学等相关知识对患者用药信息进行归纳、整理、分析和整合，评估患者用药的安全性、有效性、经济性和依从性，对用药的风险和收益进行评估，为制订下一步治疗方案提供参考。

（2）病情评估：患者信息采集完成后，临床药师需从现有的信息中对患者进行评估，包括患者的体重指数、肝肾功能、营养状况、心理状况、症状体征、疾病严重程度等，同时对于不同疾病的患者进行相应的病情评估，如对癌症患者进行疼痛评估、营养与营养支持评估及预后评估等，进而根据评估结果制订相应的给药方案和监护计划。

4. 医嘱审核 医嘱审核是确保患者用药安全、有效的前提，也是临床药师实施药学监护的重要环节之一。临床药师在进行医嘱审核的过程中除了要对用药的适应证、用法用量、给药途径、配伍禁忌、药物相互作用、禁忌证等进行审核外，更重要的是要结合每位患者的具体病情对其用药进行审核，如患者的适应证、年龄、肝肾功能状况等，同时也要考虑到患者的经济承受能力等因素，对治疗方案进行优化，尽量做到个体化给药，以提高药物治疗质量。

5. 用药监护 一旦患者确定治疗方案并审核通过后，临床药师就要为该患者制订出相应的用药监护计划。用药监护对于临床药师来说是一个发现、解决和预防已存在的或潜在的药物治疗问题（drug therapy problem）的过程，需要其具备一定的临床医学知识和扎实的临床药学知识。用药监护也是体现临床药师价值的重要环节。

用药监护计划是临床药师为患者达到治疗目标、预防及解决患者药物治疗问题而制订的一套详细的监护计划，也是确保用药监护得以顺利实施的前提条件。用药监护计划应在整体评估患者情况的基础上制订，其原则是目标明确、切实可行。医师、护理人员实施的监护方案已形成相对完善的标准，但对于临床药师开展的用药监护到目前为止还没有一个公认的标准。现阶段临床药师对患者的用药监护主要包括监护要点、期望结果和用药干预三部分。

（1）监护要点：主要包括安全性、有效性、经济性和依从性监护。安全性监护主要是指监护患者用药过程中可能存在的不良药物相互作用、用药错误及用药后可能出现的药品不良反应等；有效性监护主要是指监护患者用药后病情的控制和改善情况，包括患者的临床症状和指征、生化和血液学指标、血药浓度水平等；经济性监护主要是指运用药物经济学原理和方法，使治疗达到最佳的成本效果（或效用、效益）比，在保证疗效和安全性的前提下，使患者的治疗成本最低。依从性（compliance）是指患者配合执行已经与医生、药师达成共识的治疗方案的能力。依从性监护是指监护患者按医嘱规定进行药物治疗，改善患者的用药顺应性。

（2）期望结果：确保用药的安全性、有效性、经济性和依从性良好，促进合理用药，提高患者生命质量和健康水平。

（3）用药干预：干预对象包括医生、护士和患者。干预内容包括对患者进行用药指导和用药教育，提出合理用药建议；就患者的药物治疗问题给医师和护士提出合理的意见和建议，帮助医生制订或完善药物治疗方案；发现、解决和预防已经存在的或潜在的药物治疗问题。

需要强调的是，用药监护作为药学监护的核心，它是一个系统的、全面的监护过程，贯穿于患者整个药物治疗过程。同时它也是一个动态的、持续的监护过程，其监护内容需要根据患者病情和治疗方案的变化而改变。简单地说，用药监护应该是为每位患者量身定制的、持续改进的监护。

6. 用药指导和用药教育 用药指导和用药教育是每位药师应该掌握的基本技能，无论是在病房、门诊、社区、家庭，还是社会药店，只要是药师都有责任和义务对患者进行相应的用药指导和教育。

7. 出院随访 出院随访（follow-up）是对患者药学监护的后续追踪，是确保患者出院后用

药安全、有效、经济和依从的重要环节。随访没有严格的时间限制，可以是短期的，也可以是长期的，但应有一定的随访周期并制订相应的随访计划（如随访时间表），尤其对于慢性病患者。随访多以电话、邮件的形式进行，对有条件的患者可以在其来院复诊时进行。随访的目的主要是了解患者出院后的用药情况和病情控制情况，从而对患者用药的整体情况进行评估，同时解答患者用药过程中的疑问并给予相应的指导。

七、药学监护的模式

（一）理论模式

根据患者对药物治疗的需求不同，理论上可将药学监护分为一级、二级、三级。这种分级有利于阐明药学监护的内容和作用，为药学监护实践提供理论指导。各级药学监护既具有相同的基本功能，又各具不同的特点和功能，体现在患者的病情、药物治疗方案、对药师药学服务的要求以及药师与其他医疗保健人员之间的关系四个方面。

1. 一级药学监护

（1）特点：①患者患有慢性疾病，一般不需要住院治疗；②药物治疗方案简单，容易观察患者的反应；③较少需要药师作出行动，偶尔进行实验室和药动学监测；④药师与医师的联络相对较少，必要时通过书面材料或电话沟通。

（2）功能：①对患者用药的依从性及用药方法的准确性进行监测；②为门诊患者正确地调配药品；③就患者如何进行自我药疗给予指导和建议；④指导患者合理选择、使用和保存药品；⑤协助医师选择正确的药品及用法用量。

2. 二级药学监护

（1）特点：①患者需要住院治疗；②采用多种药物治疗；③需要进行实验室和药动学监测；④药师定期与医师和护士进行沟通交流。

（2）功能：①协助医师选择正确的治疗药物品种、用法用量及其他辅助治疗；②提供常规的药动学服务，如治疗药物监测；③进行药物利用评估，如安全性、有效性、经济性和依从性评估；④回答医师和护士提出的与用药有关的疑问；⑤发现、解决和预防潜在的或已存在的药物治疗问题。

3. 三级药学监护

（1）特点：①患者需要住院治疗，疾病复杂，病情险恶，变化频繁，涉及多个器官系统。②采用多种药物治疗，用药复杂，特别是主要以注射形式频繁给药。所用药物属高风险药物（如治疗窗窄、毒副作用强）或药物的作用机制比较复杂，有可能引发严重不良反应。③临床效果出现迅速，但需药师的密切监视。由于药物治疗范围狭窄、安全性差，因此需进行药动学监测。此外通常还需药学信息服务中心提供帮助。④药师需及时与医师、护士进行沟通交流。

（2）功能：同二级药学监护，但要求更高。

（二）实践模式

在美国，药学监护的实践模式有多种，不同地区和部门可根据各自条件采取不同的方法与措施，但其目标和作用是一致的。

以 Munro Partners 模式为例，阐述药学监护实践的主要步骤和内容：

1. 回顾患者的用药史　①获得患者的相关病史，包括处方药和非处方药的使用情况、疾病状况、过敏或耐药性、饮酒和吸烟史、怀孕或哺乳期等；②对患者进行体检，确定有无潜在的药源性问题，一旦发现病情有变化，则再次体检；③叮嘱患者及时反映自身的病情变化。

2. 根据患者的疾病状况、非药物控制和药物治疗等情况，对患者进行单独教育　①确定患者的知识层次、理解能力，检查患者有否听力、视觉或精神障碍，语言沟通有否困难等；②除口头向患者传达有关信息外，定期用书面、电话、邮件等形式进行信息联系。

3. **监测患者用药的依从性，必要时采取干预措施** ①了解患者的社会心理和经济状况，了解患者对自身疾病及治疗方案的态度，检查患者是否有影响用药的身体缺陷；②明确患者用药不依从的方式、程度及理由；③设计监护计划或程序，提高患者的依从性；④监测干预的效果和影响，如有必要，尝试新的策略计划。

4. **建立主观结果和客观结果的监测** ①与患者和医师一起制订药物治疗目标；②确定需要监测的指标和参数；③提供医师和患者的反馈信息；④一旦目标不能达到，则重新辨别和解决药物治疗相关问题。

（三）理想的实践模式

1. 一般而言，理想的实践模式必须具备以下几个特点：①通过提供药学监护，达到改善患者状况、提高经济效益的目的；②使药师完全成为医疗保健团队中的一员；③允许患者从不同角度了解药学监护情况；④给药师提供一定的报酬，以提高其工作积极性；⑤所有监护必须建立在为患者服务、使患者满意的基础上。

2. 通过理想实践模式的实施，希望达到的预期结果：①医疗保健系统方面：降低整个医疗保健的费用开支；②患者方面：提高生活质量和健康水平，提高患者的满意度；③药师方面：提高药师的职业形象，扩大顾客队伍，增加收入。

近年来，国外药学监护实践发展较快，其理论模式与实践模式值得我国药师学习和借鉴。临床药师可结合各自单位具体情况，开展不同程度的药学监护工作。

八、药学监护的评估

药学监护是患者药物治疗的重要组成部分，是药物治疗顺利进行的重要保证。进行药学监护评估的目的是为了：①充分地了解患者及患者的用药史，为患者制订合理的药物治疗方案；②确定患者的药物治疗是否安全、有效、经济、依从；③鉴别药物治疗的问题。药学监护可最大程度地确保患者理解并依从药物治疗，其成效可通过定性或定量的指标进行评估。

药学监护的评估可分成两个阶段：①第一阶段是对患者住院期间的药学监护进行评估，主要指标包括通过药学监护是否缩短了患者住院天数、节省了住院费用、减少了药品不良反应的发生等。②第二阶段是对患者出院后药学监护的长期评估，主要包括患者疾病的控制、改善和治愈情况、就诊次数、再入院次数、预后情况、生活质量、用药依从性及不良反应的发生情况等方面。尤其是慢性病患者，如哮喘和慢性阻塞性肺病患者，其长期药学监护的评估指标包括急性发作的次数、肺功能的改善情况和糖皮质激素的用量等；癌痛患者的评估指标则包括疼痛的评分、疼痛的缓解情况及生活质量等。此外，对于药学监护的评价还包括患者对用药干预的采纳情况及患者对药学监护的满意度等方面。

九、药学监护计划

在临床实践中，医师、药师和护士应为患者建立思维严密和组织有序的监护计划（care plan）：①从患者主诉开始，接着是特定的诊断检查；②对每一个诊断建立相应的问题列表；③药师评估；④解决每个问题的干预措施；⑤治疗作用和毒副作用的监测指标；⑥干预的结果；⑦安排相应的随访评估。组织有序的监护计划将成为医务人员交流的纽带。监护计划将医疗团队成员连成一体。不同学科专业的人员履行相应的干预措施。例如，药师的工作是制订和履行药学监护计划，实施与药物有关的干预措施。

药学监护计划（pharmaceutical care plan）是指患者参与并由药师来完成的、描述药师和患者活动和责任，可用来解决药物治疗问题，成功地达到治疗目标，预防潜在药物治疗问题，以达到最佳药物治疗的明细计划。制订药学监护计划的目的是为了组织实践者（药师及其他医疗保健人员）和患者认同的所有药物治疗工作，帮助患者实现既定的治疗目标。这需要采取相应的干

笔记

预措施以解决药物治疗问题，并防止新的药物治疗问题的发生，从而优化患者的药物治疗经验。药师实施药学监护计划能增加药物治疗的有效性和避免潜在的不良反应。

制订监护计划并明确治疗目标对患者是有益的。药师必须就监护计划和治疗目标与患者及其家人、医生、护士及其他监护提供者沟通，获得他们的理解和支持。有证据显示，每天按照监护计划和治疗目标进行治疗可使患者待在重症监护病房(ICU)的时间缩短50%。在ICU，监护团队包括医生、护士和药师等。为了更好地监护ICU患者，整个监护团队必须就治疗目标、需要执行的任务以及沟通计划达成一致。

值得注意的是，患者常常患有多种需要治疗的疾病。有些是通过有效的药物治疗来解决的急症，然而许多是慢性疾病，需要药师为其建立一个长期的药物治疗管理计划，并针对不同适应证建立相对应的监护计划。患者在同一时间接受多种药物治疗是很常见的。有时同一适应证在一个监护计划中有多种药物治疗，这需要药师评估整个药物治疗对每个疾病或症状的影响，并做出合理决策。

监护计划是一个功能性的架构，需要参与药物治疗的各方(医师、药师、护士、患者等)合作完成。通常监护计划就如同药师与患者之间的治疗协议。监护计划让药师与患者一起面对各种已存在的或潜在的药物治疗问题。患者对于药物治疗可能有不同的理解与期望，药师要根据每位患者的疾病状况，为其制订个性化的监护计划。患者通常会有多个药物治疗问题，因此药学监护计划应全面，这样有助于提供患者总体健康水平，并使治疗结果可以预测。

监护计划主要内容包括：制订治疗目标，选择合适的个体化干预措施以解决和防止出现药物治疗问题，安排下一步的随访评估。如果患者有多种疾病，需将监护计划整合，给患者提供一个统一的监护计划。

建立一项成功的监护计划，药师需要考虑的主要问题包括：①你与患者通过药物治疗达到的目标是什么？②你将做什么，以及如何去干预和解决评估中发现的药物治疗问题？③你将提供哪些干预措施(药物治疗方案、设备、患者教育)以确保患者达成预期的治疗目标？④你将何时进行患者的随访评估以确认药物治疗及其他干预措施的实际结果？

十、药学监护记录

(一) 概述

如同医生记录病历(case history)一样，药师在对患者进行药学监护的同时需要有相应的文档记录，即药学监护记录。药学监护记录(pharmaceutical care record)是药师在药学监护过程中，以患者为中心，客观记录患者用药基本信息、药学评估、药物治疗、药学干预等内容，发现、解决和预防已存在的或潜在的用药问题的技术文档。药学监护记录可提供药师在用药监护方面所获得结果的证据，是药师为保证患者用药安全、有效、经济所采取的措施，也是药师进行规范化药学监护服务的具体体现。药学监护记录要做到及时、准确、精练和完整。目前我国临床药师多以药历(medication history)的形式进行记录。药历是体现药师对患者整个治疗过程进行药学监护的综合性文档。除此之外，针对药学监护的各个环节，也可以采用相应独立的文档进行记录，如患者入院沟通单、患者入院评估单、患者出院用药指导单和患者随访记录单等。

(二) SOAP

临床上可使用SOAP格式记录药学监护计划，该记录格式具有直观明了的特点。SOAP的含义为主观资料(subjective data，S)、客观资料(objective data，O)、评估(assessment，A)和监护计划(plans，P)。

1. **主观资料**(S) 患者提供的任何资料，包括主诉、症状、病史、药物过敏史、药品不良反应史、既往用药史及药师对患者疾病的理解。收集这些资料的主要方式是通过与患者面谈。

2. **客观资料**(O) 患者的生命体征、实验室检验结果(临床各种生化检验结果、影像学检查

结果，血、尿、粪、痰、细菌培养结果、血药浓度监测结果）和体检结果。药师应收集与药物治疗相关的客观资料，包括患者、疾病与药物信息。

3. **评估**（A） 药师对患者药物治疗的看法。通过分析评价患者的药物治疗过程和结果，发现、解决和预防患者存在或潜在的药物治疗问题。评估应依据SOAP所记录的主客观资料进行。

4. **监护计划**（P） 讨论治疗目标、治疗方案（药品种类、给药剂量、给药途径、给药间隔、给药疗程等）及存在的药物治疗问题，已采取的解决问题的措施，下一步的用药建议及干预措施，讨论监测计划和需要的随访安排，列出需要监测的参数和监测时间，以及确保患者用药依从的方法指导等。

（三）电子治疗记录

记录药学监护或药物治疗管理服务的电子文档系统称为电子治疗记录（electronic therapeutic record）。建立电子治疗记录的主要目的是为患者提供高质量的药学监护，提供给医生、药师、患者等独特的、全面的、有用的、关于患者用药、药物治疗问题、用药建议等方面信息。电子治疗记录是记录保存药学监护实践或药物治疗管理服务的基础和法律依据，也是管理药学实践的资料库。电子治疗记录分为结构式文档（formative documentation）和总结式文档（summative documentation）两种。其中前者比较常用，它记录了医务人员（医生、药师、护士）对患者的监护活动的过程和结果，可提供患者、药物、疾病信息，用药决策、剂量确定、给药方案修订、患者监测参数、疗效、疗程、毒副作用、用药建议等药物治疗信息和患者监护信息。电子治疗记录要求按时间顺序撰写，内容必须是完整的、连续的、方便查阅、易于理解的并且能够反映最新动态。

患者电子治疗记录（patient's electronic therapeutic record）是药师记录患者数据、信息、问题、决策、活动、干预和结果等药物治疗过程的技术文档。它的目的是记录药学监护实践者（药师、医生等）在完成患者监护过程（patient care process）中的药物治疗决策（pharmacotherapy workup）时的认知活动结果。表5-1描述了患者电子治疗记录的主要内容及其所包含的三个重要实践的关系：患者监护过程、药物治疗决策过程中患者的认知过程及监护过程记录。

表5-1 患者监护过程、认知过程及监护记录的整合

治疗关系			
患者监护过程	药物治疗评估	监护计划	随访评估
药物治疗决策过程	数据收集	解决药物治疗问题	确定药物治疗的有效性
	确定患者药物相关需求	实现治疗目标	确定药物治疗的安全性
	识别药物治疗问题	预防药物治疗问题	记录监护结果
监护记录	患者电子治疗记录		

十一、药学监护的影响因素

药学监护是一种新兴的药学服务模式，许多因素可影响其具体实施。

1. **药师自身的态度** 具体表现在药师对药学监护缺乏充分的了解，缺乏实施的知识、动力和技巧，对这种新兴的药学服务模式不适应或不愿接受。药师的认识不足、态度消极，特别是其惰性成为妨碍药学监护实施的最大障碍。

2. **药师的服务技能** 药师的临床药物治疗学知识、发现和解决药物治疗问题的能力、沟通交流能力、监护记录能力以及获取药学信息的能力等缺乏，不能提供高质量、高水平的药学监护服务。丰富的药物治疗学知识使药师有能力发现和解决与药物治疗有关的问题；药学监护要求药师与医师、护士、患者及其家属建立一种良好的合作关系。如果不具备较高的沟通交流能力，药师就难以胜任药学监护工作。

笔记

3. **资源相关因素** 包括时间、空间、财政、其他工作人员和管理因素。为了实施药学监护，药师需要占用其他工作时间，如果不能合理地安排，就没有充足的时间；这需要明确每一位药师、药学技术人员及辅助人员的首要和次要职责；加强药师，特别是临床药师的药学监护培训，增加服务场所，更新药学信息资源，提供软硬件支持。

4. **与系统和体制有关的问题** 目前的医院药学工作体制和模式对药师提供药学监护缺乏补偿机制和措施，收取药学服务费尚存在一定困难。患者对药学监护不理解致使相应的需求缺乏，而药师缺乏专业经验和服务水平不高则难以拓展工作。

5. **来自医疗团队其他成员的阻力** 一些医师、护士和患者对药师的药学监护工作不理解。医师和护士认为药师"侵犯了他们的领地"，患者更信任医生，对药师及其药学监护工作缺乏了解，认知度不高，致使他们与药师之间不能建立良好的合作关系。药师应积极与他们沟通、交流，充分阐明实施药学监护的重要性，获得他们的理解和支持。

6. **专业体制的问题** 临床药师、药房药师、药学技术员等各有自身的工作安排，如果分工不明确或缺乏团结合作精神，就不能有效地共同工作。此外，被各种药学专业委员会强加的各种限制，如临床药师、药房药师、药学技术员的人员比例限制及工作范围限制等都可能影响药学监护工作的开展。我国应继续加强临床药师制建设和临床药师培训，提高药师药学监护方面的知识、技能和能力。

7. **科研和教育方面** 临床药学科研和教育水平不高、缺乏高水平的药物治疗专家、对药学监护的内容和模式不清楚、药学院校相关课程缺乏、现行的药学教育模式、体制结构、经济压力、传统观念、领导缺乏重视等各种因素都可能影响药学监护的深入开展。

克服影响药学监护实施的不利因素，推动药学监护深入开展，药学工作者还有大量的工作要做，任重而道远。

十二、药物治疗管理服务

（一）药物治疗管理

据估计，用药差错每年对 150 万美国人造成伤害事故。药物治疗相关问题（MRPs）每年导致约 20 万例美国患者死亡。30% 的老人住院是由可预防的 MRPs 引起。65 岁老年住院患者中近 1/3 的患者中存在或有潜在的 MRPs。在美国，药物不良事件导致的死亡已占死亡原因的第五位。药物治疗管理不当是导致发生不良事件的第二位常见原因。40% 的慢性病患者住院是因为他们不能在家里安全管理和使用自己的药物。这些数据充分说明当前药物治疗存在很大的风险，而良好的药物治疗管理可避免或降低这种风险。

药物治疗管理（medication therapy management，MTM）一词被美国联邦政府首次应用去描述患者接受医疗保险计划提供的、旨在改善药物治疗结果的服务活动。MTM 术语来自于英国医疗系统，称为"therapy management（治疗管理）"。当这个术语传入美国，被应用于医疗保险计划受益人的用药管理时，就变成了 MTM。MTM 是指为每位患者提供特殊的或整体的药学服务以优化治疗结果，使患者获得最大治疗收益。

MTM 被美国医学会（American Medical Association，AMA）定义为面对面的患者评估和药师干预。MTM 的目的是帮助患者（特别是患有多种慢性病的患者）进行药物治疗管理，减少药物相关的不良事件，提高患者的整体治疗效果和依从性，解决和预防药物治疗相关问题。MTM 主要记录以下要素：相关病史回顾、药物治疗文件（处方药和非处方药）以及改善健康结果和治疗依从性的建议。

MTM 有几个不同的定义，这些定义来自于不同的组织，但其主要内容基本一致，只是侧重点有些不同。MTM 主要包括以处方为中心的方法（prescription-focused approach）和以患者为中心的方法（patient-centered approach）两种定义方法。

笔记

（二）药物治疗管理服务

1. **定义** 当前，药物治疗管理服务（MTMS或MMS）已成为药学监护工作的重要发展方向。药物治疗管理服务是一项专业活动，活动的开展必须符合药学监护标准，并确保对每位患者的药物治疗（无论是处方药、非处方药、替代药物、传统药物、维生素或是营养补充剂）进行系统的、全面的、个体化的评估，以确定每项药物治疗适合于患者当前的疾病状况，并确保用药是有效的、安全的，能达到既定目标，使患者能够且愿意接受既定的药物治疗。

2. **MTM服务价值** MTM服务作为一种新型的药学监护工作模式，具有重要的临床价值、经济价值和人文价值。它对药物治疗的安全性、有效性、依从性和适宜性有重要影响；可以改善患者疾病（特别是高血压、糖尿病、哮喘、血脂异常等慢性病）的临床治疗结果；降低医疗费用；减少病假，提高劳动生产率。

3. **MTM服务目标** 通过开展MTM服务，可提高患者合理用药的能力；减少患者不必要的住院机会；减少不良事件；优化药物治疗；改善患者生活质量；降低总的医疗费用支出。

4. **MTM服务的受益患者** MTM服务可能的受益患者包括：服用5种以上药物或每天超过12剂的患者；服用高风险药物或需要治疗药物监测的患者；同时患有3种以上疾病的患者；存在认知障碍、独居或生活不能自理的老年患者；药物治疗依从性差的患者；接受多位医生药物治疗的患者；出院后仍需继续药物治疗的患者；实验室检查结果异常的患者；发生药物不良事件的患者；有过敏反应的患者等。

5. **MTM服务要求** MTM的服务要求有：①能够对患者的药物治疗相关需求进行全面的评估；②应包括个体化的监护计划，该计划能充分利用患者的药物治疗经验和意愿去确定药物治疗目标，并通过随访去评估实施监护计划后患者的实际治疗效果；③要实现这些目标需要患者理解、同意并实际参与治疗方案，进而优化每位患者的药物治疗经验和临床治疗结果；④必须融入患者监护的价值观念并被实施和记录，并容易与医疗团队的患者监护融为一体；⑤必须建立在药学监护实践的哲学思想和道德基础上，并遵照患者监护实践标准去实施。

6. **MTM服务内容** MTM药师提供的服务内容包括：①可提供全面而有针对性的药物治疗核查；②进行服用药物种类、数量等方面指导的依从性服务；③对高危药物、贵重药物、高危人群进行有针对性的药物治疗干预；④进行疾病（如慢性病）管理，开展多学科合作治疗；⑤开展预防接种、健康筛查、戒烟限酒、控制体重等保健服务。

7. **MTM服务方式** MTM药师可通过面对面、电话、邮件或其他方式定期与患者的主治医师（或家庭医生）以及其他医疗团队成员进行沟通交流，介绍评估结果，通过直接向患者或医师提出药物治疗建议（如更换药物、提高用药依从性、处理ADR、调整给药方案等）进行合理干预，并进行随访评估。

8. **MTM服务的工作流程与核心要素**

（1）药物治疗核查（medication therapy review，MTR）：是药师对患者药物治疗进行的全面核查，检查每种药物的使用情况，发现用药问题，及时与患者及处方医生沟通解决问题。MTR由药师每间隔一定时间完成，包括每年进行的全面MTR和根据需要附加的全面MTR；随时进行的有针对性的MTR，重点关注目前用药中存在或新发生的药物治疗问题。

（2）患者用药记录（personal medication record，PMR）：是一份完整的用药清单，包括所有处方药、非处方药、中草药和保健食品等。PMR是药学服务的重要信息来源和工具，有助于医生了解患者的用药经历，应鼓励患者和其他医务人员共享这些信息。

（3）药物治疗干预计划（medication action plan，MAP）：是一份由药师和患者共同完成，记录患者药物管理措施的重要文件，也是一份用于管理药物及相关适应证的指导说明。MAP可用于患者追踪所有重要的信息，包括解决用药问题已经采取的措施、将要采取的措施以及所有相关活动。

笔记

(4) 干预和（或）转诊（intervention and/or referral）：药师在 MTM 过程中提供咨询服务并对发现的药物治疗相关问题进行干预，采取相关措施。每项干预的目标需要明确，干预能够满足优化患者的治疗结果的需要。当一些治疗问题主治医师和药师不能解决时可请求专家会诊。

(5) 记录并随访（documentation and follow-up）：药师应记录 MTM 过程和结果，建立记录文档，用于评价患者的治疗进展；告知其他医疗团队成员有关患者的治疗情况；作为支付报酬的参考依据。安排随访，保证治疗的持续性。

第二节 药学监护的实施

一、药学监护实施的指导原则

为了帮助药师开展药学监护工作，同时使药学监护的实施得以规范化和标准化。ASHP 于 1996 年批准了题为“Standardized method for pharmaceutical care”（药学监护标准化方法）的指导文件，制定了实施药学监护的指导原则：在有组织的医疗机构中，所有药师都可以为患者提供药学监护。既支持在医院内为患者开展连续的药学监护，同样包含在患者出院后（如在社区或家中）向患者提供药学监护服务。进一步建立有关患者详细情况及用药信息的药历制度，利于药师间转诊，或提供给其他医务人员。药学监护实施的步骤和内容可根据工作环境、组织服务类型（以患者为中心或是以科室为中心）、医疗团队成员间的工作联系、医院与患者的经济状况以及卫生政策和规定而加以取舍。

药学监护与其他医疗服务并不是分开的。药学监护服务必须与患者、医师、护士和其他医疗服务提供者共同合作。药师应直接服务于患者，并对治疗费用、质量和结果负责。1998 年，国际药学联合会（FIP）采纳了“药学监护专业标准的声明（Statement of Professional Standards in Pharmaceutical Care）”。该声明是给药师和医疗服务机构的指南，可作为在其国家执行广泛药学服务的标准。FIP 支持药学监护服务，但也承认每个国家有其不同的需求。

2006 年，由 WHO 与 FIP 联合出版了“Developing Pharmacy Practice——A Focus on Patient Care”（发展中的药学实践——一个专注于患者的监护）手册，提供了以患者为中心的药学监护实践新模式，以满足各国药学工作者对不同层次药学监护的定义、发展和达成全球共识方面的需求。该手册提出了药学监护的定义、目标、原则及流程，对各国实施药学监护具有指导、示范和引领作用，可作为我国药学监护实施的指导原则。

二、药学监护实施的基本要求

要有效地实施药学监护，达到理想的治疗结果，药师应明确实施药学监护的基本要求：①必须明确治疗目标，为这一目标设计药物治疗方案，并对整个用药过程进行监测；②必须综合、分析信息，根据患者情况、疾病类型和医师的治疗意见提出用药方案；③必须综合和管理药学监护所必需的资源（包括人和药品），利用专门的管理技巧，保证患者用药安全、有效、经济和依从。药师有义务指导患者，让患者明白自己对获得理想的治疗结果也负有责任，要保证患者充分理解并明智地使用药物。药师应向其他医务人员传授自己的专业知识，以利于业务的开展和更好地进行沟通交流。药师自身应通过各种途径加强学习，如查阅文献资料，增进与医师、患者的交流，不断提高自己的专业能力。

药学监护将患者置于药师工作的中心，药师通过合理的选药、用药提高患者的治疗效果。因此，药师应更为关注自己工作的最终结果，而不是仅仅关心工作行为本身。实施药学监护要求药师具有专门的药物治疗知识，并直接对患者的药物治疗承担责任，对确保患者获得预期的治疗目标且不发生药源性疾病承担责任。药师为患者提供直接的药学监护，包含三个不同的责

笔记

任：①全方面地评估每位患者的需求，以决定采取何种措施让患者恢复健康状态；②组织所有可用的资源来投入治疗计划，满足患者的治疗需求；③追踪患者后续情况，对已作的决定和达到的成果进行说明与负责。除非以上三项都实施于患者并达到一致的标准，否则意味着患者的药学监护并没有发生。

药学监护中最根本的关系是药师与患者的关系。患者赋予药师执行药学监护的权利并给予充分信任。药师必须明确患者的利益所在，将提高患者生命质量和健康水平摆在首位，监控患者的药物使用情况，承担药学监护的责任与义务。

三、药学监护实施的工作流程

药学监护实施的工作流程包括以下四步（图 5-1）：

第一步：评估患者的药物治疗需求并确认已发生的和潜在的药物治疗问题。

第二步：制订药学监护计划。

第三步：实施药学监护计划。

第四步：随访评估及监测、修改药学监护计划。

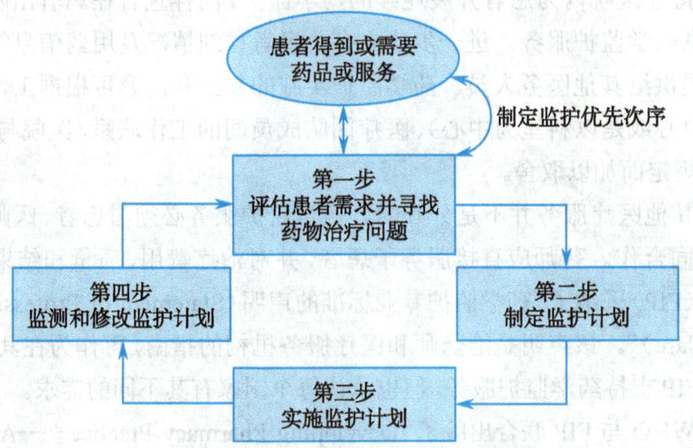

图 5-1 药学监护实施的工作流程

（一）评估患者的药物治疗需求并确认已发生的和潜在的药物治疗问题

在实施药学监护计划之前，首先需要制订药学监护评估表（表 5-2）对患者的药物治疗需求进行评估。评估是整个药学监护过程中最重要的一步，因为它建立了药师与患者之间的联系，指明了监护的方向。

表 5-2 药学监护评估表

评估				
联系信息	地址			邮编
	家庭电话	单位电话	手机	邮箱
	药房名称		门诊名称	
	药房电话		门诊电话	
人口统计信息	年龄	生日	性别	
	体重	身高	体重	
	是否怀孕：是 / 否	是否哺乳：是 / 否	预产期	
	职业			
	生活方式 / 家庭			
	医疗保险			

续表

就诊原因			

	药物治疗问题	该项监护计划是否需要关注	
药物治疗经历	患者对于用药的态度如何？	是	否
	患者对于自己药物治疗的期望是什么？	是	否
	患者对于自己药物治疗主要关注的是什么？	是	否
	患者对于自己的药物治疗了解到什么程度？	是	否
	有影响患者服药意愿的文化、宗教、道德问题吗？	是	否

	物质	使用史	物质	使用史
社会用药	烟草 □未用	□0～1包/天 □>1包/天 □以前有吸烟史 □试图戒烟	酒精 □未用	□每周<2次 □每周2～6次 □每周>6次 □有酒精依赖史
	咖啡 □未用	□一天<2杯 □一天2～6杯 □一天>6杯 □有咖啡因依赖史	其他娱乐性药物使用	

过敏&警戒	药物过敏（药物，时间，反应——皮疹，休克，哮喘，恶心，贫血）
	既往药物过敏反应
	其他警戒/保健食品/特殊需求（视力，听力，情感不定，素养，残疾）

	适应证	药物	给药方案（剂量，途径，频次，疗程）	起始日期	效果（有效性，安全性）
当前疾病状况及用药					

	适应证	药物治疗	效果	日期
既往治疗				

既往病史（相关疾病，住院记录，外科手术，受伤，妊娠，分娩）

营养状况（每日能量，钙，钠，钾，胆固醇，纤维物质，维生素K摄入）			
卡路里	K^+	胆固醇	维生素K
钙	Na^+	纤维物质	

其他食物或饮食限制/需求

笔记

药学监护的评估过程如下：

1. **收集、整理患者的信息资料** 药师收集、整理患者的信息资料，并将其建成数据库，目的在于发现、预防和解决患者用药问题，为药物治疗决策做准备。具体内容包括：

(1) 患者资料：收集数据来源于患者、家庭成员、监护人、医疗和护理记录、药历、其他医疗保健人员的数据资料。患者进行治疗决策所需的信息包括：患者数据（人口学信息、用药史）、疾病数据（目前的疾病状况、医疗史、营养状况、系统回顾等），药品数据（目前的用药状态、既往用药史、民间用药、疫苗、过敏史和警告）。患者资料既有主观的，也有客观的。主观资料包括患者主诉、当前病史、现在和过去的医疗记录、用药史、过敏史、家族史和社会史及病情回顾。客观资料包括药物处方资料、任何直接观察到的疾病问题、生命体征、体格检查、实验室检查结果，如呼吸、体温、心率、血压、血糖和血脂等检查结果。

(2) 创建数据库：药学监护数据库包括用药数据库、包含特定患者资料的综合性数据库及针对特定问题的数据库。数据库应涵盖上述主观资料和客观资料。因专业和目的不同，收集的资料有所差异，但应与药学监护的目标相适应，这样可使监护的目的更明确。应收集的基本资料包括：①人口学资料：患者年龄、性别、地址、电话等；医务人员的姓名、地址；②患者保健问题；③药物、食物过敏情况；④药物资料（包括非处方药）：剂量、规格、总药量和适应证；⑤费用支付情况：自费、公费、劳保、医保、商业保险等。可采用手写表格或计算机系统记录获得的资料，并注意评估资料的可靠性和有效性，应考虑患者精神状态、提问的技巧、资料来源、收集资料的技术等因素。药师应清楚资料错误的来源和资料的局限性，并在实践中加以避免。

(3) 与患者面谈，询问患者的用药史与用药经验，获得患者详细信息：评估之初药师就应通过与患者直接面谈逐步了解患者，了解患者的用药史（medication history）和用药经验（medication experience），了解药物治疗给其日常生活带来的影响，了解患者对药物治疗的看法、理解、态度、信念和行为，并就药物治疗与患者建立良好的信任关系。这将直接影响患者是否用药，用多少药，以及如何用药等决定。尽管药师可以对患者提出建议，但患者多有自己的药物治疗经历和经验，有自身的服药方法，最终是否服药的决定权仍在于患者本人。药师的职责是了解并主动地影响他。对患者人口学信息、用药史与用药经验以及临床信息等了解越多，药师越有可能对其治疗产生持久且积极的影响，并有助于做出正确的决策。

2. **评估患者的药物治疗相关需求** 药师对收集的数据进行分析评估，以确定是否满足患者药物治疗相关需求，确保所有用药是有指征的、最有效的、最安全的，且患者能够且愿意按预期服药。具体的评估标准如下：①应用评估中收集的患者具体数据来判断患者所有的用药是否有合适的指征；②是否需要其他的药物治疗（目前未使用的）；③所采取的药物治疗是否是目前最有效的；④用药剂量是否合适，能否达到治疗目标；⑤目前的药物治疗是否会引起不良反应；⑥是否剂量过大，并有可能引起毒性反应；⑦根据患者行为，判断所采取的所有药物治疗能否达到既定的治疗目标。如果患者的药物相关需求没有被满足，那么药物治疗问题将会继续存在。

3. **评估患者的药物治疗是否有合适指征** 在药学监护实践中，药师需要去判断当前用药是否有临床指征，是否适合患者。药师首先要将临床指征、药物、给药方案和治疗结果联系起来。它们是患者用药的最基本的数据信息。如果所采取的药物治疗没有明确的临床指征，那么这项药物治疗是根本不需要的。如果一些治疗指征目前还无法采用，那么患者就需要其他的药物治疗。在进行药物治疗讨论时，药师要不断地问自己“患者的问题是否是由药物治疗引起？患者的问题能否通过药物治疗来解决？”。有合适的临床指征对于药物治疗是至关重要的。如果药师不能识别是否有临床指征，那么为患者的药物治疗提供合理的、个体化的、有价值的建议几乎是不可能的。无论是患者服用非处方药进行自我药疗，还是医生开具处方进行药物治疗，药师都需要准确判断所采取的药物治疗是否有合适的指征。如果有合适的用药指征，那么接下来

笔记

就要评估患者用药的安全性、有效性、经济性及依从性。

4. 评估药物治疗的安全性、有效性、经济性和依从性 当进行药物治疗时，其结果主要表现为是否安全、有效、经济和依从。药师的责任是管理患者的药物治疗并达到预期的治疗目标。药师有责任对药物治疗的合理性（安全性、有效性、经济性及依从性）进行评估，并做出临床评断。

（1）评估药物治疗的有效性：如果能够达到预期的治疗目标，则药物治疗是有效的。有效性的确认是通过评估患者的反应，并与每个适应证所期望的治疗目标相比较。为了评估有效性，必须建立治疗目标。通过比较期望的治疗目标与患者实际状况，从而评断药物治疗是否有效。如果治疗无效，药师应考虑到两个最常见的原因：选错药或给药剂量太低。

（2）评估药物治疗的安全性：药物本身及不合理的给药方案均可引起不良反应。对“不良反应是服用药物造成的吗？不良反应是否具有剂量依赖性？”等安全性问题，药师必须做出正确的判断。如果患者的药物治疗与剂量有关，则药师应告诉患者可继续使用该药品，但要注意减少剂量或给药次数。对于与剂量无关的不良反应，可通过更换其他药物来解决。药物治疗的安全性可通过评估临床参数（症状与体征）或检验数据予以确定。

（3）评估药物治疗的经济性：药物治疗的过程也是使有限的医药资源得到最有效利用的决策过程。药物治疗可以有多个方案，药师要根据患者的意愿和经济状况，采用合适的药物经济学分析方法，计算出多个治疗方案的成本，考虑哪一个方案可为患者带来最大收益，进而为患者选出最佳治疗方案。

药物治疗的经济学评估包括六个步骤：①确定目标；②列出可能达到目标的不同方法；③确定每一治疗方案的成本；④确定每一治疗方案的收益；⑤计算和解读每个治疗方案的成本效果；⑥对结论进行敏感性分析。

（4）评估患者的依从性：在药学监护实践中，依从性差是指患者不能或不愿去执行一个合适的、安全的、有效的治疗方案。患者往往基于个人原因做出是否服药的决定。药师的职责是找到原因，帮助患者获得用药经验，改变他们的行为，提高患者用药依从性。

知识拓展

药物经济学分析方法

1. 最低成本分析法（cost-minimization analysis，CMA） 计算疗效相同的两种或多种治疗方案的成本，找出最低成本的方案。

2. 成本效果分析（cost-effectiveness analysis，CEA） 同时计算多个方案的成本和收益，找出每成本单位能带来最大收益的方案，这里的收益是用疗效来衡量的。

3. 成本效用分析（cost-utility analysis，CUA） 以定性和定量方式来衡量干预效果，如患者生命质量的改善，常用质量调整生命年（quality-adjusted life year，QALYs）表示。

4. 成本效益分析（cost-benefit analysis，CBA） 将健康获益转换为货币的价值，使成本和收益可以用同一个单位进行衡量，然后比较一项干预措施的成本和收益。

5. 确认是否存在药物治疗问题 药物治疗问题（drug therapy problems）是指不希望发生在接受或可能接受药物治疗患者身上的、需要专业判断来解决的事件或风险，它能阻碍或延缓患者达到预期的治疗目标。在药学监护实践中，药师将已存在或潜在的药物治疗问题制成表 5-3，逐一判断患者是否存在这些问题，并通过评估所收集的患者、疾病和药物治疗信息，进行药物治疗决策（pharmacotherapy workup）加以解决。

笔记

表 5-3 药物治疗问题列表

	涉及的疾病状况与药物治疗	适应证
药物治疗问题		**不必要的药物治疗** —不具备临床适应证 —重复治疗 —非药物治疗指示 —治疗可避免的不良反应 —成瘾的 / 娱乐的 **需要其他药物治疗** —未治疗的疾病 —预防药 / 避孕药 —协同增效
	涉及的疾病状况与药物治疗	有效性
		需要不同的药品 —可获得更有效的药品 —难治疗的 —剂型不适当 —对疾病无效 **剂量太低** —剂量错误 —频次不适当 —药物相互作用 —疗程的长短不适当
	涉及的疾病状况与药物治疗	安全性
		药物不良反应 —不期望的效应 —对患者不安全的药物 —药物相互作用 —给药剂量或剂量改变太快 —过敏反应 —存在禁忌证 **剂量太高** —错误的剂量 —频次不适当 —疗程的长短不适当 —药物相互作用 —用药方法不正确
	涉及的疾病状况与药物治疗	依从性
		依从性差 —不了解指征 —患者不愿服药 —患者忘记服药 —药品太贵 —无法吞服 / 使用 —无法获得药品

笔记

知识拓展

Pharmacotherapy Workup

Pharmacotherapy workup 是在药学监护实践中用于识别、解决和防范药物治疗问题，建立治疗目标，选择干预措施，评价治疗结果的合理决策过程。它是对药师为患者实施药学监护服务期间发生的思考、假设、决策及患者问题认知的一种描述。

判断患者是否存在药物治疗问题，需要首先评估4个问题：①患者是否正在接受药物治疗，患者的药物治疗是否有临床指征？②这些药物治疗对患者都有效吗？③这些药物治疗都安全吗？④患者能够且愿意接受即将采取的药物治疗吗？

药师应在综合分析患者、疾病、药物、临床检查结果及治疗方案的基础上，判断患者的药物治疗是否存在以下问题：①无指征用药；②患者存在药物治疗的适应证，但没有合适药物或未使用相应药物；③所选择的药物不适当，药物对患者无效或有毒副作用；④给药剂量、给药剂型、给药途径、给药疗程及给药用法不合适；⑤存在重复治疗；⑥对有过敏史的患者使用了可能引起过敏的药物；⑦存在已发生的或潜在的药品不良反应；⑧存在已发生的或潜在的不良药物相互作用；⑨存在药物滥用现象；⑩药物治疗的目标没有充分实现；⑪经济因素影响药物治疗；⑫患者对药物治疗缺乏了解；⑬患者对药物治疗的依从性差。

药师应找出引起这些药物治疗问题的原因，并找到最佳解决方案。

药物治疗问题可以发生在患者用药的任何一个环节，识别药物治疗问题需要药师进行专业的判断，了解患者、疾病、药物、沟通技巧及系统的患者监护程序。对于药学监护实践来说，药师的工作经验和患者对问题的认知是进行治疗评估和决策的源泉。

需要指出的是，当药师对患者进行评估时，必须充分考虑所有可能使患者出现药物治疗问题的患者因素及药物因素。药学监护初始，药师就需要与患者、医师、护理人员、患者家属及医疗团队其他成员进行有效沟通和交流，与治疗组其他成员讨论，回顾患者的用药情况及临床记录，搜集、整理和分析相关资料。

6. **记录评估** 记录每一次访问及与每位患者的会谈是药师实施药学监护的最基本要求。药师的行为、干预、建议、警告及药物治疗要切实影响患者。药师有义务第一时间把对患者实施的监护和评估结果记录下来。记录形式可以采用手写的纸质文档，也可以采用计算机记录系统。计算机记录系统在一名药师同时监护多个患者，工作比较忙碌时具有更好的实用性。记录内容一定要做到准确、全面、无遗漏。评估记录的核心包括患者当前的临床状况（适应证、药物、给药方案、疗程、疗效和副作用）和实施的药物治疗（安全性、有效性、经济性和依从性）。所有与药学监护相关的信息和结果，包括正面的结果、负面的结果、患者自诉、治疗史、用药史、药物治疗方案、存在的药物治疗问题等均需记录下来。

（二）制订监护计划

如果一些患者经过评估并未发现问题，或因资源十分有限而无法满足特殊患者的需求时，可不制订监护计划（care plan）。如果经过评估确定患者存在药物治疗问题，药师应记录发现的药物治疗问题并告知患者及医疗团队，即便不能跟踪随访，也应基于人道、医疗和职业责任，向患者提出建议。制订监护计划的目的是使药师与患者及其他医疗保健人员一起讨论确定药物治疗方案以及完成它需要做的所有工作，解决发现的药物治疗问题，预防潜在的药物治疗问题，达到既定的治疗目标。常见药学监护计划表见表5-4。

笔记

表 5-4 药学监护计划表

<table>
<tr><td colspan="3">药学监护计划</td></tr>
<tr><td colspan="3">适应证（对于现在疾病或医疗状态的描述与历史回顾，包含以前的治疗方法及反应）</td></tr>
<tr><td colspan="3"></td></tr>
<tr><td colspan="3">治疗目标（症状/体征/实验结果的改善或恢复正常，或是风险的降低）</td></tr>
<tr><td colspan="3">1.</td></tr>
<tr><td colspan="3">2.</td></tr>
<tr><td colspan="3">需解决的药物治疗问题</td></tr>
<tr><td colspan="3">无</td></tr>
<tr><td colspan="3">替代治疗（解决药物治疗问题）</td></tr>
<tr><td colspan="3">1.</td></tr>
<tr><td colspan="3">2.</td></tr>
<tr><td colspan="3">药物治疗计划（包含现在的药物治疗及变化）</td></tr>
<tr><td>药物治疗（药物）</td><td>用量用法（剂量、途径、频次、疗程）</td><td>备注</td></tr>
<tr><td></td><td></td><td></td></tr>
<tr><td></td><td></td><td></td></tr>
<tr><td colspan="3">其他优化药物治疗的干预措施：</td></tr>
<tr><td colspan="3">下次随访评估的时间：</td></tr>
</table>

1. **排列药物治疗问题的优先顺序** 确认药物治疗问题后，汇总问题列表，将患者的药物治疗问题按轻重缓急排序，确定优先次序。

病例 1：马××，男，52 岁，经诊断患有高脂血症，去年医生建议他控制饮食并进行生活方式干预治疗。他有高血压和房颤病史，最近血压为 140/85mmHg，脉搏为 40 次/分，总胆固醇为 8.4mmol/L。患者主诉感觉疲劳并且体重增加。

目前治疗药物如下：

胺碘酮 200μg，每天早晨服用；苄氟噻嗪 10mg，每天早晨服用。

对患者的药物治疗问题进行分类，并进行描述，评估其严重性（表 5-5）。该病例应先判断患者的甲状腺功能是否低下，然后加以治疗。此外，采用华法林进行治疗可以降低患者较高的心血管风险。患者血脂较高的状况，相对苄氟噻嗪剂量减量的处理则优先级别较低，可在甲状腺功能失调的问题解决后再考虑，因为后者对血脂成分和总脂有显著影响。

2. **确立预期治疗目标** 监护计划实施过程中的第一步，也是最重要的一步是为患者建立治疗目标（goals of therapy）。它对于确保患者在药物治疗中获得最大收益是很重要的。治疗目标用来描述未来的期望终点，指导着后续的决定、行动、干预措施和患者教育。因此，治疗目标必须被明确阐述，并与患者的偏好和期望一致，符合临床实际，并能在既定的时间框架内实现。尤其重要的是，患者必须理解所制订的治疗目标，药师与患者就所期望的治疗目标和时间框架达成一致意见。

为了优化每位患者的药物治疗经验，必须建立患者具体的治疗目标，并记录在患者的个人

笔记

表 5-5　患者的药物治疗问题

药物治疗问题种类	描述	严重性
1. 正过量使用正确的药物——潜在问题	使用大剂量噻嗪类药物可导致高血脂——建议减量服药，向患者提供咨询服务及血压监测	低
2. 发生药品不良反应——潜在问题	胺碘酮可使患者出现甲状腺功能减退症——建议测量三碘甲腺原氨酸（T_3）、甲状腺素（T_4）和促甲状腺素（TSH）水平	高
3. 需要但未获得药物治疗——实际问题	患者患有房颤并且存在心血管高风险——建议使用他汀类药物使胆固醇降至 5mmol/L 或以下	高
4. 需要但未获得药物治疗——实际问题	华法林适用于治疗房颤——进行起始治疗，咨询并监测凝血酶原国际标准化比值（INR）	中

监护计划中。药物治疗的具体目标包括：①治愈疾病；②减轻或消除症状与体征；③缓解或终止疾病的进程；④预防疾病；⑤检测指标恢复正常；⑥有助于诊断。值得注意的是，大多数的药物治疗是用目前药物无法治愈的慢性病，如高血压、糖尿病、关节炎、高血脂等。这些疾病的治疗目标主要是减少或消除患者的症状或体征，使检验结果恢复正常，以及减缓疾病进程。

药物治疗目标对于患者及药师来说是现实的、可观察的、可检测的和可描述的。药师应确立“以患者为中心”的治疗目标，并注意该治疗目标：①以药物治疗所对应的适应证为基础；②可用观察到的或检测到的临床或实验室参数来评估药物治疗的有效性与安全性；③应由药师与患者及其他医疗保健人员协商制订；④实际上与患者的表现及潜能有关；⑤包含完成目标的时间框架。

药师应针对患者出现的每个药物治疗问题所要达到的治疗目标做书面陈述，并且这份书面陈述应得到患者和医疗团队的认可。这些治疗目标应明确在限定时间范围内达到何种可测量的结果。

3. 制订干预措施，进行治疗干预　为了解决药物治疗问题，实现治疗目标以及防止出现新的治疗问题，药师常采取一些干预（interventions）措施，如采用新的药物治疗方案、调整（增加或减少）给药剂量和（或）给药间隔、更换药物、终止药物治疗、采用替代方案及对患者进行个体化用药教育和用药指导等，以确保药物治疗的安全性、有效性、经济性和依从性。

药师根据发现的药物治疗问题，列出解决问题的各项措施，进行治疗干预。进行干预时需注意：①每项干预要考虑到患者状况、用药需求以及药物治疗问题，并做到个体化；②所有解决药物治疗问题的备选方案都应考虑到，并选择最好的；③药师应与患者及其家属、医生、护士等医疗团队成员合作共同制订干预措施；④所有的干预都应被记录在案；⑤根据前述排列的药物治疗问题优先次序，依次采取相应的干预措施。

在决定采取最适宜的治疗措施前，很重要的一点是药师应确认患者对这些措施的可接受性。若同时存在多种治疗措施，药师则必须给患者足够的信息让其决定最终选择。

4. 制订监测策略　应制订监测策略，以确定药物治疗进展。此策略应经患者和医疗团队的同意，定期监测药物治疗的安全性、有效性、经济性和依从性，确定一个时间段，以便进一步评估治疗效果。

5. 记录监护计划　药师需要将药物治疗问题、治疗目标、建议的治疗方案和方法用患者和医护人员能够理解的形式记录下来，组成了记录性的监护计划（care plan）。监护计划必须记录在档。良好的记录有助于保持药学监护的连续性并有利于临床核查。根据患者疾病状况不同，同一患者可能有几份监护计划。

监护计划表包含适应证、治疗目标、治疗方案（可包含多种替代方案）、治疗药物、用法用量（给药剂量、给药途径、给药次数、给药疗程）、存在的药物治疗问题、用药干预（用药建议、用药教育、健康训练、饮食调理、给药装置或药物监测设施的使用说明）、下一次随访评估的时间安

笔记

排等。任何对患者治疗有益的特殊用法用量也应记录在监护计划内。如果现在实施的药物治疗方案是以前治疗方案的修订，相关变动也需标注在监护计划中。为保证患者监护计划是持续更新且包含接受的所有药物治疗措施（处方药、非处方药、保健食品、维生素、中草药等），涉及治疗药物、治疗方案、用法用量等任何变化均应记录在案。

（三）实施药学监护计划

药师根据患者评估结果及所制订的药学监护计划安排，在征得患者同意后，与医疗团队其他成员一起合作，对患者实施全面、系统和个性化的药学监护。监护过程中对随时可能出现的药物治疗问题进行鉴别和评估，采取相应的干预措施，及时解决相关问题，并对药物治疗的安全性、有效性、经济性和依从性进行重点监护。

病例 2：丁××，女，45 岁，近期经短效支气管扩张剂进行舒张试验后诊断为哮喘。患者有骨关节炎和高血压病史，近期血压为 170/110mmHg。该患者每天吸 30 支烟，是中重度饮酒者并且缺乏运动。曾早晨服用苄氟噻嗪 2.5mg 治疗高血压但效果较差。目前治疗药物如下：

对乙酰氨基酚 500mg，每日两次，必要时服 2 片增至每天 8 片；

普萘洛尔 40mg，每日 3 次；

沙丁胺醇（定量吸入器，MDI）2 吸，必要时用，可重复；

布地奈德（都保）（干粉吸入器）200μg，每日两次。

在药学监护计划（表 5-6）完成后，药师应将记录完整的药学监护记录拿给患者和医疗团队审阅，在征得他们同意后，每个人都应该在记录文件上签名，这是整体医疗质量管理系统的一部分，有助于临床进行核查。

表 5-6 药学监护计划

药物治疗问题	优先级别	治疗目标	治疗建议
1. 普萘洛尔潜在的药品不良反应	高	避免出现 ADR，立即恢复正常肺功能	停用普萘洛尔
2. 高血压的药物治疗无效	高	血压目标为 140/85mmHg	与患者讨论降压治疗的方法；改变生活方式以降低血压，如少喝酒、肥胖者应减肥、减少食盐摄入及定期锻炼身体；戒烟可进一步降低患者心血管疾病危险性
3. 也许并无哮喘治疗指征	高	立即恢复正常肺功能，停用不必要的治疗措施	停用普奈洛尔后测量呼气流速峰值（PEFR），用 β 受体激动剂测定舒张试验
4. 药物装置使用不当，未充分吸收处方药物	中	提高吸入剂使用技巧，促进有效治疗——停用 β 受体拮抗药及哮喘确诊后进行	MDI 与都保的使用技巧不同。若患者会使用 MDI，可将吸入剂换为 MDI 装置

（四）随访评估，监测治疗效果和修订监护计划

1. 随访评估 药学监护计划制订的各项干预措施对患者的治疗既可能产生正面影响，也可能产生负面影响，或者根本没有产生影响。只有进行系统的随访评估，药师才能知道所提供的药物治疗、药学信息及药学干预是否满足了患者的治疗需求，是否达到了预期的治疗目标，并使药师获得药物治疗的经验或教训。随访评估（follow-up evaluations）是药学监护的一个重要环节，它观察、评估、确定和记录药物治疗结果，提供药物治疗的安全性和有效性证据，有利于药师和患者获得药物治疗新知识和新经验，进一步强化了药师对患者的承诺，巩固了治疗关系，彰显了药师与患者一起进行药物治疗，共同努力，实现治疗目标的意愿。随访评估是药学监护过程中必不可少的、重要的一步。“如果你不进行随访，那你就没有进行监护”。因此，药师非常

笔记

有必要拟定一个精确的时间表和全面的计划对患者药物治疗的安全性、有效性、经济性和依从性进行随访评估(表5-7)。

随访评估的内容包括:①记录患者的药物治疗结果和采取的干预措施;②评估预期治疗目标是否实现;③评估药物治疗的有效性,收集相关信息,确认患者临床症状、体征是否恢复或改善;④评估药物治疗的安全性,收集药物副作用或不良反应等相关信息,确认患者是否出现药品不良反应或毒性反应;⑤评估患者的用药依从性及其对治疗的影响;⑥判断是否有新的药物治疗问题出现;⑦如果需要,进行监护计划的修订;⑧记录监护计划的修订内容;⑨制订对患者进行下一次随访评估的时间表和计划,进行持续监护,不断提高药物治疗水平。

随访评估计划应明确三个基本问题:①随访评估何时开始?②如何确定治疗是有效的?③如果产生负面结果(如出现安全性问题),该如何处理?

在随访计划中,必须确定药师、患者及治疗团队会面的适宜时间。在会谈中,药学干预和药物治疗的进程、药品更换、剂量调整、药学信息、给予患者的建议等应该被评估和明确。同时,药师根据患者的疾病状况、当前药物治疗效果、整体健康状况、患者管理自身健康的能力等确定下一次随访的最佳时机。

表5-7 药学监护随访评估表

<table>
<tr><td colspan="5">评估</td></tr>
<tr><td colspan="5">医疗状态:</td></tr>
<tr><td colspan="2">结果参数</td><td>预治疗
(日期)</td><td>第一次随访
(日期)</td><td>第二次随访
(日期)</td></tr>
<tr><td rowspan="4">疗效</td><td>症状/体征</td><td></td><td></td><td></td></tr>
<tr><td>症状/体征</td><td></td><td></td><td></td></tr>
<tr><td>实验室结果</td><td></td><td></td><td></td></tr>
<tr><td>实验室结果</td><td></td><td></td><td></td></tr>
<tr><td rowspan="5">安全性</td><td>征兆/症状</td><td></td><td></td><td></td></tr>
<tr><td>征兆/症状</td><td></td><td></td><td></td></tr>
<tr><td>实验数值</td><td></td><td></td><td></td></tr>
<tr><td>实验数值</td><td></td><td></td><td></td></tr>
<tr><td>其他</td><td></td><td></td><td></td></tr>
<tr><td>现状</td><td>现状
最初:建立目标,开始新的治疗
解决:达成目标,完成治疗
稳定:达成目标,继续相同治疗
改善:有足够的进展,继续相同治疗
部分改善:有进展,需要调整治疗
无改善:还无进展,继续相同治疗
恶化:健康下降,调整治疗
失败:没有达成目标,中断目前治疗,采用治疗替代方案</td><td></td><td></td><td></td></tr>
<tr><td></td><td colspan="2">识别新的药物治疗问题</td><td>☐无
☐记录</td><td>☐无
☐记录</td></tr>
<tr><td>日期</td><td colspan="2">下一次随访时间</td><td colspan="2">备注</td></tr>
<tr><td></td><td colspan="2"></td><td colspan="2"></td></tr>
<tr><td colspan="5">签名: 日期:</td></tr>
</table>

笔记

2. **监测药物治疗结果**

(1) 监测内容：通过随访评估，药师监测并确定患者药物治疗的有效性、安全性、经济性和依从性。监测内容主要包括：①观察或监测患者药物治疗后的正向结果(有效性)；②观察或监测患者药物治疗后引起的任何不良反应(安全性)；③监测患者用药剂量和用药方法是否正确，考察其有没有按要求用药(依从性)；④通过观察患者当前状态，判断药物治疗的结果(治愈、稳定、改善、部分改善、未改善、恶化、失败和死亡)；⑤监测并确定患者是否又发生新的药物治疗问题或疾病。

(2) 治疗结果的衡量：过去，患者常以自身感受及对医师、药师、护士或其他医务人员的个人满意度来衡量自己的医疗保健和治疗结果。但是，现在对保健的满意度将基于患者总体健康质量，并依据精确的、可度量的健康质量标准(由权威机构和组织所认定)来衡量。可度量的干预措施和结果，如不良反应的发生率、完成治疗的天数(疗程)和疾病或症状的治愈率等，正在代替传统的个人满意度衡量患者总体治疗结果和保健质量。

3. **修订药学监护计划** 不是所有的药学监护计划都是完美无缺的。监护计划应在患者的药物治疗实践过程进行不断的完善和提高。药师应将实际疗效与治疗目标相比较，判断是否解决了患者的药物治疗问题，达到了预期治疗目标。若未达到治疗目标，则应重新评估监护计划。患者的实际治疗结果应该是当时能达到的最好治疗结果，否则就需要设计替代计划，选择合适的替代治疗方案。当解决了原有药物治疗问题后又有新的需要解决的药物治疗问题出现时，监护计划也需要进行相应调整。

总之，药学监护是具有前瞻性的、以患者为中心的服务，注重发现、解决和预防出现药物治疗问题。要达到这一目标，需要遵守以下四步组成的患者监护流程：评估患者对药物治疗的需求；根据这些需求制订监护计划；执行此监护计划；评估和修改监护计划。药师要有广博的知识和扎实的专业技能才能完成药学监护计划，并需要一套组织体系以协助其执行。该体系需提供转诊(referral)服务，帮助在某一级医疗机构不能得到很好治疗的患者转诊到不同的机构，使患者能得到最佳的药学监护服务。这不仅使患者从适宜的药物治疗中受益，也有益于他们的家庭以及他们赖以生活和工作的社会。

第三节 药学监护的干预

一、药学监护的干预措施

在药学监护过程中，为解决已出现的药物治疗问题，防止出现新的药物治疗问题，实现既定治疗目标，药师常采取一些干预措施，提高疾病的治疗效果。药学监护的干预措施主要包括以下几个方面：

1. **通过干预解决药物治疗问题** 在实施药学监护计划过程中，药师首先考虑的是解决已确定的药物治疗问题。因为它牵扯到治疗目标能否实现，以及患者用药需求能否得到满足。药师常需要根据患者存在的药物治疗问题采取相应的干预措施。主要干预措施包括：修订给药方案、启用新的治疗方案、更换药物、调整给药剂量和(或)给药间隔、终止药物治疗，对患者进行用药教育和用药指导，建议患者向其他医学或药学专家咨询，或转诊给其他能解决患者健康问题的专业医疗保健人员等。每项干预都应权衡患者的风险和收益，同时考虑药物治疗的安全性、有效性、经济性和依从性。在一些合适的干预措施被用于解决患者的药物治疗问题后，另外对一些备用的干预措施和个体化治疗方案，如果有必要也可以采用，以便进一步优化患者的药物治疗。

2. **通过干预防止出现新的药物治疗问题** 每项药学监护计划都需要防止可能出现的新的

药物治疗问题。如果这些治疗问题会给患者带来比较大的风险，那么就需要根据患者实际情况，采取一些防范措施进行干预。在药学实践过程中，药师通过设计个体化给药方案、开展患者用药教育来避免出现一些本可以防范的毒副作用或药物治疗风险。预防药物治疗问题进一步发展的措施包括启用新的药物治疗、采用辅助或替代疗法、应用疫苗、实施教育计划、向医生提出建议等。由于预防性干预对患者治疗结果的影响往往不是立竿见影，加之进行预防性干预本身要花费一定费用，因此患者对此常不够重视。药师有必要纠正患者的认识，以免影响药物治疗。

3. 通过干预实现治疗目标 制订治疗目标的目的主要是为药师和患者的各项治疗活动指明方向。为实现治疗目标，采取的干预措施包括给患者制订新的给药方案、调整药物治疗、患者教育，转诊患者给其他专家，指导患者正确使用处方药和非处方药，为患者提供合适的药物剂型，指导患者依从性用药、合理使用中草药或保健食品、进行饮食控制等。通过随访评估，评价药物治疗效果，监测并确定药物治疗的有效性、安全性、经济性和依从性，修订给药方案和监护计划。此外，还要注意患者接受药物治疗的意愿和能力、患者用药的依从性等均影响药物治疗目标的实现。因此，药师应注意积极与患者进行沟通交流，对其进行专业的、个性化的用药教育和指导，提高患者用药依从性，从而有助于治疗目标早日实现。

4. 推荐替代治疗方案 医师在疾病治疗时往往为患者准备几套治疗方案，并通过权衡，选择出最适合于患者的方案。药学监护要求药师对药物治疗的结果负责，那么当初始治疗方案没有产生预期效果时，药师就要充分利用自己掌握的药物治疗知识和循证信息，向医护人员和患者提供药学信息服务和用药咨询，根据患者实际情况准备几种可行的、对患者有益的替代药物治疗方案，通过比较和权衡其安全性、有效性、经济性和依从性，将最佳方案推荐给医师和患者，并对患者进行个体化监护。药师除向医师推荐针对某一特定患者的最适药物治疗外，还包括对患者使用非处方药物自我药疗进行指导。

二、药学监护干预结果的记录

药师必须对药物治疗的干预措施及其结果进行记录。这些记录可以说明药学监护干预效果。当患者的药物治疗问题已被解决或已完成干预措施，应收集特定患者或人群（如高血压、糖尿病、哮喘）的资料，并记录干预结果，以便对同类患者（年龄、性别、疾病状况）和同类药物的治疗结果进行分析。

药学监护干预结果的记录包括：

1. 干预措施记录 药师必须在患者的监护计划中正确地记录所实施的干预措施。

2. 书面会诊记录 送交正式的书面会诊意见是药师的常规工作，就如医师常常收到营养师、理疗师、心理医师和其他科室医师的书面会诊意见一样。书面会诊可给医师提供药物治疗方案及药物治疗问题的处理意见。例如，若患者对治疗无效或对某一药物有不良反应，药师的书面会诊应提供医师对这些治疗不当的处理意见和建议。

3. 监护结果记录 给某患者提供特定的干预措施，要确定其结果，须提供所需的原始资料。这些资料有助于医师、其他医务人员及保险公司知道药师提供特定干预措施的结果。

4. 治疗进展记录 记录治疗进展可确保监护的持续性和揭示药物治疗干预措施的结果。药物治疗进展记录了药师提供的各类建议和干预措施，是患者保健资料额外的、有价值的组成部分，是重要的医疗法律文件，在医疗赔偿中具有重要参考价值。

对于新患者，记录的第一部分应包括患者病史、主诉、家族史以及提供病史者及其与患者的关系。接下来记录存在的问题、干预措施和目前进展。干预记录的最新内容应记录在患者病历、药历或监护计划的最前面。治疗进展可在SOAP格式中记录，包括干预措施的结果、问题、所有处方与非处方及营养品记录，以及所有的书面会诊和药师与患者、医师等医务人员交流函件的复印件。

笔记

三、提高药学监护水平

（一）不断提高药师的专业知识和技能

随着人们对药品不良反应/事件、药源性疾病、药害事件了解的增加，对药学监护的需求和要求均不断增加。事实上，许多药师正在从事药学监护的一些基本工作，可能不同单位开展药学监护的内容、质量和水平有差异，有的不够系统和全面，但这些开创性的监护工作却可以促使药师转变工作职能，为患者提供直接的、负责任的药物治疗服务，提高患者的生活质量和健康水平，同时也提高了药师的工作责任心和药学服务质量。

实施药学监护并不容易，需要药师有责任心和进取心，要不断地努力，提高自己药学监护、药物治疗方面的理论知识、专业技能和职业道德素质，不断地迎接挑战，善于发现、解决和预防已存在的或潜在的药物治疗问题，持续地提高药学监护水平。

（二）药师与医护人员、患者团结合作

当代疾病治疗特别是药物治疗的复杂性，已引起政府、卫生组织、保险公司和患者对医疗保健质量的极大关注。患者需要全面系统的医疗保健或以患者为中心的医疗保健，期望得到确切的、更好、更全面的治疗结果。

药学监护作为一个需要相互合作的医疗活动，不能与药物治疗相关的其他角色脱离。药师实施药学监护必须获得参与疾病治疗的各科医师、护士、患者以及其他医疗保健人员的理解、支持、合作和帮助。实施药学监护的经验证明，药师和医师的合作比单一的药师和单一的医师能够做出更好的药物治疗决策，更有利于提高药物治疗的质量和水平。药师与医师合作概念的提出涵盖了药学监护的核心内容。药学监护有赖于药师与医师等其他医务人员之间建立良好的团队关系。

药师与医护人员、患者建立良好的合作关系，需要在以下方面做出努力：

1. **与医护人员进行沟通交流** 当药师评估药物治疗问题时，需与医师、护士及其他医务人员进行积极的沟通和交流。交流过程中，药师应自信、果断、有良好的表达能力，始终以患者为中心。药学监护要求药师应学习医师语言，让医师能听得懂自己的表述，提高与医师的交流能力。药师用医师能理解的方式交流，将最终赢得医师的承认和尊重，从而有助于医师和药师达到共同的目标——使患者获得最佳的治疗效果。

2. **与患者进行沟通交流** 药师为患者提供药学监护时，必须征得患者同意。药师应保证尽其所能地确保患者获得最佳的药物治疗。药师与患者的这种治疗关系，也应建立在与其他医务人员的合作基础之上，患者是这些关系的中心。药学监护要求药师应代表患者的利益，一切以患者为中心，去发现和解决患者的药物治疗问题。药师要与患者建立合作关系，与患者进行积极的、及时的沟通交流，充满关爱，具有同情心，善于观察和倾听，多运用反馈、科普语言、肢体语言等沟通交流技巧，为患者提供优质的药学监护服务。

（三）提高患者依从性

患者常存在不按医嘱服药，用药依从性差的问题。药师有责任和义务为每个患者建立药学监护计划，及时发现、解决和预防患者存在的药物治疗问题，对患者进行正确的、耐心细致的用药指导，提高患者治疗的依从性。

药师和患者间的信任关系是确保患者依从用药的关键。建立良好的治疗关系需要时间和双方的共同努力，即使患者步出病房或药房时也不应该停止这种努力。药学监护的持续和持续的药学监护，表明药师在不间断地关心患者健康，是增强药师和患者关系的重要部分。获得患者信任和创建让患者满意的环境，有利于实施药学监护。

笔记

实训项目五 药学监护模拟实训

【实训目的】

1. 通过药学监护模拟实训，使学生学以致用，掌握药学监护的基本知识、基本技能和核心理念，培养学生独立发现、分析和解决已存在的或潜在的药物治疗问题的能力。

2. 使学生熟悉药学监护的基本模式、基本流程及主要内容，熟悉药学监护记录的书写。

3. 使学生了解实施药学监护的目的、意义及基本要求。

【实训条件】 准备一间教室作为模拟病房或药学监护室，提供一名模拟患者和一份模拟病例。

【实训要求】

1. 按照药学监护的要求，提供一例辛伐他汀联用罗红霉素致横纹肌溶解患者的药学监护模拟病例，组织学生与模拟患者沟通并对模拟病例进行讨论和评估，提出监护意见。

2. 通过实训使学生掌握药学监护的基本工作流程及监护记录的书写；熟悉药学监护的主要内容及注意事项；了解药学监护的基本要求。

3. 带教老师应是临床药学专业教师或临床药师，熟悉药学监护基本流程，有良好的组织协调能力，不仅要维持讨论秩序，控制讨论进程，还要总结学生的讨论意见。

【实训准备】

1. 药学监护的组织由带教老师主持，参与实训的学生分别扮演医疗团队的临床药师、患者、医师和护士等，必要时可进行角色轮换。

2. 药学监护前准备 ①根据教学计划，带教老师编写一个病例，提出讨论的问题并提供给学生，给学生一定时间自学和查阅相关资料；②对模拟患者进行培训；③准备教学病例的相关资料，如就诊卡、病历卡、化验单等，有条件的学校还可准备必要的道具，如听诊器、血压计等；④药学监护模拟实训前一周进行学生角色安排，让学生查阅相关文献资料，了解药学监护的工作流程、主要内容和注意事项，了解需要解决的药物治疗问题，准备好发言和提问。

3. 教学病历

(1) 病史摘要：患者，男，70 岁，因“因胸闷、气促和咳嗽 2 天”于 201× 年 × 月 × 日入院治疗。既往病史：高血压、冠心病、冠状动脉内支架植入术后、慢性支气管炎、慢性肾脏病；无药物和食物过敏史。查体：体温 37.8℃，心率 68 次 / 分，呼吸 20 次 / 分，血压 125/70mmHg，双肺呼吸音粗，可闻及少许湿啰音，心界向左下稍扩大，无杂音，律齐，双下肢无水肿。辅助检查：肝功能、心肌酶谱、血糖、血脂、电解质、血清肌钙蛋白、甲状腺功能和大小便均正常；血常规示：WBC 10.2×10^9/L，N% 75.3%；肾功能示：BUN 9.90mmol/L，Cr 180μmol/L，UA 545μmol/L。胸片示：肺部呈慢性支气管炎样改变。彩超示：左室舒张功能减退；双侧颈动脉未见明显异常。入院诊断为高血压、冠心病、冠状动脉内支架植入术后、慢性支气管炎急性发作、慢性肾脏病、心功能Ⅱ级。住院期间监测相关生化指标见表 5-8。

(2) 主要治疗经过：入院前患者一直坚持服用硝苯地平控释片、阿司匹林肠溶片、硫酸氢氯吡格雷片和辛伐他汀片等药物治疗，未出现任何不适。入院后考虑到患者慢性支气管炎急性发作，加用罗红霉素胶囊抗感染治疗。入院第 4 日患者诉四肢有酸痛感，伴乏力，小便颜色呈褐色，量正常，查肝肾功能较入院明显恶化，肌酶亦明显升高，考虑辛伐他汀引起横纹肌溶解症，立即停用辛伐他汀和罗红霉素，同时静脉滴注碳酸氢钠，口服甘草酸二铵肠溶胶囊，嘱咐患者多饮水。入院第 8 日患者诉四肢酸痛好转，肝肾功能和肌酶均好转，尿液呈淡褐色，尿量正常。入院第 12 日复查肝肾功能和肌酶正常，尿液颜色正常，尿量正常，嘱改辛伐他汀片为瑞舒伐他汀继续调脂治疗，停用甘草酸二铵肠溶胶囊。住院期间主要治疗药物的用法用量和起止时间见表 5-9。

笔记

表 5-8 血常规、肝肾功能和肌酸激酶等指标

日期（date）	BUN（mmol/L）（1.7～8.3）	Cr（μmol/L）（44～115）	UA（μmol/L）（140～416）	ALT（U/L）（0～40）	AST（U/L）（8～40）	CK（U/L）（30～200）	CK-MB（U/L）（0～25）	Mb（μg/L）（20～80）	LDH（IU/L）（135～215）	HBDH（U/L）（90～220）
入院第 1 日	9.9	180	545	18	25	144	13.36	25	169	150
入院第 4 日	12.05	250	670	190	220	4720	95.00	840	2100	2300
入院第 8 日	10.5	150	590	76	60	910	40.60	115	880	764
入院第 12 日	9.1	145	487	20	22	165	20.20	63	198	151

注：( ) 内标示正常值

表 5-9 主要治疗药物的用法用量和起止日期

药物	用法用量	起止日期
阿司匹林	100mg p.o q.d	入院前～出院后
氯吡格雷	75mg p.o q.d	入院前～出院后
硝苯地平	30mg p.o q.d	入院前～出院后
辛伐他汀	20mg p.o q.n	入院前～入院第 4 日
罗红霉素	0.15g p.o b.i.d	入院第 1～4 日
5% 碳酸氢钠	250ml i.v.gtt q.d	入院第 4～12 日
0.9% 氯化钠	1000ml i.v.gtt q.d	入院第 4～12 日
呋塞米	20mg i.v q.d	入院第 5～12 日
甘草酸二铵	150mg p.o t.i.d	入院第 4～12 日
瑞舒伐他汀	20mg p.o q.n	入院第 12 日～出院后

(3) 问题：

1) 导致患者横纹肌溶解的原因是什么？

2) 给药方案是否合理，需不需要调整给药方案？

3) 如何制订药学监护计划表？

4) 该病例的监护要点有哪些？

【实训内容】 针对模拟病例，开展药学监护模拟实训。

实训内容包括：

1. 做好实训各项准备工作，制订药学监护计划。

2. 带教老师组织学生讨论，进行模拟药学监护。

3. 带教老师进行现场点评和总结。

4. 对学生进行成绩考核。

【实训过程】

1. 做好监护准备　做好监护的各项准备工作后，5～8 名学生为一小组，组成监护小组，进行药学监护情景模拟实训。

2. 实施药学监护

(1) 带教老师先介绍药学监护的目的和意义，然后以幻灯片的形式现场阅读病历资料，介绍模拟患者的病史和主要治疗经过，内容包括简要的病史资料、用药情况及药物治疗经过和结果，提出药学监护需要解决的问题。

(2) 请模拟患者参与药学监护，让监护小组成员与其沟通交流，询问患者病情、诊治过程、用药情况和药物治疗效果，请患者回答监护小组成员（如模拟药师）提出的问题；现场让患者提出自己的治疗要求或存在的药物治疗问题，请监护小组成员给予解答。

笔记

(3) 组织学生现场讨论，结合患者病历资料、治疗经过和治疗结果，评估患者情况，判断药物治疗是否存在问题，分析患者引起横纹肌溶解的原因，判断给药方案需不需要调整，制订监护计划表，列出监护要点和干预措施，探讨进一步随访评估的内容和注意实习，鼓励学生相互提问，积极发表意见。

3. 会诊后点评和考核 ①模拟监护结束后，带教老师召集所有参与药学监护的人员，现场进行集中讲评和总结；②要求参与监护的学生将实训过程、讨论内容、意见建议等详细记录下来；③对学生进行成绩考核和评定。

实训路径示意图：

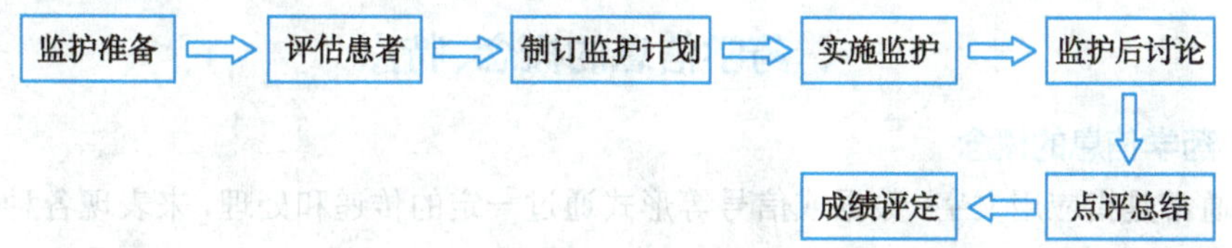

【实训考核】

1. 针对实训内容在班级组织一次汇报和答辩，各组同学在预先充分讨论的基础上推选 1 名代表发言，其他同学做补充。

2. 指导老师在汇报和答辩结束时进行点评和总结，指出各组在项目完成过程中的成功和不足之处。

3. 指导老师根据各组在实训过程中的表现，汇报、答辩和回答问题的情况等进行现场综合评分。

【思考题】

1. 实施药学监护的基本流程是什么？
2. 如何书写药学监护记录？
3. 本病例中出现患者发生横纹肌溶解的主要原因？
4. 针对本病例出现的药物治疗问题应采取哪些干预措施？
5. 本病例的监护要点有哪些？
6. 如果对本病例患者进行用药教育，其教育内容主要有哪些？

（马 国）

笔记

第六章 药学信息服务

第一节 药学信息

一、药学信息的概念、特点

（一）药学信息的概念

信息通常是指应用文字、数据或信号等形式通过一定的传递和处理，来表现各种相互联系的客观事物在运动变化中所具有特征性的内容的总称。药学信息（pharmaceutical information），也称为药物信息或药品信息（drug information），就其广义来说包括与药学学科有关的各个方面信息，如药品的研发与上市信息、药品的生产信息、药品的使用信息、药品的监督管理信息、药学的教育信息、药学各专业学科的信息，甚至也涉及大量的医学相关信息，如疾病诊疗、病理生理状态、健康保健信息等。狭义的药学信息针对药物的使用，是指为保障合理用药所需要的信息，即与用药安全、有效、经济有关的信息，其涉及内容也相对广泛，因此药学信息已经发展成为一门独立的分支学科。

（二）药学信息的特点

1. **数量激增，时效性强** 信息技术的广泛应用，使得网络型、光盘型等信息资源数量持续增长，并且拥有传统信息资源的图书、期刊、特种文献等正式出版物系统无法得到的大量信息。但同时信息资源的丰富也产生了“信息污染”，给人们选择、获取、利用信息造成了障碍。科学技术的发展，新知识、新理论、新技术层出不穷使信息的新陈代谢加速，通常用文献的“半衰期”来描述文献老化情况。国外有人统计医学文献半衰期为3年。

2. **分布集中又分散，内容交叉又重复** 现代科学技术综合交叉、彼此渗透的特点，使得文献的分布呈现出集中又分散的现象，药学除与医学、化学关系密切外还涉及生物学、生理学、工业、农业、管理科学、市场营销等学科、专业，大部分药学文章发表在少量的专业性期刊中，而另外一部分文章则刊载在大量的相关专业，甚至不相关专业的杂志中。同一内容的文献可能以不同文字发表，如一些重要的核心期刊往往被译成多种文字在不同国家出版；以不同形式出版，如很多的会议论文会后经过整理、修改发表在期刊上；随着新型载体应用，许多文献既出版印刷版，又有电子版等，而网络时代同一内容的信息会被不同网站发布。

3. **载体多样，传递快捷** 传统的印刷型文献已失去了一统天下的局面，多种载体的文献相互依存、相互补充、共同发展。新型的非印刷型文献如缩微型、机读型、视听型等，或增大了信息存储密度、延长其保存时间；或加快了信息传递与检索速度，实现了资源共享。

二、药学信息获取的途径

（一）说明书

药品说明书是由国家食品药品监督管理总局核准的具有法律效力的重要药品文书，药品说明书是药品信息最基本、最主要的来源，包含药品安全性、有效性的重要科学数据、结论和信息，用以指导合理使用药品，是临床用药的重要依据。不同药品生产企业生产的同种药品，说明书会有所不同，因此应阅读、使用药品生产企业的说明书。

笔记

（二）报纸与期刊

原始文献和数据包括报纸、期刊、药品不良反应资料、医院用药分析资料和相关医疗卫生机构的有关资料等。具有数量大、品种多、周期短和报道快等特点。主要的报纸有中国医学论坛报、健康报、中国医药报、医药经济报等。国内外期刊杂志是定期或不定期连续发行的科技出版物，在药学信息服务中起着重要的作用，见表6-1、表6-2。

表6-1　国内主要的药学期刊

杂志名称	刊期	主办单位
《中国药学杂志》	半月刊	中国药学会
《中国医院药学杂志》	半月刊	中国药学会
《中国中药杂志》	月刊	中国药学会、中国中医科学院中药研究所
《药物分析杂志》	月刊	中国药学会、中国食品药品检定研究院
《药学学报》	月刊	中国药学会、中国医学科学院药物研究所
《中国新药杂志》	半月刊	中国药学会、中国医药科技出版社
《中草药》	月刊	中国药学会、天津中药研究所
《中国新药与临床杂志》	月刊	中国药学会、上海市食品药品监督管理局科技情报研究所
《中国药理学报》	双月刊	中国药理学会、中科院上海药物研究所
《中国临床药理学与治疗学杂志》	月刊	中国药理学会、皖南医学院弋矶山医院
《药品不良反应杂志》	双月刊	中华医学会
《中国药房》	旬刊	中国医院协会
《中国医院用药评价与分析杂志》	月刊	中国医药生物技术协会、中国药房杂志社
《国际药学研究杂志》	双月刊	军事医学科学院毒物药物研究所
《中国循证医学杂志》	月刊	四川大学

表6-2　国外主要的药学期刊

杂志外文名称	杂志中文名称	国别
Annual Review of Pharmacology and Toxicology	《药理学与毒理学年评》	美国
Biochemical Pharmacology	《生化药理学》	英国
British Journal of Clinical Pharmacology	《英国临床药理学杂志》	英国
Clinical Pharmacokinetics	《临床药动学杂志》	澳大利亚
Clinical Pharmacology Therapeutics	《临床药理与治疗学》	美国
European Journal of Clinical Pharmacology	《欧洲临床药理学杂志》	德国
Journal of Clinical Pharmacology	《临床药理学杂志》	美国
Journal of Pharmacokinetics and Biopharmaceutics	《药动学与生物药剂学杂志》	美国
Journal of Pharmacology Sciences	《药物科学杂志》	美国
Journal of Pharmacy and Pharmacology	《药物与药理学杂志》	美国
Pharmacological Reviews	《药理学评论》	美国
Pharmacology & therapeutics	《药理学与治疗学》	英国
The Japanese Journal of Antibiotics	《日本抗菌素杂志》	日本
The Journal of Antibiotics	《抗生素杂志》	日本
The Journal of Practical Pharmacy	《药局》	日本
The Journal of Pharmacology and Experimental Therapeutics	《药理与实验治疗学杂志》	英国
The Pharmaceutical Journal	《药学杂志》	英国
Therapeutic Drug Monitoring	《治疗药物监测》	美国
Toxicology and Applied Pharmacology	《毒理学与应用药理学》	美国

笔记

（三）工具书和参考书籍

工具书和参考书籍在药品信息服务过程中提供的药学信息内容权威规范、系统全面，但信息的时间性较晚。可分为百科类、专著类和教科书等。

1. **参考书籍** 以下是国内外常用的参考书籍。

《中华人民共和国临床用药须知》，国家药典委员会编，中国医药科技出版社。

《新编药物学》（第17版），陈新谦，金有豫，汤光等主编，人民卫生出版社。

《中国国家处方集》（化学药品和生物制品卷），金有豫等主编，人民军医出版社。

《治疗学的药理学基础》，古德曼·吉尔曼主编，金有豫主译，人民卫生出版社。

《临床药理学》，李俊主编，人民卫生出版社。

《马丁代尔大药典》（Martindale: The Complete Drug Reference），英国药学会出版，全书分为三个部分，第一部分为医院制剂，按药物作用类别分类；第二部分为辅助药物部分，按字顺排序；第三部分为专利药物部分。书末附有厂商索引、药物临床用途索引和总索引。

《默克索引》（The Merck Index），是由美国Merck公司出版，收录了化学制品一万余种，8000多个化学结构式，5万同义词，是一部集化学制品、药物制剂和生物制品于一体的大辞典，辞典按标题化合物的字母顺序排列，标题后面列出美国化学文摘采用的名称及其他可供使用的名称、药物编号、商品名、化学式、分子式、参考文献、结构式、物理数据、衍生物的普通名称和商品名、用途等内容。

《医师案头用药参考》（Physician's Desk Reference，PDR，美国），定期把说明书汇编成册，每年综合汇编一次，介绍市场上的新药，内容比较全面，并且还出补充本，用途较广。

2. **药典** 药典是国家颁布的有关药品质量标准的法规，属政府出版物，是药学工作必备的工具书。

《中华人民共和国药典》（Chinese Pharmacopoeia，ChP），由中国药典委员会编辑出版，经国家食品药品监督管理总局批准颁布实施。

《美国药典》（The United States Pharmacopoeia，USP），由美国药典委员会编辑出版，制定了人类和动物用药的质量标准并提供权威的药品信息。

《英国药典》（British Pharmacopoeia，BP），由英国药典委员会编辑出版，是英国制药标准的重要出处，不仅提供药用和成药配方标准以及公式配药标准，而且提供所有明确分类并可参照的欧洲药典专著。

《欧洲药典》（European Pharmacopoeia，EP），由欧洲药典委员会编辑出版，1977年首版。

《日本药局方》（The Japanese Pharmacopoeia，JP），由日本药局方编集委员会编纂，经厚生省颁布执行。

（四）网络药学信息资源

网络信息资源就是通过计算机网络可以利用的各种信息资源的总和。目前网络信息资源以因特网信息资源为主，同时也包括其他没有联入因特网的专用网络信息资源和内部网络信息资源。与传统的信息资源相比，网络信息资源在数量、结构、分布和传播范围、传递手段、载体形态等方面都显示出新的特点。网络信息资源已成为获得药学信息最重要的途径。

按信息内容，网络信息资源可分为网络资源指南和搜索引擎、联机馆藏目录、网络数据库、电子出版物、网上参考工具书、其他网络信息（新闻、会议、政策等消息，电子邮件、娱乐、培训、软件等）等类型。

1. **常用的医药学数据库** 可按内容划分为参考数据库、全文数据库、事实数据库等。以下是国内外常用数据库：

笔记

（1）《中国生物医学文献数据库》（CBM）（网络版）：收录1978年至今1800余种中国生物医

学期刊以及汇编、会议论文的文献题录820余万篇。学科涉及基础医学、临床医学、预防医学、药学、中医中药学等生物医学各领域。年增文献50余万篇，每月更新。

(2)《中国药学文摘》(CPA)：收录1982年至今国内外公开发行的700余种医药学及相关学科期刊中的药学文献，数据库每月更新。

(3) 维普期刊资源整合服务平台：收录1989年至今的12 000余种期刊刊载的5000余万篇文献，配备全文浏览器。

(4) 中国知网全文数据库(CNKI)：中国学术期刊(光盘版)电子杂志社、清华同方知网(北京)技术有限公司主办，是基于《中国知识资源总库》的全球最大的中文知识门户网站。包括中国优秀学术期刊网络出版总库、中国期刊全文数据库、中国博士学位论文全文数据库、中国优秀硕士学位论文全文数据库、中国重要会议论文全文数据库、中国重要报纸全文数据库、中国图书全文数据库、中国年鉴全文数据库、中国引文数据库等。

(5) 万方数据知识服务平台：万方数据知识服务平台分为商务信息子系统、科技信息子系统、数字化期刊子系统三大部分。在全部资源中按分类和关键词检索，也可进入单个数据库中对单一数据库检索。

(6) MEDLINE：MEDLINE是美国国立医学图书馆(The National Library of Medicine，简称NLM)所属的国家生物技术信息中心(NCBI)开发的基于WEB的生物医学信息检索系统，具有收录文献范围广、内容全、检索途径多、检索系统完备等特点。该系统通过网络途径免费提供自1946年以来全世界80多个国家5000多种主要生物医学期刊的书目索引和摘要等2100余万条书目数据。是目前国际上公认的检索生物医学文献最具权威、利用率最高、影响最广的数据库，也是中华人民共和国国家卫生和计划生育委员会(以下简称国家卫生计生委)认定的科技查新必须检索的国外医学数据库。数据每天更新。

(7) EMBASE：是全球最大最权威的生物医学和药理学文摘数据库。收录了1974年以来，世界上70多个国家和地区出版的7000多种期刊，并与MEDLINE数据库进行整合，收录MEDLINE自1950年以来的2000万条记录。EMBASE突出药物文献的收录和药物信息的反应，收录的文献中40%以上与药物有关。

(8) Biosis Previews数据库：由美国生物科学情报服务社(Bioscience Information Service，简称BIOSIS)出版。收录世界上100多个国家和地区的5500种生命科学期刊和1500种非期刊文献如学术会议、研讨会、评论文章、美国专利、书籍、软件评论等。

(9) 美国《化学文摘》(Chemical Abstracts，简称CA)：由美国化学学会化学文摘服务社(Chemical Abstracts Service of American Chemical Society，CAS of ACS)编辑出版。1907年创刊。报道了世界上150多个国家、56种文字出版的20 000种科技期刊、科技报告、会议论文、学位论文、资料汇编、技术报告、新书及视听资料，所报道的内容几乎涉及化学化工的所有领域，是化学和生命科学研究领域中不可或缺的检索工具。《化学文摘》网络版SciFinder Scholar整合了Medline医学数据库、欧洲和美国等五十几家专利机构的全文专利资料以及化学文摘1907年至今的所有内容。它可以透过网络直接查看《化学文摘》1907年以来的所有期刊文献和专利摘要以及八千多万的化学物质记录和CAS注册号。

(10) MICROMEDEX Healthcare Series(HCS)：由美国Thomson Healthcare(汤姆森卫生保健信息集团)生产的事实型临床医药知识数据库，其内容是由医药学专家针对全世界2000余种医药学期刊文献进行分类、收集、筛选后，按照临床应用的需求，编写为基于实证的综述文献，直接提供给专业人士使用。

HCS系列产品可区分为五大类：① Drug Information药物咨询数据库：提供药品的详细咨询服务，其中包含药品介绍、使用剂量、药物交互作用等；② Disease Information疾病医学数据

笔记

库：提供医学上常用的一般疾病与急诊、慢性疾病的实证医学相关信息，包括常见与特殊的临床症状、检验结果和用药须知；③ Toxicology Information 毒物医学数据库：提供药品的毒性分析并提供详细的处理步骤及治疗方法；④ Complementary & Alternative medicine Information 另类医学数据库：此系列涵盖补充食品医学、食疗、传统医疗法，及对患者的卫生教育资料，以及相关的医学报道方式说明，并提供病患相关的医疗教育信息；⑤ Patient Education Information 病患卫生教育数据库：提供病患关于疾病和用药的常识，以及长期医疗照顾的须知。

（11）OVID 外文全文数据库：全文期刊包括 LWW 全文期刊，它精选高素质核心期刊 150 多种，90% 为英、美核心期刊，收录临床与基础医学刊目，ISI Impact Factors（影响因子）近 90 种，被 ISI 收录，可回溯至 1993 年；BMJ 全文期刊，收录有英国医学学会（简称 BMA）出版的 23 种医学期刊，其中 17 种为 SCI 收录，均为质量较高的医学期刊。

（12）Spring Link 外文全文数据库：德国施普林格（Springer-Verlag）是世界著名的科技出版公司，通过 Springer Link 系统提供学术期刊及电子图书的在线服务，可在线阅读 400 多种电子期刊，其学科范围涉及化学、计算机科学、经济学、工程学、环境科学、地球科学、法律、生命科学、数学、医学、物理与天文学等学科，其中许多为核心期刊。

（13）Elsevier 外文全文数据库：荷兰 Elsevier 公司通过其系统以 12 种语言向全球范围内两千多万名医生、医学专业学生和研究人员、制药公司、医院及科研机构提供服务，每年出版 2000 多种期刊和 2200 种新书。

2. 常用的电子图书

（1）超星数字图书馆：是目前世界上最大的中文在线数字图书馆，并且每天仍在不断地增加和更新，其中包括医学等五十余大类，数百万册电子图书，全文总量 13 亿余页，数据总量 1 000 000GB，大量免费电子图书。

（2）国家科技图书文献中心医学图书馆：网上资源包括馆藏信息查询及 MEDLINE、EMBASE、BA、SCI、UMI、中国生物医学文献数据库（CBM）、清华大学全文光盘数据库等国内外题录、全文数据库等。

（3）读秀知识库：读秀学术搜索后台是一个海量全文数据及元数据的超大型数据库。它能够为读者提供 260 万种图书、6 亿全文资料等一系列海量学术资源检索及使用。

3. 互联网站 政府信息资源，即各国政府在 Internet 上发布的各种公开信息，主要包括各种新闻、统计信息、政策法规文件等。国内的主要有，国家及各省市食品药品监督管理局网站，卫生和计划生育委员会网站等，国外的主要有美国食品与药品管理局（FDA）网站，世界卫生组织（WHO）网站等。

专业学术机构、临床实践网站：例如医景 http://www.medscape.com/，美国卫生系统药师协会（American Society of Health-System Pharmacists，ASHP）http://www.ashp.org/，中国药学会网站 http://www.cpa.org.cn/，中华医学会网站 http://www.cma.org.cn/。

医药新闻和健康网站：例如中国医药信息网、丁香园、好医生、敏思网等。

4. 常用的药学信息软件 例如 MCDCEX 合理用药信息支持系统、临床药物咨询系统等。目前，手机的 APP 也成为获取药学信息的最为便捷途径之一。

（五）学术交流

积极参加学术会议、专题报告和继续教育讲座是专业技术人员更新知识的好机会，也是获取新信息的渠道。从专家的学术讲座，可以了解某一专业领域前沿的情况。把这些报告资料收集起来，可以弥补药学期刊的不足。此外，产品推广会、新药介绍等资料虽然具有一定的片面性，但也有一定的价值。

笔记

世界药学大会

国际药学联合会成立于1912年，简称FIP，总部设在荷兰海牙，目前有来自80多个国家的130多个团体会员，是世界上最大的国际性药学组织。FIP每年召开一次世界药学大会，参加会议人数约3000～4000人，是世界药学领域的传统盛会。会议内容广泛，涉及药学科研、教育、实践等各个领域，至2015年已经召开了74届。

（六）临床实践

药师参与临床实践，如查房、会诊、病例讨论，在直接与医师、护士和患者的接触中取得第一手资料，这都是书本上难以学到的药学信息。此外，医院信息管理系统（hospital information system，HIS）覆盖医院所有业务和业务全过程的信息管理系统，包括医生工作站，护士工作站，临床检验系统，医学影像系统，药品管理部分，HIS数据也是获取和学习医药知识和信息的来源，并且是临床合理用药原始数据的最重要来源。

三、药学信息的评价

药学信息评价结果关系到药学信息服务是否准确、可靠、客观，所以科学的评价方法尤为重要。药学信息评价需要体现药学信息的来源可靠、信息具有实用性、科学性、新颖性、准确性、全面性等特点。

提供的药学信息要求真实可靠、并有时效性。真实主要是看信息是否是客观事实的反映。在无法直接证实其客观事实的情况下，一般采用信息的可靠性作为间接的标准。信息的可靠性标准主要包括信息内容的科学性、准确性、信息来源的权威性。信息内容的科学性主要指信息的内容是否明显违背某些客观事实、违背公理或真理、违背政策法规，是否有大量的实验数据或证据，实验方法是否正确等。信息内容的准确性主要指信息的内容是否有明确的指向，是否标明了明确的信息来源，所使用的文字符号是否清晰正确等。信息来源的权威性主要是指信息是否由权威部门或公信力很高的部门直接发布或证实。任何信息的价值都有其时间性，并且越及时其价值越高。随着时间或事物的发展，相同信息的有用性和重要程度也会发生变化。

因此，药学信息评价既要评价信息来源，又要对信息进行去伪存真和分析、归纳、总结，以获得较为准确并与问题相符的资料。评价具有一定的主观性，在评价的过程中应尽量避免人为因素的影响。

（一）药学信息评价步骤

评价应采用临床流行病学、循证医学的原则和方法。信息评价步骤可分为三步：

1. 文献筛选 首先进行药学信息的真实性和相关性的初筛，明确“这篇文章是否值得花时间精读？”回答这个问题可参考以下几个简单问题：这篇文章是否来自经同行评审的杂志？这篇文章的研究场所是否与我的医院相似，结果真实是否可以应用？该研究是否由某个组织所倡议，其研究设计或结果是否可能因此受影响？如果文章提供的信息是真实的，是否会改变现有的医疗实践、在我的医院是否可行？

2. 确定药学信息研究证据的类型 药学文献通常分为两类：①原始研究证据：即原始论著，又分为试验性研究和观察性研究；②二次研究证据：即根据多个原始论著进行综合分析、加工提炼而成，包括meta分析、系统评价、实践指南、综述、临床决策分析和经济学分析等。

笔记

3. 根据药学信息研究证据的类型评价其真实性和适用性 运用循证药学的方法，根据证据的等级将文献信息由强到弱分为五级：

一级：至少来自一篇设计良好的大样本多中心随机对照试验的强烈证据；所有质量可靠的随机对照试验的系统评价和（或）meta 分析。

二级：来自设计良好的单个大样本的随机对照试验的强烈证据。

三级：来自设计良好的但非随机对照的证据。

四级：来自设计良好的但无对照实验的证据。

五级：来自权威的临床经验为基础的意见 / 描述性研究或专家委员会报告。

（二）对网络信息资源的评价与利用

网络信息资源评价最重要的是网络信息内容的评价，包括：权威性、内容范围、客观性、准确性、新颖性，强调内容的准确性和学术价值。

1. **网络信息资源的第三方评价法及指标体系** 第三方评价法主要是相对于网络信息资源的发布者（所有者）以及网络信息资源用户而言的，目前的主要形式有商业性的专业网络资源评价网站和由图书馆等公共机构所提供的网络资源评价服务，前者评价指标体系包括日访问量、网站设计的感官效果等，注重网络资源的形式而不注重信息内容；后者主要针对学术信息资源评价，指标体系多侧重于信息内容，且考虑网络信息的权威性、学术性。

以信息内容为导向的网络信息资源评价标准一般包括以下几方面：范围、内容、用户对象、图形和多媒体设计、易用性、价格等。具体如下：

（1）网站的目的指标：包括该资源设立的目的、是否包含明确声明、信息资源本身是否已经实现了预期目标、包含哪些特定的用户群、信息是在什么程度和层次上提供给用户的、信息能否满足目标用户的需求。这是评价网络资源的首要因素。

（2）站点收录范围指标：广度、深度是评价网络信息资源的重要标准。广度即是否涉及所覆盖主题领域的各个方面，深度即所提供的信息是包含原始信息还是只提供信息线索。另外，该类指标还包括所提供信息的时间跨度、信息类型或表现形式。

（3）信息内容质量指标：这是以内容为导向的网络信息资源评价的最重要、最基本的标准，包括学术水平、可信度、时效性、内容的连续性等方面。

2. **用户评价法** 用户评价方式主要是由有关网络资源评价的专业机构向用户提供相关的评价指标体系和方法，由用户根据其特定信息需求从中选择符合其需要的评价指标和方法。这种方式有助于用户搜集完全符合自身特定需要的网络信息资源，但由于需要用户依照评价指标和评价方法对每一个网络信息资源实体进行鉴别和评价，事实上反而增加了用户的负担。用户评价方法多为定性评价方法。

3. **网络计量法** 网络计量法在一定程度上克服了第三方评价法和用户自我评价的主观性、价值偏向性，为人们提供了一个系统、客观、规范的数量分析方法，评价结果更加直观、具体，是网络信息评价的一个发展方向。如通过计算网络资源被检索或引用的次数来测定网络资源的重要性；通过引文分析方法来评价网络信息资源，引文分析法是评价期刊质量的经典工具，同样，网络信息资源也可采用“Web 引文索引”来评价。与计算期刊影响因子时必须考虑期刊年度发文量相类似，也必须考虑网站规模等因素，另外还要考虑站内链接和站外链接等区别。

四、药学信息的管理

药学信息的管理目的是对药学信息采集整理，保证有效利用，因此信息管理的任务主要是广泛收集、合理分类；做好编目，列出索引；建规立制，科学管理。可从以下几方面着手：

1. 所有图书及时登记、编号、建卡、分类存放。期刊每年整理装订成册。

2. **药物信息资料的计算机管理** 利用办公软件如 Excel、Word，将收集的资料分类管理，便于查询。可以根据需求进行分类，根据内容与性质分类：例如按照药理作用类型进行文献分类；

笔记

根据形式与体裁分类：如理论研究与临床应用实例信息；根据主题范围分类：例如按临床专科科室分类，信息用户需要相同或相近的药师、医生、护士专业文献资料。

3. 建立药学信息数据库　医院信息管理系统应用于门诊药房、住院药房、药库、医师工作站、护士工作站，其中包含了大量的药学信息，系统对这些数据的处理、分析可以得出较为全面、准确的各种临床用药信息。对医院信息管理系统数据的开发利用，是药学信息工作的重要手段和发展方向。

4. 建立业务资料卡片库　传统的药物信息资料管理，常常把大量药学资料分类后编写目录和索引。一般对中文资料或药品名称可按汉语拼音顺序排列；外文资料可按外文药名的字母顺序排列。排列时要在类目后标明号码。药物除了通用名外，对其商品名也要尽量录用齐全，以便今后调出和查询更方便。

5. 科学管理　包括文献资料的排放布局，信息资料的贮存；文献的阅览和出借；信息的查询；文献的清理；信息的各种安全性保护：如计算机系统的保护。

知识拓展

大数据时代，数据挖掘技术在医药领域的应用

医院信息管理系统、医院电子病历的普及以及医疗设备的数字化增加了医院存储的信息数量，大量关于患者的病史、诊断、检验和治疗的临床信息，药品管理信息，医院管理信息等构建了一个巨大的宝库，挖掘这些信息数据能够对医疗服务水平的提高发挥非常重要的促进作用。医疗数据的挖掘首先可以用于医院的内部管理，例如合理用药、医院医疗资源配置等；其次用于临床研究，例如临床诊断、疾病相关因素分析、治疗方案评估、药品安全等；还可以用于公共卫生领域，例如传染病流行的预报、医疗资源的利用评价，医疗费用效果评估等。

第二节　药学信息服务

一、药学信息服务的目的和意义

（一）促进合理用药

药物的合理应用是指根据疾病的正确诊断选择最佳的药物治疗方案，并采取正确的使用方法，以期达到安全、有效、经济地预防和治愈疾病的目的。但随着制药工业的飞速发展，药品不断推陈出新，药品品种多达数千种，同一药品又有不同的剂型、规格等，医护人员无法准确掌握所有的药品信息，导致临床不合理用药的现象不断发生。通过开展药学信息服务，及时对各种药学信息进行采集分析、整理归类和输送传播，为医护人员提供最新的药学信息，协助医生制订最佳的药物治疗方案，帮助护士避免给药过程中出现失误，使药物安全、有效、经济地用到患者身上，推动合理用药水平整体地发展和提高。

（二）改善药物治疗结局

减少药物对人体所产生的危害，减轻用药给患者带来的痛苦以及降低药物治疗成本固然重要，但药学信息服务的最终目标不是临床用药过程是否合理，而是确保药物治疗在缓解临床症状、延缓疾病进程及根除病因治愈疾病的基础上，能够起到维护患者身体和心理健康，改善患者生活质量的目的，使临床药物治疗获得令人满意的结果。

笔记

（三）体现药师的专业价值

医院药学部门对患者提供的服务目前以由供应药品和保证药品质量为主逐渐向以患者为中心的模式转换，药学信息服务为21世纪药师重要的工作模式。药学信息服务工作体现了药师的专业特长，使药师掌握的药物治疗学、生物药剂学等专业知识有了用武之地，通过向医生、护士、患者提供各种药学信息服务，强化了药师在疾病治疗过程中的作用，进一步体现和发挥药师的专业价值。

（四）改善医患关系

通过开展药学信息服务，可以协助医师选择合理的治疗药物，帮助护士正确地执行医嘱，并及时解答患者的用药疑问而促进医患间的沟通，使由于不合理用药导致的医疗差错发生率明显降低，大大提高患者对医务人员的满意度，从而避免一些医疗纠纷的发生。

二、药学信息服务的特点

药学信息服务作为药学服务工作中的一项重要职能，其工作具有药学专业工作、信息工作和服务工作的多重特点。

（一）全面性

1. **内容的全面性** 药学信息服务的内容应是全面而完整的，涉及药学的所有分支学科，如药理学、药物治疗学、药动学、药效学等。此外，由于新药的不断涌现以及现有药物的临床研究及文献报道也在不断更新，药学信息服务要求能够不断地收集、评价、存储最新最全面的药学信息。

2. **服务对象的全面性** 药学信息的服务对象既包括专业人员也包括非专业人员，如医务人员、患者、公众、药学人员及管理者。医务人员是药学信息的主要使用者，通过药学信息服务可以帮助医务人员正确使用药物，提高临床合理用药水平；向患者提供药物咨询服务是药学信息服务的另一重要任务，通过与患者面对面的交流与沟通，提高患者合理用药意识以及对疾病的认识，还能促进医患之间的理解，提高依从性；随着公众自我保健意识的增强，面对社区公众的药学信息服务将成为重点工作，可以让更多的人获得正确的药学信息，从而应用到日常保健生活中；药学人员不仅是药学信息的提供者，同时还是药学信息服务的接受者，所有从事药品研发、生产、销售工作的药学人员都需要获取各种各样的药学信息；为管理者提供药物临床应用的相关信息，可作为管理决策制定的理论依据。

3. **方式的全面性** 药学信息服务主要是按照科学方法与标准将最新的药学信息收集、评价后进行传播。如何将药学信息进行传播，方式应是多种多样的，如编写文字材料，提供药物咨询，临床药师在诊疗过程中直接提供药物信息服务，提供药学信息查询工具等。

（二）高技术性

药学信息服务是一项技术性很强的工作，首先从事药学信息服务的人员应当是药学技术人员，具备扎实的专业理论知识和丰富的临床实践经验；其次，药学信息服务人员还必须具备较强的信息收集、评价、综合加工处理的能力，如需要了解主要的药学信息源，药学信息的基本评价方法等；最后，沟通和交流能力是确保药学信息服务有效开展的关键因素。只有分清服务对象，恰当地表达，有针对性地表述，才能保证所提供信息被服务对象理解和接受，体现信息服务的真正价值。

（三）公开性

最大限度地收集药学信息资源，提高现有信息资源的利用率，实现所有信息的资源共享是信息用户共同追求的目标。目前，无论是新药的研究开发，还是现有药品的上市后评价，都是公开报道的，以方便医生、护士和其他人员查找和使用。而报刊、电视、电话和网络作为重要的药学信息服务媒介，也是公开地为公众提供防病治病、健康教育等专业服务，体现了药学信息服务的公开性。

笔记

（四）双向性

药学技术人员提供药学信息服务的同时也会得到信息的反馈。通过药学信息服务，药师可协助医师制订最佳的个体化给药方案，指导护士进行药物的规范配制，帮助患者正确地使用药物，同时药师也可以得到药物疗效以及不良反应等信息的反馈，从而进一步更新所掌握的信息，提供更优质的服务。

（五）法制化

药学信息服务人员在从事药学信息服务工作的全过程中，应遵循一定的信息伦理准则，遵守国内外制定的各种专业法规和信息法律，保护患者隐私，保守医院和国家机密。遵守职业道德和法规，在合情、合理、合法的前提下开展药学信息服务活动。

三、药学信息服务的内容

（一）为临床实际用药问题提供解答

临床用药过程中可能遇到各种各样的问题，包括药品供应、药品养护、药物制剂选择、用法用量、药物疗效、药物互相作用、药品不良反应等。开展药学信息服务，可及时为医师、护士、患者以及家属解答以上各种用药问题，保障临床用药的安全性、有效性及经济性。

（二）为患者和公众提供合理用药宣教

我国居民日常用药较为随意，大部分人没有合理用药的观念，可能会出现不按医师处方购药，不按医嘱剂量服药，不遵医嘱随意停药换药等多种不合理用药现象。合理用药是治愈疾病和健康保健的重要前提，不合理用药会大大增加药品不良反应以及药源性疾病的发生概率，严重危害人民的健康与生命安全，同时也是导致患者药品费用增加和卫生资源浪费的重要原因。通过开展药学信息服务提供合理用药宣教，帮助患者和公众建立合理用药观念，促进合理用药行为形成，保障人民群众的健康和生命安全。

（三）为医务人员提供最新的药学信息

随着现代科技的飞速发展，新药不断涌现，现有药物新的适应证、新的用法用量，严重或罕见的药品不良反应等药物信息也在不断地被报道。此外，政府颁布的药政法规，专业协会制定的药物临床使用指南也在不断地更新。药学信息服务人员可及时将各种药学信息进行采集分析、整理归类，并输送传播给医护人员，促进临床合理用药水平，提高医疗服务质量。

（四）为药事管理政策法规的制定提供信息支持

药学信息服务人员在实际工作中广泛收集药品疗效和不良反应的相关信息并及时上报，从而为政府药事法规的制定提供可靠的理论依据。国家基本药物目录、国家医保药品目录、非处方药品的遴选，药品不良反应的预警以及药品说明书的修订，其数据都是来自于医院药学信息服务。其中，药品不良反应监测对上市后药品安全性的评价可提供强有力的依据。此前因大量不良反应数据显示，酮康唑口服制剂存在严重的肝毒性，国家食品药品监督管理总局于 2015 年 6 月 30 日发布通知，要求即日起停止酮康唑口服制剂在我国的生产、销售和使用，撤销药品批准文号。已上市的酮康唑口服制剂由生产企业于 7 月 30 日前召回，召回产品在企业所在地食品药品监督管理部门监督下销毁。

四、药学信息服务的方式

（一）编写文字资料

药学信息文字资料的编写，是药学信息主动传播的重要方式，其主要的形式有药讯、医院处方集、宣传窗等。

1. **药讯**　药讯是一种由药学部门负责定期编辑出版的有关药学信息的内部刊物，是药师为了促进临床合理用药编辑的药学知识宣传资料。其内容涵盖药事管理、药品信息、药品不良

笔记

反应等多个方面，如政府最新颁布的药政法规、新药介绍、现有药品新的研究进展、本院药事管理的动态、本院药品不良反应情况通报、本院不合理用药分析等。还可以增设用药问答栏目，解答医师、护士临床实际遇到的疑难用药问题。有些医院还建立了药讯的电子版，使药学信息资源在最短的时间内实现共享，以便全院医务人员学习和查阅。

2. **医院处方集** 《处方管理办法》和《医疗机构药事管理规定》要求所有医疗机构必须根据本机构的性质、功能、任务制定药品处方集，用来规范临床用药，由医院药事管理与药物治疗学委员会负责具体的遴选、制定和更新工作。美国卫生系统药师协会（ASHP）认为处方集是一部经过科学评价和筛选，符合医疗机构对当前所用药品临床评价，且不断修订再版的药品使用汇编指南。医院处方集的制定，可规范临床用药，保障用药安全，同时减少临床超大处方或处方差错等现象的发生，是医院全体医师、药师共同需要遵循的内部用药指南，对医院临床用药起到普遍的指导性和一定的约束性，而不是只有参考价值的治疗手册或药物手册。

处方集的内容应包括，①前言：主要内容为《药品处方集》的遴选及编写的目的原则、参考文献、编者寄语等；②目录：以药品的通用名称编排的中文索引，方便检索和使用；③药品正文：按照临床医学分支系统和学科分类收载，包括药品名称（通用名）、适应证、注意事项、禁忌证、不良反应、用法用量、制剂与规格等；④附录：从应用性角度出发，作为各论的补充说明，具体包括：常用药物的皮肤敏感试验、静脉输液注意事项、儿童与老年用药、孕妇及哺乳期妇女用药等。

3. **宣传窗** 利用医院、药房公共场所的宣传橱窗、黑板报或者宣传画等多种形式，介绍合理用药知识，传播药学信息。还可以在门诊大厅安装触摸式计算机显示屏，方便患者自己查询有关信息和合理用药知识等。

4. **宣传单或宣传册** 一般针对一种疾病或一种药物进行编写，针对性比较强，不仅可以宣传合理用药，还能宣传疾病的预防、心理治疗、健康锻炼等相关知识，比较适合于慢性病患者或公众的宣教。

（二）提供咨询服务

在日常工作中，药师常常会收到来自医生、护士和患者的各种咨询问题。一般医护人员的问题较为专业具体，涉及面广，例如药物的溶媒，用法用量，不良反应，禁忌证，药动学，相互作用等，也有临床实际工作中遇到的疑难问题如特殊人群的用药，出现药品不良反应如何处理等等，还有一些关于药学的最新进展和动态的问题。以上大部分问题常常都需要迅速进行解答，有些较为疑难的问题则需要查阅资料后才能进行解答，这就要求药学信息服务人员具有大量的药学知识储备以及较强的收集、评价、解释信息的能力。患者及家属的问题通常较为简单，例如用法用量，药物的不良反应，药物的储存与保管等等，一般可以直接进行解答，但药学信息服务人员提供咨询服务时一定要注意医患沟通的技巧，并努力营造良好的谈话氛围以取得患者的信任，帮助患者正确理解并接受已制订的药物治疗方案，提高用药依从性，避免用药差错的发生。

提供咨询服务时，除了要考虑咨询对象的不同要求和知识层次，以便根据不同对象提供不同的信息，还要注意药学信息的选择应用，一般遵循的原则是：首先利用药品说明书，其次是政府部门和学会发布的指导原则和治疗指南，再是权威性的中外文工具书，最后是期刊、报纸和网站。

此外，咨询表的填写是完成咨询工作的重要环节。所有咨询的问题与答复都应详细记录并存档。咨询表可设以下项目：咨询日期，咨询者（医师、护士或患者等），咨询的具体问题，问题分类（药物的适应证、用法用量、不良反应、药物相互作用、药动学、血药浓度监测等），具体的解答，参考的信息源，答复方式（口头、电话、书面等）及咨询药师签名。

（三）药师参与临床药物治疗活动

临床药师通过查房、会诊、病例讨论等多种形式参与药物治疗活动。工作期间，临床药师向临床传输新药及药物信息的新进展，解答医护人员提出的有关药物治疗、互相作用、配伍禁忌以及药品不良反应等方面的问题，协助医师制订最佳的药物治疗方案。同时，密切观察患者

笔记

用药后的疗效和不良反应，并及时做出评价，提出新的药学建议。此外，患者用药宣教是药师参与临床药物治疗的重要组成部分，也是药学信息服务发展的趋势。临床药师运用自身掌握的药学专业知识，以通俗易懂的语言，直接与患者面对面地交流，讲解用药的目的，药品的使用方法，注意事项以及用药期间需要自我检测的指标等等，从而帮助患者正确理解和接受药物治疗方案，提高用药依从性，对实现治疗目标有十分重要的意义。

（四）提供辅助工具服务

利用计算机网络技术，将收集到的药学信息进行整合加工，建立药学信息服务网站或药品信息查询软件，为医务人员、患者、公众提供及时便捷的药学信息服务。20 世纪 70 年代中期，美国最早将计算机运用于医院药学信息服务工作中，到 20 世纪 90 年代，已在全世界得到了广泛推广。例如，医院信息管理系统、合理用药信息支持系统、手机客户端药品查询软件等。目前，药学信息服务软件大都可以实现以下功能：

1. **注射剂体外配伍禁忌审查** 根据注射液理化与治疗学配伍的数据，提示在同时进行输注的处方药品间可能存在的体外配伍问题。

2. **药物相互作用审查** 审查同一张处方所有联用药品或同一患者当天所有联用药品可能出现的相互作用。

3. **药物过敏史审查** 在获取患者既往过敏信息的基础上，审查处方中是否存在与患者既往过敏物质相关的、可能导致类似过敏反应的药品。

4. **特殊人群用药审查** 根据患者的年龄对老年人和儿童进行合理用药审查。根据患者的病理生理状态对孕妇、哺乳期妇女、肝肾功能不全患者进行合理用药审查。

5. **重复用药审查** 包括重复成分、重复治疗两种审查。重复成分审查提示患者用药处方中的两个或多个药品是否存在相同的药物成分，可能存在重复用药问题。重复治疗审查提示患者用药处方中的两个或多个药品是否同属某个药物治疗分类，可能存在重复用药问题。

6. **超说明书用药审查** 根据药品说明书对处方药品进行单次量、单日极量审查。根据药品说明书和实际提供的给药途径，对处方药品进行给药途径审查。根据药品说明书和患者的诊断信息，对处方药品的适应证和禁忌证进行审查。

（五）其他方式

向患者、医务人员和公众主动传播药学信息也是药学信息服务的重要任务。因此，建立更为广泛畅通的交流渠道尤为重要。

1. 利用大众媒介如报纸、广播、电视、微信传播药学信息。大众传媒传播面广，可及时将公众关心的药学信息传播出去。

2. 在社区可以利用上门服务、举办药学知识讲座，通过现代通讯手段如电话、网络等多种形式，进行用药咨询、药品不良反应的收集等工作。

五、药学信息服务的实施步骤

药学信息的提供可以是药师主动的宣传用药知识，也可以是解答医护人员、患者及其家属或公众的咨询问题。无论药学信息需求的来源怎样，提供信息服务的过程是类似的。从事药学信息服务的药师不仅要收集和整理文献，还要客观地评价文献并将文献上的信息传输给医护人员、患者及其家属或一般公众，并得到他们的认可和接受。

步骤 1：明确要解决的问题和需求。这些问题可以是医生、护士、患者咨询的用药问题，也可以是药师在临床实际工作中主动发现的用药问题。开展服务前，应明确具体信息服务的目的、要求、所要解决的具体问题以及预期达到的效果。对于咨询服务，应认真听取咨询者的问题，同时注意了解服务对象的基本信息、教育背景和专业背景，希望得到答复的详细程度，从而帮助咨询药师正确理解提问者的具体需求，同时评估问题的紧急程度，以便选择最佳的信息寻

笔记

找途径。对于临床实际工作中存在的用药问题，需要药师细心地观察、广泛地调研才能发现。明确具体问题或需求后，药师才能采取编写文字材料，举办讲座等多种主动服务形式进行药学信息的传递，帮助医务人员、患者及公众答疑解惑。

步骤2：问题归类。药学信息服务药师首先必须判断存在的问题属于哪种类型，如药品的可获得性、药品不良反应、药理作用、给药途径、药物相互作用、药动学、孕妇和哺乳期妇女的用药安全、儿童用药以及老年人用药保健等。通过将各类问题进行分类，可帮助药学信息服务药师进一步明确问题的重点，以利于信息源的正确选用。

步骤3：获取附加信息。药学信息服务药师应进一步了解问题的针对性及背景资料，如医护人员提出或关注的用药问题是否与临床实际工作遇到的情况有关，应详细了解与问题产生相关的具体情况；患者的问题是否涉及其自身疾病的药物治疗，应详细询问患者年龄、体重、性别、既往疾病及用药情况、教育背景甚至宗教信仰等。

步骤4：制订药学信息服务方案。根据临床用药问题及所获取的背景资料，明确预期的目标，提出具体实施步骤，制订服务方案。通过制订药学信息服务方案，使服务过程更为可控，大大减少服务中可能出现的差错，服务质量得到明显提高。

步骤5：收集、整理和评价药学信息。除了简单的问题药师可以当即回答外，大多数问题常常需要查阅相关文献资料，以确保答复的准确性和完整性。药师应进行系统的文献检索，恰当地选择原始文献、二次文献、三次文献和其他类型的信息资源，以确保信息的准确性、完整性和权威性，还应对所收集的药学信息进行选择、整理、评价和综合。同时要注意搜集与问题相关的所有其他信息，确保答复的完整性。

步骤6：答复问题。回答用药咨询时应当先复述被咨询的问题，根据询问者的需要和具体情况以书面或口头咨询的方式给出准确、详细、肯定的答复。简单的问题可采取口头回答，通过与咨询者交谈的方式提供答案，并确保咨询者能正确理解解答的内容。复杂的问题可能需要提供书面材料，特别是医护人员更希望获得详细的参考资料和循证医学证据。对于临床实际工作中存在的用药问题或公众用药信息需求，可将整理好的资料通过主动宣传的方式进行传输。

步骤7：进行追踪评价。如果条件许可，信息药师应当对服务对象进行追踪随访，确定所提供信息的效用、患者的用药结果或在用药实践和行为方面的改变，以及服务对象对结果是否满意，有无新的问题出现等。进行服务后的追踪随访，可及时发现服务工作中存在的问题，有助于药学信息服务质量的提高。

步骤8：保存记录。药学信息室应当建立信息服务记录或档案，内容应包括服务专题或咨询问题内容、回答、参考文献和追踪情况等。

六、药学信息服务的质量管理

在提供药学信息服务的过程中，应强调服务的质量管理，以确保在临床工作中发挥的作用。药学信息服务的质量一般需要评价三个方面：①结构：需要考察设备、信息资源和组织（如政策、程序、恰当的服务时间和足够的人员）；②过程：评价所提供信息的准确性、恰当性和全面性，通过回顾确定工作量（如服务的次数）和信息质量（及时性、准确性、一致性、完整性），了解是否达到了目标；③结果：通常这种评价反映了服务对象的满意程度和效果。开展药学信息服务的质量管理，需做到以下几点：

（一）树立服务质量管理意识

药学信息服务质量是一种整体评价，由提供服务的每位药师的每一项工作和每一位药师的每一个行为构成，服务对象只要有一处不满意或某一环节出现差错，药学信息服务的质量就会遭到否定，甚至导致医疗差错以及信任危机。工作中必须强调信息服务质量管理的重要性，不能允许出现差错。

笔记

（二）药学信息服务标准化

标准化药学信息服务是对服务流程进行优化，进而形成标准化、系统性的服务模式与信息给予，使服务过程更为可控，确保服务质量的稳定性，减少差错的发生。

（三）加强信息药师队伍建设

1. **岗前培训** 现代医院药学的工作范围与研究内容包括调剂、制剂、质量监控、药品供应、临床药学、临床药理、药事管理及药学研究等多个方面，从事药学信息服务的药师必须具备扎实的专业理论知识和丰富的实践经验。其次，还要具备较强的信息收集、评价、综合加工处理的能力以及沟通交流能力。开展规范的岗前培训，才能确保高质量的药学信息服务。

2. **加强继续教育** 随着现代科学技术的迅猛发展和知识更新的速度加快，必须不断提高药学信息服务药师的业务水平和服务技能，以确保信息提供的准确可靠性。

（四）建立健全的药学信息服务质量评价体系

由于药学信息本身具有多变性，服务过程受服务对象的影响较大，因此，药学信息服务实施质量评价也比较困难。药学信息服务的质量评价主要考察临床药师的服务水平、提供信息的价值特性、产生结果等方面，常用的评价形式有：①工作量的统计：主要统计开展咨询或主动宣传等形式的服务次数；②服务对象的评价：以问卷调查表的方式了解服务对象对所提供药学信息服务的满意度以及药学信息服务所起到的效果；③同行的评价：这是评价药学信息服务质量的方法之一，也是促使服务工作进一步改善和深入开展的重要手段。评价者应该包括从事药学信息服务的药师、其他药师以及医护人员。评价方式可以通过会议交流以及平行观察进行。

药学信息服务的评估过程是主观性较强的过程，但应遵循以下原则：与具体服务对象相结合；直接效果与间接效果相结合；近期效果与远期效果相结合；个体与群体相结合。随着药学信息学的发展，今后的质量评价体系将日趋完善，以确保服务质量的稳定性。

第三节 用药咨询服务

一、概 述

用药咨询服务是药学人员利用药学专业知识和工具，向医护人员、患者及家属、公众提供与药物应用有关的药物信息服务。用药咨询服务工作方式灵活，内容广泛，促进合理用药，改善患者生命质量，同时对全面实施药学服务，改善医患关系，提高药师专业水平也有积极的推动作用。

（一）提供用药咨询服务的方式

1. **现场咨询** 门诊药房设立咨询窗口或咨询室，主要为门诊患者提供用药咨询。临床药师主动参与患者的临床治疗工作，掌握与患者临床用药相关的药物信息，为医护人员提供用药咨询服务。这类咨询服务方式优点是能与咨询对象零距离交流互动，及时准确掌握咨询要点。

2. **电话咨询** 设立咨询电话，可在门诊咨询室、医院网站、宣传栏或者药袋等位置标识，咨询电话应面向院内外，包括医务人员、患者及社会。患者离开医院后遇到用药问题，常会使用咨询电话进行咨询，医护人员也可利用咨询电话及时地获得药物信息。咨询电话不受空间限制，速度快，有助于拓展用药咨询服务的范围。

3. **其他方式** 随着计算机、智能手机及网络的发展，产生了许多新的、快捷的咨询方式，如E-mail，微信或微博等方式，这些新型咨询方式优势在于使用便捷，传递的信息量大，不受时间、空间限制，同时药师有充足的准备时间，可较全面地搜集资料，在查询文献资料的基础上作出详细、准确的解答，以实现对咨询对象更广泛的帮助和指导。

笔记

（二）用药咨询药师所需的技能

1. 专业理论知识　咨询药师必须拥有丰富扎实的药学专业知识，掌握药动学、药理学、药物经济学等方面的知识，熟悉药政法规，关注药学发展的新动态。药师还应掌握一定的临床医学、医疗文书和相关专业基础知识，结合患者的病情，以患者为中心，才能全面分析患者及医护人员的问题，给予详实且针对性强的解答。

2. 沟通技能　咨询药师应具有很强的沟通能力和聆听能力，以患者为中心，遵循相互尊重、平等交流的原则，利用一定的沟通技巧，积极与临床医师、护士、患者沟通交流，以专业素养赢得医护人员和患者的信任。高质量的有效沟通可以保证咨询服务的及时性、有效性。

3. 检索、收集信息的能力　面对浩如烟海并不断更新的医学、药学信息，药师还应掌握药学信息检索技巧，利用工具书、期刊、数据库、互联网收集药学信息，及时掌握国内外药学发展最新动态，能够客观地分析和评价各种药学信息，对信息进行综合、概括，回答医护患的用药咨询。

二、患者用药咨询

大多数患者缺乏药品知识，药品生产厂家的说明书内容专业性较强，患者不易于理解。医院面对大量的门（急）诊患者，仅靠在发药窗口短暂的时间很难做到将各类药品的使用、相互作用、注意事项等问题向患者逐一解释清楚。因此，针对患者开展药学咨询服务，可以向患者详细交代治疗的必要性及药物的用药时间、方法、注意事项等，纠正患者用药的随意性、盲目性，降低药品不良反应的发生，提高疗效及用药依从性，保证患者能够合理使用药物。药物咨询工作还有助于完善患者就医诊疗环节，提高患者就诊满意度。

门诊患者咨询要设立单独的咨询窗口或者咨询室，有明显、清晰的标识，能够让患者及时找到咨询处；要有合适的工具以及信息技术的支持，配备装有数据库的计算机及理想的资料，如专业参考书、光盘版或网络版检索资料，及时补充新版本的参考书目和内容。

（一）常见的咨询内容

1. 药品的一般知识

（1）药品名称：药品有通用名、商品名、别名等多种称呼，患者常混淆不清。如患者常询问拜阿司匹林和阿司匹林是否是同一种药品。

（2）药品成分、规格：复方制剂和中成药含有多种药物成分，一些过敏体质患者会来咨询药物中是否含有自己过敏的成分。同一品种药品可能有多种规格，如盐酸羟考酮缓释片有 5mg、10mg、20mg、40mg，患者会询问是否有适合自己应用的某种规格盐酸羟考酮缓释片。

（3）药品有效期：药品的效期有多种表达方式，如有效期至 2015 年 6 月、2015 年 6 月失效等，药师应指导患者识别药品的有效期，同时还应教育患者不可服用过期药品。

（4）药品的价格、是否进入社会医疗保险报销目录等信息。

2. 药物的用法用量

（1）每次剂量、每日用药次数、间隔及疗程：对患者而言，拿到药品后，最关心的是怎么吃？吃多少？吃多久？部分患者记忆力差，不能记清医师或药师的口头交代，或者药师发药时未交代或交代不清，所以咨询药师要结合患者病情、药品说明书及处方，详细回答患者咨询，必要时给予书面指导。如患者咨询布洛芬片用于退烧时如何服用。有些患者查看说明书后发现与处方的医嘱有差异，前来向药师咨询，药师应及时与医师沟通，查看处方用法用量是否正确。

（2）用药的方法：如何正确使用气雾剂、滴眼液、喷鼻剂及栓剂等特殊剂型，多数患者并不了解，如滴眼剂虽为常用药品，但患者若使用不当可导致药液通过鼻窦进入口腔而产生不良反应。胰岛素笔、鼻喷剂、吸入剂等一些特殊装置的正确使用也是患者经常咨询的问题，药师可结合图片、文字并进行现场演示，帮助患者理解并记忆正确的使用方法，以免因使用不当而造成疗效减弱或产生不良反应。

笔记

(3) 服药时间：有些患者不满足于“每日几次，每次几片”的简单交代，希望了解自己服用药物的具体时间；有些患者拿到多种药品后会向药师咨询服药的先后顺序。咨询药师要根据药物性质、疾病情况，结合时辰药理学为患者选择最佳服药时间。如铁剂在晚上 7～8 点服用，吸收最佳。

3. **服药注意事项**　随着人们医疗保健意识的增强，患者趋于以更加谨慎和科学的态度求医问药，希望了解所用药物的注意事项，如药物饭前还是饭后服用，药物是否影响驾车及高空作业，缓控释制剂应整片吞服或沿刻痕掰开，或是否可嚼服等。药师应详细告知患者，让其清楚地知道应该怎样做，主动配合治疗，提高用药依从性。

4. **药品不良反应**　说明书往往都会详细列举药品不良反应，有些患者对药品说明书中所列举的不良反应存在片面理解或具有恐慌心理，以至于不敢用药，导致治疗依从性差，此时要求咨询药师耐心讲解，告知患者药物具有治疗作用与不良反应的两面性，从而提高患者用药的依从性。一般情况下，多数药物的不良反应是可以预知的，如华法林易发生出血，使用时要定期检测 INR 值；异烟肼等抗结核药易出现肝损伤，需定期监测肝功能，一旦发现异常应及时告知医师或药师。对已经发生的不良反应，药师要先安抚患者情绪，然后根据不良反应严重程度，给予患者恰当的建议。

5. **药物贮存方法**　大多数药品需要放置于阴凉、干燥、儿童不易触碰的地方贮存，有些患者对药物的贮存缺乏了解，将药品放在阳光直射下或冷冻保存，药物易发生变质、失效，从而导致治疗失败或发生不良反应。因此，要求药师利用所掌握的药学知识，指导患者正确贮存和保管药品。如未开封的胰岛素笔芯需要放入冰箱 2～8℃冷藏保存，一旦将笔芯装入胰岛素笔中使用就不需要再放入冰箱中，常温保存即可，并在一个月内用完。

6. **特殊人群的用药**　老年人、儿童、孕妇和哺乳期妇女及肝肾功能不全等特殊人群，因其病理生理差异，往往会影响药动学、药效学并产生不良反应。孕妇主要咨询用药对胎儿有没有影响，药师应根据美国食品药品管理局(FDA)对妊娠期妇女用药的分级(A、B、C、D、X)、药品说明书、中国处方集等对患者进行用药指导。儿童用药咨询集中在用法用量，咨询药师可帮助家长按孩子体重换算成具体的剂量，或者参考工具书给出指导剂量。

7. **药物的相互作用与配伍**　咨询内容集中在中、西药之间的相互配伍，多种西药之间的配伍，尤其对于患有多种疾病的老年患者，这就要求药师掌握药物的理化性质，作用机制等多方面的知识，对不合理的配伍进行干预，保证患者用药安全。如患者经常咨询中西药能否一起服用，由于中药组成成分复杂，加之人们对中药活性成分认识的局限性，多数中药药动学参数、代谢机制、作用机制均不清楚，为了避免药物之间的相互作用，应嘱患者对于中药、西药需分开服用。

（二）沟通中应注意的问题

1. **树立服务意识**　药师应明确自己的定位，树立以患者为中心的服务意识，保障患者用药的安全、有效、经济。建立地位平等，相互尊重的交流机制。地位平等、相互尊重是良好的沟通基础，药师不能因为患者的疾病而对其有歧视，尊重患者的意愿，保护患者的隐私。

2. **注重倾听**　倾听既表达尊重和礼仪，同时也表示关注和重视的程度，体现药师的素质。药师要仔细听取并分析患者表述的内容和意思，不要轻易打断对方的谈话，以免影响说话者的思路和内容的连贯性。在沟通中药师如能用复述问题或点头等方式对患者传递的信息作出及时、恰当的反馈，则可激发患者进一步沟通的意愿，继而引导话题，适时恰当地问问题，获得更详细的信息。

3. **同理心**　咨询药师在与患者沟通的时候，根据患者的描述要能够体会到患者的感受，有同理心，让患者感觉被理解，有安全感。药师对患者的感受表示理解，有利于进一步开展药患沟通。

笔记

4. **注意语言的表达** 药师回答药物咨询时语言表述应清晰，避免使用含糊不清的说法，同时减少专业术语的使用，尽量将专业词汇转化成患者容易理解的词语。应尽量使用描述性语言以便患者能正确理解，还可以口头与书面解释方式并用。尽量使用开放式的提问方式，比如“关于这种药医生都跟您说了什么？”而不是封闭式的提问“医生告诉您怎么用药了吗？”，开放式的提问可以从患者那里获得更多、更详细的信息。

5. **注意交流方式** 药师需要识别患者的学习能力和需求程度，选择可行的交流方式。对视力残障的患者更适宜口头信息交流，失聪患者更适宜分发资料进行交流，对文化水平较低的患者或家属往往很难记住沟通的内容，对这类患者采取视听辅助及示范将成为有效的沟通方式，同时口头交流也应尽量放慢语速并使用更容易理解的词汇。

6. **关注特殊群体** 孕妇、儿童、老年人或记忆力下降的患者，精神疾病患者及特殊环境的工作人员（如高空作业、机械操作、纺织工、驾车司机、运动员）等，由于其年龄、疾病及从事行业特殊性，其咨询问题时尤其应引起药师注意，针对其咨询的问题进行沟通更应注意方式、方法，以提高沟通效果。如老年人由于认知能力下降，因此向他们作解释时语速宜慢，还可以适当多用文字、图片形式以方便他们理解和记忆。对于女性患者，要注意问询是否已经妊娠或有无准备怀孕的打算，是否正在哺乳，这些都是需要在解答问题中特别注意的地方。

（三）用药咨询案例及解析

患者，69岁，诊断：慢性阻塞性肺病。医嘱给予沙美特罗替卡松粉吸入剂（准纳器），但其吸入时没有感觉药物进入肺部，故来咨询药师药品质量是否有问题。

分析：经进一步询问发现，该患者首次使用沙美特罗替卡松粉吸入剂，医师告诉患者自己参照药品说明书中的方法使用。

处理：首先咨询药师表示理解患者的担心，让患者重复了他的吸入方法，发现该患者未掌握正确的用法，他在打开药物的药盒后并未推动滑动杆就开始吸入。利用咨询室的准纳器教具，咨询药师指导患者按照说明书中正确的方法吸入，再次让患者重复操作并予以指导，直至患者掌握正确吸入技术及漱口等注意事项。咨询药师推动准纳器滑动杆后可轻轻磕出白色粉末，告知患者由于药粉剂量很小，每次吸入可能感觉不到，但只要按照正确方法操作，可不用担心无药物吸入。考虑到老年人记忆及理解能力差，可同时送给患者一份准纳器彩色的书面演示资料，以便家属指导患者使用。

解析：

1. 药师理解患者的担心，利用同理心，安抚患者的情绪，才能让患者配合药师。
2. 利用咨询的准纳器教具，能够多次操作演示，增进患者的理解。
3. 准纳器能磕出白色粉末，能够让患者直观地观察到药品，消除患者对药品质量的担心。
4. 让患者自己操作，确认该患者已经学会，只有患者真正会做，才能保证用药的疗效。
5. 患者年龄大，记忆力可能有所降低，给患者书面材料以免患者遗忘。

三、医师用药咨询

药物是临床医师治疗疾病的重要“武器”之一，随着如今生物及医学技术的快速发展，新药、新制剂及药品信息的不断涌现，医生不可能掌握所有药物的药动学、相互作用、不良反应等纷繁复杂的信息，且随着临床分科日趋专业和细化，医生对其他专科的药物不熟悉，因此医学和药学专业人员的相互配合成为发展的必然趋势。药师为医师提供用药咨询服务，进行药物信息的沟通，为临床医师做药物知识的顾问和参谋，凭借自身的专业特长，弥补医师对药物知识和信息的不足，增进医师对药师工作的理解和认可，共同促进患者合理用药。

笔记

（一）常见的咨询内容

1. **药品信息** 随着制药工业的迅猛发展，新药层出不穷，这为我们带来了更多的治疗方案和治疗方法，但同时也给临床医生在药物选择方面带来了前所未有的困难。大量的仿制药品和一品多规现象也导致临床医生在患者用药选择方面无所适从。药师应查阅、分析、评价、整理最新的文献信息，统计循证医学的证据，第一时间为临床医生提供准确的合理用药信息，包括药品的安全信息、疗效等。

2. 药品不良反应及药源性疾病　开展药品不良反应的咨询服务，有益于提高医师合理用药的意识和能力，防范和规避发生药品不良反应的风险。药师要熟悉各种药物常见及严重的不良反应，当患者出现用药后不适，药师要及时鉴别是否为药品不良反应。加强对药品不良反应发生后治疗方案调整的指导，包括停药、减少剂量、换用其他药物或给予对症处理。

目前，预防、发现、处理药源性疾病也是医师较棘手的问题，常见的药源性疾病包括由药物引起的心律失常、肺纤维化，肝炎或肝衰竭、肾病综合征或肾功能衰竭、精神错乱、消化道出血等。药师应定期提供药物信息情报，进行药学监护和不良反应监测，增强医师合理用药意识，预防药源性疾病的发生。当出现可疑的药源性疾病时，药师应重视患者的用药史，利用自己的药学专业知识，第一时间协助医生对药源性疾病的诊断，及早停用可疑药物，对改善患者预后、减少医患矛盾具有极为重要的意义。

3. 药物相互作用　药品种类和数量日益增多，患者多种基础疾病共存，导致临床联合用药普遍化和常规化，药物相互作用问题成为临床日益关注的突出问题。医师对药物的药理作用、药动学和药效学等知识疏于了解，从而易忽略临床潜在的药物相互作用，药师应注意易发生药物相互作用的高风险药物，如 CYP 代谢酶抑制剂、诱导剂及其底物（氟康唑、利福平、奥美拉唑、辛伐他汀、华法林等），当这类药物和其他药物联合应用时，药师应做到心中有数，避免可能出现的不良相互作用。不良药物相互作用通常以药品不良反应的形式出现，此时，药师应检查应用药物的种类及发生的相互作用，及时告知医师，避免再次出现类似情况。

随着中西医结合的深入发展，中西药联合已成为疾病的重要治疗手段并日益增多，但中西药合用同样面临药物相互作用的问题，需引起重视。中西药联合应用不当会导致病情加重，损害健康，如银杏与非甾体抗炎药或华法林联合应用会增加出血的风险；中药鹿茸中含糖皮质激素，会使血糖升高，不宜与降糖药同用；元胡和氯丙嗪有类似的安定和中枢止呕作用，同用会产生震颤麻痹。重视药物相互作用，对提高医疗质量、安全有效地联合用药极为重要。

4. 药物代谢动力学　药动学研究药物在生物体内的吸收、分布、代谢和排泄过程，医师咨询的主要内容包括药物在作用部位能否达到安全有效的浓度，药物的吸收是否受食物影响，药物是否经 CYP450 酶代谢，特殊的病理生理状态下药动学参数如何改变以及药物的口服生物利用度等信息。药物代谢动力学与药品的药效、药品的安全性息息相关。

5. 参与治疗方案设计，讨论药物治疗过程中出现的问题　药物治疗过程中会遇到各式各样的问题，如疗效不佳、出现不良反应、药物如何选择等，药师参与患者的药物治疗，与医师共同讨论，以合理用药为核心，根据生物药剂学、药动学、药效学、药效学、时辰药理学、遗传药理学、分子药理学等药物专业知识，提供个体化的药学专业建议。咨询的内容会涉及儿童、老年人、孕妇和哺乳期妇女、肝肾功能不全者、对某些药物过敏的患者的药物选择，对疗效不佳或出现不良反应的药物个体化用药方案的调整等。

（二）沟通中应注意的问题

1. 以患者为中心　确保沟通的焦点集中在解决患者的问题上，以患者为中心，让医师了解到药师提供的信息是为确保患者利益，而不是充当医师用药的监督者。如“× 医师，× 先生不能使用您开的这些药物。我建议……”和“× 医师，× 先生吞咽有困难，我建议……”。医师更容易接受后者的建议，因为它描述了患者不能吞咽的困难，而不是医师做了什么。

2. 建立良好的合作关系　与医师建立互相信任、互相尊重的合作关系，这是一个循序渐进的过程，将每次同医师的沟通都看成是一次拓展关系的机会，通过提供出色的药学服务让患者

笔记

和医师感到满意，从而使合作关系迈进一步。若遇到无法马上解决的问题，不能不懂装懂，应诚恳表示抱歉，并尽快查找答案，解决问题，从而取得医师信任。若药师要提出用药建议，应给予医师几种可供选择的方案，而不是只提供一种建议，允许医师在权衡后做出决定，不要让他们感到自己被强迫做决定。

3. **注意语言的表达** 医务人员特别是临床医师咨询药学问题往往专业性较强，药师应采用专业的表述方式，保证沟通内容的准确性。尽可能的整理与归纳搜集、查找到的资料，并对资料进行评价，在与医生沟通时，用最简洁的语言呈现出最全面的信息，帮助临床医生了解咨询药品全面信息的同时，节约时间，提高效率。

4. **注意时机的选择** 药师协助医生或是护士时，要注意沟通的时机选择，不能打断或是耽误别人的工作。还必须要注意说话的场合，尽量避免在患者面前与医师沟通。

5. **自信的态度** 在医疗专业人员面前保持自信，不卑不亢，药师的自信态度也有助于与医疗专业人员发展更好的合作关系。

四、护士用药咨询

护理工作是整个医疗卫生工作的重要组成部分，护士在临床第一线，是各种药物治疗的具体实施者，也是用药前后的监护者。护理的工作特点决定了护士是患者安全使用药物的最后关卡的"守关人"，也是最可能及时发现药物疗效、药品不良反应以及患者病情变化的医务工作者。因此，护士在临床合理用药中居重要地位，是药师在药疗工作上的重要伙伴，药师与护士交流自然也是经常的、重要的、不可缺少的。护士用药咨询的常见内容如下：

（一）药品的使用

1. **注射剂配制溶媒和浓度** 注射剂配制的溶媒影响药物稳定性，如多烯磷脂酰胆碱只能用葡萄糖配制，不能用含电解质的溶媒；万古霉素0.5g至少需要100ml溶媒稀释。

2. **输液滴注速度** 滴注速度不仅影响患者心脏负荷，而且关系到药物的疗效及药物的稳定性，部分药品滴注速度过快可致过敏反应和毒性，甚至引起死亡。如门冬氨酸鸟氨酸滴注速度不可过快，否则会出现恶心、呕吐等消化道症状；甘露醇则需要快速滴注。

3. **输液药物的稳定性** 一般注射剂是现配现用，配制后输液的稳定性如何，是否需要避光输注？如两性霉素B输液配制后稳定性差，必须避光输注。

4. **配伍禁忌两药同瓶或序贯输注** 是否存在配伍禁忌，药师可利用"常用药物配伍禁忌表"、药品说明书等资料对护士进行用药指导，同时药师还应及时总结药物间的配伍禁忌。

5. **需要皮试的药物及皮试液配制方法等信息** 药师要应用专业的药学知识给予回答，以保证用药安全，避免给患者造成不必要的伤害。

（二）药品管理

帮助护士树立药品质量观念，建立药品效期的管理。根据药品剂型和性质要将药品分类放置，注意光线、温度、湿度、空气等对药品质量的影响，建立环境温度、湿度登记制度。对性质不稳定的（如生物制剂）需要避光冷藏。定期检查药品质量，查看药品外观，如针剂破损、异物、氧化变色、片剂潮解、水剂有霉变等均不得使用。注意药品批准文号、生产批号和有效期的识别，以防假（伪）药、劣药和过期失效药物的使用。麻醉科等部分病区可能存放麻醉药品和精神药品，指导护士进行"五专管理"。

（三）药品不良反应

患者在用药过程中，出现任何与治疗作用无关的不适症状，护士通常会第一时间发现。发挥护士在不良反应监测中的重要作用，药师要协助护士处理、上报药品不良反应报告。如协助处理化疗药物外渗、静脉炎等。

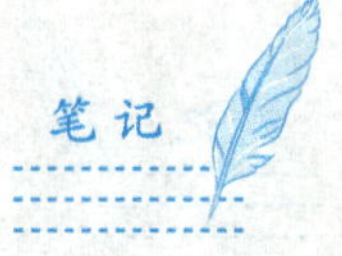

五、公众用药咨询

随着社会的高速发展，文明程度的提高和医学知识的普及，公众的自我保健意识也不断加强，人们更加注重自我保健和疾病预防。药师需要承担起新的责任，参与公众用药咨询，应用专业知识和技术为社会提供更多的药学服务。

1. 接受公众用药咨询，尤其是在减肥、补钙、补充营养素等方面给予科学的用药指导，避免盲目用药。

2. 为公众宣传药品与保健品区别，协助患者识别假药，识别虚假广告，避免公众受虚假广告的迷惑而损失财物或耽误治疗。

3. 主动承接公众自我保健的咨询，积极提供健康教育，增强公众健康意识，减少影响健康的危险因素。

4. 培养公众合理用药意识。强化抗菌药物、静脉输液及糖皮质激素药物的合理使用知识，促进提高公众的合理用药意识。

5. 家庭药品贮存。协助公众整理家庭小药箱，告知公众药品效期的识别及贮存条件、过期药品处理等知识。

实训项目六　患者用药咨询实训

【实训目的】

1. 通过模拟实训，使学生理论和实践相结合，掌握用药咨询的基本流程、注意事项及沟通交流技巧，培养学生查阅文献，独立分析和解决临床实际问题的能力。

2. 使学生熟悉用药咨询的主要内容和开展形式，树立正确的临床思维方法。

3. 使学生了解用药咨询的意义。

4. 使学生掌握患者用药咨询的常见用药问题。

【实训条件】 分管教学的院系领导或带教老师与相关医院（附属医院、教学医院）联系，获得对方支持，在该医院门诊用药咨询室进行模拟实训；不具备开展实地用药咨询模拟实训的学校，可利用一间教室模拟门诊用药咨询室。

【实训要求】

1. 学生要了解患者用药咨询的基本流程，了解门诊用药咨询常用查询工具的使用。

2. 掌握药理学、药物治疗学、药物代谢动力学等相关专业理论知识，具有较强的沟通交流能力。

【实训准备】

1. 联系开展用药咨询示范教学的医院药学部门，利用其门诊用药咨询室开展实训。若不具备开展实地用药咨询模拟实训的学校，可利用一间教室模拟门诊用药咨询室，准备办公桌、工作椅、电脑、工具书等。

2. 由本项目带教老师主持，实习学生（扮演咨询药师和患者）等参加。

3. 准备标准患者　咨询用法用量的儿童患者家属，咨询用药安全的孕妇或哺乳期妇女，咨询药物贮存方法的老年患者，咨询用药注意事项的肾功能不全患者等。

【实训内容】

1. 接受患者用药咨询，常见问题包括药物的用法用量、服药注意事项、药品不良反应、药物贮存方法、特殊人群用药等。

2. 针对具体问题，采取有效的沟通技巧，并以书面或口头的方式进行解答。

3. 咨询完成后填写用药咨询记录，内容包括咨询问题、回答、参考文献等。

【实训过程】

1. 以5～6人为一小组，在带教老师带领下，由学生分别扮演咨询药师和患者等进行情景模拟实训，实训过程中轮换角色。

2. 针对不同人群的不同用药问题，进行用药咨询模拟实训。咨询步骤如下：

(1) 接受询问。

(2) 药师询问患者，尽量获得完整的背景信息，了解患者性别、年龄，体重，职业，病理生理状态，既往用药史及药物过敏史等。

(3) 对问题进行分类，如用法用量、用药安全、药物贮存方法、用药注意事项等。

(4) 恰当地选择信息资源，进行工具书查阅及文献检索(查看药品说明书、临床用药须知、新编药物学、检索疾病诊治指南等)，整理检索结果。

(5) 以书面或口头咨询的方式提供回答。口头交流应尽量放慢语速并使用更容易理解的词汇，对记忆力差的老年患者可给予书面材料。

(6) 将咨询问题、信息来源和回答情况加以记录(完成咨询记录单并签名)。

3. 带教老师组织学生进行小组讨论，点评咨询过程中的问题，总结并提出修改意见。

4. 成绩评定。

实训路径示意图

【实训考核】

1. 对实训内容在班级组织一次汇报和答辩，各组同学在预先充分讨论的基础上推选1名代表参加，其他同学做补充。

2. 指导老师在汇报和答辩结束时进行点评和总结，指出各组在项目完成过程中的成功和不足之处。

3. 指导老师根据各组在用药咨询过程中的表现，汇报、答辩和回答问题的情况等进行现场综合评分。

【思考题】

1. 药师开展用药咨询需具备哪些基本技能和职业素养？

2. 用药咨询时应注意哪些问题？

3. 讨论医、护、患用药咨询的异同点？

(许杜娟)

笔记

第七章 处方调剂

第一节 概 述

一、处方的定义

处方(prescription)是指由注册的执业医师和执业助理医师在诊疗活动中为患者开具的、由取得药学专业技术职务任职资格的药学专业技术人员审核、调配、核对,并作为患者用药凭证的医疗文书。处方包括医疗机构病区用药医嘱单。因此,处方既是医生为预防和治疗疾病而给患者开具的取药凭证,也是药师为患者调配和发药的依据,还是患者进行药物治疗和药品经济核算的原始记录。广义的处方也包括载有药品名称、数量等内容和制备任何一种制剂的书面文件。

二、处方的分类

(一)处方按其性质分类

1. **法定处方** 系指《中华人民共和国药典》、国家食品药品监督管理总局颁布标准所收载的处方,它具有法律的约束力。

2. **协定处方** 系指医院药学部门与医师根据经常性临床诊疗需要,经协商并报医院药事管理与药物治疗学委员会批准所制定的处方。它可以大量配制与贮备,既能相对稳定工艺,保证质量,又可以减少患者等候调配取药的时间。协定处方药剂的制备必须经上级主管部门批准,并只限于本单位使用。

3. **医师处方** 系指医师在为患者诊断、治疗和预防疾病中所开具的用药文书。

(二)处方按部门分类

分为门诊处方、急诊处方(图 7-1)和病区用药医嘱单。

(三)处方按药品分类

可分为普通处方、麻醉药品和第一类精神药品处方、第二类精神药品处方等。

笔记

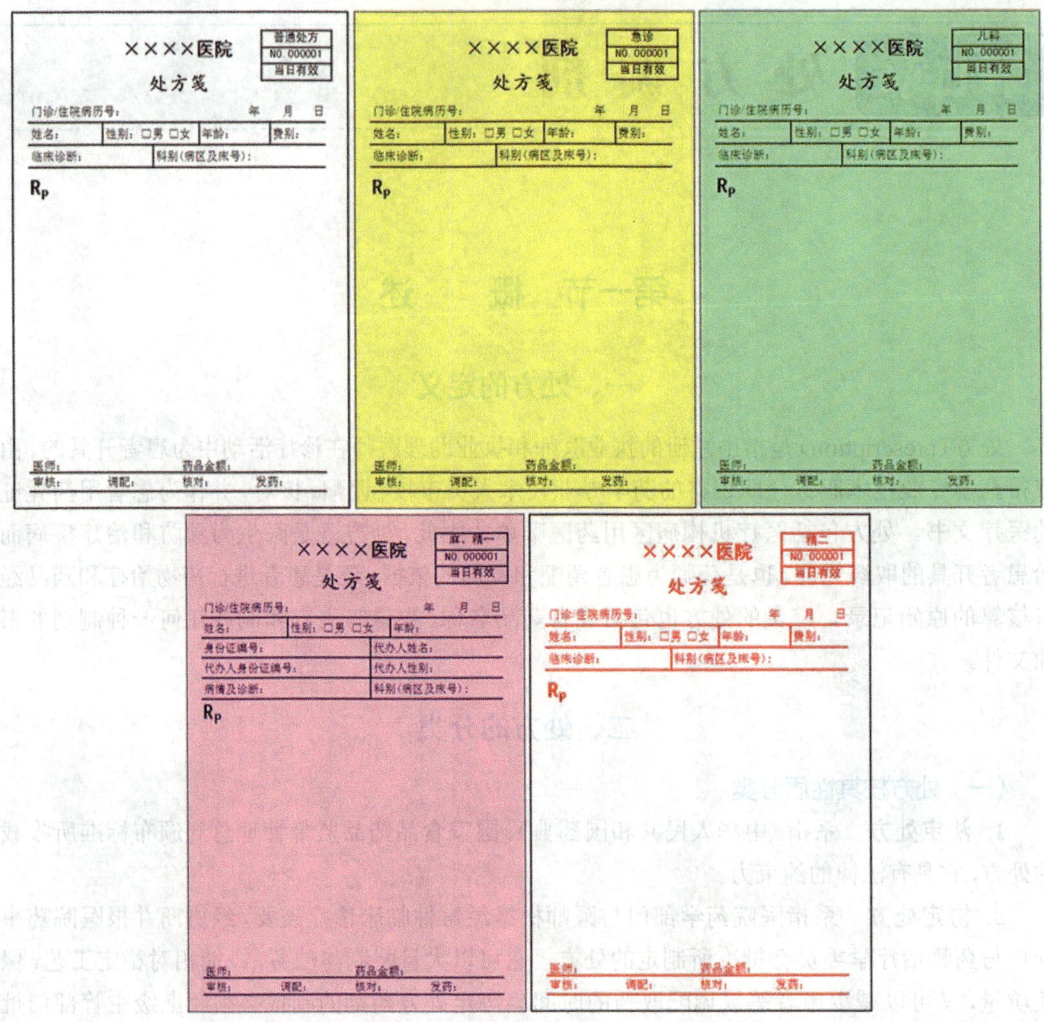

××××医院 处方笺
普通处方 NO. 000001 当日有效
门诊/住院病历号： 年 月 日
姓名： 性别：□男 □女 年龄： 费别：
临床诊断： 科别（病区及床号）：
Rp
医师： 药品金额：
审核： 调配： 核对： 发药：

××××医院 处方笺
急诊 NO. 000001 当日有效
门诊/住院病历号： 年 月 日
姓名： 性别：□男 □女 年龄： 费别：
临床诊断： 科别（病区及床号）：
Rp
医师： 药品金额：
审核： 调配： 核对： 发药：

××××医院 处方笺
儿科 NO. 000001 当日有效
门诊/住院病历号： 年 月 日
姓名： 性别：□男 □女 年龄： 费别：
临床诊断： 科别（病区及床号）：
Rp
医师： 药品金额：
审核： 调配： 核对： 发药：

××××医院 处方笺
麻、精一 NO. 000001 当日有效
门诊/住院病历号： 年 月 日
姓名： 性别：□男 □女 年龄：
身份证编号： 代办人姓名：
代办人身份证编号： 代办人性别：
病情及诊断： 科别（病区及床号）：
Rp
医师： 药品金额：
审核： 调配： 核对： 发药：

××××医院 处方笺
精二 NO. 000001 当日有效
门诊/住院病历号： 年 月 日
姓名： 性别：□男 □女 年龄： 费别：
临床诊断： 科别（病区及床号）：
Rp
医师： 药品金额：
审核： 调配： 核对： 发药：

图 7-1 处方类别

（从左至右，从上到下依次为：普通处方、急诊处方、儿科处方、麻醉及一类精神药品处方、二类精神药品处方）

三、处方的意义

（一）法律性

医师具有诊断权和开具处方权；药师具有审核、调配处方权。因处方开具或调剂所造成的医疗差错或事故，医师和药师分别负有相应的法律责任。

（二）技术性

只有经过医药学院校系统专业学习，并经资格认定的医药专业技术人员才能够开具或调剂处方。医师对患者做出明确的诊断后，在安全、有效、适宜、经济的原则下开具处方。药学技术人员对处方进行专业审核，确认合格后按医师处方准确调配、发放药品，并进行用药指导，这些都表现出开具或调配处方的技术性。

（三）经济性

处方是药品消耗及药品经济收入结账的凭证和原始依据，也是患者在预防、治疗疾病，包括门（急）诊、住院全过程中用药的真实凭证。

四、处方的结构

处方一般由前记、正文、后记三部分组成（图 7-2），各部分具体包含以下内容：

笔 记

(一)前记

包括医疗机构名称、患者姓名、性别、年龄、门诊或住院病历号，科别或病区和床位号、临床诊断、费别、开具日期等。可添列特殊要求的项目。

麻醉药品和第一类精神药品处方还应当包括患者身份证明编号，代办人姓名及身份证明编号。

(二)正文

以Rp或R(拉丁文Recipe“请取”的缩写)标示，分列药品名称、剂型、规格、数量、用法用量。

(三)后记

医师签名或者加盖专用签章，药品金额以及审核、调配，核对、发药药师签名或者加盖专用签章。

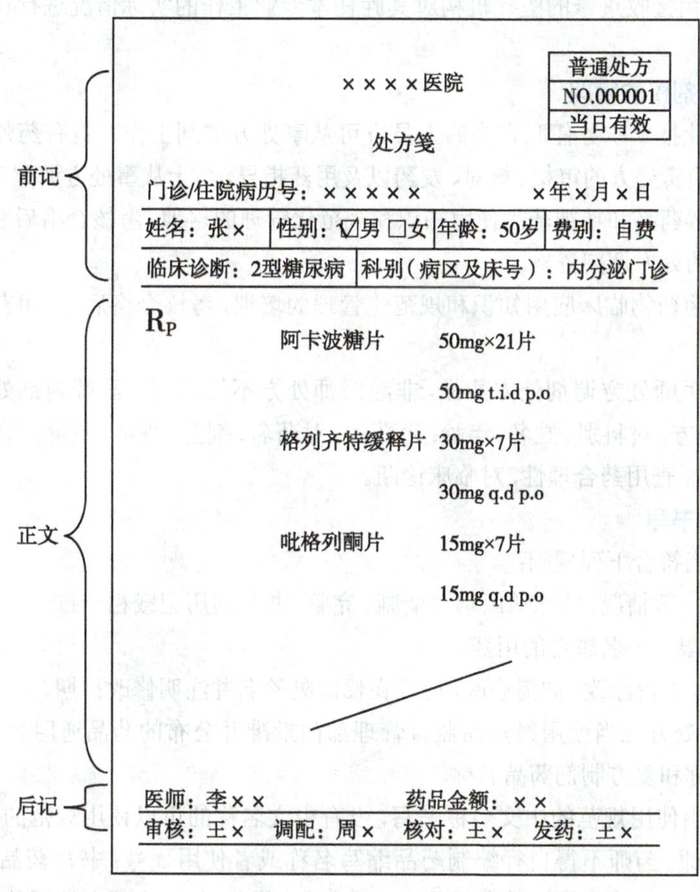

图7-2 处方的结构

五、处方的管理制度

(一)处方权限的管理

1. 经注册的执业医师在执业地点取得相应的处方权。经注册的执业助理医师在医疗机构开具的处方，应当经所在执业地点执业医师签名或加盖专用签章后方有效。

2. 经注册的执业助理医师在乡、民族乡、镇、村的医疗机构独立从事一般的执业活动，可以在注册的执业地点取得相应的处方权。

3. 医师应当在注册的医疗机构签名留样或者专用签章备案后，方可开具处方。

4. 执业医师经过麻醉药品和精神药品使用知识和规范化管理培训、考核合格后取得麻醉药品和第一类精神药品的处方权。具有麻醉药品和第一类精神药品处方权的执业医师方可在

笔记

本机构开具麻醉药品和第一类精神药品处方，但不得为自己开具该类药品处方。

5. 二级以上医院对医师进行抗菌药物临床应用知识和规范化管理的培训。医师经本机构培训并考核合格后，具有高级专业技术职务任职资格的医师，可授予特殊使用级抗菌药物处方权；具有中级以上专业技术职务任职资格的医师，可授予限制使用级抗菌药物处方权；具有初级专业技术职务任职资格的医师，可授予非限制级抗菌药物处方权；在乡、民族乡、镇、村的医疗机构独立从事一般执业活动的执业助理医师以及乡村医生，可授予非限制使用级抗菌药物处方权。其他医疗机构依法享有处方权的医师、乡村医生由县级以上地方卫生行政部门组织相关培训、考核。经考核合格的，授予相应的抗菌药物处方权。

6. 试用期人员开具处方，应当经所在医疗机构有处方权的执业医师审核、签名或加盖专用签章后方有效。

7. 进修医师由接收进修的医疗机构对其胜任本专业工作的实际情况进行认定后授予相应的处方权。

（二）处方调剂权的管理

取得药学专业技术职务任职资格的人员方可从事处方调剂工作。具有药师以上专业技术任职资格的人员负责处方的审核、核对、发药以及用药指导，药士从事处方调配工作。

药师经过麻醉药品和精神药品使用知识和规范化管理的培训、考核合格后获得麻醉药品和第一类精神药品的处方调剂资格。

药师经过抗菌药物临床应用知识和规范化管理的培训，考核合格后，方可获得抗菌药物调剂资格。

药师应当凭医师处方调剂处方药品，非经医师处方不得调剂。药师调剂处方时必须做到“四查十对”：查处方，对科别、姓名、年龄；查药品，对药名、剂型、规格、数量；查配伍禁忌，对药品性状、用法用量；查用药合理性，对临床诊断。

（三）处方的书写

处方书写应当符合下列规则：

1. 记载患者一般情况，临床诊断填写清晰、完整，并与病历记载相一致。

2. 每张处方限于一名患者的用药。

3. 字迹清楚，不得涂改；如需修改，应当在修改处签名并注明修改日期。

4. 医师开具处方应当使用经药品监督管理部门批准并公布的药品通用名称、新活性化合物的专利药品名称和复方制剂药品名称。

药品名称应当使用规范的中文名称书写，没有中文名称的可以使用规范的英文名称书写；医疗机构或者医师、药师不得自行编制药品缩写名称或者使用代号；书写药品名称、剂量、规格、用法、用量要准确规范，药品用法可用规范的中文、英文、拉丁文或者缩写体书写，但不得使用“遵医嘱”“自用”等含糊不清字句。

药品剂量与数量用阿拉伯数字书写。剂量应当使用法定剂量单位：重量以克（g）、毫克（mg）、微克（μg）、纳克（ng）为单位；容量以升（L）、毫升（ml）为单位；国际单位（IU）、单位（U）；中药饮片以克（g）为单位。

片剂、丸剂、胶囊剂、颗粒剂分别以片、丸、粒、袋为单位；溶液剂以支、瓶为单位；软膏及乳膏剂以支、盒为单位；注射剂以支、瓶为单位，应当注明含量；中药饮片以剂为单位。

5. 患者年龄应当填写实足年龄，新生儿、婴幼儿写日、月龄，必要时要注明体重。

6. 西药和中成药可以分别开具处方，也可以开具一张处方，中药饮片应当单独开具处方。

7. 开具西药、中成药处方，每一种药品应当另起一行，每张处方不得超过5种药品。

笔记

8. 中药饮片处方的书写，一般应当按照“君、臣、佐、使”的顺序排列；调剂、煎煮的特殊要求注明在药品右上方，并加括号，如布包、先煎、后下等；对饮片的产地、炮制有特殊要求的，应当在药品名称之前写明。

9. 除特殊情况外，应当注明临床诊断。

10. 开具处方后的空白处划一斜线以示处方完毕。

11. 处方医师的签名式样和专用签章应当与院内药学部门留样备查的式样相一致，不得任意改动，否则应当重新登记留样备案。

知识拓展

药品名称“知多少”

示例：

(一) 国际非专利名称（international nonpropietary names for pharmaceutical Substances，INN）

国际非专利名称是世界卫生组织（WHO）制定的一种原料药或活性成分的唯一名称，是药物（原料药）的国际通用名。

(二) 中国药品通用药名

中国药品通用名称（China approved drug names，CADN），是由国家药典委员会负责组织制定并报国家食品药品监督管理总局备案的药物名称，是我国药品的法定名称。

(三) 商品名称

商品名称是药品生产企业为药品流通所注册并使用的专用名称，其他生产企业的同一制品不可使用此名称。商品名有助于对不同生产企业生产的同一药品进行区别，但“一药多名”的现象也不利于临床诊疗、学术交流。

因此，《药品说明书和标签管理规定》对药品商品名的使用进行了严格的限制，同时规定药品包装上的通用名必须显著标示，单字面积必须大于商品名称的两倍；在横版标签上，通用名必须在上 1/3 范围内显著位置标出（竖版为右 1/3 范围内）；字体颜色应当使用黑色或者白色。

(四) 处方的开具

1. 执业（助理）医师应当根据诊断、预防、治疗需要，按照药品说明书中的药品适应证、用法、用量等开具处方。特殊情况需要超剂量使用时，应当注明原因并再次签名。

2. 处方开具当日有效。特殊情况下需延长有效期的，由开具处方的医师注明有效期限，但有效期最长不得超过 3 天。

3. 处方一般不得超过 7 日用量；急诊处方一般不得超过 3 日用量；对于某些慢性病、老年病或特殊情况，处方用量可适当延长，但医师应当注明理由。

麻醉药品、精神药品、医疗用毒性药品、放射性药品的处方用量应当严格按照国家有关规定执行。

知识拓展

处方中常见的外文缩写及含义

剂型
Tab.(片剂)
Inj.(注射剂)
Sol.(溶液)
Emp.(贴膏剂)
Cap.(胶囊)
Ung.(软膏)
Syr.(糖浆)

给药途径
i.h(皮下注射)
i.d(皮内注射)
v. 或 i.v(静脉注射)
m. 或 i.m(肌内注射)
p.o(口服)
i.v.gtt(静脉滴注)
sl(舌下)
ad(右耳)
al(左耳)
od(右眼)
os(左眼)

用药间隔
q.d(每日 1 次)
b.i.d(每日 2 次)
t.i.d(每日 3 次)
q.i.d 或 4.i.d(每日 4 次)
q.2h(每二小时 1 次)
q.4h(每四小时 1 次)
q.2d(每两日 1 次)
q.n(每晚)
q.o.d(隔日 1 次)
q.w(每周 1 次)
p.r.n(必要时服用,可重复)
s.o.s(必要时服用,用一次)
ad lib(随意服用,任意时间)
st. 或 stat(立即使用)

用药时间
a.c.(饭前服用)
p.c.(饭后服用)
int.(两餐之间服用)
h.s.(睡前服用)

(五)处方的保管与销毁

处方由调剂处方药品的医疗机构妥善保存。普通处方、急诊处方、儿科处方保存期限为 1 年,医疗用毒性药品、第二类精神药品处方保存期限为 2 年,麻醉药品和第一类精神药品处方保存期限为 3 年。处方保存期满后,经医疗机构主要负责人批准、登记备案,方可销毁。

六、处方调剂的基本程序

处方调剂(prescription dispensing),是指从患者或护士处接受处方,经过审核、调配、核对后将药品发放至患者(或护士)并进行用药交待和指导以及答复询问的全过程。处方调剂一般包括以下过程:

(一)接收处方

药师从患者或从病房医护人员处接受(或从 HIS 系统接收打印)处方或请领单的过程。

(二)审核处方

药师应当认真逐项检查处方前记、正文和后记书写是否清晰、完整,医师的资质是否符合规定,是否使用规定的处方笺书写。药师还应对处方用药的适宜性以及是否存在超常处方进行审核。

如果存在不合理处方时,药师应当告知处方医师,请其确认或者重新开具处方。

(三)调配处方

药师按照处方所列药品名称、剂型、规格和数量逐一调配药品。

笔记

（四）包装与贴标签

药师应准确规范地书写药袋或标签，注明患者姓名和药品名称、用法、用量。对需要特殊保存的药品加贴醒目的标签提示患者注意，如"置2～8℃保存"。

（五）核对与发药交待

药师将调配好的药品与处方信息再次逐一核对，确保无误后在处方上签名或盖章。如发现配方错误时，应将药品退回配方人及时更正。

发药时，药师要核对患者身份信息；向患者交待每种药品的服用方法和特殊注意事项，同一药品有两盒以上时要特别交待，同时应注意尊重患者隐私。

七、智能化调剂

随着医院信息化、自动化建设逐步完善，大大提高了药房的信息化和自动化程度和管理水平。智能药库、单剂量分包机、整盒发药系统、注射剂发药系统及智能存取系统等一系列适合医院药房运用的自动化设备（图7-3），使调剂工作更加智能、高效，将药学专业人员从繁重的体力劳动中解放出来，使其能投入到药学服务工作中去。

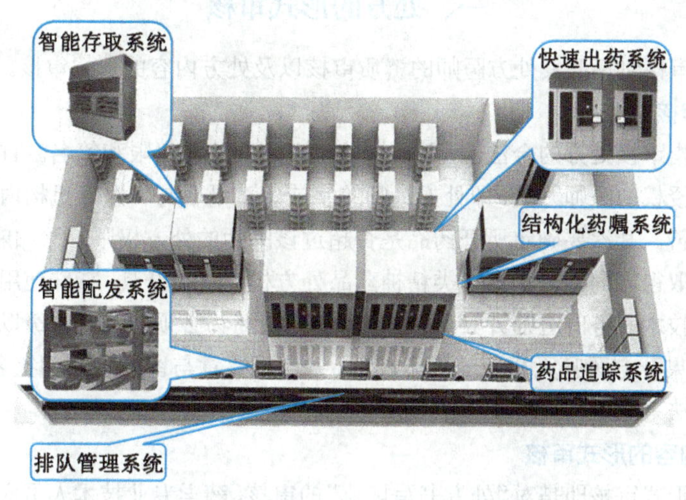

图7-3 某医院自动化门诊药房设计图

（一）单剂量分包机

单剂量分包机是通过读取医院信息系统医嘱信息，将患者一次用药量的口服制剂自动包入同一个药袋内的设备，药袋上印有病区、床号、患者姓名、药品信息、服药日期、服用方法等信息。单剂量分包机与传统的手工摆药相比，具有工作效率高、差错率低、药品污染少等优点，也是目前我国应用最为广泛的药房自动化调剂设备。

（二）快速出药系统

快速出药系统是一套结合自动化控制与计算机管理的盒装药品的自动化储存、出药和发送系统，一般由储药单元、出药单元、传送系统和管理控制单元等构成，主要用于盒装药品的储药、出药。通过与医院信息系统联网，系统在接收到处方信息后，由核心控制系统即刻发出控制指令，使出药模块自动依照处方发送指定品种、数量的药品，可将配好的药品直接发送到窗口，也可将药品发送到任何指定位置，可用于门、急诊药品调剂，能够减少调剂差错，提高工作效率与质量。

（三）智能存取系统

智能存取系统可用于特殊包装形式的药品，如注射剂、口服液、外用制剂等制剂的存储、发

笔记

药工作。系统接收到处方信息后自动识别检索出需要发放的药品，按最优路径旋转到相对储位且相应位置指示灯闪烁提示工作人员取药，工作人员取完所需药品后确认完毕。智能存取系统实现了药房调剂模式由“人找药品”到“药品找人”的转变，同时可以对药品进行信息化管理，可用于综合性药房的调剂管理工作。

（四）毒麻药品智能管理系统

毒麻药品智能管理系统一般由管控系统、储药单元、回收单元等组成，可用于医院毒、麻、精、贵重或其他特殊管制药品在科室存储、领用、管理等工作。系统可对操作人员进行智能化识别，进行不同级别的权限管理，通过读取处方信息后，自动按照处方信息发放相应数量的药品，对取药过程进行实时监控，并配备回收单元，可用于麻、精药品废贴及空安瓿的智能回收。因此，能够有效提升毒麻药品管理效率与质量，提高用药安全。

第二节 处方审核

处方审核分为处方的形式审核和用药适宜性的审核两部分。

一、处方的形式审核

处方的形式审核包括开具处方医师的资质审核以及处方内容的形式审核。

（一）资质审核

资质审核是指审核处方的合法性，即审核处方医师的处方权限和签名。首先要确定处方是否由本医疗机构授权的医师开具，即处方医师签字或签章是否与本医疗机构内签名留样或者备案的专用签章相符。其次要确定所开药品是否超过该医师的处方权限。比如麻醉药品、第一类精神药品必须由取得麻醉药品和第一类精神药品处方权的医师开具；特殊使用级抗菌药物必须由具有高级专业技术职务的医师开具；限制使用级抗菌药物必须由具有中级以上专业技术职务的医师开具。如果开方医师无相应的处方权限，签名或签章与留样备案的签名和签章不一致，说明该处方不合法。

（二）处方内容的形式审核

处方内容的形式审核即是对“处方书写规范”的审核，药学专业技术人员应当认真逐项检查处方前记、正文和后记书写是否清晰、完整，并确认是否使用规定的处方书写。主要包括以下几方面：

1. 首先审核处方类型是否正确，即不同种类药品是否用不同类型的处方开具，如麻醉药品、第一类精神药品处方，第二类精神药品处方，急诊处方，儿科处方，普通处方。其次审核处方的开具时间是否是当日。超过有效期的处方，需要处方医师更改处方日期并签字盖章或重新开具处方。

2. 审核患者姓名、年龄（新生儿、婴幼儿应写明日、月龄、体重）、科别、临床诊断，正文以及后记是否填写完整，字迹清楚。

3. 审核单张门（急）诊处方开具药品是否超过5种，西药、中成药与中药饮片是否分别开具。

4. 医师是否使用药品规范名称开具处方，且药品的剂型、规格、单位、数量等书写清楚，规范。

5. 医师需在处方上写明药品正确的用法、用量，不得使用“遵医嘱”“自用”等含糊不清字句。

6. 一般情况下，门诊处方不应超过7日用量，急诊处方不应超过3日用量，但对于某些老年病、慢性病或特殊情况，处方用量可适当延长，医师注明理由并签字盖章后药师方可调配。特殊药品（麻醉药品、精神药品、医疗用毒性药品、放射性药品）的处方用量应执行国家相关规定。

笔记

处方审核案例分析

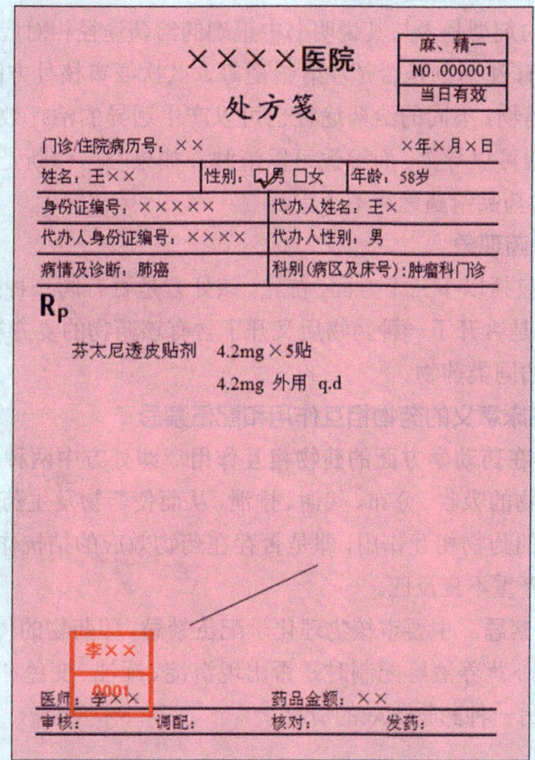
××××医院
处方笺
麻、精一
NO. 000001
当日有效

门诊/住院病历号：×× ×年×月×日

姓名：王×× 性别：☑男 □女 年龄：58岁

身份证编号：××××× 代办人姓名：王×

代办人身份证编号：×××× 代办人性别：男

病情及诊断：肺癌 科别(病区及床号)：肿瘤科门诊

Rp

芬太尼透皮贴剂 4.2mg×5贴

4.2mg 外用 q.d

医师：李×× 药品金额：××

审核： 调配： 核对： 发药：

该患者为首次取药，请审核此处方是否合理，并做发药交待。

分析：①核对是否使用麻醉药品专用处方；②审核处方医生是否有麻醉药品处方权；③用药不适宜处方，应向患者说明稍等，与处方医生联系；④用药频次不正确，应为每72小时更换一次本贴剂；⑤处方超量：门（急）诊癌症疼痛患者和中重度慢性疼痛患者芬太尼透皮贴剂应不超过7日常用量。

二、用药适宜性的审核

药师应当对处方用药适宜性进行审核，审核内容包括：

（一）规定必须做皮试的药品，处方医师是否注明过敏试验及结果判定

《中华人民共和国药典临床用药须知》规定必须做皮试的药物包括抗菌药物中β-内酰胺类的青霉素类抗菌药物（注射和口服剂型）、抗毒素、类毒素及免疫血清、门冬酰胺酶、细胞色素C、有机碘造影剂等。对于这些必须进行皮肤敏感试验的药物，处方上必须注明皮试结果为阴性后，药师才能调配药品。

（二）处方用药与临床诊断的相符性

药师应审核处方用药是否与临床诊断相符，处方用药与临床诊断不符主要包括以下两种情况：①临床诊断与药品说明书适应证不符，例如临床诊断为高血压，医师处方开具的是降糖药；②禁忌证用药，例如伪麻黄碱治疗感冒伴有严重高血压患者，易导致高血压危象。

（三）剂量、用法的正确性

处方上药品用法用量应与药品说明书中推荐的用法用量相一致，儿童用药应按照药品说明书推荐的儿童剂量根据儿童体重或体表面积计算。特殊情况下，药品剂量超出说明书中推荐的给药剂量时，医师须在处方上注明理由并签字盖章。药品用法的审核主要指药品给药频次，给

笔记

药时间(如餐前半小时,餐后半小时,吃第一口饭时,睡觉前等)和服用方法(如嚼服等)是否与药品说明书一致。

(四)选用剂型与给药途径的合理性

首先审核所选药品的剂型是否与其说明书中正确的给药途径相对应,如口服制剂(胶囊、口服液等)是否是口服给药,注射剂是否是注射给药等。其次要审核处方医师开具的药品给药途径是否适宜,因为同种药物,不同的给药途径也可以产生迥异的治疗效果,例如硫酸镁肌内注射可用于治疗子痫,口服可以导泻,而湿敷可以消肿。如果临床诊断是子痫,处方却开硫酸镁口服,则处方医师开具的药品给药途径不适宜。

(五)是否有重复给药现象

审核重复用药主要包括以下三个方面,首先,该处方是否有同一种药物用不同商品名开具的情况;其次,处方医师是否开了一种药物后又开了含有该药物的复方制剂;最后,处方医师是否同时开具了2种以上的同类药物。

(六)是否有潜在临床意义的药物相互作用和配伍禁忌

1. **首先审核是否存在药动学方面的药物相互作用** 即处方中两种或两种以上药物合并或序贯使用是否会影响药物的吸收、分布、代谢、排泄,从而使药物发生药动学的改变。其次审核是否产生了药效学方面的药物相互作用,即是否存在药物效应的拮抗作用,特别要注意因为药物副作用的相加导致的严重不良反应。

2. **审核药物的配伍禁忌** 主要审核物理化学配伍禁忌,即药物的体外相互作用,主要指静脉注射或滴注药液及肠外营养液等配制时是否出现沉淀、浑浊、变色和活性降低等现象,甚至是发生其中一种药物使另一种药物失效的情况。

处方审核案例分析

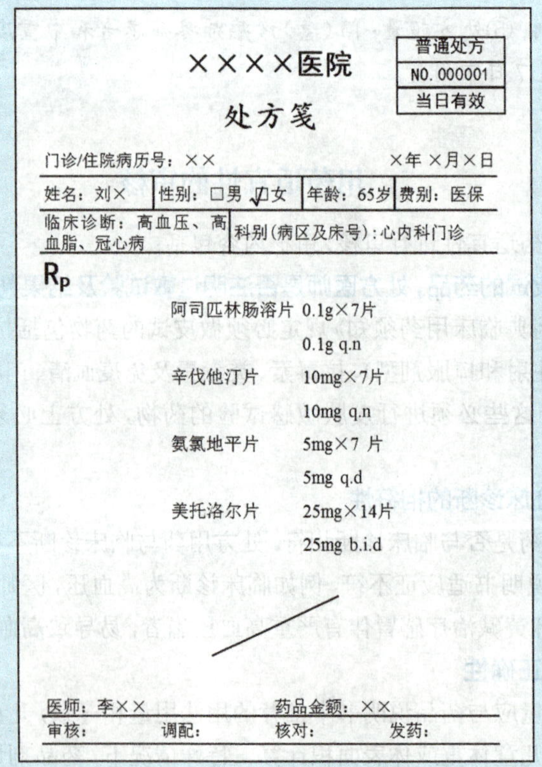

××××医院

处方笺

普通处方
NO. 000001
当日有效

门诊/住院病历号:×× ×年×月×日

姓名:刘× | 性别:□男 ☑女 | 年龄:65岁 | 费别:医保

临床诊断:高血压、高血脂、冠心病 | 科别(病区及床号):心内科门诊

Rp

阿司匹林肠溶片 0.1g×7片
0.1g q.n
辛伐他汀片 10mg×7片
10mg q.n
氨氯地平片 5mg×7片
5mg q.d
美托洛尔片 25mg×14片
25mg b.i.d

医师:李×× 药品金额:××

审核: 调配: 核对: 发药:

请审核此处方是否合理，并做发药交待。

分析：①判断为合理处方；②服药次数与用药时间：阿司匹林肠溶片、辛伐他汀片、氨氯地平片，三种药物一天服药1次，酒石酸美托洛尔片一日服药2次；③阿司匹林肠溶片、辛伐他汀片晚上服用，氨氯地平片晨起后服用，美托洛尔片早上、下午各服药1次；④服药期间注意，是否有牙龈、皮肤黏膜出血、黑便等情况，如果有应立即停止用药，并咨询医生或药师；⑤服用辛伐他汀片一定要定期复查肝功、血脂，如转氨酶升高至正常高值3倍以上，或用药过程中出现明显的肌痛、肌无力，或血磷酸肌酸激酶高于正常值上限10倍以上应停药；⑥定期测血压和心率，当血压低于90/60mmHg，或心率低于60次/分时，应停用氨氯地平片、美托洛尔片，随诊医生或咨询药师。

处方审核案例分析

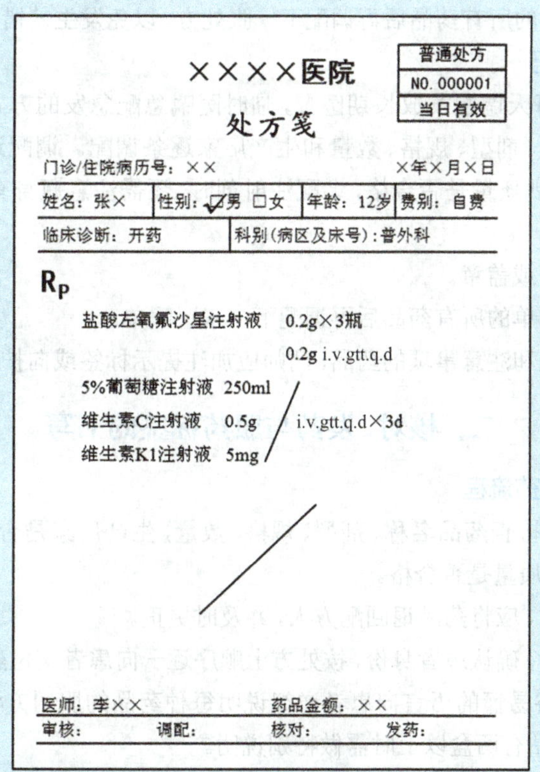

××××医院

普通处方
NO. 000001
当日有效

处方笺

门诊/住院病历号：××　　×年×月×日

姓名：张×　性别：☑男 □女　年龄：12岁　费别：自费

临床诊断：开药　科别(病区及床号)：普外科

Rp

盐酸左氧氟沙星注射液　0.2g×3瓶

0.2g i.v.gtt.q.d

5%葡萄糖注射液　250ml

维生素C注射液　0.5g　i.v.gtt.q.d×3d

维生素K1注射液　5mg

医师：李××　药品金额：××

审核：　调配：　核对：　发药：

请审核此处方是否合理，如何向患者说明并与处方医生沟通？

分析：①判定为不规范、用药不适宜处方，应向患者说明稍等，与处方医生联系；②诊断不明确，不能为“开药”；③左氧氟沙星禁用于18岁以下患者；④维生素K_1注射液与维生素C注射液为配伍禁忌，维生素K_1与维生素C混合易出现混浊，维生素K_1为醌式结构，具氧化性，与具有还原性的维生素C配伍，可产生氧化还原反应，使两者疗效减弱。

笔记

第三节 处方调配、核对和发药

一、调 配

药师应严格按照医师处方正确调配药品，不得擅自更改医师处方药品，并在处方调配后签字或盖章。

（一）处方调配

药学专业技术人员应按标准操作规程调配处方药品，一般包括以下过程：

1. 按照处方所开具的药品名称、剂型、规格和数量逐一调配药品，并检查每个药品的外观质量（包括澄明度、色泽、形状等）以及有效期。

2. 在每种药品外包装上准确规范地贴上用法、用量等标签，对需要提示患者注意特殊储存条件的药品加贴醒目的标签，如“置2～8℃保存”。

3. 调配完成后签名或盖章。

4. 调配好一张处方的所有药品后再调配下一张处方，以免发生差错。

（二）住院医嘱调配

1. 住院医嘱采取每天调配发放长期医嘱，临时医嘱急配急发的方式。按照病区传到药房的医嘱单上的药品名称、剂型、规格、数量和生产厂家逐条调配。调配过程中应检查每个药品的有效期，确认药品外观质量是否合格，调配注射剂时，还需注意瓶身有无开裂、破损，瓶盖有无脱落等现象。

2. 调配完成后签名或盖章。

3. 调配好一张医嘱单的所有药品后再调配下一张医嘱单。

4. 对于有特殊用法和注意事项的药品，药师应加注提示标签或向护士特别说明。

二、核对、发药与服药标签的书写

（一）处方核对、发药流程

1. 逐一核对药品，检查药品名称、剂型、规格、数量，生产厂家是否与处方相符，并逐个检查有效期以及药品外观质量是否合格。

2. 发现调配错误时，应将药品退回配方人，并及时更正。

3. 核对药品无误后，确认患者身份，按处方上顺序逐一向患者交付药品。

4. 发药时应用通俗易懂的语言向患者详细说明每种药品的服用方法和特殊注意事项。为避免重复用药，同一药品有两盒以上时需做特别说明。

5. 发药时要耐心回答患者的问题，需同情关心患者，态度和蔼亲切并注意尊重患者隐私；如患者有较多问题时，建议患者到药物咨询室或药物咨询窗口进行咨询。

6. 发药结束，应提醒患者“您的药齐了，请拿好”。并在处方上确认签字或盖章。

（二）住院医嘱核对、发药流程

1. 首先核对调配的药品是否摆放在对应科室的发药箱中。

2. 逐一核对药品，检查药品名称、剂型、规格、数量、生产厂家是否与医嘱单相符，并逐个检查有效期以及药品外观质量是否合格，调配注射剂时，还需注意瓶身有无开裂、破损，瓶盖有无脱落等，确认无误后签字；单剂量口服药需核对药袋内药片的形状、大小以及数量是否与口服药袋上标注的药品相符，确认无误后签字。

3. 发现调配错误或药品有破损时，应立刻告知配方人，将药品退回，并及时更正。

4. 核对无误后，由配送人员将药品送至病区，病区护士核对后签字。

笔记

（三）服用标签的书写

1. 尽量在每种药品上分别贴上患者姓名、药品名称、剂型、规格、用法、用量、储存条件和有效期，服药注意事项（如需振荡摇匀后服用、服药时宜大量饮水、餐前、餐后、睡前、驾车司机不宜服用等），调剂日期，调剂药房的名称、电话等标签，并正确粘贴标签。

2. 服药标签的书写应避免使用专业术语，尽量使用通俗易懂的语言。避免使用克、毫克、毫升等药物规格计量单位，应直接书写服用几片或几包，如“每日 3 次，每次 20mg”应写成“每日 3 次，每次 2 片”。

3. 一些生物制品以及微生态制剂有特殊的贮存条件，应交代患者放置冰箱保鲜室冷藏保存，并加贴明显的标签提示患者注意，如“置 2～8℃保存”。有特殊注意事项的药品需加贴特殊提示标签，如“每天用药不超过 4 次”，“服药时宜大量饮水”，“服药后不宜驾驶机动车”等。外用药还需贴上醒目的外用药标签。

第四节　处方调剂差错的防范与处理

一、处方调剂差错的防范

（一）处方调剂差错概述

处方调剂差错（dispensing error）是指在处方调剂过程中发生的过失或错误，并给正常工作、药品管理或患者造成不良影响或损害后果的行为。

根据药品有无发出药房分为内差和外差，其中外差根据其影响程度与潜在危险分三类进行管理。一类差错：药已发出，患者或其关系人发现，尚未使用；二类差错：患者已使用，但未造成损害；三类差错：患者已使用，造成损害。

（二）处方调剂差错的原因

导致处方调剂差错发生的原因有很多，常见的包括：

1. 客观因素

（1）取药窗口聚集患者、大厅嘈杂等不良工作环境干扰药师。

（2）药品摆放位置不合理，如药品未进行分类摆放，或未贴标识。

（3）药物品种繁多，药品包装相似，药品名称相似，规格相同产地不同等。

2. 药师因素

（1）药师工作量大。

（2）精神不集中。

（3）专业知识欠缺。

（4）工作态度不严谨或缺乏责任感。

3. 医师因素

（1）医师处方药品名称书写潦草，导致药品调剂错误。

（2）医师对药品用法用量、给药途径不熟悉或书写潦草，药师辨认错误造成患者用法用量错误。如氯苯那敏片 4mg 写成 4 片。

4. 医院因素

（1）缺乏完善的质量持续改进体系而无法从根本上减少处方调剂差错的发生。

（2）缺乏良好的安全文化氛围。

5. 患者因素　患者取药时，由于心情不佳，烦躁，或者因其他原因着急取药，催促药师发药，干扰了药师的正常工作；或者患者在发药窗口误拿其他患者的药品。

（三）处方调剂差错的防范

从导致处方调剂差错的原因出发，坚持预防为主，常备不懈，坚持“安全第一、预防为主、综合防范”的方针。主要从以下几点进行防范：

1. 改善药师工作环境

（1）采用大窗口或柜台式发药模式，使患者与药师之间能够面对面地沟通。

（2）就诊高峰时增加发药窗口，缓解高峰时压力，同时维护好秩序，避免患者在窗口拥挤。

（3）通过电子叫号系统，可有效避免窗口拥挤无序现象。

2. 合理调整药房内药品的布局

（1）药品应严格按规定分类摆放，如对药物按药理作用、剂型等分类摆放，并贴有标识。

（2）要求药师在药架上摆放药品时，一定要确保药品标签与药架上的标签严格对应。

（3）同品种不同规格的药品分开摆放；包装相似或读音相似的药品分开摆放，并放有专用警示标签，如：易混淆、听似、看似、两种规格、两种产地等。

（4）在易发生差错的药品摆放位置上，可加贴醒目的警示标签。

3. 应用自动化调剂设备及信息化流程管理技术

（1）应用单剂量分包机、整盒发药系统、注射剂发药系统及智能存取系统等一系列自动化设备，可提高工作效率，同时减少调剂差错。

（2）引入药品批号条形码信息化流程管理技术。条形码具有使用方便、操作简单、采集信息量大、速度快、准确性高、可靠性强的特点，可用于提高用药准确性。

4. 增强药师的责任感、培养药师爱岗敬业的精神

（1）加强对药师的岗位培训及业务学习，通过培训学习增强药师的责任心及服务意识，可有效减少差错的发生。

（2）提高药师风险意识，定期对差错原因进行统计分析，提出整改措施，如常见的差错相关药品张贴明显的示意图或分类分区管理等。

（3）增强药师工作积极性，如定期评选服务明星，举行调剂技能大赛等。

（4）培养药师良好的工作习惯，树立爱岗敬业的精神。

5. 建立完善的质量持续改进体系

（1）建立组织机构，明确职责：在药学部门全面质量管理小组下设药学工作质量管理小组。制定调配标准操作规程；在处方调剂方面制定切实可行的质量考核指标，如处方差错率是否合格、各科室布局是否合理、药品陈列是否整齐有序、标识是否醒目等。

（2）建立差错处理预案：建立健全的预警体系和应急机制，从而提高预防和处置突发差错事件的能力，预防和减少差错事件造成的损失。

（3）利用质量改进管理工具：管理者可以利用各种质量管理工具减少处方调剂差错，常见的质量管理工具包括全面质量管理、持续质量改进、六西格玛（Six Sigma）、PDCA 循环管理等。

知识拓展

PDCA 循环管理

PDCA 循环管理，是 1954 年美国质量管理专家戴明博士首先提出的，故又叫戴明环（Deming cycle）。PDCA 循环是质量保证体系运转的基本方式，是一种普遍实用的管理哲学。主要包括 Plan（计划）、Do（执行）、Check（检查）、Action（处理）四大步骤，是全面质量管理所应遵循的科学程序。它是一个循环的、持续向上的、永不停止的过程，因此也

被称为持续改进螺旋(continuous improvement spiral)。处方质量持续改进离不开管理循环的转动,也就是说,改进与解决处方中存在的质量问题,提高医院处方质量也需要运用PDCA循环的科学程序。

6. **营造医院安全文化氛围** 安全文化是以共同的信仰和价值为基础,努力把服务过程中可能引起的患者伤害降至最低的一种工作理念,是所有员工对待医疗安全的共同态度、信仰和价值趋向,是将“安全”提升到最优先地位的一种行为。

这需要从以下几方面努力:①领导能力。医院高层领导的全面参与并承诺安全,同时将其诠释为医院员工的共同价值观和行为准则。②政策和规划。视安全为第一优先,甚至以牺牲生产和效率为代价来全面规划医院安全的各个环节。③员工参与。员工个人能够自由地贡献安全思想并在实践中付之行动,保证员工主动参与安全决策过程。④双向交流。医院内领导与员工之间、员工之间、科室之间的交流应该是频繁和坦诚的。⑤无障碍的报告系统。公开对待缺陷与问题,当出现缺陷时应及时向有关部门报告。⑥学习型组织。崇尚学习型组织,对待问题的态度应是着眼改进系统而不是惩罚个人。

7. **提高患者自我监测意识及药学水平** 积极将患者融入到药物治疗的过程中,教育及培训患者对处方调剂差错的识别,及时发现与纠正可能发生或已经发生的处方调剂差错。

二、处方调剂差错的处理

(一)处理原则

1. **快速反应、措施有力** 加强调剂处方差错事故应急预案建设,健全应急处置相关工作制度,强化应急处置的建设,通过增强综合性防范性措施,降低调配差错率,同时提高全体药学部审方药师、调配药师的应急能力。

2. **以人为本,降低伤害** 对已发生处方调剂差错的,应坚持以人为本的工作原则,减少调剂差错所带来的危害,将保障患者的生命健康作为首要任务,最大程度减少调剂差错造成的患者身体损害。

3. **建立无惩罚自愿上报系统** 所有调配差错必须及时向部门负责人报告,内部差错填写《无惩罚性发药差错事故登记表》,外部差错填写《药学部发药差错事故登记表》,明确责任,并由部门负责人向药学部主任报告,通过多种途径及时查找患者,与患者联系并更正错误,调换药品,并致歉(如发生严重的不良反应或事故,应及时通报医院主管领导并采取相应措施)。部门负责人应调查差错发生的经过、原因、责任人,分析出现差错危害的程度和处理结果。

(二)各组织机构及职责

1. **科室领导小组职责** 在科室主任或小组负责人带领下,负责调剂差错全程协调、指挥、奖惩、评估、总结及改进。

2. **部门质控小组职责**

(1) 差错发生后,应及时采取补救措施,尽可能减轻差错的后果。及时向小组负责人、科室负责人、医务处及相关领导汇报,以便及时处理减少损失。

(2) 发生差错后、当事人未能及时发现,被临床科室检查发现,应主动与临床科室联系,及时采取补救措施,登记差错事故,予以处罚,药品损失由当事人承担。

(3) 及时分析导致差错发生的原因,找出防范措施和解决办法,填写《发药差错事故登记表》。

(4) 认真学习预防发药差错四大预防机制:药品贮存、药品配方、药品发放、管理措施。

(5) 妥善处理相关事务。

3. **信息机制** 临床药学组,临床资料室负责差错事件中药物信息、临床药学和药物安全性

方面的工作。

(1) 及时收集整理药物信息，以适当的方式向临床传递合理用药信息。

(2) 对于因诊疗过错、医药产品缺陷等原因，造成患者死亡、残疾、器官组织损伤导致功能障碍等明显人身损害事件的，要按照医疗质量安全事件进行报告管理。

第五节 特殊药品管理与调配

麻醉药品、精神药品、医疗用毒性药品和放射性药品因其具有特殊的药理、生理作用，如果管理、使用不当将严重危害病患及公众的生命健康乃至社会的利益。为了保证药品合法、安全、合理使用，防止药物滥用造成的危害，依照《中华人民共和国药品管理法》国家对这类药品实行特殊管理。

一、麻醉药品、精神药品管理与调配

（一）麻醉药品、精神药品管理

1. 管理原则 按照《中华人民共和国药品管理法》《麻醉药品和精神药品管理条例》《医疗机构麻醉药品、第一类精神药品管理规定》《处方管理办法》，进行麻醉药品、精神药品的管理和使用。

2. 组织管理与培训

(1) 医疗机构麻醉药品和精神药品管理领导小组全面负责麻醉药品和精神药品的管理，药学部负责麻醉药品、精神药品的日常管理工作。

(2) 将麻醉药品、精神药品的管理列入年度目标责任制考核。定期检查、记录结果，及时纠错。

(3) 定期组织培训，学习有关的法律、法规、规章制度及麻醉药品、精神药品临床合理使用等知识。

3. 麻醉药品、精神药品的采购管理

(1) 采购麻醉药品和第一类精神药品必须向所在地的市级卫生行政部门提出申请，填报“麻醉药品、第一类精神药品购用印鉴卡申请表”，经审核批准发给《麻醉药品、第一类精神药品购用印鉴卡》，凭印鉴卡向定点经营单位按本单位诊疗需要采购。麻醉药品、第一类精神药品购用印鉴卡的有效期三年，有效期满前三个月，重新提出申请；项目有变更时，应在3日内到市级卫生行政部门办理变更手续。《麻醉药品、第一类精神药品购用印鉴卡》严禁转借他人。

(2) 由麻醉药品和精神药品保管人员根据临床诊疗需求提出购买计划单，经医疗机构主管负责人批准后，由药品采购人员向定点经营单位购买。

(3) 采购麻醉药品和精神药品时应当核实经营单位资质文件、证明，无误后方可采购。

(4) 麻醉药品和精神药品采购不得使用现金交易。

(5) 麻醉药品和精神药品的采购由专人负责。

(6) 麻醉药品和精神药品采购应建立采购档案，内容包括：①定点经营单位合法资质证明；②定点经营单位联系方式；③销售人员身份证明及法人委托书；④经批准的购买计划单。

4. 麻醉药品、精神药品的验收管理

(1) 麻醉药品和精神药品到货后，由指定的两位保管员先后核对实物与采购计划单的一致性。

(2) 保管员会同采购员检查药品名称、剂型、规格、数量、生产厂家、生产日期、批号、有效期，确认外包装完好，封口严密，标签清晰，文字完整，无污染、无渗漏、无破损、无混杂，无启封痕迹；如有一项验收不合格，保管员应拒绝接收。

笔记

(3) 麻醉药品、精神药品验收时必须进行严格的数量检查，应按最小单位包装逐支逐瓶验收，确保数量无误后方可入库。

(4) 验收合格，填写验收记录，两名保管员先后签名。

5. 麻醉药品、精神药品的储存管理

(1) 应当设立专库或专用保险柜储存麻醉药品和精神药品，专库应当设有防盗设施并安装报警装置，应当有24小时值班；实行双人双锁管理。

(2) 应当配备专人负责麻醉药品和精神药品保管管理工作，并建立储存麻醉药品和精神药品的专用账册，药品入库双人验收，出库双人复核。

(3) 保管人员应每日检查麻醉药品和精神药品，做到账物相符，账账相符，发现问题及时采取措施，并报告主管负责人。

(4) 保管员严格按照药房的领用申请办理出库手续，认真核对药品名称、剂型、规格、数量、批号、有效期等，并与药房领用人员做好药品实物的交接工作。详细记录药品信息和出库日期并有经手人签字。

6. 麻醉药品、精神药品的使用管理

(1) 麻醉药品、精神药品处方的管理：①医疗机构根据有关规定设计麻醉药品、精神药品专用处方，经分管院长审核，定量印制；②物资库房指定专人管理麻醉药品、第一类精神药品空白处方，处方入库应当场清点，记录起止号码；③物资库房应建立《麻醉药品、第一类精神药品处方领用登记册》，记录以下内容：领用日期、领用科室、处方起止号码和数量、领用人签名、发放人签名，各临床科室需要使用麻醉药品、第一类精神药品空白处方时，由各科室到专职管理部门领用，指定专人妥善保管；④专职管理部门、各科室保管的麻醉药品、精神药品空白处方发生失窃时，应迅速向院保卫科报告，失窃空白处方自失窃之时起作废，并及时在院内通告。

(2) 麻醉药品、第一类精神药品专用病历的管理：①对门(急)诊需长期使用麻醉药品、第一类精神药品的慢性中、重度疼痛及癌痛的患者，医疗机构需建立麻醉药品、第一类精神药品专用门诊病历；②专用门诊病历由医院统一编号后予以保管，专用于麻醉药品、第一类精神药品的配用，不能用于其他疾病的诊疗和药品的配用；③医院在建立专用门诊病历时，应留存二级以上医院开具的诊断证明、患者身份证明复印件、代办人员身份证明复印件，并要求其签署《知情同意书》。

(3) 医师处方权管理：具有执业医师资格的医师经过有关麻醉药品和精神药品管理和使用知识的培训并考核合格后，取得麻醉药品和第一类精神药品的处方权。医疗机构应建立《麻醉药品、第一类精神药品处方医师签名(签章)式样备案表》，留样备案表应在医务处及药学部各调剂部门备案保存。

(4) 医师的诊疗管理：①医师应遵循《麻醉药品临床应用指导原则》《精神药品临床应用指导原则》使用麻醉药品和精神药品，“保障合法需求，防止非法滥用”；②具有处方权的医师在为因疼痛需长期使用麻醉药品、第一类精神药品的慢性中、重度疼痛及癌痛患者首次开具麻醉药品、第一类精神药品处方时，应当亲自诊查患者，为其建立专用门诊病历；③医生应当要求长期使用麻醉药品和第一类精神药品的门(急)诊患者每3个月复诊或随诊一次，若发现患者不再需要继续使用的，应及时注销其专用门诊病历；④除需长期使用麻醉药品和第一类精神药品的门(急)诊癌症疼痛患者和中、重度慢性疼痛患者外，麻醉药品注射剂仅限于医院内使用。

(5) 处方用量管理(处方用量表见表7-1)。

(6) 药师调剂权的管理：药师经过有关麻醉药品和精神药品规范化管理和合理使用知识培训，考核合格后取得麻醉药品和第一类精神药品调剂资格，方可在本机构调剂麻醉药品和第一类精神药品。

表 7-1 处方用量表

药品、剂型		门（急）诊患者	癌痛和中重度慢性疼痛患者	住院患者
麻醉药品、第一类精神药品	注射剂	一次常用量	≤3 日常用量	逐日开具 1 日常用量
	控缓释制剂	≤7 日常用量	≤15 日常用量	
	其他剂型	3 日常用量	≤7 日常用量	
哌醋甲酯（用于治疗儿童多动症、注意缺陷、多动障碍）	常释制剂	≤15 日常用量		
	缓释制剂	≤30 日常用量		
第二类精神药品		一般≤7 日常用量；慢性病或某些特殊情况的患者可以适当延长		
盐酸二氢埃托啡		一次常用量，仅限于二级以上医院内使用		
盐酸哌替啶		一次常用量，仅限于医疗机构内使用		

（7）药房麻醉药品和精神药品的管理：①专人管理：药房指定专人负责麻醉药品和精神药品的管理；②专用账册：建立专用账册，每日对库存麻醉药品、精神药品进行数量和质量检查，做到日结日清，账物相符，专用账册的保存应当在药品有效期满后不少于两年；③专柜加锁：药房应当配备专用保险柜和必要的防盗设施，药房应设立专用调配窗口，并有醒目标识；④专册登记：建立麻醉药品、第一类精神药品专用处方登记册，药师调配时要及时登记，注明药品批号，确保可追溯，专用处方登记册保存期限为 3 年；⑤专用处方：麻醉药品、第一类精神药品处方保存三年，第二类精神药品处方保存两年。

（8）临床科室麻醉药品、第一类精神药品的使用管理：①麻醉药品和第一类精神药品的备用：各病区及手术室应根据医疗实际需要申报备用麻醉药品和第一类精神药品品种、数量，上报医疗机构麻醉药品和精神药品管理领导小组批准，办理相关手续备案，由药房发给备用量，作为各科备用药品；②专人管理：备用麻醉药品和第一类精神药品的病区应指定专人负责麻醉药品和第一类精神药品的账物管理，设立《麻醉药品、第一类精神药品交接班记录本》，交班时账物须核准并双签名，确保账物相符；③专柜加锁：配备专用保险柜和必要的防盗设施，不得与其他药品混放；④药品调剂：有备用注射剂的科室凭电脑医嘱单、专用处方和空安瓿领取，无备用药品凭电脑医嘱单和专用处方领药，用后立即交还空安瓿和废贴膜；⑤药品残余液的处理：医院各病区、手术室等使用麻醉药品、第一类精神药品注射剂有残余液时，必须有二人在场并采取立即销毁处置；⑥使用过程中的特殊处理：患者拒绝使用已经剖开的麻醉药品和第一类精神药品针剂，除按残余液处理外，还应在处方及《麻醉药品、第一类精神药品临床使用记录单》上写明“患者拒绝使用”，患者拒绝使用麻醉药品和第一类精神药品或医师开错，应在当日内退还药房；⑦空安瓿和废贴处理：麻醉药品和第一类精神药品使用后的空安瓿和废贴必须交回药房统一销毁处理，并认真填写《麻醉药品、第一类精神药品临床使用记录单》。

7. 麻醉药品和精神药品销毁管理

（1）对破损、过期或由患者退回的麻醉药品、精神药品应做好登记，并将破损、过期或由患者退回的药品交至药库，药学部门统一备案后，向所在地卫生行政部门提出申请，在卫生行政部门监督下进行销毁。卫生行政部门接到医院销毁麻醉药品、第一类精神药品申请后，应于 5 日内到场监督医院销毁。

（2）回收的麻醉药品、第一类精神药品注射剂空安瓿，应定期审批后销毁。并对销毁做好登记。

8. 被盗、被抢、丢失或者其他流入非法渠道的情形应立即报告主管负责人，并由所在地食品药品监督管理局和（或）卫生行政部门及公安机关及时查处。

笔记

知识拓展

麻醉药品品种目录(2013年版)

共121个品种,其中我国生产及使用的品种及包括的制剂、提取物、提取物粉共有27个品种,具体有如下品种:

1. 可卡因 cocaine
2. 罂粟秆浓缩物 concentrate of poppy straw(包括罂粟果提取物,罂粟果提取物粉)
3. 二氢埃托啡 dihydroetorphine
4. 地芬诺酯 diphenoxylate
5. 芬太尼 fentanyl
6. 氢可酮 hydrocodone
7. 氢吗啡酮 hydromorphone
8. 美沙酮 methadone
9. 吗啡 morphine(包括吗啡阿托品注射液)
10. 阿片 opium(包括复方樟脑酊、阿桔片)
11. 羟考酮 oxycodone
12. 哌替啶 pethidine
13. 瑞芬太尼 remifentanil
14. 舒芬太尼 sufentanil
15. 蒂巴因 thebaine
16. 可待因 codeine
17. 右丙氧芬 dextropropoxyphene
18. 双氢可待因 dihydrocodeine
19. 乙基吗啡 ethylmorphine
20. 福尔可定 pholcodine
21. 布桂嗪 bucinnazine
22. 罂粟壳 poppy Shell

精神药品品种目录(2013年版)

共有149个品种,其中第一类精神药品有68个品种,第二类精神药品有81个品种。

目前,我国生产及使用的第一类精神药品有7个品种,具体有如下品种:

第一类

1. 哌醋甲酯 methylphenidate
2. 司可巴比妥 secobarbital
3. 丁丙诺啡 buprenorphine
4. γ-羟丁酸 gamma-hydroxybutyrate GHB
5. 氯胺酮 ketamine
6. 马吲哚 mazindol
7. 三唑仑 triazolam

目前,我国生产及使用的第二类精神药品有29个品种,具体有如下品种:

第二类

1. 异戊巴比妥 amobarbital

笔记

2. 格鲁米特 glutethimide

3. 喷他佐辛 pentazocine

4. 戊巴比妥 pentobarbital

5. 阿普唑仑 alprazolam

6. 巴比妥 barbital

7. 氯氮䓬 chlordiazepoxide

8. 氯硝西泮 clonazepam

9. 地西泮 diazepam

10. 艾司唑仑 estazolam

11. 氟西泮 flurazepam

12. 劳拉西泮 lorazepam

13. 甲丙氨酯 meprobamate（因发生严重不良反应的风险较高，长时间使用可能产生药物依赖，我国已于2013年5月停止甲丙氨酯制剂的生产、销售和使用。）

14. 咪达唑仑 midazolam

15. 硝西泮 nitrazepam

16. 奥沙西泮 oxazepam

17. 匹莫林 pemoline

18. 苯巴比妥 phenobarbital

19. 唑吡坦 zolpidem

20. 丁丙诺啡透皮贴剂 buprenorphine transdermal patch

21. 布托啡诺及其注射剂 butorphanol and its injection

22. 咖啡因 caffeine

23. 安钠咖 caffeine sodium benzoate

24. 地佐辛及其注射剂 dezocine and its injection

25. 麦角胺咖啡因片 ergotamine and caffeine tablet

26. 氨酚氢可酮片 paracetamol and hydrocodone bitartrate tablet

27. 曲马多 tramadol

28. 扎来普隆 zaleplon

29. 佐匹克隆 zopiclone

（二）麻醉药品、精神药品调配

1. 门诊及病区药房应配备专人负责麻醉药品和第一类精神药品调配管理。

2. 门诊药房应当设有专用发药窗口，有明显标识。

3. 药剂人员调配处方时首先应核查处方是否为麻醉药品、第一类精神药品专用处方，处方各项内容是否完整，特别是身份证明编号。

4. 医院因抢救患者急需麻醉药品、第一类精神药品，如手续不完备时，可先发放该病例一次性使用剂量，事后24小时内补办手续。

5. 调配麻醉药品和精神药品，调配人员必须认真核对药品名称、规格、数量、批号、有效期，在药袋或标签上注明患者姓名、病历号、药品名称、用法用量，并在处方上签全名。

6. 发药人员必须严格核对患者姓名、药品名称、规格、数量、批号、有效期，认真交待用药方法及注意事项，交待患者下次配药时把贴剂的废膜和空安瓿带回；并在处方上签全名。

7. 除需长期使用麻醉药品和第一类精神药品的门（急）诊癌症疼痛患者和中、重度慢性疼痛患者外，患者在门、急诊就诊配麻醉药品注射剂时，药剂人员不发注射剂实物，交待患者到注

射室注射。急诊室或门诊注射室护士根据相关依据和空安瓿来门、急诊药房补领，药剂人员按规定进行空安瓿回收、销毁并详细登记。

8. 药房不得办理麻醉药品和精神药品的退药手续。患者停药后，患者(或患者家属)无偿交回的剩余麻醉药品和精神药品，应办理“患者剩余麻醉药品、第一类精神药品回收凭证”，医院按照规定销毁处理，并填写《麻醉药品、精神药品销毁记录表》。

二、医疗用毒性药品管理与调配

毒性药品系指毒性剧烈、治疗剂量与中毒剂量相近，使用不当会致人中毒或死亡的药品。毒性药品分为西药、中药两大类。西药品种系指原料药(除特殊注明外)，中药品种系指原药材和饮片，不含制剂。

知识拓展

医疗用毒性药品品种目录(1988年版)

共39个品种。其中，中药有28个品种，西药有11个品种。

中药品种：①砒石(红砒、白砒)；②砒霜；③水银；④生马前子；⑤生川乌；⑥生草乌；⑦生白附子；⑧生附子；⑨生半夏；⑩生南星；⑪生巴豆；⑫斑蝥；⑬青娘虫；⑭红娘虫；⑮生甘遂；⑯生狼毒；⑰生腾黄；⑱生千金子；⑲生天仙子；⑳闹阳花；㉑雪上一枝蒿；㉒红升丹；㉓白降丹；㉔蟾酥；㉕洋金花；㉖红粉；㉗轻粉；㉘雄黄。

(注：中药毒性药品品种系指原药材和饮片，不包含制剂。)

西药品种：①去乙酰毛花苷丙；②洋地黄毒苷；③阿托品；④氢溴酸后马托品；⑤二氧化二砷；⑥毛果芸香碱；⑦升汞；⑧水杨酸毒扁豆碱；⑨亚砷酸钾；⑩氢溴酸东莨菪碱；⑪士的宁。

(注：西药毒性药品品种仅指原料药，不包含制剂。西药品种士的宁、阿托品、芸香碱等包括盐类化合物。)

医疗机构按照《中华人民共和国药品管理法》《医疗用毒性药品管理办法》《处方管理办法》等有关法律法规，进行毒性药品的管理和使用。必须建立健全保管、验收、领发、核对等制度，严防收假、发错，严禁与其他药品混杂，做到划定仓位，专柜加锁并由专人保管。定期盘点，做到账物相符。

药学部门调配毒性药品，必须凭医师签名的正式处方，医师应准确清楚地写明处方全部内容。每次处方剂量不得超过两日极量。

药剂人员对使用毒性药品的处方要加强核对，审查剂量，对不清楚的处方拒绝调配。调配处方时，必须认真负责，计量准确，按医嘱注明要求，并由配方人员及药师以上技术职称的复核人员签名盖章后才可发出。对处方未注明“生用”的毒性中药，当付炮制品。如发现处方有疑问时，须经原处方医师重新审定后再行调配。处方一次有效，取药后处方保存二年备查。

三、放射性药品管理

放射性药品系指用于临床诊断或者治疗的放射性核素制剂或者其标记药物。医疗机构必须获得《放射性药品使用许可证》并按期申请审核换证。必须向持有《企业法人营业执照》《放射性药品生产许可证》《放射性药品经营许可证》并在有效期内的单位购买放射性药品。放射性药品存放地点必须根据其放射性剂量，置于相适应的防护装置内，以确保对人和环境无影响。

放射性药品仅限于核医学科使用。核医学科必须配备与其医疗任务相适应的并经核医学技术培训的技术人员。非核医学科专业技术人员或未经培训、批准，不得从事放射性药品使用

笔记

工作。使用放射性药品，必须符合国家放射性核素卫生防护管理的有关规定。

放射性药品使用后的废物（包括患者排泄物），必须按国家有关规定妥善处置。放射性药品的销毁，必须按国家有关规定妥善处理，使其放射性比度达到国家允许标准。

对违反《放射性药品管理办法》的单位或者个人，由县以上卫生行政部门，按照《中华人民共和国药品管理法》和有关法规的规定处罚。

实训项目七　处方审核与调配模拟实训

【实训目的】

1. 通过模拟实训，使学生能够结合理论和实践，掌握处方审核与调配的基本知识和基本技能，培养学生独立观察、分析和解决实际问题的能力。

2. 加强学生对麻醉药品、精神药品管理的认识。

3. 培养学生为患者提供优质药学服务的意识。

【实训条件】 分管教学的院系领导或带教老师与相关医院（附属医院、教学医院）联系，获得对方支持，实地参加该医院门诊药房的调配工作；不具备开展实地实训的学校，可在室内摆设模拟发药台进行实训。

【实训要求】

1. 学生熟悉药房的工作模式，了解药师的岗位职责。

2. 掌握药品审核、调配标准操作规程；掌握麻醉药品、精神药品使用与管理相关规定。

【实训准备】

1. 设施场地　联系医院门诊药房，利用其门诊窗口开展实训（视学生实训人数而定），也可在室内摆设模拟发药台（1张调配桌、2把工作椅、1个药品货架、电脑及麻醉药品柜）。

2. 人员组织　由本项目带教老师任主持，实训学生、门诊药房药师（每组请一名门诊药房高年资药师任点评老师）和患者（学生扮演）参加。

3. 材料准备　任课教师自拟处方，每组准备合理处方5张，不规范处方5张，用药不适宜处方10张；麻醉药品、精神药品处方各5张。处方审核、麻醉精神药品管理相关登记表格、用药交待相关贴纸若干。

【实训内容】

1. 按照“四查十对”原则，审方人员分别审核10张普通处方、麻醉药品、精神药品处方各5张，填写不合理处方沟通登记表。

2. 调配人员根据审方结果，对合格处方进行调配、书写标签，做好核对工作。

3. 发药人员再次复核药品，做好用药交待。

4. 麻醉、精神药品调配发药完成时，及时进行麻醉、精神药品使用登记、空安瓿或废贴回收登记，做好交接班。

【实训过程】

（一）普通处方

1. 学生4人为一小组，分别担任审方（发药）人员（1人）、调配人员（1人）和患者（2人），实训过程中4人轮换角色。

2. 处方审核　按照“四查十对”原则，每名学生对处方的规范性及适宜性逐一进行审核，审查10张普通处方（视学生实训人数而定），并填写不合理处方沟通登记表。审核要点如下：判断开方医师的资质是否符合规定，不同的药品是否使用规定的处方笺书写，格式及内容是否符合规定；对处方用药的适宜性进行审核。

3. 调配人员根据审方结果，对合格处方进行调配。

4. 发药人员核对患者姓名等身份信息，再次逐一核对药品与处方，确保无误后签名或盖章，向患者交待每种药品的服用方法和特殊注意事项，如发现配方错误时，应将药品退回调配人员，及时更正。

（二）麻醉、精神药品处方

1. 学生4人为一小组，分别担任审方（发药）（1人）、调配人员（1人）和患者（2人），实训过程中4人轮换角色。

2. 审方人员核查处方是否为麻醉药品、精神药品专用处方，处方医生是否有麻醉药品、精神药品处方权，处方用量是否符合要求，如患者再次取药，须将原批号的空安瓿或用过的贴剂收回。

3. 调配人员根据审方结果，对合格处方进行调配，仔细阅读处方，按照药品顺序逐一调配，注意检查药品规格、数量、批号、有效期，规范书写用药标签，核对无误后签名。调配好一张处方的所有药品后再调配下一张处方。

4. 发药人员核对患者信息，再次复核药品，确认无误后签名，认真向患者交待药品的服用方法和特殊注意事项，如发现配方错误时，应将药品退回调配人员，及时更正。

5. 进行麻醉、精神药品使用登记、空安瓿或废贴回收登记，做好交接班。

实训路径示意图

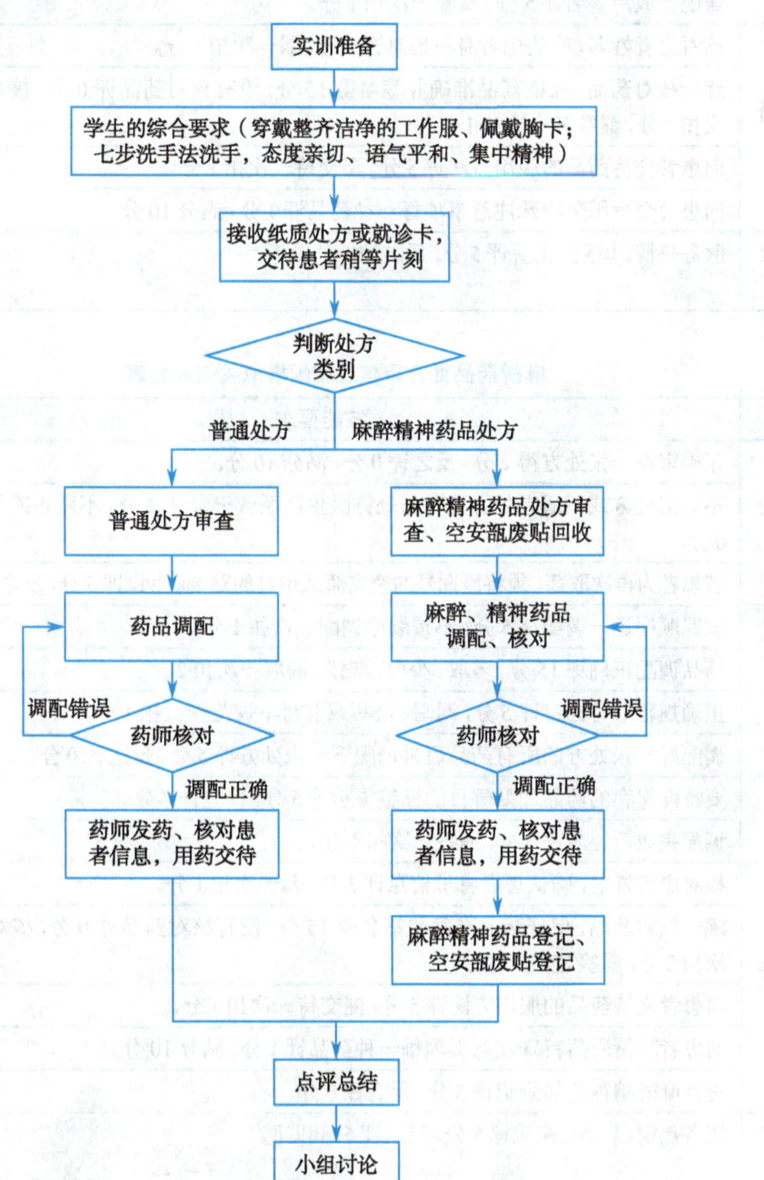

笔记

【实训考核】

1. 指导老师根据每位同学在实训过程中的表现，依据评分表现场进行综合评分。

2. 根据评分结果，指导老师进行点评和总结，指出每位学生在项目完成过程中的成功和不足之处。

普通处方审核及调配模拟实训评分表

项目	技能要求	得分
处方审查（22分）	正确审查一张处方得2分，反之评0分，满分20分。	
	不规范处方或不适宜处方及时与处方医生联系或记录评2分，不联系或不记录评0分。	
处方调配（40分）	按照顺序逐一调配评5分；不按顺序调配一次扣1分。	
	药品调配正确评15分，多取、少取、取错、漏取一次扣2分。	
	正确规范书写标签评5分，漏写、错写或书写不规范一次扣1分。	
	调配好一张处方的所有药品后再调配下一张处方评5分，反之评0分。	
	要特殊保存的药品加贴醒目的标签提示评5分，反之评0分。	
	调配完成后签名评5分，漏签一次扣1分。	
用药交待（33分）	核对患者姓名，确认患者身份信息评3分，漏一次扣1分。	
	逐一核对药品，保证药品准确并签名得15分，没有核对药品评0分，核对差错一次扣2分，漏签名一次扣1分。	
	向患者交待药品的服用方法评5分，漏交待一次扣1分。	
	向患者交待用药特殊注意事项每一种药品评1分，满分10分。	
服务礼仪（5分）	服务热情、周到、礼貌评5分，反之评5分以下。	

麻醉药品处方审核及调配模拟实训评分表

项目	技能要求	得分
处方审查（17分）	正确审查一张处方得2分，反之评0分，满分10分。	
	不规范处方或不适宜处方及时与处方医生联系或记录评2分，不联系或不记录评0分。	
	若患者为再次取药，须将原批号的空安瓿或用过的贴剂收回，评5分，反之评0分。	
处方调配（40分）	按照顺序逐一调配评5分；不按顺序调配一次扣1分。	
	药品调配正确评15分，多取、少取、取错、漏取一次扣2分。	
	正确规范书写标签评5分，漏写、错写或书写不规范一次扣1分。	
	调配好一张处方的所有药品后再调配下一张处方评5分，反之评0分。	
	要特殊保存的药品加贴醒目的标签提示评5分，反之评0分。	
	调配完成后签名评5分，漏签一次扣1分。	
用药交待（38分）	核对患者姓名，确认患者身份信息评3分，漏一次扣1分。	
	逐一核对药品，保证药品准确并签名得15分，没有核对药品评0分，核对差错一次扣2分，漏签名一次扣1分。	
	向患者交待药品的服用方法评5分，漏交待一次扣1分。	
	向患者交待用药特殊注意事项每一种药品评1分，满分10分。	
	进行麻醉精神药品登记评5分，反之评0分。	
服务礼仪（5分）	服务热情、周到、礼貌评5分，反之评5分以下。	

笔记

【思考题】

1. 处方的含义及意义有哪些？

2.《处方管理办法》要求药师应对处方的适宜性进行审核，审核内容有哪些？

3. 药学专业技术人员调剂处方时必须做到哪“四查十对”？

4. 门（急）诊癌症疼痛患者和中、重度慢性疼痛患者开具的麻醉药品、第一类精神药品各种剂型可开具的最大量为多少？

5. 小组讨论：如何在日常调配工作中做好药学服务工作？

（许杜娟）

笔记

第八章 静脉用药集中调配

第一节 概 述

一、静脉用药集中调配

（一）静脉用药集中调配的含义和背景

静脉用药集中调配，是指医疗机构药学部门根据医师处方或用药医嘱，经药师进行适宜性审核，由药学专业技术人员按照无菌操作要求，在洁净环境下对静脉用药物进行加药混合调配，使其成为可供临床直接静脉输注使用的成品输液的操作过程。静脉用药集中调配是药品调剂的一部分。其性质属于“药品调剂”工作，而不是“药物制剂”。

静脉用药调配中心（室）(pharmacy intravenous admixture service，PIVAS）是指医疗机构中有依据药物特性设计的操作环境，按照静脉用药调配的要求，在药学部门的统一管理下，由受过培训的药学技术人员严格按照标准操作程序进行包括肠外营养液、危害药品等静脉药物的混合调配，为临床提供优质的成品输液和药学服务的功能部门。PIVAS 由药学部领导管理，是药学专业技术工作，而不是单纯调配发药，药学技术人员应当参与临床静脉用药。

1969 年世界上第一个 PIVAS 建于美国俄亥俄州州立大学医院，美国 93% 的营利性医院和 100% 非营利性医院都建有规模不等的 PIVAS，欧洲、澳大利亚、日本等国家的医院也大多建有 PIVAS。

我国第一个 PIVAS 于 1999 年在上海静安区中心医院建立，2002 年 1 月我国颁布的《医疗机构药事管理暂行规定》第二十八条指出：“医疗机构要根据临床需要逐步建立全肠道外营养和肿瘤化疗药物等静脉液体配制中心（室），实行集中配制和供应”。2010 年 4 月，我国颁布了《静脉用药集中调配质量管理规范》，这是我国第一个规范的、权威的国家级静脉用药集中调配质量标准和操作规范。2011 年 3 月，我国颁布了《医疗机构药事管理规定》，这些文件的颁布促使更多的医院建立静脉用药调配中心（室），目前国内已建立“静脉用药调配中心（室）”约 500 家。

（二）静脉用药集中调配的目的和意义

1. 静脉用药集中调配的目的 药品在生产过程中通过《药品生产质量管理规范》实行质量控制，在流通过程中通过《药品经营质量管理规范》实行质量控制，但在最为重要的药品使用环节上的质量控制尚缺乏有效的管理规范。开展静脉用药集中调配的目的就是加强对药品使用环节的质量控制，保证药品质量体系的连续性，提高患者用药的安全性和有效性，实现医院药学由供应保障型向技术服务型转变，实现以患者为中心的药学服务模式，提升静脉药物治疗水平，提高医院的现代化医疗质量和管理水平。

2. 静脉用药集中调配的意义 ①保证药品配制的质量和静脉用药安全；②降低医疗成本，减少药品浪费；③加强职业防护；④提高护理质量；⑤促进合理用药，提高药师服务价值。

知识拓展

成品输液：按照医师处方或用药医嘱，经药师适宜性审核，通过无菌操作技术将一种或数种静脉用药品种进行混合调配，可供临床直接用于患者静脉输注的药液。

危害药品：是指能产生职业暴露危险或者危害的药品，即具有遗传毒性、致癌性、致畸性，或对生育有损害作用以及在低剂量下可产生严重的器官或其他方面毒性的药品，包括肿瘤化疗药品和细胞毒药品。

二、静脉用药集中调配的工作流程

静脉用药集中调配应以保障输液质量为核心，根据《静脉用药集中调配质量管理规范》，其调配工作流程如下：临床医师开具静脉输液治疗处方或用药医嘱→用药医嘱信息传递→药师审核→打印标签→贴签摆药→核对→混合调配→输液成品核对→输液成品包装→分病区放置于密闭容器中、加锁或封条→由工人送至病区→病区药疗护士开锁（或开封）核对签收→给患者用药前护士应当再次与病历用药医嘱核对→给患者静脉输注用药。静脉用药调配工作的主要流程为：医嘱审核→摆药→摆药核对→配制→成品核对，核心环节是医嘱审核和配制。

（一）处方或用药医嘱审核

负责处方或用药医嘱审核的药师应按照《静脉用药集中调配管理规范》的要求进行审核，逐一审核患者静脉输液处方或医嘱，确认其正确性、合理性与完整性。对处方或用药医嘱存在错误的，应当及时与处方医师沟通，请其调整并签名。因病情需要的超剂量等特殊用药，医师应当再次签名确认。对用药错误或者不能保证成品输液质量的处方或医嘱应当拒绝调配。

处方或用药医嘱审核主要包括以下内容：

1. **形式审查** 处方或用药医嘱内容应当符合《处方管理办法》《病历书写基本规范》的有关规定，书写正确、完整、清晰，无遗漏信息。

目前，临床多采用电子录入医嘱的工作模式，形式审查和软件系统中输液标签或医嘱格式的设计密切相关。如：处方前记和后记的形式审查可通过“有或无”的判断进行提交限制。药师审核的重点是该医嘱是否遗漏重要信息。

2. **分析鉴别临床诊断与所选用药品的相符性** 药师应通过审核医嘱来评价临床医师是否根据患者病情选择适当的药物进行治疗，即临床诊断与所选用的药品是否相符。例如：高血压的患者如果无糖尿病的诊断，在医嘱或处方中就不应该出现降糖药物。

3. **确认遴选药品品种、规格、给药途径、用法、用量的正确性与适宜性，防止重复给药。**

（1）所选药品品种的正确性与适宜性：应根据患者的病情、病理生理等特点选择适当的药品。例如：对于年龄低于 18 岁的患者，禁止选用莫西沙星、氧氟沙星等喹诺酮类的药物；如果是诊断为细菌感染的高龄老年患者，氨基糖苷类等肾毒性强的药物不应作为首选药物；如果是中枢神经系统感染，不应选择不易透过血脑屏障的抗菌药物，如大环内酯类药物、一代头孢菌素等。

（2）药品规格的正确性：目前临床使用的许多同一通用名的药品存在多种规格，开具电子医嘱时可能存在录入失误，导致同一药品的给药剂量出现错误，因此药师应认真审核药品规格。

（3）给药途径的正确性：临床常见的给药途径有静脉推注、静脉滴注、口服、肌注、吸入给药等。给药途径不同，药物的生物利用度就不同，临床疗效也就不一样，正确的给药途径是保证药品临床疗效的重要因素之一。不同给药途径的药物，其制剂的质量要求与标准也不同，因此在临床使用中，必须按规定的给药方法使用，不能擅自改变给药途径，以保证患者用药安全

笔记

性和临床疗效。例如：奥美拉唑注射剂有供静脉滴注和供静脉推注两种剂型。供静脉滴注的剂型只能用适当溶媒稀释后静脉滴注使用，不能用于静脉推注，如果将供静脉滴注的奥美拉唑注射剂用来静脉推注，由于溶媒量少，溶液 pH 过高，易引起局部的强烈刺激；而供静脉推注的剂型只能用专用溶媒稀释后静脉推注使用，如果将供静脉推注的奥美拉唑注射剂用超过说明书用量的溶媒溶解稀释后用于静脉滴注，则由于溶液 pH 达不到奥美拉唑稳定所需的 pH，在配制和使用过程中更易出现变色、浑浊或产生沉淀。

(4) 用法、用量的正确性：给药剂量、给药频次与药物的临床疗效及不良反应直接相关，药师应根据药品说明书，认真审核药品的用法、用量。例如抗菌药物的给药频次主要取决于其半衰期、药动学和药效学特点及抗生素后效应，头孢菌素类属时间依赖型抗菌药物，其杀菌效果主要取决于血药浓度超过最低抑菌浓度的时间，大多数头孢菌素类药物半衰期短，一日多次给药临床效果更好，不应使用一天给药一次的用法。但头孢曲松因其半衰期较长，可每天给药一次。

(5) 防止重复给药：目前临床上使用的药品种类繁多，同一通用名的药品常有多个不同的商品名，尤其是合并使用复方制剂时，易致重复用药，药师应予以重点审核。

4. 确认静脉药物配伍的适宜性，分析药物的相容性与稳定性 配伍禁忌指同一输液瓶（袋）内两种或两种以上的药物发生水解、氧化、还原等理化性质变化，导致浑浊、变色、沉淀或产生肉眼不能直接观察到的微粒等。药师在审核医嘱时在短时间内发现药物的配伍禁忌比较困难，如果没有明确可配伍的药物，应该建议临床尽量单独使用。例如：盐酸氨溴索注射液不能与 pH 大于 6.3 的其他溶液混合，因为 pH 增加会导致氨溴索注射液产生游离碱沉淀；维生素 C 与维生素 K_1 配伍会发生氧化还原反应。

5. 确认选用溶媒的适宜性

(1) 溶媒的选用主要考虑溶媒和所加药物之间的相容性、稳定性：药物用不适宜的溶媒溶解稀释可能会影响药物制剂稳定性，许多药品说明书中对溶媒种类有明确的规定，药师应严格按药品说明书审核医嘱中的溶媒，保证静脉输液的安全性、有效性。例如：多烯磷脂酰胆碱注射液只能用不含电解质的葡萄糖注射液稀释，如果用氯化钠注射液稀释会产生白色浑浊；注射用紫杉醇脂质体只能用 5% 葡萄糖注射液溶解和稀释，不可用生理盐水或其他溶液溶解、稀释，以免发生脂质体聚集。

(2) 选择正确的溶媒后，恰当的溶媒量也是药师审核医嘱时需要关注的问题：有的药物由于自身稳定性差、半衰期很短等原因需要短时间输注。例如：注射用环磷酰胺稳定性较差，宜用生理盐水 20～30ml 溶解后静脉注射，且应在配制后 2～3 小时内使用，不应使用大量的溶媒溶解后静脉滴注。有的药物对滴注时间、药物浓度有限定，溶媒量不能太少或太多。例如：万古霉素静脉滴注引起的副作用与药物浓度及输液速度有关，0.5g 的万古霉素临用前先用 10ml 注射用水溶解，再用 100ml 或 100ml 以上 0.9% 氯化钠注射液或 5% 葡萄糖注射液稀释，每次静脉滴注时间至少 60 分钟以上或以不高于 10mg/min 的速度给药。快速静滴万古霉素或浓度太高，可能发生血栓性静脉炎或红人综合征等不良反应。

6. 确认静脉用药与包装材料的适宜性 有的药物如尼莫地平可被聚氯乙烯所吸附，应采用非聚氯乙烯材料的输液瓶和输液器。紫杉醇注射液中含脂溶性高的溶剂，采用聚氯乙烯材料的输液瓶或输液器时，会将输液瓶或输液器管材中的增塑剂溶出，不利于患者安全。

7. 确认药物皮试结果和药物严重或者特殊不良反应等重要信息 对于规定必须做皮试的药品，药师应注意审核处方或医嘱中是否注明过敏试验及结果的判定等。

8. 需与医师进一步核实的任何疑点或未确定的内容。

处方审核案例分析

定点医疗机构编码：00000000

科别：消化内科　　病历号　00001　　性质：自费　　××××年××月××日

姓名	陈××	性别	男	年龄	49岁
临床诊断： 过敏试验：	R: 5%葡萄糖注射　250ml 蔗糖铁注射液　200mg　静脉滴注　q.d *1 钠钾镁钙葡萄糖注射液　500ml 10%氯化钾注射液　13.5ml　静脉滴注　q.d*1 医师签名(盖章)：×××				

金额：×××　审核/调配签名(盖章)：×××　核对/发药签名(盖章)：×××

分析：

(1) 该处方缺少临床诊断。

(2) 蔗糖铁注射液溶媒选择不适宜，应选用0.9%氯化钠注射液为溶媒。蔗糖铁注射液的pH为10.5～11.0，葡萄糖注射液的pH为3.2～6.5，是酸性溶液，若用其作溶媒，会中和蔗糖铁注射液里的氢氧化钠，造成蔗糖铁注射液的不稳定；葡萄糖含醛基具有还原性，会将三价铁还原为二价铁，而血液中的转铁蛋白只能结合三价铁。因此，不能用葡萄糖注射液作溶媒。

(3) 蔗糖铁注射液溶媒量不适宜，200mg蔗糖铁注射液最多加200ml溶媒，可浓不可稀。蔗糖铁注射液是氢氧化铁胶体溶液和蔗糖水溶液的复合注射液，加入电解质时，由于有较多的反离子进入吸附层，使吸附层有较多的电荷被中和，从而使胶粒的电荷减少，扩散层变薄，水化层也随之变薄，胶体粒子就容易凝结，所以胶体的稳定性可因加入过量的电解质而破坏。为保证药液的稳定，不允许将药液配成更稀的溶液。

（二）摆药与核对

1. 摆药前药师应当仔细阅读、核查输液标签是否准确、完整，如有错误或不全，应当告知审方药师校对纠正。

2. 按输液标签所列药品顺序摆药，按其性质、不同用药时间，分批次将药品放置于不同颜色的容器内；按病区、按药物性质不同放置于不同的混合调配区内。

3. 摆药时需检查药品的品名、剂量、规格等是否符合标签内容，同时应当注意药品的完好性及有效期，并签名或者盖签章。

4. **摆药注意事项**　①摆药时，确认同一患者所用同一种药品的批号相同；②摆好的药品应当擦拭清洁后，方可传递入洁净室，但不应当将粉针剂西林瓶盖去掉；③每日应当对用过的容器按规定进行整理擦洗、消毒，以备下次使用。

5. **摆药核对**　①将输液标签整齐地贴在输液袋(瓶)上，但不得将原始标签覆盖；②药师摆药应当双人核对，并签名或盖签章；③将摆有注射剂与贴有标签的输液袋(瓶)的容器通过传递窗送入洁净区操作间，按病区码放于药架(车)上。

笔记

（三）静脉用药混合调配

1. 调配操作前准备

（1）在调配操作前30分钟，按操作规程启动洁净间和层流工作台净化系统，并确认其处于正常工作状态，操作间室温控制于18～26℃、湿度40%～65%、室内外压差符合规定，操作人员记录并签名。

（2）接班工作人员应当先阅读交接班记录，对有关问题应当及时处理。

（3）按更衣操作规程，进入洁净区操作间，首先用蘸有75%乙醇的无纺布从上到下、从内到外擦拭层流洁净台内部的各个部位。

2. 将摆好药品容器的药车推至层流洁净操作台附近相应的位置。

3. 调配前的校对　调配药学技术人员应当按输液标签核对药品名称、规格、数量、有效期等的准确性和药品完好性，确认无误后，进入加药混合调配操作程序。

4. 调配操作程序

（1）选用适宜的一次性注射器，拆除外包装，旋转针头连接注射器，确保针尖斜面与注射器刻度处于同一方向，将注射器垂直放置于层流洁净台的内侧。

（2）用75%乙醇消毒输液袋（瓶）的加药处，放置于层流洁净台的中央区域。

（3）除去西林瓶盖，用75%乙醇消毒安瓿瓶颈或西林瓶胶塞，并在层流洁净台侧壁打开安瓿，应当避免朝向高效过滤器方向打开，以防药液喷溅到高效过滤器上。

（4）抽取药液时，注射器针尖斜面应当朝上，紧靠安瓿瓶颈口抽取药液，然后注入输液袋（瓶）中，轻轻摇匀。

（5）溶解粉针剂，用注射器抽取适量静脉注射用溶媒，注入于粉针剂的西林瓶内，必要时可轻轻摇动（或置振荡器上）助溶，全部溶解混匀后，用同一注射器抽出药液，注入输液袋（瓶）内，轻轻摇匀。

（6）调配结束后，再次核对输液标签与所用药品名称、规格、用量，准确无误后，调配操作人员在输液标签上签名或者盖签章，标注调配时间，并将调配好的成品输液和空西林瓶、安瓿与备份输液标签及其他相关信息一并放入筐内，以供检查者核对。

（7）通过传递窗将成品输液送至成品核对区，进入成品核对包装程序。

（8）每完成一组输液调配操作后，应当立即清场，用蘸有75%乙醇的无纺布擦拭台面，除去残留药液，不得留有与下批输液调配无关的药物、余液、用过的注射器和其他物品。

5. 每天调配工作结束后，按照《静脉用药集中调配质量管理规范》规定的清洁消毒操作程序进行清洁消毒处理。

6. 静脉用药混合调配注意事项

（1）不得采用交叉调配流程。

（2）静脉用药调配所用的药物，如果不是整瓶（支）用量，则必须将实际所用剂量在输液标签上明显标示，以便校对。

（3）若有两种以上粉针剂或注射液需加入同一输液时，应当严格按药品说明书要求和药品性质顺序加入；对肠外营养液、高危药品和某些特殊药品的调配，应当制定相关的加药顺序调配操作规程。

（4）调配过程中，输液出现异常或对药品配伍、操作程序有疑点时应当停止调配，报告当班负责药师查明原因，或与处方医师协商调整用药医嘱；发生调配错误应当及时纠正，重新调配并记录。

（四）成品输液的核对、包装与发放

1. 成品输液的检查、核对

（1）检查输液袋（瓶）有无裂纹，输液应无沉淀、变色、异物等。

笔记

(2) 进行挤压试验，观察输液袋有无渗漏现象，尤其是加药处。

(3) 按输液标签内容逐项核对所用输液和空西林瓶与安瓿的药名、规格、用量等是否相符。

(4) 核检非整瓶(支)用量的患者的用药剂量和标识是否相符。

(5) 各岗位操作人员签名是否齐全，确认无误后核对者应当签名或盖签章。

(6) 核查完成后，空安瓿等废弃物按规定进行处理。

2. 经核对合格的成品输液，用适宜的塑料袋包装，按病区分别整齐放置于有病区标记的密闭容器内，送药时间及数量记录于送药登记本。在危害药品的外包装上要有醒目的标记。

3. 将密闭容器加锁或加封条，钥匙由调配中心和病区各保存一把，配送工人及时送至各病区，由病区药疗护士开锁或启封后逐一清点核对，并注明交接时间，无误后，在送药登记本上签名。

知识拓展

输液标签：依据医师处方或用药医嘱经药师适宜性审核后生成的标签，其内容应当符合《处方管理办法》有关规定：应当有患者与病区基本信息、医师用药医嘱信息、其他特殊注意事项以及静脉用药调配各岗位操作人员的信息等。

交叉调配：系指在同一操作台面上进行两组(袋、瓶)或两组以上静脉用药混合调配的操作流程。

三、静脉用药集中调配的人员和管理

(一) 静脉用药集中调配人员的基本要求

静脉用药集中调配是药品调剂工作的一部分，根据《中华人民共和国药品管理法》的规定，非药学技术人员不得直接从事药品调剂工作，因此其工作人员主要包括各岗位药学人员及从事其他辅助工作的工勤人员。根据《静脉用药集中调配质量管理规范》的规定，静脉用药集中调配人员的基本要求如下：

1. **静脉用药调配中心(室)负责人**　应当具有药学专业本科以上学历，本专业中级以上专业技术职务任职资格，有较丰富的实际工作经验，责任心强，有一定管理能力。

2. **负责静脉用药医嘱或处方适宜性审核的人员**　应当具有药学专业本科以上学历、5年以上临床用药或调剂工作经验、药师以上专业技术职务任职资格。

3. **负责摆药、加药混合调配、成品输液核对的人员**　应当具有药士以上专业技术职务任职资格。

4. **从事静脉用药集中调配工作的药学专业技术人员**　应当接受岗位专业知识培训并经考核合格，定期接受药学专业继续教育。

5. **与静脉用药调配工作相关的人员**　每年至少进行一次健康检查，建立健康档案。对患有传染病或者其他可能污染药品的疾病，或患有精神病等其他不宜从事药品调剂工作的，应当调离工作岗位。

(二) 静脉用药集中调配的管理

静脉用药调配中心(室)由医疗机构药学部门统一管理。医疗机构应当制定相关规章制度与规范，对静脉用药集中调配的全过程进行规范化质量管理。

1. **静脉用药调配中心(室)规章制度基本要求**

(1) 静脉用药调配中心(室)应当建立健全各项管理制度、人员岗位职责和标准操作规程。

(2) 静脉用药调配中心(室)应当建立相关文书保管制度：自检、抽检及监督检查管理记录；

处方医师与静脉用药调配相关药学专业技术人员签名记录文件；调配、质量管理的相关制度与记录文件。

(3) 建立药品、医用耗材和物料的领取与验收、储存与养护、按用药医嘱摆发药品和药品报损等管理制度，定期检查落实情况。药品应当每月进行盘点和质量检查，保证账物相符，质量完好。

2. 静脉用药调配过程管理

(1) 医师应当按照《处方管理办法》有关规定开具静脉用药处方或医嘱；药师应当按《处方管理办法》有关规定和《静脉用药集中调配操作规程》，审核用药医嘱所列静脉用药混合配伍的合理性、相容性和稳定性，对不合理用药应当与医师沟通，提出调整建议。对于用药错误或不能保证成品输液质量的处方或用药医嘱，药师有权拒绝调配，并做记录与签名。

(2) 摆药、混合调配和成品输液应当实行双人核对制；集中调配要严格遵守本规范和标准操作规程，不得交叉调配；调配过程中出现异常应当停止调配，立即上报并查明原因。

(3) 静脉用药调配每道工序完成后，药学人员应当按操作规程的规定，填写各项记录，内容真实、数据完整、字迹清晰。各道工序与记录应当有完整的备份输液标签，并应当保证与原始输液标签信息相一致，备份文件应当保存1年备查。

(4) 医师用药医嘱经药师适宜性审核后生成输液标签，标签应当符合《处方管理办法》规定的基本内容，并有各岗位人员签名的相应位置。书写或打印的标签字迹应当清晰，数据正确完整。

(5) 核对后的成品输液应当有外包装，危害药品应当有明显标识。

(6) 成品输液应当置入各病区专用密封送药车，加锁或贴封条后由工人递送。递送时要与药疗护士有书面交接手续。

3. 静脉用药调配所需药品与物料领用管理

(1) 药品、物料的请领、保管与养护应当有专人负责。

(2) 药品的请领

1) 静脉用药调配中心（室）药品的请领应当根据每日消耗量，填写药品请领单，定期向药库请领，药品请领单应当有负责人或指定人员签名。

2) 静脉用药调配中心（室）不得调剂静脉用药调配以外的处方。

3) 静脉用药调配中心（室）不得直接对外采购药品，所需的药品一律由药学部门药品科（库）统一采购供应。

(3) 药品的验收

1) 负责二级药库管理的药师应当依据药品质量标准、请领单、发药凭证与实物逐项核对，包括品名、规格、数量及有效期是否正确，药品标签与包装是否整洁、完好，核对合格后，分类放置于相应的固定货位，并在发药凭证上签名。

2) 凡对药品质量有质疑、药品规格数量不符、药品过期或有破损等，应当及时与药品科（库）沟通，退药或更换，并做好记录。

(4) 药品的储存管理与养护

1) 药库应当干净、整齐，地面平整、干燥，门与通道的宽度应当便于搬运药品和符合防火安全要求；药品储存应当按“分区分类、货位编号”的方法进行定位存放，按药品性质分类集中存放；对高危药品应设置显著的警示标志；并应当做好药库温湿度的监测与记录。

2) 药库具备确保药品与物料储存要求的温湿度条件：常温区域10～30℃，阴凉区域不高于20℃，冷藏区域2～8℃，库房相对湿度40%～65%。

3) 药品堆码与散热或者供暖设施的间距不小于30cm，距离墙壁间距不少于20cm，距离房顶及地面间距不小于10cm。

4) 规范药品堆垛和搬运操作，遵守药品外包装图示标志的要求，不得倒置存放。

5）每种药品应当按批号及有效期远近依次或分开堆码并有明显标志，遵循“先产先用”“先进先用”“近期先用”和“按批号发药使用”的原则。

6）对不合格药品的确认、报损、销毁等应当有规范的制度和记录。

(5) 已建立医院信息系统的医疗机构，应当建立电子药品信息管理系统，药品存量应当与一级库建立电子网络传递联系，加强药品成本核算和账务管理制度。

(6) 静脉用药调配中心（室）所用药品应当做到每月清点，账物相符，如有不符应当及时查明原因。

(7) 注射器和注射针头等物料的领用、管理应当按本规范的有关规定和参照药品请领、验收管理办法实施，并应当与药品分开存放。

4. **静脉用药调配信息管理**　处方或用药医嘱打印成输液标签，并在完成调配操作流程后，自动减去处方组成药品在二级库所存药品数量，做到账物相符，并自动形成药品月收支结存报表。

四、静脉用药集中调配的仪器设备及场所要求

（一）仪器和设备的基本要求

1. 静脉用药调配中心（室）应当有相应的仪器和设备，保证静脉用药调配操作、成品质量和供应服务管理。仪器和设备须经国家法定部门认证合格。

2. 静脉用药调配中心（室）仪器和设备的选型与安装，应当易于清洗、消毒和便于操作、维修和保养。衡量器具应准确，定期进行校正。维修和保养应当有专门记录并存档。

3. 静脉用药调配中心（室）应当配置百级生物安全柜，供抗生素类和危害药品静脉用药调配使用；设置营养药品调配间，配备百级水平层流洁净台，供肠外营养液和普通输液静脉用药调配使用。

（二）静脉用药集中调配的场所要求

1. 静脉用药调配中心（室）总体区域设计布局、功能室的设置和面积应当与工作量相适应，并能保证洁净区、辅助工作区和生活区的划分，不同区域之间的人流和物流出入走向合理，不同洁净级别区域间应当有防止交叉污染的相应设施。

2. 静脉用药调配中心（室）应当设于人员流动少的安静区域，且便于与医护人员沟通和成品的运送。设置地点应远离各种污染源，禁止设置于地下室或半地下室，周围的环境、路面、植被等不会对静脉用药调配过程造成污染。洁净区采风口应当设置在周围30m内环境清洁、无污染地区，离地面高度不低于3m。

3. 静脉用药调配中心（室）的洁净区、辅助工作区应当有适宜的空间摆放相应的设施与设备；洁净区应当设一次更衣、二次更衣及调配操作间；辅助工作区应当含有与之相适应的药品与物料贮存、审方打印、摆药准备、成品核查、包装和普通更衣等功能室。

4. 静脉用药调配中心（室）内应当有足够的照明度，墙壁颜色应当适合人的视觉；顶棚、墙壁、地面应当平整、光洁、防滑，便于清洁，不得有脱落物；洁净区房间内顶棚、墙壁、地面不得有裂缝，能耐受清洗和消毒，交界处应当成弧形，接口严密；所使用的建筑材料应当符合环保要求。

5. 静脉用药调配中心（室）洁净区应当设有温度、湿度、气压等监测设备和通风换气设施，保持静脉用药调配室温度18～26℃，相对湿度40%～65%，保持一定量新风的送入。

6. 静脉用药调配中心（室）洁净区的洁净标准应当符合国家相关规定，经法定检测部门检测合格后方可投入使用。

各功能室的洁净级别要求：①一次更衣室、洗衣洁具间为十万级；②二次更衣室、加药混合调配操作间为万级；③层流操作台为百级。

其他功能室应当作为控制区域加强管理，禁止非本室人员进出。洁净区应当持续送入新风，并维持正压差；抗生素类、危害药品静脉用药调配的洁净区和二次更衣室之间应当成5～10Pa负压差。

7. 静脉用药调配中心（室）应当根据药物性质分别建立不同的送、排（回）风系统。排风口应当处于采风口下风方向，其距离不得小于3m或者设置于建筑物的不同侧面。

8. 药品、物料贮存库及周围的环境和设施应当能确保各类药品质量与安全储存，应当分设冷藏、阴凉和常温区域，库房相对湿度40%～65%。二级药库应当干净、整齐，门与通道的宽度应当便于搬运药品和符合防火安全要求。有保证药品领入、验收、贮存、保养、拆外包装等作业相适宜的房屋空间和设备、设施。

9. 静脉用药调配中心（室）内安装的水池位置应当适宜，不得对静脉用药调配造成污染，不设地漏；室内应当设置有防止尘埃和鼠、昆虫等进入的设施；淋浴室及卫生间应当在中心（室）外单独设置，不得设置在静脉用药调配中心（室）内。

五、药学服务人员在静脉用药集中调配中的职责与作用

（一）药学服务人员在静脉用药集中调配中的职责

1. 审核岗位职责

（1）根据静脉用药集中调配中心负责人的工作安排，负责住院医嘱的审核、调剂复核等工作，对不合理医嘱应及时与临床医师沟通后，做出退回修改或拒绝调配等相应处理，并按规定记录。

（2）本岗位药师应依据《处方管理办法》等相关技术规范、规定，逐一审核患者静脉输液处方或医嘱，确认其正确性、合理性与完整性。

（3）医嘱审核合格后打印一式两份标签，一份用于贴输液袋（瓶）上，另一份存档备查。审核药师应在两份标签上签名以示负责。

（4）负责本岗位实习生、进修生的带教工作。

2. 摆药贴签、摆药核对岗位职责

（1）在静脉用药集中调配中心负责人安排下，负责病区医嘱的汇总调剂、输液标签分篮、贴签摆药和摆药核对等工作。

（2）摆药前药师应当仔细阅读、核查输液标签是否准确、完整，如有错误或不全，应当告知审方药师校对纠正，并按规定记录。

（3）按输液标签所列药品顺序摆药，按其性质、不同用药时间，分批次将药品放置于不同颜色的容器内；按病区、按药物性质不同放置于不同的混合调配区内。

（4）摆药时需检查药品的品名、剂量、规格等是否符合标签内容，同时应当注意药品的完好性及有效期。

（5）将输液标签整齐地贴在输液袋（瓶）上，但不得将原始标签覆盖。

（6）药师摆药应当双人核对，并签名或盖签章。

（7）负责本岗位实习生、进修生等有关人员的培训、带教工作。

3. 调配岗位职责

（1）根据静脉用药集中调配中心负责人的工作安排，负责静脉用药的混合调配工作。

（2）调配人员应严格遵守《静脉用药集中调配质量管理规范》，调配过程应严格执行消毒和无菌操作规程。

（3）调配人员在调配前应做好各项准备工作，操作过程中严禁随意离开，确保调配工作的连续性和调配质量。

（4）调配人员发现输液标签上的不合理或错误医嘱时应拒绝调配，及时告知审核药师，并

按规定记录。无审核人、摆药人、核对人签字的标签不得调配。

(5) 调配时注意药品可能存在的相互作用和理化性质的改变，遇到质量问题、配伍禁忌时及时报告上级主管。

(6) 完成调配后应在输液标签上签名确认。应将调配后的成品输液和使用后的空安瓿按相应标签放置，以便核对。

(7) 负责本岗位实习生、进修生等有关人员的培训、带教工作。

4. 成品核对岗位职责

(1) 在静脉用药集中调配中心负责人安排下，负责对调配完毕的所有成品输液进行复核。核对两份输液标签，查看患者病区、床号、姓名、给药时间是否正确。

(2) 按输液标签内容逐项核对所用输液和空西林瓶与安瓿的药名、规格、用量等是否相符；核对非整瓶(支)用量的患者的用药剂量和标识是否相符。

(3) 检查输液袋(瓶)有无裂纹，输液应无沉淀、变色、异物等；进行挤压试验，观察输液袋有无渗漏现象，尤其是加药处。

(4) 核对输液标签上各岗位操作人员签名是否齐全，确认无误后核对者应当签名或盖签章。

(5) 负责本岗位实习生、进修生等有关人员的培训、带教工作。

5. 仓库管理员岗位职责

(1) 在静脉用药集中调配中心负责人领导下，协助负责人做好药品、物料的请领、保管与养护工作。

(2) 协助负责人做好药品的申领、验收、入库、出库、在库养护、退药、盘点等药品管理工作。

(3) 严格执行药品的相关管理规定，保证药品质量、做到账物相符。对不合格药品的确认、报损、销毁等应当有规范的制度和记录。

(4) 每种药品应当按批号及有效期远近依次或分开堆码并有明显标志，遵循"先产先用""先进先用""近期先用"和"按批号发药使用"的原则。

(5) 维护药库设施、设备正常运转，做好药库消防安全。

(6) 负责本岗位实习生、进修生等有关人员的培训、带教工作。

(二) 药学服务人员在静脉用药集中调配中的作用

1. 药师对医嘱的严格审核，可大大提高静脉用药的安全性和有效性 药师对医嘱的审核质量直接关系到静脉输液的质量、药物的疗效及患者的用药安全。按照传统的用药模式，临床医师开具处方，住院药房的药师按医嘱汇总发药，在缺乏药师审核的情况下，用药错误就得不到纠正。在静脉用药集中调配中心配备有专门的审核药师，审核药师从用药适应证、给药途径、用法用量、配伍禁忌、药物相互作用、药物相容性及稳定性等方面认真审核医嘱，从药学专业的角度给临床提出建议，既可确保用药安全，又能让药物发挥最大疗效。

2. 药师对静脉用药的规范调配，保证了输液的质量与安全性 按照传统的用药模式，病区护士领药后在病区开放的环境中加药调配，静脉药物被污染的发生率高。在静脉用药集中调配中心，静脉用药调配从病区开放的环境转移至洁净的配制环境中，由受过严格培训的药学人员按无菌操作规程调配药物，大大减少了输液反应的发生率，提高了输液的质量与安全性。

3. 静脉用药集中调配可增强职业防护 调查显示，如果护士在开放的环境中调配危害药品，长期接触悬浮在空气中的危害药物微粒，容易出现疲倦乏力、脱发、血细胞下降等危害。而在生物安全柜中按照规定的操作规程对危害药品进行集中调配，可保护调配人员自身的安全，大大减少危害药品对医护人员的职业损害。

4. 开展静脉药物合理应用和安全使用知识的宣教 药师在静脉用药调配工作中，应遵循安全、有效、经济的原则，参与临床静脉用药治疗，宣传合理用药，为医护人员和患者提供相关药物信息与咨询服务。药师可深入临床，利用自己的专业特长积极介入静脉药物的使用过程，

从药学专业知识的角度指导静脉药物的正确使用。如某些静脉药物的滴注速度、滴注时间、给药顺序、是否避光及给药时需要特别注意的事项等，进一步提高静脉用药的安全性和合理性。

第二节 静脉用药的无菌调配技术

一、无菌调配技术要求

（一）静脉用药调配中心（室）卫生与消毒基本要求

1. 静脉用药调配中心（室）应当制定卫生管理制度、清洁消毒程序。各功能室内存放的物品应当与其工作性质相符合。

2. 洁净区应当每天清洁消毒，其清洁卫生工具不得与其他功能室混用。清洁工具的洗涤方法和存放地点应当有明确的规定。选用的消毒剂应当定期轮换，不会对设备、药品、成品输液和环境产生污染。每月应当定时检测洁净区空气中的菌落数，并有记录。进入洁净区域的人员数应当严格控制。

3. 洁净区应当定期更换空气过滤器。进行有可能影响空气洁净度的各项维修后，应当经检测验证达到符合洁净级别标准后方可再次投入使用。

4. 设置有良好的供排水系统，水池应当干净无异味，其周边环境应当干净、整洁。

5. 重视个人清洁卫生，进入洁净区的操作人员不应化妆和佩戴饰物，应当按规定和程序进行更衣。工作服的材质、式样和穿戴方式，应当与各功能室的不同性质、任务与操作要求、洁净度级别相适应，不得混穿，并应当分别清洗。

6. 根据《医疗废弃物管理条例》制定废弃物处理管理制度，按废弃物性质分类收集，由本机构统一处理。

（二）静脉用药调配中心（室）清洁、消毒操作规程

1. 地面消毒剂的选择与制备

（1）次氯酸钠为5%的强碱性溶液，用于地面消毒为1%溶液，本溶液须在使用前新鲜配制，处理或分装高浓度5%次氯酸钠溶液时，必须戴厚口罩和防护手套。

（2）季铵类阳离子表面活性剂，有腐蚀性，禁与肥皂水及阴离子表面活性剂联合使用，应当在使用前新鲜配制。

（3）甲酚皂溶液，有腐蚀性，用于地面消毒为5%溶液，应当在使用前新鲜配制。

2. 静脉用药调配中心（室）清洁与卫生管理其他规定

（1）各操作室不得存放与该室工作性质无关的物品，不准在静脉用药调配中心（室）用餐或放置食物。

（2）每日工作结束后应当及时清场，各种废弃物必须每天及时处理。

3. 非洁净区的清洁、消毒操作程序

（1）每日工作结束后，用专用拖把擦洗地面，用常水擦拭工作台、凳椅、门框及门把手、塑料筐等。

（2）每周消毒一次地面和污物桶：先用常水清洁，待干后，再用消毒液擦洗地面及污物桶内外，15分钟以后再用常水擦去消毒液。

（3）每周一次用75%乙醇擦拭消毒工作台、成品输送密闭容器、药车、不锈钢设备、凳椅、门框及门把手。

4. 万级洁净区清洁、消毒程序

（1）每日的清洁、消毒：调配结束后，用常水清洁不锈钢设备，层流操作台面及两侧内壁，传递窗顶部、两侧内壁、把手及台面，凳椅，照明灯开关等，待挥干后，用75%乙醇擦拭消毒。

笔记

(2) 每日按规定的操作程序进行地面清洁、消毒。

(3) 墙壁、顶棚每月进行一次清洁、消毒，操作程序同上。

5. 清洁、消毒注意事项

(1) 消毒剂应当定期轮换使用。

(2) 洁净区和一般辅助工作区的清洁工具必须严格分开，不得混用。

(3) 清洁、消毒过程中，不得将常水或消毒液喷淋到高效过滤器上。

(4) 清洁、消毒时，应当按从上到下、从里向外的程序擦拭，不得留有死角。

(5) 用常水清洁时，只有待干燥后才能再用消毒剂擦拭，保证清洁、消毒效果。

二、静脉用药集中调配的无菌技术操作规程

(一) 静脉用药调配中心(室)人员更衣操作规程

1. 进出静脉用药调配中心(室)更衣规程 进出静脉用药调配中心(室)应当更换该中心(室)工作服、工作鞋并戴发帽。非本中心(室)人员未经中心(室)负责人同意，不得进入。

2. 进入十万级洁净区规程(一更) ①换下普通工作服和工作鞋，按六步手清洁消毒法消毒手并烘干；②穿好指定服装并戴好发帽、口罩。

3. 进入万级洁净区规程(二更) ①更换洁净区专用鞋、洁净隔离服；②手消毒，戴一次性手套。

4. 离开洁净区规程

(1) 临时外出：在二更室脱下洁净隔离服及帽子、口罩整齐放置，一次性手套丢入污物桶内；在一更室应当更换工作服和工作鞋。

(2) 重新进入洁净区时，必须按以上更衣规定程序进入洁净区。

(3) 当日调配结束时，脱下的洁净区专用鞋、洁净隔离服进行常规消毒，每周至少清洗 2 次；一次性口罩、手套一并丢入污物桶。

(二) 生物安全柜的操作规程

生物安全柜属于垂直层流台，通过层流台顶部的高效过滤器，可以过滤 99.99% 的 0.3μm 以上的微粒，使操作台空间形成局部 100 级的洁净环境，并且通过工作台面四周的散流孔回风形成相对负压，因此，不应当有任何物体阻挡散流孔，包括手臂等。用于调配危害药品的生物安全柜，应当加装活性炭过滤器用于过滤排出的有害气体。

1. 清洁与消毒

(1) 每天在操作开始前，应当使用 75% 的乙醇擦拭工作区域的顶部、两侧及台面，顺序应当从上到下，从里向外。

(2) 在调配过程中，每完成一份成品输液调配后，应当清理操作台上废弃物，并用常水擦拭，必要时再用 75% 的乙醇消毒台面。

(3) 每天操作结束后，应当彻底清场，先用常水清洁，再用 75% 乙醇擦拭消毒。

(4) 每天操作结束后应当打开回风槽道外盖，先用蒸馏水清洁回风槽道，再用 75% 乙醇擦拭消毒。

2. 生物安全柜的操作与注意事项

(1) 有 1～2 位调配人员提前半小时先启动生物柜循环风机和紫外线灯，关闭前窗至安全线处，30 分钟后关闭紫外线灯，然后用 75% 乙醇擦拭生物安全柜顶部、两侧及台面，顺序为从上到下、从里到外进行消毒，然后打开照明灯后方可进行调配。

(2) 紫外线灯启动期间，不得进行调配，工作人员应当离开操作间。

(3) 紫外线灯应当定期检测，如达不到灭菌效果时，应当及时更换灯管。

(4) 所有静脉用药调配必须在离工作台外沿 20cm，内沿 8～10cm，并离台面至少 10cm 区

域内进行。

(5) 调配时前窗不可高过安全警戒线，否则，操作区域内不能保证负压，可能会造成药物气雾外散，对工作人员造成伤害或污染洁净间。

(6) 生物安全柜的回风道应当定期用蒸馏水擦拭清洁后，再用75%乙醇消毒。

(7) 生物安全柜每月应当做一次沉降菌监测，方法：将培养皿打开，放置在操作台上半小时，封盖后进行细菌培养，菌落计数。

(8) 生物安全柜应当根据自动监测指示，及时更换过滤器的活性炭。

3. 每年应当对生物安全柜进行各项参数的检测，以保证生物安全柜运行质量，并保存检测报告。

（三）水平层流洁净台操作规程

1. 物品在水平层流洁净台的正确放置与操作，是保证洁净台工作质量的重要因素。从水平层流洁净台吹出来的空气是经过高效过滤器过滤，可除去99.99%直径0.3μm以上的微粒，并确保空气的流向及流速。用于静脉用药调配操作的水平层流台的进风口应当处于工作台的顶部，这样可保证最洁净的空气先进入工作台，工作台的下部支撑部分可确保空气流通。此类层流洁净台只能用于调配对工作人员无伤害的药物，如电解质类药物、肠外营养药等。

2. 清洁与消毒

(1) 每天在操作开始前，有1～2位调配人员提前启动水平层流台循环风机和紫外线灯，30分钟后关闭紫外灯，再用75%乙醇擦拭层流洁净台顶部、两侧及台面，顺序为从上到下，从里向外进行消毒；然后打开照明灯后方可进行调配。

(2) 在调配过程中，每完成一份成品输液调配后，应当清理操作台上废弃物，并用常水清洁，必要时再用75%的乙醇消毒台面。

(3) 每天调配结束后，应当彻底清场，先用常水清洁，再用75%乙醇擦拭消毒。

3. 水平层流洁净台的操作与注意事项

(1) 水平层流洁净台启动半小时后方可进行静脉用药调配。

(2) 应当尽量避免在操作台上摆放过多的物品，较大物品之间的摆放距离宜约为15cm；小件物品之间的摆放距离约为5cm。

(3) 洁净工作台上的无菌物品应当保证第一时间洁净的空气从其流过，即物品与高效过滤器之间应当无任何物体阻碍，也称“开放窗口”。

(4) 避免任何液体物质溅入高效过滤器，高效过滤器一旦被弄湿，很容易产生破损及滋生真菌。

(5) 避免物体放置过于靠近高效过滤器，所有的操作应当在工作区内进行，不要把手腕或胳膊肘放置在洁净工作台上，随时保持“开放窗口”。

(6) 避免在洁净间内剧烈的动作，避免大声喧哗，应当严格遵守无菌操作规则。

(7) 水平层流洁净台可划分为3个区域：①内区，最靠近高效过滤器的区域，距离高效过滤器10～15cm，适宜放置已打开的安瓿和其他一些已开包装的无菌物体；②工作区，即工作台的中央部位，离洁净台边缘10～15cm，所有的调配应当在此区域完成；③外区，从台边到15～20cm距离的区域，可用来放置有外包装的注射器和其他带外包装的物体(应尽量不放或少放)。

(8) 安瓿用砂轮切割和西林瓶的注射孔盖子打开后，应当用75%乙醇仔细擦拭消毒，去除微粒，打开安瓿的方向应当远离高效过滤器。

(9) 水平层流洁净台每周应当做一次动态浮游菌监测，方法：将培养皿打开，放置在操作台上半小时，封盖后进行细菌培养，菌落计数。

4. 每年应对水平层流洁净台进行各项参数的检测，以保证洁净台运行质量，并保存检测报告。

笔记

三、全静脉营养液的调配

全静脉营养液是将机体所需的包括糖、氨基酸、脂肪乳、电解质、维生素、微量元素和水等营养素按一定的比例在密闭的三升袋中混合调配后，从外周或中心静脉直接输入体内的注射剂。它可使患者在不能进食或高代谢的情况下，仍能维持良好的营养状况，增进自身免疫能力，促进伤口愈合，帮助机体度过危险期。

（一）调配前的准备

1. 使用有挂钩的水平层流台，洁净度为百级，温度 18～26℃，相对湿度 45%～65%，层流风速 0.4～0.6m/s。

2. **配制人员的准备（按更衣操作规程）** “六步洗手法”洗手，穿洁净服，戴好发帽、口罩和一次性手套。

3. **环境、物品、药品的准备** 提前半小时开启净化系统和紫外灯；调配前将所用物品（75%乙醇，砂轮，小方纱，不同规格注射器，一次性静脉营养输液袋等）准备齐全，避免因多次走动而增加污染的机会；用 75% 乙醇擦拭水平层流台台面及两侧、消毒输液瓶、西林瓶瓶口和安瓿瓶颈；严格检查静脉营养输液袋的有效期、外包袋、输液袋、输液管道是否密闭、有无破损；核对药品，确保与输注标签一致，并检查澄明度和药品外包装情况，如是否有裂瓶等。

（二）调配规程

1. 调配步骤

(1) 按静脉用药混合调配操作规程将药品分别加入适宜的溶液中。

(2) 将加药后的液体挂在水平层流台的挂钩上。

(3) 打开一次性静脉营养输液袋，再次检查静脉营养输液袋是否有异物，输液管道是否密闭、有无破损等。

(4) 关闭输液袋的输出口，分别将输液管接到葡萄糖溶液和氨基酸溶液中，让葡萄糖溶液和氨基酸溶液全部流到输液袋中，检查两者混合之后的澄明度。最后将脂肪乳加入输液袋中进行混合。

(5) 混合完毕后，旋开输液管，排气，锁紧静脉营养输液袋输入口，盖帽，然后翻转全静脉营养袋，使里面各组分充分混匀。

(6) 挤压输液袋观察是否有输液漏出。

2. 调配顺序

(1) 不含磷酸盐的电解质（10% 氯化钾注射液、10% 氯化钠注射液、25% 硫酸镁注射液、10% 葡萄糖酸钙注射液等）优先加入氨基酸注射液中，也可加入葡萄糖注射液中。

(2) 多种微量元素、丙氨酰谷氨酰胺、精氨酸等加入氨基酸注射液中。

(3) 胰岛素、磷制剂（甘油磷酸钠注射液、复合磷酸氢钾注射液等）只能加入葡萄糖注射液中。

(4) 水溶性维生素先用脂溶性维生素溶解混合均匀后加入脂肪乳中。

(5) 其余成分如复合辅酶等优先加入葡萄糖注射液中，也可加入氨基酸注射液中。

(6) 锁紧静脉营养输液袋的输出口，将氨基酸注射液和葡萄糖注射液输入袋内进行混合，肉眼检查有无沉淀，最后加入脂肪乳进行混合。

(7) 混合完毕后，旋开输液管，排气，锁紧静脉营养输液袋输入口，盖帽，然后翻转全静脉营养袋，使里面各组分充分混匀。

3. 调配后的核对

(1) 应仔细检查有无发黄、变色、浑浊、沉淀等现象出现，核对输液标签上药品是否与空安瓿、空西林瓶一致，贴上输液标签。

笔记

(2) 签名后，送到成品间由药师检查核对。

(三) 调配注意事项

1. 药物浓度

(1) 每升全静脉营养液中，10% 氯化钠注射液最多只能加 60ml，10% 氯化钾注射液最多只能加 35ml，含电解质的输液应将其所含的电解质计入。如 500ml 葡萄糖氯化钠注射液内含 4.5g 的氯化钠，相当于 4.5 支 10% 氯化钠注射液。

(2) 每升全静脉营养液中，25% 硫酸镁注射液最多只能加 3ml；10% 葡萄糖酸钙注射液最多只能加 5ml。

(3) 葡萄糖注射液的液体量不能超过氨基酸注射液的液体量，葡萄糖注射液、氨基酸注射液的最佳比例为 1∶1 或 1∶2。

(4) 葡萄糖的最终浓度为 0～23%，有利于全静脉营养液的稳定。

2. 配伍禁忌

(1) 钙制剂（10% 葡萄糖酸钙注射液）与磷制剂（甘油磷酸钠注射液、复合磷酸氢钾注射液）会形成磷酸氢钙沉淀，与硫酸镁会形成硫酸钙沉淀，故钙制剂与磷制剂、钙制剂与硫酸镁应分别加在不同的溶液内稀释。

(2) 由于脂肪颗粒上的磷脂带负电荷，电解质中一价或二价阳离子易与之结合并中和，致使颗粒聚集或合并，破坏乳剂。因此在配制时，不能直接将电解质与脂肪乳剂相混合。

(3) 多种微量元素因其 pH 呈酸性，可使葡萄糖脱水形成有色聚合物而变色，因此多种微量元素不能直接加入葡萄糖注射液中。含维生素 C 制剂（如水溶性维生素），会与多种微量元素发生氧化还原反应，故两者应分开加入不同袋（瓶）中。

(4) 每加完一种药都需及时核对澄明度，以防有色物质加入后影响检查。

(5) 非整支的药物应先及时取量加入，以防后面不小心将整支加入，并要把取量写在瓶签或输液标签上，以便核对。

(6) 为确保全静脉营养液的安全性和有效性，目前不主张在全静脉营养液中随意添加其他药物。

四、危害药品的调配

(一) 对调配人员的要求

1. 了解危害药品的潜在危险，了解危害药品接触和暴露的主要途径和环节，充分认识做好调配危害药品过程中防护工作的重要性。

2. 掌握调配危害药品设备的使用方法和调配技术。

3. 掌握危害药品意外接触的预防和处理原则。

4. 掌握危害药品溢出的处理程序。

5. 掌握危害药品废弃物品的处理要求。

(二) 对调配人员的保护

1. 接触危害药品的人员应定期体检，每年至少 1 次，并建立健康档案。

2. 妊娠与哺乳期妇女不能从事危害药品的调配工作，定期对从事危害药品调配的工作人员进行工作岗位的轮换。

3. 调配人员必须穿戴全套个人防护器材：由非透过性、防静电、无絮状物材料制成的连体制服、工作鞋、防护口罩和眼罩、戴双层手套（里面为聚氯乙烯手套，外面为无粉乳胶手套）。

(三) 危害药品调配的区域和设备

危害药品调配的区域、设备与全静脉营养液及其他静脉药物调配的要求不同，应做到以下几点：

1. 第一次更衣室、第二次更衣室、调配室全部为负压，并与外界保持压力梯度。

2. 调配区域应尽量避免频繁的物流及人员的进出以避免将药物微粒带入周围环境。

3. 在调配区入口应有醒目的标记说明只有授权人员才能进入。

4. 在调配区应有警示标签提醒调配人员应该注意的防护措施。

5. 在调配区应贴有意外接触危害药品时的处理过程。

（四）调配危害药品过程中可能发生药物接触的途径和环节

1. **调配人员接触药物的三种主要途径**　①吸入药物的气雾和小液滴；②药物直接接触皮肤和眼睛吸收（包括外伤，如针刺）；③通过受污染的食物、食物容器接触。

2. **药物接触和暴露的六个主要环节**　①准备工作；②药物调配；③废弃物丢置；④调配后药物的传递；⑤清除飞溅、溢出液滴；⑥处置药物容器、包装等废物。

3. **各环节可能发生的药物接触事件**　①从药瓶中拔出针头；②使用针头、针筒转移药物；③打开安瓿；④从针筒、管子中排出空气；⑤连接物、瓶子或袋子的渗漏和破裂；⑥更换袋子、瓶子和管子；⑦针筒中药物过多（绝不能超过容积的 3/4）；⑧丢置在准备和使用危害药物过程中用过的材料；⑨清除溅出或溢出的药物。

（五）危害药品的调配

1. 调配前的准备

（1）在调配前 30 分钟先启动生物安全柜循环风机和紫外线灯，关闭前窗至安全线处，30 分钟后关闭紫外线灯，然后用 75% 乙醇擦拭生物安全柜顶部、两侧及台面，顺序为从上到下、从里到外进行消毒。

（2）在生物安全柜的台面上铺一张一面吸水一面防水的垫布，该垫布在遭溅洒或调配工作结束后立即密闭封装，置于医疗垃圾袋中。

（3）调配前将调配需要的所有药品和器材准备好，尽可能减少对柜内气流的影响。

（4）配制人员的准备（按更衣操作规程）：“六步洗手法”洗手，穿戴好全套个人防护器材。

（5）严格检查药品有无质量问题，核对标签内容与药物是否相符，无标签或标签不清的应拒绝调配。

2. 在生物安全柜中调配危害药品的注意事项

（1）严格按照静脉用药混合调配操作规程和生物安全柜操作规程进行调配。

（2）危害药品调配应当重视操作者的职业防护，调配时应当拉下生物安全柜防护玻璃，前窗玻璃不可高于安全警戒线，以确保负压。

（3）安瓿的操作：轻轻地拍打安瓿使颈部和顶端的药物落于其底部，用乙醇擦拭安瓿的颈部，打开安瓿时要用一块灭菌的纱布包绕着安瓿；如果安瓿内是需要再溶解的干燥物质，应沿安瓿壁慢慢加入溶媒，以避免药物粉末的散出；最好使用带有过滤网膜的针筒。

（4）西林瓶的操作：最好使用具有不沾水性剔除钳；不正当使用开瓶装置会增加受污染的机会。由于玻璃瓶中气压会升高，操作时应尽量小心，避免产生药物的气雾。当针头抽出时，应注意如果瓶中压力太高会使药液溢出。

（5）所有装有危害药品的容器都必须贴有具警告性质的标签，例如：“警告：危害药物，小心轻放”。容器的外表面应当用织物擦过以除去可能的污染，容器的内表面必须用 75% 乙醇擦拭，容器宜适当封口。

（6）危害药品调配完成后，调配好的药物应当及时放入封闭的塑料口袋之中（此过程最好在控制区内完成）。必须将留有危害药品的西林瓶、安瓿等单独置于适宜的包装中，与成品输液及备份输液标签一并送出，以供核查。

（7）调配危害药品用过的一次性注射器、手套、口罩及检查后的西林瓶、安瓿等废弃物，按规定统一处理。

笔记

3. **危害药品的溢出处理**

(1) 少量溢出的处理：少量溢出是指在生物安全柜外溢出体积≤5ml或剂量≤5mg的溢出。

1) 当发生少量溢出时，首先正确评估暴露在有溢出物环境中的每一个人。如果有人的皮肤直接接触到药物，必须立即用肥皂和清水清洗被污染的皮肤。

2) 受训人员应立即清除溢出的少量药物，操作程序如下：①穿好制服，戴上两层乳胶手套，并用75%乙醇消毒乳胶手套，戴上防护面罩。如果溢出药物会汽化，则需要戴上呼吸器。②用小铲子将玻璃碎片移到利器盒中；液体用吸收性强的织布吸干并擦去，固体用湿的吸收性织物擦去。③利器盒、吸收性织布和其他被污染的物品都应丢弃在专门的垃圾袋中。④药物溢出的地方用清洁剂反复清洗三遍，再用清水清洗干净。⑤需反复使用的物品必须在穿戴好个人防护用品的条件下由受训人员用清洁剂清洗两遍，再用清水清洗干净。⑥放有危害药品污染物的垃圾袋应封口，再放入另一个专用的垃圾袋中，封口并等待处理。所有参加清除溢出物人员的防护工作服应集中丢置在专用一次性容器中和专用的垃圾袋中，等待处理。

(2) 大量溢出的处理：大量溢出是指在生物安全柜外溢出体积大于5ml或剂量大于5mg的溢出。

1) 当发生大量溢出时，首先正确评估暴露在有溢出物环境中的每一个人。如果有人的皮肤或衣服直接接触到药物，应立即脱去被污染的衣服并用肥皂和清水清洗被污染的皮肤。

2) 溢出地点应被隔离出来，应用明确的标记提醒该处有药物溢出。大量溢出必须由受过培训的人员清除，清理程序如下：①必须穿戴好个人防护用品，包括：里层的乳胶手套、鞋套、外层操作手套、眼罩和防护面罩。如果溢出药物会产生汽化，必须戴上呼吸器。②轻轻将吸收性强的织物布块或防止药物扩散的垫子覆盖在溢出的液体药物之上；轻轻将湿的吸收性垫子或湿毛巾覆盖在粉状药物之上，防止药物进入空气中，然后用湿垫子或毛巾将药物除去。③将所有被污染的物品放入溢出包中备有的密封危害废物的垃圾袋中。④当药物完全被除去以后，被污染的地方必须先用清水冲洗干净，再用清洗剂清洗三遍，清洗范围应由小到大地进行；清洗剂必须彻底地用清水冲洗干净。所有用于清洁药物的物品必须放在一次性密封的危害废物垃圾袋中。⑤放有危害药物污染物的垃圾袋应封口，再放入另一个放置危害废物的垃圾袋中。所有参加清除溢出物的人员的个人防护用具都应丢置在专用的垃圾袋中和专用的一次性容器中，等待处理。

(3) 生物安全柜内溢出的处理

1) 若生物安全柜内药物的溢出体积≤150ml，其处理过程同少量和大量的溢出。

2) 若在生物安全柜内的药物溢出大于150ml时，在清除掉溢出药物和清洗完溢出药物的地方后，还应对整个生物安全柜的内表面进行另外的清洁。其处理过程如下：①戴上工作手套将碎玻璃放入位于安全柜内的利器盒中。②安全柜的内表面，包括各种凹槽之内，都必须用清洁剂彻底清洗；当溢出的药物在一个小范围或凹槽中时，需要额外的清洗（如用肥皂清除不锈钢上的溢出物）。③如果高效过滤器被溢出物污染，则整个安全柜都要封在塑料袋中，直到高效过滤器被更换。

实训项目八　无菌调配技术实训

【实训目的】

1. 了解静脉用药调配中心（室）结构、功能。

2. 熟悉静脉用药集中调配的无菌技术操作规程。

【实训条件】

1. 分管教学工作的院系领导或带教老师与建设有静脉用药调配中心的医院联系，获得对方支持，在该院静脉用药调配中心进行无菌调配技术的操作训练。

2. 或建立一间静脉用药模拟调配中心进行无菌调配技术模拟实训。

【实训要求】

1. 带教老师提前与建设有静脉用药调配中心的医院联系，就实训内容、安排与对方详细沟通，并制订详细实训计划；建有静脉用药模拟调配中心的学校，可在本校进行无菌调配技术模拟实训，带教老师需准备好实训所需要的一次性注射器、消毒用品及药品等物品。

2. 实训学生必须掌握无菌概念，熟悉静脉用药集中调配的无菌技术操作规程、水平层流洁净台操作规程和配制人员进出洁净区的规程。

【实训准备】

1. 实训学生应了解有关着装、洗手的规定。

2. 实训学生应认真学习静脉用药集中调配的无菌技术操作规程，包括静脉用药混合调配操作规程和水平层流洁净台操作规程。

【实训内容】 完成以下医嘱的调配工作：注射用复合辅酶1支溶于5%葡萄糖注射液100ml。

1. 实训学生按更衣操作规程，进入洁净区。在调配操作前30分钟，按操作规程启动洁净间和层流工作台净化系统。

2. 在调配前按输液标签核对药品名称、规格、数量、有效期等的准确性和药品完好性。

3. 按水平层流洁净台操作规程和静脉用药混合调配操作规程进行混合调配。

【实训过程】

1. 以5人为一小组，在带教老师带领下，到所联系的医院或在静脉用药模拟调配中心进行实训。

2. 在带教老师指导下，学习如何更衣及调配前的准备（包括水平层流台的启动和消毒以及调配前的核对）。

3. 在带教老师指导下，学习静脉药物的无菌调配操作技术。

4. 调配结束后，组内成员对其他同学的操作进行互评，由带教老师进行现场集中讲评，总结各位同学在操作过程中存在的问题及注意事项。

实训路径示意图：

【实训考核】

1. 组内成员对其他同学的操作进行互评，指出操作过程中存在的问题，进一步加深各位同学对调配操作的认识。

2. 带教老师对每位同学在调配过程中的操作规范性进行点评（主要包括更衣、无菌调配技术、水平层流台的操作等），总结各位同学在操作过程中存在的问题及注意事项。

3. 围绕静脉药物混合调配操作规程、水平层流台操作规程的要点进行提问。

4. 指导老师根据各位同学的无菌调配操作技能和回答问题的情况等进行现场综合评分。

【思考题】

1. 以静脉用药调配中心为基础的药学服务包括哪些内容？

2. “开放窗口”的含义是什么？

3. 安全输液的理念包括哪些内容？

（曾晓芳）

笔记

第九章 临床常见疾病的药学服务

第一节 疾病治疗的药物服务原则

一、疾病的药物治疗

药物起源于人类的生产实践和生活实践，药物是防治疾病的重要武器。尽管在现代治疗学中可以用多种方法治疗疾病，但药物治疗仍占极其重要的地位，药物治疗是临床治疗的基本手段。

药物治疗包括从选择药物，确定剂量、剂型和给药途径开始，直至纠正疾病状态的全过程。一般分为体外过程与体内过程，体外过程指药物以不同途径的形式，通过不同给药途径，从给药部位进入人体内的过程。药物的生物利用度是决定吸收的关键因素，而药物制剂本身的质量又直接影响生物利用度。体内过程包括三个阶段即药动学阶段，进入体内的药物随血液分布到各器官组织，到达病变部位，使该部位的药物浓度达到能发挥治疗作用的水平并能维持一定的作用时间；药效动力学阶段，药物到达靶器官或组织后，通过与组织细胞内受体结合或其他作用途径，发挥药理作用；治疗学阶段，药物通过药理作用对病变部位或疾病的病理生理过程产生影响，从而产生治疗作用。药物的治疗学阶段是以疾病为系统，着重于如何选药，如何制订合理的用药方案，如何用药等实际治疗问题。

由于药物的治疗作用一般取决于药物本身的药理作用和病变部位能否达到有效浓度，因此在药物选择中，除熟悉药物本身的特点外，还需掌握药动学特性，选择能在病变部位达到有效浓度而又不至于产生毒性作用的药物及其给药方法。此外，影响药物治疗效果与不同患者疾病的状态、心理因素、遗传因素等有关。因此，要提高药物的疗效，应该结合患者的具体情况，对疾病、机体与药物三者之间的相互关系做出恰当的分析和判断。另外，药物本身具有两重性，使用得当可以起到预期的治疗作用，使用不当则会贻误治疗，甚至会产生一些对治疗不利的反应。

二、药学服务的基本原则

20 世纪中叶，药师的工作主要局限在传统的药物调配和供应等基础工作上。伴随医学模式的转变，药学模式也不断调整，这对药师的职业要求和个人素质提出了全新的概念和更高的要求。现代药师不仅仅是药品的供应者和调剂者，还应是正确使用药品的监督者。药学服务是药师应用药学专业知识向公众（包括医护人员、患者及家属）提供直接的、负责任的、与药物使用有关的服务，以期提高药物治疗的安全性、有效性和经济性。药学服务是现代医院药学的关注重点，享受药学服务成为所有药物使用者的权利，实施全程化药学服务是社会发展的必然。药学服务是在临床药学工作的基础上发展起来的，与传统的药物治疗有很大的区别，药学服务应该具有以下基本原则。

1. 药学人员应以合法的方式提供药品，建立一套贯穿药品采购、贮存、调配全过程的切合本部门实际、高效合理的管理制度和操作规范。

2. 药学人员应对所提供的药品可能具有的不良反应有比较清晰的掌握，同时还要加强药品不良反应监测，发现任何可能存在的不良反应。

笔记

3. 药学人员需要掌握一定的临床医学知识和药物经济学研究的方法，向患者提供既经济又能提高生活生存质量的疾病治疗方案。

4. 医院药师的工作从保障供应型向知识技术服务型转变，实现“以药品为中心”的发药型向“以患者为中心”的药学服务型的观念转变。

5. 药学服务要求药学人员运用语言的艺术，善于加强与患者沟通，增强患者对药师的信赖感。想患者所想，急患者所急，尽量保证对患者的药物治疗能获得满意的结果。

第二节　慢性阻塞性肺疾病的药学服务

一、概　　述

（一）定义

慢性阻塞性肺疾病（chronic obstructive pulmonary disease，COPD）是指具有气流阻塞特点的慢性支气管炎和肺气肿。气流阻塞呈反复、进行性发展，可伴有气道高反应性。COPD主要累及肺脏，但也可以引起全身的不良反应。病因尚未完全清楚，一般认为与长期反复理化刺激或感染有关，少数与过敏及遗传因素有关。呼吸道防御功能下降及免疫力降低，呼吸道易感性增高是发病的内在因素。

（二）病因和发病机制

引起COPD的危险因素包括个体易感因素以及环境因素两个方面，两者相互影响。

1. **个体因素**　机体某些遗传因素可增加COPD发病的危险性，如α1-抗胰蛋白酶缺乏与非吸烟者的肺气肿形成有关。气道高反应性和自主神经功能紊乱都可能与COPD的发生、发展有关。

2. **环境因素**　吸烟为COPD重要发病因素。吸烟者死于COPD的人数较非吸烟者为多，被动吸烟也可能导致呼吸道症状以及COPD的发生。吸烟可损伤气道上皮细胞，使纤毛细胞清除功能下降、黏液分泌增加、支气管平滑肌收缩、肺泡壁破坏、诱发肺气肿形成等，使气流受限、肺功能下降。职业性粉尘及化学物质（烟雾、过敏原、工业废气及室内空气污染等）的浓度过大或接触时间过久，均可导致与吸烟无关的COPD发生。空气污染包括化学气体如氯、氧化氮、二氧化硫等，对支气管黏膜有刺激和细胞毒性作用。空气中的烟尘或二氧化硫明显增加时，COPD急性发作显著增多。其他粉尘如二氧化硅、煤尘、棉尘、蔗尘等也刺激支气管黏膜，使气道清除功能遭受损害，为细菌入侵创造条件。烹调时产生的大量油烟和生物燃料产生的烟尘与COPD发病有关，生物燃料所产生的室内空气污染可能与吸烟具有协同作用。呼吸道感染是COPD发病和加剧的另一个重要因素，肺炎链球菌和流感嗜血杆菌可能为COPD急性发作的主要病原菌。病毒也对COPD的发生和发展起作用，主要为流感病毒、腺病毒、鼻病毒和呼吸道合胞病毒等。

COPD的发病机制尚未完全明了。目前普遍认为COPD以气道、肺实质和肺血管的慢性炎症为特征，在肺的不同部位有肺泡巨噬细胞、T淋巴细胞（尤其是$CD8^+$）和中性粒细胞增加，部分患者有嗜酸性粒细胞增多。激活的炎症细胞释放多种介质，包括白三烯B4（LTB4）、白细胞介素8（1L-8）、肿瘤坏死因子α（TNF-α）和其他介质。这些介质能破坏肺的结构和（或）促进中性粒细胞炎症反应。除炎症外，肺部的蛋白酶和抗蛋白酶失衡、氧化与抗氧化失衡以及自主神经系统功能紊乱（如胆碱能神经受体分布异常）等也在COPD发病中起重要作用。

（三）临床表现

慢性咳嗽通常为首发症状。初起咳嗽呈间歇性，早晨较重，以后早晚或整日均有咳嗽，但夜间咳嗽并不显著。少数病例咳嗽不伴咳痰。也有部分病例虽有明显气流受限但无咳嗽症状。

咳嗽后通常咳少量黏液性痰，部分患者在清晨较多；合并感染时痰量增多，常有脓性痰。气短或呼吸困难是COPD的标志性症状，是使患者焦虑不安的主要原因，早期仅于劳累时出现，后逐渐加重，以致日常活动甚至休息时也感气短。喘息和胸闷不是COPD的特异性症状。部分患者特别是重度患者有喘息；胸闷通常于劳力后发生，与呼吸费力、肋间肌等容性收缩有关。在疾病的临床过程中，特别在较重患者，可能会发生全身性症状，如体重下降、食欲减退、外周肌肉萎缩和功能障碍、精神抑郁和（或）焦虑等。合并感染时可咯血痰或咯血。

COPD早期体征可不明显。随疾病进展，常有以下体征：胸廓形态异常，包括胸部过度膨胀、前后径增大、剑突下胸骨下角（腹上角）增宽及腹部膨凸等；常见呼吸变浅，频率增快，辅助呼吸肌如斜角肌及胸锁乳突肌参加呼吸运动；患者不时采用缩唇呼吸以增加呼出气量；呼吸困难加重时常采取前倾坐位。低氧血症者可出现黏膜及皮肤发绀，伴右心衰竭者可见下肢水肿、肝脏增大。由于肺过度充气使心浊音界缩小，肺肝界降低，肺叩诊可呈过清音。两肺呼吸音可减低，呼气相延长，平静呼吸时可闻干性音，两肺底或其他肺野可闻湿音。心音遥远，剑突部心音较清晰、响亮。

二、治疗原则

COPD的治疗具有典型的阶梯性特征，是一个长期的过程，需要患者与医生长期的沟通与合作，不仅要治疗COPD急性加重，而且对于COPD稳定期的患者要给予更正规、更有效、更系统的治疗。稳定期的COPD主要是教育和督促患者戒烟，避免和防止粉尘、烟雾和有害气体吸入，学会腹式呼吸和缩唇呼吸锻炼等，预防病情加重。而COPD急性加重期主要是确定COPD急性加重的原因，评估严重程度，采取积极有效的综合治疗措施，缓解病情。

三、治疗慢性阻塞性肺疾病常用药物

治疗慢性阻塞性肺疾病的常用药物有支气管扩张药、糖皮质激素、抗菌药物、止咳祛痰药和疫苗等。

1. **支气管扩张药** 是控制COPD症状的主要治疗药物，短期使用可缓解症状，长期规则应用可预防和减轻症状，增加运动耐力。因为吸入剂不良反应小，首选吸入治疗，但不能使所有患者的第一秒用力呼气量（FEV1）都得到改善。支气管扩张药包括短效β_2受体激动剂、沙丁胺醇、特布他林、盐酸丙卡特罗等，短效抗胆碱药如异丙托溴铵。主要用于轻度稳定期患者，中度或以上稳定期患者应规律使用一种或多种长效β_2受体支气管扩张药，如沙美特罗、福莫特罗。长效抗胆碱药如噻托溴铵。氨茶碱在较低血药浓度（5～10mg/L）时有抗感染和免疫调节作用，能减轻支气管对吸入变应原所诱发的炎症反应，长期应用可减低呼吸道高反应性，是目前唯一具有支气管扩张和减轻呼吸道炎症双重效应的支气管扩张药。但茶碱类治疗剂量与中毒剂量相近，临床应用受到一定限制。无条件使用β_2受体支气管扩张药和长效抗胆碱药时，可选用缓释型或控释型茶碱或多索茶碱。

2. **糖皮质激素** 是目前最有效的抗炎药，可多环节阻断呼吸道炎症，广泛的抗炎作用是治疗COPD的主要理论依据。COPD急性加重患者应用糖皮质激素可促进病情缓解和肺功能的恢复。如吸入氟替卡松和布地奈德、口服泼尼松、静脉给予甲泼尼龙。

3. **抗菌药物** COPD急性加重多由细菌感染诱发，故抗菌药物治疗在COPD加重期治疗中具有重要作用。常用抗菌药物有：β-内酰胺类能抑制转肽酶，阻止细菌细胞壁合成。大环内酯类、氯霉素、林可霉素类作用于50S核糖体亚基，抑制蛋白质合成。喹诺酮类抑制DNA促旋酶，阻止敏感细菌的DNA复制，系杀菌类药物。

笔记

4. **祛痰药** 包括恶心性祛痰药，口服后可刺激胃黏膜的迷走神经末梢，反射性促进支气管腺体分泌，使积痰稀释，易于咳出，如氯化铵；另一类是黏痰溶解药，分解痰液中酸性黏多糖和脱氧核糖核酸等黏性成分，减低痰液黏滞性，使痰液易于咳出，如乙酰半胱氨酸、盐酸氨溴索等。

5. **止咳药** 包括中枢性止咳药，如可待因等。抑制咳嗽反射弧中其他环节的药物为末梢性止咳药，如苯佐那酯等。

6. **其他药物** 如免疫调节药，接种流感疫苗，抗氧化剂等。

四、药学服务要点

（一）患者评估

对 COPD 患者制订和实施药学服务首先必须全面了解患者目前病情、治疗史和用药史，并对患者用药情况进行评估。

（二）治疗方案

COPD 不能根治，只能缓解症状和减缓疾病的进展。治疗方针是去除引起症状的原因，如感染、支气管痉挛、低氧血症等。COPD 常用药物以抗生素、支气管扩张药、糖皮质激素为主。COPD 急性加重期，特别是咳痰量增多，呈脓性时，应积极给予抗菌药和祛痰药，考虑口服糖皮质激素进行治疗。

COPD 药物联合使用可以提高疗效。抗胆碱能药物与 β_2 受体激动剂的联用分别作用于副交感神经和交感神经，抗胆碱能药物扩展中央大气道，β_2 受体激动剂容易进入外周中小气道，到达药物作用靶点，提高疗效。激素可调节 β_2 受体的数量及其与 cAMP 的偶联，减少 β_2 受体的脱敏和耐受，逆转 β_2 受体的下调，β_2 受体激动剂可增加糖皮质激素受体对激素的敏感性。支气管扩张药与糖皮质激素的联用可同时影响气流的不可逆阻塞和气道的异常炎症，减低细菌在呼吸道黏膜的黏附，保护纤毛细胞。茶碱和糖皮质激素联用可提高疗效，减低糖皮质激素抵抗，增强抗炎作用。

同时，COPD 常用药物应避免药物相互作用。β_2 受体激动剂沙美特罗或福莫特罗与单胺氧化酶抑制剂合用时可增加心悸、激动或躁狂发生的危险，应避免合用。西咪替丁、大环内酯类药物、氟喹诺酮类药物和口服避孕药等都可使茶碱血药浓度增加，茶碱与上述药物合用时应适当减量。乙酰半胱氨酸能减弱青霉素、头孢菌素类药物的抗菌活性，不宜与这些药物合用，必要时可间隔 4 小时交替使用。

（三）药学监护

1. **有效性** 支气管扩张药、糖皮质激素和抗生素是治疗 COPD 的常用药物。通过监测患者的喘息、呼吸情况的改善，肺部的干湿啰音的变化判断支气管扩张药的有效性。糖皮质激素的疗效主要是控制炎症反应，如患者的喘息、咳嗽、咳痰症状的缓解，肺部干湿啰音的减少。监测抗菌药物的有效性主要监测患者的感染情况，每日体温、咳嗽的情况，痰的颜色、性状、量的多少、黏稠度，心悸、气短的表现，肺部的干湿啰音的部位、性质；经验性治疗 3 天后的血常规白细胞计数和中性粒细胞计数及比例，以及红细胞沉降率的情况；治疗 1 周前后的胸部 CT 和 X 线片的对比，病灶的吸收情况；病原学检查结果和药敏试验结果。

2. **安全性** 注意观察用药安全性，如严密监测茶碱的不良反应，包括消化道反应、神经系统反应以及药物的相互作用，必要时可监测茶碱的血药浓度。长期采取激素类药物治疗者易诱发肾上腺素皮质功能亢进综合征，一般情况下停药后即可消退，而药学监护中应辅以降糖、降压药，补充氯化钾，给予低盐、低糖、高蛋白等对症治疗。吸入糖皮质激素主要引起局部的不良反应，如咽喉痛、口咽部真菌感染、声嘶。抗菌药主要引起过敏，长期应用可引起菌群失调、二重感染等。祛痰药主要引起恶心、呕吐、消化不良等胃肠道症状，用药过程中如出现不良反应，应根据病情及不良反应程度，及时减量或停药，并积极给予对症处理。表 9-1 中列举了常用抗 COPD 药物的不良反应。

3. **依从性** COPD 患者多为多药治疗，患者是否按医嘱正确应用所有药物，对于治疗效果

有直接的影响。提高患者的用药依从性，包括用药剂量和用药次数，每日定时给药，以保证血药浓度。为利于进一步分析，从数量依从性和时间依从性两方面来考察，数量依从性是指患者实际服用的药物量占处方药物总量的百分比；时间依从性是衡量患者在服药时间上有无偏差的参数，反映患者对按时服药的顺从性或与医嘱的一致性。

（四）用药教育

为了提高COPD患者需长期服药患者的依从性，就必须对患者进行药学教育。向患者讲解COPD的相关知识，加强患者对医嘱的理解和执行，向患者讲解日常用药的主要功效、服用方法、常见的不良反应等（表9-1）。如由于喘息等症状往往在凌晨时加重，服药时间最好控制在20:00～21:00。此外，由于吸烟能够增强茶碱肝代谢，应鼓励患者戒烟，必要时加大用药量来降低疾病的复发率。督促患者远离烟雾、污染气体等引起呼吸困难加重的危险因素。COPD患者容易出现紧张、焦虑等不良情绪，药师应针对性地给予心理疏导，提高治疗效果。指导患者每天坚持腹式呼吸及缩唇呼吸训练，有条件者可实施家庭氧疗。临床药师应定期参与门诊随访，为患者提供药学服务。

表9-1 常用抗COPD药物及不良反应

药物类别	药物名称	剂量和用法	不良反应
β_2受体激动剂	沙丁胺醇	0.1～0.2mg，3～4次/天	心悸、骨骼肌震颤等，吸入剂型的发生率较低
	特布他林	0.25～0.5mg，3～4次/天	
	沙美特罗	25～50μg，2次/天	
M胆碱受体拮抗剂	异丙托溴铵	40～80μg，3～4次/天	主要是口干
	噻托溴铵	18μg，1次/天	
茶碱类	氨茶碱	0.1g，3次/天	胃肠道症状、心血管症状和多尿，严重者可引起抽搐乃至死亡。
	多索茶碱	0.2～0.4g，2次/天	
糖皮质激素	氟替卡松	250～500μg，2次/天	吸入可引起口咽部念珠菌感染，声音嘶哑或呼吸道不适，大剂量长期吸入或口服可引起骨质疏松、高血压、肾上腺皮质功能抑制等全身不良反应
	布地奈德	200～400μg，2次/天	
	泼尼松	30～40mg，1次/天	
	甲泼尼龙	40～80mg，1次/天	

案例分析

案例：患者，男，52岁，反复咳嗽、咳痰10年，冬春寒冷季节明显，每年症状持续1个月以上，服用左氧氟沙星片能好转。1年前开始出现活动后气促，缓慢走楼梯到2楼气促明显，休息后能好转。肺功能测定示重度阻塞性通气功能障碍伴轻中度限制性通气功能障碍，弥散功能障碍。入院诊断：慢性阻塞性肺疾病急性加重。每天异丙托溴铵气雾剂吸入，持续6～8小时，每次40μg，每天3次，6天治疗后病情未见好转。

分析：支气管扩张药可松弛支气管平滑肌，扩张支气管，缓解气流受限，是慢性阻塞性肺疾病的主要治疗措施。异丙托溴铵作用于肺部的毒蕈碱受体而产生支气管扩张作用，急性加重期应给予较大剂量雾化吸入，如异丙托溴铵500μg或联合布地奈德注射液1mg雾化吸入。布地奈德是具有高效局部抗炎作用的糖皮质激素，是世界卫生组织认可的、美国FDA批准的唯一可用于雾化吸入的糖皮质激素，两药合用，可抗感染、抗过敏，降低气道高反应，解除气道平滑肌痉挛，抑制腺体分泌，缓解气流受限。

笔记

第三节　高血压的药学服务

一、概　述

（一）定义

高血压是一种以体循环动脉压升高为主要特点的临床综合征，动脉压的持续升高可导致靶器官如心脏、肾脏、脑和血管的损害，并伴全身代谢性改变。高血压可分为原发性高血压（essential hypertension，即高血压病）和继发性高血压（secondary hypertension，即症状性高血压）两大类。原发性高血压占高血压的95%以上，继发性高血压指的是某些确定的疾病和原因引起的血压升高，约占高血压不到5%。

（二）病因和发病机制

目前认为原发性高血压是一种某些先天性遗传基因与许多致病性增压因素和生理性减压因素相互作用而引起的多因素疾病，这些因素主要包括：

1. **遗传因素**　原发性高血压是一种多基因遗传性疾病。流行病学调查发现，高血压患者的孪生子女高血压的患病率明显提高，尤其是单卵双生者；父母均患高血压者，其子女患高血压概率高达45%。相反，双亲血压均正常者，其子女患高血压的概率仅为3%。

2. **环境因素**　超重和肥胖、膳食中高盐、精神紧张和中度以上饮酒是与高血压发病密切相关的危险因素。高血压发病的其他危险因素还包括年龄、缺乏体力活动、吸烟、血脂异常、糖尿病等。

高血压发病机制复杂，遗传因素与环境因素通过何种途径升高血压，不是很清楚。目前认为高血压发病与交感神经活性亢进、肾素 - 血管紧张素 - 醛固酮系统激活、肾脏钠盐潴留过多、血管重建、内皮细胞功能受损和胰岛素抵抗有关。

（三）临床表现

高血压的不同类型和病情发展的不同阶段，临床表现轻重不一。高血压早期一般无症状，或在体检时才被发现，遇精神和劳累等因素影响时，患者可有头痛、头晕、心悸、健忘、乏力、眼底视网膜细小动脉痉挛等表现。高血压后期血压常持续在较高水平，除上述早期一般症状外，还可出现脑、心、肾等一个或几个器官受损相应的临床表现：

1. **心脏**　长期的高血压可导致高血压心脏病，甚至左心衰竭，出现胸闷、气急、咳嗽等症状。

2. **肾脏**　持续高血压可致肾动脉硬化，从而引起高血压肾损害，出现多尿、夜尿，尿检时可有少量红细胞、管型、蛋白，尿比重减轻；严重时出现肾衰竭，表现为少尿、无尿、氮质血症或尿毒症。

3. **脑**　因脑血管痉挛或硬化，可致患者头痛、头晕加重，出现一过性失明和肢体麻木等，严重者可致脑卒中（脑出血和脑血栓形成）。

4. **眼底**　可见眼底出血、渗出，视盘水肿。极少数患者病情发展急骤，血压急剧升高，同时伴有剧烈头痛、头晕、恶心、心悸、视力障碍，甚至昏迷、抽搐等，称为高血压危象。

二、治 疗 原 则

实施个体化治疗，规律用药，终生服药，不可突然停药。对于血压水平较高，目标血压较低的中、高危患者，均可首选联合治疗方案。联合治疗比等效剂量的单药降压疗效更好，不良反应更小。高血压患者最好选择长效药物降压，长效降压药既能提高患者的依从性，又可减少短效药物多次给药造成的血压波动，实现24小时平稳有效控制血压，从而减少心血管事件发生率。另外，非药物疗法是高血压治疗的重要组成部分，应指导患者改变不良生活方式。

笔记

三、治疗高血压常用药物

目前，常用的降压药物有5类，即利尿药、β受体拮抗药、血管紧张素转化酶抑制剂（ACEI）、血管紧张素Ⅱ受体拮抗剂（ARB）和钙通道阻滞剂（CCA）。

1. **噻嗪类利尿剂** 通过排钠利尿造成体内钠水平衡，使细胞外液和血容量减少，长期使用由于排Na^+，使得Na^+/Ca^{2+}交换减少，细胞内Ca^{2+}水平降低，平滑肌舒张从而减低血压，包括氢氯噻嗪、环戊噻嗪。袢利尿剂主要抑制髓袢升支髓质部对Na^+、Cl^-的重吸收，对升支部也有作用，包括呋塞米、依他尼酸。保钾利尿剂作用在肾远端小管和集合小管的皮质部，抑制K^+、Cl^-的重吸收。增加Na^+、Cl^-排出，起到利尿作用。同时抑制Na^+-K^-和Na^+-H^-交换，使得Na^+、H^-分泌减少，起到保钾作用。保钾利尿剂如螺内酯、氨苯蝶啶。

2. **β受体拮抗药** 可与β受体结合而产生拮抗神经递质或β受体激动效应。第一代β阻断剂普萘洛尔对β_1、β_2受体无选择性。第二代为对β_1受体选择性药物，以美托洛尔为代表，第三代具有扩血管效应，如α_1受体拮抗作用，亦具有抗氧化作用，以卡维地洛为代表。

3. **血管紧张素转化酶抑制剂** 抑制血管紧张素转化酶活性，降低血管紧张素Ⅱ水平，舒张动脉，包括卡托普利、依那普利。

4. **血管紧张素Ⅱ受体拮抗剂** 抑制血管紧张素Ⅱ与受体亚型AT1结合而产生的升压作用，包括氯沙坦。

5. **钙通道阻滞剂** 阻滞Ca^{2+}进入细胞内，降低细胞内Ca^{2+}浓度，从而抑制Ca^{2+}调节细胞功能，如对心脏的负性肌力、负性频率及负性传导作用和对血管平滑肌的舒张作用，包括硝苯地平、尼莫地平、维拉帕米等。

四、药学服务要点

（一）患者评估

对高血压患者制订和实施药学服务计划首先必须了解患者近期的疾病情况和患者的吸烟史、饮酒史，以及患者的生活饮食习惯。了解患者对自身疾病的认识水平，控制高血压的信心，是否能够接受药学服务的宣教，为以后的宣教打下基础。了解患者服用的降压药物类型、用法用量等，确定患者是否按时坚持服药、是否有漏服药、换药现象以及需要解决的用药问题。

（二）治疗方案

药师和医生沟通，共同制订降压治疗方案，能通过非药物治疗，则不用药治疗；在不增加药物毒副作用和不良反应的条件下，能单用，不联合，尽可能减少服药的种类和剂量，以减轻服药的负担。也可以根据情况选用一些长效制剂、缓释剂、控释剂，以减少服药的种类和剂量及每日服药的次数，从而提高服药依从性。

五类降压药都可以作为降压治疗的起始用药和维持用药。降压药选用应根据治疗对象的个体状况，药物的作用、代谢、不良反应和药物相互作用，参考以下各点做出决定：①对象有否心血管危险因素；②对象有否靶器官损害，心血管疾病、肾病、糖尿病；③对象有否有降压药影响的其他疾病；④与治疗其他并存疾病的药物之间有否相互作用；⑤选用的药物是否有减少心血管发病率和死亡率的证据及其力度；⑥所在地区降压药物品种供应与价格状况以及治疗对象的支付能力；⑦患者及使用者的经验和意愿。

轻度高血压患者，经正确生活方式调整之后血压仍超过正常者，开始药物治疗。一般先单独选用1种降压药物，根据患者不同情况，如患者年轻，心率偏快，交感神经兴奋，可首选β受体拮抗剂、ACEI或ARB类；如患者为中老年人，合并有冠心病或糖尿病，或肾功能有轻度受伤，首选ACEI或ARB类，亦可选用CCB类；如患者体质较肥胖，或有轻度心力衰竭，可首选利尿剂。要尽量选用长效制剂，既可以减少血压波动，防止凌晨时间的发生，又可提高用药的依

笔记

从性。强调长期有规律的抗高血压治疗，达到平稳、有效控制的目的。用药过程中，要及时进行血压检测，根据患者治疗反应，及时调整治疗方案。中重度高血压，常需要2种或2种以上降压药物联合治疗。

老年人是多发高血压特殊用药人群之一，应根据老年人身体生理状况，争取家属配合，做好家属工作，指导患者家属学会观察病情变化，监督指导患者服药，争取家属互动参与，配合做好患者的护理工作，提高服药依从性，保证老年人的身体健康。

（三）药学监护

1. 有效性　通过药物干预达到血压降至理想范围，使高血压患者的心血管发病和死亡总危险降低。中国高血压指南指出，普通高血压患者血压降至 <140/90mmHg；伴有慢性肾脏疾病、糖尿病，或病情稳定的冠心病或脑血管病的高血压患者，血压应降至 <130/80mmHg，老年人收缩压降至 <150mmHg，如能耐受，还可进一步降低。

2. 安全性　服药前向患者讲解药物可能出现的不良反应及其临床表现，使患者用药前有预见性，估计可能发生的不良反应，提前给予预防措施，或者及时就医，采取相应拮抗措施，从而提高服药依从性。表9-2中列举了常用抗高血压药的不良反应。根据患者家庭经济状况合理选用价格低、疗效肯定的降压药物，不追求新、贵、进口药物，使患者既能长期坚持治疗，又不失治疗效果，从而提高服药依从性。

表9-2　常用抗高血压药及不良反应

药物类别	药物名称	剂量和用法	不良反应及注意事项
利尿剂	氢氯噻嗪 呋塞米 螺内酯	12.5mg，1～2次/天 20～40mg，1～2次/天 20mg，1次/天	血钾、血钠降低，血尿酸升高。伴糖尿病或糖耐量降低，痛风或高尿酸血症以及肾功能不全者不宜应用利尿剂。伴高脂血症者慎用
β受体拮抗剂	普萘洛尔 美托洛尔 卡维地洛	10～20mg，2～3次/天 25～50mg，2次/天 12.5～25mg，1～2次/天	疲乏和肢体冷感，可出现激动不安、胃肠功能不良等，影响糖代谢、脂代谢以及诱发高尿酸血症。伴有心脏传导阻滞、哮喘、慢性阻塞性肺疾病及周围血管疾病患者应为禁忌；胰岛素依赖型糖尿病患者慎用
钙通道阻滞剂	硝苯地平 维拉帕米缓释剂	5～10mg，3次/天 240mg，1次/天	头痛、颜面部潮红和踝部水肿。硝苯地平引起反射性心率加快，但若从小剂量开始逐步加大剂量，仍可明显减少这些反应。维拉帕米抑制心脏传导系统和引起便秘
血管紧张素转换酶抑制剂	卡托普利 依那普利	12.5～50mg，2～3次/天 10～20mg，2次/天	持续性干咳、低血压、高钾血症、血管神经性水肿、皮疹以及味觉障碍
血管紧张素Ⅱ受体拮抗剂	氯沙坦 缬沙坦	50mg，1次/天 80～160mg，1次/天	头晕、与剂量有关的直立性低血压、皮疹、血管神经性水肿、腹泻、肝功能异常、肌痛和偏头痛。

3. 依从性　高血压患者一经确诊就要靠终生服药维持治疗，因此用药依从性的好坏就显得非常重要，直接关系到患者的治疗效果。及时进行有关疾病的健康教育是提高服药依从性的重要措施。用通俗易懂的语言，深入浅出地及时向患者及家属讲解有关疾病知识，使他们了解该病的特点、常见的并发症及其危害性，提高在思想上的重视程度。用药依从性差不但可以导致血压控制欠佳、血压波动范围大，还增加了患者的经济负担。患者用药依从性的评价主要包括时间依从性和剂量依从性两方面。

（四）用药教育

制订个体化的教育方案，根据患者的文化水平提供不同层次的宣传教育和材料。介绍吸

烟、酗酒和不良的饮食习惯对血压的危害。引导患者逐步改变生活习惯，例如：对吸烟患者开始可以先减少吸烟的数量，逐步过渡到不吸烟，最后到戒烟的阶段。帮助患者建立高血压是可以治疗和控制的信心。定期随访，临床药师建立患者档案，定期与患者联系，询问服药后血压控制情况，是否有药品不良反应出现，及时发现和解决问题，提高患者服药依从性。治疗过程中，向患者解释目前给药方案的目的和意义。在患者住院期间向患者解释药物说明书中药物用法用量、不良反应和相关注意事项等（表 9-2）。

案例分析

案例：患者，男，32 岁。体型偏胖，平时身体健康，无任何不适，在单位体检过程中查出血压偏高，血压 140/95mmHg，其余一切正常，无既往病史，吸烟史 6 年。目前患者比较焦虑，紧张，前往医院就诊。试给予初步诊断，并进行合理治疗和指导。

分析：患者属于高血压 1 级，低危。考虑到健康的生活方式在高血压防治中有重要作用，首先要指导患者：①适度锻炼，争取达到并维持理想体重；②饮食上注意清淡（低盐、低脂、少糖），多吃水果、高蛋白饮食；③戒烟限酒；④平衡心态，不焦虑、紧张。对轻度患者在采取非药物治疗不能使血压下降至满意水平时，才会选择单一药物治疗，如氢氯噻嗪等。

第四节 消化性溃疡的药学服务

一、概 述

（一）定义

消化性溃疡（peptic ulcer）是指胃肠道黏膜被胃酸和胃蛋白酶等自身消化而形成的溃疡，其深度达到或者超过黏膜肌层，可发生于食管、胃、十二指肠、胃 - 空肠吻合口附近、含胃黏膜的 Meckel 憩室。胃溃疡、十二指肠球部溃疡最常见。

（二）流行病学

消化性溃疡是一种全球性的常见病，约有 10% 的人在其一生中患过本病。消化性溃疡可发生于任何年龄段，胃溃疡多发于中老年，十二指肠溃疡多发于青壮年，前者的发病高峰常较后者晚 10 年。临床上胃溃疡少于十二指肠球部溃疡，胃溃疡与十二指肠球部溃疡发生率之比约为 1∶3。胃溃疡和十二指肠球部溃疡均常见于男性。

（三）病因和发病机制

1. 病因 消化性溃疡的主要病因是幽门螺杆菌感染，其他常见病因和相关疾病见表 9-3。

表 9-3 消化性溃疡的常见病因和相关疾病

感染	幽门螺杆菌、单纯疱疹病毒、结核、巨细胞病毒、海尔曼螺杆菌
药物	非甾体抗炎药、糖皮质激素、氯吡格雷、化疗药物、双膦酸盐、西罗莫司
遗传	高胃酸
胃排空障碍	十二指肠 - 胃反流
激素	胃窦 G 细胞功能亢进、促胃液素瘤、系统性肥大细胞增生症
血供不足或血流淤滞	休克、肝硬化
浸润性疾病	克罗恩病、结节病
手术后状态	胃窦切除术后
放射治疗	

笔 记

此外，消化性溃疡的常见诱因是应激、吸烟、长期精神紧张、进食没有规律等。

2. **发病机制** 消化性溃疡发病的机制是胃酸和胃蛋白酶的侵袭作用与黏膜的防御能力间失去平衡，胃酸和胃蛋白酶对黏膜产生自我消化。

（四）临床表现

消化性溃疡的主要症状是上腹痛或不适，性质可有钝痛、灼痛、胀痛、剧痛、饥饿样不适，可能是胃酸刺激溃疡壁的神经末梢导致，特点如下：①慢性过程，患者的病史可以达到数年或十余年；②周期性发作，发作期可为数周或数月，缓解期则长短不一，患者的发作常有季节性，大多在秋冬和冬春之交发病；③部分患者有与进餐相关的节律性上腹痛，如饥饿痛或餐后痛；④腹痛可以被抑酸或抗酸剂缓解。部分患者没有上述典型的疼痛，仅表现为腹胀、厌食、嗳气、反酸等消化不良症状。消化性溃疡的患者发作时，剑突下可有局限性压痛，缓解后没有明显体征。

二、治疗原则

（一）总体目标

消化性溃疡患者的治疗目标是去除病因，控制症状，促进溃疡愈合，预防病情复发，避免并发症。

（二）一般原则

活动期的患者要注意休息，病情严重的患者应住院卧床休息；患者若表现出紧张、焦虑、失眠等症状，可短期给予镇静剂。愈合期的患者应保持有规律的生活，避免过分紧张和劳累，戒烟酒，尽量避免使用非甾体抗炎药和糖皮质激素等致溃疡的药物。

（三）药物治疗

主要着重于抑制胃酸分泌，根除幽门螺杆菌感染，保护胃黏膜。

（四）患者教育

患者需要适当休息，遵医嘱服药，改善饮食习惯等。

（五）维持治疗

消化性溃疡愈合后，大多数患者可以停药；但是对于反复溃疡复发、幽门螺杆菌阴性及已经去除其他危险因素的患者，可以采取维持治疗，疗法为较长时间服用维持剂量的 H_2 受体拮抗剂或质子泵抑制剂，疗程短者可以是3～6个月，疗程长者可以是1～2年，甚至可以更长时间。

（六）外科手术

消化性溃疡患者如果存在下列情况，可以考虑手术：①大量出血经药物、胃镜及血管介入治疗无效时；②急性穿孔、慢性穿透性溃疡；③瘢痕性幽门梗阻；④胃溃疡疑有癌变。

三、治疗消化性溃疡常用药物

自从20世纪70年代起，消化性溃疡的治疗药物有三次里程碑式的进展，分别为组胺 H_2 受体拮抗剂（histamine type-2 receptor，H_2RA）、质子泵抑制剂（proton pump inhibitor，PPI）和抗幽门螺杆菌（*Helicobacter pylori*，Hp）治疗，这使溃疡的愈合率达95%左右，外科手术得以大幅度减少。胃蛋白酶是消化性溃疡发病机制中重要因素之一，但其需在酸性环境中才有酶的活性，故抑制胃酸即可抑制胃蛋白酶。

（一）活动期消化性溃疡的治疗

1. **抑制胃酸分泌** 抑制胃酸分泌的治疗是缓解消化性溃疡症状、愈合溃疡最重要的措施。

（1）H_2RA：可以选择性竞争结合胃壁细胞膜上的 H_2 受体，使组胺不能与受体结合，继而抑制食物、组胺及促胃液素引起的胃酸分泌。H_2RA 是消化性溃疡治疗的主要药物之一，其治疗效果好，使用方便，价位便宜，患者长期使用出现的不良反应较少。目前临床上常用 H_2RA 为西咪替丁，雷尼替丁，法莫替丁，尼扎替丁。

(2) PPI：PPI被转运至胃黏膜壁细胞后，在分泌管的酸性环境中被质子化，转化为次磺酸和次磺酰胺后，通过与H^+-K^+-ATP酶的巯基脱水偶联形成不可逆的共价二硫键，导致H^+-K^+-ATP酶的活性丧失，阻断H^+分泌的最后共同通道，继而使胃内达到无酸的水平。PPI与H^+-K^+-ATP酶的结合作用是不可逆的，只有新的ATP酶产生后才可恢复泌酸功能，故PPI抑酸作用的时间较长，可达72小时。PPI的抑酸作用较H_2RA强，作用时间更持久，对溃疡的愈合率略高于H_2RA，并且不易产生耐药性，目前是消化性溃疡治疗最常用的药物。临床上常用的PPI为：奥美拉唑，埃索美拉唑，兰索拉唑，雷贝拉唑，泮托拉唑。

2. **胃黏膜保护药物**　胃溃疡患者大多是胃酸分泌正常，但黏膜的屏障功能下降，所以胃溃疡的患者单独使用抑酸药物治疗的疗效不如十二指肠溃疡，可以考虑联合使用抑酸药物和胃黏膜保护药物。临床上常用的胃黏膜保护剂为铋剂、硫糖铝。

(1) 铋剂：分子量较大，在酸性条件下可与溃疡基底面蛋白形成蛋白-铋复合物，沉积于溃疡表面，阻断胃酸、胃蛋白酶、胆盐对黏膜的自身消化，促进溃疡的愈合。此外，铋剂可干扰Hp代谢，发挥杀菌作用，因此特别适合于合并Hp感染的消化性溃疡患者。

(2) 弱碱性抗酸药物：可中和胃酸，短暂的缓解疼痛。弱碱性抗酸剂可促进前列腺素合成，增加黏膜的血流量，刺激胃黏膜分泌HCO_3^-和黏液，主要用于症状严重患者的早期联合治疗，所以目前碱性抗酸剂更多地被视为黏膜保护剂。临床上常用的有硫糖铝、磷酸铝、铝碳酸镁、氢氧化铝凝胶等。

(二) 根除Hp治疗

消化性溃疡无论是刚出现还是复发、活动与否、有无并发症，Hp阳性的消化性溃疡患者都应进行根除Hp的治疗。具有抑制和杀灭Hp作用的药物：

1. **抗菌药物**　甲硝唑、替硝唑、四环素、阿莫西林、克拉霉素、呋喃唑酮、喹诺酮类抗菌药物。
2. PPI　奥美拉唑、兰索拉唑、雷贝拉唑、泮托拉唑、埃索美拉唑。
3. **铋剂**　果胶铋、次碳酸铋、枸橼酸铋钾。

上述药物的单独使用，都不能有效地根除Hp感染；抗菌药物需要在抑制胃酸的前提下，才可发挥作用。目前临床上常用的根除Hp治疗的一线方案主要有以PPI为基础的方案和以铋剂为基础的方案，即三联方案：1种PPI+2种抗菌药物或1种铋剂+2种抗生素。根据各地抗菌药物的耐药性，选择不同的抗菌药物和疗程。

(三) 维持疗法

维持疗法曾经是消化性溃疡复发预防的主要措施之一，但随着根除Hp治疗的开展，维持疗法地位明显降低。对于Hp阴性或根除Hp治疗后仍反复发作、伴发出血或者穿孔等严重并发症的患者，重度吸烟或伴随其他疾病必须长期服用非甾体抗炎药或者抗凝血药的消化性溃疡患者应给与维持疗法。目前临床上常用的药物为H_2RA或PPI。

四、药学服务要点

消化性溃疡是消化系统疾病中最常见的疾病，其发病与患者的黏膜局部损伤和保护机制之间的平衡失调密切相关。药师在为患者提供药物服务时，要明确患者的特点，根据患者自身的疾病特征进行个体化服务，缓解溃疡症状，促进溃疡愈合，根除Hp感染，预防溃疡复发，避免溃疡的并发症。

(一) 患者评估

1. 收集患者的基本信息，患者的既往病史，消化性溃疡的主要症状。

2. 收集患者的辅助检查结果，主要是胃镜检查、胃黏膜活检、X线钡餐、Hp检查、粪便隐血检查等结果。

3. 收集患者的用药信息，包括在外院治疗的用药信息。

4. 评估患者治疗中应密切注意的药物禁忌证。

（二）治疗方案

药师要和医师沟通，共同制订治疗方案，主要着重于抑制胃酸分泌，根除幽门螺杆菌感染，保护胃黏膜。采取适当的疗程，促进溃疡面的愈合，抑酸药物的疗程通常为4～6周，部分患者需要8周；根除幽门螺杆菌感染，疗程通常为1～2周，可重叠在4～8周的抑酸药物疗程内，也可在抑酸疗程结束后进行。

（三）药学监护

在开展消化性溃疡等消化系统疾病的药学服务过程中，要体现出合理用药的基本原则。

1. **有效性** 临床用药首要考虑因素就是有效性。要保证临床用药的有效性，需要根据药物的适应证或药物的药理作用机制选用药物，并严格按照治疗疗程用药。各国的指南中，对消化性溃疡的药物治疗疗程有明确要求。如奥美拉唑，20mg，每日1～2次时，十二指肠溃疡患者的疗程要求2～4周，胃溃疡患者的疗程要求4～8周。

2. **安全性** 药师在为消化性溃疡患者提供药学服务的过程中，安全性是重点，药师要及时识别并处理药物的不良反应。如患者在使用西咪替丁时，常见的不良反应是口干、腹泻、腹胀、血清转氨酶轻度升高等；在使用奥美拉唑时，患者可能会出现轻度的皮疹、腹痛、恶心和肌肉疼痛等；如果是长期、大剂量地使用氢氧化铝，患者可能会出现严重的便秘，老年患者则可能会导致骨质疏松，肾功能不全患者则可能会出现铝蓄积中毒症状；在使用次枸橼酸铋时，患者可能会出现失眠、乏力、便秘、口腔不适等；在使用克拉霉素时，患者可能会出现味觉改变，继而不能耐受而中断治疗。

3. **依从性** 由于PPI的抑酸效果良好，故用药后患者的腹痛症状可以很快地控制。大多数患者会因为症状消失而自行停药，继而导致症状反复发作和并发症的出现。因此，以腹痛为主要临床表现的消化性溃疡患者，其药学服务中的主要内容是用药依从性。药师需要将药物治疗疗程的意义反复对患者强调，并且告知患者用药期间可能出现的不良反应和应对措施，以便提高患者长期用药的依从性。此外，常年服药的消化性溃疡患者在完成治疗的初始疗程后，在疾病活动期“按需”服用抑酸药，同样可以控制症状的发作。

临床治疗过程中，药物的经济性也是决定患者用药依从性的重要因素，对药师而言，为患者设计合理的治疗方案，经济性是必须要考虑的因素。例如，上消化道出血患者的用药选择，口服或经胃管灌注凝血酶，可迅速止血；但是凝血酶是局部止血药，仅对活动性出血有效，无预防出血的作用；并且凝血酶费用较高，一日的治疗费用最高可至数千元。因此，在患者治疗过程中，药师需对上消化道出血患者的出血情况及时评估，对活动性出血停止或低风险的患者，应停用凝血酶或减少用量，以便降低患者的经济负担，提高依从性。

（四）用药教育

药师要制订患者的个体化教育方案，根据患者的文化水平提供不同层次的宣传教育和材料。介绍消化性溃疡的危害，引导患者逐步改变生活习惯，帮助患者建立治疗的信心。治疗过程中，药师要向患者解释目前给药方案的目的和意义。在患者住院期间，药师要向患者解释药物说明书中药物用法用量、不良反应和相关注意事项等。

1. **依从性** 药师要建立患者的档案资料，定期与患者联系，询问疾病进展情况，并对患者进行合理用药的指导，为患者普及用药知识。同时，药师要判断患者是否出现了药品不良反应，及时发现问题、解决问题，提高患者用药的依从性，降低用药错误的发生率。

2. **药物相互作用** 消化性溃疡患者治疗过程中，所用药物之间的相互作用对治疗效果的影响很大，例如，氢氧化铝与H_2RA合用时，可解除十二指肠溃疡的疼痛，但可抑制H_2RA的吸收，故不提倡两药在1小时内同时服用；硫糖铝发挥作用需经胃酸水解，而西咪替丁可抑制胃酸分泌，故两者合用可能使硫糖铝的疗效降低；奥美拉唑可延长苯妥英钠的药效，若两者合用，

需监测患者的病情，且苯妥英钠应酌情减量；枸橼酸铋钾不能与抗酸药物同时使用，与抗菌药物合用有协同作用。因此，药师应对消化性溃疡患者进行联合用药的用药指导，提高用药的安全性。

3. 日常生活工作 患者需要适当休息，减轻精神压力；停服不必要的非甾体抗炎药，遵医嘱同时服用抑酸和保护胃黏膜的药物；改善饮食规律、戒烟、戒酒、少饮浓咖啡等。

案例分析

案例：患者，男性，60 岁，入院诊断为上消化道出血，胃溃疡。治疗方案：①初始止血，前 3 天，泮托拉唑注射液，0.9% 氯化钠注射液；②黏膜保护，硫糖铝混合液；③抗 Hp，活动性出血控制后，泮托拉唑肠溶片，阿莫西林胶囊，克拉霉素片；④补液、营养支持治疗，20% 中 / 长链脂肪乳注射液，20% 氨基酸注射液，维生素 B_6 注射液，维生素 C 注射液，10% 氯化钾注射液，5% 葡萄糖注射液。

分析：①密切观察患者药物使用后便血、呕血等症状的改善情况；②监测患者脉搏、血压、血糖、血常规等变化及是否再发便血、呕血等现象；③密切监测并提醒患者泮托拉唑的不良反应，如恶心、失眠、头痛、头晕、肌肉酸痛等症状；④叮嘱患者严格控制对胃黏膜有刺激食物的摄入，以富含易消化蛋白质和碳水化合物的食物为主，避免进食速度过快，饮食不宜过饱。

第五节 慢性肾衰竭的药学服务

一、概 述

（一）定义

慢性肾衰竭（chronic renal failure，CRF）是以代谢产物潴留，水、电解质及酸碱代谢失衡和全身各系统症状为表现的一种临床综合征，是慢性肾脏病（chronic kidney disease，CKD）的严重阶段，是各种慢性肾脏病持续进展的共同结局。

（二）流行病学

我国慢性肾衰竭的发病率约为 100/ 百万人口，男性和女性的发病率分别占 55% 和 45%，40～50 岁为高发年龄段。慢性肾脏病的防治是世界各国所面临的重要公共卫生问题，其患病率呈明显上升趋势。流行病学资料显示，2011 年美国成人慢性肾脏病的患病率高达 15.1%，终末期肾病的患病率为 1738/ 百万人口。目前我国慢性肾脏病的患病率为 10.8%。

（三）病因和发病机制

1. 病因 慢性肾衰竭患者和慢性肾脏病患者的病因主要有糖尿病肾病、高血压肾小动脉硬化、原发性和继发性肾小球肾炎、肾小管间质疾病（慢性间质性肾炎、慢性肾盂肾炎、尿酸性肾病、梗阻性肾病等）、肾血管疾病、遗传性肾病（多囊肾病、遗传性肾炎）等。在发达国家和个别发展中国家（如中国），原发性肾小球肾炎、糖尿病肾病、高血压肾小动脉硬化是主要病因。

慢性肾衰竭通常病情进展缓慢，但是在某些诱因下短期内可以急剧加重，因此临床上一方面需要积极控制渐进性发展的危险因素，延缓患者的病情进展；另一方面需要注意短期内是否存在急性加重的诱因，以便消除可逆性诱因，争取肾功能有一定程度的好转。

笔记

2. 发病机制 目前导致慢性肾衰竭病情进展的机制尚不完全清楚，可能与以下因素有关：

（1）肾单位高滤过：慢性肾衰竭时，残余肾单位肾小球出现高灌注和高滤过状态是导致肾小球硬化和残余肾单位进一步丧失的重要原因，高灌注和高滤过刺激肾小球系膜细胞增殖和基质增加；损伤内皮细胞和增加血小板集聚；导致微动脉瘤形成；引起炎性细胞浸润、系膜细胞凋亡增加等，继而肾小球硬化不断发展，导致肾单位进行性丧失。

(2) 慢性肾衰竭患者残余肾单位肾小管高代谢状态：是肾小管萎缩、间质纤维化和肾单位进行性损害的重要原因之一，高代谢导致肾小管氧消耗增加和氧自由基增多，小管内液 Fe^{2+} 的生成和代谢性酸中毒引起补体旁路途径激活和膜攻击复合物的形成，都可以导致肾小管 - 间质损伤。

(3) 肾组织上皮细胞表型转化作用：肾小管上皮细胞、肾小球上皮细胞、肾间质成纤维细胞等可转化为肌成纤维细胞，这在肾间质纤维化、局灶节段性或球性肾小球硬化过程中起重要的作用。

(4) 细胞因子和生长因子的作用：肾小球和肾小管间质损伤过程中，内皮素 -1、白细胞介素 -1、单个核细胞趋化蛋白 -1、血管紧张素Ⅱ、肿瘤生长因子 -β_1 等因子均参与其中，并且对细胞外基质的产生起到重要的促进作用。

(5) 其他：细胞凋亡可能参与了慢性肾衰竭的病情进展，醛固酮增多可能参与了肾小球硬化和间质纤维化的过程。

（四）疾病分期

目前，国际公认的慢性肾脏病的分期是依据美国肾脏基金会制定的指南分为 1～5 期（表 9-4）。

表 9-4　慢性肾脏病的分期及建议

分期	特征	肾小球滤过率 [ml/(min·1.73m²)]	防治目标 - 措施
1	肾小球滤过率正常或升高	≥90	慢性肾脏病诊治，缓解症状，保护肾功能
2	肾小球滤过率轻度降低	60～89	评估、延缓慢性肾脏病进展，降低心血管病风险
3a	肾小球滤过率轻度到中度降低	45～59	延缓慢性肾脏病进展，评估、治疗并发症
3b	肾小球滤过率中度到重度降低	30～44	
4	肾小球滤过率重度降低	15～29	综合治疗，透析前准备
5	终末期肾病	<15 或透析	如出现尿毒症，需要及时替代治疗

（五）临床表现

在慢性肾衰竭和慢性肾脏病的不同阶段，患者的临床表现不同。慢性肾脏病 1～3 期的患者可以没有任何症状，或仅有乏力、腰酸、夜尿增多等轻度不适；少数患者会出现食欲减退、代谢性酸中毒及轻度贫血；患者进展到慢性肾脏病 4 期以后，上述症状将更加明显；到 5 期时，患者可出现急性左心功能衰竭、严重高钾血症、消化道出血、中枢神经系统障碍等，甚至有生命危险。常见的临床表现如下：

1. **水、电解质代谢紊乱**　慢性肾衰竭时，患者常出现各种电解质代谢紊乱和酸碱平衡失调，其中以代谢性酸中毒，水、钠平衡紊乱，钾代谢紊乱，钙磷代谢紊乱，镁代谢紊乱较常见。

2. **蛋白质、糖类、脂类和维生素代谢紊乱**　蛋白质代谢紊乱一般表现为蛋白质代谢产物蓄积，也可有白蛋白、必需氨基酸水平下降等；糖代谢紊乱主要表现为糖耐量减低和低血糖症两种情况，前者多见；脂代谢紊乱多表现为轻度到中度高甘油三酯血症；维生素代谢紊乱多表现为血清维生素 A 水平升高、维生素 B_6 及叶酸缺乏等。

3. **心血管系统表现**　心血管病变是慢性肾脏病患者的常见并发症和最主要死因，尤其是终末期肾病患者；主要表现为高血压和左心室肥厚、心力衰竭、尿毒症性心肌病、心包疾病、血管钙化和动脉粥样硬化等，其中心力衰竭是尿毒症患者最常见的死亡原因。

笔记

4. **呼吸系统症状** 慢性肾衰竭患者的体液过多或酸中毒时均可出现气短、气促，严重酸中毒时可出现呼吸深长；患者体液过多、心功能不全可引起肺水肿或胸腔积液；由尿毒症毒素诱发的肺泡毛细血管渗透性增加、肺充血，可引起“尿毒症肺水肿”。

5. **胃肠道症状** 慢性肾衰竭患者常出现食欲不振、恶心、呕吐、口腔有尿味；消化道出血也较常见。

6. **血液系统表现** 主要表现为肾性贫血和出血倾向；多数患者均有轻、中度贫血，主要由于肾组织分泌促红细胞生成素减少所致；同时伴缺铁、营养不良、出血等因素，可加重贫血程度。

7. **神经肌肉系统症状** 患者早期可出现疲乏、失眠、注意力不集中，其后会有性格改变、抑郁、记忆力减退、判断力降低。尿毒症患者常出现反应淡漠、谵妄、惊厥、幻觉、昏迷、精神异常等表现。周围神经病变也常出现，以感觉神经障碍为著，最常见的是肢端袜套样分布的感觉丧失，也可有肢体麻木、烧灼感或疼痛感、深反射迟钝或消失，并可有神经肌肉兴奋性增加，以及肌萎缩、肌无力等。

8. **内分泌功能紊乱** 慢性肾衰竭患者常表现为肾脏本身内分泌功能紊乱、糖耐量异常和胰岛素抵抗、下丘脑-垂体内分泌功能紊乱、外周内分泌腺功能紊乱。

9. **骨骼改变** 慢性肾脏病患者存在钙、磷等矿物质代谢及内分泌功能紊乱，导致矿物质异常、骨病、血管钙化等临床综合征，即慢性肾脏病-矿物质和骨异常。患者可出现肾性骨营养不良，即出现骨矿化和代谢异常，包括高转化性骨病、低转化性骨病和混合性骨病，其中以高转化性骨病最多见。

二、治疗原则

（一）总体目标

重视原发疾病和加重因素的治疗，阻断或者抑制肾单位损害渐进性发展的各种途径，保存健存的肾单位；给予慢性肾衰竭患者一体化的治疗，进一步延缓肾功能减退的进展，减少患者的并发症，提高患者的生活质量。

（二）患者早期防治对策和措施

早期诊断、有效治疗原发疾病和去除导致肾功能恶化的因素，是慢性肾衰竭防治的基础，也是保护肾功能和延缓慢性肾脏病进展的关键。已经诊断为慢性肾脏病的患者，要积极采取措施延缓、停止或逆转慢性肾衰竭的发生，防止进展至终末期肾病。其基本对策是：①坚持病因治疗，如高血压、糖尿病肾病、肾小球肾炎等，要坚持长期合理的治疗；②避免和消除肾功能急剧恶化的危险因素；③阻断或抑制肾单位损害渐进性发展的各种途径，保护健存的肾单位。具体防治要点为：①及时、有效地控制高血压；②重视血管紧张素转化酶抑制剂和血管紧张素Ⅱ受体拮抗剂的独特作用；③严格控制血糖；④控制蛋白尿；⑤积极纠正贫血、应用他汀类药物、戒烟等。

（三）营养治疗

限制蛋白饮食是治疗的重要环节，以减少含氮代谢产物的生成，减轻症状及相关并发症，甚至可能延缓病情进展；但须保证摄入足够的热量。

（四）慢性肾衰竭的药物治疗

肾小球滤过率的下降，往往会导致药动学和药效学的改变，并可能引起药物疗效和不良反应发生变化。药师在慢性肾衰的药物治疗中，应注意如下问题：①药师要了解药物的药动学和药效学特点；②药师要仔细了解患者的肾功能、肝功能、血清白蛋白、酸碱平衡、电解质代谢紊乱等病理生理状况；③药师要熟悉肾衰竭及其他病理生理状况时的用药方法，首选肾毒性相对较小的药物；④如果必须使用某些有肾毒性的药物，则应根据相应的方法减少药物剂量或延长用药间隔；⑤对于某些治疗窗相对较窄的药物，条件允许的情况下要测定药物的血清或血浆浓度；⑥药师要依据患者肾功能减退的程度调整某些药物的剂量，特别是以原形经肾脏排泄的药

笔记

物，做到个体化给药，同时注意药物的相互作用；⑦药师要认真进行临床观察，及时发现某些不良反应，及时进行恰当地处理。

（五）肾脏替代治疗

根据患者的肾小球滤过率择期进行肾脏替代治疗，包括血液透析、腹膜透析、肾脏移植。

三、治疗慢性肾衰竭常用药物

（一）抗贫血药物

1. **红细胞生成刺激剂**（erythropoiesis-stimulating agents，ESA） 临床上常用的是重组人促红素（recombinant human erythropoietin，rHuEPO）。目前，重组人促红素在慢性肾衰竭患者的治疗中是不可缺少和替代的。慢性肾衰竭患者合理使用重组人促红素，既可以纠正患病的贫血，减少患者左心室肥大等心血管并发症的发生；又可以降低患者的住院率和病死率。

2. **铁剂** 慢性肾衰竭贫血患者常伴铁缺乏，铁缺乏是影响红细胞生成刺激剂疗效的主要原因。在使用重组人促红素时，需同时补充铁剂。血液透析的慢性肾衰竭患者最佳补铁途径是静脉输入，首选蔗糖铁，其次是葡糖醛酸铁、右旋糖酐铁；需注意静脉补铁要做过敏试验。非血液透析的慢性肾衰竭患者和腹膜透析的慢性肾衰竭患者可先采用口服途径补铁，临床上常用的有琥珀酸亚铁、富马酸亚铁、硫酸亚铁。

（二）钙调节药物

1. **活性维生素 D_3（骨化三醇）** 肾脏病变时，骨化三醇缺乏。使用骨化三醇将抑制骨钙释放，促进骨形成。同时，骨化三醇可抑制甲状旁腺激素分泌，改善肾性骨营养不良和继发性甲状旁腺功能亢进。

2. **碳酸钙** 口服碳酸钙可补充钙离子，提高血钙水平，减轻高钾血症对患者心功能的损伤。

3. **营养支持药物** 补充必需氨基酸，纠正患者体内必需氨基酸/非必需氨基酸比例失调状态，促进蛋白合成，减少氮代谢产物的生成，继而延缓慢性肾衰竭的进展。

4. **清除肠道毒物** 临床上常用的为口服氧化淀粉、活性炭制剂或大黄制剂，通过与氮质产物结合形成络合物，利用胃肠道途径将尿毒症毒素排出。这类药物主要用于血液透析前的患者，对减轻氮质血症起辅助作用，但不可将其作为治疗的主要手段，需监测患者出现营养不良和电解质紊乱、酸碱平衡失调的可能。

四、药学服务要点

药学服务的实施者是药师，在对慢性肾衰竭患者的药学服务过程中药师应对药物疗效、患者病情变化、药品不良反应等情况进行认真观察监护，及时发现问题，并协同相关医疗成员进行妥善处置。

（一）患者评估

1. 收集患者的基本信息，患者的既往病史，慢性肾衰竭的主要临床表现。
2. 收集患者的辅助检查结果，主要是肾功能检查、肾脏影像学检查的结果。
3. 收集患者的用药信息，包括在外院治疗的用药信息。
4. 评估患者治疗中应密切注意的药物禁忌证。

（二）治疗方案

药师及时和医师沟通，共同制订慢性肾衰竭患者的治疗方案。

1. **一般原则** ①纠正酸中毒和水、电解质紊乱，防治高钾血症；②治疗高血压，保护心、肾、脑等靶器官；③治疗贫血、应用重组人促红素；④治疗低钙血症、高磷血症、肾性骨营养不良；⑤防止感染；⑥治疗高脂血症；⑦口服氧化淀粉、活性炭制剂或大黄制剂等，增加尿毒症毒素排出；⑧糖尿病肾衰竭患者及时调整胰岛素用量，皮肤瘙痒患者口服抗组胺药物。

2. **特殊人群** 老年人是特殊的群体，由于其机体各系统、器官的组织形态和生理功能随年龄增长而发生特征性变化，药物的体内过程将受到影响。老年慢性肾衰竭患者和肾功能不全的患者，抗菌药物使用时需根据肾功能受损程度、药物排泄途径和血液净化方式等情况，合理选择用药方案。

（三）药学监护

1. **有效性** 慢性肾衰竭患者是一类特殊的人群，例如肾移植患者、血液透析患者、腹膜透析患者等，慢性肾脏病在不同疾病发展阶段肾功能不全的程度不同，患者发生感染时药物治疗的处置也较一般人群的患者特殊。药师要处理好用药方案中的具体技术问题，通过药物治疗方案制订相应的药学监护计划，观察治疗方案实施后患者的临床症状和体征的改善情况，评估药物治疗过程中每种药物的疗效，并监测免疫抑制剂的血药浓度，运用临床药学专业知识，优化治疗用药方案，与治疗团队成员密切协作，提高药物治疗的有效性。

2. **安全性** 药师提供药学服务过程中，安全性是核心内容之一。在慢性肾衰竭药物治疗过程中，患者的不适或临床表现，有的可能是疾病导致，有的可能是药物毒副作用导致。如果不是疾病因素导致的，药师可以协助临床医师甄别是否存在药品不良反应，同时对已出现药品不良反应的患者进行药学监护。药物蓄积也可能导致不良反应，如头孢他啶在体内不代谢，它以原形的形式经肾小球滤过而排泄，24 小时内约 80%～90% 的剂量从尿中排出。肾功能正常的患者，头孢他啶半衰期为 1.93 小时，肾功能受损的患者可延长至 14～30 小时。头孢他啶不能通过正常的血脑屏障，当脑膜没有炎症时，脑脊髓液中头孢他啶的药物浓度很低；当脑膜有炎症时，脑脊液中头孢他啶的药物浓度可达 4～20mg/L 或以上。肾功能受损的患者头孢他啶的排泄量将减少，大剂量使用时脑脊液中的药物浓度将增加，可能导致患者出现中枢神经系统中毒症状。此外，头孢他啶过量使用引起神经系统的不良反应与用药剂量过大、年龄过高、肾功能受损、低蛋白血症和透析剂量不足等关系密切。其中，低蛋白血症可使血中游离药物浓度增高，不良反应的发生率明显增加。随年龄的增长，老年人将出现肾动脉硬化、肾小球基底膜增厚等退行性变，肾单位将明显减少，肾小球滤过率下降，因此肾脏排泄功能将明显减退。

3. **依从性** 患者的用药依从性对于慢性肾脏病的疗效亦很重要。肾病综合征的患者在临床上容易缓解、难以治愈，病情容易复发，加之用药疗程长、药品不良反应发生率高，故患者的用药依从性较差。如糖皮质激素，临床应用广，但不良反应多，患者长期使用常导致严重的不良反应，故很多患者会自行停药或减量，导致病情迁延不愈或复发。临床上也有个别患者对激素不良反应的症状认识不足，导致高血压、股骨头坏死、类固醇性糖尿病、感染消化道出血等严重不良反应出现而没有及时就诊，错过了治疗的最佳时机。通过对肾病综合征患者使用糖皮质激素的用药教育，如药物常见不良反应及应对措施，自我监护指标，规范治疗意义和不按医嘱用药的后果等，患者对疾病和治疗方案都有了初步的认识，能够积极主动地配合临床医师的治疗。此外，采取电话随访、发放治疗日记卡等方式，也可以增加患者的用药依从性。

药师在开展药学服务工作时，要尽量避免选择贵重的药品，减轻患者的经济负担，这与患者的依从性也是密切相关的。实践表明，价格低廉的传统国产药品与进口药品比较，在疗效上几乎没有差别，只是起效的时间较长，只需坚持服用，同样可以收到良好的效果。此外，作为发展中国家，慢性肾衰竭患者的临床用药费用仅仅是慢性肾衰竭治疗成本的一部分，治疗的总成本还包括不良反应处理和非药物费用，降低高危人群并发症及随访与监测的费用。因此，从经济性的角度考虑，慢性肾衰竭患者的治疗选择成本 - 效果比值最佳的方案也可以提高患者的依从性。

4. **血药浓度监测** 药物使用过程中还需根据患者的具体情况进行个体化调整。为避免药物蓄积导致不良反应，必要时要对患者进行血药浓度检测，尤其是某些治疗窗较窄的药物，如地高辛、氨茶碱、氨基糖苷类抗生素、万古霉素等。此外，免疫抑制剂环孢素、他克莫司因相对

笔记

口服生物利用度的变异较大，患者的个体差异也大，临床应用时也需定期监测血药浓度，防止血药浓度不够影响疗效或血药浓度过大增加不良反应。

（四）用药教育

1. **依从性**　药师要建立慢性肾衰竭患者的档案资料，定期与患者联系，询问疾病的状态，并对患者进行合理用药的指导，为患者普及用药知识。同时，药师要判断患者是否出现了药品不良反应，及时发现问题、解决问题，提高患者用药的依从性，降低用药错误的发生率。

2. **药物相互作用**　肾脏疾病患者常用的免疫抑制剂与很多药物都可发生相互作用，如他克莫司、环孢素均可经肝脏 P450 酶系代谢，故经肝脏 P450 酶系代谢的药物均可与他克莫司、环孢素发生相互作用，严重的相互作用甚至可以导致患者死亡。因此，药师需熟知相关药物的相互作用，在药物调配时严格进行核查，并审核所调配处方是否能导致严重的后果。环孢素可经 CYP3A4 酶系代谢，他汀类药物辛伐他汀、洛伐他汀、阿托伐他汀亦可经 CYP3A4 酶系代谢；故环孢素可与这几种他汀类药物发生相互作用，升高血药浓度，增加肌炎的风险，因此要尽量避免同时使用上述药物；如果必须联合使用环孢素和他汀类药物辛伐他汀、洛伐他汀、阿托伐他汀，需监测患者有无肌肉酸痛的出现，并且他汀类药物的剂量选择最低有效剂量。此外，他汀类药物中的普伐他汀经胆汁排泄，氟伐他汀、瑞舒伐他汀和匹伐他汀经 CYP2C9 酶系代谢，理论上不与环孢素发生相互作用。

3. **日常生活工作**　药师要特别叮嘱患者限制蛋白饮食，这是慢性肾衰竭患者治疗的重要环节，限制蛋白饮食能够减少含氮代谢产物，减轻症状和相关的并发症，甚至可能延缓病情的进展，但要保证患者摄入足够的热量。慢性肾衰竭患者需要定期门诊随访，监测尿蛋白、尿白蛋白及血浆白蛋白水平，以判断疗效。患者还需定期自我监测血糖、血压、心率、体重变化。

案例分析

案例：患者，女性，48 岁，入院诊断慢性肾脏病 5 期，原发性高血压，继发性甲状旁腺功能亢进，肾性贫血。患者既往有高血压病史 15 年，血压最高 225/185mmHg，目前服用硝苯地平控释片、多沙唑嗪缓释片，血压控制在 140～150/90～100mmHg；否认糖尿病史。治疗方案：①纠正酸中毒，碳酸氢钠片；②降低血压，硝苯地平控释片，多沙唑嗪缓释片；③治疗贫血，重组人促红素注射液，琥珀酸亚铁片；④治疗肾性骨病，碳酸钙 D_3 片，骨化三醇胶丸。

分析：①密切监测患者的动脉血气分析结果；②密切监测患者脉搏、血压等变化以及有无头痛症状；③每 3 个月监测患者的血总铁结合力、血清铁蛋白的变化，每 2～4 周监测血红蛋白、血细胞比容、网织红细胞百分比的变化；④每 2 周监测血钙、血磷、甲状旁腺激素的变化。

第六节　缺铁性贫血的药学服务

一、概　　述

（一）定义

缺铁性贫血（iron deficiency anemia，IDA）是患者体内对铁的需求与供给失衡，导致体内贮存的铁耗尽（iron depletion，ID），继之缺铁性红细胞生成（iron deficient erythropoiesis，IDE），最终引起的缺铁性贫血。缺铁性贫血是铁缺乏症（包括 ID、IDE 和 IDA）的终末阶段，表现为缺铁

笔记

引起的小细胞低色素性贫血及其他异常。缺铁和铁利用障碍会影响血红素的合成，故此类贫血也被称为血红素合成异常性贫血。

（二）流行病学

缺铁性贫血是最常见的贫血，近年来其发病率在发展中国家、经济不发达地区、婴幼儿、育龄妇女呈明显增高趋势。上海地区的流行病学调查表明：铁缺乏症的年发病率，6 个月～2 岁婴幼儿为 75.0%～82.5%，妊娠 3 个月以上妇女为 66.7%，育龄妇女为 43.3%，10～17 岁青少年为 13.2%；以上人群 IDA 的患病率分别为 33.8%～45.7%、19.3%、11.4% 和 9.8%。

（三）病因和发病机制

1. **病因** 缺铁性贫血患者的病因为：①需铁量增加而铁摄入不足，多见于婴幼儿、青少年、妊娠和哺乳期妇女；②铁吸收障碍，常见于胃大部分切除术后；③铁丢失过多，长期慢性铁丢失而得不到纠正，如慢性胃肠道失血、月经过多、咯血、肺泡出血、血红蛋白尿等。

2. **发病机制** 缺铁性贫血患者的发病机制为：①缺铁影响机体的铁代谢，当体内贮存铁减少到不足以补偿功能状态的铁时，铁代谢指标将发生异常；②缺铁影响机体的造血系统功能；③缺铁影响机体的组织细胞代谢。

（四）疾病分类

缺铁性贫血根据病因可分类为：①铁摄入不足，如食物中缺铁；②供不应求，如孕妇；③吸收不良，如胃肠道疾病患者；④转运障碍，如无转铁蛋白血症患者、肝病患者、慢性炎症患者；⑤丢失过多，如各种失血；⑥利用障碍，如铁粒幼细胞贫血患者、铅中毒患者、慢性病性贫血患者。

（五）临床表现

1. **缺铁原发病的表现** 如消化性溃疡、肿瘤或痔疮导致的黑便，肠道寄生虫感染导致的腹痛或大便性状改变，妇女月经过多，肿瘤性疾病的消瘦，血管内溶血的血红蛋白尿等。

2. **贫血表现** 患者常有乏力、头晕、头痛、耳鸣、眼花、气短、心悸、纳差、容易疲倦等症状。

3. **组织缺铁表现** 患者常出现精神行为异常，体力、耐力下降，容易感染，口腔炎，舌乳头萎缩，吞咽困难，毛发干燥、脱落，皮肤干燥，指甲缺乏光泽、脆薄易裂等。

二、治疗原则

（一）总体目标

缺铁性贫血患者的治疗原则是根除病因、补足贮铁。

（二）病因治疗

查明病因，并尽可能去除导致缺铁的原因，根据病因采取不同的治疗手段，如婴幼儿、青少年和妊娠期妇女因营养不良导致的缺铁性贫血则应改善饮食，月经过多导致的缺铁性贫血则应调理月经，寄生虫感染导致的缺铁性贫血则应驱虫，恶性肿瘤导致的缺铁性贫血则应手术或放疗、化疗，消化性溃疡导致的缺铁性贫血则应采取抑酸治疗等。

（三）补铁治疗

根据患者临床特征采用治疗性铁剂，如无机铁和有机铁。

三、治疗缺铁性贫血常用药物

（一）口服铁剂

口服铁剂分无机铁和有机铁两类。无机铁剂临床上常用的为硫酸亚铁。有机铁剂临床上常用的为山梨醇铁、右旋糖酐铁、富马酸亚铁、琥珀酸亚铁、葡萄糖酸亚铁和多糖铁复合物等，其中多糖铁复合物是以 Fe^{3+} 为核心、以多糖为复合物的新型口服补铁制剂。多糖铁复合物以完整的分子形式存在，在消化道中以分子的形式被吸收，其吸收率不受胃酸减少、食物成分的影响，生物利用度极高。

笔记

（二）注射用铁剂

临床上常用的为右旋糖酐铁和蔗糖铁。右旋糖酐铁为右旋糖酐氢氧化铁复合物，首次给药须用0.5ml（约25mg铁）作为试验剂量，1小时后无过敏反应可给予足量治疗。蔗糖铁为氢氧化铁蔗糖复合物，只可与生理盐水混合使用，给药方式为滴注或缓慢注射的静脉输入，蔗糖铁不适合肌内注射或按照患者需要铁的总量一次全剂量给药。

四、药学服务要点

（一）患者评估

1. 收集患者的基本信息，患者的既往病史，缺铁性贫血的主要临床表现。

2. 收集患者的辅助检查结果，主要是血象、骨髓象、铁代谢、红细胞内卟啉代谢、血清转铁蛋白受体的检查结果。

3. 收集患者的用药信息，包括在外院治疗的用药信息。

4. 评估患者治疗中应密切注意的药物禁忌证。

（二）治疗方案

尽可能地去除导致缺铁的病因，单纯的铁剂补充只能使血常规恢复，如果对原发病忽视，则不能使缺铁性贫血彻底治愈。补充铁剂以口服为宜，注射铁剂的不良反应发生率高、后果严重，仅用于口服铁剂不能耐受或吸收障碍的患者。

（三）药学监护

1. **有效性**　有效性是缺铁性贫血患者药物治疗的根本，口服补充铁剂是目前治疗缺铁性贫血的主要措施，主旨是恢复患者体内的血红蛋白，补充储存铁，但需要注意的是，在患者贫血病因查明之前，不宜使用铁剂或其他补血药物治疗，以免干扰临床诊断。而对于部分患者来说，如大量失血、长期缺铁、胃肠道吸收障碍、不耐受口服铁剂或口服铁剂不能满足机体需要的患者，则需要选择注射铁剂。

2. **安全性**　药师在开展缺铁性贫血的药学服务过程中，要时刻关注用药的安全性，及时、准确地将患者服用药物的常见不良反应信息传递给患者。临床上缺铁性贫血患者补充铁剂以口服为宜；注射铁剂的不良反应发生率较高，后果严重，仅适用于口服铁剂不能耐受或者吸收障碍的患者。铁剂对胃肠道的刺激性较大，可引起患者上腹不适、恶心、呕吐、腹泻等，并且还能导致患者便秘，并排出黑便。注射用铁剂可导致局部不良反应和全身不良反应：局部不良反应如肌内注射部位疼痛；全身不良反应轻者出现头晕、头痛、面部潮红，重者出现恶心、呕吐、腹痛、腹胀、寒战、发热、肌肉酸痛等症状，甚至有少数患者出现过敏性休克的表现；故注射铁剂必须严格掌握应用指征及剂量。

3. **依从性**　缺铁性贫血是一种全球性的营养缺乏性疾病，儿童多见；缺铁性贫血也是我国儿童的四大常见疾病之一。儿童用药的依从性较差，往往需要改变药物的剂型和给药方式，药师要向患儿家属解释清楚缺铁性贫血的危害、合理用药的必要性，以提高儿童患者的依从性。此外，影响缺铁性贫血患者药物使用依从性的另一个主要因素就是经济性因素，药师需要让患者清楚地了解到患者的药物治疗费用：贫血患者的血象恢复正常之后，还需要继续服用铁剂4~6个月，以补充铁的储备量。

（四）用药教育

1. **依从性**　药师要根据患者的特点进行用药教育，向患者阐明铁剂选择的原因、使用的注意事项，以提高患者的依从性。此外，通过建立缺铁性贫血患者的档案资料，药师要定期与患者联系，询问疾病的状态，并对患者进行合理用药的指导，为患者普及铁剂知识。同时，药师要判断患者是否出现了药品不良反应，及时发现问题、解决问题，提高患者的依从性，降低用药错误的发生率。

笔记

2. **药物相互作用** 药师在开展药学服务时，需要格外关注铁剂与其他治疗药物的相互作用。例如，口服铁剂与考来替泊、考来烯胺等阴离子交换树脂可以产生络合反应，同时服用将影响铁剂的吸收；口服铁剂不宜与抗酸药、三硅酸镁、碳酸氢钠同时服用，避免减少吸收。

3. **日常生活工作** 缺铁性贫血患者口服铁剂常可刺激胃肠道出现上腹不适、恶心、呕吐等症状，患者可于进餐时或餐后服用以减少刺激症状；维生素 C 是还原剂，可以增加铁剂的吸收，食用鱼、肉、橘子汁也可以加强铁剂的吸收；缺铁性贫血患者在使用铁剂时，不宜与茶水同饮，以防止铁剂和鞣酸结合形成沉淀，影响铁剂的吸收。

案例分析

案例：患者，女性，36 岁，入院诊断为缺铁性贫血、消化性溃疡。患者既往有慢性头痛 20 年，平时口服阿司匹林治疗头痛。治疗方案：①补铁，硫酸亚铁；②抑酸，奥美拉唑肠溶片。

分析：①查找病因，停用可疑药物阿司匹林，因其可刺激胃肠道，消化性溃疡患者应慎用；②抗酸药物会影响铁剂的吸收，因此铁剂应在服用抗酸药物后 3 小时或服用抗酸药物前 1 小时使用；③服用铁剂后，5%～20% 的患者会出现消化道副作用，如恶心、呕吐等，为减少胃肠道不适，可餐后或餐中服用铁剂，但其吸收率会降低；④密切观察患者的耐受程度和检查指标，及时评价疗效，若患者不耐受或疗效不明显，可选择注射铁剂。

第七节 糖尿病的药学服务

一、概 述

（一）定义

糖尿病（diabetes mellitus，DM）是一组由多病因引起的以慢性高血糖为特征的代谢性疾病，由胰岛素分泌和（或）作用缺陷所致。糖尿病患者长期的碳水化合物以及脂肪、蛋白质代谢紊乱可导致多系统损害，引起眼、肾、神经、心脏、血管等组织器官慢性进行性病变、功能减退及衰竭；患者病情严重或应激时可出现急性严重代谢紊乱，如糖尿病酮症酸中毒、高渗高血糖综合征。

早在公元前 2 世纪，我国传统医学《黄帝内经》已对糖尿病有论述，属“消渴”症范畴。糖尿病是由遗传因素和环境因素的复合病因引起的临床综合征，其病因和发病机制目前仍未完全阐明。

（二）流行病学

糖尿病是一种常见病、多发病，是严重威胁人类健康的世界性公共卫生问题。目前，全世界的糖尿病患病率、发病率和患者数量急剧升高，据国际糖尿病联盟（IDF）资料显示：全世界糖尿病患者数 2011 年已达 3.66 亿，较 2010 年的 2.85 亿增加约 30%。近 30 年来，随着我国经济的迅速发展、生活方式西方化和人口老龄化，肥胖率上升，我国糖尿病患病率也呈现出快速增长的趋势：现成年人糖尿病的患病率为 9.7%，糖尿病前期的比例高达 15.5%。更需注意的是，我国约有 60% 的糖尿病患者未被诊断，已接受治疗者，糖尿病的控制情况也不理想。此外，我国儿童和青少年 2 型糖尿病的患病率明显增加，已成为超重儿童的关键健康问题。为此，我国于 1995 年制定了国家《糖尿病防治纲要》以指导我国糖尿病的防治工作。

笔记

（三）病因和发病机制

糖尿病的病因和发病机制极为复杂，至今没有完全阐明。不同类型的糖尿病病因不尽相同，即使在同一类型中也存在着异质性。总体来说，遗传因素及环境因素共同参与了糖尿病的发病。胰岛素由胰岛β细胞合成和分泌，经血液循环到达体内各组织器官的靶细胞，与特异性受体结合，继而引发细胞内物质代谢效应，此过程中的任何一个环节发生异常都可以导致糖尿病。

1. **1型糖尿病**　绝大多数是自身免疫性疾病，遗传因素、环境因素（病毒感染、化学毒物和饮食因素）、自身免疫（体液免疫、细胞免疫）共同参与发病；病毒感染、化学毒物、饮食等某些外界因素作用于有遗传易感性的个体，激活T淋巴细胞介导的一系列自身免疫反应，引起选择性胰岛β细胞破坏和功能衰竭，机体体内胰岛素分泌不足进行性加重，最终导致糖尿病。患者病情的发生发展经历了5个阶段：个体具有遗传易感性，某些触发事件如病毒感染引起少量β细胞破坏并启动长期、慢性的自身免疫过程，患者出现免疫异常，β细胞数目开始减少，β细胞持续损伤达到一定程度。

2. **2型糖尿病**　遗传因素及环境因素共同作用而形成的多基因遗传性复杂病，是一组异质性疾病。目前对2型糖尿病的病因和发病机制认识程度仍然不足，可概括为3方面，遗传因素与环境因素的共同作用，胰岛素抵抗和β细胞功能缺陷（胰岛素抵抗、β细胞功能缺陷），胰岛α细胞功能异常和胰高血糖素样肽-1分泌缺陷；患者病情的发生发展多为：早期存在胰岛素抵抗而β细胞可代偿性增加胰岛素分泌，β细胞无法分泌足够胰岛素以代偿胰岛素抵抗而导致患者进展为糖调节受损和糖尿病。

（四）疾病分类

糖尿病分类是依据糖尿病的临床表现、病理生理及对病因的认识而建立起来的综合分类标准，目前糖尿病可按照WHO糖尿病专家委员会提出的标准（1999年）分为4类：①1型糖尿病（T1DM），包括免疫介导性（1A）、特发性（1B）；②2型糖尿病（T2DM）；③其他特殊类型糖尿病，包括胰岛β细胞功能的基因缺陷、胰岛素作用的基因缺陷、胰腺外分泌疾病、内分泌疾病、药物或化学品所致的糖尿病、感染、不常见的免疫介导性糖尿病、其他与糖尿病相关的遗传综合征；④妊娠糖尿病（GDM）。

（五）临床表现

1. **基本临床表现**　代谢紊乱症状群，即“三多一少”，多尿、多饮、多食、体重减轻；并发症和（或）伴发病。

2. **1型糖尿病**　①任何年龄均可以发病，常见于30岁以前；②患者起病急、病情重，多有典型“三多一少”症状；③血糖显著增高，常出现糖尿病酮症酸中毒；④胰岛素水平很低，胰岛功能基本丧失，患者需要终身应用胰岛素治疗；⑤成年患者晚发自身免疫性糖尿病年龄多在20～48岁，容易出现大血管病变。

3. **2型糖尿病**　①患者多为老年人，一般有家族遗传性；②患者起病缓慢，病情相对平稳，没有症状的时间可达数年至数十年；③多数患者肥胖、食欲好、精神体力与常人没有区别，偶有疲乏无力，个别患者可出现低血糖；④患者多于体检时被发现；⑤随病程延长，患者的血糖逐渐升高，可出现糖尿病慢性并发症。

4. **某些特殊类型糖尿病**　青年人中的成年发病型糖尿病，线粒体基因突变糖尿病，糖皮质激素所致糖尿病。

5. **妊娠糖尿病**　患者通常为妊娠中、末期的孕妇，一般只有轻度无症状性血糖升高。

6. **并发症**　①急性严重代谢紊乱，如糖尿病酮症酸中毒、高渗高血糖综合征；②感染性疾病，糖尿病患者容易并发各种感染；③慢性并发症，如微血管病变（糖尿病肾病、糖尿病性视网膜病变、糖尿病心肌病等），大血管病变，神经系统并发症（中枢神经系统并发症、周围神经病变、自主神经病变），糖尿病足，其他病变（如视网膜黄斑病、白内障、青光眼、牙周炎、皮肤病变等）。

二、治疗原则

总体目标

基于目前的医学水平，糖尿病仍然是一种不可根治的疾病。因此，应给予糖尿病患者密切的终身医疗关注。糖尿病患者近期治疗目标是控制高血糖和相关代谢紊乱以消除糖尿病症状、防止急性严重代谢紊乱；远期治疗目标是通过良好的代谢控制达到预防及（或）延缓糖尿病患者慢性并发症的发生和发展，维持患者良好的健康、学习、劳动的能力，保障儿童生长发育，提高患者的生活质量、降低死亡率、延长寿命。近年来，随着循证医学的发展，糖尿病的治疗已经从传统意义上的治疗转变为系统管理，以患者为中心的团队式管理，团队成员包括全科和专科医师、糖尿病教员、药师、营养师、运动康复师、患者及其家属等。国际糖尿病联合会提出糖尿病患者的综合管理要点为：糖尿病教育、医学营养治疗、运动治疗、血糖监测、药物治疗，即“五架马车”。糖尿病患者的综合控制目标见表 9-5。

表 9-5 糖尿病综合控制目标（2010 年中国 2 型糖尿病防治指南）

检测指标	目标值
血糖（mmol/L）	
空腹	3.9～7.2
非空腹	≤10
HbA1c（%）	<7
血压（mmHg）	<130/80
HDL-C（mmol/L）	
男性	>1.0
女性	>1.3
TG（mmol/L）	<1.7
LDL-C（mmol/L）未合并冠心病	<2.6
合并冠心病	<2.07
体重指数（kg/m^2）	<24
尿白蛋白 / 肌酐比值（mg/mmol）	
男性	<2.5（22mg/g）
女性	<2.5（22mg/g）
或：尿白蛋白排泄率	<20μg/min（30mg/24h）
主动有氧活动（分钟 / 周）	≥150

三、治疗糖尿病常用药物

目前，糖尿病的治疗药物包括口服降血糖药、胰岛素制剂、胰高血糖素样多肽 1（GLP-1）受体激动剂。口服降血糖药主要为磺酰脲类、格列奈类、双胍类、噻唑烷二酮类、α- 葡萄糖苷酶抑制剂和二肽基肽酶 -Ⅳ抑制剂（DPP-Ⅳ抑制剂）。注射制剂为胰岛素及胰岛素类似物和胰高血糖素样多肽 1 受体激动剂。在饮食和运动不能将血糖控制达标时要及时使用降血糖药。

（一）口服降血糖药

2 型糖尿病是进展性的疾病，临床上多数患者需采用药物治疗，且常常需要联合使用多种口服降血糖药。

1. **磺酰脲类**（sulfonylureas，SUs） 属于促胰岛素分泌剂。临床上常用的磺酰脲类药物：格列本脲、格列美脲、格列喹酮、甲苯磺丁脲、格列吡嗪、格列吡嗪控释片、格列齐特、格列齐特缓释片。磺酰脲类降血糖药可刺激胰岛 β 细胞分泌胰岛素，作用于胰岛 β 细胞膜上的 ATP 敏感的

笔记

钾离子通道(K_{ATP})，促进钙离子内流及细胞内钙离子浓度增高，刺激含有胰岛素的颗粒外移和胰岛素释放，降低血糖。磺酰脲类促胰岛素分泌的作用不依赖于血糖浓度，其降低血糖作用的前提是机体尚有30%以上的有功能的胰岛β细胞。磺酰脲类可以使HbA1c降低1%～2%。

2. **格列奈类**　属于非磺酰脲类促胰岛素分泌剂。临床上常用的格列奈类药物：瑞格列奈、那格列奈、米格列奈。格列奈类降血糖药作用在胰岛β细胞膜上的K_{ATP}，但结合位点与磺酰脲类不同。格列奈类降血糖药是快速促胰岛素分泌剂，特点是吸收快、起效快、作用时间短，主要通过刺激胰岛素的早时相分泌而降低餐后血糖，也有一定的降低空腹血糖的作用，于餐前或进餐时服用。格列奈类降血糖药可以使HbA1c降低0.3%～1.5%。

3. **双胍类**　临床上常用的双胍类药物：二甲双胍。双胍类降血糖药通过抑制肝葡萄糖输出，改善外周组织对胰岛素的敏感性，增加葡萄糖的摄取和利用，继而降低血糖。二甲双胍可激活一磷酸腺苷活化的蛋白激酶(AMPK)信号系统而发挥多方面的代谢调节作用。二甲双胍可改善血脂谱，增加纤溶系统活性，降低血小板聚集性，抑制动脉壁平滑肌细胞和成纤维细胞生长，但不增加体重，因此被认为可能有助于改善或延缓糖尿病血管并发症。在我国及许多国家和国际学术组织的糖尿病治疗指南中，二甲双胍均被推荐为2型糖尿病患者控制血糖的一线用药和联合用药中的基础用药。二甲双胍可以使HbA1c下降1%～2%。

4. **噻唑烷二酮类(TZDs，格列酮类)**　属于胰岛素增敏剂。临床上常用的噻唑烷二酮类：罗格列酮、吡格列酮。噻唑烷二酮类降血糖药通过激活过氧化物酶体增殖物激活受体γ(PPARγ)，增加靶组织对胰岛素作用的敏感性，改善胰岛素抵抗，继而降低血糖。噻唑烷二酮类降血糖药可改善血脂谱、提高纤溶系统活性、改善血管内皮细胞功能、降低C反应蛋白水平等，因此对心血管系统具有保护作用。噻唑烷二酮类降血糖药能促进脂肪重新分布，即从内脏组织转移至皮下组织，这可能与其提高胰岛素的敏感性有关。此外，噻唑烷二酮类降血糖药可以改善胰岛β细胞的功能。噻唑烷二酮类降血糖药可以使HbA1c下降1.0%～1.5%。

5. **α-葡萄糖苷酶抑制剂(AGI)**　临床上常用的α-葡萄糖苷酶抑制剂：阿卡波糖、伏格列波糖、米格列醇。食物中淀粉、糊精和双糖(如蔗糖)的吸收需要小肠黏膜刷状缘的α-葡萄糖苷酶，α-葡萄糖苷酶抑制剂可竞争性抑制各种α-葡萄糖苷酶，减慢淀粉类分解为葡萄糖的速度，延迟碳水化合物的吸收，继而降低餐后高血糖。α-葡萄糖苷酶抑制剂可使HbA1c降低0.5%～0.8%，同时伴体重下降。

(二)胰岛素

胰岛素是控制高血糖的重要和有效手段。临床上常用的胰岛素有：超短效胰岛素：赖脯胰岛素、门冬胰岛素；短(速)效胰岛素：普通(正规)胰岛素；中效胰岛素：低精蛋白锌胰岛素；长(慢)效胰岛素：精蛋白锌胰岛素；超长效胰岛素：甘精胰岛素、地特胰岛素；预混胰岛素：精蛋白锌重组人胰岛素、门冬胰岛素30/50、双时相低精蛋白锌赖脯胰岛素。胰岛素是人体内唯一的一种降低血糖的激素，可调节糖、脂肪和蛋白质的代谢。1型糖尿病患者发病时就需要使用胰岛素治疗，并且要终身使用胰岛素。胰岛素可以治疗各种类型的糖尿病，不良反应有过敏反应、低血糖反应、屈光失常、胰岛素水肿等。胰岛素注射过量时可引起低血糖休克。短效胰岛素皮下注射后起效快，但持续时间短，静脉注射可用于抢救糖尿病酮症酸中毒；短效胰岛素和超短效胰岛素主要控制一餐饭后的高血糖。中效胰岛素主要提供基础胰岛素，可以控制两餐饭后的高血糖。长效胰岛素无明显的作用高峰，主要提供基础胰岛素。

(三)胰高血糖素样多肽1(GLP-1)受体激动剂和二肽基肽酶-Ⅳ抑制剂(DPP-Ⅳ抑制剂)

现已开发出两类促胰酶素的降血糖药应用于临床。胰高血糖素样多肽1受体激动剂，需皮下注射，通过激动胰高血糖素样多肽1受体而发挥降低血糖的作用。胰高血糖素样多肽1受体激动剂以葡萄糖浓度依赖的方式增加胰岛素分泌、减少胰高血糖素分泌，延缓胃排空，利用中枢性食欲抑制减少进食量，具有显著的降低患者体重的作用。临床上目前使用的胰高血糖

笔记

素样多肽1受体激动剂有艾塞那肽和利拉鲁肽。艾塞那肽可降低HbA1c 1%，利拉鲁肽可降低HbA1c 1.0%～1.5%。二肽基肽酶-Ⅳ抑制剂，口服给药，通过抑制二肽基肽酶-Ⅳ活性而减少胰高血糖素样多肽1在体内的失活，升高内源性胰高血糖素样多肽1的水平；二肽基肽酶-Ⅳ抑制剂可增强胰岛素分泌，抑制胰高血糖素分泌；二肽基肽酶-Ⅳ抑制剂单独使用不增加患者发生低血糖的风险，也不增加患者的体重。临床上目前使用的二肽基肽酶-Ⅳ抑制剂有西格列汀、沙格列汀、维格列汀、阿格列汀、利格列汀。二肽基肽酶-Ⅳ抑制剂可降低HbA1c 0.5%～1.0%。

四、药学服务要点

（一）患者评估

1. 收集患者的基本信息，患者的既往病史，家族史，糖尿病的主要临床表现。

2. 收集患者的辅助检查结果，主要是糖代谢异常的严重程度或控制程度、胰岛β细胞功能、糖尿病并发症的检查结果。

3. 收集患者的用药信息，包括在外院治疗的用药信息。

知识拓展

糖尿病足

糖尿病足是指下肢远端神经异常和不同程度周围血管病变相关的足部溃疡、感染和(或)深层组织破坏，是糖尿病最严重和治疗费用最多的慢性并发症之一，也是糖尿病非外伤性截肢的最主要原因。轻者表现为足部畸形、皮肤干燥和发凉、胼胝，重者可出现足部溃疡、坏疽。

（二）治疗方案

糖尿病患者治疗方案的制订，应该在评估患者血糖控制的风险与收益、可行性和社会因素等指标的基础上实施，以达到合理的个体化HbA1c控制目标。

1. **糖尿病健康教育** 健康教育是糖尿病患者重要的基础管理措施，是决定糖尿病管理成败的关键因素。

2. **医学营养治疗** 糖尿病患者的基础管理措施，是综合管理的重要组成部分，患者对医学营养治疗的依从性决定了其是否能够达到理想的代谢控制状态。医学营养治疗的目标是纠正代谢紊乱，达到良好的代谢控制，减少心血管疾病的危险因素，提供最佳营养以改善患者的健康状态，减缓β细胞功能障碍的进展。

3. **运动治疗** 对肥胖的2型糖尿病患者尤为重要，运动可以增加患者的胰岛素敏感性，有利于控制血糖和体重。

4. **病情监测** 监测患者的血糖、其他心血管疾病危险因素、并发症。

5. **高血糖的药物治疗** 包括口服降血糖药、胰岛素、胰高血糖素样多肽-1受体激动剂、二肽基肽酶-Ⅳ抑制剂。

6. **2型糖尿病患者高血糖的管理策略** 根据患者的病情特点，结合其经济、文化、对治疗的依从性、医疗条件等多种因素，制订患者的个体化治疗方案，并且需要跟踪随访，根据患者的病情变化调整治疗方案，力求达到安全平稳降糖、长期达标，生活方式干预应该贯穿于糖尿病治疗的始终。

7. **手术治疗糖尿病** 减肥手术可明显控制肥胖2型糖尿病患者的血糖水平，但目前各国有关手术治疗的体质指数切点不同，尚不适宜大规模推广。

笔记

8. **胰腺移植和胰岛细胞移植**　治疗的患者多是1型糖尿病患者，因移植后可能发生免疫排斥反应，故患者须长期使用免疫抑制剂。

9. **防治糖尿病慢性并发症**　糖尿病患者的慢性并发症是患者致残、致死的主要原因，因此需要早期防治，1型糖尿病病程超过5年的患者和所有2型糖尿病患者一经确诊后都应每年进行慢性并发症筛查。

10. **糖尿病合并妊娠和妊娠糖尿病的管理**　糖尿病合并妊娠和妊娠糖尿病均与剖宫产、肩难产、先兆子痫、大于胎龄儿等母婴并发症有关，故妊娠期间糖尿病的控制对于确保母婴的安全至关重要。

11. **围术期管理**　择期手术的患者应尽量控制空腹血糖为 <7.8mmol/L，餐后血糖为 <10mmol/L；需要进行大型、中型手术的糖尿病患者术前应改用胰岛素治疗；对于可能影响患者手术预后的糖尿病并发症要进行全面的评估。

知识拓展

糖尿病患者的生活方式干预

主要分两部分：①体力活动。这在2型糖尿病的管理中占有重要的地位。运动可增加胰岛素的敏感性，有助于血糖控制，还有利于减轻体重、炎症控制、疾病预防和心理健康等。血糖 >14mmol/L、明显低血糖的患者、血糖波动较大、有糖尿病急性代谢并发症以及各种心、肾等器官严重慢性并发症的患者暂时不宜运动。运动频率和时间为每周至少150分钟，如1周运动5天，每次30分钟。即使进行少量的体力活动（如平均每天少于10分钟）也是有益的。中等强度的体力活动包括快走、打太极拳、骑车、打高尔夫球和园艺活动；较强的体力活动为舞蹈、有氧健身、慢跑、游泳、骑车上坡；每周最好进行2次肌肉运动如举重训练，训练时阻力为轻或中度。联合进行抗阻运动和有氧运动可以获得更大程度的代谢改善。运动项目要和患者的年龄、病情、社会、经济、文化背景及体质相适应。养成健康的生活习惯，将有益的体力活动融入到日常生活中。活动量大或程度剧烈时应建议糖尿病患者调整食物及药物，以免发生低血糖。②戒烟。吸烟有害健康，尤其对有大血管病变高度危险的2型糖尿病患者，应劝诫每一位吸烟的糖尿病患者停止吸烟。

（三）药学监护

1. **有效性**　糖尿病患者除了血糖水平升高外，常合并肥胖、高血压、血脂异常等一种或多种疾病。为确保糖尿病患者治疗的有效性，应根据科学、合理的证据，采取控制血糖、降低血压、降低血脂、抗血小板、改善生活方式、减轻体重等综合治疗方案，以达到有效的预防、减轻糖尿病患者微血管和大血管并发症的目的。由此可见，药师对糖尿病患者药学服务的有效性既要体现对血糖的控制状态，又要体现个体化的原则。

2013版《中国2型糖尿病防治指南》中推荐了2型糖尿病患者治疗有效的指标控制目标，HbA1c再次被确立为反映血糖控制状态的重要指标。对于大多数非妊娠期成人，HbA1c的控制目标应小于7%；对于糖尿病病程短、预期寿命长、没有并发症、没有心血管病史的患者，应考虑更严格的HbA1c控制目标；对于高龄、心血管病史、预期寿命短、糖尿病病程长、严重低血糖病史的患者，应适当放宽HbA1c的控制目标。同样，对于血压及血脂中LDL-C的控制目标也类似。值得注意的是，糖尿病患者的各项指标如果没有达到控制目标，并不代表治疗无效，任何控制指标的改善对患者来说都是有益的，都可以降低患者出现并发症的风险。

笔记

2. **安全性**　要保证糖尿病患者治疗的安全性最主要的是减少不良反应的发生率。糖尿病患者大多数是老年、慢性病的患者，合并多种疾病，临床用药的种类也较多，故患者出现不良反应的概率也越大。药师在与患者、医生的交流过程中，应及时发现药品不良反应（ADR）、预防潜在的药品不良反应，同时药师要参与药源性疾病的诊断和药品不良反应的处置，确保药品不良反应工作的即时性、实时性和真实性。糖尿病患者住院期间，药师应监测药物使用情况，及时与医生沟通，调整患者的治疗方案。

3. **依从性** 糖尿病患者往往需要接受终身治疗，药师进行及时、个体化的患者用药监护，增加患者对治疗方案的理解和依从性，将有助于治疗效果的提高。糖尿病在严重影响患者身体健康的同时，也给患者及其家庭带来了沉重的经济负担，这也是导致依从性不好的因素之一。药师在开展糖尿病的药学服务时，需要强调糖尿病治疗依从性的重要性，以尽可能低的治疗成本获得尽可能好的治疗效果，合理使用有限的医疗卫生资源，在减轻患者及社会经济负担的同时，提高治疗的效果。

对于某些糖尿病患者而言，使用α-葡萄糖苷酶抑制剂阿卡波糖和DPP-Ⅳ抑制剂在降低高血糖方面的疗效与双胍类药物二甲双胍差别并不大，但是阿卡波糖和DPP-Ⅳ抑制剂的价格要比二甲双胍昂贵得多。如，阿卡波糖片的年治疗费用大约是盐酸二甲双胍年治疗费用的2.5倍，磷酸西格列汀片的年治疗费用约是盐酸二甲双胍片年治疗费用的1.7倍。因此，从经济性的角度考虑，二甲双胍依然是糖尿病患者一线用药的首选。药师在开展糖尿病的药学服务过程中，应主动、灵活地开展用药依从性、经济性的宣传和教育工作。如在医嘱审查和对患者教育过程中，药师有时会发现重复给药、用法用量不适宜、给药途径不适宜等情况，如能及时与医护人员沟通和交流，调整存在问题的医嘱，既能降低患者的用药风险，又能减轻患者的经济负担，确保临床的合理用药。

（四）用药教育

1. **依从性** 药师要对糖尿病患者进行及时、个体化的用药教育，增加患者对治疗方案的理解，使患者能够遵照医嘱服药，不随意更换药物或增减药物的剂量。重点应跟踪观察患者用药后的血糖、血压等监测指标的变化，及时地与患者交流，判断患者是否出现了药品不良反应，以便发现问题、解决问题，提高患者的依从性与满意率。

2. **药物相互作用** 随着糖尿病患者病程的延长和并发症的增多，患者合并用药的几率将大大增加。药物间的相互作用可能会使药物的疗效增强或减弱，甚至出现治疗失败和药物毒性增加的情形。当糖尿病患者联合使用多种药物时，药师要充分权衡联合用药的利弊，告知患者药物相互作用的获益和风险，以保护患者免受潜在药物不良相互作用的危害。目前我国某些医院的信息系统中已经配备了药师信息支持系统，用于药物不良相互作用的警戒，但由于这类系统的临床普及性和临床决策的复杂性，糖尿病患者的临床用药尚存在有效审查不及时的问题。药师应及时筛查糖尿病患者的医嘱或处方，早发现药物治疗中存在的问题，避免药物不良相互作用的发生。

3. **日常生活工作** 糖尿病患者的饮食习惯、营养结构、生活方式、体力活动等都可能影响到体内糖代谢的平衡状态，不良的饮食结构和生活习惯还可能导致糖尿病危险因素的出现和加重，如肥胖、高血压、血脂异常等。药师要强调糖尿病患者需严格控制总能量的摄入，合理均衡分配各种营养物质，减少心血管疾病的危险因素，包括控制血脂异常和高血压，并维持合理的体重（即超重/肥胖患者要在3～6个月期间减轻体重5%～10%，消瘦患者要通过均衡营养恢复并长期维持理想的体重）；鼓励患者尽一切可能进行适当的体力活动，同时戒烟限酒。

低血糖反应是糖尿病患者在降血糖治疗过程中常见的药品不良反应。药师应加强向糖尿病患者及其家属的科普宣传，帮助其了解低血糖的临床表现和救治措施，鼓励患者及其家属定期监测、记录血糖变化；同时建议患者随身携带糖果、饼干等，防止可能的误餐。糖尿病患者在运动前需额外增加碳水化合物的摄入，并且携带含自身信息的卡片（如疾病史和亲属的联系方

笔记

式)，防止意外的发生。酒精可直接引起低血糖反应，故糖尿病患者要避免空腹饮酒和酗酒，血糖控制不佳者应不饮酒。对于反复出现低血糖的患者，建议调整糖尿病的治疗方案并告知患者适当放宽血糖的控制目标。

案例分析

案例：患者，男性，55 岁，入院诊断为 2 型糖尿病，糖尿病酮症酸中毒，高血压。患者既往有高血压 22 年，服用可乐定和左旋氨氯地平片治疗；有动脉粥样硬化病史。治疗方案：①纠正糖尿病酮症酸中毒，胰岛素；②补充液体及电解质，氯化钾注射液，氯化钠注射液；③降低血压，氯沙坦片，氨氯地平片。

分析：①密切观察反映患者酮症酸中毒的指标变化，如体温、电解质、尿常规、随机血糖、血气分析等；②患者补液后保持尿量 > 2ml/min，为预防脑水肿，不宜输入过多钠盐、低张液体，也不宜使血糖下降过速；③密切监测患者的血压是否控制在 130/80mmHg 以下，密切监测患者是否有头晕等低血压症状，氨氯地平的主要不良反应为头痛、水肿，氯沙坦可导致患者出现高钾血症和血肌酐升高；④监测患者的空腹血糖、糖化血红蛋白，在没有低血糖发生的情况下，糖化血红蛋白的控制目标应尽可能为 6%。

第八节 癫痫的药学服务

一、概 述

(一) 定义

癫痫(epilepsy)是由多种原因引起的，脑部神经元高度同步化，且常具有限性的异常放电所导致。以发作性、短暂性、重复性及通常为刻板性的中枢神经系统功能失常为特征的综合征。2014 年，国际抗癫痫联盟(ILAE)发表了新的临床实用性定义：癫痫是一种脑部疾病，符合如下任何一种情况可确定为癫痫：①至少两次间隔 > 24 小时的非诱发性(或反射性)发作；②一次非诱发性(或反射性)发作，并且在未来 10 年内，再次发作风险与两次非诱发性发作后的再发风险相当时(至少 60%)；③诊断为某种癫痫综合征。

(二) 流行病学

癫痫是一种常见病，在任何年龄、地区和种族的人群中都有发病，但以儿童和青少年发病率较高。近年来随着我国人口老龄化，脑血管病、痴呆和神经系统退行性疾病的发病率增加，老年人群中癫痫发病率已出现上升的趋势。我国癫痫患病率高达 7‰，现有 900 万以上癫痫患者，而且还以每年新发 40 万～60 万例的速度递增。

(三) 病因和发病机制

1. **病因** 癫痫可由多种病因引起，常见的病因有先天性疾病(结节性硬化、Sturge-Weber 综合征等)、颅脑肿瘤、颅脑外伤、颅内感染(如各种脑炎、脑膜炎、脑膜脑炎等)、脑血管病(如脑出血、脑梗死等)、变性疾病等，其他系统性疾病如尿毒症、肝性脑病也可以引起发作。

2. **发病机制** 癫痫的发病机制仍不完全清楚，常见的机制有神经元的异常放电及扩散分布。神经元异常放电是癫痫的病变基础，而异常放电的原因是离子异常跨膜运动所致，后者的发生常与离子通道结构和功能异常有关。

(四) 疾病分类

癫痫发作类型的分类主要依据临床表现和脑电图特征。国际抗癫痫联盟(ILAE)曾在 1981

笔记

年公布了关于癫痫发作的分类，在1989年公布了癫痫综合征的分类，以后有多次修改，最后一次修改的时间为2010年(表9-6)。

表9-6 癫痫发作的国际分类

1. 部分性发作(局灶性、部分性)	2. 全身性发作
(1) 简单部分性发作	(1) 全身强直-阵挛性发作
1) 运动性发作	(2) 强直性发作
2) 感觉性发作	(3) 阵挛性发作
3) 自主神经性发作	(4) 失神发作
4) 精神症状性发作	(5) 肌阵挛发作
(2) 复杂部分性发作	(6) 失张力发作
1) 自动症	3. 不能分类的癫痫
2) 仅有意识障碍	4. 癫痫持续状态
3) 先有简单部分性发作，继之出现意识障碍	
4) 先有单纯部分性发作，后出现自动症	
(3) 部分继发全身性发作	

(五) 临床表现

所有癫痫发作类型都具有的临床特征，称之为"共性"：即发作性、短暂性、重复性、刻板性。发作性指癫痫突然发生，持续一段时间后迅速恢复，间歇期正常。短暂性指患者发作持续时间非常短，一般数秒钟、数分钟或数十分钟。重复性是指癫痫有反复发作的特征，仅发作一次不能诊断为癫痫。刻板性指每种类型发作的临床表现几乎一致。

每一种发作类型又有其特点。全身强直-阵挛发作是典型的癫痫发作类型，表现为意识丧失，双侧肢体的强直后紧接着有阵挛活动的序列活动。失神发作是全身性发作的一种，常见于儿童或青少年，脑电图表现为弥漫性3Hz棘-慢波，需与复杂部分性发作相区别。复杂部分性发作表现为意识障碍，根据临床表现不同有自动症，对外界刺激无反应，随后出现无目的性的动作，如反复咂嘴、撅嘴、咀嚼、舔舌或反复搓手、解衣扣等动作。部分继发全身性发作表现为先出现部分性发作，随之出现全身性发作。癫痫持续状态是指两次癫痫发作间意识障碍不恢复或持续性发作至少30分钟。

二、治疗原则

仅有一次发作，无法确诊癫痫的情况下，无须开始抗癫痫药治疗。而癫痫诊断一旦确定，原则上均应积极进行药物治疗。现有证据显示，大多数癫痫患者的长期预后与发病初期是否得到正规抗癫痫治疗有关。得到早期治疗患者的发作控制率较高，且停药后的复发率也较低。

(一) 总体目标

抗癫痫药治疗的总体目标是控制癫痫发作，减少或避免药品不良反应，改善患者的生活质量。对于大多数药物，治疗时应从小剂量开始，逐步增加药物剂量，以达到能有效控制癫痫发作又无明显不良反应为目标。

(二) 单药治疗

单药治疗是抗癫痫药治疗最基本的原则。70%~80%新诊断的癫痫患者可通过服用单一药物使发作得以控制。药物选择时，须根据发作类型和综合征分类，可参考表9-7。

如果一种一线药物已达最大可耐受剂量却仍然不能控制发作，可加用另一种一线或二线药物，至发作控制或最大可耐受剂量后逐渐减掉原有的药物，转换为另一种单药。

笔记

(三) 合理的多药联合治疗

尽管单药治疗有着明显的优势，但仍约有20%的患者在两次单药治疗后仍然不能很好地控制发作，此时应该考虑合理的多药联合治疗，即"不增加不良反应而获得满意的发作控制"。联合用药应避免同一作用机制、相同药品不良反应的药物联合应用，以及有显著药动学方面相互作用的药物联合应用。此外，建议最多不要超过三种药物联合使用。

（四）长期规律用药

抗癫痫药治疗是预防性用药，故为保证体内血药浓度的稳定发挥最佳疗效，患者应长期规律服药。不按医嘱服药是抗癫痫治疗失败常见的原因之一。应告知患者按时服药的重要性，并要求患者定期随访。

（五）减药和停药

何时减药、停药是患者从治疗开始就非常关心的问题，也是临床医生难以回答的问题。现有证据显示，70%～80% 的癫痫患者经药物治疗后发作可以得到控制，其中超过 60% 的患者在撤除药物后仍然无发作。在决定是否停药之前，应由专科医师评估再次发作的可能性，患者不可自行随意减药或停药。

停药过程应该缓慢进行，这个时期一般不少于 1～1.5 年。多药联合治疗的患者，每次只能减掉一种药物，并且撤掉一种药物之后至少间隔 1 个月，如仍无发作，再撤掉第二种药物。如果在撤药过程中出现发作，应停止撤药，并将药物剂量恢复到发作前的剂量。

表 9-7 根据发作类型选用抗癫痫药参考表

发作类型	首选药	次选药
1. 部分性发作	卡马西平	苯妥英钠、苯巴比妥、丙戊酸
2. 全身性发作		
（1）全身强直 - 阵挛性发作	丙戊酸	卡马西平、苯妥英钠
（2）强直性发作	卡马西平	丙戊酸、苯妥英钠
（3）阵挛性发作	丙戊酸	苯妥英钠、苯巴比妥、卡马西平
（4）失神发作	丙戊酸	拉莫三嗪、乙琥胺、氯硝西泮
（5）肌阵挛发作	丙戊酸	拉莫三嗪、乙琥胺、氯硝西泮
（6）失张力发作	丙戊酸或乙琥胺	氯硝西泮

三、治疗癫痫常用药物

目前，我国临床常用的传统抗癫痫药主要有苯巴比妥、苯妥英钠、卡马西平、丙戊酸钠、地西泮、氯硝西泮、硝西泮、水合氯醛等。国内上市的新型抗癫痫药包括托吡酯、奥卡西平、拉莫三嗪、左乙拉西坦、唑尼沙胺、加巴喷丁、普瑞巴林等。

抗癫痫药的抗癫痫作用可通过下列途径实现：调节钠离子通道、钙离子通道、抑制性神经递质 γ- 氨基丁酸（GABA）和兴奋性氨基酸的释放，拮抗兴奋性氨基酸受体。常用抗癫痫药的成人剂量和不良反应见表 9-8。

下面介绍其中几种最为常用的抗癫痫药。

（一）传统抗癫痫药

1. 丙戊酸 丙戊酸是一种不含氮的脂肪羧酸类广谱抗癫痫药。该药能增加抑制性神经递质 γ- 氨基丁酸（GABA）向大脑神经的供应，增强 GABA 的作用并能在神经突触后膜模仿 GABA 的效果。丙戊酸在体内主要通过肝脏代谢，在 CYP2A6、2B6、2C9、2C19、2E1 的作用下通过葡糖醛酸化。30%～50% 的丙戊酸以葡糖醛酸结合物的形式随尿液排出，3% 以原药形式排出。丙戊酸是肝药酶抑制剂，可升高主要通过肝酶代谢的药物浓度，如与卡马西平合用时，可增加其环氧化代谢物的水平。

丙戊酸可导致胃肠不适，随餐服用可减少药物对胃的刺激。丙戊酸与拉莫三嗪合用可增加

笔记

严重皮肤反应(如中毒性表皮坏死松解症)的危险性。如必须合用,应密切监测患者临床症状,必要时调整剂量。丙戊酸缓释片中间有刻痕,可以掰开服用,但不可嚼碎服用。

2. **卡马西平** 卡马西平具有膜稳定作用,为钠/钙通道调节药,可阻滞电压及效应依赖性钠通道,减少钠/钙透过细胞膜的转运,降低细胞兴奋性,延长有效不应期。还可激动外周苯二氮䓬受体,增强GABA的抑制作用。卡马西平在肝内经由CYP3A4、2C9代谢为活性的卡马西平-10,11-环氧化物及其他32种代谢产物。卡马西平以羟基衍生物形式从尿液排出,其中2%以原药形式排泄。卡马西平是肝酶诱导剂,可显著降低主要通过CYP3A4代谢的药物浓度。

表9-8 常用抗癫痫药的成人剂量和不良反应

药物	一般起始剂量	每日最大剂量	目标药物浓度	浓度相关的药品不良反应	特异的药品不良反应
苯巴比妥	1~3mg/(kg•d)	180~300mg	10~40mg/L	嗜睡、认知与行为异常、小脑症状、复视	皮疹
扑米酮	100~125mg/d	750~2000mg	5~10mg/L	同苯巴比妥	同苯巴比妥
氯硝西泮	1.5mg/d	20mg	20~80ng/ml	嗜睡、运动迟缓、共济失调、记忆损害	未定
地西泮	p.o: 4~40mg i.v: 5~10mg	p.o: 4~40mg i.v: 5~30mg	100~1000ng/ml	嗜睡、呼吸抑制	未定
苯妥英	p.o: 3~5mg/kg	500~600mg	10~20mg/L	共济失调、行为改变、头痛、眩晕、嗜睡、认知障碍、复视	皮疹、血常规异常
乙琥胺	500mg/d	500~2000mg	40~80mg/L	共济失调、头晕、嗜睡,精神症状	皮疹、血常规异常
卡马西平	400mg/d	400~2400mg	4~14mg/L	复视、眩晕、恶心、呕吐、嗜睡	皮疹、血常规异常
奥卡西平	300~600mg/d	2400~3000mg	12~30mg/L	嗜睡、头晕、共济失调、恶心、呕吐、低钠	皮疹
拉莫三嗪	合并丙戊酸钠时,25mg隔天服用;不合并丙戊酸钠时,25~50mg隔天服用	合并丙戊酸钠时,100~150mg/d;不合并丙戊酸钠时,300~500mg/d	4~20mg/L	复视、眩晕、头痛、共济失调	皮疹
左乙拉西坦	500~1000mg/d	3000~4000mg	5~40mg/L	嗜睡、行为异常	未定
托吡酯	25~50mg/d	200~1000mg	2~25mg/L	注意力下降、震颤、头痛、胃肠道症状、肾结石、认知下降	急性闭角型青光眼、代谢性酸中毒
加巴喷丁	900mg/d	4800mg	4~16mg/L	胃肠道症状、头晕、步态不稳、动作增多	足部水肿
丙戊酸	15mg/(kg•d) (500~1000mg)	60mg/(kg•d) (3000~5000mg)	50~150mg/L	肥胖、震颤、嗜睡、肝功能异常	急性肝衰竭、急性胰腺炎
普瑞巴林	150mg/d	600mg	未定	头晕、视物模糊	足部水肿、肌酸激酶升高
苯丙氨酯	1200mg/d	3600mg	40~100mg/L	头晕、头痛、体重减轻、胃肠道症状	再生障碍性贫血、急性肝衰竭
唑尼沙胺	100~200mg/d	600mg	10~40mg/L	嗜睡、头晕、认知下降、恶心	皮疹

笔记

卡马西平可导致胃肠道不适，随餐服药，可减少胃肠道反应。增高的卡马西平和或卡马西平-10，11环氧化物血浆浓度水平，可导致不良反应，如头晕、嗜睡、共济失调、复视等。常见不良反应还包括皮疹、Stevens-Johnson综合征等。

（二）新型抗癫痫药

1. **拉莫三嗪**　拉莫三嗪主要通过抑制钠离子通道发挥作用，可用于12岁以上儿童及成人的单药治疗或2岁以上儿童及成人的添加疗法。拉莫三嗪在肠道内迅速而完全地被吸收，没有明显的首过代谢。口服给药后在2.5小时达到血浆峰浓度，拉莫三嗪在体内主要代谢为葡糖醛酸结合物，然后经肾脏排出体外。主要不良反应有皮疹、Stevens-Johnson综合征、血液学异常（包括中性粒细胞减少症等）、神经系统症状如嗜睡、失眠、头晕、头痛、震颤等。

2. **左乙拉西坦**　新型抗癫痫药左乙拉西坦属于吡拉西坦的衍生物。该药的抗癫痫作用有其特殊的作用位点。突触囊泡蛋白（SV2A蛋白）是调节囊泡功能的细胞膜蛋白质。左乙拉西坦与SV2A亲和力高，从而可以抑制癫痫发作时海马突发性放电。

本品主要用于成人及4岁以上儿童癫痫患者部分性发作的加用治疗。在体内主要经乙酰胺水解酶系水解代谢，且水解代谢不依赖肝脏细胞色素P450酶系。该药对肝药酶无抑制或诱导作用，66%以原形从肾脏排泄。水解代谢的主要产物无药理活性，经肾脏排泄。常见不良反应为嗜睡、健忘、共济失调、惊厥、头晕、头痛、消化道不适、食欲减退等。

3. **奥卡西平**　奥卡西平是卡马西平的衍生物，作用机制与卡马西平相似，可单独或与其他的抗癫痫药联合使用。适用于成年人和5岁以及5岁以上儿童原发性全面性强直-阵挛发作和部分性发作，伴有或不伴有继发性全面性发作。

奥卡西平经胃肠道吸收后，在芳香基酮降解酶作用下代谢为其主要药理活性的代谢产物10，11-二氢-10-羟基卡马西平。奥卡西平的肝酶诱导作用不明显，与其他药物间的相互作用较少。肾功能不全患者（肌酐清除率<30ml/min）在服用本品时应从初始剂量的一半开始，并缓慢加量，直至达到所需临床疗效。肾功能不全的患者增加剂量时，须进行血药浓度监测。其主要不良反应为嗜睡、轻度头痛、恶心、呕吐、运动过度、低钠血症、共济失调和眼球震颤等。

4. **托吡酯**　托吡酯是一种单糖磺基衍生物，其抗惊厥作用表现为多重机制。用于成人及2岁以上儿童癫痫发作的辅助治疗，包括癫痫单纯部分性发作、复杂部分性发作、全身强直阵挛发作及婴儿痉挛症（West综合征）。托吡酯口服吸收迅速而完全，在100～400mg范围内，其血药浓度与口服药物剂量呈线性相关。该药主要经肾脏排泄（约80%），半衰期约18～23小时，主要不良反应有语言障碍、注意力下降、嗜睡、疲乏、头痛、肾结石、体重下降、共济失调等。

四、药学服务要点

（一）患者评估

1. 首先收集患者的基本信息，既往病史，癫痫发作的主要症状，是否为首次发作，发作的频率，每次发作的时间，是否有诱因，信息主要来源于患者或家属的主观描述。

2. 收集患者的客观指标，包括实验室检查的结果，患者体征，医疗记录等。

3. 评估患者治疗中的主要问题，如抗癫痫药的疗效，是否有药品不良反应，以及其他抗癫痫治疗的相关问题。

（二）治疗方案

1. **一般原则**　有明确病因者首先行病因治疗，如颅内肿瘤，需用手术治疗。无明确病因，考虑药物治疗。根据患者的评估结果和诊疗指南，在可行的治疗方案中选择最利于患者的治疗方案。

选择抗癫痫药应依据癫痫类型，患者的年龄、性别、药品不良反应、药物来源、价格等进行个体化治疗。其中最主要的依据是发作类型。难治性癫痫可选择多药联合治疗，原则是选择药

笔记

物作用机制不同的两种抗癫痫药合用，以避免药品不良反应和提高疗效。根据发作类型可选用的药物参见表9-7。

服用方法：根据药物的性质可将日剂量分多次服用，半衰期长的药物一日1～2次，如苯妥英、苯巴比妥等；半衰期短的药物每日服3次，如卡马西平等。抗癫痫药有多种剂型，根据患者情况选择合理的剂型，如儿童可选择糖浆剂。

2. **特殊人群** 儿童期生长发育快，在标准体重范围内应按公斤体重计算每日给药量，新生儿和婴儿发育尚未完全成熟，对药物的代谢和排泄能力差，药物在体内半衰期长，易蓄积中毒，因此需要较低的剂量；幼儿至学龄前期体内药物代谢速率快，半衰期短，往往需要比成人更高的公斤体重剂量。因此儿童应在药物血浓度监测下根据临床疗效调整剂量。

老年癫痫患者选择抗癫痫药治疗的基本原则与青年人一致，但在药物选择时，应尽量避免选择与老年人正在服用的药物存在相互作用的药物，也尽可能避免具酶诱导或抑制作用的药物，如卡马西平、苯巴比妥等，避免影响合并药物的疗效。低蛋白血症是老年患者常见的症状，因此，应用高蛋白结合的抗癫痫药时（如苯妥英、丙戊酸），应进行血药浓度监测，调整药物剂量。

对于怀孕妇女，避免使用致畸率发生风险高的抗癫痫药。研究显示大剂量丙戊酸（超过800mg/d）以及联合丙戊酸的多药治疗的致畸风险明显增加，新型抗癫痫药的相关数据报道还比较有限。尽管绝大多数抗癫痫药可以通过乳汁分泌，但是乳汁中的药物浓度相对比较低，哺乳是相对安全的。

知识拓展

有患者癫痫发作时，应该如何处置？

1. 劝阻他人围观。
2. 为避免受伤，尽可能让患者枕在柔软的物品上（如夹克或羊毛衫）。
3. 除非患者身处可能有危险的地方（如马路、楼梯等），不要搬动患者。
4. 不要尝试阻止患者的强直和震挛身子，让其按照自然病程发作。
5. 不要往患者口中塞入任何物品，否则易损坏牙齿，患者有咬伤舌头的危险。
6. 若发作时间超过5分钟，拨打急救电话。

癫痫发作停止时，应该怎么做？

1. 帮助患者回复适宜的体姿。
2. 如发现患者呼吸困难，检查喉部是否有异物（如假牙或食物）。
3. 尽你所能减少患者的尴尬，如患者发生小便失禁等，则尽可能以私密的方式处理。
4. 陪伴和安慰患者，直至恢复如常。

（三）药学监护

1. **有效性** 抗癫痫药的有效性主要监测癫痫发作的频率和严重程度。根据发作类型，正确选择和使用抗癫痫药，一年无发作，或至少经过三个发作周期无发作（无论发作周期的长短）才能称之为无癫痫发作。尽管采用正确的治疗药物和方案，但大约有三分之一的癫痫患者对抗癫痫药产生耐药反应，称之为耐药性癫痫。在药学监护中，对疗效的评价要通过观察患者的发作情况并记录，这对药物治疗方案的调整至关重要。

2. **安全性** 由于多数抗癫痫药存在不同程度的药品不良反应。这些不良反应出现的时间和症状因个体有差异。因此，在开具抗癫痫药时，应告知患者该药的不良反应和如何自我监测。

如出现药物过敏如皮疹，应立即停药。在患者用药前和用药期间要注意监测肝肾功能及血常规的变化，用药期间一般每月监测血常规，每3个月检查肝、肾功能和电解质变化，发现问题及时就医。对于出现的严重且危及生命的药品不良反应，需立即停用可疑药物，换用其他抗癫痫药，并及时对所出现的药品不良反应给予干预和救治。因为抗癫痫治疗要持续数年，因此在治疗中须关注药物的长期不良反应，平衡药品不良反应和疗效间的关系。常见的长期不良反应参见表9-8。

3. 依从性 可通过患者的自我报告、预约就诊率、续配药记录和发作频率的改变来判断患者的依从性。此外，当怀疑患者依从性不佳时，也可通过血药浓度、唾液中药物浓度的测定进行评估。

4. 血药浓度监测 抗癫痫药的血药浓度监测是癫痫治疗的重要手段之一。通过血药物浓度的测定，并根据患者的个体情况，利用药动学的原理和方法调整药物剂量，进行个体化药物治疗。不仅能提高药物治疗效果，也可以避免或减少可能产生的药物毒副反应。血药浓度监测时须注意以下事项：

(1) 癫痫临床治疗中的常规血药浓度监测是指测定规律服用某抗癫痫药达稳态时的血药浓度。

(2) 用常规剂量或超过常规剂量仍不能控制发作时，通过监测可以了解患者是否规律用药、药物代谢是否异常、有无耐药现象等。

(3) 当不易区分毒性反应和确定剂量时，特别是有效量和中毒量接近的药物，通过血药浓度测定可以及时调整药物剂量。

(4) 开始疗效尚可，治疗中突然无原因发作频繁时，通过监测可分析原因。

(5) 联合应用两个或两个以上抗癫痫药，通过监测可了解药物间的相互作用。

(6) 伴发其他疾病(如肝肾、胃肠道疾病和低蛋白血症)时，通过监测可调整药物的剂量。

(7) 癫痫持续状态时，尽管已用药物但发作仍不能控制，再次用药时，需了解血药浓度，以决定再次给药剂量和速度。

(8) 加服其他药物，通过监测可判断是否影响原抗癫痫药代谢。

(9) 出现特殊的神经精神症状和不自主运动，通过血药浓度监测以判断药物是否中毒。

(四) 用药教育

1. 依从性 由于抗癫痫药的治疗需要数年甚至更长的时间，为此提高患者的用药依从性非常必要。如果患者认为发作已经控制，突然停药会导致癫痫发作。因此，在用药过程中要不断教育患者，使其坚持规律服用抗癫痫药。鼓励患者书写癫痫日记，记录用药、癫痫发作情况等。

2. 药物相互作用 抗癫痫药与其他药物间的相互作用较多，如卡马西平是肝酶诱导剂，可以降低其他药物的浓度，因此当癫痫患者就诊时，应告知医生正在服用抗癫痫药，以避免药物相互作用对疗效的影响。

3. 日常生活工作 癫痫患者应避免高空作业、车辆驾驶等需要集中注意力的工作。

4. 晚服或漏服药后的处理 若离原服药时间相近，则应立即服用；若已接近或已到下一次服药时间，绝不可一次服用双倍药量；若超过2次以上漏服药，则应考虑重新开始治疗方案。

案例分析

案例：患者，女，68岁，因发作性意识丧失伴四肢抽搐10年，服用苯妥英0.1g，每日3次，口服，2周来发作次数增多，患者自行增加剂量为0.3g，每日3次，加药后患者出现头晕伴行走不平稳，恶心，不能进食。血药浓度监测表明：苯妥英钠为40mg/L。

分析：本例为苯妥英钠中毒病例，患者因发作次数增多，自行增加剂量，使苯妥英钠

笔记

药物浓度过高，导致头晕，行走不稳，恶心等中毒症状。苯妥英钠剂量需减量为 0.3g/d，一周后监测苯妥英血药浓度。提示：抗癫痫药要根据处方规律服药，患者不可自行增减药量、更改用法或停药。因此，在用药过程中要不断教育患者，使其按医嘱，坚持规律服药。

第九节　乙型病毒性肝炎的药学服务

一、概　述

（一）定义

乙型病毒性肝炎是指由乙型肝炎病毒（hepatitis B，HBV）所引起的、主要通过血液途径传播的肝脏疾病，简称乙型肝炎。乙型病毒性肝炎常导致慢性感染，最终可形成肝硬化和肝癌，是严重危害身体健康的重要传染性疾病。

（二）病原学

乙型肝炎病毒属嗜肝 DNA 病毒科，为部分双链环状 DNA。HBV 侵入肝细胞后，部分双链环状 HBV DNA 在细胞核内，以负链 DNA 为模板延长正链，以修补正链中的裂隙区，形成共价闭合环状 DNA（cccDNA）；再以 cccDNA 为模板，转录成几种不同长度的 mRNA，分别作为前基因组 RNA 和编码 HBV 的各种抗原。cccDNA 半衰期很长，很难从肝脏内彻底清除，是慢性乙型肝炎难以治愈和容易复发的根源。

（三）流行病学

乙型肝炎病毒感染是全球性的健康问题，主要流行于亚洲、非洲、欧洲南部和拉丁美洲，不同地区 HBV 感染的流行强度差异很大。我国属 HBV 感染高流行区，传染源主要是 HBV 携带者和乙型肝炎患者。HBV 主要经血和血制品、母婴、破损的皮肤和黏膜及性接触传播。

（四）病毒血清学检测标志物

1. 乙肝表面抗原（HBsAg）是感染 HBV 的一个特异性标志。

2. 表面抗体（HBsAb）是一种保护抗体，表示曾经感染过 HBV，已经恢复并具有对 HBV 的免疫力；或是注射乙肝疫苗后产生的抗体，表示具有免疫力。

3. 核心抗体（HBcAb）为总抗体，包括 HBcAb IgM 和 HBcAb IgG。阳性提示感染过 HBV，可能为既往感染，也可能为现症感染。

4. e 抗原（HBeAg）提示有 HBV 的复制。

5. e 抗体（HBeAb）阳性是既往感染 HBV 的标志。

6. HBV DNA 是 HBV 复制和传染性的直接标志。目前一般采用实时荧光定量 PCR 法检测，结果通常用拷贝 /ml 或 IU/ml 表示（1IU 相当于 5 拷贝）。

各项血清标志物的意义见表 9-9。

表 9-9　HBV 血清标志物及其意义

HBV 血清标志物	急性乙型肝炎	HBV 感染恢复期	慢性乙型肝炎	非活动性携带者	隐匿性乙型肝炎
HBsAg	+	−	+	+	−
HBsAb	−	+	−	−	−/+
HBcAb（total）	+	+	+	+	−/+
HBeAg	+	−	+/−	−	−/+
HBeAb	−	+	−/+	+	−/+
HBV DNA	+	−	+，≥10^5 拷贝 /ml	−，<10^5 拷贝 /ml	+

笔记

（五）临床表现

HBV 感染的潜伏期为 30～160 天，平均为 60～90 天。HBV 感染人体后可造成急、慢性肝炎和无症状携带者，少数可并发重症肝炎。

急性肝炎起病常较隐匿，前驱症状大多不明显。急性期的症状与一般急性肝炎相同，如乏力、厌食、腹胀、尿色深、肝痛、肝脏肿大等与一般急性肝炎相同，伴或不伴黄疸。95% 的成人 HBV 感染可最终痊愈，伴有血清 HBsAg 消失和 HBsAb 出现。

感染 HBV 后，病毒持续 6 个月仍未被清除者，称为慢性 HBV 感染。慢性乙型肝炎临床症状呈多样性，轻者可无症状，重者可出现食欲不振、恶心、呕吐、腹胀、全身乏力和黄疸。慢性乙型肝炎长期或反复发作，可引起肝脾肿大、肝病面容、肝掌和蜘蛛痣。

二、治疗原则

（一）总体目标

慢性乙型肝炎治疗的总体目标：最大限度地长期抑制或消除 HBV，减轻肝细胞炎症坏死及肝纤维化，延缓和减少肝脏失代偿、肝硬化、肝癌及其并发症的发生，从而改善生活质量和延长存活时间。

（二）药物治疗的适应证

HBV 活动性复制是肝损伤及进展的主要驱动因素，因此持续抑制病毒复制是首要目的。慢性乙型肝炎治疗的关键是抗病毒治疗，只要有适应证，且条件允许，就应进行规范的抗病毒治疗。临床上接受抗病毒治疗的一般适应证包括：

1. HBeAg 阳性者，HBV DNA≥10^5 拷贝 /ml（相当于 20 000IU/ml）；HBeAg 阴性者，HBV DNA≥10^4 拷贝 /ml（相当于 2000IU/ml）。

2. ALT（丙氨酸氨基转移酶）≥2 倍正常值上限；如用 IFN 治疗，ALT 应≤10 倍正常值上限，血清总胆红素应 <2 倍正常值上限。

3. ALT<2 倍正常值上限，但肝组织有中度以上炎症和（或）纤维化。

（三）药物的选择

治疗时应考虑药物的长期疗效、安全性和耐药性。为有效避免核苷（酸）类似物耐药的发生，抗病毒治疗药物首选强效抗病毒和低耐药发生率的恩替卡韦或替诺福韦酯。

（四）疗程和停药

干扰素的疗程一般为 1 年。核苷（酸）类似物的疗程的建议是：HBeAg 阳性慢性乙型肝炎患者在出现血清学转换（HBeAg 消失和 HBeAb 出现）后，再巩固至少 1 年（经过至少 2 次复查，每次间隔 6 个月）仍保持不变且总疗程至少已达 2 年者，可考虑停药；对于 HBeAg 阴性慢性乙型肝炎患者在达到 HBV DNA 低于检测下限、ALT 正常后，至少再巩固 1 年半（经过至少 3 次复查，每次间隔 6 个月）仍保持不变且总疗程至少已 2 年半者，可考虑停药。

（五）耐药的处理

在原来药物的基础上，加用（或换用）无交叉耐药性的药物（表 9-10）。

表 9-10　耐药性治疗策略

耐药性种类	补救措施
拉米夫定耐药	加用阿德福韦酯或替诺福韦酯
阿德福韦酯耐药	加用拉米夫定，或改用替诺福韦酯，或加用或换用恩替卡韦
恩替卡韦耐药	换用或加用阿德福韦酯或替诺福韦酯
替比夫定耐药	加用阿德福韦酯或替诺福韦酯

三、治疗乙型病毒性肝炎常用药物

按化学结构和作用分类，抗病毒药可分为干扰素和核苷(酸)类似物两大类。

(一) 干扰素

由于 HBV 不会直接引起肝细胞损伤，故目前认为乙型肝炎的发病主要与宿主的免疫应答有关。干扰素(interferon，IFN)是受病毒感染的宿主细胞对抗病毒及其核酸所产生的抗病毒蛋白，具有抗病毒和免疫调节的双重作用。

IFN 可分为 α、β、γ 三种，目前用于临床的主要是 IFN-α，即普通干扰素，剂量为 500 万 U，每周 3 次或隔日 1 次，皮下注射。IFN-α 与分子量不同的聚乙二醇(PEG)结合，制备成 PEG 化的 IFN。PEG-IFN 由于分子量增加，在体内清除减慢，半衰期可达 40～100 小时，即长效干扰素，包括分子量为 40kD 的 PEG-IFN-α-2a 和 12kD 的 PEG-IFN-α-2b。系统评价结果表明：HBeAg 阳性患者普通 IFN 治疗 4～6 个月后，HBeAg 血清学转换率、HBsAg 消失率、肝硬化、肝癌的发生率均优于未经 IFN 治疗者。IFN 需在 2～8℃冷藏储存。

(二) 核苷(酸)类似物

该类药物常通过抑制病毒核酸链复制、抑制病毒 DNA 或 RNA 聚合酶、抑制病毒反转录酶等途径起到抗病毒作用。目前，国内上市的该类药物主要有以下五种。

1. **拉米夫定** 拉米夫定是 L- 核苷类药物，在细胞内磷酸化成为拉米夫定三磷酸盐，以环腺苷酸形式通过 HBV 聚合酶嵌入到病毒 DNA 中，导致 DNA 链合成终止。拉米夫定胃肠道吸收良好，生物利用度约 80%～85%，t_{max} 约 1 小时。与食物同服可延迟 t_{max} 并降低 C_{max}，但不改变生物利用度，故饭前或饭后服用均可。其三磷酸盐在肝细胞内半衰期为 17～19 小时。国外研究结果显示，拉米夫定治疗儿童慢性乙型肝炎的疗效与成人相似，安全性和耐受性好，不良反应少。但停药后易复发，长期用药易产生耐药等情况。

2. **阿德福韦酯** 目前，临床应用的阿德福韦酯是阿德福韦的前体，在体内水解为阿德福韦。后者是一种非环状腺嘌呤核苷酸类似物，在细胞内被磷酸激酶转化成具有抗病毒活性的二磷酸盐。该药口服生物利用度为 59%，服药不受进食影响，因此饭前或饭后口服均可，t_{max} 平均 1.75 小时。阿德福韦二磷酸盐在细胞内半衰期为 5～18 小时。国内外随机双盲临床试验结果表明：无论对 HBeAg 阳性或是 HBeAg 阴性的慢性乙型肝炎患者，阿德福韦酯可明显抑制 HBV DNA 复制，促进 ALT 复常，改善肝组织炎症坏死和纤维化。此外，另有多项研究结果显示：对发生拉米夫定耐药的代偿期和失代偿期肝硬化患者，联合阿德福韦酯治疗均有效。

3. **恩替卡韦** 恩替卡韦是一种环戊烷鸟嘌呤核苷类似物，经口服吸收后，在细胞内磷酸激酶作用下磷酸化成三磷酸恩替卡韦，作用于 HBV DNA 复制、反转录和 DNA 链合成等环节。同时恩替卡韦还对拉米夫定、阿德福韦酯耐药的病毒株均有较强的抑制作用。恩替卡韦比其他核苷(酸)类似物更易被磷酸化，这可能是其对 HBV 有高活性的原因之一。恩替卡韦口服吸收良好，0.5～1.5 小时到达峰浓度，生物利用度高，三磷酸盐在细胞内的半衰期为 15 小时，血浆蛋白结合率低，主要在肾脏以原形排泄。食物会导致药物吸收轻微延迟，C_{max} 及 AUC 降低，因此恩替卡韦应在餐前或餐后至少 2 小时服用。

4. **替比夫定** 替比夫定是一种合成的胸腺嘧啶核苷(酸)类似物，被粒细胞激酶磷酸化成具有活性的三磷酸盐形式，对 HBV DNA 聚合酶具有高度选择性。该药口服吸收良好，不受进食影响，生物利用度 40% 以上，给药后 1～4 小时到达峰浓度。三磷酸盐在细胞内的半衰期为 14 小时。为期 2 年的全球多中心临床研究显示，替比夫定抑制 HBV DNA、ALT 复常率、肝组织学应答率均优于拉米夫定。替比夫定的耐药性低于拉米夫定，但高于阿德福韦酯或恩替卡韦，与拉米夫定有交叉耐药性。替比夫定治疗后出现 3～4 级血清磷酸肌酸激酶的升高，显著高于拉米夫定和阿德福韦酯。此外，还有肌病的报道，停药后消失。

笔记

5. **替诺福韦酯** 该药是非环状腺嘌呤核苷(酸)类似物,口服吸收后很快水解为替诺福韦,后者被细胞激酶磷酸化生成具有药理活性的代谢产物二磷酸-替诺福韦,从而抑制HBV聚合酶和HIV反转录酶,阻止DNA链的延伸。其化学结构与阿德福韦酯相近,但抗病毒活性比阿德福韦酯快而强。该药与食物同服,生物利用度可增加大约40%。替诺福韦二磷酸盐在细胞内半衰期约为10小时,约70%～80%以原形经尿液排出。目前未发现与替诺福韦酯有关的耐药突变,对目前的核苷(酸)类似物耐药的HBV病毒株均有较强的作用,未见明显肾毒性。

四、药学服务要点

(一)患者评估

1. 首先收集患者的基本信息,患者的既往病史,起病的主要临床表现,是否有诱因,家庭经济状况,是否有乙肝家族史、输血史等,信息主要来源于患者或家属的主观描述。

2. 收集患者的客观指标,包括实验室检查的结果如乙肝病毒血清学标志物等、患者体征、医疗记录等。

3. 评估患者治疗中的主要问题,如抗病毒药的疗效,是否有药品不良反应,以及其他抗病毒治疗耐药的相关问题。

(二)治疗方案

在开始治疗前应排除由药物、酒精或其他因素所致的ALT升高,也应排除应用降酶药物后ALT暂时性正常。符合药物治疗的适应证,且条件允许,就应进行规范的抗病毒治疗。根据诊疗指南、患者的评估结果选择最利于患者的抗病毒方案。

选择抗病毒药应根据患者年龄、性别、对治疗的依从性、经济条件、药品不良反应大小等进行个体化治疗。如有妊娠计划,患者应选用妊娠B类的抗病毒药;儿童可选择拉米夫定;经济条件受限、治疗依从性不佳患者不推荐首选干扰素治疗;耐药患者可选择联合治疗,原则是选择耐药位点不同的两种抗病毒药合用。患者可选用的抗乙肝病毒药物参见表9-11。

表9-11 常用抗乙肝病毒药物的剂量及抗病毒特点

药物	常用治疗剂量	抑制HBV的强度	耐药率
干扰素	PEG IFN-α 2a 180μg PEG IFN-α 2b 每周1.0～1.5μg/kg	中	/
拉米夫定	成人100mg/d,儿童3mg/(kg·d)	中-高度	高
阿德福韦酯	10mg/d	低	中
恩替卡韦	0.5mg/d	高	低
替比夫定	600mg/d	高	高
替诺福韦酯	300mg/d	高	低

特殊人群用药介绍如下:

1. **肝、肾功能不全患者** 核苷(酸)类似物在体内经肾脏排出体外,因此肾功能不全者可降低药物排泄,使血药浓度升高。肾功能不全患者的剂量可按肌酐清除率调整。肝功能不全患者,如不伴有肾功能减退,则不影响药物清除。肾功能不全患者核苷(酸)类似物剂量调整的方式参见表9-12。

2. **孕妇及儿童用药** 可选用妊娠期用药B类的替比夫定或替诺福韦酯;拉米夫定、阿德福韦酯及恩替卡韦属妊娠期用药C类;孕妇禁用干扰素。除拉米夫定外,其他四个核苷(酸)类似物在16岁以下儿童患者中的安全性和疗效尚未明确,不推荐使用。

表 9-12 肾功能不全患者核苷(酸)类似物剂量调整

药物	调整方式
拉米夫定	肌酐清除率≥50ml/min 以上者不需减量 30～49ml/min 者首剂 100mg,以后每日 50mg 15～29ml/min 者首剂 100mg,以后每日 25mg 5～14ml/min 者首剂 35mg,以后每日 15mg ＜5ml/min 者首剂 35mg,以后每日 10mg
阿德福韦酯	肌酐清除率≥50ml/min 者 10mg/d 20～49ml/min 者 10mg/48h 10～19ml/min 者 10mg/72h 血透患者为 10mg/7d,透析后用药
恩替卡韦	肌酐清除率≥50ml/min 者以上者不需减量 30～49ml/min 者 0.5mg/48h 10～29ml/min 者 0.5mg/72h 血透患者为 0.5mg/5～7d,透析后用药
替比夫定	肌酐清除率≥50ml/min 以上者不需减量 30～49ml/min 者 600mg/48h ＜30ml/min 者 600mg/72h 血透患者为 600mg/96h,透析后用药
替诺福韦酯	肌酐清除率≥50ml/min 以上者不需减量 30～49ml/min 者 300mg/48h 10～29ml/min 者 300mg/72～96h 血透患者 300mg/7d

知识拓展

接种乙型肝炎疫苗

接种乙型肝炎疫苗是预防 HBV 感染的最有效方法。密切接触者包括配偶及家庭其他成员应进行乙肝疫苗的免疫接种。乙型肝炎疫苗全程接种共 3 针,按照 0、1、6 个月程序,即接种第 1 针疫苗后,间隔 1 及 6 个月分别注射第 2 及第 3 针疫苗。乙肝免疫的最佳免疫途径是上臂三角肌肌内注射。对 HBsAg 阳性母亲的新生儿,应在出生后 24 小时内在尽早接种乙肝疫苗的基础上,在另一侧部位注射乙型肝炎免疫球蛋白(HBIG)。

(三)药学监护

1. 有效性 常规监测转氨酶、胆红素和白蛋白等生物化学指标,治疗前及治疗后每个月 1 次,连续 3 次,以后随病情改善可每 3 个月 1 次。此外,须定期检测病毒学标志(主要包括 HBV DNA 拷贝数和 HBeAg、HBeAb):治疗前及治疗开始后 1～3 个月 1 次,以后每 3～6 个月检测 1 次。以出现病毒学应答,即血清 HBV DNA 低于检测下限(完全病毒学应答),或较基线下降≥2log10IU/ml(部分病毒学应答)为佳。

2. 安全性

(1)药品不良反应:IFN 的不良反应发生率高,常见有流感样综合征,表现为发热、寒战、头痛、肌肉酸痛和乏力等,可在睡前注射,或在注射 IFN 的同时服用解热镇痛药。其他不良反应还包括食欲减退、脱发,较严重的有中性粒细胞和血小板减少、甲状腺疾病、自身免疫性溶血性

笔记

贫血和精神抑郁等，需定期监测患者血常规、肝功能、甲状腺功能，定期评估患者精神症状等。可根据外周血中性粒细胞、血小板减少程度调整干扰素剂量，严重者需暂停干扰素治疗，对出现明显抑郁症和有自杀倾向的患者，应立即停药并密切监护。

拉米夫定不良反应常见的有上腹不适，头晕、乏力、口干，转氨酶增高，少数患者可有血小板减少、磷酸肌酸激酶升高，一般不需停药。单用或与其他核苷（酸）类药物合用时，偶有引起乳酸性酸中毒、肝大合并脂肪变性甚至死亡的报告，尤易发生在HIV感染的肥胖女性患者中。故治疗过程中应监测肝功能及乳酸水平。

阿德福韦酯的常见不良反应常有乏力、头痛、腹痛、恶心、腹泻、食欲缺乏等，另可出现血肌酐轻度上升，原有肾功能减退者血肌酐升高的发生率更高。

恩替卡韦的常见不良反应有头痛、腹痛、鼻炎、乏力、恶心、头晕、腹泻等，血尿、尿糖、血淀粉酶、脂酶、胆红素增高等；偶可发生乳酸性酸中毒和脂肪变性。长期治疗应注意有无诱发肿瘤的发生。

替比夫定不良反应常见的有头晕、头痛、乏力、恶心、腹泻、血清磷酸肌酸激酶升高、咳嗽、流感，偶见皮疹、血淀粉酶及ALT升高。严重不良反应有乳酸性酸中毒、肝大、脂肪变性、肌病、横纹肌溶解症。治疗中应监测肝功能及乳酸水平。为了避免严重肌病的发生，应告知患者如出现肌无力、肌痛等症状时应及时就诊，并根据情况减量或停药。

替诺福韦酯不良反应与阿德福韦酯相仿，可引起肾功能损害，导致急性肾衰竭或范科尼综合征（Fanconi syndrome）。治疗中应监测肾功能、肌酐清除率及血磷水平，并避免与其他可能引起肾功能损害的药物（包括阿德福韦酯）合用。此外，该药还可致乳酸性酸中毒或肝功能异常。替诺福韦酯最初用于治疗HIV感染时，有导致骨密度减低的报道。有病理性骨折史或骨质疏松的患者，应监测骨密度。

(2) 药物相互作用：IFN和阿糖腺苷合用，可增加毒性。同时，IFN可减少经CYP450酶系代谢药物的代谢，尤其是氨茶碱。另外，还可增加其他药物的神经、血液和心脏毒性及增加利巴韦林引起贫血的可能。

拉米夫定对CYP450酶影响不大，与经肝脏代谢药物间相互作用很小，主要以活性阳离子形式从肾脏排泄，与具有相同排泄机制的药物如甲氧苄啶（TMP）可能有相互作用。

阿德福韦酯对CYP450无抑制作用，与拉米夫定、SMZ/TMP及对乙酰氨基酚无相互作用。与布洛芬800mg，一日三次合用，可使阿德福韦酯的 C_{max} 和AUC分别增加33%和23%。与其他核苷类似物或其他抗反转录病毒药物联用可能增加乳酸性酸中毒和脂肪变性的危险。

替比夫定主要通过肾脏排泄，同时应用影响肾功能的药物可能影响替比夫定的药物浓度；与IFN合用可能增加周围神经病变的发生，应避免合用。

替诺福韦酯与阿扎那韦、洛匹那韦合用可增加替诺福韦酯血药浓度，需监测替诺福韦酯的不良反应；与去羟肌苷、拉米夫定和阿巴卡韦同用，可出现耐药变异，导致抗病毒治疗失败。

3. **依从性** 由于干扰素治疗的不良反应较为突出，患者有时难以坚持治疗；而口服核苷（酸）类抗病毒药的治疗通常需要数年甚至更长的时间，为此提高患者的用药依从性非常必要。如果患者认为病毒低于检测下限，乙肝已经控制，突然停药或过早的停药会导致乙肝复发以及耐药等问题的出现。密切关注患者治疗依从性问题，包括用药剂量、使用方法、是否有漏服药物或自行停药等情况，确保患者已经了解随意停药可能导致的风险，提高患者依从性。

（四）用药教育

除了上述对依从性的用药教育以外，还需告知慢性乙肝患者定期应予复查随诊。定期复查病毒学标志物、肝功能；服用替比夫定患者监测肌酸激酶；服用阿德福韦酯、替诺福韦酯患者监测血磷、血肌酐水平等。

在肝炎活动期需适当休息，恢复后可正常活动，但避免过度劳累。饮食营养的摄入平衡，

笔记

增加新鲜蔬菜水果、食用菌类、大豆制品的摄入，减少脂肪和高糖制品，禁烟，控制体重，避免体重增加过多导致脂肪肝，不推荐使用各种补药和保健食品，生活起居规律。

案例分析

案例：患者，男，65岁，确诊乙肝四十余年。2000年患者开始行干扰素治疗2年，改用拉米夫定100mg/d抗病毒治疗1个月，后自行停用抗病毒药物。2006年3月因肝囊肿行手术治疗，术后开始阿德福韦酯10mg/d抗病毒治疗。2014年5月患者自觉左侧膝关节、踝关节轻度水肿，同时伴有疼痛，逐渐发展为双下肢、前胸壁、肩胛骨等全身疼痛。诊断慢性乙型病毒性肝炎，阿德福韦酯相关性骨病变及范科尼综合征。入院后停用阿德福韦，换用恩替卡韦0.5mg/d同时给予复合磷酸氢钾2ml，i.v.gtt，q.d补磷治疗，患者症状逐渐好转出院。

分析：本例为慢性乙型病毒性肝炎抗病毒治疗过程中出现的阿德福韦酯相关范科尼综合征、低血磷性骨软化症。该患者抗病毒治疗不规范，依从性差，自行停药；在治疗过程中未及时监测肾功能、肌酐清除率及血磷水平，导致严重不良反应的发生。提示在慢性乙型病毒性肝炎治疗过程中应加强患者教育和管理，重视抗病毒药物相关不良反应的监测。

第十节 胃癌的药学服务

一、概 述

（一）流行病学

胃癌是起源于胃上皮的恶性肿瘤，是最常见的恶性肿瘤之一，居全球癌症死亡原因的前列。在我国其发病率居各类肿瘤的首位，每年约有17万人死于胃癌，几乎接近全部恶性肿瘤死亡人数的1/4，且每年还有2万以上的新增病例。胃癌可发生于任何年龄，但以40～60岁多见，男性多于女性，约为2∶1。胃癌可发生于胃的任何部位，但多见于胃窦部，尤其是胃小弯侧。

（二）病因和发病机制

尽管多年来的实验研究和大规模人群调查对胃癌的病因学提出了各种假说，但迄今为止尚未发现公认的胃癌病因。研究表明，胃癌的发生与社会经济状况有关，通常经济收入低的阶层发病率较高。饮食在胃癌发生中也可产生重要影响。此外，环境因素和遗传因素也有影响。

（三）分型

胃癌可分为早期胃癌和进展期胃癌。早期胃癌是指癌组织限于黏膜层和黏膜下层，不论是否有淋巴结转移。此定义由日本胃肠道内镜学会于1962年提出。进展期胃癌是指癌组织浸润达肌层或浆膜层，也称中、晚期胃癌。一般把癌组织浸润肌层称为中期，超出肌层称为晚期胃癌。对于进展期胃癌，目前国际上普遍采用Bormann分型法，分为Bormann Ⅰ、Ⅱ、Ⅲ、Ⅳ型。

（四）临床表现

早期胃癌多无明显的症状，随着病情的发展，可逐渐出现非特异性的、酷似胃炎或胃溃疡的症状。包括上腹部饱胀不适或隐痛、泛酸、嗳气、恶心，偶有呕吐、食欲减退、黑粪等。

进展期胃癌除上述症状外，尚可发生梗阻及浸润型胃癌。如病灶位于贲门部，可发生进行性吞咽困难。病灶位于幽门部，可出现幽门梗阻症状，表现为食后上腹部饱胀，呕吐。上消化道出血的发生率约为30%，表现为黑粪或呕血，多数为小量出血。当肿瘤侵及较大血管时，可

笔记

发生大出血，发生率为7%～9%。进展期胃癌常伴有胃酸低下或缺乏。约有10%患者出现腹泻，多为稀便，每日2～4次。当肿瘤侵及胰腺或后腹壁腹腔神经丛时，上腹部呈持续性剧痛，并放射至腰腹部。多数进展期胃癌患者伴有消瘦、乏力、食欲减退、体重减轻等全身症状，病情严重者常伴有贫血、下肢水肿、发热等。

二、治疗原则

早期胃癌，以根治性手术切除为主。但目前临床上大部分是进展期胃癌，单纯手术疗效不佳，化疗作为综合治疗重要组成部分，是治疗胃癌的重要手段之一。

化疗主要作用于3个方面：术前新辅助化疗，通过缩小原发灶，降低分期，增大根治性切除可能性，术前化疗多采用3个疗程。术后化疗，旨在根治性切除术后，清除隐匿性微转移灶，防止复发，NCCN指南推荐进展期胃癌术后可行紫杉醇联合放疗的治疗方案；术前新辅助治疗的患者，建议术后可用表柔比星、顺铂联合氟尿嘧啶或其改良方案进行治疗。对于局部晚期的胃癌患者需术后辅助化疗，在大多数学者已达成共识，但化疗方案、辅助化疗持续的时间尚无规范。术后辅助化疗多以静脉全身化疗为主，也有同时进行术后早期腹腔内化疗。腹腔内化疗对清除腹腔内转移或复发的肿瘤有较好疗效，一般提倡大容量、大剂量给药。而对肿瘤播散不能手术者，则希望通过化疗可以控制症状，延长生存。

氟尿嘧啶是胃癌治疗的基础药物，其衍生物通过改善剂型而增效。紫杉醇类和铂类也是胃癌治疗的重要药物。胃癌化疗多采用联合化疗。氟尿嘧啶和顺铂联合加或不加蒽环类药物，以加蒽环类药物疗效较好。卡培他滨和奥沙利铂代替氟尿嘧啶和顺铂作为Ⅰ类证据获得NCCN推荐。

三药联合方案并未显示出较两药方案明显的优势。改良的多西他赛联合氟尿嘧啶和顺铂的方案可减少毒性，使身体状况好的患者获益。

2015年NCCN推荐多西他赛、顺铂联合氟尿嘧啶及其改良方案；表柔比星、顺铂联合氟尿嘧啶及其改良方案为一线治疗方案。

由于患者的个体差异、既往治疗情况、营养状态、合并症等因素的不同，抗癌药物的选择、剂量和用法以及相关毒性的处理需个体化。

知识拓展

三阶梯镇痛原则（three-step analgesic ladder）

三阶梯镇痛原则是指根据患者的疼痛程度选择不同作用强度的镇痛药物，分为轻、中、重三个级别。1986年世界卫生组织出版《癌症疼痛治疗》第一版，该书作为癌症疼痛治疗指南，提出了简便易行、具有广泛指导意义的癌症疼痛治疗五项基本原则：按阶梯给药、按时给药、个体化给药，尽可能口服给药和注意个体细节。该指南又被称为癌症三阶梯镇痛治疗原则。轻度疼痛选用解热镇痛剂类的镇痛药，如阿司匹林、布洛芬、塞来昔布；中度疼痛选用弱阿片类药物，如可待因、曲马多；重度疼痛选用强阿片类药物，如吗啡、羟考酮、芬太尼等。

三、治疗胃癌常用药物

抗胃癌的药物主要包括：①破坏DNA的铂类，如顺铂、卡铂和奥沙利铂；②影响核酸生物合成的药物，如氟尿嘧啶、卡培他滨；③影响微管蛋白的药物，如紫杉醇和多西他赛；④干扰转

笔记

录过程和阻止 RNA 合成的药物，如表柔比星。临床常用抗胃癌药物的治疗方案见表 9-13。以下介绍临床常用的几种药物。

（一）铂类

1. 顺铂 顺铂为目前常用的金属铂类络合物，为细胞周期非特异性抗肿瘤药。本药具有抗瘤谱广、对厌氧细胞有效的特点。其分子中的中心铂原子对其抗肿瘤作用具有重要意义，只有顺式有效，反式则无效。本药作用与双功能烷化剂相似，能与 DNA 产生交联，从而抑制 DNA 复制和转录，导致 DNA 链断裂或误码，使细胞有丝分裂受到抑制。瘤细胞由于增殖较快而对本药的细胞毒作用较正常细胞更为敏感。静脉给药后迅速吸收，分布于全身各组织。

腹腔给药时，腹腔器官内的药物浓度较静脉给药时高 2.5～8 倍。本药清除缓慢，5 日内尿液排出量为总给药量的 27%～54%。本药常规静脉滴注剂量视化疗效果和个体反应而定，疗程依临床疗效而定，常用方案如下：每 3～4 周 1 次，每次 50～120mg/m^2；每周一次，共 2 次，每次剂量为 50mg/m^2；一日一次，连用 5 日，每次剂量为 15mg/m^2。联合用药的用量随疗程作适当调整。

本药相关的肾蓄积毒性严重，其他常见的剂量相关的毒性为骨髓抑制、恶心和呕吐。耳毒性在儿童中更为显著，如耳鸣和（或）高频听力丧失，偶见耳聋。另外，有过敏样反应的报道，在用药几分钟内可能出现面部水肿、支气管收缩、心动过速和低血压。

2. 卡铂和奥沙利铂 卡铂和奥沙利铂的作用机制与顺铂相同。卡铂属二代铂类，不良反应低于顺铂，尤其是胃肠道反应。奥沙利铂是第三代铂类衍生物，既无顺铂的肾脏毒性，也无卡铂的骨髓毒性。

（二）氟尿嘧啶类

1. 氟尿嘧啶 本药为细胞周期特异性抗肿瘤药，主要作用于 S 期细胞。本药在体内先转变为 5- 氟 -2- 脱氧尿嘧啶核苷酸，后者抑制胸腺嘧啶核苷酸合成酶，阻断脱氧尿嘧啶核苷酸转变为脱氧胸腺嘧啶核苷酸，从而抑制 DNA 的生物合成。

大剂量给药时，本药可透过血 - 脑脊液屏障。本药主要经肝脏分解代谢，大部分分解为二氧化碳经呼吸道排出体外。约 15% 在给药 1 小时内以原形随尿排出体外。本药有多种剂型。静脉注射给药一日 10～20mg/kg，连用 5～10 日。静脉滴注，300～500mg/m^2，连用 3～5 天，每次静脉滴注时间不得少于 6～8 小时。若突然出现腹泻、口炎、溃疡或出血，应立即停药，直至这些症状完全消失。当出现心功能不全或心律失常、心绞痛、ST 段改变等心血管反应时，也应立即停药，以降低患者猝死的风险。

2. 卡培他滨 本药为一种对肿瘤细胞有选择性的细胞毒药物。药物自身无细胞毒性，但可在肿瘤所在部位经胸腺磷酸化酶作用下转化为具有细胞毒性的氟尿嘧啶而发挥作用，从而最大限度地降低氟尿嘧啶对正常人体细胞的损害。

本药为口服制剂，经胃肠道吸收后在肝脏中转化为氟尿嘧啶。本药和氟尿嘧啶的峰时间分别为 1.5 小时和 2 小时。食物可使本药的峰浓度和药时曲线下面积（AUC）分别降低 60% 和 35%，使氟尿嘧啶的峰浓度和 AUC 分别降低 43% 和 21%。本药及其代谢产物的药动学与剂量成正比，且不随时间变化。常规给药剂量为一日 1g/m^2，分早晚 2 次于餐后半小时吞服，连用 2 周，间歇 1 周，3 周一疗程。本药代谢产物氟尿嘧啶的胃肠道反应在老年患者中较明显，老年人用药时须密切监测。

（三）紫杉醇类

1. 紫杉醇 本药是从短叶紫杉中提取或半合成的一种抗肿瘤药。可作用于细胞微管 / 微管蛋白系统，促进微管蛋白装配成微管，但同时抑制微管的聚集，从而导致微管束的排列异常，形成星状体，使纺锤体失去正常功能，从而导致细胞死亡。本药属广谱抗肿瘤药。对顺铂、多柔比星耐药者，使用本品也有效。

笔记

本药静脉滴注 6～12 小时后，血药浓度仍可达到具有细胞毒活性的水平。血浆蛋白结合率 89%～98%。在血浆内呈二室模型，消除半衰期为 5.3～17.4 小时。主要在肝脏代谢，大部分经胆汁随粪便排泄。

本药单药治疗，一次 135～200mg/m^2，静脉滴注 3 小时，每 3 周 1 次。联合用药一次 135～175mg/m^2，3～4 周重复。

骨髓抑制是本药的剂量限制性毒性。严重中性粒细胞减少率为 47%。最低值一般在给药后 8～10 天出现，通常停药后能很快恢复。

2. **多西他赛**　本药属紫杉醇类。为细胞周期特异性抗肿瘤药，可特异性作用于 M 期细胞。本药与紫杉醇之间具有不完全交叉耐药性，与顺铂和氟尿嘧啶无交叉耐药性。给药剂量 100mg/m^2 静滴本品约 1～2 小时，稳态分布容积为 113L。主要在肝脏代谢。代谢产物主要经粪便排泄。单药治疗一次 100mg/m^2，每 3 周 1 次。联合用药适当减量。本药容易引起液体潴留、过敏反应等，在化疗方案使用前，应积极予以预防措施，给予地塞米松、西咪替丁等并进行心电监护，同时密切观察。

多西他赛在初始治疗数分钟内过敏样反应就有可能发生，如果是脸红、局部皮肤反应等轻微症状，则不必中断其治疗。若出现如血压下降超过 20mmHg、支气管痉挛等严重的过敏反应症状，须终止治疗并对症治疗。既往发生过对多西他赛严重不良反应者，则不可再次使用。

（四）表柔比星

本药是一种细胞周期非特异性抗肿瘤药，对各期细胞均有作用，其中对 S 期细胞最为敏感。本药既含有脂溶性的蒽环配基，又有水溶性的柔红糖胺基，并有酸性酚羟基和碱性氨基，因此具有很强的抗癌活性。可嵌入 DNA 的碱基对之间，使 DNA 链裂解，阻碍 DNA 及 RNA 的合成。本药抗瘤谱广，对无氧代谢细胞也有效，在肿瘤的化疗中占有重要地位。

本药主要在肝脏代谢，代谢产物主要为阿霉素醇和配氧糖基，后者与本药的心脏毒性有关。本药单药治疗有两种方案：一次 60～75mg/m^2，缓慢注射，每 3 周 1 次；或一周 20～35mg/m^2，连用 3 周，停 2～3 周后重复。与其他化疗药物联用时，一次 30～40mg/m^2。心脏毒性是本药的主要毒性反应，此毒性限制了其长期应用。本药与肝素、头孢类抗生素等有配伍禁忌。

四、药学服务要点

（一）患者评估

1. 对患者肿瘤进行评估，包括胃癌患者术前分期和治疗选择、手术根治程度、术后病理分期等。

2. 对体能进行评估。Karnofsky 评分≥60，美国东部肿瘤协作组（ECOG）评分≤2 才考虑化疗。

3. 评估患者治疗中的主要问题，如化疗药物的疗效，常见药品不良反应如骨髓抑制而致白细胞或粒细胞减少、胃肠道反应如呕吐、过敏反应等的防范和处理，是否有药物相互作用及其对药物疗效产生的影响。

（二）治疗方案

应根据患者年龄、性别、种族以及肿瘤的病理类型、分期、耐受性、分子生物学特征、既往治疗情况、个人治疗意愿、经济承受能力等因素综合制订个体化的抗胃癌药物治疗方案，并随患者病情变化及时调整。尽量规避风险，力求患者从抗癌治疗中最大获益。临床常用的治疗方案见表 9-13。

用药前务必与患者及其家属充分沟通，说明治疗目的、疗效、给药方法以及可能引起的毒副作用等，医患双方尽量达成共识，并签署知情同意书。

药物治疗是胃癌整体治疗的一个重要环节，应针对患者胃癌临床分期和身体耐受情况，进

行有序治疗，并明确每个阶段的治疗目标。确保药物适量、疗程足够，不宜随意更改，避免治疗过度，重复用药或治疗不足。

特殊年龄（新生儿、儿童、老年）及妊娠期、哺乳期妇女患者和有重要基础疾病的患者需使用抗胃癌药物时，应充分考虑上述人群的特殊性，从严掌握适应证，制订合理可行的治疗方案。

表 9-13 临床常用胃癌化疗方案

方案简称	药物	剂量	用法	时间	疗程
ELF	亚叶酸钙	$300mg/m^2$	静脉滴注（10min 灌注）	第 1～3 天	每 3～4 周重复
	依托泊苷	$120mg/m^2$	静脉滴注（50min 灌注）	第 1～3 天	
	氟尿嘧啶	$500mg/m^2$	静脉滴注（50min 灌注）	第 1～3 天	
ECF	表柔比星	$50mg/m^2$	静脉滴注	第 1 天	每 4 周重复
	顺铂	$60mg/m^2$	静脉滴注	第 1 天	
	氟尿嘧啶	$200mg/m^2$	持续静脉滴注	第 1～21 天	
FOLFOX4	奥沙利铂	$85mg/m^2$	静脉滴注（2 小时）	第 1 天	每 2 周重复
	亚叶酸钙	$200mg/m^2$	静脉滴注（2 小时）	第 1、2 天	
	氟尿嘧啶	$400mg/m^2$	静脉滴注	第 1、2 天	
	氟尿嘧啶	$600mg/m^2$	持续静脉滴注（22 小时）	第 1、2 天	
FOLFOX6	奥沙利铂	$100mg/m^2$	静脉滴注（2 小时）	第 1 天	每 2 周重复
	亚叶酸钙	$400mg/m^2$	静脉滴注（2 小时）	第 1、2 天	
	氟尿嘧啶	$400mg/m^2$	静脉滴注	第 1 天	
	氟尿嘧啶	$2400～3000mg/m^2$	持续静脉滴注（46 小时）		
EOX	表柔比星	$50mg/m^2$	静脉滴注	第 1 天	每 3 周重复
	奥沙利铂	$130mg/m^2$	静脉滴注（2 小时）	第 1 天	
	卡培他滨	$1000mg/m^2$	每日 2 次口服	第 1～14 天	
DCF	多西他赛	$75mg/m^2$	静脉滴注	第 1 天	每 4 周重复
	顺铂	$60～75mg/m^2$	静脉滴注	第 1 天	
	氟尿嘧啶	$700mg/(m^2·d)$	持续静脉滴注	第 1～5 天	
S1 联合	替吉奥	$40～60mg/m^2$	每日 2 次口服	第 1～21 天	每 2 周重复
	顺铂	$60mg/m^2$	静脉滴注	第 8 天	
FLOFIRI	卡培他滨	$180mg/m^2$	静脉滴注（90 分钟）	第 1 天	每 2 周重复
	亚叶酸钙	$200mg/m^2$	静脉滴注（2 小时）	第 1、2 天	
	氟尿嘧啶	$400mg/m^2$	静脉推注	第 1、2 天	
	氟尿嘧啶	$600mg/m^2$	静脉滴注（22 小时）	第 1、2 天	

（三）药学监护

1. **有效性** 抗胃癌药物的疗效评价主要包括肿瘤病灶的测量，肿瘤缓解的评价和总的疗效评价。

2. **安全性** 抗胃癌药物大部分具有较严重的不良反应。有些患者甚至由于不能耐受不良反应的影响而终止治疗。因此，抗胃癌药品不良反应的监护和防范具有非常重要的意义。

（1）骨髓抑制：在化疗过程中，患者可出现严重的骨髓抑制，在治疗前后、治疗期间和每一疗程之前，都应做相应的肝肾功能、血常规等实验室检查。密切观察患者是否有疲劳、乏力等表现。定期予以复查血常规，并依据中性粒细胞、白细胞减少的情况，对患者采取对症治疗。如多西他赛对于肝功异常患者、使用剂量为 $100mg/m^2$ 时，往往与治疗相关的死亡率就会增加，应经常对多西他赛化疗期间白细胞计数进行监测。其最常见的不良反应是中性粒细胞减少症。给予多西他赛进行治疗的前提条件是患者中性粒细胞计数上升至大于 1500 个 $/mm^3$，在多西他

笔记

赛治疗过程中，如果发生中性粒细胞严重减少（小于 500 个 /mm^3 并持续 7 天或 7 天以上）的情况，则建议减低剂量在下一个疗程使用。在该情况下如仍发生中性粒细胞减少，则建议多西他赛再降低剂量或停药治疗。

（2）静脉炎：有些抗肿瘤药物输注浓度过高时，容易引起静脉炎。如多柔比星药物浓度过高可引起静脉炎，给药时药液外渗可引起组织溃烂和坏死，注射时如药液漏出血管外，应以 1% 次氯酸钠溶液处理，然后用水冲洗。

（3）肝肾毒性及胃肠道反应：抗肿瘤药物的肝肾毒性和胃肠道反应也要加强预防。如为预防顺铂的肾毒性，可在用药前后大量补液以降低血药浓度，增加其肾脏清除率，并可加甘用露醇以加速肾脏的排泄，减少药物在肾小管的蓄积。但禁止使用呋塞米以增加尿量。为减轻胃肠反应，可大剂量给予甲氧氯普胺（1～2mg/kg），并加用氯丙嗪、地塞米松等。为了预防和减轻化疗药物的肝脏毒性，需定期监测肝功能，并适时使用保肝药物等支持治疗。

3. 药物相互作用　胃癌患者本身基础情况较差，再加之化疗药物较严重的不良反应对身体肝肾功能等各方面的损伤。通常胃癌患者需要多种药物的支持治疗，因此需特别关注多种药物的相互作用。

胃癌的化疗目前多采用多药联合的方案，由于药物在体内作用于多个环节，所以其药物代谢动力学原理也不尽相同。通过不同途径阻滞或抑制肿瘤细胞的大分子物质不同阶段的合成，从而达到增强治疗效果、降低药物毒性并提高其疗效的目的。如紫杉醇与顺铂联合使用化疗时，顺铂会影响 CYP450 酶。紫杉醇的代谢途径主要是通过 CYP2C8 和 CYP3A4 通道，如果先使用顺铂后再使用紫杉醇，紫杉醇就会被顺铂延缓排泄，使其清除率降低大约 33%，从而造成体内蓄积加重其骨髓抑制。因此，在紫杉醇与顺铂联用的化疗方案中必须先用紫杉醇。

胃癌患者经常使用中成药辅助治疗。中药注射剂除说明书规定可使用 0.9% 的氯化钠为溶媒和糖尿病患者外，一般中药注射剂应使用葡萄糖为溶媒更合适。因为中药注射液的成分较为复杂，与生理盐水混配后常可因盐析作用而产生大量不溶性微粒，从而增加输液反应的发生率。

4. 依从性　加强患者治疗的依从性，良好的用药依从性是合理用药的一个重要标准。临床药师通过参与患者的治疗过程，与患者及家属沟通，全面掌握患者及家属对疾病治疗的态度、认识，并适时给予其正确的指导，帮助患者全面了解疾病治疗的状况，使患者理性地对待。

5. 癌痛管理　70%～90% 的患者在癌症进展期都会出现疼痛，癌痛对患者及家庭是一种折磨，癌痛得不到控制，会加速肿瘤的进展。要以 WHO 的三阶梯镇痛指导原则为核心，进行规范化的镇痛治疗。摒弃过度担心阿片类药物的呼吸抑制等不良反应、滥用和流弊的同时，重视不良反应的防治。

（四）用药教育

1. 抗胃癌药物的药物相互作用　胃癌患者的用药品种相对较多，因此当胃癌患者就诊时，应告知医生正在服用的药物，以避免药物相互作用对疗效的影响。

2. 癌痛管理　大部分患者对癌痛治疗存在认识误区，误认为服用阿片类药物是吸毒，误认为过早地服用阿片类药物，今后将无法控制癌痛等。甚至担心向医务人员报告癌痛，会分散医生的注意力，忍受疼痛，不愿告诉医生既有的止痛治疗无效等。以上误区均源于患者及家属对癌痛治疗知识的缺乏认识。因此，要熟练掌握 WHO 三阶梯癌痛药物治疗的知识，包括药物的种类、剂量、给药途径和给药时间、药物的不良反应等，并把它传授给患者和家属，使患者在医院、家庭都能得到正确的镇痛，改善患者的生存质量。

3. 日常生活饮食　胃癌切除术后的胃酸缺乏易影响铁的吸收，导致缺铁性贫血，需适当补充铁剂。胃癌患者大部分进行了术后胃部重建，应注意饮食的逐渐过渡，从稀到稠，从量少到量多，从低热量到高热量，使糖蛋白质、脂肪的摄入逐渐与机体需要相匹配。告知患者应少食多餐，忌烟酒，避免进食对消化道有刺激的食物。

笔记

案例分析

案例：患者，女，53岁，体表面积 $1.49m^2$，2月前诊断为晚期胃癌，行根治性胃切除术。既往已行两周期化疗，方案为"卡培他滨 $1000mg/m^2$，口服，每日2次，连用14天；顺铂 $60mg/m^2$，静脉滴注，第1天。21天为1周期"。本次入院行第3周期化疗，化疗方案同以往两周期。化疗结束粒细胞 $1.85\times10^9/L$，为Ⅰ度骨髓抑制，但未立即采用升白细胞治疗。化疗结束后第2天，粒细胞 $0.42\times10^9/L$，为Ⅳ度骨髓抑制，采用重组人粒细胞刺激因子150μg，bid。化疗结束后第6天，患者血象恢复正常，建议及时停止升白细胞治疗。

分析：患者既往已行两周期化疗，应加强对骨髓抑制不良反应的防范与处理。应当从升白细胞治疗的用药时间、给药剂量和停止升白细胞治疗的时间上进行重点监护。参考ASCO的重组人粒细胞刺激因子临床应用指导原则（2005），在化疗完全结束48小时后应用重组人粒细胞刺激因子。如果化疗结束即开始使用，化疗药物未完全代谢，应用重组人粒细胞刺激因子刺激后增加的中性粒细胞很快会被化疗药物破坏，非但不能减轻化疗药物对骨髓造血功能的抑制，还会加重对骨髓储备功能的损伤。

第十一节 社区获得性肺炎的药学服务

一、概 述

（一）定义

社区获得性肺炎（community acquired pneumonia，CAP）又称医院外肺炎，是指在医院外罹患的感染性肺实质（含肺泡壁，即广义上的肺间质）炎症，包括具有明确潜伏期的病原体感染而在入院后平均潜伏期内发病的肺炎。

（二）病原学

常见病原菌有肺炎链球菌、流感嗜血杆菌，非典型病原体包括肺炎支原体、肺炎衣原体及军团菌属，也可由呼吸道病毒所致。金黄色葡萄球菌、肠杆菌科细菌及铜绿假单胞菌少见。

（三）流行病学

虽然强杀菌、超广谱等抗微生物药物不断问世，CAP仍然是威胁人类健康的重要疾病，尤其是随着社会人口老龄化、免疫受损宿主增加、病原体的变迁和抗生素耐药性的上升，CAP面临着许多问题和挑战。其患病率约占人群的12‰。在美国，由肺炎引起的死亡人口在所有死亡原因中排列第六位。每年因肺炎的直接医疗费用和间接劳动力损失约200亿美元。英国每年用于治疗CAP的费用预计高达44亿英镑，其中约32%的患者需要住院治疗，这部分患者的医疗支出占总数的90%。我国尚缺乏可靠流行病学资料。年龄、社会地位、居住环境、基础疾病和免疫状态、季节等诸多因素可影响CAP的发病，尤其与CAP病原体的差异密切相关。

（四）临床表现

CAP通常急性起病。发热、咳嗽、咳痰、胸痛为最常见的临床症状。重症CAP可有呼吸困难、缺氧、休克、少尿甚至肾衰竭等相应表现。CAP可出现肺外的症状，如头痛、乏力、腹胀、恶心、呕吐、食欲减退等。

患者肺部听诊可有管状呼吸音或湿啰音。CAP患者外周血白细胞总数和中性粒细胞的比例升高。急性C反应蛋白、降钙素原、红细胞沉降率可升高。X线影像学的表现呈多样性，与肺炎的病情有关。在肺炎早期急性阶段病变呈渗出性改变。慢性期，影像学检查可发现增殖性改变。

笔记

二、治疗原则

社区获得性肺炎的治疗方案及药物选择可遵循以下原则：

1. 依据病情严重程度决定门诊或住院治疗，以及是否需要入住ICU，并尽早给予初始经验性抗感染治疗。

2. 注意结合当地病原体分布及抗菌药物耐药情况，选用抗菌药物。

3. 住院患者入院后应立即采取痰标本，做涂片革兰染色检查及培养；体温高、全身症状严重者应同时送血培养。

4. 轻症且胃肠道功能正常患者可选用生物利用度良好的口服药物；重症患者选用静脉给药，待临床表现显著改善并能口服时改用口服药。

三、治疗社区获得性肺炎常用药物

(一)青霉素类

本品可通过与细菌细胞膜上的青霉素结合蛋白(PBP)紧密结合，干扰细菌细胞壁的合成而产生抗菌作用，其他作用机制还包括细菌自溶酶抑制剂的失活而导致细菌细胞的溶解和死亡等。凡产β-内酰胺酶的菌株均应视为对本品耐药。本品属于时间依赖性抗菌药物中抗生素后效应(post antibiotic effect，PAE)缺如或短PAE的一类。与杀菌活力有关的PK/PD参数主要为血药浓度(*C*)达到或超过最低抑菌浓度(minimum inhibitory concentration，MIC)(即 C>MIC)持续的时间(*T*)占两次给药间期的百分比(T>MIC%)。对青霉素或青霉素类抗生素过敏者禁用。本品可安全应用于孕妇，少量本品可经乳汁排泄，哺乳期妇女应用青霉素后可使婴儿致敏，须谨慎使用。本品主要经肾脏排出，因此肾功能减退时应调整剂量。

阿莫西林为使用最为广泛的口服广谱青霉素，系青霉素侧链α位增添氨基后增强了抗革兰阴性杆菌活性的青霉素。此药对肺炎链球菌的最低抑菌浓度为0.02mg/L；口服本品所致不良反应发生率为5%～6%。腹泻、恶心、呕吐等胃肠道不良反应较常见。

(二)头孢菌素类

本品为一类广谱半合成青霉素，作用机制同青霉素类，主要通过干扰细菌细胞壁主要成分——肽聚糖的合成而发挥抗菌作用。具有抗菌作用强、耐青霉素酶、临床疗效高、毒性低、过敏反应比青霉素类少等优点。头孢菌素类根据其抗菌谱、抗菌活性、对β-内酰胺酶的稳定性以及肾毒性的不同，目前分为四代。

第一代头孢菌素主要作用于需氧革兰阳性球菌，仅对少数革兰阴性杆菌有一定抗菌活性。常用的注射剂有头孢唑林、头孢拉定等，口服制剂有头孢拉定、头孢氨苄和头孢羟氨苄等。

第二代头孢菌素对革兰阳性球菌的活性与第一代相仿或略差，对部分革兰阴性杆菌亦具有抗菌活性。注射剂有头孢呋辛、头孢替安等，口服制剂有头孢克洛、头孢呋辛酯和头孢丙烯等。

第三代头孢菌素对肠杆菌科细菌等革兰阴性杆菌具有强大抗菌作用，头孢他啶和头孢哌酮除肠杆菌科细菌外，对铜绿假单胞菌亦具较强抗菌活性。注射品种有头孢噻肟、头孢曲松、头孢他啶、头孢哌酮等，口服品种有头孢克肟和头孢泊肟酯等，口服品种对铜绿假单胞菌均无作用。

第四代头孢菌素常用者为头孢吡肟，对肠杆菌科细菌作用与第三代头孢菌素大致相仿，其中对阴沟肠杆菌、产气肠杆菌、柠檬酸菌属等部分菌株作用优于第三代头孢菌素，对铜绿假单胞菌的作用与头孢他啶相仿，对革兰阳性球菌的作用较第三代头孢菌素略强。

(三)碳青霉烯类

此类药物与革兰阳性菌、革兰阴性菌的大分子量青霉素结合蛋白(PBP)具有高度亲和力，通过抑制细菌细胞壁合成而发挥抗菌作用。碳青霉烯类抗生素具有抗菌谱广、抗菌作用强、对多种β-内酰胺酶高度稳定的特点，尤其在治疗耐药革兰阴性菌感染中具有极其重要的地位。

笔记

但近年来随着耐药形势的日益严峻，合理应用抗菌药物、加强对耐药菌传播的防控以延长碳青霉烯类抗生素的使用寿命已成为当务之急。

碳青霉烯类抗菌药物分为具有抗非发酵菌和不具有抗非发酵菌两组，前者包括亚胺培南/西司他丁（西司他丁具有抑制亚胺培南在肾内被水解作用）、美罗培南、帕尼培南/倍他米隆（倍他米隆具有减少帕尼培南在肾内蓄积中毒作用）、比阿培南和多立培南，后者为厄他培南。亚胺培南、美罗培南、帕尼培南、比阿培南等对各种革兰阳性球菌、革兰阴性杆菌（包括铜绿假单胞菌、不动杆菌属）和多数厌氧菌具强大抗菌活性，对多数β-内酰胺酶高度稳定，但对甲氧西林耐药葡萄球菌和嗜麦芽窄食单胞菌等抗菌作用差。厄他培南与其他碳青霉烯类抗菌药物有两个重要差异：血半衰期较长，可一天一次给药；对铜绿假单胞菌、不动杆菌属等非发酵菌抗菌作用差。

（四）喹诺酮类

本类抗菌药物具有下列共同特点：①抗菌谱广，对需氧革兰阳性菌和革兰阴性菌均具有良好抗菌作用，尤其对革兰阴性杆菌具有强大抗菌活性；②体内分布广，在多数组织体内的药物浓度高于同期血药浓度，可达有效抑菌或杀菌水平；③半衰期长，可以减少服药次数，使用方便；④多数品种有口服及注射剂，对于重症或不能口服用药患者可先静脉给药，病情好转后改为口服进行序贯治疗；⑤不良反应轻，患者易耐受。临床上常用者为氟喹诺酮类，有诺氟沙星、氧氟沙星、环丙沙星、左氧氟沙星、莫西沙星等，其中左氧氟沙星、莫西沙星对肺炎链球菌、A组溶血性链球菌等革兰阳性球菌、衣原体属、支原体属、军团菌等细胞内病原或厌氧菌的作用强。

（五）大环内酯类

大环内酯类抗生素均具有大环内酯环基本结构，代表品种为红霉素。阿奇霉素、克拉霉素、罗红霉素及乙酰麦迪霉素为大环内酯类新品种。其主要通过作用于细菌50S核糖体亚基，通过阻断转肽作用和mRNA位移而抑制细菌的蛋白质合成。大环内酯类抗菌药物的共同特点为：①主要作用于需氧革兰阳性菌与革兰阴性球菌、某些厌氧菌，以及军团菌属、支原体属及衣原体属；②细菌对不同品种间有不完全交叉耐药性；③血药浓度较低，但组织浓度相对较高；④主要经胆汁排泄，有肝肠循环；⑤主要用于革兰阳性菌、非典型病原体所致的感染；⑥主要不良反应为胃肠道反应及不同程度肝脏损害。

四、药学服务要点

（一）患者评估

1. 首先收集患者的基本信息，患者的既往病史，感染的主要症状，包括疾病起因，持续时间，是否有发热，是否有咳嗽、咳痰，及痰的性状，信息来源于患者或家属的主观描述。

2. 收集患者的辅助检查结果，包括患者本次诊疗之前的血常规等生化检查，肺部CT等影像学检查，痰培养及药敏试验等。

3. 收集患者的用药信息，包括在外院治疗的用药信息、及针对于基础疾病的用药信息。

4. 评估患者治疗中应密切注意的药物禁忌证，如有青霉素过敏史，则不宜使用哌拉西林或阿莫西林等青霉素类抗菌药物；患者未满18岁则不宜使用喹诺酮类药；患者有精神疾病史则不宜使用亚胺培南和喹诺酮类药物。

（二）治疗方案

1. **初始经验治疗** 社区获得性肺炎的治疗可根据不同人群、不同的病原体，采取如表9-14所示的经验治疗。由于各地存在很大差异，CAP病原体流行病学分布和抗生素耐药率并不一致，表9-14的治疗建议仅是原则性的，需结合具体情况进行选择。

（1）门诊患者：无基础疾病，3个月内未使用抗菌药的非严重社区获得性肺炎感染者：可首选青霉素类或头孢菌素类如阿莫西林、头孢呋辛等，也可选用阿莫西林/克拉维酸、氨苄西林/舒巴坦。如疑为肺炎支原体等可加用大环内酯类如阿奇霉素等。有基础疾病如慢性心肺肝肾

笔记

表 9-14 初始经验治疗的抗菌药物的选择

不同人群	常见病原体	初始经验治疗的抗菌药物的选择
青壮年、无基础疾病患者	肺炎链球菌、肺炎支原体、流感嗜血杆菌、肺炎衣原体等	青霉素；阿莫西林；多西环素、米诺环素；第一代或第二代头孢菌素；呼吸喹诺酮类*
老年人或有基础疾病患者	肺炎链球菌、流感嗜血杆菌、需氧革兰阴性杆菌、金黄色葡萄球菌、卡他莫拉菌等	第二代头孢菌素（头孢呋辛、头孢丙烯、头孢克洛等）单用或联合大环内酯类；阿莫西林 / 克拉维酸、氨苄西林 / 舒巴坦单用或联合大环内酯类；呼吸喹诺酮类
需入院治疗，但不必收住 ICU 的患者	肺炎链球菌、流感嗜血杆菌、混合感染（包括厌氧菌）、需氧革兰阴性杆菌、金黄色葡萄球菌、肺炎支原体、肺炎衣原体	第二代头孢菌素单用或联合四环素类、大环内酯类静脉给药；静脉滴注呼吸喹诺酮类；阿莫西林 / 克拉维酸、氨苄西林 / 舒巴坦单用或联合四环素类、大环内酯类静脉给药；头孢噻肟、头孢曲松单用或联合四环素类、大环内酯类静脉给药
需入住 ICU 的重症患者		
A 组：无铜绿假单胞菌感染危险因素	肺炎链球菌、需氧革兰阴性杆菌、嗜肺军团菌、肺炎支原体、流感嗜血杆菌、金黄色葡萄球菌等	头孢曲松或头孢噻肟联合大环内酯类或喹诺酮类静脉给药；静脉滴注呼吸喹诺酮类联合氨基糖苷类；阿莫西林 / 克拉维酸、氨苄西林 / 舒巴坦单用或联合大环内酯类或喹诺酮类静脉给药；厄他培南联合大环内酯类静脉给药
B 组：有铜绿假单胞菌感染危险因素	A 组常见病原体 + 铜绿假单胞菌	具有抗假单胞菌活性的 β- 内酰胺类抗菌药物（如头孢他啶、头孢吡肟、哌拉西林 / 他唑巴坦、亚胺培南、美罗培南等）联合大环内酯类或环丙沙星、左氧氟沙星，静脉给药，必要时还可同时联用氨基糖苷类

*呼吸喹诺酮类主要品种包括左氧氟沙星、莫西沙星

等疾病、糖尿病等，可选用大剂量阿莫西林（成人每天 3g）或阿莫西林 / 克拉维酸（成人每天 4g）联合阿奇霉素或头孢曲松联合阿奇霉素等大环内酯类或单用左氧氟沙星或莫西沙星治疗。

我国肺炎链球菌对大环内酯的耐药率较高，因此通常采用大环内酯类联用 β- 内酰胺类。肺炎支原体等非典型病原体是无基础疾病的 50 岁以内社区获得性肺炎患者最常见的病原体，可选用大环内酯类抗生素治疗。对于经大环内酯类抗生素治疗 72 小时临床情况仍无明显改善的肺炎支原体患者，应考虑大环内酯耐药菌株感染的可能，可改用喹诺酮类或四环素类。

(2) 住院患者：有慢性阻塞性肺疾病、糖尿病等基础疾病或存在吸入，胸片提示一叶或多叶肺病变，血氧饱和度 <90% 的患者均需考虑住院治疗。选用的抗菌药物为二代或三代头孢菌素如头孢呋辛、头孢曲松等。也可选用青霉素类与 β- 内酰胺酶抑制剂的复合制剂。若为不典型病原体，加用氟喹诺酮类。

入住 ICU 的患者，若同时患有肺部基础疾病需同时应用具有抗铜绿假单胞菌及肺炎链球菌作用的药物，如哌拉西林 / 他唑巴坦、头孢吡肟、亚胺培南、美罗培南等联合环丙沙星或左氧氟沙星，或上述 β- 内酰胺类联合氨基糖苷类及阿奇霉素，或上述 β- 内酰胺类联合氨基糖苷类及喹诺酮类。

2. 初始治疗后的评价和处理 初始治疗后 48～72 小时应对病情和诊断进行评价，有效治疗首先表现为患者的体温下降，呼吸道症状亦可以有改善，白细胞恢复和胸部 X 线所示病灶吸收一般出现较迟。凡症状明显改善，不一定考虑痰病原学检查结果如何，仍可维持原有初始治疗方案。症状改善后，胃肠外给药者可改用同类或抗菌谱相近、或对致病原敏感的制剂口服给药，采用序贯治疗。初始治疗 72 小时后症状无改善或一度改善又恶化，视为无效治疗，此时首先应考虑药物可能未覆盖致病菌或细菌耐药，结合实验室痰培养结果并评价其意义，审慎调整抗感染药物，并重复病原学检查。

3. 特殊人群

(1) 肾功能不全患者：根据抗菌药物体内过程特点及其肾毒性，肾功能减退时抗菌药物的

选用有以下几种情况：

1）主要由肝胆系统排泄，或经肾脏和肝胆系统同时排出的抗菌药物用于肾功能减退者，维持原治疗量或剂量略减。如阿奇霉素、头孢哌酮、头孢曲松、莫西沙星等。

2）主要经肾排泄，药物本身并无肾毒性，或仅有轻度肾毒性的抗菌药物，肾功能减退者可应用，可按照肾功能减退程度（以内生肌酐清除率为准）调整给药方案，如氨苄西林、哌拉西林、环丙沙星等。

3）肾毒性抗菌药物避免用于肾功能减退者，如确有指征使用该类药物时，宜进行血药浓度监测，据以调整给药方案，达到个体化给药，疗程中需严密监测患者肾功能。此类药物包括头孢唑林、头孢他啶、亚胺培南、美罗培南等。

4）接受肾脏替代治疗患者应根据腹膜透析、血液透析和血液滤过对药物的清除情况调整给药方案。

（2）肝功能不全患者：根据现有资料，肝功能不全时抗菌药物的应用有以下几种情况：

1）药物主要经肝脏或有相当量经肝脏清除或代谢，肝功能减退时清除减少，并可导致毒性反应的发生，肝功能不全患者应避免使用此类药物，如氯霉素、利福平、红霉素酯化物等。

2）药物主要由肝脏清除，肝功能减退时清除明显减少，但并无明显毒性反应发生，肝病时仍可正常应用，但需谨慎，必要时减量给药，治疗过程中需严密监测肝功能。红霉素等大环内酯类（不包括酯化物）、克林霉素、林可霉素等属于此类。

3）药物同时经肝、肾两途径清除，肝功能不全患者药物清除减少，血药浓度升高，同时伴有肾功能减退的患者血药浓度升高尤为明显，但药物本身的毒性不大。严重肝病患者，尤其肝、肾功能同时减退的患者在使用此类药物时需减量应用。经肾、肝两途径排出的青霉素类、头孢菌素类等均属此种情况。

4）药物主要由肾排泄，肝功能不全患者不需调整剂量，如氨基糖苷类、糖肽类抗菌药物等属此类。

知识拓展

抗菌药物药动学、药效学与疗效的关系

根据动物实验及临床研究，各类抗菌药物在体内的杀菌模式大致可分为浓度依赖性和时间依赖性两类。

浓度依赖性抗菌药物是指药物的杀菌活力在一定范围内随药物浓度的增加而增加，此类药物均具有较长的PAE，具体药物有氨基糖苷类、氟喹诺酮类、甲硝唑等。与浓度依赖性抗菌药物杀菌活力有关的主要PK/PD参数是C_{max}/MIC和AUC_{24}/MIC。AUC_{24}/MIC值随药物及细菌的不同而异，例如氟喹诺酮类治疗革兰阴性杆菌感染时，AUC_{24}/MIC在100～125或更高时可获良好细菌学疗效，而治疗肺炎链球菌下呼吸道感染时AUC_{24}/MIC值达25～35即可或良好疗效。

时间依赖性抗生素的药物浓度在一定范围内与杀菌活性有关，通常在药物浓度达到对细菌MIC的4～5倍时，杀菌率达饱和状态，药物浓度继续增高时，其杀菌活性及速率并无明显改变，但杀菌活性与药物浓度超过细菌MIC的时间长短有关。时间依赖性抗菌药物又根据有无PAE分为以下两种：PAE缺如或短的时间依赖性抗菌药物包括青霉素类、头孢菌素类、碳青霉烯类、氨曲南及红霉素等；PAE较长的时间依赖性抗菌药物包括阿奇霉素、四环素类、万古霉素、利奈唑胺和氟康唑。

笔记

（三）药学监护

1. **有效性**　有效性主要指患者疗效监护，主要包括监护患者的体温是否下降，咳嗽咳痰是否有减轻，胸部CT观察肺部感染病灶范围是否有缩小，患者精神是否好转等。

2. **安全性**　社区获得性肺炎患者的安全性监护可以从所使用药物的不良反应及药物之间相互作用两方面加以监护。

（1）不良反应：抗菌药物的不良反应主要表现为毒性反应、变态反应及二重感染三方面，因此，临床药学人员应着重从以下几方面开展不良反应药物监测：

1）毒性反应

A. 肾脏：肾脏是多数抗菌药物的主要排泄途径，药物在肾皮质内常有较高浓度，因此肾毒性相当常见，临床表现轻重不一。具有肾脏毒性的抗菌药物主要有氨基糖苷类、多黏菌素类、两性霉素B、万古霉素、某些头孢菌素类、四环素类、磺胺类。此类药物使用时需严密监测肾功能，一旦发现肾功能受损，需立即停药或减量使用。一般而言，肾功能停药后可迅速恢复，但仍有少数患者可出现急性肾衰竭。

B. 中枢神经系统：青霉素用量过大或静注速度过快时可因大脑皮质兴奋性增高而诱发肌阵挛、惊厥、癫痫、昏迷等严重反应，称为青霉素脑病。氨基糖苷类、万古霉素等全身使用可影响听力或前庭神经功能。大量氨基糖苷类快速静滴可产生神经肌肉接头阻滞作用，引起眼睑下垂、麻痹、四肢肌无力等，严重者可引起呼吸肌麻痹。此类药物使用时应严格控制滴注时间，以免发生严重后果。

C. 肝脏：四环素类、红霉素酯化物和大环内酯类等均可引起肝脏损害。此外，青霉素类、头孢菌素类均偶可引起一过性或短暂的血清转氨酶增高。此类药物使用时需定期监测肝功能，若有转氨酶升高等异常，需立即停药或减量使用，并可使用甘草酸制剂、还原型谷胱甘肽等保肝药物。

D. 血液系统：广谱抗生素使用时，由于抑制了肠道菌群，使维生素生成受阻，从而引起凝血酶原的合成减少，引起出血。尤其在使用头孢哌酮、头孢曲松等药物时，特殊人群需要补充维生素K_1防止出血。

2）变态反应：过敏性休克是青霉素引起的最严重不良反应。约半数患者的症状发生在注射后5分钟内，注射后发生30分钟内发生者占90%。因此，要求使用青霉素类各种制剂前必须做皮试，如已停用7天以上需再次使用时应重做皮试。发生过敏性休克时可立即肌内或静脉注射肾上腺素，使用血管活性药、肾上腺皮质激素、抗组胺药等。此外，亦可出现诸如药物热、皮疹、血清病样反应等其他变态反应，均应在抗菌药物使用过程中得到重视。

3）二重感染：长期应用广谱抗菌药物后，体内敏感菌群受到抑制而被抑制的细菌则趁机大量繁殖，发生二重感染。二重感染的病原菌主要有革兰阴性杆菌、真菌、葡萄球菌属等，可引起口腔及消化道感染、肺部感染等，一般出现于用药后3周内，其中氨苄西林、林可霉素、克林霉素等引起假膜性结肠炎的发生率较高。一旦确诊为假膜性结肠炎，应立刻停用该抗菌药物，并给予甲硝唑口服，无效者可考虑应用万古霉素口服。

（2）药物相互作用：抗菌药物之间或抗菌药物与其他药物同用时，可能发生相互作用，引起药物的作用减弱或者毒性增强。药学人员应关注以下几个方面：

1）直接理化作用：青霉素类不宜与一些血管活性药物如去甲肾上腺素等同瓶滴注。两药混合静滴时可产生浑浊或沉淀。头孢曲松注射液不可使用乳酸林格液作为溶媒，因为头孢曲松中含有精氨酸，可与乳酸林格液中钙离子形成肉眼可见的沉淀。氨苄西林需用生理盐水冲配。因为葡萄糖溶液偏酸性，可能会使溶液不稳定，故不应使用。此外，四环素类能与钙、镁、铝等金属离子形成混合物使四环素在肠内吸收减少。

2）药效学方面的相互作用：氨基糖苷类和万古霉素因为均具有耳肾毒性，因此临床上一般不联合使用。氨基糖苷类和第一代注射用头孢菌素如头孢唑林等联合使用时，可使肾毒性加剧。

笔记

3）肾小管分泌的竞争：丙磺舒与青霉素或头孢菌素类可竞争肾小管的主动转运系统，减少后两种抗生素的排泄而使血药浓度升高，半衰期延长。

3. 依从性 社区获得性肺炎的总疗程为7～14天。住院患者一般依从性较好。对于可口服抗菌药物的患者，需要注意足量足疗程使用，否则极易复发反复或使细菌产生耐药性，影响患者预后。

4. 治疗药物监测（therapeutic drug monitoring，TDM） 氨基糖苷类抗生素如庆大霉素或阿米卡星，及万古霉素由于治疗浓度范围与中毒浓度甚为接近，在治疗剂量下即可因血药浓度过高而发生毒性反应，也可因血药浓度过低而无疗效，因此需要进行血药浓度监测。当肾衰竭时患者应用庆大霉素等氨基糖苷类药物时，由于该类药物自肾排泄明显减少，以致药物在体内积聚，血药浓度升高，使耳肾毒性发生增多，因此亦需要血药浓度监测。另外，红霉素与氨茶碱同用，前者对肝药酶的抑制可使后者血药浓度升高而发生毒性反应，因此在需要两药同用时应监测氨茶碱的血药浓度，调整剂量应用。青霉素、头孢菌素、大环内酯类等原则上不需要将TDM列为常规。但在特殊情况下，如肾功能减退患者伴发严重感染需大剂量应用青霉素时，为防止脑脊液药物浓度过高而发生中枢神经系统毒性反应，则可进行脑脊液及血药浓度测定，以调整给药剂量。

案例分析

案例：患者，女，35岁。3天前无明显诱因在家中出现发热，最高39℃，伴有干嗽，不剧烈，无头痛，无胸闷，无腹痛腹泻，无腰痛，尿频尿急尿痛，无四肢关节痛，遂就医，血常规检查显示：中性粒细胞百分比增高，CRP增高，胸片提示双肺炎症，考虑“肺炎”，予头孢曲松2g，每日1次静滴，3天后，患者体温恢复正常。

分析：①头孢曲松半衰期长，为5.8～8.7小时，因此可每天一次给药。同时头孢曲松通过肝肾双途径排泄，因此，肝肾功能不全者一般不需要减量。只有严重肾功能不全（透析患者）及同时存在肝、肾功能不全者应适当减量。②头孢曲松在使用时，应注意禁止与含钙的药品同时静脉给药，同时极个别患者可发生凝血酶原时间延长，此时需补充维生素K。③药师应注意劝告患者使用本品期间不宜饮酒或含酒精的饮料，因个别患者可出现戒酒硫样反应。

实训项目九（一） 慢性阻塞性肺疾病患者药学服务实训

【实训目的】 通过对COPD患者药学查房或模拟训练，使学生理论和实践相结合，掌握COPD患者药学服务的基本内容（如药学服务流程、重点和注意事项）和基本技能（问诊方式和技巧、药学服务记录的书写），培养学生独立开展COPD药学服务的能力，树立正确的临床思维方法。

【实训条件】 分管教学工作的院系领导或带教老师与相关医院联系，获得对方支持，实地参加该医院COPD患者的药学查房；不具备开展实地药学查房的学校，可建立一间模拟病房进行模拟查房实训。

【实训要求】

1. 学生必须掌握COPD常用治疗药物、治疗方案，以及药学监护的基本知识。

2. 带教老师提前筛选典型COPD病例，并制订详细实训计划。

【实训准备】

1. 带教老师准备 查房前一天和COPD患者积极沟通，熟悉患者的基本情况，查看病史记

录和用药记录。制订查房方案，准备好发言和提问。准备药学服务流程和实施具体计划。

2. 实习学生准备　实训学生根据实训要求，查阅相关文献资料，熟悉 COPD 患者药学服务的内容、工作流程和药学服务记录，补充相关知识储备。

【实训内容】

1. 评估 COPD 患者基本病情和合理用药的相关问题。

2. 制订和优化 COPD 药物治疗方案。

3. 制订 COPD 药物监测计划，包括疗效和不良反应的监测。

4. 对 COPD 患者进行用药教育，给患者提供用药指导和提出合理用药建议。

5. 药学查房记录书写。

【实训过程】

1. 以 5～6 人为一组，在带教老师带领下，到所联系的医院实地参加 COPD 病例的药学服务；或由学生分别扮演临床药师、临床医师、护士、患者、患者家属等进行药学查房情景模拟实训。

2. 查房过程中积极询问患者病情、诊治和用药情况；结合患者的病历和药历，评价药物治疗的有效性、安全性和经济性等，制订和优化药物治疗方案，设计用药监测计划，并对患者进行用药咨询、用药教育和用药指导等药学服务，并对活动内容做详细记录。

3. 查房结束后，带教老师现场集中讲评。参与查房的学生将查房经过、药学服务内容、提出的用药建议等详细记录下来，建立患者药历。在与临床医师沟通后，及时将用药建议反馈给患者。

实训路径示意图：

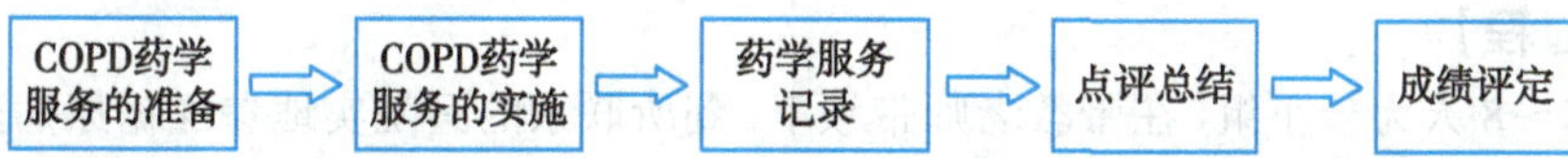

【实训考核】

1. 带教老师对每位学生在 COPD 药学服务过程中的表现进行现场综合评分。

2. 带教老师对学生的药学服务记录的内容进行评分。

【思考题】

1. 临床药师开展 COPD 药学查房需做哪些实训准备工作？

2. 哪些药学教育有助于提高 COPD 患者的用药依从性？

3. 如何联合用药可以增加 COPD 患者药物治疗的疗效？

实训项目九（二）　糖尿病患者药学服务实训

【实训目的】

1. 通过糖尿病教学查房或模拟实训，使学生理论和实践相结合，掌握糖尿病药学服务的基本知识（如工作流程、工作重点和注意事项）和基本技能（问诊方式和技巧、查房记录的书写），培养学生独立观察、分析和解决糖尿病药学服务问题的能力。

2. 使学生熟悉糖尿病药学查房的主要内容和制度规范，树立正确的临床思维方法。

3. 使学生了解糖尿病药学查房的模式和意义。

【实训条件】　分管教学的院系领导或带教老师与相关医院（附属医院、教学医院）联系，获得对方支持，实地参加该医院糖尿病的药学查房；不具备开展实地药学查房的学校，可建立一间模拟病房进行模拟查房实训。

【实训要求】　所选糖尿病病例典型，具有教学价值，能给学生留下较深印象，能锻炼其糖尿病药学查房技能。

笔 记

【实训准备】

1. 查房的组织

(1) 联系开展糖尿病药学查房示范教学的医院及其科室。

(2) 由本项目带教老师主持，实训学生、药师、临床医生和糖尿病患者（或学生扮演的药师、临床医生、患者）等参加。

2. 查房前准备

(1) 带教老师准备：在病房进行药学服务时，查房前一天准备糖尿病患者病例，并告知患者。获得患者的同意后，方可进行教学。查阅病史记录和用药记录，熟悉患者的基本情况，准备药学服务流程及记录表，准备问题。

(2) 实训学生准备：查阅相关文献资料，熟悉糖尿病患者药学服务的内容、工作流程和药学服务记录。

(3) 如为模拟实训，则须准备糖尿病病例资料，并进行角色安排，进行排练。

【实训内容】 针对糖尿病病例，实地参加糖尿病药学查房或药学查房模拟实训。内容包括：

1. 床边查视患者。

2. 进行教学示范。由主持查房者演示，进行规范的问诊，让学生积极参与，检查学生糖尿病药学服务基本技能，纠正其不规范的操作。

3. 现场阅读病历，了解用药问题，讨论药物治疗方案。

4. 进行糖尿病药学查房记录书写，发现、解决、预防潜在的或实际存在的用药问题，给患者提供用药指导和提出合理用药建议。

【实训过程】

1. 以 5～8 人为一小组，在带教老师带领下，到所联系的医院实地参加糖尿病药学查房；或由学生分别扮演药师、临床医师、护士、患者、患者家属等进行糖尿病药学查房情景模拟实训。

2. 查房过程中积极询问患者病情、诊治过程和用药情况；结合患者的病例和药历，评价药物治疗的合理性（有效性、安全性、经济性等），注意发现和纠正存在的不合理用药问题，防范潜在不良药物相互作用和药品不良反应，对患者进行用药咨询、用药教育和用药指导等药学服务，并对活动内容做详细记录。

3. 查房结束后，主持人和药师进行现场集中讲评；参与查房的学生将查房经过、药学服务内容、遇到的不合理用药问题、所提出的用药建议等详细记录下来，建立患者药历，将查房记录反馈给医护人员，在与临床医师沟通后，及时将用药建议反馈给患者。

实训路径示意图：

【实训考核】

1. 对糖尿病实训内容在班级组织一次汇报和答辩，各组同学在预先充分讨论的基础上推选 1 名代表参加，其他同学做补充。

2. 指导老师在汇报和答辩结束时进行点评和总结，指出各组在项目完成过程中的成功和不足之处。

3. 指导老师根据各组在糖尿病查房过程中的表现，汇报、答辩和回答问题的情况等进行现场综合评分。

【思考题】

1. 药师开展糖尿病药学查房需具备哪些基本技能和职业素养？

2. 影响糖尿病药学查房的因素有哪些？

3. 糖尿病药学查房时应注意哪些问题？

实训项目九（三） 癫痫患者药学服务实训

【实训目的】 通过对癫痫患者进行药学服务实训或模拟训练，使学生理论和实践相结合，掌握癫痫患者药学服务的基本内容（如药学服务流程、重点和注意事项）和基本技能（问诊方式和技巧、药学服务记录的书写），培养学生独立开展癫痫药学服务的能力，培养临床思维。

【实训条件】 分管教学的院系领导或带教老师与相关医院（附属医院、教学医院）联系，获得对方支持，实地参加住院癫痫病例的药学查房；不具备开展实地药学查房的学校，可建立一间模拟诊室进行模拟药学服务实训。

【实训要求】 所选癫痫病例典型，具有教学价值，能给学生留下较深印象，能锻炼其癫痫药学服务技能。

【实训准备】

1. 实训的组织　①联系开展癫痫药学服务的医院及其科室。②由本项目带教老师主持，实习学生、临床药师、临床医生和癫痫患者（或学生扮演的临床药师、临床医生、患者）等参加。

2. 实训前的准备　①带教老师准备：在病房进行药学服务时，查房前一天准备癫痫患者病例，并告知患者。获得患者的同意后，方可进行教学。查阅病史记录和用药记录，熟悉患者的基本情况，准备药学服务流程及记录表，准备问题。②实习学生准备：查阅相关文献资料，熟悉癫痫患者药学服务的内容、工作流程和药学服务记录。③如是模拟实训，则须准备癫痫病例资料，并进行角色安排，进行排练。

【实训内容】 在病房或门诊实地参加癫痫药学服务模拟实训。内容包括：

1. 癫痫患者的评估。如何通过问诊和现场阅读病历记录，了解用药相关问题，对患者的药物治疗问题进行评估。

2. 如何制订和优化抗癫痫药治疗方案。

3. 制订抗癫痫药监测计划，包括疗效和不良反应的监测。抗癫痫药浓度监测的意义及推荐意见。

4. 为癫痫患者进行用药教育，给患者提供用药指导和提出合理用药建议。

5. 药学服务内容记录。

【实训过程】

1. 分组　以3～4人为一组，在带教老师带领下，到所联系的医院实地参加癫痫病例的药学服务；或由学生分别扮演临床药师、临床医师、护士、患者、患者家属等进行癫痫药学服务情景模拟实训。

2. 患者评估　由带教老师进行问诊，学生补充问题，收集患者的基本信息，包括患者的既往病史，诊治过程和用药情况，癫痫发作的主要症状，是否为首次发作，发作的频率，每次发作的时间，是否有诱因等；学生查看病例记录，对客观指标（实验室检查结果等）进行评估；评估患者治疗中的主要问题，如抗癫痫药的疗效，是否有药品不良反应，抗癫痫药相关的问题。

3. 药物治疗方案和监测计划的制订　根据患者的评估结果，小组讨论和制订该患者的治疗方案，设计患者的用药监测计划和用药教育的内容。由小组代表汇报方案，由带教老师对其进行点评和评分。

4. 患者用药教育　选出代表对患者进行用药教育，提出用药建议。用药教育内容包括服药方法，注意事项，坚持规律服药的重要性，漏服或晚服药后的处理，如何进行自我监测和用药建议等。

5. 药学服务内容整理记录 药学服务实训结束后，每位实习学生完成一份完整的药学服务内容记录。

实训路径示意图：

【实训考核】

1. 指导老师根据学生在癫痫药学服务过程中的表现，汇报、答辩和回答问题的情况等进行现场综合评分。

2. 每位实训学生完成药学服务记录。指导老师根据记录的内容进行评分。

【思考题】

1. 如何评估癫痫患者治疗中的药物相关问题？

2. 为加强患者的依从性，提高药物疗效和减少不良反应，需向患者提供哪些知识？

3. 哪些临床和实验室检查或参数对评估预期疗效、检测和预防不良反应是必需的？

（徐 明 宫 建 焦 正）

笔记

第十章　特殊人群的药学服务

第一节　儿童的药学服务

一、儿童生理特点及对药动学、药效学的影响

儿童患者，定义为年龄小于18岁。早产儿指37周胎龄前出生的新生儿，新生儿期从胎儿娩出脐带结扎开始到28天，婴儿期包括新生儿期，是从出生到1周岁。从1岁至3周岁之前为幼儿期。儿童期包括学龄前期和学龄期。自3周岁至6～7岁入小学前为学龄前期。自入小学始至青春期前为学龄期。青春期年龄范围一般从10～20岁。儿童处于生长发育阶段，许多器官随年龄而发育成熟，这会影响大多数药物在体内的药物代谢和药物动力学。发育过程可深刻影响人体对药物的反应和处置。新生儿成熟为足月婴儿、从婴儿到生命的最初的几年、儿童进入青春期和生长为青少年可发生显著的药动学、药效学和心理变化。需要考虑个体发育对药动学以及药效学的影响。

（一）药物吸收

1. 口服给药　影响药物从胃肠道吸收的最重要因素是与胃、肠和胆道相关的生理学（表10-1）。

表10-1　儿童期发育过程中与药物吸收相关的生理变化

生理变化	新生儿	婴儿	儿童
胃液pH	>5	4～2	正常（2～3）
胃排空时间	不规则	增加	略有增加
肠道蠕动	降低	增加	略有增加
肠道表面积	减少	接近成人	成年型
微生物定植	减少	接近成人	成年型
胆功能	不成熟	接近成人	成年型

药物口服吸收主要取决于胃肠道pH和胃排空时间，这两个过程在不同年龄的儿童有所不同。胃液pH在整个发育过程中有显著变化，在新生儿期pH最高。足月新生儿出生时胃液pH为6～8，可在出生几个小时内下降到2～3。然而，在生命的第一个24小时后，由于壁细胞的不成熟，胃pH向上漂移。随着壁细胞的成熟，在生命的头几个月胃酸分泌能力增加导致pH降低，在3～7岁之前达到与成年人一致的水平。早产儿由于未成熟的胃酸分泌，胃pH仍然升高。其结果是，对酸不稳定的药物，如青霉素、萘夫西林或氨苄西林，口服生物利用度增加。与此相反，弱有机酸（例如，苯巴比妥和苯妥英）由于婴幼儿胃液pH高导致其解离型增加，造成吸收相对减少，患者可能需要使用较大的剂量而达到治疗的血药浓度。

在整个幼儿和儿童期，由于胃肠道蠕动减少导致胃排空时间延长，阻碍药物进入小肠，而大部分药物的吸收发生在小肠。胃排空速率在6～8月时达到或超过成人。肠道蠕动影响药物吸收的速率。因此，具有有限的水溶解度的药物（例如，苯妥英和卡马西平）吸收速度可以随肠胃蠕动的变化而显著改变。新生儿，特别是早产儿，具有低胆汁酸储备和胆道功能，从而减少亲脂性药物和脂溶性维生素的溶解和吸收。

2. 胃肠道外给药　除静脉内给药外，药物从其他组织和器官（如肌内、经皮和直肠）的吸

收，也受发育的影响（表 10-2）。肌内血流量随着年龄的增长而变化，使药物的吸收具有可变和不可预测的特点。新生儿皮下脂肪少、注射容量有限，皮下注射吸收不良。新生儿肌肉未完全发育、肌肉血流量不恒定，肌肉收缩效率相对低，可以延迟新生儿肌内注射的药物的吸收速率和程度。因此，肌内给药很少用于新生儿，除非在紧急情况下或当无法静脉注射。婴儿期肌肉的血流量会增加，因此，通过肌内注射途径给予药物的生物利用度可类似于儿童和青少年。与此相反，新生儿直肠和口腔黏膜通透性增大，因此可能会导致药物通过这种途径吸收增强。新生儿和小婴儿由于角质层含水多，药物经皮给药吸收增加。此外，体表面积与体重之比，婴儿和儿童大于成人。总的来说，这些发育差异可能会使儿童经皮肤给药增加药物暴露和毒性，例如，磺胺嘧啶银、局部使用皮质类固醇、苯佐卡因和苯海拉明，尤其是婴儿期。

表 10-2　儿童期不同给药途径药物吸收情况

给药途径	新生儿	婴儿	儿童
口服吸收	不稳定的	增加	接近成人
肌内注射吸收	可变	增加	接近成人
经皮吸收	增加	增加	接近成人
直肠吸收	非常有效	高效	接近成人

（二）药物分布

儿童药物分布与成年人差异明显，这可能与下列因素有关：

1. **机体构成变化**　体内水分和脂肪组分的相对变化可以改变药物的表观分布容积（V_d）。儿童体内水分和脂肪的绝对量和分布，取决于孩子的年龄和营养状况。同时，某些疾病状态（例如，腹水、脱水、烧伤和涉及较大表面积的外皮破坏）可影响身体水分，并由此进一步影响药物的 V_d。比起婴儿和儿童，新生儿体内含有更多的水分。体液总量，作为总体重量的百分比，在胎儿估计为 94%，早产儿 85%，足月婴儿 78%，而成人 60%。同时，细胞外的水百分比从新生儿到成年逐渐下降。早产儿与年龄较大的儿童和成年人相比，细胞外液容量明显不同。早产儿细胞外液体积可以占体重的 50%，4～6 个月的婴儿为 35%，1 岁儿童 25%，而在成人 19%。事实上，新生儿总水量的增加归于细胞外液。总水量在第一年内迅速减少，大约 12 岁时达到成人值。与此相反，细胞内液从生命的第一个月到成年基本稳定。发育时期水分的变化对药物吸收的影响，表现在如氨基糖苷类抗生素等药物。此类药物主要是分布在细胞外液，新生儿和婴幼儿 V_d（0.4～0.7L/kg）要高于成年人（0.2～0.3L/kg）。新生儿比成人身体脂肪含量低，这可能会影响药物治疗。身体脂肪百分比和组成随正常发育过程而增加。新生儿的体脂肪率约为 16%（57% 水和 35% 的脂质），体脂肪百分比在 10 岁之前逐渐增加，然后随着青春期和性别发生相应变化，最后接近成人体内脂肪的组成（26% 水和 71% 的脂质）。身体脂肪存在青春期性别差异，身体脂肪在 10～20 岁之间，男性减少 50%，相比于女性减少约 25%。值得注意的是，在发育期的中枢神经系统的脂质含量高，可影响亲脂性药物（例如普萘洛尔）的分布和药物对中枢神经系统的作用。

2. **血浆蛋白结合率低**　白蛋白、总蛋白和球蛋白（例如，α1 酸性糖蛋白）是药物在血浆结合的最重要的循环蛋白。这些蛋白质的绝对浓度受年龄、营养状况和疾病的影响（表 10-3）。大多数循环血浆蛋白质在新生儿和小婴儿的浓度降低（约 80% 成人），1 岁时达到成人值。α1 酸性糖蛋白（急性期反应物能够结合碱性药物）情形类似，在新生儿血浆浓度大约比在母体低 3 倍，大约 1 岁时达到成人值。药物与血浆中蛋白质的结合程度可影响药物分布。只有游离、未结合的药物可以从血管内转运到体液并最终到组织，产生药物 - 受体相互作用。药物蛋白结合取决于许多与年龄有关的变量，包括蛋白质和可用结合位点的绝对量；结合蛋白的构象结构（例如，血糖控制不佳糖尿病患者酸性药物与糖化白蛋白的结合减少）；药物对蛋白质的亲和常数；病理

笔记

生理条件(如腹水、严重烧伤、慢性营养不良、肝功能衰竭)可降低循环蛋白的浓度或改变蛋白结构(如糖尿病、尿毒症)以及可与蛋白结合竞争的内源或外源物质的存在。发育对药物结合的相关变化可以是由于蛋白质的浓度和(或)结合亲和力改变的结果。例如,新生儿循环胎儿白蛋白对酸性药物如苯妥英的结合亲和力显著降低(80%～85%),相比于药物与成年人白蛋白的结合(94%～98%)。药物与血浆蛋白结合的降低,可以增加药物的表观分布容积。因此,早产儿需要比年龄较大的儿童和成年人更大的负荷剂量,以达到药物如苯巴比妥和苯妥英钠治疗血药浓度。药物游离浓度 6～8 倍的差异可以导致对新生儿中枢神经系统的不良反应,虽然总血浆苯妥英的浓度是在普遍接受的"治疗范围"(10～20mg/L)内。

表 10-3　儿童期影响药物结合的因素

药物结合因素	新生儿	婴儿	儿童
血浆白蛋白	减少	接近成人	接近成人
胎儿白蛋白	存在	不存在	不存在
总蛋白	减少	下降	接近成人
总球蛋白	减少	下降	接近成人
血清胆红素	增加	正常	成人型
血清游离脂肪酸	增加	正常	成人型

3. **药物转运体和血脑屏障的影响**　药物转运体,如 P- 糖蛋白、多药耐药基因,也可以影响药物分布。这些药物转运体能显著影响药物越过体内膜的程度和药物是否能到达作用靶点。因此,癌症化疗、抗生素或癫痫药物抗性可以通过这些药物转运蛋白和其对药物扩散效果来确定。虽然对药物转运蛋白的个体发育数据有限,但是它们早在 22 周妊娠时就存在,新生儿期的低水平似乎在 1～2 岁时可迅速提高到成人水平。新生儿血脑屏障发育不完善,使某些药物如镇静催眠药、吗啡类镇痛药等更容易透过血脑屏障,增加药效。这是新生儿、婴幼儿容易出现中枢神经系统反应的重要机制之一。

(三)药物代谢

新生儿药物代谢的主要器官是肝脏。许多药物代谢酶随个体发育而变化,一般出生时活性低,在之后的几个月或几年过程中逐渐成熟(表 10-4)。负责大多数药物代谢的酶为 CYP1A2、CYP2C9、CYP2C19、CYP2D6、CYP2E1 和 CYP3A4。在出生时,在胎儿肝脏(校正肝重)药物氧化酶的浓度与成人类似。然而,这些氧化酶系统的活性降低,从而导致了作为这些酶的底物的许多药物清除缓慢,例如苯妥英、咖啡因、地西泮。出生后,肝脏的 CYP 酶成熟速度不同。在出生数小时后,CYP2E1 活性迅速增加,CYP2D6 在之后不久可检测到。CYP2C(CYP2C9 和 CYP2C19)和 CYP3A4 在生命的第一月内出现,几个月后产生 CYP1A2。婴幼儿 CYP3A4 活性可能超过成人,这反映在酶底物的药物,如环孢素和他克莫司的代谢增加。相比于Ⅰ期药物代谢酶,发育对Ⅱ期酶的活性的影响(乙酰化、葡糖醛酸和硫酸化)没有很好的定性。一般来说,新生儿Ⅱ期酶的活性降低,在整个儿童期逐渐增加。某些水解酶,包括血液酯酶的活性,也在新生儿期降低,在 10～12 月龄时到达成人水平。在新生儿这些血浆酯酶的活性降低,可能导致新生儿局部麻醉药的延迟代谢(延长效果)。

表 10-4　儿童期发育对药物代谢的影响

药物代谢因素	新生儿	婴儿	儿童
细胞色素 P450 的活性	降低	增加	略有增加
Ⅱ期酶的活性	降低	增加	接近成人
血液酯酶活性	降低	正常(1 岁之前)	成人型
首过代谢	降低	增加	接近成人

笔记

最后，关于发育对药物代谢的影响，必须认识到大多数治疗药物是多个酶和(或)转运体的底物。真正依赖于发育的药物清除(Cl)也必须考虑药物遗传学在酶/转运体中的作用，以及个体发育对非代谢途径(如肾脏排除、唾液和胆汁排除和肺部药物排除)对整体药物清除的影响(即总 $Cl=Cl_{肝}+Cl_{肾}+Cl_{非肾}$)。

(四) 药物排泄

新生儿药物排泄主要途径是肾脏，胆道、肠、肺也可排泄少量药物。肾功能发育过程开始于早期胎儿，在儿童早期结束(表10-5)。总的肾药物清除包括药物肾小球滤过率(glomerular filtration rate，GFR)、肾小管主动分泌(active tubular secretion，ATS)和肾小管主动重吸收(active tubular reabsorption，ATR)。与肝药物代谢类似，只有游离(未结合)的药物和(或)代谢物可以通过正常肾小球过滤和(或)经由肾小管转运蛋白分泌或者吸收。

新生儿肾清除率受肾单位生理结构和功能不成熟的限制。足月和早产新生儿，出生时GFR平均为2～4ml/(min·1.73m^2)。足月新生儿，GFR在头几个月迅速增加，在10～12月前接近成人值。早产儿GFR增加的速度减弱。2岁至5岁以下的儿童，肾小球滤过率可能会超过成人值，特别是在代谢需求增加(如发热)时期。此外，儿童还存在由于肾小球功能的更快的成熟造成相对的肾小球/肾小管不平衡。这种不平衡可能持续长达6个月，并可以解释在新生儿和婴幼儿常用的某些药物(例如，β-内酰胺类抗生素)观察到的主动肾小管分泌减少。最后，有一些证据表明，主动肾小管重吸收在新生儿降低，比肾小球滤过率成熟较慢。新生儿和婴幼儿药物清除肾功能改变，造成儿童药物推荐剂量的不同。以氨基糖苷类抗生素庆大霉素为例，具有正常GFR(85～130ml/(min/1.73m^2))青少年和年轻成人，药物的推荐给药间隔时间为8小时。对GFR＞130ml/(min/1.73m^2)严重感染儿童，如果需要维持推荐的稳态波峰和波谷血药浓度接近治疗范围上界，庆大霉素每6小时给药间隔可能是必要的。与此相反，对几周大新生儿需要维持治疗庆大霉素血药浓度，18～24小时的给药间隔是必需的。

表10-5 儿童期发育对肾药物消除影响

药物消除因素	新生儿	婴儿	儿童
肾小球过滤	降低	正常(1岁前)	成人型
主动肾小管分泌	降低	接近正常	成人型
主动肾小管重吸收	降低	接近正常	成人型
主动药物消除	降低	接近正常	成人型
被动药物排泄	降低	增加	成人型
碱性药物排泄	增加	增加	接近正常

(五) 生理变化对药效学的影响

年龄相关的药物动力学变化导致身体对药物处置的改变，根据相对于成人药物清除是否降低或增大可能导致更少或更多的药物与受体结合。所得的剂量浓度分布的改变可能对儿童导致疗效降低或增加，甚至毒性，特别是具有窄的治疗指数相关的药物。因此，在一些情况下，发育差异在药物反应/效果的不同，可以简单地从药物动力学基础解释。

发育对一些药物在受体数目、密度、分布、功能和配体的亲和力造成差异，但仅有有限的数据。在中枢神经系统中，与发育相关的药物-受体相互作用影响镇痛和镇静药物新生儿的治疗功效。例如，新生儿相比成人，在中枢神经系统介导抑制性信号转导的γ-氨基丁酸受体数量降低。Γ-氨基丁酸受体激活后，也观察到了新生儿和成年人脑之间功能上的差异。这些变化可以解释药物剂量的差异，如咪达唑仑在婴儿使用，并且部分可以解释婴儿接受苯二氮䓬类癫痫的发作。中枢神经系统的另一个例子是μ阿片受体，新生儿和成人之间所表现出的受体数量减少和受体分布的不同。

临床上，需要特别考虑药物药效学年龄依赖性差异，尤其是相关不良反应(例如，在婴幼儿丙戊酸相关的肝毒性发生率较高，苯海拉明反常的中枢神经系统反应在婴儿更大的发生率，非典型抗精神病药使用在青少年的体重增加)或者当药物具有窄的治疗指数(例如，免疫抑制剂环孢素和抗凝血药华法林)。小于1岁儿童，必须抑制单核细胞增殖和炎性细胞因子白细胞介素-2表达的环孢素平均浓度要低于年龄较大的儿童。在先天性心脏疾病儿童患者使用华法林观察到的年龄相关的药效学，在很大程度上与发育差异造成的儿童与成人之间依赖凝血因子的维生素K血清浓度有关。与发育相关的华法林药效，也在青春期前儿童和成人之间观察到。服用同样剂量的华法林，青春期前儿童相比于成年人表现出更强的反应，例如低蛋白质C浓度和凝血酶原片段1和2以及INR更大的上升。因此，当一个给定的药物存在明显的年龄依赖性药效，仅从通常的成人剂量来简单地“缩放”用于儿童不一定能产生所需的药理作用。

二、儿童用药的基本原则

由于儿童的生理特点和对药物的特殊反应，儿童极易发生药品不良反应。随着药物种类的增多、联合用药和中西药合用等因素，儿童药物的不良反应发生率呈上升趋势。国外统计儿童的不良反应发生率平均为10%，所以儿童期药物治疗应合理用药。

1. 根据儿童的个体差异，严格掌握用药剂量 由于儿童处于生长发育期，相比于成人，儿童药动学、药效学和药物感应性都有其特殊性，个体差异大，因此因严格掌握用药剂量。有的药物应用目的不同，剂量也不同，如阿司匹林。有的根据病情，剂量有所不同，如肾功能受损时应根据受损程度减少剂量等。所以，儿童药物剂量应根据患儿的生理特点、病情轻重、药物作用和适用范围，结合临床经验，酌情应用。

2. 应根据儿童不同年龄段的生理特点选择给药方法 婴儿的吞咽能力较差，吞服片剂有一定的困难，而且大多不愿服药，稍有不慎还可误入气管。因此，婴儿最好给予滴剂，幼儿可选择糖浆剂、合剂、混悬剂等液体制剂。学龄儿童可选择片剂或胶囊等。药物制剂应同时考虑药物的色、香、味等，有利于儿童服药。应诱导儿童服药，避免采取硬灌等粗暴方法，口服给药时要防止呕吐。

(1) 密切观察患儿用药后的反应：儿童的应激能力较差，对药物比较敏感，容易发生药品不良反应。用药期间应密切观察儿童服药后的变化，以免由于药品不良反应造成严重后果。

(2) 了解儿童抗菌药物的使用原则：抗菌药物在儿童中的使用不同于成人，使用难度也较大，应遵循以下原则：

1) 严格掌握抗菌药物的适应证。抗菌药物使用的明确指征为：诊断为细菌性感染者或由真菌、结核分枝杆菌、非结核分枝杆菌、支原体、衣原体、螺旋体、立克次体和部分原虫等病原微生物所引起的感染。

2) 尽早查明感染病原，根据病原体种类和细菌药敏试验结果选用抗菌药物。

3) 应首选对儿童安全有效的抗菌药物，如青霉素类、头孢菌素类等。

4) 避免使用毒性明显的抗菌药物，如氨基糖苷类、氯霉素、多黏菌素、万古霉素、呋喃类、四环素类、磺胺药等。必须使用这些药物时，应进行血药浓度监测。

5) 避免肌内注射给药。

三、儿童慎用的药物

1. 抗菌药物 儿童使用抗菌药物的基本原则与成人相似，药物治疗之前应确定感染菌群和药物敏感性。首次出现药物过敏反应通常在儿童时期，或可出现严重反应。对青霉素或链霉素可考虑做过敏试验。对以下抗菌药物应慎用：氨基糖苷类容易引起第八对脑神经损伤；四环素类可造成在骨组织和牙齿的沉积，引起永久性色素沉着和牙齿变黄；喹诺酮类药物可损害儿童

的骨关节和软骨组织。儿童抗菌、抗真菌和抗病毒药使用的年龄限制分别见表10-6～表10-8。

表10-6 儿童抗菌药物安全临界年龄

月龄/年龄	不推荐使用的药物
早产儿和月龄<1个月	克林霉素、头孢克洛（头孢克洛分散片、头孢克洛干糖浆）、头孢唑林、头孢哌酮、磷霉素
月龄<2个月	磺胺嘧啶、复方磺胺甲噁唑
月龄<3个月	头孢呋辛酯、头孢西丁
月龄<6个月	头孢克肟、克拉霉素
年龄<8岁	四环素类
年龄<18岁	喹诺酮类

表10-7 儿童抗真菌药安全临界年龄

月龄/年龄	不推荐使用
月龄<6个月	氟康唑
年龄<1岁	咪康唑
年龄<2岁	酮康唑

表10-8 儿童抗病毒药安全临界年龄

月龄/年龄	不推荐使用
月龄<2个月	奈韦拉平
年龄<1岁	金刚烷胺
年龄<2岁	伐昔洛韦、阿昔洛韦
年龄<6岁	利巴韦林

2. **抗癫痫药** 抗癫痫药存在个体和个体内差异。由于儿童处于不断的成长发育阶段，药物代谢速率不断变化，因而儿童使用抗癫痫药期间应进行血药浓度监测和剂量调整。丙戊酸有肝毒性，尤其在2岁以下儿童和合并使用其他抗癫痫药时，应在服药期间监测肝功能。抗癫痫药容易引起认知方面的不良反应，可考虑选择具有不良反应小的卡马西平。

3. **镇痛药和解热镇痛药** 此类药物具有缓解疼痛作用，常与抗焦虑药、镇静药、抗抑郁药等联合使用。儿童中枢神经系统对药物作用敏感，应防止此类药物对中枢神经系统的过度抑制。解热镇痛药之间也存在交叉过敏反应，如对阿司匹林过敏，使用吲哚美辛等也可能出现过敏。

4. **糖皮质激素** 此类药物在儿童患者有广泛应用，如哮喘、特异性湿疹、急性白血病、慢性肠炎、风湿性心肌炎、自发性血小板减少性紫癜和肾上腺性征综合征等。药物可引起在成人中使用类似的不良反应，胃溃疡与骨质疏松的发生频率比较低，精神失常较多但通常不易被察觉。长期使用皮质激素类药物可造成儿童发育迟缓。在儿童患者使用该类药物时应根据疾病需控制的程度和药品不良反应来考虑给药剂量。

5. **铁剂** 3个月至3岁儿童常患有营养性缺铁，可采取补铁预防措施。可给予婴儿补铁3个月，采用液体铁剂，每日2mg/kg。已确诊贫血的婴儿需服用铁剂2～3个月，每日6mg/kg。铁剂会使粪便呈黑色，而且可使儿童牙齿轻微染色。相比于成人，儿童对铁盐耐受性差。婴幼儿口服1g即可引起严重中毒反应，2g以上可致死。

6. **微量元素和维生素** 微量元素和维生素应根据儿童成长需要服用，并非多多益善，滥用或长期过量服用也会引起毒副作用。维生素A中毒通常由含有维生素A的制剂如鱼肝油、维生素AD胶丸等滥用引起。中毒症状表现为前囟隆起、脑膜刺激征等颅内压增高、皮肤潮红、结膜充血、心率加快。维生素D中毒可表现为衰弱、疲倦、恶心、呕吐、腹泻、便秘、心肌损害和多尿、夜尿以及蛋白尿等。

笔记

四、儿童用药剂量的计算方法

儿童药物剂量历来是药师和医师最为关注的问题，是儿科用药的难点。目前，主要常用的剂量计算方法有以下4种：

1. **按千克体重数计算**　许多儿科常用药物的儿童和新生儿千克体重剂量是已知的，药物的剂量常常是基于新生儿、婴儿和儿童体重（BW），例如，mg/（kg•d）分一次或多次给药。这是最常用、最简单的计算方法，目前广泛应用于临床。即：

每日药物剂量（mg/d）= 每日每千克体重所需药量[mg/（kg•d）]× 患儿体重（kg）

每次药物剂量（mg/次）= 每次每千克体重所需药量[mg/（kg•次）]× 患儿体重（kg）

因为大多数药物已经知道了每日（次）每千克体重的剂量，所以乘以体重即为每日（次）的药物剂量。体重以每日测得的实际体重为准。儿童患者每日剂量不应超过成年患者的剂量。

如果患儿没有实测体重，特别在冬季脱衣不便，实施称量有一定的困难，则可按下列公式估算其体重，视儿童的营养状况适当增减：

6个月前体重（kg）= 3 + 月龄 × 0.6

7～12月体重（kg）= 3 + 月龄 × 0.5

1岁以上体重（kg）= 8 + 年龄 × 2

有些药物用途或给药途径不同，千克体重剂量可能不同，需根据用药目的、给药途径选择相应的千克体重剂量。营养不良时对药物的敏感性增加，应酌情减量，Ⅰ度营养不良者减15%～25%，Ⅱ度营养不良者减25%～40%。由于研究方法不同或个体差异，有些药物其千克体重剂量可能有不同的文献数值，应进行比较研究后选用，一般情况可选择近期国内权威性的文献为准，必要时可测定血药浓度后选择。

2. **按体表面积计算**　按体表面积计算更能反映全身体液和细胞外液之间的关系，是一种较为合理的计算方法。某些药物，包括抗肿瘤药，可以基于对体表面积（BSA）计算（例如，mg/m^2分一次或多次给药），即：

每日药物剂量（mg/d）= 每日每平方米所需药量[$mg/(m^2•d)$]× 患儿体表面积（m^2）

每次药物剂量（mg/次）= 每次每平方米所需药量[$mg/(m^2•次)$]× 患儿体表面积（m^2）

儿童患者每日剂量不应超过成年患者的剂量。按体表面积计算方法比较准确，但需要计算出不同年龄的体表面积值，计算方法比较复杂和烦琐。临床上只有少数需要精确计算的特殊药物采用这种方法，尚未在临床上广泛使用。

儿童体表面积计算方法有2种：

（1）根据年龄计算体表面积：体表面积（m^2）=（年龄 + 5）× 0.07

（2）根据体重计算体表面积：体表面积（m^2）= 体重（kg）× 0.035（m^2/kg）+ 0.1（m^2）

此公式只适合于体重在30kg以内的小儿。体重为30kg的小儿（相当于11岁），体表面积为$1.1m^2$；体重为30kg以上的小儿，每增加5kg，体表面积增加$0.1m^2$，即体重35kg为$1.2m^2$，40kg为$1.3m^2$，50kg为$1.5m^2$；成人体表面积（按70kg）为$1.73m^2$。

一般情况下，选择基于体重或体表面积计算会产生类似的药物剂量和血药浓度。表观分布容积（V_d）对应于细胞外液量（即，$V_d < 0.3L/kg$）药物，可选用体表面积为基础的方法。相反，如果药物的V_d超过外液量（即，$V_d \geqslant 0.3L/kg$），可以选择最常用的以体重为基础的方法。值得注意的是，新生儿和小婴儿按此方法计算出来的用药剂量与按体重计算出来的药物剂量有明显差异，剂量往往偏大，所以此方法不太适合于新生儿和小婴儿。

3. **按年龄（岁）计算**　此方法根据儿童年龄按照年龄比例推算出药物剂量，简单易行。但缺点是剂量不够准确，仅适用于一般不需要十分准确计算的药物。如咳嗽药水可按1～2ml/（岁•次）；营养药物、硫酸镁等可按岁数递增。

笔记

4. 按成人剂量折算 新药或其他缺乏儿童或新生儿千克体重剂量资料的药物可根据成人剂量按体重比例折算方法计算儿童剂量，但该方法比较粗糙，所计算出来的药物剂量通常偏小，一般不常用。儿童剂量=成人剂量×儿童体重/100。有些药物如维生素、谷维素、钙片、酚磺乙胺等不必计算，略低于成人剂量即可。有些药物的剂量适应幅度较大。如复方甘草合剂、硫酸镁等，可按年龄递增。有些药物如蓖麻油等仅分为婴儿与成人剂量，有些药物的剂量对整个儿童期都一样，甚至和成人一样，如甲苯咪唑、大蒜素等。

5. 利用儿童的药动学参数计算剂量 此方法根据儿童药动学研究得到的参数来设计临床给药方案，并根据血药浓度测定结果进行调整。目标是使患儿体内的药物浓度在有效治疗范围内而又不引起毒性反应，并能在该范围内维持一定时间。监测指标参数可以是血药浓度，也可以是药物作用指标的变化，例如血压、心率等。需要考虑影响药物剂量与血药浓度及药效之间关系的其他因素，如药物的生物利用度、个体差异等。

五、药学服务的基本要点

尽管大多数市售药物在儿科患者中使用，只有四分之一的药物具有经美国食品药品监督管理局（FDA）批准的在特定的儿科人群使用的适应证。药物在婴儿和儿童患者使用的药动学以及药效学的有效性和安全性数据稀少。在儿科关注的另一个领域是确定最佳用量。剂量方案不能简单地基于体重或从成人数据外推的儿科患者的体表面积。儿童和成人患者之间以及儿科患者之间，由于年龄差异、器官功能和疾病状态，药物的生物利用度、药动学、药效学、有效性和安全性的信息可以显著不同。优化儿科药物治疗时也应考虑几个额外的因素。很多广泛用于婴儿和儿童的药物没有适合的剂型，例如胺碘酮、卡托普利、奥美拉唑和螺内酯。对不能吞咽片剂或胶囊的婴儿和儿童需要配制液体剂型。氨茶碱、甲泼尼龙、吗啡和苯巴比妥注射剂型在给婴儿使用前应稀释以便精确地测量很小的剂量。对用于成人患者的药品剂型改变（稀释或重新配制）存在这些药物的生物利用度、稳定性和兼容性的问题。因为药物低液体量和儿童有限的静脉输注位点，需要使用特殊的方法来静脉输注药物。口服药物虽然可能看起来简单，但对儿童患者给药对医护人员和家长仍然是一个艰巨的任务。同样，确保儿童患者的药物治疗依从性也是一个特殊的挑战。

儿童期药学服务的基本要点可以概括为：①必须根据病因对症给药，且少而精；②应选择安全、有效的药物并精确计算儿童剂量，防止出现剂量错误；③抗菌药物一般不用于预防感染，应根据儿童身体情况选择合适的抗菌药物，剂量应视年龄甚至日龄而定；④密切观察药物的疗效和不良反应，及时调整用药方案；⑤对不良反应较大的药物力争进行治疗血药浓度监测。

第二节 老年人的药学服务

一、老年人的生理特点及对药动学、药效学的影响

老年人一般指年龄超过65岁的人。正常衰老的临床表现包括组织的生物化学组成变化、身体系统容量的降低、对生理应激反应适应能力的减弱和更容易受到疾病的侵袭。随着年龄增加生理上的变化存在个体差异，因每个人经历衰老与疾病发展的过程速度不同。

老年人对一种药物的临床反应是由包括药物代谢动力学和药效学一些复杂的过程相互作用的结果。年龄相关的生理变化可影响药物的药动学和药效学（表10-9）。同时，服用的其他药物、合并症和身体虚弱也可影响药物发挥作用。因此在临床上，不但要分析药物在老年人使用时药动学和药效学的改变，还要考虑患者的总体状况、年龄、并发疾病和同时服用的其他药物。

笔记

表 10-9 老年人主要生理变化和对药动学的影响

药动学过程	生理变化	药动学效应	最受影响药物
吸收	胃液分泌↓ 胃液 pH↑ 胃肠道蠕动↓ 胃肠道血流↓	许多药物吸收能力可能会降低 起效时间可能会延迟 吸收是药动学最少受年龄影响的参数	营养素
分布	脂肪比例↑ 体内水分比例↓	高脂溶性药物表观分布容积(V_d)增加 亲水性药物 V_d 降低	苯二氮䓬类、吗啡和胺碘酮、苯妥英钠 庆大霉素、地高辛、锂和茶碱
代谢	肝大小↓ 肝血流量↓ Ⅰ期代谢(氧化、还原、水解)↓	高肝提取率药物有最大限度的肝清除率降低	氯美噻唑、右丙氧芬、硝酸甘油、利多卡因、哌替啶和普萘洛尔
分泌	肾小球滤过率↓ 肾小管功能↓ 肾血流量↓	经肾脏清除药物蓄积	地高辛、锂、庆大霉素和血管紧张素转化酶抑制剂

(一)老年人生理特点对药动学的影响

1. 药物吸收 随着年龄增长,老年人会出现很多可影响药物吸收的生理变化,如胃酸缺乏、胃液 pH 升高、胃排空减慢、小肠吸收面积减少、胃肠及肝血流量减少等。年龄相关的吸收变化可以显著改变药物的吸收以及药物的起效时间。大多数药物经口服给药,通过被动扩散吸收的药物,与年龄相关的变化对药物的吸收影响小,通过主动转运吸收的营养素,如维生素 B_{12}、铁、钙、镁和亮氨酸,可能在老年人吸收受损。胃肠道可随着年龄而变化,这可能会影响一些药物的吸收。主要影响因素为:

(1)胃酸缺乏和胃液 pH 升高的影响:老年人胃壁细胞功能减退,胃酸分泌减少,这可导致胃液 pH 升高。胃液 pH 升高可影响酸性和碱性药物的解离度、脂溶性,进而影响药物的吸收。如苯巴比妥、地高辛的吸收速率因 pH 升高而降低,造成起效慢。胃液 pH 波动与年龄有关的吸收变化,也可以受药物使用的影响。同时使用抗酸剂和过度使用质子泵抑制剂药物,可能对这些变化有很大的影响。

(2)胃排空速度的影响:大多数药物由小肠吸收。老年人的胃排空速度减慢,口服药物进入小肠的时间延迟,吸收速率降低,造成血药峰时间延迟,峰浓度降低,影响药效的发挥。

(3)胃肠活动程度的影响:老年人胃肠蠕动一般减少,张力提高,并伴随胆汁和肠道消化酶的减少。老年患者经常出现便秘、腹泻,这些也可直接影响药物的吸收。

(4)胃肠和肝血流的影响:老年人胃肠及肝血流量较正常成年人减少 40%~50%,若伴有心功能不全,可显著减少对地高辛和氢氯噻嗪等药物的吸收。有证据表明有些药物如硝酸盐和亲脂性 α 肾上腺素能受体拮抗剂(如普萘洛尔、拉贝洛尔)由于在肝或肠壁代谢首过效应降低,可导致经首过代谢的药物的生物利用度和血药浓度增加。因此,应注意老年人服用普萘洛尔后血药浓度升高引起的不良反应。

这些变化对吸收的最终效果是难以预测的,可以根据药物的性质和影响吸收的其他因素而变化。这些因素在老年人中很常见,包括吞咽困难、营养不良以及依赖喂食管。也应当考虑药物 - 食物相互作用、同时服用的药物以及影响肠胃功能的合并症。老年人由于局部血循环较差,可减慢经皮下及肌内注射给药途径的药物吸收减慢。因此,急症患者宜采用静脉给药。

2. 药物分布 药物在体内的分布取决于多种因素,诸如血流、血浆蛋白结合和机体组成成分,每一个都可以随年龄而改变。衰老过程可对药物在体内分布有显著的影响。

(1)机体成分的影响:机体的组成成分是影响药物分布的重要因素之一。随着年龄增加,

笔记

人体肌肉含量下降和身体脂肪比例增加，体内水分减少。例如，80 岁的老年人较 20 岁的年轻人体内水分绝对量或相对量下降 10%～20%（主要是细胞内液的减少）。随年龄增加，人体脂肪组织男性从 18% 增加到 36%，女性从 33% 增加到 48%。这些变化可导致脂溶性药物在老年人中具有更大的分布容积，而水溶性药物则相反。脂溶性药物，如地西泮，在老年人组织分布较广泛，药物作用较持久，给药时需作剂量调整直到观察到所需的效果。水溶性药物，例如对乙酰氨基酚、吗啡、哌替啶，在老年人组织中的分布可能减少。

(2) 药物与血浆蛋白的结合：年龄本身并不影响药物与血浆蛋白结合的能力。一般情况下，老年人中一般产生较少的在血液中与药物结合的白蛋白，浓度下降 15%～20%，当营养不良、虚弱或病情严重时下降的更为明显。药物与蛋白质结合的减少可以导致游离药物浓度增加，表观分布容积增大。由于游离药物浓度的增加（与结合药物相比），更多药可到达受体，从而增加其在老年中的药理作用，甚至出现毒性反应。药物如华法林，与血浆蛋白结合率高，老年人采用普通成人剂量，可以由于血浆游离药物增加而引起出血的危险。老年人血浆中 α_1- 酸性糖蛋白（alpha-1-acid glycoprotein，AAG）含量随年龄增长逐渐升高，AAG 主要与碱性药物结合，因此老年人如果服用普萘洛尔或利多卡因等碱性药物，会导致游离药物浓度的减少。药物与蛋白的结合率也会受到药物与其他药物的相互作用的影响。老年人经常会服用多种药物，可通过药物之间对蛋白结合部位的竞争而引起药物的蛋白结合率和分布容积的改变，从而影响药效和产生药品不良反应。如合并使用保泰松与华法林可引起严重出血。

(3) 年龄与药物的分布容积：老年人体液总量减少，会影响某些药物的容积分布。如地高辛、胺碘酮、溶栓药物等，给药量要相应减少。年龄对分布容积的影响目前还无一定的规律，取决于药物性质。如安替比林、地西泮、氯氮䓬、地高辛的分布容积随年龄增加而增加，而乙醇则呈负相关，硝西泮、华法林、普萘洛尔等的分布容积不随年龄而改变。

(4) 血脑屏障通透性：老年人的血脑屏障通透性也会改变，从而影响药物分配进入中枢神经系统。脑血管 P- 糖蛋白影响药物穿过血脑屏障的转运，衰老可降低 P- 糖蛋白在血脑屏障的活性，其结果是老年人的大脑可暴露于高于正常水平的药物和毒素。

上述因素均可显著影响药物的分布，从而影响药效和不良反应。如果药物在老年患者的分布容积减小，则降低了需要达到所期望的药物浓度的负荷剂量，半衰期可以被改变。若不考虑这些变化来调整药物剂量，可能会导致药物毒性。药物的半衰期变化也将影响对患者特定的给药方案。

3. **药物代谢** 肝脏是负责药物代谢的主要器官，代谢包括第一相反应（氧化，还原，水解）和第二相反应（结合）。衰老过程的几种生理变化可影响药物代谢。在一般情况下，老年人肝血流量减少，可以显著影响代谢，因为药物以更低的速率引入到肝脏。肝脏容量和内在的代谢活性（包括细胞色素 P450 酶系统）在老化过程中减少。代谢对第一相反应的影响大于第二相反应。这些变化使得代谢过程在老年人中显著降低。对于具有较高的内在清除率（高肝提取率）并进行快速的肝脏代谢的药物，如普萘洛尔和阿米替林，药物清除依赖于肝血流量（流量限制的代谢）。老年人肝血流量可以下降 20% 到 50%，普萘洛尔和阿米替林肝清除可能减少 40% 或更多，其他高肝提取率药物包括地尔硫䓬、利多卡因、美托洛尔、吗啡和维拉帕米。具有低的固有清除率（低肝提取率）并且慢慢地通过肝脏代谢的药物，药物清除率是依赖于肝酶活性（能力限制的代谢），年龄对药物代谢影响的解释是更复杂的，因为药物肝清除率取决于血液中的游离药物部分和内在肝清除。能力限制的代谢药物肝清除在老年人中是可变的，可以减少（劳拉西泮、吡罗昔康和华法林），增加（布洛芬、萘普生和苯妥英）或不变（地西泮、替马西泮和丙戊酸）。未结合药物的肝清除率，而不是全部药物的肝清除率（包括结合和未结合的药物），可能更有助于理解年龄对肝脏清除的相关效果。血清白蛋白浓度随年龄增加而下降。能力限制代谢的药物具有广泛的蛋白结合，老年患者由于血清白蛋白浓度的降低可能会显著增加游离的药物量，导

笔记

致总肝清除的增加，即使未结合的药物消除有显著的降低。例如萘普生，是经能力限制的代谢药物并与白蛋白高度结合，老年人相比于年轻人，游离药物部分清除降低，但总体清除增加。

所有上述因素的影响是可变的，这使得肝功能降低的程度难以测量并定量该效果，以便可根据肝功能计算药物剂量。因为年龄、性别、遗传学和其他变量也可以显著影响代谢能力，任何仅基于肝功能来计算剂量的方法是不准确的。虽然根据肝功能不能建立精确的计算公式，老年患者经由肝脏清除的药物剂量应相应减少。剂量调整在某种程度上是任意的，一般的建议是减少那些经肝脏代谢的药物初始用量，然后根据药物的疗效或不良反应来调整剂量。

4. 药物排泄　药物从体内的排泄主要通过肾消除。与代谢一样，药物的半衰期随肾功能降低而增加。随着年龄增加，肾功能下降，有时是很显著的。这种下降是几种生理变化的结果，其中包括到肾脏的血流量减少、肾容量减少以及功能肾单位尺寸和数量的减小。不像年龄增加对肝脏的影响，年龄对肾功能的变化一致。Davies 与 Shock 分析了 70 位年龄在 20～90 岁男人的肾功能，这些人虽然没有显著的疾病，但随着年龄的增加，其肾小球滤过率下降 46%，导致肾小球的滤过分数降低。同时，老年人的肾小管分泌和重吸收功能下降 40%。肌酐清除率也随年龄增长而降低，但血清肌酐浓度仍可能正常，这是由于老年人肌肉的萎缩。衰老对肾的变化可以在某种程度上预测，因此可以根据测量或计算的肾功能调整药物剂量。根据实验室测量（例如，血清肌酐）或其他数据计算可以用来估计患者的肾功能。药品说明书对主要通过肾脏排除的药物，一般都提供对肾功能剂量调整的建议。

肾对药物消除的影响很重要。许多药物完全或部分由肾脏排出体外。其他药物可经肾代谢（有时产生活性代谢物），代谢物再经肾排除。衰老的一个显著后果是肾小球滤过率的降低。了解哪些药物经肾排泄并知道对肾功能不全的患者如何调整药物剂量，可确保药物在这些患者的安全性和有效性。

有几个公式可用于估计患者的肾功能，最常见的两个公式是 Cockcroft-Gault 公式和 MDRD 公式。主要经肾脏清除的药物的剂量指导仍然是基于使用 Cockcroft-Gault 公式确定的肌酐清除率。老年人如肌酐清除低于 30ml/min 应避免使用的药物包括氯磺丙脲、秋水仙碱、复方新诺明、格列本脲、哌替啶、呋喃妥因、丙磺舒、螺内酯和氨苯蝶啶。肾功能不全老年人需要调整剂量的口服药物包括阿昔洛韦、金刚烷胺、环丙沙星、加巴喷丁、美金刚、雷尼替丁、金刚乙胺和伐昔洛韦。一些经由肝脏代谢，主要经肾脏排除的活性代谢物，如乙酰卡尼、去甲哌替啶和吗啡-6-葡糖苷酸，由于肾功能降低药物会造成体内积累。

（二）老年人生理特点对药效学的影响

老年人生理特点对药效学的影响是复杂的，总的来说药效发生了改变，老年人对某些药物“敏感”程度可能增加或降低，这些变化对心血管和（或）中枢神经系统药物的影响尤其值得注意。可能的机制包括在受体处药物的浓度改变、受体数量的变化、与受体亲和力的变化、与受体结合后的改变和与年龄相关的体内平衡机制的损害。

由于老年人的生理变化，增加了老年人对某些药品不良反应的风险。例如，抗胆碱能 / 抗组胺药经常引起尿潴留。这对于年轻的患者可能不是一个问题，但它可能对患有良性前列腺肥大的老年患者是一个严重的问题。服用降压药多年的患者，可能会由于年龄诱导的直立性低血压而经历血压突然急剧的下降。这些是药物常见的不良反应，但它们是由年龄相关的生理变化而引起的。药效与年龄相关的变化也包括钙通道阻滞剂（增加低血压和心动过缓效果）、β 受体拮抗剂（血压降低反应）、利尿剂（效果减少）和华法林（出血的风险增加）。许多老年患者容易受到某些药物对中枢神经系统产生的影响，包括头晕、镇静、癫痫发作和神经错乱，主要是由于老年患者对任何药物诱导的中枢神经系统的作用都极为敏感。已证实在老年人中，对中枢神经系统作用的敏感性增加的药物包括苯二氮䓬类、麻醉剂、阿片类镇痛药、抗精神病药、锂和抗胆碱能药物。年龄对其他药物诱导的药效学效应表现包括药物诱导的肾毒性，特别是肾功能不全

笔记

的老年患者。某些药物对特定受体作用的有效性在老年患者可能会减少，例如α肾上腺素能受体拮抗剂对老年人影响的减弱，可能是因为老年人对受体敏感的降低，适当的剂量调整和对患者的监护会确保合理的治疗。表10-10列出了在老年人中药效可发生改变的药物类别。

表10-10 在老年人中可出现潜在药效变化的药物种类

药物类别	潜在的药效学问题	备注
抗高血压药	直立性低血压	降血压相加作用 谨慎使用 开始用低剂量
苯二氮䓬	敏感性增加（如嗜睡、意识模糊）	谨慎使用 避免其他中枢神经系统活性药物 用最低耐受剂量
β肾上腺素能受体拮抗剂（如普萘洛尔）	β受体响应降低	可能需要更高的阻断剂的剂量来达到同样的效果
抗凝血药（例如华法林）	药物作用的敏感性更大	起始较低剂量 密切监测INR值
利尿剂	药物作用的敏感性更大	监测血压和电解质

预测与药品有关的药效变化的程度是很困难的。由于老年人对药物药理作用的敏感性，每次患者使用新药时都应谨慎使用。低起始剂量和根据耐受来调整剂量可能有助于防止出现不希望的药物药效学效应。了解如何正确监测患者的具体治疗反应和对各种药物相关的不良反应的认识，可以帮助医务人员确保所需的药效学作用。例如，降压药哌唑嗪，这种外周α肾上腺素能受体拮抗剂可有效地降低大多数患者的血压。哌唑嗪在许多老年患者中常见的不良反应是首剂晕厥。因为衰老可影响身体从体位变化恢复的能力，α阻滞剂通常与直立性低血压相关联，必须对患者不良反应进行用药教育，直到患者熟悉药物对自己身体的影响。

二、老年人用药的基本原则

随着社会发展和医疗水平的提高，老年人口剧增，我国人口的平均预期寿命已达70岁，老年人的医疗保健也成为广泛研究的问题。治疗指南必须依据老年人个体药物使用的特殊药理作用以及患者独特的并发症来调整。具体药物治疗方案应根据患者的具体病情、疾病状态和用药史予以考虑。良好的耐受和有效的药物治疗计划应建立在特定药物的药动学和药效学性质上，这可能难以实现。大多数新药在老年患者中的使用没有相关研究，对患有合并症并且正在服用多种不同的药物老年患者中的使用研究的更少。

个体化的药物治疗方案只有在考虑每种药物在特定患者的药动学和药效学的基础上才有可能确立。因为药物对不同的患者，可能会表现不同的疗效和不良反应，应对每个患者制订不同的治疗方案。方案可以包括以下内容：特定患者的药物药动学和药效学，特定患者的潜在的药物相互作用，特定患者的药品不良反应的可能性和患者对药物治疗计划的依从性。如果考虑到上述的每个问题，可以制订出一个安全、有效的药物治疗方案。对每一个处方都应考虑以下情形：

1. 药物是否有适应证？
2. 药物是否有效？
3. 药物剂量是否正确？
4. 药物是否与其他药物有显著相互作用？
5. 是否有临床显著的药物-疾病状况相互作用？
6. 是否存在重复用药？

7. 药物治疗时间是否合理？

8. 与同等可替代药物相比，所选药物是否最经济？

避免多重用药。多重用药可以被定义为药物的数目，所服用的药物的必要性，或者患者问题的复杂性。无论哪一个定义，多重用药在老年患者是一个重要问题。有时候，这个问题很难解决，但很多情况下多重用药是由于患者医生之间缺乏沟通。应建议患者每次看医生时带上目前所服用的药物清单。

提高药物依从性。药物依从性是一个复杂的问题，涉及与患者沟通和药费等问题。应寻找可以让医生、药师、患者和患者照顾者相互沟通的方式。老年人药物依从性差也可能是缺乏健康知识。研究表明，健康素养好的老年人，死亡率下降。有几个因素可影响老年人相关健康素养，包括教育水平低下、语言障碍和精神卫生问题，必须考虑所有这些因素来提高药物依从性。

三、老年人慎用的药物

药师可以使用一些临床决策支持工具来帮助评估老年患者所使用的药物治疗的合理性，例如比尔斯标准（Beers criteria）。比尔斯标准是基于药物药理学（例如，作用机制、药物动力学和不良反应）所列出的其使用可能会在老年人中导致不利影响的药物。药物标准始于1991年，2015年由美国老年人学会做了更新。该标准旨在给医生提供一个在老年患者使用的不合理药物的完整列表（表10-11）。该标准并不禁止对所有老年患者使用列表中的药物，相反强调的是这些药物可能对老年人造成危害，应当明智和谨慎使用。

表10-11　老年人应慎用的药物

器官系统或治疗类别	避免使用药物	不良反应/顾虑
中枢α受体激动剂	胍那苄、胍法辛、甲基多巴、利血平（剂量大于0.1mg/d）	对中枢神经系统影响的高风险；可能会引起心动过缓和直立性低血压；不推荐常规治疗高血压
止痛药	吲哚美辛、酮咯酸	可导致消化道出血、肾衰竭、高血压和心力衰竭
雄性激素	甲睾酮	前列腺肥大和心脏负担
三环类抗抑郁药	阿米替林、氯米帕明、多塞平（超过6mg/d剂量）、丙米嗪、曲米帕明	高度抗胆碱能作用；可引起直立性低血压
镇吐药	曲美苄胺	锥体外系不良反应
第一代抗组胺药（单剂或作为复合药物的一部分）	溴苯那敏、卡比沙明、氯苯那敏、氯马斯汀、右溴苯那敏、右氯苯那敏、赛庚啶、苯海拉明（口服）、多西拉敏、羟嗪、异丙嗪、曲普利啶	高度抗胆碱能；药物在老年人消除率降低，作为催眠时使用可产生药物耐受；增加精神困惑、口干、便秘和其他抗胆碱作用/毒性的风险
抗帕金森病药	苯扎托品（口服）、苯海索	不推荐用于预防抗精神病药锥体外系症状
抗精神病药	硫利达嗪	高抗胆碱能性质；中枢神经系统和锥体外系反应；更大的Q-T间期延长的风险；与震颤、言语不清、运动迟缓、肌张力障碍、肌强直和静坐不能相关
抗血栓药	双嘧达莫（只限于短效）、噻氯匹定	双嘧达莫可引起直立性低血压；有更有效的替代药物可供选择
巴比妥类药物	异戊巴比妥、仲丁比妥、布他比妥、甲苯比妥、戊巴比妥、苯巴比妥、司可巴比妥	高依赖性；患者产生耐受，从而降低睡眠益处

笔记

续表

器官系统或治疗类别	避免使用药物	不良反应 / 顾虑
颠茄生物碱(包括单一组分或作为组合产品)	阿托品 / 莨菪碱 / 苯巴比妥 / 东莨菪碱；颠茄 / 苯巴比妥；仲丁比妥 / 莨菪碱 / 非那吡啶	抗胆碱能效果
钙通道阻滞剂	硝苯地平(仅限短效)	可造成低血压；引起心肌缺血的风险
心血管	地高辛(剂量大于 0.125mg/d)、丙吡胺	地高辛：在心力衰竭患者使用，高剂量增加毒性风险；肾清除降低。 丙吡胺：强负性肌力药物，可诱发老年人心力衰竭；抗胆碱能作用
内分泌	甲地孕酮	老年人增加血栓事件的风险和死亡可能
麻醉品	对乙酰氨基酚 / 喷他佐辛、颠茄阿片、哌替啶、哌替啶 / 异丙嗪、纳洛酮 / 喷他佐辛、喷他佐辛	哌替啶可能在常用的处方剂量不会有效；不良反应包括困惑、跌倒、骨折、依赖和戒断。 喷他佐辛产生中枢神经系统不利影响，包括混乱和幻觉
非巴比妥类或非苯二氮䓬类催眠药	水合氯醛、右佐匹克隆、扎来普隆、唑吡坦	水合氯醛：10 天内可出现耐药；风险大于益处：谵妄、过量(窄治疗指数) 所有其他药物：苯二氮䓬受体激动剂具有老年人使用苯二氮䓬相似的不良反应(例如谵妄、摔伤和骨折)，药物对睡眠潜伏期和持续时间只有很小改善
口服雌激素和雌二醇透皮贴剂	结合雌激素、结合雌激素醋酸甲羟孕酮、屈螺酮 / 雌二醇、酯化雌激素、酯化雌激素甲睾酮、雌酮硫酸酯哌嗪、雌二醇、雌二醇炔诺酮、雌二醇左炔诺孕酮	缺乏心脏保护特性；致癌风险(乳腺癌和子宫内膜癌)
口服降血糖药	氯磺丙脲、格列本脲	半衰期延长造成长时间的低血糖；也导致抗利尿激素不适当释放综合征(SIADH)
骨骼肌松弛药	卡立普多、氯唑沙宗、环苯扎林、美他沙酮、美索巴莫、奥芬那君	抗胆碱能不良反应，镇静、虚弱和骨折风险增加 耐受性差；药物在老年人的耐受剂量的使用有效性值得怀疑
甲状腺	甲状腺粉	心血管不良反应
血管扩张药	双嘧达莫(只限于短效)、甲磺酸双氢麦角毒碱、异克舒令	直立性低血压

四、老年人常用药物的合理使用

1. 高血压治疗药物 老年人高血压具有收缩压增高和脉压增大的特点，降压应针对收缩压，同时避免过度治疗降低血压。应首选二氢吡啶类钙离子拮抗剂和噻嗪类利尿剂，ACEI 和 ARB 也可使用。β 受体拮抗剂由于老人患者 β 受体敏感性下降和血浆肾素活性偏低，其疗效不如其他类别药物。使用 β 受体拮抗剂和钙通道阻滞剂时应采用非常低的剂量和缓慢调整，以避免发生低血压和心动过缓。

2. 冠心病治疗药物 老年冠心病患者通常服用多种药物，容易出现药物相互作用。降脂药物起始剂量不宜太大，避免联合服用多种降脂药物。治疗期间应监测肝肾功能和肌酸激酶并做相应剂量调整。

3. 心力衰竭治疗药物 使用醛固酮受体拮抗剂可引起高钾血症和肾功能损害，应监测肾

功能和电解质。地高辛治疗窗窄，应进行血药浓度监测，剂量应避免高于0.125mg，尤其是肾功能受损患者。

4. **抗凝血药** 老年房颤患者常服用华法林，但由于老年人血浆蛋白含量减少，体内合成凝血因子速率减慢，出现自发性出血的风险增高，应加强监测INR调整剂量。应同时评估药物之间的相互作用，对患者进行华法林用药教育。

5. **哮喘和慢性阻塞性肺疾病用药** 茶碱类药物可缓解气道平滑肌痉挛，但老年患者可增加茶碱的血药浓度。药物使用也存在药物-药物相互作用，特别是合用大环内酯类或喹诺酮类药物时，可引起茶碱血药浓度升高，应进行血药浓度监测。

6. **糖尿病用药** 老年人糖代谢调节功能减退，对低血糖耐受性差，治疗过程中应避免低血糖，尤其是使用胰岛素时。药物使用应逐渐增加剂量。

知识拓展

老年人潜在的不合理用药-比尔斯标准(Beers Criteria)2015年更新

美国老年人学会(American Geriatrics Society)2015年10月发布了新更新的比尔斯标准。值得注意的变化为：①基于两个回顾性研究，对2012年版中建议对肌酐清除小于60mL/min老年患者避免使用抗感染药物呋喃妥因进行了修正。临床证据表明，呋喃妥因对肌酐清除率≥30mL/min老年患者可相对的安全和有效使用。但长期使用呋喃妥因作为抑制尿路感染仍应该避免，因为药物可造成不可逆转的肺纤维化，以及肝毒性和周围神经病变的顾虑。②对2012年版中避免抗心律失常药物(Ⅰa、Ⅰc和Ⅲ类)作为一线治疗房颤药物的建议进行了修正。新的证据和指南表明，房颤患者对心脏节律的控制比对心脏速率的控制效果一样好，甚至更好。尽管如此，某些抗心律失常药物仍保留在比尔斯标准内。应避免使用胺碘酮作为一线房颤治疗，除非患者有心脏衰竭或左心室肥厚。决奈达隆对有持续性心房纤颤或重度或最近失代偿心脏衰竭患者应避免使用。丙吡胺，1a类抗心律失常药物，也应该避免，因为它具有高度抗胆碱能作用。地高辛应避免作为一线治疗心房纤维性颤动或心脏衰竭药物，而且每日剂量不应大于0.125mg。③应避免使用非苯并二氮䓬和苯并二氮䓬受体激动剂安眠药(右佐匹克隆、扎来普隆和唑吡坦)，这些药物治疗失眠疗效小却存在可对老年人造成伤害的风险。④避免无临床需要使用超过8周质子泵抑制剂。多项研究和五个系统评价和荟萃分析证实质子泵抑制剂与艰难梭菌感染、骨损失和骨折之间的关联。⑤避免使用去氨加压素用于治疗夜尿或夜间多尿，因为药物可在老年人中造成低钠血症。

2015年比尔斯标准还增加了对老年人可造成伤害的药物-药物相互作用表格。例子包括外周α-1阻滞剂与利尿剂合并使用时，增加了老年妇女尿失禁的风险；同时服用三个或更多的中枢神经系统活性药物增加跌倒的风险。另外增加了在肾功能损害患者应避免或剂量应调整的药物表格，以避免对这类老年患者造成伤害。药物包括抗凝剂、螺内酯和氨苯蝶啶等。两个表格均未纳入抗感染药，因为比尔斯标准的重点是那些长期使用的药物，同时可以从很多其他地方来获取有关抗感染药的使用。

五、药学服务的基本要点

老年患者用药不当可影响治疗并造成伤害，是一个值得关注的医疗问题。所有医护工作者和患者家属及护理人员都有责任来改善对老年患者的护理。有效的沟通是非常重要的。老

笔记

年人的视力、听力和用药依从性差，应反复交代药品的用法、禁忌证和注意事项，直至其完全明白；同时老年人的记忆力减退、反应迟钝，容易忘服或误服药品，甚至因药品名不同而导致重复用药的现象也时有发生，因此宜选择每日仅服药1～2次的药品，书面写清楚用法并交代清楚，有条件的话可配备单剂量药盒，并叮嘱其亲属或子女督促老年人按时、按量服用。对老年患者所使用的药物的药理作用的了解对合理制订治疗方案和合理用药也是很重要的。对患者所服药物制订和实施全面周到的监测计划将有助于确保药物治疗有效和有助于发现可能出现的不良反应。监测计划必须包括监测药物疗效和不良反应的方法。

案例分析

案例：患者，男，75岁，诊断为轻度痴呆（简易精神状态检查23/30），高血压，甲状腺功能减退，抑郁症和神经性疼痛。患者最近两周精神变得更加迷惑。目前服用以下药物：阿替洛尔25mg每日两次，左甲状腺素125mcg每日一次，阿米替林25mg每日睡前服用和西酞普兰20mg每日一次。实验室检查一切正常包括促甲状腺激素（TSH），尿检阴性，老年抑郁评分3/15，血压145/85mmHg，心率65次/分。

问题：是什么原因最有可能导致患者精神状态的改变？

分析：本例为老年人潜在不合理用药导致的精神状态的改变。阿米替林具有高度抗胆碱能药性，其在老年人中使用可能导致精神迷惑和错乱。虽然该患者日益恶化的痴呆症也可能会导致精神状态的改变，但它不可能发生在这样短的时间（2周），不应简单的归因于病情的恶化。迷惑/混乱可能是抑郁症的一个表现，但该患者老年抑郁评分似乎表明西酞普兰对该患者抑郁症治疗是有效的。在此案例中没有理由重复尿检。此案例提示，老年患者用药应遵循用药简单和个体化原则。选择药物时既要考虑疾病状态，又要考虑到既往疾病及各器官的功能情况，同时还要避免使用在老年人中潜在的不合理药物。

第三节 妊娠期和哺乳期妇女的药学服务

一、妊娠期妇女药动学的特点

妊娠期是人类一生中的一段特殊时期，药物代谢和药动学比较复杂。由于胎儿生长发育的需要，孕妇体内各器官系统发生一系列适应性的生理改变。在怀孕期间发生的正常生理变化可能改变药物的疗效，需要更密切地监测和有时对剂量进行调整。生理变化开始在怀孕早期，在孕中期达到高峰，这种影响一直持续到妊娠结束。对于可通过血液或血清浓度测量监测的药物，应在整个孕期进行监控。

在一般情况下，以下的药动学因素可影响药物或其代谢物的有效浓度：①母体对药物的吸收、分布、代谢和排除；②药物经胎盘的转运和代谢；③药物经胚胎或胎儿分布、代谢和排除；④由胎儿从羊水中对药物的再吸收和吞咽。

1. **药物吸收** 口服药物的吸收与药物的生物利用度有关。怀孕期间胃酸分泌减少，而黏液分泌量增加，导致胃内pH升高，影响弱酸和弱碱性药物的解离，从而影响药物的吸收。在怀孕期间，由于肠蠕动减小以及皮肤和肺血流量增加导致药物经肠、皮肤和肺吸收的变化。妊娠期血浆孕激素水平升高，引起肠蠕动能力下降，使胃排空时间延长30%～50%。这些生理变化使口服药物吸收变慢，吸收的峰值延迟和偏低。怀孕期间尤其是孕早期，孕妇容易出现恶心、呕吐等胃肠道症状，也可以减少药物从胃肠道的吸收。妊娠期心输出量和潮气量增加，导致通

笔记

气量和肺血流量增加，这些变化可促进肺吸收，给药时必须考虑这些因素。如孕期使用氟烷、异氟烷和甲氧氟烷等麻醉药时，通常应减少剂量。

2. **药物分布**　妊娠期妇女血容量约增加35%～50%，到妊娠32～34周，血容量将增加到4700～5200ml，血细胞比容增加20%～30%，体重增加10～20kg。由于血浆增加多于红细胞增加，血液稀释，心输出量增加，导致妊娠期药物分布容积显著增加，许多药物的峰浓度下降，而且由于消除速率增加，药物的稳态浓度也降低。妊娠期体液的增加，大大增加了药物可分布的容积。在怀孕期间身体脂肪的增加，可能会增加脂溶性药物容积分布。这些影响如果没有其他药物代谢动力学的补偿，如果希望得到相同的治疗效果，孕妇的药物剂量应高于非孕期妇女。

3. **药物与血浆蛋白结合**　在怀孕期间血浆白蛋白浓度降低，未结合的药物易于转运到各房室，增加了具有高度蛋白结合的药物容积分布。例如，与酸性药物（如苯妥英和阿司匹林）结合的白蛋白，浓度减小可达10g/L。同时妊娠期很多蛋白结合部位被内源性皮质激素和胎盘激素占据，导致药物与血浆蛋白结合能力下降，游离性药物比例增加，药效增强。这些药物例子包括地西泮、苯妥英钠、苯巴比妥、利多卡因、哌替啶、地塞米松、水杨酸、普萘洛尔等。

4. **药物代谢**　妊娠期肝脏血流灌注增加，理论上可增加药物的肝提取率。雌激素和孕激素水平的增加可改变肝酶的活性，导致一些药物消除加大和另外一些药物的积累。由于孕酮诱导CYP酶活性增加，可导致肝脏对一些药物如苯妥英钠的代谢速率加快。而孕酮和雌二醇对CYP酶的竞争性抑制作用，导致药物如茶碱和咖啡因的肝内代谢速率降低。此外，妊娠期高雌激素水平使胆汁在肝脏淤积，导致药物如利福平从胆道系统的排出减慢。

5. **药物排泄**　在怀孕期间，母体血浆体积、心输出量和肾小球滤过增加了30%～50%或更高，这可能降低经肾清除的药物的浓度，如注射用硫酸镁、地高辛等。但妊娠晚期仰卧位时肾血流量减少可使经肾排出的药物作用延长。若孕妇采取侧卧位，可促进药物经肾排泄。出现妊娠高血压的孕妇由于肾功能受损，可导致药物排泄减慢和降低，造成药物在体内的蓄积。表10-12总结了怀孕期药动学变化。

表10-12　怀孕期间药物的药动学的变化

药动学	相应变化
吸收	
肠胃蠕动	↓
肺功能	↑
皮肤的血液循环	↑
分布	
血浆量	↑
体内水分	↑
血浆蛋白	↓
脂肪沉积	↑
代谢	
肝脏酶活性	（CYP2D6/CYP3A4）↑（CYP1A2）↓
排出	
肾小球滤过	↑

二、药物在胎盘的转运

胎盘是连接胎儿与母体组织、实现母体与胎儿间物质交换的器官。对胎儿有保护及营养作用，具有代谢和内分泌等生理功能。胎盘是母体和胎儿之间药物传递的器官，大部分药物通过

扩散从母体经胎盘进入胎儿体内。药物进入胎儿体内的速度和程度，既取决于药物的性质（如脂溶性、电荷、分子量和药物与蛋白质的结合程度），也与胎盘的结构、功能及药物在孕妇体内的分布有关。

1. **胎盘的药物转运** 被动转运是胎盘最主要的转运方式。药物按物理化学性质，被动地从细胞膜的高浓度一侧向低浓度一侧移动，不消耗能量。药物转运速度与膜表面积和膜厚度有关。药物分子可借助于载体系统通过胎盘转运，需消耗能量。一些氨基酸、水溶性维生素、电解质K和Na以及免疫球蛋白等以这种方式通过胎盘。

2. **药物通过胎盘的影响因素** 许多因素影响药物通过胎盘，如药物的脂溶性、分子大小、药物离子化程度、药物的血浆蛋白结合能力、胎盘的结构功能状态及血流量等。小分子药物比大分子药物扩散速度快。分子量小于500的药物容易穿过胎盘，而较大的分子（600～1000）转运较慢。分子量大于1000的药物，如胰岛素和肝素，没有显著量的胎盘转运。亲脂性药物，如阿片类药物和抗生素，比水溶性药物如肝素更容易穿过胎盘。强解离型药物一般不易通过胎盘。药物与血浆蛋白结合率的高低与通过胎盘的药量成反比。药物与血浆蛋白结合后分子质量变大，不易通过胎盘。如甲氧西林和双氯西林的蛋白结合率分别为40%和90%，前者通过胎盘速度快。妊娠期间母体血浆白蛋白逐渐减少，而胎儿白蛋白增加，这可能导致某些与蛋白质结合的药物在胎儿中有较高的浓度。胎儿pH酸性略高于母体pH，使弱碱性药物更容易穿过胎盘。这些药物一旦进入胎儿循环中，分子变得更加电离不太可能扩散回母体循环。大多数关于跨母体和胚胎/胎屏障的药物传输研究关注的是妊娠末期，在妊娠的早期阶段的药物转运知之甚少。

3. **胎盘血流量对药物转运的影响** 胎盘血流量可明显影响药物经胎盘的转运。如合并先兆子痫、糖尿病的孕妇或妊娠期患感染性疾病的孕妇，其胎盘可发生病理组织变化，使胎盘的转运及渗透发生改变。其结果是可使正常情况下不易通过胎盘屏障的药物变得容易通过。

三、胎儿的药动学特点

胎儿由于各器官处于发育阶段，与成人相比药物在胎儿体内的药动学有很大的差别。

1. **药物吸收** 胎儿的药物吸收主要取决于药物由脐静脉通过胎盘到达胎儿体内的过程。大多数药物经胎盘转运进入胎儿体内，少数药物可以经羊膜转运进入到羊水中。羊水中含蛋白质少，药物主要以游离型存在。胎儿大约在妊娠8～11周左右开始吞饮羊水，羊水中的药物可经胎儿皮肤吸收或被胎儿经胃肠道吸收。从胎儿尿中排出的药物，也可能经胎儿吞饮羊水而重新进入胎儿体内，形成羊水-肠道循环。有些经胎盘转运进入脐静脉的药物，在进入胎儿全身循环之前可经肝代谢，产生首过效应。

2. **药物分布** 药物在胎儿体内分布发生改变的主要因素是胎儿发育过程中身体组成和血循环中蛋白质的变化。从胎儿开始发育到妊娠终止，胎儿体液量下降，由占体重的95%降至75%；而体内脂肪则逐渐增加，由0.5%上升到妊娠结束时的12%。这些变化可以改变亲脂性和亲水性药物的分布。胎儿血浆蛋白质含量较低，造成药物游离型浓度升高。胎儿肝、脑等器官相对较大，血流量大。药物进入脐静脉后，有60%～80%血流进入肝脏，造成肝脏内药物分布较高。胎儿血脑屏障发育尚不完善，造成药物比较容易进入中枢神经系统。此外，妊娠中期胎儿有1/3～2/3脐静脉血可绕过肝脏经静脉导管分流，可增加未经代谢的有活性的药物直接到达心脏和中枢神经系统。

3. **药物代谢** 虽然肝脏是胎儿药物代谢的主要器官，但由于胎儿肝脏中代谢酶的缺乏，对药物的代谢能力低，造成胎儿药物半衰期长于母体。某些药物的胎儿血药浓度高于母体，如孕妇服用巴比妥、镁盐和维生素类，胎儿体内的药物浓度可比母体高一至数倍。胎儿肝内Ⅰ相代谢反应的酶类活性存在差别，氧化酶反应活性最高，还原和水解酶活性次之。从妊娠12～16周

笔记

起，胎儿肝脏可对某些药物如氨基比林、氯丙嗪等进行氧化代谢，但代谢能力低于成人。妊娠早期，胎儿肝脏缺乏催化药物代谢Ⅱ相反应的酶类，对诸如水杨酸盐、巴比妥类药物解毒能力差，可导致药物中毒。多数药物经胎儿体内代谢后活性下降，但某些药物代谢后期代谢产物毒性上升，如苯妥英钠在胎儿肝脏内经 CYP 酶代谢为对羟苯妥英钠，代谢物可干扰叶酸代谢，竞争核酸合成酶，呈现致畸作用。尤其合用苯巴比妥时，CYP 酶被诱导，造成苯妥英钠的代谢增强，加强了致畸作用。

4. **药物排泄**　肾脏是胎儿药物排泄的主要器官，并且在胎龄 12 周左右开始发挥作用。胎儿肾脏排泄药物的方式也是肾小球滤过和肾小管转运。但由于胎儿肾小球滤过率低，肾脏排泄药物功能差，容易引起药物及其代谢物的蓄积。如氯霉素和四环素从胎儿体内排泄远比母体慢，反复大量用药可引起药物蓄积而损害胎儿。妊娠晚期，虽然胎儿肾脏结构和功能基本成熟，但经肾脏排泄的药物或代谢物进入羊水后，可被重新吸收返回胎儿血液，然后经胎盘转运至母体，因而胎盘也是胎儿体内药物排泄的重要器官。药物排泄与药物脂溶性有关，脂溶性低的代谢物不易通过胎盘屏障，造成药物代谢产物在胎儿体内的蓄积，如地西泮的代谢物去甲基地西泮可蓄积在胎儿肝脏，此外在胎儿发育过程中也存在有一些特殊的药物排泄通道，从而影响到药物到达胎儿体内的作用部位，比如胎儿含有蛋白质和盐的肺液可以从气管排出。

四、妊娠期妇女用药的基本原则

妇女在妊娠期或哺乳期出现妊娠合并症或并发症时，不可避免地需要药物治疗，几乎所有的药物都可能通过胎盘屏障及母乳进入胎儿或婴儿体内，胚胎或胎儿药物或代谢物的浓度可以高于母体，对其带来风险。治疗过程应权衡药物使用的利弊和降低患者对药物的担心所带来的治疗障碍。如孕妇患有严重疾病，如哮喘、糖尿病、癫痫或特定传染性疾病，无论妊娠与否应进行治疗。与此相反，非必需药物如镇咳药、高剂量的维生素和矿物质，不应使用，因为药物的潜在风险大于其未经证实的益处。妊娠期合理用药应从可能怀孕的时期开始，遵循以下的用药基本原则：

1. 育龄期女性在给药前必须要询问怀孕的可能，或是否计划怀孕。因为在怀孕确认后，胎儿已开始发育。

2. 有急、慢性疾病的妇女应在孕前进行治疗，应待治愈后或在医师的指导监护下妊娠。

3. 有慢性病育龄期女性必须考虑在治疗期间怀孕的可能性。治疗应首选那些被证明是妊娠期安全的药物。如果必须使用有致畸潜力的药物，应与患者讨论和实施有效的避孕措施。

4. 必须用药时应首先核实孕周，严格控制剂量和持续时间。应选择最小治疗剂量、最短持续时间，可单一用药的不合并用药。

5. 在怀孕早期应尽量避免使用药物（包括非处方药），如需治疗可等待“致畸高度敏感期”过后。

6. 一般情况下，应优先选择那些被证实无风险的已经被使用了数年的药物，这些药物通常对孕妇治疗效果更安全，胎儿耐受性好。相反，应避免使用新上市的药品，这些药品往往存在未鉴定的风险和治疗优势。

7. 中药并非即意味着安全无毒。相反，中药往往成分复杂，应仔细参看药物说明或向药师和中医师咨询。

8. 对可免疫预防的疾病最好在孕前接种疫苗。使用活疫苗或减毒活疫苗后，应避免短期内妊娠。妊娠期应禁用活疫苗，除非孕妇暴露于该疾病的易感风险超过了免疫对母体和胎儿的危害。

9. 有些时候疾病本身可以是比适当的药物治疗造成更大的胎儿中毒的风险，如糖尿病和严重精神疾病。这些情况下，应评估个体相关的病情和治疗的风险。

五、妊娠期和哺乳期妇女慎用的药物

孕妇在怀孕期间一般会询问药物对胎儿的影响，然而关于处方药物的风险和疗效的信息通常不够充足。在评价药物妊娠期使用的安全性时，可参考美国食品药品监督管理局（FDA）的妊娠分类标准。FDA 根据药物对动物和人类所具有不同程度的致畸危险，将药物分为 A、B、C、D、X 5 类，供临床选择孕期安全用药参考。A 和 B 类药物通常被认为是安全的；C 类药物并没有被明确证明是对胎儿有害，但需要谨慎使用；D 类药物是人体研究证明对胎儿有风险，但治疗的益处有可能大于风险，仅在妇女生命受到威胁或患有严重疾病非用不可时方可使用；X 类药物是有致畸作用的药物，已怀孕或可能怀孕的妇女禁用。这一分级也有其局限性，例如绝大多数药物属于 C 类药物。药物的使用还受到在妊娠的不同时期、用药剂量、用药时间长短不同的影响。这一分类仅仅是用于指导妊娠期用药，并不能代表哺乳期的安全性。

A 类：经对照研究显示，在妊娠的前 3 个月及其以后的妊娠期间药物对胎儿无害。即妊娠期间用药安全，无不良影响。

B 类：动物生殖研究未发现药物对胚胎有害，但缺乏人类妊娠期的对照研究，或动物生殖研究发现对胚胎有害而在人类妊娠的前 3 个月和以后的妊娠期间的对照研究中未得到证实。即妊娠期间用药对人类无危害证据。

C 类：动物实验中已观察到对胚胎有危害致畸或胚胎死亡，但在人类妊娠期缺乏临床对照观察研究；或尚无动物和人类妊娠期使用药物的研究结果。本类药品应仅在权衡益处大于对胎儿的危害时方可使用。

D 类：有明确证据显示对人类胎儿有危害，但尽管如此孕妇应用后绝对有益（如需要挽救生命或必须治疗但又没有其他可代替的安全药品选择）。即本类药物必须在权衡益处大于对胎儿的危害时方可使用。

X 类：动物实验和人类临床观察均已证实导致胎儿异常，妊娠期用药的危害超过治疗获益。对孕妇和准备怀孕的妇女均列为禁忌。

表 10-13 和表 10-14 分别列出了妊娠期常见的禁用及慎用的药物。

表 10-13 妊娠期常见的禁用药物

药物	对胎儿的主要危害
抗代谢药（甲氨蝶呤、氟脲苷、氟尿嘧啶、巯嘌呤）	多发畸形、生长迟缓
烷化剂（环磷酰胺、白消安、苯丁酸氮芥、氮芥）	多发畸形、生长迟缓
氯米芬	神经管畸形和其他异常
己烯雌酚	女性生殖道异常、阴道癌
达那唑	女性胎儿男性化
利巴韦林	胎儿致畸及毒性
苯妥英	多发畸形、生长迟缓、颜面畸形
可待因	早期流产、多发畸形
三甲双酮	多发畸形
沙利度胺（反应停）	肢体畸形，心、肾等器官缺陷
四环素	损害胎儿的骨骼、牙齿，多种先天性缺陷
醋酸亮丙瑞林	胎儿肢端结构异常及腭裂
布洛芬	早期流产或致胎儿宫内发育迟缓
活疫苗	胎儿感染

笔记

表 10-14 妊娠期常见的慎用药物

药物	损害类型及表现
作用于肾素-血管紧张素系统的药物（卡托普利、赖诺普利、依那普利）	胎儿肾小管发育不良
氨基糖苷类	脑神经毒性
胺碘酮	胎儿甲状腺功能减退
阿米替林	胎儿肢体短缩缺陷
硫唑嘌呤	脑积水、无脑畸形等
卡马西平	中枢神经缺陷增加
氯霉素	晚期用药可能与新生儿心血管系统畸形有关
可待因	胎儿先天性心脏病、呼吸系统畸形等
麻黄碱	胎心率增加或胎儿心律不齐
乙琥胺	胎儿动脉导管未闭、唇/腭裂、脑积水
皮质激素	增加口裂的危险性
氟康唑	胎儿肢端结构异常及腭裂
布洛芬	妊娠 34～35 周后使用可致动脉导管过早关闭
锂	妊娠前 3 个月应用增加埃布斯坦综合征的风险
吲哚美辛	胎儿动脉导管狭窄
巯嘌呤	小眼畸形、角膜混浊等畸形
甲巯咪唑	妊娠前 3 个月使用可增加皮肤发育不全的风险
烟碱	胎儿发育迟缓
非甾体抗炎药	妊娠前 3 个月使用轻度增加心脏缺陷及唇/腭裂的风险
喹诺酮	胎儿软骨侵蚀及关节病
利福平	有报道致无脑畸形、脑积水、肢体缺陷等
口服磺脲类	临近分娩使用导致低血压期延长
噻嗪类和相关的利尿剂	临近分娩使用可能导致婴儿血小板减少及溶血性贫血等
青霉胺	皮肤弹性组织变性
华法林	中枢神经、面部及骨骼畸形

几乎所有药物均能进入乳汁被婴儿吸收，应慎重选择哺乳期用药。大多数药物在乳汁中浓度较低，仅为母体摄药量的 1%～2%，一般不会对乳婴产生不良影响。但某些药物可较多乳汁分泌，可能会对婴幼儿造成问题。影响药物排泄到乳汁的因素包括以下这些：

1. **药物化学和物理特性** 药物分子量大小、脂溶性、解离度、血浆蛋白结合率等。由于乳汁脂肪含量比血浆中高，脂溶性高、蛋白结合率低、分子量小、解离度低的弱碱性药物更容易分泌到乳汁中。分子量 < 120 的药物极易在血浆和乳汁中达到分布平衡；分子量 < 300 的药物易通过扩散方式穿过乳腺上皮细胞；分子量 > 600 的药物则不易进入乳汁中。口服吸收动力学较差、易被胃酸破坏以及易被肝脏代谢降解的药物，如头孢曲松、庆大霉素、吗啡等，均不易进入乳儿体循环内。只有非离子态的药物方能转运通过生物膜。血浆的 pH 为 7.4，乳汁的 pH 为 7.1，因此弱碱性药物更容易以非离子形式进入乳汁中。此外，药物向乳汁中转运的影响因素还包括乳∶血药浓度比值，比值 > 1，表示有较多的药物进入乳汁中；比值 < 1，表明仅有少量药物转运到乳汁中。甲硝唑、异烟肼、红霉素和磺胺类药物在乳汁中可达母乳血药浓度的 50%。如乳汁摄入的药物，由于乳儿肝脏的代谢能力和肾脏的排泄能力较差，可造成药物在乳儿体内的蓄积引起中毒。

2. **母体因素** 主要取决于哺乳妇女所服用的药物剂量、用药频率和服药途径等因素。哺乳期内应减少药物进入血浆的机会来降低乳汁中的药物浓度，如采用局部用药代替全身用药。

笔记

3. 乳儿因素 主要取决于每日哺乳量和哺乳时间；乳儿胃肠黏膜成熟状态以及胃、十二指肠的pH等因素。

哺乳期用药应考虑上述所使用药物可分泌到乳汁的特性，药物使用的基本原则是尽可能减少药物对乳儿的影响。如必须使用对乳儿影响大的药品，可考虑实行人工喂养一段时间，暂停哺乳。以下是哺乳期药物使用的原则：①应告知哺乳妇女药物可能产生的对婴儿的不良影响；②严格掌握药物适应证，控制用药剂量和限制给药时间；③尽量选用药物代谢特点比较清楚的对婴儿无明显损害的药物；④用药时间尽量选择在哺乳刚结束后，并尽可能将下次哺乳时间相隔4小时或4小时以上，从而避开血药浓度高峰期哺乳；⑤可以根据药物半衰期来调整用药和哺乳的间隔。

表10-15和表10-16分别列出了哺乳期常见禁用和慎用的药物。

表10-15 哺乳期禁用的药物

药物种类或名称	损害类型和表现
镇静催眠药	长期应用可导致小儿嗜睡、生长发育迟缓
抗肿瘤药物	可能有免疫抑制
可卡因	使婴儿产生中枢神经系统兴奋
免疫抑制药物	产生免疫抑制
锂	引起锂中毒
米索前列醇	可引起婴儿重型腹泻
放射性药物	放射性损害
红霉素	高乳汁排泄量，静脉滴注时乳汁浓度比血药浓度高4～5倍
卡那霉素	婴儿中毒
四环霉素	过敏反应，牙齿色素沉着、牙釉发育不全、龋齿
氯霉素	骨髓抑制
磺胺类药	溶血性贫血、新生儿黄疸
甲氨蝶呤	影响婴儿免疫功能
溴隐亭、二氮嗪	抑制乳汁分泌
环磷酰胺	抑制免疫系统
金盐	婴儿皮疹和肝、肾炎症
麦角胺	呕吐、腹泻、惊厥
硫脲嘧啶	引起甲状腺肿、粒细胞减少或缺乏
甲巯咪唑	抑制婴儿甲状腺功能
碘/碘化物	可致婴儿甲状腺功能减退和甲状腺肿
异烟肼	损害婴儿肝脏

表10-16 哺乳期慎用的药物

药物名称	损害类型和表现
克林霉素	婴儿出现血样腹泻
氨苄西林和阿莫西林	假丝酵母菌病
庆大霉素和链霉素	耳毒性
阿司匹林	出血倾向
阿托品	瞳孔散大、高热、兴奋不安
溴化钾/溴化物	婴儿嗜睡、皮疹
大量骨化醇（维生素D_2）	婴儿高钙血症
二氢速固醇	高钙血症

续表

药物名称	损害类型和表现
地西泮	婴儿嗜睡、高胆红素血症
三环类抗抑郁药	容易排泄到乳汁，婴儿对此类药物特别敏感
水合氯醛	婴儿嗜睡
巴比妥类	导致乳儿镇静
氯丙嗪	婴儿嗜睡、溢乳
抗精神病药	容易排泄到乳汁
蒽醌衍生物	引起小儿腹泻
西咪替丁	可在乳汁中浓缩，导致乳儿胃酸降低，抑制药物代谢，引起中枢兴奋
激素类、阿司匹林、吲哚美辛	大剂量时可导致乳儿代谢性酸中毒
女性激素和口服避孕药	男婴乳房女性化，女婴阴道上皮增生
萘啶酸	可致乳儿惊厥
抗组胺药	乳儿对此药排泄缓慢，可导致蓄积

六、妊娠期妇女合理用药

妊娠期和哺乳期是女性一生中的特殊时期。在整个怀孕期间，母体、胎盘、胎儿组成一个生物学、药动学整体。怀孕期药物使用，不仅应考虑药物对母体的影响，也应当考虑药物可通过胎盘进入胎儿体内，对胎儿的影响。这一时期的合理用药，应充分考虑妊娠与哺乳期的药物代谢动力学特点，充分了解用药时药物经胎盘转运以及胎儿的药物代谢动力学规律，了解妊娠和哺乳期妇女用药后药物对胎儿和新生儿的影响，合理选择对胚胎、胎儿和新生儿无损害而又对妊娠期妇女所患疾病最有效和最安全的药物，制订出合理的给药方案。

常用药物的妊娠期安全分级见表10-17。药品类别中，应首选B级药品，C和D级在权衡利弊情况下慎用，X级为禁用。

表10-17 常用药物的妊娠期安全分级

药品分级	级别	药品
抗感染药	B	青霉素类(β-内酰胺酶抑制剂)、头孢霉素类(β-内酰胺酶抑制剂)、美罗培南、氨曲南、头孢西丁、头孢美唑、厄他培南、红霉素、阿奇霉素、林可霉素、克林霉素、乙胺丁醇
	C	亚胺培男/西司他丁、庆大霉素、克拉霉素、氯霉素、利奈唑胺、万古霉素(静脉)、制霉菌素、酮康唑、氟尿嘧啶、环丙沙星、洛美沙星、左氧氟沙星、司帕沙星、氧氟沙星、诺氟沙星、氟康唑、伊曲康唑、卡伯芬净、米卡芬净、更昔洛韦、金刚烷胺、膦甲酸钠、奥司他韦、拉米夫定、齐多夫定、阿德福韦酯
	D	四环素类、伏立康唑、羟氯喹、奎宁、乙胺嘧啶
抗高血压药	B	肼屈嗪、甲基多巴
	C	可乐定、米诺地尔、哌唑嗪、利血平、伊那普利、培哚普利、替米沙坦
抗心律失常药	B	利多卡因
	C	地高辛、奎尼丁、普鲁卡因胺、维拉帕米
	D	胺碘酮
抗凝血药和溶栓药	B	达肝素钠、依诺肝素、氯吡格雷、尿激酶
	C	肝素、链激酶
	X	香豆素类
阿片类镇痛药	B	可待因、吗啡、哌替啶、美沙酮
	C	曲马多、喷他佐辛、芬太尼

笔记

续表

药品分级	级别	药品
解热镇痛药	B	对乙酰氨基酚、布洛芬、吲哚美辛
	C	阿司匹林、水杨酸钠、萘丁美酮、塞来昔布、美洛昔康、巴氯芬、氯唑沙宗
抗癫痫药	C	托吡酯、拉莫三嗪
	D	卡马西平、丙戊酸
镇静催眠药	B	苯巴比妥
	C	异戊巴比妥、戊巴比妥、司可巴比妥、水合氯醛、奥沙西泮、硝西泮
	D	地西泮、氯氮䓬、甲喹酮、阿普唑仑、咪达唑仑、劳拉西泮
	X	艾司唑仑、三唑仑
降血糖药	B	胰岛素

七、药学服务的基本要点

妊娠期药学服务应考虑到母体和胎儿的用药安全，遵循以上所述用药的基本原则。在新药不断推出的今天，对尚未明确该药是否有致畸作用时，孕妇应慎用，尤其是怀孕头3个月。在病情需要对母体进行药物治疗时应选择已被证明安全和有效的药物，并密切监测不良反应。

第四节 肝、肾功能不全患者的药学服务

一、肝、肾功能不全对药动学、药效学的影响

肝脏是人体主要的代谢器官，肝功能不全会导致药物的代谢能力下降。一般来说，肝脏功能受损对药动学和药效学会产生以下影响：

1. 肝功能不全对药动学的影响

（1）对药物吸收的影响：肝脏疾病时，肝脏内在清除率下降，药物不能有效地经过肝脏的首过作用，使主要在肝脏内代谢清除的药物生物利用度提高。同时，体内血药浓度明显增高而影响药物的作用，药物的不良反应发生率也可能升高。

（2）对药物在体内分布的影响：药物在体内的分布主要通过与血浆蛋白结合而转运。当肝功能不全时，肝脏的蛋白合成功能减退，血浆中白蛋白浓度下降，这时药物的血浆蛋白结合率下降，血中结合型药物减少，游离型药物增加，使该药物的作用增强，不良反应也可能相应增加，尤其对蛋白结合率高的药物影响更为显著。

（3）对药物代谢的影响：肝脏是药物代谢最重要的器官。当肝功能不全时，肝细胞的数量减少，肝细胞的功能受损，肝细胞多数药物酶的活性和数量都有不同程度减少，长期用药可引起蓄积中毒。肝功能不全患者常伴有低蛋白血症和高胆红素血症，使血液中非蛋白结合型药物浓度升高，常规剂量可使药效增强或发生毒性反应。有些药物的毒性不是由于剂量增大的缘故，而是因为肝合成功能减退所造成。

2. 肝功能不全对药效学的影响 肝脏疾病时机体对药物的反应性会发生改变，一般来讲患者对药物敏感性增高和对药物的反应性降低。如严重肝病患者对吗啡、巴比妥类和苯二氮䓬类药物不耐受，仅给予正常人用量的1/3～1/2剂量，就可引起明显的脑电图异常。在失代偿肝硬化和严重肝炎患者中，其他中枢抑制药，如氯丙嗪、哌唑嗪、异丙嗪等也存在此现象。肝功能衰竭并发弥散性血管内凝血（DIC）时，机体对抗凝血药，如肝素、华法林等敏感性增高，剂量稍有不当，便可导致大出血，这可能与肝脏利用维生素K合成凝血因子的能力降低及肝功能不良时血浆蛋白结合率降低，导致游离型药物浓度增高，作用增强有关。与此相反，肝硬化患者β受

笔记

体呈现下调现象，即β受体密度减低，从而改变了β受体激动药的药效，如患者对异丙肾上腺素加快心率作用的敏感性降低。

3. **肾功能不全对药动学的影响** 肾功能受损时会导致肾小球滤过率、肾血流量、肾小管分泌以及肾小管重新吸收等功能发生变化，从而影响药物药动学过程和药效。肾功能异常时导致药物代谢动力学变化的程度取决于药物自身特性和肾疾患的类型。肾功能异常时临床药物代谢动力学的变化主要表现在以下几个方面：

(1) 药物吸收减少和药物的生物利用度改变：严重肾功能异常可导致肾衰竭，肾脏对废物的排泄功能下降，使血液和胃内氨浓度上升，导致胃液pH升高。患者还可出现尿毒症。尿毒症导致的胃炎时消化道壁出现水肿，减少药物吸收。胃液pH的升高可使酸性药物的解离度变大，降低口服药物从胃肠道的吸收，从而使药物生物利用度降低。某些药物的生物利用度，由于肾功能受损对药物吸收的影响造成药物首过效应降低，其生物利用度上升，如β受体拮抗剂。轻、中度肾功能不全对药物吸收的影响较小，但晚期慢性肾病(CKD)患者出现严重的胃肠道症状时，药物的吸收速率将减慢，吸收量减少。

(2) 药物的血浆蛋白结合率以及分布容积的改变：肾功能异常对药物的血浆蛋白结合率的影响取决于药物的特性。一般来说，弱酸性药物主要与血浆白蛋白结合，而弱碱性药物主要与α_1-酸性糖蛋白结合。肾功能障碍时，弱酸性药物主要与血浆白蛋白结合降低，而弱碱性药物主要与α_1-酸性糖蛋白结合率可能不变(如普萘洛尔)，也可能降低(如地西泮、吗啡等)。肾功能不全时，由于低白蛋白血症，导致某些药物的蛋白结合降低、游离型药物升高，容易向组织中分布而使药物表观分布容积增大。但是也有很多药物的表观分布容积没有明显变化，而地高辛的表观分布容积不仅没有增加反而减少。表10-18列出了一些药物在终末期肾病患者中分布容积的变化。肾功能不全时游离型药物浓度的增加，会使血浆中或组织内的药物浓度升高而引起中毒，因此应对肾功能不全的患者实施血药浓度监测。药物在体内的分布主要用表观分布容积来表示，可根据体内药物含量除以血药浓度计算得到，主要受药物的脂溶性和蛋白结合率的影响。蛋白结合率大或水溶性药物的分布容积较小，而脂溶性药物的分布容积较大。肾衰竭时，患者体液增多，药物分布容积增大，血药浓度降低，但同时药物的蛋白结合率下降，游离药物浓度增加，故临床上很难判断肾衰竭对药物分布影响的结果。

(3) 药物代谢发生改变：主要经肝脏代谢而消除的药物，在肾功能不全时其消除速度发生变化。肾皮质内也有活性微粒体氧化酶系统参与药物的生物转化。肾衰竭时，药物的还原和水解反应速率减慢，生物转化效率降低。肾衰竭还会通过影响药物的蛋白结合率而影响药物在肝脏的代谢。例如，主要经氧化反应(Ⅰ相反应)代谢的安替比林和苯妥英在肾功能不全患者中药物消除速度增大。原因在于患者血浆白蛋白浓度下降，蛋白结合率变低，造成游离型药物的比例增加，从而导致肝脏代谢药物功能增强。例如，苯妥英蛋白结合(90%蛋白结合率)在肾功能不全患者中显著降低，此变化改变了苯妥英总浓度和期望的和毒性作用之间的关系。苯妥英游离型药物部分，从肾功能正常时的10%增加到约20%或更多，结果增加了肝脏清除和总浓度降低。因此，对慢性肾病患者，基于总苯妥英浓度的治疗范围从正常值10～20mg/L下调到4～8mg/L。由于所有患者游离型药物浓度治疗范围是相同的(1～2mg/L)，对慢性肾病患者个体化苯妥英治疗应测量游离型药物浓度。

药物经第Ⅱ相反应如葡糖醛酸结合和硫酸结合反应代谢后，其消除几乎不受肾功能不全的影响，但在肾功能不全时药物经乙酰化代谢后，其消除速度减慢。肾功能不全时，肾脏的代谢能力也会降低。如亚胺培南，在肾脏中可被脱氢肽酶水解，肾功能受损时，肾脱氢肽酶活性随着降低，因此在肾功能不全患者使用该药物时应调整剂量。

(4) 药物的排泄发生改变：和前面3个环节相比，肾脏对排泄的影响非常显著。除部分药物经肝胆系统清除外，绝大多数药物主要以原形或代谢产物的形式通过肾脏排泄。肾脏药物清除

笔记

表10-18 药物在终末期肾脏疾病患者中分布容积

药物	正常(L/kg)	终末期肾脏疾病(L/kg)	正常值的变化(%)
增加			
阿米卡星	0.20	0.29	45
头孢唑林	0.13	0.17	31
头孢西丁	0.16	0.26	63
头孢曲松钠	0.28	0.48	71
头孢呋辛	0.20	0.26	30
多立培南	0.25	0.47	88
双氯西林	0.08	0.18	125
红霉素	0.57	1.09	91
呋塞米	0.11	0.18	64
庆大霉素	0.20	0.32	60
异烟肼	0.6	0.8	33
米诺地尔	2.6	4.9	88
苯妥英钠	0.64	1.4	119
甲氧苄啶	1.36	1.83	35
万古霉素	0.64	0.85	33
减少			
氯霉素	0.87	0.60	-31
地高辛	7.3	4	-45
乙胺丁醇	3.7	1.6	-57

是肾小球滤过率、肾小管分泌和肾小管重吸收的平衡。肾小球滤过取决于分子大小(<10 000)、电荷和蛋白结合(蛋白结合增加的清除率减少)。肾功能减退时,药物的排泄减慢,血药浓度升高。

4. 肾功能不全对药效学的影响 肾功能不全可影响身体对药物的敏感性。常见的有:①对中枢神经抑制药物更为敏感,如镇静催眠药和麻醉性镇痛药;②尿毒症患者常伴有电解质紊乱及酸碱平衡失调。如低血钾可降低心脏传导性,因而增加洋地黄类、奎尼丁、普鲁卡因胺等药物的传导抑制作用;酸血症和肾小管酸中毒可对抗儿茶酚胺的升压作用;③尿毒症患者因有出血倾向,会增加抗凝血药的作用,阿司匹林和其他非甾体抗炎药更容易引起消化道出血;④非甾体抗炎药具有滞留钠的作用,可造成体液容量过剩、水肿和心力衰竭;⑤肾功能不全可导致高钾血症和胆碱酯酶活性下降,造成患者抗高血压药疗效的变化。

二、肝、肾功能不全患者的用药原则

肝功能不全患者用药原则:①合理选药,熟悉所选药物对肝脏的毒性,以免加重患者肝脏负担;②定期检查肝功能,以便决定用药时间的长短,及时调整治疗方案;③注意药物相互作用,特别应避免肝毒性药物合用;④肝功能不全而肾功能正常的患者可选用肝毒性小,可通过肾脏排泄的药物;⑤初始用药宜小剂量,必要时进行血药浓度监测,实施个体化给药方案。

肾功能不全患者用药原则:①明确诊断、合理选药;②避免或减少使用对肾脏毒性大的药物,应选用无肾毒性或肾毒性较小的药物;③注意药物相互作用,特别应避免肾毒性的药物合用;④肾功能不全而肝功能正常者可选用具有双通道排泄的药物;⑤根据肾功能情况调整用药剂量和给药间隔时间,必要时进行血药浓度监测,设计个体化给药方案。

笔记

三、肝、肾功能不全患者慎用的药物

1. **肝病患者慎用的药物**　包括以下几类：

(1) 抗凝血药，如双香豆素类。

(2) 可诱发肝性脑病的药物，如麻醉镇静剂（苯巴比妥酸盐类）。

(3) 激素类药物，如地塞米松、苯丙酸诺龙。

(4) 利尿剂，如呋塞米、依他尼酸。

(5) 合理使用葡萄糖注射液。

(6) 客观评价治疗肝炎药物，切忌滥用药物。

另外，有许多中草药可致肝细胞损害：如密陀僧、川楝子、苍耳子、贯众、黑面叶、红毒茴、金果榄等。

2. **肾病患者慎用的药物**　确有用药指征，应在血浓度监测下使用并减量使用的药物为：庆大霉素、卡那霉素、妥布霉素、阿米卡星、奈替米星、链霉素、万古霉素、两性霉素 B、替考拉宁、氟胞嘧啶。禁用的抗菌药物为：四环素类（多西环素除外）、呋喃妥因、萘啶酸。很多药物有肾毒性（表 10-19），在使用这些药物时应充分考虑患者的肾功能，做相应剂量调整。

表 10-19　肾毒性药物

药物	预防和出现肾毒性时管理措施
ACE 抑制剂，ARB 类药物	在肾脏灌注不足时停止使用
氨基糖苷类 阿米卡星 庆大霉素 妥布霉素	如果可能的话选择其他药物治疗 监测药物浓度 避免每日多次给药 如果肌酐升高应停止给药
抗真菌药 两性霉素	避免使用 缓慢输注，保持体内水分充足 使用脂质体制剂
抗病毒药 阿昔洛韦、西多福韦、膦甲酸钠、茚地那韦	避免负荷剂量 肾功能不全时调整剂量 治疗期间应补充水分
钙调磷酸酶抑制剂 环孢素 他克莫司	测量血药浓度 避免相互作用的药物 考虑使用 mTOR 抑制剂
化疗药物 顺铂 异环磷酰胺	强迫利尿和水化
静脉注射免疫球蛋白 （含有蔗糖的产品）	输液率 < 3mg 蔗糖 /（kg·min） 避免放射造影 避免含有蔗糖的产品 水化
锂	测量血药浓度 防止脱水 避免噻嗪类
非甾体抗炎药	避免使用 肾血流灌注不足期间停止使用
放射造影	造影前后水合 乙酰半胱氨酸
磺胺类药物	液体的摄入量 > 3L/d；监测尿晶体 如果尿液中出现晶体，可碱化尿液（> 7.15）

笔记

四、药学服务的基本要点

肾功能不全患者常因并发症需要使用多种药物，同时大多数药物由于肾脏受损导致药物排泄障碍可引起药物蓄积。药师应全面评估患者的肾功能，对肾功能不全患者应计算肌酐清除率。应对肾功能不全患者合理选择药物治疗并做相应剂量调整，可按照药物由肾排泄的百分率和肾功能损害程度调整用药剂量。避免使用半衰期长的药物，如各种长效药物。药物治疗时应首先选择肾毒性较低的药物，必须使用具有肾毒性的药物时，应进行血药浓度监测和肾功能监测。一般来说，应对下列药物进行治疗药物监测：氨基糖苷类、免疫抑制剂（环孢素、他克莫司和西罗莫司）、抗心律失常药（地高辛和利多卡因）、锂、抗癫痫药（卡马西平、苯妥英钠、苯巴比妥和丙戊酸）和万古霉素。肾功能不全患者的药物剂量调整方法如下：①每次给药剂量不变，改变给药间隔，适用于治疗浓度范围较宽、半衰期较短的药物；②每次给药间隔不变，改变给药剂量，适用于治疗浓度范围较窄、半衰期较长的药物；③同时改变给药的剂量与给药间隔。

肝脏是药物在体内最重要的代谢器官，肝功能不全时会显著影响药物药效。药师应全面评估患者的肝功能，肝脏疾病严重程度一般可采用 Child-Pugh 分级法评估为轻度、中度、重度，这一分级可帮助对患者推荐给药剂量。药物治疗应尽量选择不经肝脏消除的药物并精简用药种类，避免使用前体药，直接选用活性药。应注意减少药物剂量或延长给药间隔时间。中度肝硬化患者药物剂量需要减少的药物包括：镇痛药（吗啡、哌替啶和喷他佐辛），心血管药（普罗帕酮、维拉帕米和硝苯地平）以及他克莫司和奥美拉唑。

药品是肝损伤的一个重要原因，临床上必须保持警惕，因为早期发现可以降低肝毒性的严重程度。药物引起的肝毒性的表现变化很大，从无症状肝酶升高到暴发性肝衰竭。对可导致肝损害药物的了解和高度警觉在诊断中至关重要。可导致肝损害药物包括：对乙酰氨基酚、阿莫西林、胺碘酮、氯丙嗪、环丙沙星、双氯芬酸、红霉素、氟康唑、异烟肼、甲基多巴、口服避孕药、他汀类药物 /HMG-CoA 还原酶抑制剂、利福平、丙戊酸。中药包括：消核片、雷公藤、何首乌、天花粉等。可导致肝损害的危险因素包括：老年人、女性、酗酒和现有肝病患者。当涉及单一药品时，诊断相对简单，但如果患者同时服用多种药物，要鉴别特定的药物则比较困难。一般诊断手段包括：①用药历史，应包括最近 3 个月内患者所服用的各种处方 / 非处方 / 中草药，并记录剂量、给药途径和持续时间；②停药测试：阳性的停药测试为停止服用一种药 8 天内血清转氨酶水平下降 50%，停药测试对患者同时使用多种药物的情况非常有帮助；③药物跟踪记录：以前记录的在患者中产生肝毒性的药品；④肝功能实验室监测；⑤影像学。

第五节 特殊职业人员的药学服务

一、运动员、驾驶员等特殊职业人员应慎用的药物

（一）驾驶员

近年来，因使用药物后驾驶而导致的交通事故频繁发生，这种在药物的影响下驾驶车辆简称药驾。药驾的危害不容小觑：有的药物服用后会引起头晕、嗜睡、倦怠、大脑思维迟钝、反应能力降低；有的药物服用后会引起动作协调能力降低；有的药物服用后会引起视力、听力下降，注意力不集中等。这些不良反应对于驾驶员这种特殊职业来说是致命的，所以驾驶员在选择药物时特别需要谨慎。驾驶员慎用的药物大概分为抗感冒药、镇静催眠药、抗抑郁药、抗组胺药、镇痛药、抗菌药、抗高血压药和其他药物。

笔记

1. 抗感冒药 抗感冒药是药物中最常见、最易引起驾驶意外的药物，在日常生活中最易接触到，应用也最广泛。如复方盐酸伪麻黄碱、复方氨酚烷胺、酚氨咖敏等。服用后可引起头晕、

乏力、嗜睡等症状，还有一些治疗上呼吸道感染的中成药剂，如维C银翘片、氨咖黄敏、感冒灵等均含有抗组胺类药成分，服药后可引起不同程度的不良反应，包括头昏眩晕、视物模糊、乏力、嗜睡、倦怠、注意力分散和反应迟钝等。

2. **镇静催眠药** 镇静催眠药是一类通过抑制中枢神经系统而达到缓解过度兴奋和引起近似生理性睡眠的药物。常用的药物有地西泮、艾司唑仑、苯巴比妥等。服药后会引起头晕、目眩、乏力、嗜睡。成瘾后戒断症状明显，表现为激动、失眠、焦虑，甚至惊厥。

3. **抗抑郁药** 服用丙米嗪、盐酸多塞平片可引起视物模糊、疲倦、昏睡，超剂量服用会引起共济失调、走路不稳症状。帕罗西汀、氟西汀、艾司西酞普兰、舍曲林等可引起判断、思维和驾驶功能障碍以及注意力不集中、嗜睡、震颤、眩晕、头痛、情绪不稳、意识模糊。文拉法辛、地文拉法辛、度洛西汀等可引起眩晕以及疲乏、激动、焦虑和视物模糊等。

4. **抗组胺药** 苯海拉明、盐酸异丙嗪片、马来酸氯苯那敏片、赛庚啶等抗组胺药对中枢神经有一定的抑制作用，常有嗜睡、眩晕、乏力、反应迟钝等不良反应。大多数上呼吸道感冒药均有抗组胺药物成分，抗组胺药之所以会对安全驾驶构成威胁，是因为它对中枢神经产生明显的抑制作用，使人反应力下降，甚至引起嗜睡。尽管近年来有不少第二代抗组胺药问世，如氯雷他定、西替利嗪等对中枢神经系统影响较低，但对有些人也可能引起嗜睡、眩晕等不良反应，症状较轻，使用时应谨慎。

5. **镇痛药** 镇痛药吗啡、可待因、羟考酮、哌替啶、美沙酮、芬太尼等常有明显中枢抑制作用，如眩晕、头晕、虚弱、无力乃至视力改变等反应，药物不耐受患者接受单剂量的美沙酮即可引起镇静以及反应时间、视觉等损害，且损害程度与剂量成正比。

非甾体抗炎药，如布洛芬、萘普生、塞来昔布、美洛昔康等，偶尔可引起嗜睡、眩晕、头晕、警觉性降低、视物模糊等。

6. **抗菌药** 氨基糖苷类，主要不良反应是耳毒性、肾毒性。长期应用氨基糖苷类药物，如链霉素、庆大霉素、卡那霉素等，因为可使前庭神经和蜗神经损伤，会引起头晕、视力减退、眩晕、恶心、呕吐等不良反应。

喹诺酮类药物，如诺氟沙星、氧氟沙星、环丙沙星、氟罗沙星等可引起中枢神经系统毒性，轻症者表现为失眠、头晕、头痛、烦躁等，重症者出现抽搐、惊厥等。克拉霉素可引起头痛、眩晕、幻觉、定向力障碍。

7. **抗高血压药** 作用于中枢神经系统药物可乐定和钙拮抗药物硝苯地平、氨氯地平均可引起头痛、眩晕、疲劳、嗜睡；强效利尿药呋塞米、弱效保钾利尿药螺内酯的不良反应可引起耳毒性，表现为眩晕、耳鸣、听力减退；血管紧张素受体拮抗剂缬沙坦、氯沙坦可对神经系统产生影响，引起头痛、头晕、乏力、疲劳、嗜睡、震颤、感觉异常等症状；血管紧张素转化酶抑制剂卡托普利、福辛普利可引起头痛、头晕、疲劳、感觉异常。

8. **其他药物**

(1) 抗心绞痛药：硝酸甘油、硝酸异山梨酯、肾上腺素、β受体拮抗剂普萘洛尔、钙拮抗药物硝苯地平可引起搏动性头痛、眩晕，大剂量硝酸甘油可引起眼压升高，可使血管扩张致升高眼压而引起视物模糊、头晕、乏力等。

(2) 镇咳和平喘药：枸橼酸喷托维林、可待因可引起嗜睡。非麻醉性镇咳剂苯佐那酯可导致镇静、眩晕、眼部灼烧感等。平喘药如沙丁胺醇、左沙丁胺醇、沙美特罗、福莫特罗、吡布特罗等β_2受体激动剂可导致心率加快、眩晕、心律失常、神经质、肌肉或骨骼疼痛、疲乏等。

(3) 消化系统用药：抗溃疡药物西咪替丁、雷尼替丁有嗜睡、眩晕反应。镇吐药甲氧氯普胺、胃动力药多潘立酮均可引起乏力、头痛、头晕、嗜睡等症状。甲氧氯普胺对个别人还可引起锥体外系反应。

(4) 降血糖药：格列齐特、格列美脲、吡格列酮等服用后有时可引起低血糖而出现头晕、乏

力、倦怠、困倦、意识错乱、注意力不集中等一系列严重不良反应。

(5) 降脂药：吉非罗齐、普罗布考、他汀类对神经系统有影响，可引起感觉异常、头晕、头痛、反应迟钝、焦虑、紧张等不良反应。

(6) 抗病毒药：利巴韦林、阿昔洛韦可引起视觉异常、疲倦、头痛。金刚烷胺可引发幻觉、意识错乱、眩晕、嗜睡和抑郁等。

(7) 眼科用药：加替沙星滴眼液、妥布霉素滴眼液、氧氟沙星滴眼液、庆大霉素滴眼液、红霉素滴眼液用药后偶见眼睛局部有刺激症状；奥洛他定滴眼液、依匹斯汀滴眼液用药后眼部有烧灼或刺痛感，并可引起充血、咽炎、鼻炎。

(二) 运动员

“运动员慎用”是针对体育运动过程中可能影响运动员的运动能力、违反兴奋剂管理规定、导致不良体育事件等含兴奋剂药品的安全警示。含兴奋剂的药品，对于普通患者，只要按说明书和医嘱服用是比较安全的，但针对运动员这种特殊职业的特点是存在着风险，即影响运动员的运动能力和损害身心健康以及违背公平竞争的体育精神。国际奥林匹克运动委员会规定：竞技运动员使用任何形式的药物和以非正常量或通过不正常途径摄入生理物质，企图以人为的或不正常的方式提高竞技能力即被认为使用兴奋剂。

“兴奋剂”就是指运动员禁用的物质和方法。《世界反兴奋剂条例》的国际标准中规定禁用清单有九种物质、三种方法及两种仅禁用于特殊项目的物质。

1. 九种物质 《世界反兴奋剂条例》中的九种物质包括刺激剂、麻醉剂、大麻(酚)类、糖皮质类固醇、蛋白同化剂、肽类激素、β_2受体激动剂、激素拮抗剂和调节剂、利尿剂和其他掩蔽剂。

(1) 刺激剂：刺激剂包括作用于中枢神经系统和作用于心血管和呼吸系统的物质。作用于中枢神经系统的主要刺激剂，如苯丙胺、可卡因、哌甲酯、匹莫林等。运动员使用此类刺激剂的目的是增加赛前兴奋性，提高攻击性，通过提高肌肉效率和减少疲劳感来进行更长时间的高强度运动。作用于心血管和呼吸系统的主要刺激剂，如肾上腺素、麻黄碱、尼可刹米等。其中肾上腺素与局麻药合用或局部使用(如鼻、眼等)不禁用。运动员应用这类刺激剂的目的是增加心率、血压和肌肉血流量，扩张呼吸道，增加肺通气量。

(2) 麻醉剂：运动员可以利用麻醉剂类药物的镇痛作用，提高痛阈，抑制疼痛感觉的中枢部位，使痛感减轻或药效期间无痛感，导致运动员在比赛中感觉不到伤痛，以延长运动时间；还可以利用其镇静作用，消除焦虑、紧张、不安等不良情绪。运动员感到厌烦和孤独时使用麻醉剂还能产生欣快感或心理刺激，造成战无不胜的假想和超出自身能力的错觉。

常见麻醉剂有丁丙诺啡、海洛因、芬太尼及其衍生物、美沙酮、吗啡、羟考酮、羟吗啡酮、喷他佐辛、哌替啶等。可待因不在禁用列表中，但其代谢产物吗啡浓度不得大于1mg/ml，否则将被视为服用兴奋剂。

(3) 大麻(酚)类：大麻的主要成分是四氢大麻酚，它是一种抑制剂，可以使大脑和身体的活动缓慢下来。兴奋剂检查时，尿中四氢大麻酚酸的浓度上限为150ng/ml。

运动员若吸食大麻会出现下列情况：影响平衡和协调能力，精力难以集中，脉搏和心率加快，嗜睡。

(4) 糖皮质类固醇：糖皮质类固醇能刺激骨髓造血功能，使红细胞和血红蛋白含量增加；提高中枢神经系统的兴奋性，出现欣快、激动等。所有糖皮质类固醇禁止口服、直肠给药、静脉注射或肌注；关节内 / 关节周围 / 腱周围 / 硬膜 / 皮下注射及吸入需有简短治疗性用药豁免；治疗皮肤(包括电离子透入疗法 / 超声波疗法)、耳、鼻、眼、口腔、牙齿和肛门疾患的局部用药制剂不禁用，也不需要任何治疗性用药豁免。

(5) 蛋白同化剂：蛋白同化剂类药物可促进蛋白质的合成，减少蛋白质的分解，增加肌肉块头和力量，在主动或被动减体重时保持肌肉体积，耐力、进攻性增强，还可加快训练后的恢复，

有助于增加训练强度和时间，使运动员增强耐受力，激发比赛中的竞争性。该类药物包括但不限于合成类固醇，此类药物有达那唑、甲睾酮、米勃酮、诺龙、睾酮、孕三烯酮、氧雄龙、羟甲睾酮、克仑特罗（不属于合成类固醇但属于蛋白同化剂）、替勃龙。

(6) 肽类激素：肽类激素的禁用包括其他具有相似化学结构或相似生物作用的物质及其释放因子的禁用。有促红细胞生成素（EPO）、生长激素（GH）、胰岛素样生长因子（如 IGF-1）、生长因子素、尿促性素或垂体促性素或绒促性素（仅男性禁用）、胰岛素、促皮质素。

运动员使用促红细胞生成素后能使红细胞和血红蛋白升高，有助于增加氧运输能力而提高耐力。使用生长激素主要是基于其增加机体蛋白质合成和促进细胞生长的功能。男子运动员使用绒促性素（HCG）时，掩盖使用睾酮而造成的睾酮 / 表睾酮的比例失常。运动员使用胰岛素时有助于增加运动员的耐力和促进运动员在比赛和训练后快速恢复。

肽类激素具有广泛的生理作用，影响细胞生长和激素分泌，滥用此类药物可引起人体内分泌系统功能紊乱。使用生长激素可出现肢端肥大症的早期征候，发展下去会造成肌病、末梢神经病和心脏病，长期使用还可导致糖尿病、关节炎等并发症和缩短寿命。滥用绒促性素达到一定量时，会产生类似早孕的反应；长期滥用可导致体脂分布的改变，造成乳房女性化。

(7) $β_2$ 受体激动剂：$β_2$ 受体激动剂不仅有拟交感胺作用，还有很强的合成代谢作用，可以增加肌肉重量。因此，有些运动员用这类药物作为同化激素的替代物。所有 $β_2$ 受体激动剂包括其全部相应的旋光异构体（例如：D- 型和 L- 型）均禁用。而福美特罗、沙丁胺醇、沙美特罗和特布他林被吸入使用，需要简短治疗用药豁免，吸入使用沙丁胺醇（24 小时内最大使用剂量不超过 1600μg）、吸入使用福莫特罗（24 小时内最大摄入剂量不超过 54μg）及依照生产厂商推荐治疗剂量吸入使用沙美特罗。需要特别注意的是，不论以何种方式批准的豁免，若尿中沙丁胺醇（游离和葡糖酸苷的总和）浓度超过 1000ng/ml，福莫特罗浓度超过 40ng/ml，可认为该药物并非用于治疗目的，将被视为阳性结果，除非该运动员通过受控的药动学观察，证明此不正常结果是由治疗性吸入最大剂量药物所致。

(8) 激素拮抗剂和调节剂：该类药物有芳香酶抑制剂，选择性雌激素受体调节剂（SERMs），其他抗雌激素作用物质，改变肌生成抑制素功能的制剂。

芳香酶抑制剂，包括但不仅限于阿那曲唑、来曲唑、氨鲁米特、依西美坦、福美坦、睾内酯。选择性雌激素受体调节剂，包括但不仅限于雷洛昔芬、他莫昔芬、托瑞米芬。其他抗雌激素作用物质，包括但不仅限于氯米芬、环芬尼、氟维司群。

(9) 利尿剂和其他掩蔽剂：在体育运动中，按体重级别参赛的运动员在称体重前，使用利尿剂快速减轻体重以参加较小级别的比赛；或在兴奋剂检查时利用它尽快排尿，冲淡尿液以遮蔽尿中的违禁物质。

常见利尿剂有乙酰唑胺、阿米洛利、布美他尼、坎利酮、氯噻酮、依他尼酸、呋塞米、吲达帕胺、美托拉宗、螺内酯、噻嗪类、氨苯蝶啶等。如果运动员尿样中含有利尿剂并有某种其他禁用物质（即使该物质浓度可能低于允许浓度上限）时，治疗用药豁免无效。

常见掩蔽剂有表睾酮、丙磺舒、α- 还原酶抑制剂（如非那雄胺）、血浆膨胀剂（如白蛋白，代血浆，羟乙基淀粉）等。

对于福莫特罗、沙丁胺醇、去甲伪麻黄碱、麻黄碱、甲麻黄碱和伪麻黄碱这些阈值物质，除非运动员已经获得这类物质以及利尿剂或掩蔽剂的治疗用药豁免的批准，否则运动员在任何时间或赛内检查的样品中发现任何剂量的阈值物质与利尿剂或掩蔽剂同时存在时，兴奋剂检测结果将被视为阳性。

利尿剂类药物的主要不良反应是低血钾和缺钾，几乎所有的利尿剂都有这种不良反应。血清钾低于正常时会产生不适、疲劳、无力、肌痛、痉挛、麻痹甚至肌肉坏死；糖代谢改变：低血钾可减少胰岛素分泌，使血糖升高，糖耐量下降，还可以增强糖原分解和抑制糖原异生，使糖原再

贮存受阻，影响运动能力；其他不良反应有听力受损害，依他尼酸可引起永久性耳聋，还可以引起胃及十二指肠溃疡。

2. 两种仅禁用于特殊项目的物质 《世界反兴奋剂条例》规定的仅禁用于特殊项目的物质为酒精和β受体拮抗剂。

(1) 酒精（乙醇）：仅在特殊项目的赛内禁用。将通过呼吸分析和（或）血液进行检测时违规的阈值为：航空运动 0.20g/L，射箭 0.10g/L，汽车运动 0.10g/L，法式滚球 0.10g/L，空手道 0.10g/L，现代五项有射击的项目 0.10g/L，摩托车运动 0.10g/L，动力艇 0.30g/L。

(2) β受体拮抗剂：除非有特殊说明，β受体拮抗剂仅在赛内禁用。通常利用β受体拮抗剂降低血压、减慢心率的作用来增加比赛中的稳定性。β受体拮抗剂在耐力性的项目中，会严重地降低运动员的能力，并不能有效地提高运动成绩，所以国际奥委会只在部分体育项目中禁用β受体拮抗剂，包括航空运动、射箭（赛外也禁用）、汽车运动、台球、有舵雪橇、滚木球、桥牌、冰壶、体操、摩托车运动、现代五项（有射击的项目）、九瓶保龄球、动力艇、帆船（仅对抗赛舵手）、射击（赛外也禁用）、滑雪 / 单板滑雪（跳台滑雪、自由式滑雪、空中技巧 /U 型槽、单滑雪板的 U 型槽 / 空中特技）、摔跤等。

包括但不仅限于下列物质：阿普洛尔、醋丁洛尔、阿替洛尔、倍他洛尔、比索洛尔、布诺洛尔、卡替洛尔、卡维地洛、塞利洛尔、艾司洛尔、拉贝洛尔、美替洛尔、美托洛尔、吲哚洛尔、普萘洛尔、索他洛尔、噻吗洛尔等。

β受体拮抗剂的不良反应主要与它的拮抗作用有关。有心功能异常的人，可出现心功能抑制和继发的充血性心力衰竭。哮喘患者禁用β受体拮抗剂，因为它可导致突发性气管痉挛。普萘洛尔容易通过血脑屏障引起中枢神经系统的抑郁症，如失眠、噩梦和抑郁。

在我国，2015 体育总局《兴奋剂目录》规定的禁用物质分为 7 类共 265 种：①蛋白同化制剂品种（77 种）；②肽类激素品种（41 种）；③麻醉药品品种（13 种）；④刺激剂（含精神药品）品种（71 种）；⑤药品类易制毒化学品品种（麻黄碱、甲麻黄碱、伪麻黄碱 3 种）；⑥医疗用毒性药品品种（士的宁 1 种）；⑦其他品种（59 种）。

2015 体育总局《兴奋剂目录》规定的其他禁用物质：虽然没有列在《兴奋剂目录》中，但下列物质禁用：

1. 与《兴奋剂目录》中列举的外源性蛋白同化制剂具有相似化学结构或相似生物作用的物质；《兴奋剂目录》中列举的内源性蛋白同化雄性激素的代谢物和异构体；以及未列举的其他蛋白同化制剂。“外源性”物质指人体不能自然生成的物质；“内源性”物质指人体能自然生成的物质。

2. 与《兴奋剂目录》中列举的肽类激素、生长因子、相关物质和模拟物具有相似化学结构或相似生物作用的物质。作用于肌肉、肌腱或韧带组织，影响蛋白质的合成 / 分解、血管结构、能量利用、再生能力或纤维类型转换的生长因子。

3. 《兴奋剂目录》其他品种中尚未列举的其他芳香酶抑制剂，选择性雌激素受体调节剂（SERMs），抗雌激素作用物质和调节肌抑素（myostatin）功能的制剂。

4. 与《兴奋剂目录》定义的属于“特定物质”的特定刺激剂具有相似化学结构或相似生物作用的物质。

5. 作为缺氧诱导因子（HIF）稳定剂，如钴化合物（cobalt）和作为 HIF 激活剂，如氩气（argon）、氙气（xenon）禁用。

此外，含兴奋剂成分的中成药也要按照兴奋剂相关规定处理。中成药所含的兴奋剂违禁成分可分为麻黄生物碱类、士的宁类、阿片生物碱类、麝香类等。

运动员的确是由于治疗需要而使用含有《兴奋剂目录》中所列物质的药物，或含有由国家体育总局规定的部分特殊项目所禁用，但不包含在《兴奋剂目录》中所列物质的药物，应向国家体育总局有关部门申请治疗用药豁免。

笔记

二、运动员、驾驶员等特殊职业人员用药指导

(一)运动员

对于运动员而言，他们的用药与普通人不同，用药不当会影响其运动生涯和比赛结果。为此，国内体育研究者和管理者已注意到，并陆续发布一些资料，用于指导运动员用药。例如，国家体育总局2005年组织编写出版了《运动员治疗药物使用指南》，所收载的药品范围以《国家基本医疗保险药物目录》中的化学药品为主，共400余种常用西药，同时增加了部分运动队常用的复合制剂。并在其后陆续更新，例如，在2010年，根据WADA发布的2010年禁用清单，修订印发了《运动员治疗药物使用指南(2010年版)》。2014年又颁布了《运动员治疗药物使用指南(2014年版)》。但是在运动员的实际使用中，仍存在一定的缺憾，例如：其以纸质文本存在，且编排是以常见疾病作为分类方式，当需要查找并判断某一特定药物是否允许使用时较为不便；覆盖的药物种类相对较少，对于不同地区的医疗中习惯用药或运动员异地训练需要用药时，选择面较窄。

其他国家的体育机构也使用不同方式指导运动员合理用药。例如，美国反兴奋剂机构以“钱包卡”的形式，将禁用物质与允许使用的药物结合在一个PDF文件中，方便运动员打印后随身携带。但是，这种形式同样存在覆盖的药物种类相对较少(约不到300种)等缺点。加拿大体育道德中心(CCES)制作的PDF格式文件，汇集了约1000余种物质，按名称的字母顺序排列，并分别对禁用/非禁用状态进行了界定。英国反兴奋剂机构以PDF形式提供了约2000余种物质的禁用/非禁用状态。以上三国相关机构联合成立了“全球药物在线参考”网站，为英、美、加拿大三国及其他国家运动员、教练员、科研人员及管理人员提供药物合理使用查询。澳大利亚反兴奋剂机构亦提供网站查询服务，形式与“全球药物在线参考”类似。

(二)驾驶员

现代人的生活水平逐渐提高，驾车外出已成为平常事，交通事故便时有发生。而因为服药后驾驶酿成交通事故的也不在少数，因为服用药物后常会出现嗜睡、眩晕、幻觉、视物模糊、辨色困难、定向障碍、多尿或多汗等症状，这些都会影响人的反应能力和正常操作，常会出现反应迟缓和判断失误，交通事故常在这种情况下发生。一般镇静催眠药在使用过程中不管是临床医师开方时还是窗口药师在发药过程中均会告知其药品不良反应以及注意事项，所以此类药物影响驾驶员驾驶的现象就较少见，但其他类药物因窗口发药的药师未能仔细询问其职业，未做到个体化用药指导，从而造成驾驶员用药的误区，也是酿成交通事故的罪魁祸首。调剂药师和临床药师应依靠自己丰富的专业知识，根据药物的特性、作用、使用方法及注意事项向不同职业的患者作适当的用药指导，确保患者用药的安全性。如驾驶员服用药物时因尽量在服药6小时后驾车，并将易产生嗜睡、眩晕、视物模糊等不利驾驶的药物，改为同类无此不良反应的药物替代。生病时既要吃药，又要保证行车安全，因此，采取必要的防范措施，坚持合理用药是十分重要的。

总之，应不断加强药师的执业意识，提高安全用药指导能力，从而避免驾驶员或运动员因服药不当而引发的交通事故或兴奋剂事件。

实训项目十 儿童、老人、孕妇(选择其一)用药指导与用药教育模拟实训

【实训目的】

1. 掌握与儿童、老人、孕妇这三类特殊人群或其家属沟通交流的技能。

2. 熟悉针对三类特殊人群开展患者用药教育(patient medication education，PME)的方式和内容。

3. 熟悉三类特殊人群用药指导与教育的注意要点。

【实训条件】 模拟在医院或社区的药学咨询窗口或病房进行特殊人群的用药指导和用药教育服务。实训现场应配备必要的药学工具书、药品信息查询软件等，供学生快速查询相关信息。带教老师列出儿童、老人、孕妇三个方向的选题各一个，每组选择一个选题，每5～8名学生组成一组，学生分饰药师与患者。

【实训要求】

1. 用药指导和教育的方式 应涉及语言教育、书面教育、实物演示等多种形式。

2. 用药指导和教育的内容 应涉及药物的用法用量、特殊剂型药物的使用与贮存、药物相互作用、用药期间注意事项等多方面内容。

3. 体现特殊人群的用药指导和教育的特点 ①儿童：儿童适宜剂型的使用，儿童用药安全性及其与成人的差异，药物对生长发育的影响，不同年龄段药物吸收、分布、代谢的差异；②老人：确保用药依从性的方法、机体退行性变化对药物吸收、分布、代谢的影响，药学选择与普通成人的差异；③孕妇：妊娠期用药的安全性、不同孕周药物对胎儿的影响、哺乳期用药的注意事项。

【实训准备】 指导老师事先依据真实病例设置实训案例，可在参考选题中选择相应案例或准备其他能体现特殊人群用药特点的案例，并准备相应药品实物。通过抽签等方式，分配案例。参考选题如下：

1. 儿童 婴幼儿腹泻药物的选择与使用、热性惊厥的预防与处理。
2. 老人 老年患者高血压、糖尿病、慢性阻塞性肺疾病药物的选择与使用。
3. 孕妇 妊娠期细菌性阴道病、妊娠期糖尿病的药物选择与使用。

实训学生依据所选案例，结合所选人群的病理生理特点及药代动力、药效学特点，及患者使用药品的相关属性拟订用药指导与教育要点，利用实训场地提供的信息工具，逐一寻找要点所对应的知识点，以书面形式写出用药指导与教育计划书。

学生应针对患者人群特点，选择最恰当的用药指导与教育方式。如对儿童患者，应更多的选择实物演示方式，或借助适当的纸质宣传材料，辅助交流。对老年患者，仅依靠语言教育可能无法使其掌握药物的用法用量，导致误服、漏服，可采用书写用药教育单的方式提醒患者药物作用、服用方法、注意事项等。

【实训内容】

1. 了解咨询对象相关信息，包括年龄、疾病诊断、本次医嘱、既往用药史、过敏史等。如针对热性惊厥的患儿，应向患儿家属询问患儿的年龄、性别、惊厥的临床表现、体温、发作的次数、持续时间，血常规、CRP等实验室检查结果、脑电图等辅助检查结果、临床诊断，既往用药情况、临床效果。此外，还可在与患者的交流中有意识地了解患者对药物治疗的认知程度和认识态度，若患者认识正确或积极则加以肯定，反之则通过用药教育减少患者疑虑、提高患者依从性。

2. 选择对患者最适合的教育形式与内容。教育形式包括语言教育、书面教育、实物演示教育等。语言教育可以分为一对一进行，也可以面向一个小群体展开专题讲座；书面教育可以借助纸质宣教材料，如个体化的用药教育单或针对某一群体的用药宣传手册。用药教育单可以包括患者的姓名、性别、年龄、床号及所服用药物的名称、用法、用量及注意事项等信息，以提醒患者勿错服、漏服。对于老年患者，还可以嘱咐其家属督促检查，提高用药的安全性和有效性。

教育内容应根据所选患者群体进行有针对的选择，内容可包括药物的药理作用、适应证、用法用量、疗程、潜在不良反应及处理方式、药品贮存方法等，应注意用通俗易懂的语言向患者解释上述内容，切忌使用过于专业的用语。若患者用药涉及特殊剂型药品，如缓控释制剂、吸入制剂等，应详细交代使用方法，确保患者正确用药。此外，对于易发生相互作用的药物、安全范围较窄的药物、化疗药物等特殊药品，学生应单独列举出来为患者进行用药指导。

笔记

例如，对儿童热性惊厥的患儿家属开展用药指导与教育时，主要注意如下要点：①解热镇痛药物的选择与使用：基于儿童用药的安全性，对乙酰氨基酚、布洛芬（年龄 >3 个月）为首选。不推荐使用阿司匹林，因其可致瑞氏综合征。剂型尽量选择口感好、分量准确的口服溶液剂，口服困难者可考虑直肠栓剂。使用指征为体温 >38.5℃，或患儿感觉明显不适。若持续发热，给药时间间隔 4～6 小时可重复用药一次，24 小时内不得超过 4 次。②物理降温的方法：温水擦浴，可与解热镇痛药配合试用。③镇静药物的使用：患儿下次出现发热时考虑预防使用。用药时机结合病史，如某些患儿在高热时发生，某些患儿在体温刚开始上升时发生。若并非每次发热必然发生惊厥，且发生次数极少，可以不用。应注意家庭备药。④惊厥发作时的处理：使患儿平躺，保持呼吸通畅，观察发作类型和发作持续时间，可用手机等录像以供医生判断，发作时间超过 5 分钟立即就医。⑤不同类型热性惊厥的预后。通常预后良好，多数在 5～6 岁后不再出现惊厥。对于复杂性热性惊厥有发展为癫痫倾向者，可考虑抗癫痫药使用。

3. 用药指导与教育结束后，学生应对过程做详细记录并存档。

【实训过程】

1. 以 5～8 人为一小组，模拟在医院或社区的药学咨询窗口或病房进行特殊人群的用药指导和用药教育服务。

2. 向患者发放相关疾病的宣传材料，与患者进行面对面交流。

3. 在交流过程中，按照以下步骤开展用药指导：了解患者相关信息、选择适合的教育形式与内容开展用药教育、详细记录用药指导和用药教育服务过程。

4. 实训结束后，带教老师进行现场集中讲评。

实训路径示意图：

【实训考核】

1. 在班级组织一次汇报和答辩，各组同学在充分讨论的基础上推选 1 名代表参加，汇报答辩各组针对实训选题提出的用药教育计划书，组内其他同学可做补充。

2. 指导老师在学生汇报和答辩结束之后进行点评与总结，指出各组在项目完成过程中的优点和还需要改进的地方。

3. 指导老师根据各组在用药教育过程中学生的实际表现，汇报、答辩和回答问题的情况等进行现场综合评分。

【思考题】

1. 儿童、老人、孕妇这三类患者的药动学特点与合理用药有什么关系？

2. 药学人员针对儿童、老人、孕妇开展用药指导与教育时，应重点关注的教育内容和主要采用的教育形式是什么？

（张伶俐　孙树森）

笔记

第十一章　药品不良反应监测

20 世纪是药物蓬勃发展的时期，随着 20 世纪 30 年代青霉素的开发，各类新药层出不穷。药品作为防治与诊断疾病的重要手段，在保障人类健康方面发挥着越来越重要的作用。但药品具有两重性，一方面可以防病治病，促进患者生理功能的恢复，另一方面也可能引起危害人体的药品不良反应（adverse drug reaction，ADR），给社会、家庭造成沉重的经济负担。据国内外有关文献报道，药品不良反应的发生率如下：住院患者，10%～20%；住院患者因药品不良反应死亡者，0.24%～2.9%；因药品不良反应而住院的患者，0.3%～5.0%。药品不良反应是药品的固有属性，服用药品出现不良反应是正常现象。只要是药品，就可能存在不良反应。只要使用药品，就有发生不良反应的可能。按照药品说明书或医嘱合理使用药品，可以减少不良反应的发生。及时有效地开展药品及药品不良反应监测工作，有利于尽早发现各种类型的药品不良反应，使药品监测管理部门和医药卫生工作者能及时了解有关药品不良反应的信息，并采取必要的防治措施，以保证用药者用药安全。

第一节　概　　述

一、药品不良反应的概念

在药品不良反应的监测过程中，只有正确理解药品不良反应的含义，才能正确判定和报告不良反应。按照 WHO 国际药物监测合作中心的规定，药品不良反应是指正常剂量的药物用于预防、诊断、治疗疾病或调节生理功能时出现的有害的和与用药目的无关的反应。我国将药品不良反应定义为：合格药品在正常用法用量情况下出现的与用药目的无关的或意外的有害反应，包括副作用、毒性反应、后遗效应、变态反应、继发反应和特异质反应等，但不包括无意或故意的超剂量用药引起的反应以及用药不当引起的反应。

不良反应（side effect）也叫副作用，是指药品按正常剂量服用时所出现的与药品的药理学活性相关，但与用药目的无关的作用。出现这类反应的药品具有两种以上的药理学作用，例如阿托品具有解除胃肠道肌肉组织痉挛作用，同时也具有扩大瞳孔的作用。当患者服用阿托品治疗胃肠道疼痛时，容易产生视物不清的不良反应。

毒性反应（toxic effect）：是指药物引起身体严重功能紊乱和组织病理变化。药理作用较强，治疗剂量与中毒量较为接近的药物容易引起毒性反应。此外，肝、肾功能不全者，老人、儿童易发生毒性反应。少数人对药物的作用过于敏感，或者自身的肝、肾功能等不正常，在常规治疗剂量范围就能出现他人过量用药时才出现的症状。因服用剂量过大而发生的毒性反应，不属于药物的不良反应。

后遗效应（sequelae effect）：也称为后遗作用（post effect），指停药后血药浓度已降至有效浓度以下，但生物效应仍存在。

变态反应（allergic effect）：药物刺激机体而发生的不正常的免疫反应。根据其变态反应发生速度不同，分为速发型（包括Ⅰ、Ⅱ、Ⅲ型）和迟发型（Ⅳ型）两类。

继发反应（secondary effect）：由于药物的治疗作用所引起的不良后果，如二重感染、菌群失调。

特异质反应（idiosyncratic reaction）：由于用药者有先天性遗传异常，对于某些药物反应特别敏感，出现的反应性质可能与某些常人不同的反应。

特殊毒性：致畸作用（teratogenesis）、致癌作用（carcinogenesis）和致突变作用（mutagenesis）是药物所致的三种特殊毒性，均为药物和遗传物质或遗传物质在细胞内表达发生的相互作用的结果。这些特殊作用早期不易被人发现。

药品不良事件（adverse drug event，ADE）：是指药物治疗过程中出现的不良临床事件，它不一定与该药有因果关系。药品不良事件和药品不良反应含义不同。一般来说，药品不良反应是指因果关系已确定的反应，而药品不良事件是指因果关系尚未确定的反应。它在国外的药品说明书中经常出现，此反应不能肯定是由该药引起的，尚需要进一步评估。为了最大限度地降低人群的用药风险，本着"可疑即报"的原则，对有重要意义的药品不良事件也要进行监测，并进一步探讨与药物的因果关系。

信号（signal）：是指被报告一种不良事件与药物可能有因果关系的信息，这种关系在以前是未知的，或者是在文献中未能完全证实的。

药品严重不良反应（severe adverse drug reaction）：是指因服用药品引起以下损害情形之一的反应：①引起死亡；②致癌、致畸、致出生缺陷；③对生命有危险并能够导致人体永久的或显著的伤残；④对器官功能产生永久损伤；⑤导致住院或住院时间延长。

二、药品不良反应的分类

（一）根据不良反应发生时间分类

根据从最后一次给药至首次出现不良反应的时间，可分为：①急性：0～60 分钟，占 4.3%；②亚急性：1～24 小时，占 86.5%；③潜伏性：大于 2 天，占 3.5%。

（二）根据不良反应程度分类

根据不良反应发生程度可将不良反应分为：①轻度（mild）：轻度不适，不影响正常功能，一般不需特别处理；②中度（moderate）：明显的不适，影响日常活动，需要减量 / 撤药或做特殊处理；③重度（severe）：不能从事日常活动，对症治疗不缓解，需立即撤药或做紧急处理。

（三）根据不良反应的药理学分类

目前，世界卫生组织（WHO）将药品不良反应分为 A、B、C 三种类型。

1. **A 型不良反应**　又称剂量相关不良反应。A 型不良反应是由药物本身或其代谢物所引起，是药品固有药理作用增强和持续所致。具有明显的剂量相关性和可预测性，与常规的药理作用相关，停药或减量后症状很快减轻或消失，发生率高（>1%），死亡率低。例如，镇静催眠药物对中枢神经系统的抑制作用就属于 A 型不良反应。A 型不良反应可通过调整给药剂量而得到控制。例如，当肝肾功能障碍患者使用经肝肾代谢的药物时，根据患者的肝肾功能而调整给药方案能避免 A 型不良反应的发生。本类型不良反应发生的频率和强度与用药者的年龄、性别、机体的生理和病理状态都有很大的关系，主要表现包括过度作用、副作用、毒性反应、首剂效应、继发反应、停药综合征、后遗效应等。

2. **B 型不良反应**　又称剂量不相关性不良反应，是与药品的正常药理作用完全无关的一种异常反应。B 型不良反应与药物剂量无关，分为药物异常性和患者异常性两种。药物异常性包括药物有效成分的降解产物、药物中的杂质以及制剂中添加的脱色剂、增溶剂、稳定剂、赋形剂、防腐剂等引起的异常作用；患者异常性包括高敏性体质和特异性遗传体质。B 型不良反应的特点是一般很难预测，常规毒理学筛选不能发现，发生率低（≤1%），死亡率高。例如琥珀胆碱的特异质反应，先天缺乏血浆假性胆碱酯酶的患者，应用胆碱酯酶时可出现恶性高热，患者体温可达 43℃以上。

3. **C 型不良反应**　A 型和 B 型反应之外的异常反应称之为 C 型不良反应。这类不良反应一般在长期用药后出现，潜伏期较长，没有明确的时间关系，难以预测。发病机制有些与致癌、致畸以及长期用药后心血管疾患、纤溶系统变化等有关，有些机制不清，尚在探讨之中。

知识拓展

药品不良反应9类分类法

新的不良反应分类方法把不良反应分为9类，即A、B、C、D、E、F、G、H、U类。A类反应，即扩大（augmented）反应，是药物对人体呈剂量相关的反应，它可根据药物或赋形剂的药理学和作用模式来预知；B类反应，即bugs反应，是由促进某些微生物生长引起的不良反应；C类反应，即化学（chemical）反应，许多不良反应取决于药物或赋形剂的化学性质而不是药理学性质；D类反应，即给药（delivery）反应，许多不良反应是因药物特定的给药方式而引起的；E类反应，即撤药（exit）反应，通常所说的撤药反应是生理依赖的表现；F类反应，即家族性（familial）反应，某些不良反应仅发生在那些由遗传因子决定的代谢障碍的敏感个体中；G类反应，即基因毒性（genotoxicity）反应，许多药物能引起人类的基因损伤；H类反应，即过敏（hypersensitivity）反应，可能是继A类反应后最常见的不良反应；U类反应，即未分类（unclassified）反应，为机制不明的反应。

引自《国外医药（合成药 生化药 制剂分册）》徐蜀远、李汉彝编译

三、药品不良反应的发生原因

几乎所有的药物都可能引起不良反应，只是反应的程度和发生率不同。随着药品种类日益增多，药品不良反应的发生率也逐年增加。药品不良反应的诱发因素有非药品因素及药品因素两类。前者包括年龄、性别、遗传、感应性、疾病等；后者包括药品的毒副作用、药品的相互作用以及赋形剂的影响等。因此，同一药品的不良反应，在不同年龄、不同性别、不同种族、不同感应性、不同适应证、不同共存疾病的患者中可能表现不尽相同，再加上药物及其制剂中赋形剂的影响，问题更为复杂，这就是药品不良反应不可预言的原因。国际医学科学组织委员会（CIOMS）推荐不良反应的发生率表示为：十分常见（≥10%），常见（1%～10%，含1%），偶见（0.1%～1%，含0.1%），罕见（0.01%～0.1%，含0.01%），十分罕见（<0.01%）。

（一）药品因素

1. 药理作用 药物本身的药理作用对机体的组织器官造成伤害，如氨基糖苷类药物的耳毒性、肾毒性，大环内酯类的胃肠道反应等。另外，药物对组织器官选择性低也是不良反应的主要原因，如抗恶性肿瘤药物，在杀死癌细胞的同时，也能杀伤人体正常细胞。

2. 药物的理化性质 理化性质是药品不良反应产生的重要因素，如阿司匹林的结构中含有羧基而显酸性，故对胃黏膜有刺激作用；又如氨茶碱结构中含有氨基，水溶液呈碱性，故静脉注射时可引起血管刺激。

3. 药物的剂量和使用时间 在药品说明书规定的用法用量内，药物的剂量越大、连续使用时间越长，发生不良反应的可能性也随之增加。如长期大量使用肾上腺皮质激素，可引起医源性肾上腺皮质功能亢进症，诱发或加重感染，诱发或加重消化性溃疡、骨质疏松、肌肉萎缩，创口愈合迟缓。

4. 剂型的影响 同一药物往往有多种剂型。由于制造工艺和用药方法的不同，往往影响药物的吸收与血中药物的浓度，亦即生物利用度有所不同，如不注意掌握，即会引起不良反应。

5. 药物的杂质 由于技术原因，药物在生产过程中常残留微量中间产物或杂质，这些物质虽有限量，但也可以引起不良反应。青霉素引起的过敏性休克就是由于发酵过程中，由极少量青霉素降解产生的青霉烯酸和在酸性环境中部分青霉素分解产生的青霉噻唑酸所引起的。另外，由于药物在存储过程中有效成分分解产生的某些物质也会对机体产生不良反应。例如，四

笔记

环素在温暖条件下保存可发生降解，产生棕色黏性物质4-差向脱水四环素，该降解产物可引起肾脏近端小管弥漫性损害，称为范科尼综合征（Fanconi syndrome）。

6. **药物的质量差异**　同一组成的药物，可因厂家不同，制剂技术差别、杂质的除去率不同，而影响其不良反应的发生率。如氯贝丁酯中的不纯物对氯苯酚是发生皮炎的原因，氨苄西林中的蛋白质则是发生药疹的原因等。

7. **药物制剂的辅料**　药品生产过程中使用的溶剂、黏合剂、崩解剂、润滑剂、稳定剂、增溶剂、着色剂以及内包装材料有时也会引起不良反应。例如20世纪60年代，澳大利亚某制药公司将苯妥英钠的赋形剂碳酸钙改为乳糖，结果导致癫痫患者用药后出现共济失调、精神障碍和复视等神经系统症状。其原因是碳酸钙能与苯妥英钠形成可溶性复盐减少苯妥英钠的吸收，乳糖则不与苯妥英钠发生相互作用，因而使苯妥英钠的吸收率增加20%～30%，服药后产生不良反应。苯妥英钠注射液静注后出现的低血压与其溶剂丙二醇有一定关联性。

8. **药物的相互作用**　两种或两种以上的药物同时或先后使用，药物之间能发生相互作用，如药物合用不当也会增加不良反应的发生率。例如，诺乙雄龙本身无抗凝作用，但与华法林合用时，可增加华法林非肝受体部位的亲和力，使华法林的抗凝作用明显增强而引起A型不良反应。

案例分析

案例：王某，男，50岁，患1型糖尿病并发高血压、心房颤动，每日使用胰岛素控制血糖，应用地高辛控制心功能。因对午前高血糖、尿糖难以控制，增服阿卡波糖片（每次50mg，每日3次），3个月后突发严重心房颤动，急送医院。经查，血浆中地高辛浓度仅为每毫升0.23ng，低于有效量（0.8～2.1ng/ml）。经停用阿卡波糖片后，地高辛浓度升至1.6ng/ml。当再次服用阿卡波糖片后，血浆中地高辛浓度又再次下降。最后确认阿卡波糖片干扰地高辛的作用，不再服用。

分析：阿卡波糖片为一种新型口服降糖药，用于胰岛素依赖型或非依赖型糖尿病治疗。阿卡波糖片可使消化道运动功能亢进，使地高辛吸收减少；同时阿卡波糖片可吸附地高辛，也必然影响后者吸收。如何处理阿卡波糖片与地高辛的关系，一般认为，治疗心力衰竭时若使用地高辛，应不用或停用阿卡波糖片，如必须同时使用，应在服用地高辛6小时后再服用阿卡波糖片。

（二）非药品因素

1. **种族**　不同人种之间对某些药物的感受性有相当大的差别。例如，乙酰化是磺胺类、异烟肼、普鲁卡因胺和肼屈嗪等许多药物的代谢途径。乙酰化有快代谢和慢代谢两种类型，黄种人快代谢型较多，白种人慢代谢型较多。慢代谢型者如果长期服用异烟肼，约有23%的人会发生多发性外周神经炎等A型不良反应。在葡糖-6-磷酸脱氢酶（G-6-PD）缺乏者中，黑色人种主要缺乏G-6-PD-A，在服用伯氨喹、磺胺等药物出现溶血性贫血时，红细胞损害不太严重，而高加索人主要缺乏G-6-PD-B，使用上述药物时，红细胞的损害比较严重。

2. **性别**　一般而言，药品不良反应的发生率女性高于男性。例如，保泰松引起的粒细胞减少及氯霉素引起的再生障碍性贫血，女性的发生率分别比男性高3倍和2倍。女性也较男性容易发生药物性红斑狼疮。由于男女生理功能的不同，女性在月经期和妊娠期对泻药及其他刺激性强烈的药物敏感，有引起月经过多、流产及早产的危害。女性在妊娠期应用某些药物还有导致胎儿发育异常的不良反应。哺乳期妇女用药需考虑药物对哺乳儿的影响，例如，吗啡是弱碱性药物，在弱酸性的乳汁中排泄量较高，可致哺乳儿呼吸抑制。

3. 年龄 不同年龄的患者对于药物作用的反应存在较大的差异，老年人、少年、儿童对药物反应与成年人不同。根据《国家药品不良反应监测年度报告（2014年）》，从涉及患者情况看，65岁以上老年人占19.9%，14岁以下儿童占10.5%。儿童正处于机体生长发育期，其肝肾尚未发育完全，而老年人的心、肝、肾、中枢神经系统等器官的功能随着年龄的增长伴有生理性的衰退，如脂肪增加，体液相对减少，肝肾功能衰退，药物代谢和排泄速率相对减慢。例如，青霉素成年人的半衰期为0.55小时，而老年人则为1小时。老年人由于血浆蛋白浓度减少，与药物结合能力也降低，如苯妥英钠与血浆蛋白的结合率较45岁以下的人低26%。小儿对中枢抑制药，影响水盐代谢及酸碱平衡的药物均较敏感。一般而言，乳幼儿较成人易发生不良反应的原因有：药物代谢速度较成人慢，肾排泄较差，作用点上药物作用的感受性较高，且易进入人脑内等。

4. 个体差异 不同个体对同一剂量的相同药物有不同反应，这种生物学差异普遍存在。例如，对水杨酸钠的不良反应就是个体差异。300例男性患者用水杨酸钠治疗，约有2/3的患者在总量为6.5～13.0g时发生不良反应，但在总量仅为3.25g时，已有少数患者出现反应，也有个别患者在总量达30.0g左右时才出现反应，引起反应的剂量在不同个体中相差可达10倍。遗传基因的多态性是导致不同个体间药品不良反应差异的重要原因。例如，编码药物代谢酶、药物转运体、药物受体或离子通道的基因发生突变，导致这些基因编码的蛋白功能改变，进而影响药物的代谢或药物效应。少数患者的特异性遗传素质使机体产生特异质反应，这种反应是有害的，甚至是致命的，只在极少数的患者中出现。

5. 病理状态 疾病可以造成机体器官功能改变，继而影响药物在体内的药效学和药动学改变，诱发药物的不良反应。便秘患者，口服药物在消化道内停留时间长，吸收量多，易发生不良反应。肝硬化患者服用地西泮，其 $t_{1/2}$ 可达105小时（一般患者 $t_{1/2}$ 为46小时），从而导致不良反应。肾病患者因肾功能减退，使许多药物的排泄受到影响导致药物蓄积而诱发不良反应。如多黏菌素，患者的肾功能正常时，其神经系统不良反应的发生率约为7%，而肾功能不良时可达80%。因此，肝肾病患者，不宜使用与一般患者相同的剂量和用药间隔时间，否则容易发生不良反应。

6. 营养状态 饮食的不平衡亦可影响药物的作用，如异烟肼引起的神经损伤，当处于维生素 B_6 缺乏状态时则较正常情况更严重。对缺乏烟酸饲养的动物，当用硫喷妥钠麻醉时，作用增强。

第二节 药品不良反应监测、报告与评估

一、药品不良反应监测

鉴于药品不良反应的严重性及较高的发生率，许多发达国家从20世纪60年代先后开始进行药品不良反应监测与报告工作。美国食品药品监督管理局因20世纪30年代“磺胺酏剂事件”制定了FDA法规。20世纪60年代，许多国家因“沙利度胺事件”加强了对药物上市前的安全性实验。实践证明，必须建立完善的药品不良反应监控制度，通过对不良反应的监测为药物的安全性提供可靠依据，并且最大限度减少药品对人体造成的损害。

我国的ADR监测工作始于20世纪80年代。1983年原卫生部起草《药品毒副反应报告制度》，1985年我国药品管理法开始正式实施，使ADR监测工作进入法制化轨道。2001年新修订的《中华人民共和国药品管理法》开始实施，并规定我国实行药品不良反应报告制度，药品生产、经营企业和医疗机构必须经常考察本单位所生产、经营、使用的药品质量、疗效和不良反应。发现可能与用药有关的严重不良反应，必须及时向当地省、自治区、直辖市人民政府药品监督管理部门和卫生行政部门报告。2004年由原卫生部、国家食品药品监督管理局联合颁布的《药品不良反应报告和监测管理办法》的实施，为我国药品不良反应监测奠定了重要的法律基

笔记

础。建立报告制度的主要目的就是为了进一步了解药品的不良反应情况，及时发现新的、严重的药品不良反应，以便国家药品监督管理部门及时对有关药品加强管理，避免同样药品、同样不良反应的重复发生，保护更多人的用药安全和身体健康。

二、药品不良反应报告

根据《药品不良反应监测管理办法》第十三条的规定，我国的药品不良反应报告范围包括：①上市5年以内的药品和列为国家重点监测的药品，报告该药品引起的所有可疑不良反应；②上市5年以上的药品，主要报告该药品引起的严重、罕见或新的不良反应。其报告途径主要有如下几种：

（一）监测报告系统

国家食品药品监督管理总局主管全国药品不良反应报告和监测工作，地方各级药品监督管理部门主管本行政区域内的药品不良反应报告和监测工作。各级卫生行政部门负责本行政区域内医疗机构与实施药品不良反应报告制度有关的管理工作。地方各级药品监督管理部门应当建立健全药品不良反应监测机构，负责本行政区域内药品不良反应报告和监测的技术工作。

建立国家药品不良反应监测信息网络是药品不良反应监测工作中主要任务之一，即在全国范围内的药品生产、经营单位、医疗单位与各级药品不良反应监测机构之间建立一个药品不良反应监测报告的常规工作体系，通过医务人员把患者用药后发生的可疑的药品不良反应逐级上报，药品监督管理部门组织有关专家对各种药品不良反应病例进行因果关系分析评价和药物流行病学调查，并将结果及时反馈和利用，防止药品不良反应的重复发生，最终达到保护人民用药安全的目的。国家药品不良反应监测信息网络，为我国即将建立的全国药品不良反应监测系统提供了方便快捷的信息传输渠道，该网络具有多功能的数据库，得到了多方面的技术支持。它的建立可以有效避免相同的药品不良反应给我国人民用药安全造成的危害，通过国家药品不良反应监测信息网络可以广泛地开展国际间的信息交流与技术合作，并与世界卫生组织国际药品监测合作中心数据库直接联网，可及时得到世界范围内有关药品不良反应的数据和资料。

1. **国家药品不良反应监测中心**　负责全国药品不良反应报告和监测的技术工作，并履行以下主要职责：承担国家药品不良反应报告和监测资料的收集、评价、反馈和上报，以及全国药品不良反应监测信息网络的建设和维护；制定药品不良反应报告和监测的技术标准和规范，对地方各级药品不良反应监测机构进行技术指导；组织开展严重药品不良反应的调查和评价，协助有关部门开展药品群体不良事件的调查；发布药品不良反应警示信息；承担药品不良反应报告和监测的宣传、培训、研究和国际交流工作。

2. **省级药品不良反应监测机构**　负责本行政区域内的药品不良反应报告和监测的技术工作，并履行以下主要职责：承担本行政区域内药品不良反应报告和监测资料的收集、评价、反馈和上报，以及药品不良反应监测信息网络的维护和管理；对设区的市级、县级药品不良反应监测机构进行技术指导；组织开展本行政区域内严重药品不良反应的调查和评价，协助有关部门开展药品群体不良事件的调查；组织开展本行政区域内药品不良反应报告和监测的宣传、培训工作。

3. **设区的市级、县级药品不良反应监测机构**　负责本行政区域内药品不良反应报告和监测资料的收集、核实、评价、反馈和上报；开展本行政区域内严重药品不良反应的调查和评价；协助有关部门开展药品群体不良事件的调查；承担药品不良反应报告和监测的宣传、培训等工作。

4. **药品生产、经营企业和医疗机构**　应当建立药品不良反应报告和监测管理制度。药品生产企业应当设立专门机构并配备专职人员，药品经营企业和医疗机构应当设立或者指定机构并配备专（兼）职人员，承担本单位的药品不良反应报告和监测工作。

（二）监测报告程序和处理原则

2011年实施的《药品不良反应报告与监测管理办法》（卫生部令第81号）要求：药品生产、

经营企业和医疗机构获知或者发现可能与用药有关的不良反应，应当通过国家药品不良反应监测信息网络报告；不具备在线报告条件的，应当通过纸质报表报所在地药品不良反应监测机构，由所在地药品不良反应监测机构代为在线报告。报告内容应当真实、完整、准确。

1. **个例药品不良反应** 药品生产、经营企业和医疗机构应当主动收集药品不良反应，获知或者发现药品不良反应后应当详细记录、分析和处理，填写《药品不良反应/事件报告表》并报告，其中新的、严重的药品不良反应应当在15日内报告，其中死亡病例须立即报告；其他药品不良反应应当在30日内报告。有随访信息的，应当及时报告。新药监测期内的国产药品应当报告该药品的所有不良反应；其他国产药品，报告新的和严重的不良反应。进口药品自首次获准进口之日起5年内，报告该进口药品的所有不良反应；满5年的，报告新的和严重的不良反应。个人发现新的或者严重的药品不良反应，可以向经治医师报告，也可以向药品生产、经营企业或者当地的药品不良反应监测机构报告，必要时提供相关的病历资料。对死亡病例，事件发生地和药品生产企业所在地的省级药品不良反应监测机构均应当及时根据调查报告进行分析、评价，必要时进行现场调查，并将评价结果报省级药品监督管理部门和卫生行政部门，以及国家药品不良反应监测中心。

2. **药品群体不良事件** 药品生产、经营企业和医疗机构获知或者发现药品群体不良事件后，应当立即通过电话或者传真等方式报所在地的县级药品监督管理部门、卫生行政部门和药品不良反应监测机构，必要时可以越级报告；同时填写《药品群体不良事件基本信息表》，对每一病例还应当及时填写《药品不良反应/事件报告表》，通过国家药品不良反应监测信息网络报告。

药品生产企业获知药品群体不良事件后应当立即开展调查，详细了解药品群体不良事件的发生、药品使用、患者诊治以及药品生产、储存、流通、既往类似不良事件等情况，在7日内完成调查报告，报所在地省级药品监督管理部门和药品不良反应监测机构；同时迅速开展自查，分析事件发生的原因，必要时应当暂停生产、销售、使用和召回相关药品，并报所在地省级药品监督管理部门。药品经营企业发现药品群体不良事件应当立即告知药品生产企业，同时迅速开展自查，必要时应当暂停药品的销售，并协助药品生产企业采取相关控制措施。

设区的市级、县级药品监督管理部门获知药品群体不良事件后，应当立即与同级卫生行政部门联合组织开展现场调查，并及时将调查结果逐级报至省级药品监督管理部门和卫生行政部门。

省级药品监督管理部门与同级卫生行政部门联合对设区的市级、县级的调查进行督促、指导，对药品群体不良事件进行分析、评价，对本行政区域内发生的影响较大的药品群体不良事件，还应当组织现场调查，评价和调查结果应当及时报国家食品药品监督管理总局和国家卫生计生委。

对全国范围内影响较大并造成严重后果的药品群体不良事件，国家食品药品监督管理总局应当与国家卫生计生委联合开展相关调查工作。

3. **境外发生的严重药品不良反应** 进口药品和国产药品在境外发生的严重药品不良反应（包括自发报告系统收集的、上市后临床研究发现的、文献报道的），药品生产企业应当填写《境外发生的药品不良反应/事件报告表》，自获知之日起30日内报送国家药品不良反应监测中心。国家药品不良反应监测中心要求提供原始报表及相关信息的，药品生产企业应当在5日内提交。国家药品不良反应监测中心应当对收到的药品不良反应报告进行分析、评价，每半年向国家食品药品监督管理总局和国家卫生计生委报告，发现提示药品可能存在安全隐患的信息应当及时报告。

进口药品和国产药品在境外因药品不良反应被暂停销售、使用或者撤市的，药品生产企业应当在获知后24小时内书面报国家食品药品监督管理总局和国家药品不良反应监测中心。

4. **定期安全性报告** 药品生产企业应当对本企业生产药品的不良反应报告和监测资料进行定期汇总分析，汇总国内外安全性信息，进行风险和效益评估，撰写定期安全性更新报告。

定期安全性更新报告的撰写规范由国家药品不良反应监测中心负责制定。

设立新药监测期的国产药品，应当自取得批准证明文件之日起每满1年提交一次定期安全性更新报告，直至首次再注册，之后每5年报告一次；其他国产药品，每5年报告一次。首次进口的药品，自取得进口药品批准证明文件之日起每满一年提交一次定期安全性更新报告，直至首次再注册，之后每5年报告一次。定期安全性更新报告的汇总时间以取得药品批准证明文件的日期为起点计，上报日期应当在汇总数据截止日期后60日内。国产药品的定期安全性更新报告向药品生产企业所在地省级药品不良反应监测机构提交。进口药品（包括进口分包装药品）的定期安全性更新报告向国家药品不良反应监测中心提交。省级药品不良反应监测机构应当对收到的定期安全性更新报告进行汇总、分析和评价，于每年4月1日前将上一年度定期安全性更新报告统计情况和分析评价结果报省级药品监督管理部门和国家药品不良反应监测中心。国家药品不良反应监测中心应当对收到的定期安全性更新报告进行汇总、分析和评价，于每年7月1日前将上一年度国产药品和进口药品的定期安全性更新报告统计情况和分析评价结果报国家食品药品监督管理总局和国家卫生计生委。

三、药品不良反应评估

（一）判断药品不良反应的主要依据

1. 在动物实验或临床研究和应用中已肯定的反应。
2. 不良事件是否发生在所疑药物应用后。
3. 停用所疑药物或应用特异性对抗药后不良反应得到改善。
4. 再次应用所疑药物后，这种不良反应又发生。
5. 是否药物以外的可疑因素引起此种反应。
6. 应用安慰剂后，此反应是否仍发生。
7. 血液或体液中能否检测到可引起毒性的药物浓度。
8. 增减药物剂量时，不良反应是否也随之加重或改善。
9. 患者以前用同一药物或类似物是否有相同的反应。
10. 不良反应是否被客观证据证实。

（二）不良反应的关联性评价

按照肯定、很可能、可能、可能无关、待评价及无法评价的6级评价标准进行评价，评价依据下面5方面内容：①用药与不良反应的出现有无合理的时间关系；②反应是否符合该药已知的不良反应类型；③停药或减量后反应是否消失或减轻；④再次使用可疑药品是否再次出现同样反应；⑤反应是否可用合并用药物的作用、患者病情的进展、其他治疗措施来解释。

关联性评价标准：①肯定：符合上述1～5条；②很可能：符合1、2、3、5条；③可能：符合上述1～3条；④可能无关：不符合上述任何一条；⑤待评价：内容不齐，等待补充，或因果关系难以定论，缺乏文献资料佐证；⑥无法评价：内容缺项太多，因果关系难以定论，资料又无法补充。

第三节 药品不良反应的防范

一、药品不良反应的预防原则

（一）详细了解患者的病史，正确对症用药

在正式确定治疗方案和选定治疗药物前，详细了解患者的病史、药物过敏史和用药史，对某药过敏的患者应该终身禁用该药；对可能发生严重过敏反应的药物，可以通过皮肤测试等方法来筛查有用药禁忌的患者。

（二）严格掌握药物的用法，区分个体用药

药物治疗中严格遵照用法、剂量、适应证和禁忌证，并根据患者的生理和病理特点实行个体化给药。不同人群根据需要调整药物用法和用量。例如，老年人用药量从小剂量开始，通常推荐成人的1/4～1/3，然后逐渐加量，直至最低有效维持量；对于新小儿，尤其是新生儿，其剂量应按照体重或体表面积计算，用药期间应加强观察；对于孕妇或哺乳妇女，必须选用药物治疗时，应当参照药品危险等级分类和药品哺乳期安全性的资料，慎重选择。

（三）合理选用联合用药种类，避免不必要的联合用药

联合用药应注意药物的相互作用，可用可不用的药物尽量不用；在必须联合应用时，要兼顾增加疗效与减少药物的不良反应。

（四）密切观察患者的用药反应，必要时检测血药浓度

对于长期服用药物的患者来说，如用头孢类、氨基糖苷类等抗生素以及利尿剂，应定期检测肝功能、肾功能、电解质及酸碱平衡；长期服用地高辛、氨茶碱的患者尽可能到有条件的医院做血药浓度监测。一旦发生异常反应，应尽快查明原因，及时调整剂量或更换治疗药物。必要时通过治疗药物监测等手段及时调整给药方案，指导合理用药。

（五）提高患者防范意识，及时报告异常反应

最早发现药品不良反应症状的往往是患者自己，因此不仅要向患者介绍药品的疗效，还应详细地解释相关的药品不良反应和用药注意事项的信息，告诫出现不良反应早期征兆时的应对方法，从而增强患者对药品不良反应和药源性疾病的防范意识，提高用药的依从性。

（六）加强对执业者的专业水平训练和职业道德教育，避免用药错误

有相当的药品不良反应的发生往往和医药人员在处方、配制、发药和用药过程中出现的差错、事故有关，这类药品不良反应属于“可避免的药品不良反应”。通过加强对医师和药师的专业技能训练和职业道德教育，可在一定程度上减少这类药品不良反应的发生。

二、新药上市前的审查

虽然在长期临床试验前已经进行了大量动物试验，在临床试验中新药仍可能出现不良反应。1993年出现了一起震惊全美的临床试验中的药品不良反应事件，它就是非阿尿苷事件。非阿尿苷（fialuridine）是一种准备用于治疗乙肝的药品，由美国麦姆利（Memorial）癌症中心开发，但上市权转让给礼来公司。1993年初，美国国家卫生研究所在进行为期24周、加大剂量的Ⅱ期临床试验时，15位患者中有7人出现了肝衰竭，需要肝移植，其中5人死亡。这就是非阿尿苷事件。自此，美国FDA建议临床试验的开发公司，报告所有严重不良反应包括死亡病例、半年内出现的停药及结局最坏的病例分析报告。

目前，全世界各国的药品监督管理部门都规定，药品在上市前必须进行上市前试验并接受严格的审评，以确定它是否安全有效。上市前试验包括动物疗效和毒性试验及Ⅰ期、Ⅱ期、Ⅲ期临床试验等。

Ⅰ期临床试验：初步的临床药理学及人体安全性评价试验。观察人体对于新药的耐受程度和药动学，为制订给药方案提供依据。受试者：选择正常成年人（进行过体格检查，无严重的心、肝、肾、血功能障碍者）或少数适宜的患者（如抗癌药、抗艾滋病药等），均以自愿为原则，男女数量最好相等，例数可在10～30例。

Ⅱ期临床试验：治疗作用初步评价阶段。其目的是初步评价药物对目标适应证患者的治疗作用和安全性，也包括为Ⅲ期临床试验研究设计和给药剂量方案的确定提供依据。此阶段的研究设计可以根据具体的研究目的，采用多种形式，包括随机盲法对照临床试验。Ⅱ期试验按规定需进行盲法随机对照试验100对，即试验药与对照药各100例，共计200例。

Ⅲ期临床试验：治疗作用确证阶段。其目的是进一步验证药物对目标适应证患者的治疗作

笔记

用和安全性，评价利益与风险关系，最终为药物注册申请获得批准提供充分的依据。试验一般应为具有足够样本量的随机盲法对照试验。Ⅲ期临床试验病例数《药品注册管理办法》规定，试验组≥300例，未具体规定对照组的例数。避孕药要求不少于1000例，每例观察时间不得少于12个月经周期。特殊病种及其他特殊情况所需病例数可视情况而定。

三、新药上市后的监察

药品上市前都需要经过一系列的临床试验研究，但这并不足以完全保证药物治疗的安全性。这是由于上市前的临床试验存在其固有的局限性：①病例少；②研究时间短；③经过筛选的试验对象和上市后实际用药人群有差别，老年人、儿童、孕妇和有并发症的患者常被排除在临床试验之外；④用药方案和观察指标有限。比如为避免影响试验药的疗效判断，严格限制合并用药。观察项目设定主要针对疗效指标和可预见的药品不良反应，未列入观察要求的临床现象则可能被疏漏。

由于药品上市前研究存在这些局限性，一些发生率低、潜伏期较长的药品不良反应只能在药品上市后广泛应用的过程中才有可能被发现和认识。因此，被正式批准上市的药品，并不意味着其临床评价的结束，而是表明已具备扩大样本对其进行更深入研究的条件。其中，药品不良反应监测更是药物上市后研究的重要内容。

(一) 上市后主要的药品不良反应的监测方法

1. **自发呈报系统**(spontaneous reporting system)　由国家或地区设立专门的药品不良反应监察中心，负责收集、整理、分析由医疗机构和药品生产与经营管理企业自发呈报的药品不良反应报告，并反馈相关信息。自发呈报系统的主要作用是可以及早发现潜在的药品不良反应的信号，即关于一种不良事件与某一药品间可能存在因果关系的报道信息。基于这种信号可以形成假说供进一步研究，并使药品不良反应得到早期警告。对于罕见不良反应的发现，自发呈报是唯一可行的方式。因此，在药品不良反应监测中占有极重要的作用。

2. **医院集中监测**(hospital intensive monitoring)　指在一定时间和范围内，根据集中监测研究目的详细记录规定药物的使用和药品不良反应发生的情况。医院集中监测可以是患者源性监测，即以药物为线索了解用药及药品不良反应发生的情况；也可以是药物源性监测，即以药物为线索对一种或几种药物的药品不良反应进行考察。

3. **病例对照研究**(case-control study)　是通过调查一组发生了某种药物不良事件的人群(病例)和一组未发生该药不良事件的人群(对照)，了解过去有无使用过(或称暴露于)某一可疑药物的历史，然后比较两组暴露于该药物的百分比(暴露比)，以验证该药物与这种药物不良事件间的因果关系。如病例组的药物暴露显著高于对照组，则提示该药物的使用与这种药物不良事件的发生间有很强的因果联系。这是一种由“果”(药物不良事件)及“因”(药物)的研究方法。

4. **队列研究**(cohort studies)　将人群按是否使用某种药物分为暴露组与非暴露组，然后对两组人群都同样地追踪随访一定时期，观察在这一时期内两组药物不良事件的发生率，从而验证因果关系的假设。如果暴露组的某药物不良事件的发生率显著高于非暴露组，则说明该药物与这一不良事件的发生有关。这是一种由“因”(药物)及“果”(药物不良事件)的研究方法，它能比上述病例对照研究提供更直接、更有力的因果关系的判断。

5. **记录联结**(recorded linkage)　通过一种独特的方式把分散在不同数据库里的相关信息(如出生、婚姻、住院史、处方、家族史等)联结起来，以发现与药物有关的不良事件的方法。它可以充分利用计算机技术和现有的医疗信息资源，高效率地获取药品不良反应监测所需的数据，而且不干扰正常的处方活动。

6. **处方事件监测**(prescription event monitoring，PEM)　是一种非干预性、观察性队列研究

笔记

方法，通过收集上市药品的处方，要求医生填写问卷，询问患者使用某药后的结果。通过收集处方来积累数据，从中找出ADR信号，计算其发生率和报告率。该呈报方法不干预医师评价每例事件与药物的相关性，它的资料来自日常临床用药的患者，而不是经过筛选的人群，因而具有真实用药的代表性。该方法是监测新上市药品使用安全性的有效方法，是自发呈报系统有益的补充。目前，世界上只有少数几个国家在开展本计划。此项计划的开展需要完善的医疗保健体制，因此在发展中国家难以开展。目前，我国没有类似的计划。

（二）上市后药品不良反应监测的意义和作用

1. 早期预警作用 药品一旦上市在真实世界、规模人群开始使用，其安全问题，无论是天然风险，还是人为风险，均有可能作为医学安全问题在临床出现。对于这些医学安全问题的快速发现和捕捉，是对其科学判断、有效控制，避免类似事件重复发生的重要基础。而只有系统地设立药品不良反应监测体系和深入开展相关工作，才能真正做到早期预警，继而最大限度地控制和限制安全性问题的扩大。其早期预警作用不但表现在对突发事件的应急处理，更充分体现在日常药品安全信号预警。

理论上讲，如果一个国家的自发报告系统所收集到的病例数量、覆盖面、上报人群比例、来源机构或人群性质、涵盖药品种类等指标每年相对恒定，则意味着该系统进入比较成熟的阶段。若进入这一阶段，该系统所呈现出来的信息性质与信息强度，则在一定程度上不但可以预警出某一个或一类药品的安全性问题，而且也可以在一定程度上粗略推断出当前市场上规模人群使用某一个或一类药品的相对量的多少，甚至可以就此针对某一具体"信号"，如肝损害在不同药品相互之间进行比较。但由此得到的各种安全性信号如过敏性休克、急性肾衰竭、心搏骤停，也只是"提示性信息""预警信号"。

可见，上市后药品不良反应监测对于早期预警药品安全"信号"具有十分重要与不可替代的作用，但在具体药品安全性问题分析和定性、定量上又存在一定的局限性。

2. 促进和完善药品评价 通常认为上市后药品不良反应监测包括发现、报告、评价和控制等四个环节，故"评价"本身就是药品不良反应监测的核心技术工作。同时，药品不良反应监测的开展也进一步丰富和完善了药品技术评价的内涵。

3. 推进合理用药 上市后药品不良反应监测必然可以获得更多关于药品在临床实际应用中关于疗效、不良反应、用药情况等方面的信息，对这些信息的掌握是判断临床合理用药情况的基础。

药品不良反应监测，尤其是其中的"自发报告"工作，离不开临床医生的参与和实施。临床医务人员的主动参与，可以在第一时间内获得某些药品安全性方面的第一手资料，不仅有助于提高对药品不良反应的警惕性和识别能力，同时对其处方用药无疑具有较好反馈和提示作用。使得临床医务人员，可以更加准确地把握所使用药品的特性、剂量、用法以及与其他药品和食品的相互作用等情况。

如果上述情况是个体在微观或某个局部的获益，那么汇总各方信息，并加以分析、评价，再以适当的形式将相关信息反馈给医生和使用该药的群体，无疑是药品不良反应监测工作非常重要的内容之一。

各国药品监督管理部门对于通过不同途径上报的药品不良反应监测信息，通常会以不同形式、采用多种媒体，向临床医务人员和患者进行反馈。比如美国及我国的《药品不良反应信息通报》《药物警戒快讯》等。在这些安全性信息中，药品安全评价人员通常会对临床发生的安全性问题的影响因素进行分析，不合理用药情况是其中较为重要的内容。由此，临床医务人员可以获知更多的药品安全性方面的信息，及不同药品临床常见不合理用药的具体现象，从而指导其临床合理用药，提高用药水平。

笔记

4. 加强药品风险管理 药品风险管理实际上是在对药品的风险效益进行综合评估的基础

上，采取适宜的策略与方法，将药品风险降至最低的过程。药品不良反应监测构筑了风险管理的最终防线，是实现药品风险管理最为有效、经济的手段。

四、药品不良反应的处置

（一）停用可疑药物

在药物治疗过程中，当怀疑出现的病症是由于药物所引起而又不能确定为某药时，如治疗允许，最可靠的方法是首先停用可疑药物甚至全部药物，这样处理不仅可以及时终止治病药物对机体的继续损害，而且有助于不良反应的识别。停药后，症状减轻或消失可以提示疾病的药源性。若治疗不允许中断，对于A型药品不良反应往往可以通过减量，或者选择一种选择性更高的同类药物；对于B型不良反应则通常需要必须更换药物。

（二）采取有效的救治措施

多数药品不良反应经过上述处理后均可逐渐消失，恢复正常。对于较严重的药品不良反应和药源性疾病则需采取进一步的措施。

1. 减少药物吸收　药物经皮下或皮内注射于四肢者，可将止血带缚于注射处近心端，以延缓其吸收。对于口服用药者，可用1∶1000～1∶5000高锰酸钾溶液反复洗胃；通过机械刺激咽喉促使呕吐，也可以皮下注射阿扑吗啡5mg或口服1%硫酸酮溶液100～200ml催吐；使用毒物附加剂如药用炭吸附药物，同时用导泻剂（如70%山梨醇）将已吸附药物的吸附剂排出体外。

2. 加速药物的排泄　可使用利尿剂配合输液，迫使药物排出体外。通过改变体液的pH，加速药物的排泄。如弱酸性药物阿司匹林、巴比妥类引起的严重不良反应，可静脉注射碳酸氢钠碱化血液和尿液pH，促进药物排出。碳酸锂过量中毒时，静脉注射0.9%氯化钠注射液有助于锂排出。有条件时，可通过人工透析排出体内滞留的过量药物。

3. 使用解救药物　利用药物的相互拮抗作用降低药物的药理活性，达到减轻或消除药品不良反应的目的。例如：阿托品对抗毛果芸香碱的毒性反应，纳洛酮解救吗啡中毒，鱼精蛋白中和肝素，地高辛抗体片段解救地高辛中毒。这些均属于特异性的解救药物，及时用药，效果极佳。当缺少特异性解救药物时，则可采取对症、支持疗法，为药物不良效应的衰减争取时间。需要强调的是，并非所有的药品不良反应都需要药物的治疗，尤其是轻度的一般性药品不良反应，不要忽视机体自身的消除和代偿机制。发生药品不良反应时，过度依赖药物有时会造成更多新的不良反应。

4. 药物过敏反应的抢救　当发生药物过敏性休克时，应立即停止使用此药，并分秒必争地就地抢救，以免延误救治时机。在使用易引起过敏性休克的药物时，应注意做好急救准备。对大多数过敏性休克，最常用的急救药物是肾上腺素，还可加用糖皮质激素，并给予保持气道通畅、吸氧等措施。对皮肤黏膜等过敏反应，可口服氯苯那敏、布克力嗪、异丙嗪、苯海拉明等抗过敏药物，还可视情况和需要使用糖皮质激素、皮肤局部治疗等。如继发感染，可给予抗菌药物治疗。在使用抗感染药物时，要考虑到患者可能处于高敏状态，原发反应可能就是由于抗生素引起或可能发生交叉过敏反应，应注意选择患者不会过敏的药物谨慎试用，并密切观察；使用的药物种类不宜过多，并不要随便增加或调换药物，以免出现新的反应导致病情恶化。

知识拓展

维生素、矿物质类会引起药品不良反应吗?

维生素、矿物质方面的药物也必须按规定的适应证、用法用量服用，否则也能引起不良反应，甚至引起残疾或死亡。例如，长期、大剂量服用维生素A、维生素D引起发热、

笔记

腹泻、中毒，大剂量静脉注射维生素C引起静脉炎、静脉血栓形成、死亡等。即使在常规剂量有时也能引起不良反应，如有人口服维生素E每天3次，每次10mg，5天后发生耳鸣、耳聋。许多人服用维生素、矿物质类药物的同时还服用其他药物，也要注意有没有不良的相互作用。

第四节 药源性疾病的防治

药源性疾病(drug induced diseases)，指当药物引起的不良反应持续时间比较长，或者发生的程度比较严重，造成某种疾病状态或器官发生持续性、器质性损害而出现一系列临床症状和体征。与药品不良反应不同的是，引起药源性疾病并不限于正常的用法和用量，还包括过量和误用药物所造成的损害。

一、引起药源性疾病的因素

引起药源性疾病的因素，除去第三节所述引起药品不良反应的因素外，还包括用药方面的原因。用药失误(medication errors，ME)指在处方的书写、抄录，药品的调剂、配送，药物的给予，以及药物监测等方面出现的失误，导致用药不当致使患者受损。其中以给药失误发生率最高，其次为抄写、调剂、处方的失误。

(一)误用、滥用、医护药人员处方配伍不当

误用、滥用、医护药人员处方配伍不当、患者滥用药物等均可发生不良反应。注射药物配伍是临床上最常用的给药方法之一，在实践应用、操作过程中，由于配伍不当、溶媒选择不合理等原因，使药物发生沉淀、混浊、结晶、变色等理化反应，不仅可使药效降低，还可对人体造成损害。万古霉素与美洛西林配伍连续静脉滴注，两药可以相互反应，在输液管中产生白色混浊乳状液，两者连续使用存在配伍禁忌。氯化钾用于低血钾者，只宜口服或缓慢静脉滴注给药，若静脉推注可导致心搏骤停，应绝对避免。

(二)用药途径

给药途径不同，关系到药物的吸收、分布，也影响药物发挥作用的快慢、强弱及持续时间。例如，静脉给药直接进入血液循环，立即发生效应，较易发生不良反应，口服刺激性药物可引起恶心、呕吐等。

(三)用药持续时间

长期用药易发生不良反应，甚至发生蓄积作用而中毒。

(四)药物相互作用

联合用药不当，由于药物的相互作用，不良反应的发生率亦随之增高。据报告，5种药物并用的不良反应发生率为4.2%，6～10种为7.4%，11～15种为24.2%，16～20种为40%，21种以上达45%。联合用药增加不良反应发生概率的原因是多方面的，其中最常见的原因是药物在体内的相互作用影响了药物在体内的代谢过程，造成血药浓度显著升高，导致不良反应发生。有些药物长期使用后加速肝药酶的合成并增强其活性，使机体对另一些药物代谢加速，为了达到和维持疗效，必须加大剂量，一旦停用诱导剂，原来药物的血药浓度即升高，从而产生不良反应。

(五)减药或停药

减药或停药也可引起不良反应。例如，治疗严重皮疹，停用糖皮质激素或减药过速时，会产生反跳现象。

二、常见药源性疾病

（一）药物的变态反应

变态反应，也称为过敏反应，是与药物原有效应、药物剂量无关的一类免疫反应。变态反应有4种类型：①Ⅰ型：速发型反应，机体初次接触药物半抗原后，通过半抗原与载体蛋白结合，诱导机体产生相当量IgE抗体，并与组织细胞中的肥大细胞和嗜碱性粒细胞表面上的IgE受体结合。机体再次接触相同或有交叉反应的药物时，与上述反应的IgE受体形成交联，引起靶细胞脱颗粒，释放组胺、5-羟色胺、缓慢反应物质（SRA-S）等药理活性物质，导致哮喘、荨麻疹等。②Ⅱ型：细胞毒型反应，药物与特异性组织抗体（IgG、IgM或IgA）直接作用于细胞膜上的蛋白质形成抗原抗体复合物，在补体、巨噬细胞和杀伤细胞的参与下，引起病理性损伤。③Ⅲ型：免疫复合物型变态反应，药物与体内IgG抗体结合后，在补体的参与下促使中性粒细胞浸润并损伤内皮细胞的变态反应。④Ⅳ型：迟发型变态反应，药物与蛋白质形成抗原免疫复合物致敏T淋巴细胞，再与相应的抗原结合后产生炎症反应。表11-1列出了可引起不同类型变态反应的常见药物。

表11-1　引起各类变态反应的常见药物

类型	临床表现	引起各类变态反应的药物
Ⅰ型变态反应	过敏性鼻炎、支气管哮喘、过敏性休克、荨麻疹	青霉素、链霉素、局麻药
Ⅱ型变态反应	血小板减少症 溶血性贫血	青霉素、头孢菌素、利福平、奎尼丁 保泰松、甲苯磺丁脲、甲硝唑
Ⅲ型变态反应	发热、关节炎、皮疹、支气管哮喘、淋巴结肿大、荨麻疹	青霉素、链霉素、磺胺类、抗甲状腺药
Ⅳ型变态反应	炎症	抗组胺药、外用抗生素、抗真菌药

1. **肝损害**　大多数药物在肝药酶的作用下进行生物转化，因此，多种药物可影响肝脏的功能。可引起肝损害的常见药物见表11-2。

表11-2　引起肝损害的常见药物

引起肝损害的常见药物	临床症状
糖皮质激素、氯霉素、红霉素、丝裂霉素、左旋门冬酰胺、奎尼丁、胺碘酮、苯妥英钠等	脂肪肝
氯霉素、克林霉素、林可霉素、异烟肼、利福平、氯喹、磺胺类、氟奋乃静、三氯拉嗪、甲丙氨酯、甲睾酮、氯磺丙脲、甲氨蝶呤、别嘌醇等	黄疸

2. **肾损害**　大量药物经肾脏排出体外。可能引起肾损害的常见药物见表11-3。

表11-3　引起肾损害的常见药物

引起肾损害的常见药物	临床症状
磺胺类、四环素类、万古霉素、林可霉素、青霉素类、多黏菌素类、头孢菌素类、氨基糖苷类、甲硝唑、非甾体抗炎药、造影剂、化疗药物、环霉素、青霉胺、碳酸锂、甲氧氟烷等	肾损伤
大剂量静滴对氨基水杨酸钠、去甲肾上腺素、甲氧明、去氧肾上腺素等	急性肾衰竭
环磷酰胺、白消安、苯丁酸氮芥等	出血性膀胱炎
保泰松	血尿、蛋白尿
利福平	肾过敏

3. **神经系统损害**　氨基糖苷类抗生素可引起第八对脑神经损害，其中庆大霉素所致者在儿童聋哑病因中占50%以上，尤其是2岁以内儿童的发病率高。表11-4列出了可能引起神经系统损害的部分药物。

笔记

表 11-4 引起神经系统损害的常见药物

引起神经系统损害的常见药物	临床症状
呋喃西林、呋喃唑酮、呋喃妥因、异烟肼、链霉素、卡那霉素、甲硝唑、甲巯咪唑、吲哚美辛、长春新碱等	周围神经炎
氯丙嗪、氟奋乃静、三氟拉嗪、氟哌啶醇、五氟利多、利血平、碳酸锂等	锥体外系反应
巴比妥类、水合氯醛、大剂量溴剂等	精神错乱
丁卡因、氯喹、甲氨蝶呤等	诱发癫痫发作
巴比妥类、甲丙氨酯、氯氮平、氯丙嗪、苯妥英钠、丙米嗪、氟脲嘧啶等	眼球震颤、复视
氯霉素、异烟肼、乙胺丁醇、氯喹等	视神经炎
咖啡因、氨茶碱、麻黄碱等	焦虑、失眠
糖皮质激素眼药水	青光眼、白内障

4. **消化系统损害** 口服给药是临床上最方便、最易被患者接受的给药途径。药物引起的消化系统不良反应多种多样，约占全部药品不良反应的20%～40%。吲哚美辛是目前最常见的致消化系统损害的药物，其他可能引起消化系统损害的常见药物见表 11-5。

表 11-5 引起消化系统损害的常见药物

引起消化系统损害的常见药物	临床症状
阿司匹林、保泰松、吲哚美辛、糖皮质激素、利血平、胍乙啶、氯化钾等	消化道溃疡
氯氮平、阿托品、氯丙嗪、丙米嗪、东莨菪碱、抗组胺药等	肠麻痹、肠坏死
氨苄西林、阿莫西林、头孢菌素类、林可霉素类、四环素类、氯霉素类等	假膜性结肠炎

5. **血液系统损害** 可能引起血液系统损害的常见药物见表 11-6。

表 11-6 引起血液系统损害的常见药物

引起血液系统损害的常见药物	临床症状
地西泮、保泰松、氯霉素、磺胺类、氨基比林、安乃近、异烟肼、甲硫氧嘧啶、丙硫氧嘧啶、吲哚美辛、锑剂、氯氮平、氯丙嗪、苯妥英钠、苯海拉明、对氨基水杨酸、阿司匹林、奎尼丁、西咪替丁等	粒细胞减少
阿糖胞苷、环磷酰胺、甲氨蝶呤、巯嘌呤、白消安、长春新碱、奎尼丁、奎宁、氯霉素、磺胺类、氨苄西林、头孢菌素类、利福平、阿司匹林、保泰松、非那西丁、氨基匹林、安乃近、巴比妥类、呋塞米、扑尔敏、安妥明等	血小板减少
环磷酰胺、甲氨蝶呤、巯嘌呤、阿糖胞苷、白消安、氯霉素、氯丙嗪、苯妥英钠、氯喹、吲哚美辛、氮芥、甲硫氧嘧啶等	再生障碍性贫血

6. **循环系统损害** 可能引起循环系统损害的常见药物见表 11-7。

表 11-7 引起循环系统损害的常见药物

引起循环系统损害的常见药物	临床症状
强心苷、胺碘酮、麻黄碱、多巴胺、去甲肾上腺素、异丙肾上腺素、酚妥拉明、普鲁卡因胺、钾盐等	心律失常
维拉帕米、奎尼丁、普鲁卡因胺、洋地黄类、新斯的明、毛果芸香碱、罂粟碱、吐根碱、利多卡因、氯喹等	阿 - 斯综合征
奎尼丁、利多卡因、美西律、洋地黄类、恩卡尼、氟卡尼、胺碘酮、阿普林定、溴苄铵、硝苯地平、氯丙嗪、异丙嗪、异丙肾上腺素、阿米替林等	尖端扭转型室性心动过速
新斯的明	心动过缓、血压下降或休克
肼屈嗪	窦性心动过速或心绞痛
肾上腺素	室性期前收缩

7. **呼吸系统损害**　可能引起呼吸系统损害的常见药物见表 11-8。

表 11-8　引起呼吸系统损害的常见药物

引起呼吸系统损害的常见药物	临床症状
巴比妥类、氯丙嗪、地西泮、硝西泮、吗啡、哌替啶、芬太尼、美沙酮、氨基糖苷类抗生素、多黏菌素、杆菌肽等	呼吸抑制
青霉素、氨基糖苷类抗生素、四环素、红霉素、磺胺类、局麻药、维生素 K、抗血清、阿司匹林、吲哚美辛、保泰松、氨基比林、普萘洛尔等	支气管哮喘
阿司匹林、呋喃妥因、呋喃唑酮、青霉素类、丙米嗪、对氨基水杨酸钠、氢氯噻嗪、氯磺丙脲、甲氨蝶呤、硫唑嘌呤、磺胺类等	嗜酸性粒细胞性肺炎
博来霉素、白消安、甲氨蝶呤、环磷酰胺、苯丁酸氮芥、丙卡巴肼、硫唑嘌呤、丝裂霉素、呋喃妥因、青霉素、普鲁卡因胺、磺胺类、异烟肼、对氨基水杨酸钠、苯妥英钠、美沙酮、氯磺丙脲、肼屈嗪等	间质性肺炎和肺纤维化
肼屈嗪、苯妥英钠、普鲁卡因胺、利血平、甲基多巴、氯丙嗪、保泰松、青霉素类、美沙酮等	红斑狼疮
海洛因、可待因、美沙酮、喷他佐辛、保泰松、阿司匹林、苯丙胺、普萘洛尔、右旋糖酐、甲氨蝶呤、氮芥、氢氯噻嗪等	肺水肿
抗肿瘤药、肾上腺皮质激素类等	继发性肺炎
雌激素、曲吡那敏、西咪替丁等	肺血栓形成

（二）药源性三致作用

1. **致突变作用**　如药物引起 DNA 的基因信息、染色体的结构或数目发生改变，遗传结构就会发生永久性变化。基因变异或染色体畸变通过细胞分裂过程被传递到子代细胞，从而获得新的遗传特性。如果生殖细胞受到突变影响引起畸胎或死胎，也有可能导致遗传缺损出现在子代，或作为隐性性状将这种突变传递下去。阿司匹林、氯丙嗪、奋乃静可引起血细胞染色体畸变；绒促性素可引起胎儿染色体畸变，氯米芬可引起子宫内膜组织染色体损伤。现有的致突变检测方法主要采用细菌、离体组织与细胞、昆虫、啮齿类动物等，难以准确反映药物对人体的致突变性。

2. **致癌作用**　长期使用某些药物，能引起机体的某些器官、组织、细胞的过度增殖，形成良性或恶性肿瘤。国际癌症研究机构（IARC）从 1972 年到 1981 年报道评定的 532 种化合物中有 22 种具有确切的致癌作用，其中包括环磷酰胺、己烯雌酚、美法仑及结合雌激素四种药；可能有致癌作用的药物有丙卡巴肼、多柔比星、抗代谢类药物、灰黄霉素、苯妥英钠、硝基呋喃类、保泰松等。目前又有药物被正式确定为可能致癌物，如美法仑、苯丁酸氮芥、非那西丁、羟甲烯龙等。

3. **致畸作用**　妊娠 2 周到 3 个月期间是胚胎发育最活跃时期，此时如果用药不当可引起胎儿畸形。性激素可引起胎儿生殖器或子宫畸形；糖皮质激素可引起腭裂；抗癫痫药可引起短鼻、低鼻梁；四环素可引起四肢畸形；氨基糖苷类抗生素可引起先天性耳聋；口服降血糖药可引起兔唇、腭裂；甲氨蝶呤可引起无脑儿、腭裂；环磷酰胺可引起肢体、外耳畸形；地西泮、氟哌啶醇可引起四肢畸形；雄激素可引起男性化、多发性先天缺陷；抗甲状腺药可引起颈肿大、甲状腺功能减退；噻嗪类利尿药可引起血小板减少；氯霉素可引起外周血管衰竭。因此，妊娠妇女应慎用药物。

三、药源性疾病的诊断

药源性疾病临床诊断的关键是要确实可疑药物与疾病之间的因果关系。被怀疑的药物常常与其他药物联合使用，发生的不良反应并非一种药物所独有，许多药物均可能引起。此外，

笔记

药品不良反应与所患疾病有时难以区分。受上述因素的影响，确定可疑药物与疾病之间的关系有时十分困难。目前，药源性疾病的诊断主要是参考病史、用药史（用药时间与发展时间的关系）、临床表现、病理组织学检查及生化学检查。

四、药源性疾病的防治

（一）重视药源性疾病的危害性

目前，人们获得药物的途径增多、方便、容易，部分人群医药知识缺乏，医护人员还没有完全认识药源性疾病的危害，这样就会增加药源性疾病的发生率。因此，广大医药人员及社会各界必须重视药源性疾病的危害性，掌握药源性疾病的诊断和防治，及时排除药物的危害，用药过程中严密观察，适时调整治疗方案，减少药源性疾病的发生。

（二）加强药源性疾病的监督与管理工作

1. 严格药品质量的监督和管理 1963 年瑞典建立了国际药品监测合作中心，1965 年全世界成立了国际性药品不良反应监测组织，我国 80 年代初开展此项工作。药品管理法规定发现可能与用药有关的严重不良反应时，相关单位必须在 24 小时内向药品监督管理部门和卫生行政部门报告。要坚决杜绝假冒伪劣药品和不成熟药品上市或应用，按照药品管理法规定，医疗单位发现假劣药品及药品中毒事故，必须及时向卫生行政部门报告。1999 年 11 月颁布的药品不良反应监测管理办法，有利于及时发现和终止药源性疾病。

2. 加强药物安全信息的收集和交流 大力发展临床药学和临床药理学工作，加强药物流行病学研究，收集药物安全信息，提高信息的质量和数量，加速信息的交流。目前临床药学的任务很重要，一方面对临床医师提供合理和及时准确的医药信息，对于国家新药的种类、应用、临床实际用药情况进行分析，对已有药物的质量及疗效、开发等进行深入再评价和再研究；另一方面，要促进临床医师和药师相互促进、相互配合，共同开展临床用药的监测，指导临床合理用药，针对患者不同病情选用药物及剂量等，避免不合理用药和滥用药。

建立医院等用药单位系统的药品不良反应的调查分析制度。当一种药物的严重不良反应报道后，及时向药品生产、经营企业、医疗预防保健机构和社会大众反馈药品不良反应信息，防止药品不良反应的重复发生，保护人民用药安全。临床用药前要进行血药浓度监测，制定药品不良反应监测，药物情报的收集、咨询等。由于医学科学发展水平、新药临床试验规模等条件的限制，许多药品的不良反应情况在审批时难以完全了解。经过严格审批的药品，在检验合格、正常用法用量情况下，仍会在一部分人身上引起不良反应，甚至严重的不良反应。因此，对上市后药品进行药效和不良反应的监测，结合上市前获得的信息，即可以对新产品毒性继续观察，也可以对原有药品质量监测，有利于进一步评价药物的有效性和安全性，有效地指导临床安全合理用药，预防药源性疾病的发生。

（三）提高临床安全用药水平，减少或避免药源性疾病

1. 应用新药时，必须掌握有关资料，慎重用药 目前制药工业迅速发展，高科技技术合成药物或基因克隆制药，新药制剂不断出现，所以应随时更新知识，掌握信息，熟悉药学、药理学的最新知识，真正管理好药物。

2. 用药前对患者进行用药教育 对特殊患者要帮助选择合适的药物，用药方案。要教给患者出现药品不良反应后应急的处理办法。

3. 因人而异，合理选药，摒弃药物滥用、误用和选药不当 当前发现的易致药源性疾病的药物主要有抗生素类药、非甾体抗炎药、中草药、镇静安眠药类、皮质激素类、心血管药、抗癌药等。选药时，要全面考虑利弊、适应证与禁忌证，分析患者的心血管、肝脏、肾脏、神经系统等重要脏器的功能情况，及时调整用药剂量，结合药理学、药效学、药动学特点和知识，提出合理的用药方案。

笔记

（四）减少和控制药源性疾病

以预防为主，最大限度地降低发生率，一旦发生，需准确诊断，及时治疗，应做到：

1. **正确、及时停药，去除病因** 及时停药，去除病因是最根本的治疗措施，因为用药时间、发病时间与预后有着密切关系。因此，要找到致病药物并停用，防止药物蓄积中毒并产生依赖性、成瘾性，同时使用特异性拮抗药。若不能确定何种药物为致病药，则根据药物的临床病理类型及药物反应规律，结合患者自身情况，逐一停用或改用其他药物治疗。若因病情需要必须应用某药物巩固疗效或防止复发，而延长用药时间时，要慎用。停药后若临床症状减轻可考虑为药源性疾病，如滴注液体引起的医源性发热，停药后发热可自行消退。重症患者须进行对症治疗。

2. **加速药物从体内排出，减少药物吸收** 可通过静脉输液，清除尚未吸收的药物（催吐、洗胃、导泻等），促进已吸收毒物的排出（利尿、人工透析、血液灌流等），加速药物排泄，减少药物吸收。如静脉滴注葡萄糖液可增加尿量促进毒物排出；应用呋塞米可预防急性肾衰竭，使阻塞的肾小管不断得到冲洗，加速药物的排出。血液透析一般用于血液中毒物浓度明显增加，有并发症、昏迷等，经积极支持疗法而情况日趋恶化者。

3. **及时使用拮抗药物，减轻药品不良反应** 利用不同药物间的相互拮抗作用，降低药理活性，减少药品不良反应。如西咪替丁可抑制苯妥英钠、地西泮等的代谢；肝素应用过量易引起自发性出血，使用鱼精蛋白可使肝素失去抗凝活性。

4. **积极处理过敏反应** 某些患者易产生过敏反应，主要是由于有过敏史或遗传因素决定的人类白细胞抗原（human leukocyte antigen，HLA）不同的类型，药物与免疫球蛋白抗体分子结合引起。发现过敏反应需及时处理。

5. **对症治疗，调整系统功能，减轻器官损害** 药物可引起各器官系统损害，治疗时可参考其他病因引起的器官损害治疗方法。如高热，可采用物理降温、药物降温等；补充血容量、纠正酸中毒及电解质紊乱，但速度不能过快，碱性钠盐用量不能过多；药物性肝损害保肝治疗与病毒性肝炎治疗相同，可给予多种维生素、适当保肝药，避免滥用和过多用药。

社会各界必须重视药源性疾病的危害性，掌握药源性疾病的诊断和防治，及时排除药物的危害，用药过程中严密观察，适时调整治疗方案，减少药源性疾病的发生。

实训项目十一 药品不良反应/事件分析实训；药品不良反应报告撰写实训

【实训目的】

1. 通过医疗机构现场实训，使学生了解药品不良反应/事件发生的一般情况和特点，掌握药品不良反应/事件的相关基本知识，培养学生观察、分析问题的能力。

2. 通过撰写药品不良反应报告，使学生掌握药品不良反应/事件报告表的撰写规范。

【实训条件】 分管教学工作的院系领导或带教老师与相关合作医院联系，获得对方支持，实地调研该医院药品不良反应/事件发生的一般情况；不具备开展实地调研的学校，可建立一间模拟病房进行模拟实训。

【实训要求】

1. 带教老师提前与相关医院联系，就实训内容、安排与对方详细沟通，并制订详细实训计划。

2. 实训学生必须掌握药品不良反应/事件相关理论知识，了解药品不良反应报告格式、撰写要求。

【实训准备】

1. 实训学生根据实训要求，查阅相关资料，补充相关知识储备。

2. 制订合理的调查方案和实施具体计划。

【实训内容】

学生分组进行药品不良反应/事件分析实训。内容包括：

1. 床边查视患者，了解患者基本情况。

2. 现场阅读病历，了解用药情况、不良反应/事件主要表现、处理和预后等。

3. 药品不良反应/事件报告表撰写。

【实训过程】

1. 在带教老师带领下，学生以8～10人为一组，到所联系的医院实地进行药品不良反应/事件调查；或由学生分别扮演临床药师、医生、护士、患者、患者家属等进行情景模拟实训。并对所调查到的药品不良反应/事件基本情况进行分析。

2. 调查过程中积极询问患者基本情况、用药情况、不良反应/事件主要表现、处理和预后；进行不良反应关联性评价，并进行详细记录。

3. 调查结束后，参与实训的学生每人填写一份药品不良反应/事件报告表，带教老师进行现场集中讲评。

实训路径示意图：

【实训考核】

1. 各组学生在预先充分讨论的基础上推选1名代表做总体汇报，其他同学做补充。

2. 带教老师在汇报和答辩结束后进行点评和总结，指出各组在实训过程中好的表现和不足之处。

3. 带教老师根据每名同学提交的药品不良反应/事件报告表，以及各组对所调查的药品不良反应/事件分析情况等进行综合评分。

【思考题】

1. 如何发现和处理住院患者和门诊患者的药品不良反应/事件？

2. 哪些患者、哪些药物容易发生药品不良反应/事件？

3. 我国现有药品不良反应/事件报告制度优点和不足之处有哪些？

（丁选胜）

笔记

第十二章 治疗药物监测与个体化给药

第一节 治疗药物监测

一、概念及意义

（一）概念

安全性和有效性是药物治疗过程需要重点监护的内容。一般而言，药物的安全性和有效性与药物剂量密切相关，药物剂量不足会导致治疗无效，而用药过量则可能会产生毒性、诱发药源性疾病甚至危及生命。临床研究表明，同一药物即使给药剂量、给药途径相同，但由于个体差异等因素的影响，安全性和疗效仍然存在很大差异。

20 世纪 60 年代，临床研究相继报告了普鲁卡因胺和地高辛的药物效应与其血药浓度的关系，人们发现血药浓度比药物剂量更具有临床意义，可作为药物效应的客观依据用以调整剂量指导临床用药。基于血药物浓度和治疗效果相关性的认识对于如何合理选择和使用药物，以获得最大疗效和最小不良反应具有临床指导意义。对于一些安全范围窄、个体差异大或需要长期使用的药物，开展血药浓度检测可有效促进临床安全有效应用。随着临床药理学、药动学和现代分析检测技术的发展，治疗药物监测（therapeutic drug monitoring，TDM）逐渐崛起，成为药物治疗领域的一门新的边缘学科。

根据 2011 年国际治疗药物监测与临床毒理学协会（International Association of Therapeutic Drug Monitoring and Clinical Toxicology，http://www.iatdmct.org/）的定义，治疗药物监测指在药物治疗过程中测定药动学、药效学和疾病进程的相关标志物，并对测定结果进行科学合理的解释，应用于药物治疗的临床决策。测定对象一般指外源性药物，也包括因生理或病理性缺乏而进行替代治疗的内源性物质。换言之，治疗药物监测不仅包括测定体内的药物浓度，还包括应用药动学原理计算药动学参数，结合临床药理学和疾病进程探讨药物浓度、剂量和效应三者的关系，从而拟订最佳的给药方案，提高药物疗效和减少不良反应的发生，达到更准确监护患者的疗效和用药安全的目的。

TDM 的定义可包含狭义和广义的解释。狭义的 TDM 指通过测定体内药物浓度来调整患者的给药方案，以降低毒副作用或提高疗效。随着对药动学和药效学理论的深入，进一步开展了根据血药浓度，结合人口学特征参数，来设计给药剂量，维持个体的有效治疗浓度。药物的有效性与安全性不仅与体内药物浓度有关，同时受机体内药物作用靶点、药物转运体和药物代谢酶及其相关基因差异性的影响。基于遗传药理学理论，国内外陆续开展了药物作用靶点、药物代谢酶和药物转运蛋白的相关基因监测，以此来设计或调整给药方案。因此，广义 TDM 的定义不仅包含血药浓度测定，其内涵还涉及整合临床药理、药动学、生物药剂学、药物分析、分子生物学、生物统计学等多学科的交融，对监测结果进行解释和应用，实施个体化给药治疗。为了更好地提供药学服务，临床药师必须具备解读监测结果的能力。例如，运用临床药理学、药动学、生物药剂学、生物统计学、药物治疗学等理论，研究患者个体的特征及用药方案，解释药物的个体差异，揭示群体治疗效应规律，评价群体治疗的结果等。

（二）意义

在欧美发达国家，TDM 已成为临床实验室的常规工作之一。20 世纪 70 年代末，我国一些

有条件的医院，也逐步开展了以血药浓度监测为主要内容的临床药学研究工作，在保证临床药物治疗的安全、有效等方面，发挥了积极的作用，使得临床药物治疗质量迈上了一个新的台阶。80年代中期随着器官移植术后免疫抑制剂治疗的开始，我国的TDM迅速发展兴起。药学、检验、临床实验室交叉参与，多学科融合已经形成一支重要的个体化医学技术力量，为器官移植、癫痫、哮喘、心血管疾病治疗中药物个体化治疗提供了科学手段，为临床合理用药作出了重要贡献。以下将从监护患者用药、制订和调整个体化用药方案、药物中毒急救和提高治疗水平等方面进一步说明TDM对于临床药学实践的积极意义。进行治疗药物监测的意义如表12-1所示。

表12-1 治疗药物监测（TDM）的意义

意义	评价
判别依从性	药物浓度近似为零、低于治疗浓度或者波动幅度大时，提示患者为完全不依从或部分不依从。低于治疗浓度的情形也可能是因为患者为药物的快代谢型人群
个体化给药	一些药物的代谢或者消除可受到病理生理状态的影响，如尿毒症或者肝病患者，老年患者，儿童，孕妇需要根据TDM结果调整某些药物的剂量
避免不良事件	TDM可有效减少不良事件的发生，避免药物中毒
节约医疗支出	TDM可提高患者的用药安全，进而缩短住院时间，节省医疗支出
研究药物治疗无效	如果药物对某些患者没有治疗效果，可能是因为吸收不良，或者基因变异导致的药物代谢差异。TDM可有效识别出这类接受治疗剂量的药物暴露却没有治疗效果的患者

1. **判别依从性** 当药物作为疾病的预防性用药（如苯妥英用于预防癫痫发作），而不依从可以引起严重后果时，加强体内药物浓度的监测，对于判别确认患者的依从性十分有益。通过治疗药物监测，可以加强患者对连续服药必要性的认识，从而更好地服从治疗方案。

依从性的判断可通过患者自我报告，TDM或计数药片等方法来评价。其中TDM对于依从性的判断是更为客观的方法。当药物治疗效果不佳时，需测定体内的药物浓度来判断患者的依从性，并且通过药物基因组学的检测确定患者是否为快代谢型。

2. **个体化给药** 除了患者的依从性，药物的安全性和疗效还依赖于诸多因素，包括生物利用度，药物的清除率，药物的结合情况和病理生理情况，以及其他情况如药物是否和食物同食，患者是否吸烟等。患者的基因多态性对于确定药物体内处置过程、药物效应及安全性也十分重要。在众多药物治疗无效的案例中，约30%～60%的案例是上述因素导致的。建立在TDM基础上的药物治疗可通过给药剂量的个体化调整，极大程度地降低治疗失败。随着分子生物学、分子遗传学和遗传药理学技术的发展，可更早认识和发现遗传多态性及其与药物效应强弱、药源性疾病发生发展的关系，并进行基因多态性检测，实现以基因型为基础的个体化药物治疗和药物临床评价具有重大意义。

3. **避免不良事件** 严重的药品不良反应在美国造成了6%～7%的住院治疗，每年造成数十万的患者死亡。TDM有助于避免因药物相互作用造成的严重不良反应，同时也可降低药物的毒性反应。例如白消安和甲硝唑之间存在药物相互作用，甲硝唑可以使得白消安清除率降低，血药浓度升高。通过对监测白消安的药物浓度，可以避免白消安的不良反应。

4. **节约医疗支出** TDM可通过降低药物毒性而减少药品不良反应，从而提高治疗的效能。例如通过对氨基糖苷类进行治疗药物监测可显著降低氨基糖苷类的肾毒性。从药物经济学考虑，对氨基糖苷类进行治疗药物监测也是有益的，因每位患者进行治疗药物监测的花费远远低于每例肾毒性不良反应的花费，平均住院时间相应缩短。因此，适当的TDM可降低毒性反应的概率，很大程度上节省了医疗支出。

5. **研究药物治疗无效** 常规TDM有助于研究药物治疗无效的情形。除了依从性差，其他

笔记

多种因素也可造成药物治疗无效。研究发现，即使在给药剂量相同的情况下，服用抗精神病药氨磺必利但治疗无效的患者的血药浓度显著低于表现出适度改善的患者的血药浓度。由此看出，氨磺必利的日剂量不能预测疗效。为了达到预期的治疗效果，氨磺必利的最佳血药浓度为100ng/ml。氨磺必利的治疗药物监测对于其临床决策的制订具有非常重要的意义。

二、原理及应用

（一）原理

药物的效应与该药达到作用部位或受体的浓度密切相关，而与给药剂量的关系则次于前者。药物在受体部位的浓度直接与血药浓度有关，因此测定血药浓度则可间接地作为衡量药物在作用部位或受体浓度的指标，此即为治疗药物监测的临床原理。

1. 药物效应与靶组织浓度　大多数药物在一定的剂量范围内，药物效应与作用部位的浓度（靶组织浓度）呈正相关。药物的效应包括药物的治疗作用和毒副作用，都是通过药物和靶位上的受体等物质间的相互作用而产生的。这种相互作用符合质量作用定律，因此，药物效应的强弱和持续时间取决于作用部位的药物靶组织浓度。实验表明，普鲁卡因胺在体外心脏灌流试验中，心肌电生理作用与灌流液中普鲁卡因胺的浓度呈正相关，调整药物浓度或停止给药，药理作用相应地变化或消失。理想的TDM应直接监测作用部位的药物浓度，但多数药物的作用部位是心、肝、肾、胃肠道、中枢及周围神经系统等，对这些部位取样在技术上有难度且不易为患者所接受。可以考虑利用血药浓度或其他易于获取的体液药物浓度作为靶组织浓度的替代指标，通过监测这些体液中的药物浓度来调整剂量和药物的效应。

2. 血药浓度与靶组织浓度　血液中的药物在药物体内过程中起着枢纽作用，除局部用药外，绝大多数药物都是由血液循环转运到受体部位，与受体结合产生药物效应。同时，进入体内的药物经由血液循环分布到肝脏和肾脏，经代谢或排泄消除。研究发现，药物在体内达分布平衡时，虽然血液和靶组织的药物浓度往往并不相等，但对绝大多数药物，特别是以被动转运方式分布的药物，其血药浓度与靶组织药物浓度的比值则是恒定的，即血药浓度与靶组织浓度之间存在着相关性。

（二）应用范围

个体对药物的耐受程度有所不同，通过TDM测定血药浓度或其他体液浓度，并应用药动学理论制订、调整剂量，对大多数治疗药物都适用。然而，临床实践中大多数药物均不需要TDM，因为大多数的药物的治疗和毒性剂量具有很大的差距，可以允许的剂量范围很大，凭医生的临床经验给药即可调整给药剂量，达到安全、有效的治疗效果，不需要进行TDM。例如，对乙酰氨基酚的治疗范围为10～30μg/ml，中毒剂量为血清或血浆浓度超过200μg/ml。其治疗浓度的上限和毒性浓度的下限之比超过6倍，因此除非怀疑过量服用，不需对其监测。相反，苯妥英钠的治疗浓度为10～20μg/ml，而毒性浓度为30μg/ml，其治疗浓度的上限和毒性浓度的下限十分接近，有必要进行TDM。

1. 需要进行治疗药物监测的药物

（1）治疗指数低、安全范围窄、毒副作用大的药物：一些药物的治疗浓度范围和中毒浓度十分接近，极易发生中毒。如地高辛的治疗浓度范围是0.8～2.0ng/ml，而大于4ng/ml即为潜在中毒浓度。因治疗浓度与潜在中毒浓度十分接近，血药浓度稍高即可出现严重的毒性作用。

（2）相同剂量而血药浓度个体差异大的药物：一些药物由于受遗传、环境及病理因素的影响，血药浓度个体差异较大，容易产生严重不良反应，如三环类抗抑郁药。

（3）具有非线性动力学特性的药物：某些药物具有非线性药动学特性，血清或者全血的药物浓度与给药剂量的相关性差，当剂量增加到一定程度时，剂量再稍有增加，血药浓度便急剧上升，极易引起中毒，如苯妥英钠、茶碱等。

(4)可能发生严重不良事件的药物(如引起住院治疗、不可逆性的器官损伤甚至死亡):通过治疗药物监测可以避免严重不良事件。比如环孢素用于器官移植术后抑制排斥反应的发生,由于相关毒性反应发生的滞后,很难以临床疗效判断剂量是否得当。只有通过 TDM 将血药浓度控制在有效浓度范围内,以保证长期用药的有效性和安全性。

常见 TDM 的药物和参考浓度范围的见表 12-2。然而,由于患者群体不同,治疗范围也有较大差异,因而每个 TDM 机构都应该建立自己的指导原则。表 12-2 中的数据仅供参考。

表 12-2 常见的监测药物及其参考浓度范围

药物类别 / 药物	推荐的参考浓度范围	
	谷浓度	峰浓度
抗惊厥药物		
建议常规监测		
苯妥英	10～20μg/ml	没有要求
卡马西平	4～12μg/ml	没有要求
苯巴比妥	15～40μg/ml	没有要求
扑米酮	5～12μg/ml	没有要求
丙戊酸	50～100μg/ml	没有要求
氟硝西泮	10～75ng/ml#	没有要求
需要时监测		
加巴喷丁	2～10μg/ml#	没有要求
拉莫三嗪	3～14μg/ml#	没有要求
心血管药物		
建议常规监测		
地高辛	0.8～2ng/ml	没有要求
普鲁卡因胺	4～10μg/ml	没有要求
乙酰普鲁卡因胺	4～8μg/ml	没有要求
奎尼丁	2～5μg/ml	没有要求
利多卡因	1.5～5.0μg/ml	没有要求
需要时监测		
胺碘酮	1.5～2.5μg/ml	没有要求
氟卡尼	0.2～1.0μg/ml	没有要求
美西律	0.5～2.0μg/ml	没有要求
普萘洛尔	50～100ng/ml	没有要求
维拉帕米	50～200ng/ml	没有要求
妥卡尼	5～12μg/ml	没有要求
抗哮喘药		
建议常规监测		
茶碱	10～20μg/ml	没有要求
咖啡因	5～15μg/ml	没有要求
抗抑郁药		
建议常规监测		
阿米替林	120～150ng/ml	没有要求
去甲替林	50～150ng/ml	没有要求
多塞平+去甲多塞平	150～250ng/ml	没有要求
丙米嗪+地昔帕明	150～250ng/ml	没有要求
锂盐	0.8～1.2mEq/L	没有要求

笔记

续表

药物类别/药物	推荐的参考浓度范围	
	谷浓度	峰浓度
需要时监测		
氯氮平	200～400ng/ml	没有要求
氟西汀+去氧氟西丁	300～1000ng/ml	没有要求
舍曲林	30～200ng/ml	没有要求
帕罗西丁	20～200ng/ml	没有要求
免疫抑制剂		
建议常规监测		
环孢素*	100～400ng/ml	800～1500ng/ml
他克莫司*	5～15ng/ml	没有要求
西罗莫司*	4～20ng/ml	没有要求
依维莫司*	3～8ng/ml	没有要求
吗替麦考酚酯	1～35ng/ml	没有要求
抗肿瘤药		
建议常规监测		
甲氨蝶呤	视治疗类型而定	视治疗类型而定
需要时监测		
白消安	600～920ng/ml	没有要求
氟尿嘧啶	2～3μg/ml	没有要求
抗生素		
建议常规监测		
阿米卡星	20～35μg/ml	20～35μg/ml
庆大霉素	5～10μg/ml	<2μg/ml
妥布霉素	5～10μg/ml	<2μg/ml
万古霉素	5～15μg/ml	20～40μg/ml
需要时监测		
环丙沙星	3～5μg/ml	0.5～3μg/ml
氯霉素	5～20μg/ml	没有要求
异烟肼	可能无法检测	3～6μg/ml
利福平	可能无法检测	8～24μg/ml
乙胺丁醇	可能无法检测	2～6μg/ml

*表示采用的是全血测定而非血清或血浆。

#表示为ARUP参考实验室(美国，盐湖城)的推荐范围。

如表12-2所述，根据血药浓度与治疗作用和毒性反应间的关系，不少药物的参考血药浓度范围及中毒水平都已确定。这些工作为TDM的开展，尤其是血药浓度测定结果的解释和判断，提供了参考依据。但这些血药浓度范围和中毒水平均为群体的平均值。由于个体间靶器官、组织或细胞对药物反应性存在差异等原因，因此在解释判断TDM结果时，须结合患者的具体临床表现及治疗效果作出结论。

2. 需要进行治疗药物监测的情形

(1)长期使用某种药物：慢性病患者需要长期使用某些药物时，为避免发生药物蓄积中毒，应定期监测血药浓度，如抗躁狂药碳酸锂。此外，有的药物长期使用可以产生耐药性，还有些药物长期使用可影响药物代谢酶的活性而引起药效变化，当药效发生不明原因的改变时，可通过测定血药浓度来判断。

笔记

(2)判断药物中毒或剂量不足：某些药物的中毒表现与其所治疗疾病的症状很类似，而临床难于明确鉴别时，可通过监测血药浓度来判断该临床表现是用药剂量不足还是中毒所致，进而调整用药方案。如普鲁卡因胺治疗心律失常时，过量也会引起心律失常，苯妥英钠中毒引起的抽搐与癫痫发作不易区别等，这些均可通过监测血药浓度来加以判断。

(3)采用非常规给药方案：当临床采用非常规的特殊给药方案，如对于癌症患者，尝试使用大剂量的化疗药物时，需要密切监测患者的血药浓度，以防发生严重的毒性反应。

(4)特殊人群：当特殊人群需使用某些药物应注意监测其血药浓度，以确保用药安全。例如肾功能不全患者使用主要经肾排泄的药物(如氨基糖苷类、洋地黄类)，肝功能不全患者使用主要经肝脏代谢的药物(如茶碱等)，可造成血药浓度升高而易于产生毒性反应。

(5)需要合并使用多种药物：因治疗需要，合并使用多种药物时，易引起药物间的相互作用，故须对某些易发生毒性作用的药物进行TDM。

(6)临床表现提示需进行治疗药物监测：如对于药物治疗疗效差，怀疑依从性不佳导致的治疗失败，剂量调整情况下出现毒副反应等。

(三)一般原则

药物在血液或其他体液中的浓度很低，TDM需使用高灵敏度、高精密度的微量、超微量分析方法，需要消耗一定的人力和物力。滥用TDM将会造成不必要的浪费。虽然表12-2为临床上TDM的药物选择提供了参考，但即使是这些药物，在确定是否要行TDM时，也应结合具体情况考虑TDM的结果对于临床的实际意义。

实施TDM时须考虑以下问题，明确TDM的临床意义：①需要TDM的药物是否最符合患者的病情需要？例如，当其他抗生素更为有效时，却使用氨基糖苷类抗生素并辅以TDM是不合理的。②如果存在可靠易行的临床指标能够判断药物的效应，则测定血药浓度的意义不大。例如，监测血压能更准确、更直接反映抗高血压药的降压效果，一般临床无须测定抗高血压药的血药浓度。③血药浓度与药物疗效的关系是否适合病情。例如，氨基糖苷类抗生素治疗下泌尿道感染时的疗效并不取决于血药浓度，而是尿药浓度。④是否存在患者或其他因素干扰药动学参数的准确性，导致TDM结果的无法解释。例如，截瘫患者使用主要由肾清除的药物时，由于血清肌酐值变异较大，通过血清肌酐值求得的肾清除率并不代表肾功能，故不能根据肾清除率和血药浓度的结果调整剂量。⑤如果疗程较短，患者在治疗期间可能无法受益于TDM。⑥血药浓度测定的结果是否可显著改变临床决策并提供更多的信息。

三、实施方法

符合前述TDM临床指征的药物或情形，可考虑实施TDM。在实施过程中，首先须根据药物的药动学/药效学特点选用合适的生物样本；其次在药动学和药效学相关理论的指导下，进行适宜的采样；然后应用符合要求的生物样本分析方法，对样品进行预处理和药物浓度测定；最后结合患者个体的临床情况，对监测结果进行合理的分析解释，并应用于个体化给药方案的制订和临床决策。以下分别从TDM方案设计、样本采集、样本测定和结果解释四个方面进行阐述。

(一)方案设计

TDM的方案设计须结合患者的临床表现以及药物的药动学、药效学特征和相关理论，根据TDM的目的，设计科学、完整的TDM方案，以确保TDM的顺利实施和完成TDM的目标。TDM方案的主要内容包括如下：

1. 确认实施TDM是否具有适宜的临床指征，明确TDM的目标，如判断依从性、是否药物中毒、调整剂量等。

2. 确定所需测定的生物样品类型。一般多采取血液样品，测定药物的血浆、血清或全血总

浓度。特殊情况下亦可测定唾液、脑脊液、尿液等其他体液样品或游离药物的浓度。

3. 确定适宜的生物样品采集时间、采样量、样品保存方法和预处理方法等。

4. 选择合适的药物浓度测定方法，保证测定结果的准确和可靠。

5. 根据患者自身情况和所需达到的治疗效应，确定有效治疗浓度，并与测定浓度比较，结合药效、毒副作用及其他临床指标，合理解释和应用监测结果。

6. 如有必要，根据药动学和药效学原理，设计或调整给药方案，包括给药途径、剂型、剂量、间隔等。

在实际工作中，一般由临床医生或药师填写 TDM 申请单，除了说明 TDM 的目的、测定的药物，还应填写有关患者生理、病理、用药剂量和时间等详细情况，以供分析结果时参考。

（二）样本采集

1. **常用生物标本** TDM 中常用的体液标本包括血液、尿液、唾液、脑脊液和乳汁等，以下对常用的生物标本类型作简要介绍：

(1) 血液标本：血液是 TDM 工作中最常使用的标本，包括血浆、血清和全血。一般通过采集静脉血获取。大部分药动学的资料均是通过对血药浓度的研究获取的。一方面是由于大多数药物的血药浓度和靶位药物浓度成比例，也和药物效应存在量效关系；另一方面是血液样本也易于采集。

血浆是在全血中加入肝素、草酸盐或枸橼酸盐等抗凝剂后经离心后得到的，约为全血量的50%。肝素是制备血浆时最常用的抗凝剂之一，能阻止凝血酶原转化为凝血酶，从而抑制纤维蛋白原形成纤维蛋白。一般 1ml 的全血需加 0.1～0.2mg 的肝素，血样和抗凝剂应轻轻旋摇至混合均匀，不可太猛烈，以避免血细胞破裂产生溶血。

血清则是在血液中纤维蛋白原等凝血因子的影响下，血液凝结后析出的澄清黄色液体，经离心得到，其量为全血量的 30%～50%。血凝过程与温度有关，室温高血凝后 30 分钟内可分离血清。当室温较低时，血凝过程较慢，可将血液置 37℃温度下加速血清析出，但此过程必须考虑药物的稳定性。

全血指的是含有抗凝剂的血液。抗凝剂的选择根据具体的测定要求选择。少数药物的血浆浓度与红细胞中的浓度不成正比或全血浓度能更好地反映药物效应时，需要测定全血浓度，如免疫抑制剂环孢素、他克莫司、西罗莫司等。全血的预处理须注意避免溶血，溶血后血红蛋白等可能会给分析测定带来干扰。

(2) 尿液：尿液中药物浓度的测定可用于药物剂量回收、药物肾清除率、药物体内代谢及生物利用度的研究，也可用于乙酰化代谢和氧化代谢的快、慢型测定等。虽然尿液可无损伤收集，但在 TDM 的实际工作中甚少以尿液为标本。原因是尿液 pH、尿液生成速率以及肾小管对药物重吸收等因素使得尿液中药物浓度波动较大，其与血药浓度的相关性较差，将尿药浓度的测定结果用于药物效应的解释会遇到较大的困难。但对用作治疗泌尿道感染的药物，及可产生肾小管损害的药物，监测尿药浓度则有其特殊意义。

(3) 唾液：唾液可无损伤地采集，易被患者尤其是儿童所接受。与血浆相比，唾液中蛋白量甚少，唾液中的药物几乎均以游离态存在，并和血浆中游离药物浓度关系密切，用以反映靶组织的药物浓度，较总血药浓度更适合。但是唾液 pH 波动在 6.2～7.6 范围内，唾液 pH 的波动将改变药物在血浆和唾液间产生不稳定的解离度和分配比，唾液药物浓度与血浆游离药物浓度比值出现波动。此外，唾液分泌量及成分受机体功能状态影响，一些扩散慢的药物将难以和血液中的药物达分布平衡。

有关唾液药物浓度与药物效应间关系的资料较少，因此以唾液为标本进行 TDM 时，结果的解释评价多通过建立唾液与血药浓度间的关系，再参考后者的资料进行。例如，锂盐为可用唾液进行 TDM 的药物。该药以主动转运的方式进入唾液，唾液浓度可为血浆的 2～3 倍。对于

同一个体，药物达稳态浓度后，血液和唾液间的比值相当恒定，尤宜采用。唾液标本的收集宜在自然分泌状态下进行，可自然分泌，或用特制的负压吸管采集。唾液采集后，应立即测定其pH，以便解释结果时参考。

2. **采样时间** TDM工作中取样时间对其测定结果的临床价值有较大影响，是开展TDM工作必须考虑的基本问题。应根据TDM的目的及患者具体情况、药物的给药途径和药物的半衰期等药动学特征，确定取样时间。

一般而言，80%的样本采集时间为谷浓度或峰浓度。一般而言，谷浓度指下次给药前即刻，操作时一般允许的采样时间窗为30～60分钟之内。而对于半衰期短的药物，如氨基糖苷类抗生素和咖啡因等，允许的采样时间窗为<30分钟。对于半衰期长的药物，不得在下次给药前5～6小时采样。

当药物仅在一个较小的浓度范围内有效或易产生毒性、可采集峰浓度（最大血药浓度）的样本。不同药物的峰浓度时间不同，且与给药途径有关。如服用环孢素微乳制剂，在空腹服药后的2小时达峰浓度时采样。

有的药物TDM时需同时采集谷浓度和峰浓度样本。如氨基糖苷类药物峰浓度用于判断药物的疗效，谷浓度用于判断药物的毒性反应。

由于锂盐和地高辛的吸收和分布时间较长，药物口服后达到分布平衡后，方能取样。锂盐须在给药后10～12小时后取样，而地高辛取样时间至少应在给药后6～8小时，最佳在12小时左右。

此外，对于急性药物中毒的诊断应立即取样测定，并可根据临床需要，在必要时取样，以监测抢救效果。

（三）样本测定

1. **样品预处理** TDM工作中，除少数方法可直接应用收集的标本供测定外，大多需进行必要的预处理。预处理的目的是在不破坏待测定药物的化学结构的前提下，用适当的方法尽量减少干扰组分，浓缩纯化待测物，以提高检测的灵敏度及特异性，并减少对仪器的损害。预处理的常用方法包括去蛋白、提取和化学衍生化。

（1）去蛋白：TDM常用的血清（浆）、唾液或尿液等都或多或少地含有蛋白质，并对多种测定方法构成干扰，还可造成仪器污染、损害。去蛋白的方法有沉淀离心法、层析法、超滤法和超速离心法等。其中以沉淀离心法最为简便快捷，并且结合提取的要求，选用合适的酸、碱和有机溶剂，与提取同步进行，故最常选用。由于药物和血浆蛋白的结合，大多是通过离子键、氢键、Van der Waals引力等较弱的作用力形成。当使蛋白质变性沉淀时，这种结合也同时被破坏，释放出药物，因此用沉淀离心法去蛋白处理的体液标本，最后测得的药物浓度应是包括游离药物和与蛋白结合的药物两部分的总浓度。显然，若需要单独测定游离药物浓度时，不能采用此法，而应选用温和但较繁杂、耗时的层析法、超滤法或超速离心法。这样既可去除蛋白，又不至于使蛋白结合的药物释出。

（2）提取：为了尽可能选择性地浓缩待测组分，以提高检测的灵敏度，并改善检测方法的特异性，减少干扰，除免疫化学法外，TDM使用的多数检测方法均需进行提取。提取方法有液-液提取和液-固提取两种。①液-液提取法：由于大多数药物都是有机化合物，并有不少为弱酸、弱碱。它们在pH不同的溶液中，将发生程度不等的解离。因此，应选用对待测物溶解度高、与所用标本不相混溶也不发生乳化的有机溶剂，并根据待测物的酸碱性和pK_a，酸化或碱化样本，使待测物尽可能多地以脂溶性高的分子态存在，从而主要分配到有机溶剂中。这样处理，可使在此条件下极性高的干扰成分被排除。离心分离有机相和水相（样本），即可达到提取的目的。若必要，可按上述原理将待测成分再转提到pH适当的水相中，进一步排除高脂溶性的干扰物质。这类方法由于样本和提取介质均为液相，故称液-液提取。②液-固提取法：又称固相

笔记

柱提取，是近年发展的一种提取方法。可根据待测物的理化性质选用一合适的常压短色谱柱，TDM 中常用疏水性填料柱。待标本（多经去蛋白处理）通过该柱后，以适当强度的溶剂洗脱，选择性收集含待测组分的洗脱液部分，即可达到较理想的提取目的。也可用强度不同的溶剂分次洗脱，仅收集洗脱待测组分。此类提取柱已有数种商品化生产，可供选用。本法虽比液 - 液提取烦琐，但回收率及提取特异性均高是其优点。

化学衍生化反应：用光谱法和色谱法检测药物时，可根据待测物的化学结构和检测方法的要求，通过化学衍生化反应，特异性地引入显色（可见光分光法）、发光（紫外、荧光、磷光）基团，提高检测的灵敏度和特异性。气相层析时，常需使待测物硅烷化、烷化、卤化和酰化等，以增加待测物的热稳定性和挥发性，改善分离效果和适用于特殊的检测器。用高效液相色谱柱前衍生化分离测定手性异构体药物，则需在待测物中引入手性拆分基团。

2. **常用分析测定技术**　生物基质中药物浓度的测定技术是治疗药物监测的重要组成部分。从本质上说，药物都是化学物质，其检测方法均为分析化学的常用技术。但药物在体液中的浓度常很低（μg/ml 或 ng/ml 水平）且所采集的样本量往往较少，需要高灵敏度且稳定的检测方法。同时，所测定的样本均来自临床患者，由于内源性物质、合并用药等因素的存在，样本成分较复杂，要求分析方法具有较好的专一性。此外，为配合临床的治疗，治疗药物监测样本需要快速回报结果，需选用分析周期短的方法。故 TDM 对测定方法的灵敏度、专一性、准确度、精密度和粗放度等均有较高的要求。下面对常用检测技术进行介绍和评价。

（1）免疫法：一般而言，药物都是半抗原或抗原，可引起过敏反应。若能制备药物相应的特异性抗体，则可根据抗原 - 抗体反应的特异性，应用免疫化学法来检测药物。具体而言，即通过定量加入的少量特异性抗体，与样本中相应的抗原或半抗原性药物产生竞争性结合。通过检测和标记药物与抗体结合的抑制程度，并与标准品比较，实现对样本中的药物进行定量。目前，常用的免疫法包括：荧光偏振免疫法（fluorescence polarization immunoassay，FPIA）、酶联放大免疫测定技术（enzyme-multiplied immunoassay technique，EMIT）和化学发光微粒子免疫法（chemiluminescent microparticle immunoassay，CMIA）等。

免疫法优点是灵敏度高，大多可达 ng 甚至 pg 检测水平；所需标本量少，预处理简便，测定快速；分析周期短、可制成商品化试剂盒，并利用一般生化、荧光自动分析仪进行自动化操作。但是，免疫法测定时，易受内源性物质或具相似抗原性或化学结构的其他药物及代谢物的干扰。如地高辛、洋地黄毒苷、地高辛代谢物二氢地高辛，均可与地高辛抗体结合，可使测定值高于实际值。此外，免疫法可测定的药物种类受限，较色谱法少，试剂耗材相对较贵，常无法完成多种药物的测定。但是，鉴于免疫法的前述优点，仍是目前 TDM 检测的主要应用技术。

近年来，在 TDM 的酶免疫分析中，应用酶偶联反应原理，以辅酶黄素腺嘌呤二核苷酸标记药物，将葡萄糖氧化酶蛋白、偶联辅助酶 - 过氧化物酶及底物和显色剂 4- 氯 -1- 萘酚固化在薄膜上，可制成类似 pH 试纸样的试条。测定时滴上微量样品，根据成色深浅，即可作出药物浓度的判别。目前，国外已有供茶碱和苯妥英钠测定用的产品问市，将有助于进行 TDM 的普及和发展。

（2）色谱法：又称层析法，系通过层析作用，使样品中理化性质不同的药物得以分离，再配以合适检测器，可同时完成生物样本中药物的定性、定量分析工作。由于色谱法特异性高，可同时检测同一样本中的不同组分，在 TDM 中得到广泛应用。

薄层色谱法（TLC）是最早发展的色谱技术，虽然不断改进定量点样技术并使用扫描定量，但其灵敏度及重复性仍低于其他色谱法，除用于毒物的检测外，在其他工作中较少应用。

20 世纪 60 年代末期，气相色谱法（GC）和高效液相色谱法（HPLC）相继发展成熟。GC 和 HPLC 法采用计算机控制试验条件和数据处理，实现了高效层析分离和检测联机自动化，并可同时完成同一样本中多种药物及其代谢物检测。鉴于 GC 和 HPLC 方法的选择性、灵敏度、准

确度和重现性方面的优异表现，常作为评估其他分析测试方法的标准参考方法。此外，高效毛细管电泳（HPCE）技术在手性药物的浓度监测方面具有独特的优势。

近年来发展的气相质谱联用（GC-MS）、液相质谱联用（LC-MS）、毛细管电泳质谱联用（CE-MS）技术，使色谱分析的检测性能得到进一步提高。但由于该类技术操作常较为复杂，限制了其在TDM工作的广泛应用。

（3）光谱法：常见方法包括可见光分光光度法、紫外分光光度法、荧光分光光度法，但由于灵敏度低、特异性差的缺点，易受代谢物干扰，目前已较少采用。而火焰发射光谱法和原子吸收光谱法的特异性及灵敏度均高，用于金属离子药物的测定，如锂盐、铂盐的测定。

（4）其他检测方法：抑菌试验曾用于测定体液中的抗菌药物浓度。该方法简便易行，可利用临床细菌室即可开展。但其特异性、灵敏度、重复性均差，定量结果易受同时使用的其他抗菌药物的干扰，在TDM中已较少使用。

必须指出，多数需进行TDM的药物，一般都有多种方法可供选用。方法选择时应首选根据测定药物的有效血药浓度水平决定方法的灵敏度要求；其次，须考虑是否需同时检测多种药物或活性代谢物、可供选用的仪器设备及检测经济成本等，确定能满足实际要求的可行方法。

3. 样本检测和质量控制 日常监测过程中，须对实验室监测进行质量控制，这是TDM监测数据准确性的保障。一般而言，影响监测数据准确性的因素包括科学的管理手段、明确的操作规程、可靠的检测方法和仪器设备以及试验人员的素质等。质量控制方法可以分为室内质量控制和室间质量控制。

室内质量控制：在保障仪器、试剂、人员、方法和流程控制的前提下，对每批次监测的生物样品测定设质控样品，一般为高、中、低三个浓度值。质控样品可反映该批样品测试的准确性，对于血药浓度较高的药物，如苯妥英、茶碱等，其误差范围可控制在10%～15%范围之内，而对于血药浓度较低的药物，如地高辛、环孢素等，其误差范围可控制在20%～30%范围之内。当质控品的测定值出现异常时，应查找原因，必要时须对样本进行重新测定。

室间质量控制：其目的是比较不同实验室测定结果的准确性。其过程常由标准或中心实验室发放质控血清样品，要求各参评实验室在规定的时间内完成测试，并反馈结果。中心实验室对参评的各实验室的反馈结果，进行统计分析和评价，考核不同分析方法的可靠性以及治疗药物监测实验室的工作质量。

（四）数据处理

TDM中数据处理主要包括数学模型拟合、药动学参数的求算及用药方案的设计等。常用的计算方法和药动学参数介绍如下：

1. 常用计算方法

（1）房室模型法（compartmental model approach）：是根据药物性质及其在体内的配置情况将机体划分为若干房室，在同一房室内的药物处于动态平衡状态。房室作为一个抽象的概念，是将体内某些转运性质相近的部位划分为一个房室，这与解剖学或生理学上的划分有很大的差异，常用的有一室模型和二室模型。

（2）非房室模型分析（non-compartmental model analysis）：一般采用统计矩方法对数据进行计算。相较房室模型而言，因其限制条件相对较少，在药动学研究中被广泛使用。

2. 药动学参数 药动学参数（pharmacokinetics parameter）是反映药物在体内动态变化规律性的一些特征性常数，用于定量描述药物在体内经时过程的动力学特点及变化规律，是临床制订合理给药方案的主要依据。正确理解药动学参数的含义和临床实际意义，对于TDM测定结果的解释至关重要。以下是常用的药动学参数的介绍。

笔记

（1）半衰期（half-life，$t_{1/2}$）：是指体内药量或血药浓度下降一半所需要的时间，是反映药物在体内消除快慢的重要指标。常见的是血浆消除半衰期，临床中常根据药物的 $t_{1/2}$ 的长短制订给药方案。相较消除速率常数(elimination rate constant, k)而言 $t_{1/2}$ 可以更直观地反映药物在机体内的停留时间和蓄积程度，尤其是需多剂量用药的药物，当肝肾功能降低时，会使 $t_{1/2}$ 明显延长，此时就需要及时调整给药方案，避免药物在体内过度蓄积产生不良反应。符合一室模型一级消除动力学的药物的半衰期计算公式为：$t_{1/2}=0.693/k$，其中 k 为消除速率常数。

(2) 消除速率常数：消除速率常数(elimination rate constant, k)表示单位时间内机体能消除药物的固定分数或百分比，单位为时间的倒数。如某药的 $k=0.2/$ 小时，表示机体每小时可消除该小时起点时体内药量的 20%，此即一级消除动力学的恒比消除特点。此时虽然单位时间消除的百分比不变，但随着时间的推移，体内药量逐渐减少，单位时间内消除的药量也逐渐减少，而不是恒定不变的，消除速率常数是反映体内药物消除快慢的一个重要参数。必须指出，一个药物的消除速率常数在不同的个体间存在差异，但对同一个体来说，若无明显的影响药物体内过程的生理性、病理性变化，则是恒定的，并与该药的剂型、给药途径、剂量(只要在一级动力学范围内)无关。

(3) 表观分布容积：表观分布容积(apparent volume of distribution, V_d)是指当药物在体内达到动态平衡后体内药量与血药浓度的比值，是反映药物在体内分布程度的特征参数。V_d 值本身并不具有生理意义，其值的大小与药物性质、通透性、血浆及组织蛋白结合率等因素有关，可以用于推测药物在机体内的分布情况。

(4) 清除率：清除率(clearance, Cl)是指单位时间内药物从体内清除的表观分布容积数。药物的总清除率是包括肝、肾等各器官在内清除率的总和，是反映药物在体内消除情况的另一重要参数。清除率等于消除速率常数与表观分布容积的乘积($Cl=k\times V_d$)。

(5) 峰浓度和峰时间：峰浓度(peak concentration, C_{max})和峰时间(peak time, t_{max})是指药物吸收进入体内过程中所达到的最大血药浓度及时间，可以直观地反映药物的作用强度和吸收快慢。

(8) 稳态浓度(steady-state concentration, C_{ss})：是指以一定的剂量、一定的给药间隔多次给药后，血药浓度所达到的某一稳定值。药物在体内达稳态后任一时间间隔内将出现相同的血药浓度 - 时间曲线，血药浓度在每个给药间隔内呈周期性变化。临床中理想的维持剂量应使稳态浓度维持在最小中毒浓度与最小有效浓度之间，C_{ss} 也是临床血药浓度监测中重点关注的指标。

(9) 血浆蛋白结合率(plasma protein bounding rate)：是指药物在血浆内与血浆蛋白结合的比率。只有游离型药物才能通过细胞膜到达靶组织及其他组织，进而发挥药理活性，并进一步被机体代谢及排泄。在正常情况下，各种药物以一定的比率与血浆蛋白结合，因此可以通过测定药物的总浓度间接了解药物在体内的分布情况，在临床血药浓度监测工作中采用较多的也是监测血浆或血清中药物的总浓度。但值得注意的是术后、严重烧伤、怀孕、肝肾疾病、合并用药等均会改变药物相对恒定的血浆蛋白结合率值，此时药物总浓度的测定将无法真实地反映游离药物的情况。

(10) 血药浓度 - 时间曲线下面积和生物利用度：血药浓度 - 时间曲线下面积(area under the curve, AUC)是指药时曲线与时间轴间围成的面积，用于反映药物吸收的程度。生物利用度(bioavailability, F)是指药物或药物中的活性成分被机体吸收进入体循环的速度和程度，通常可分为绝对生物利用度(absolute bioavailability)和相对生物利用度(relative bioavailability)。绝对生物利用度常作为评价口服制剂吸收程度的重要指标，相对生物利用度一般用于比较两种制剂间吸收的差异。

(11) 负荷剂量(loading dose, LD)：当药物半衰期很长或是希望能尽快达到治疗血药浓度水平时，常需要给予负荷剂量以快速达到稳态。负荷剂量多用于某些需迅速起效的药物，如使用替考拉宁或伏立康唑控制感染或是使用苯巴比妥治疗癫痫持续发作等。负荷剂量与药物的消除无关，但往往要比后续治疗剂量大。负荷剂量等于目标浓度与表观分布容积的乘积($LD=C_{target}\times V_d$)。

笔记

(12) 维持剂量(maintaining dose, *MD*): 当给予负荷剂量达到有效血药浓度后，还需要继续给予一定的维持剂量以使血药浓度维持在治疗窗内，保证药物疗效的发挥。负荷剂量和维持剂量间并没有一个固定的量比关系，通常情况下维持剂量需与给药间隔内被消除的药量相符。维持剂量等于目标浓度与清除率的乘积($MD = C_{target} \times Cl$)。

(五) 结果解释

对血药浓度测定结果的合理解释是 TDM 的关键，关系到临床治疗的最终决策，意义重大。对于药师而言，监测结果的解读可体现临床药师工作的深度和价值。药师在结果分析时应结合患者的生理、病理以及合并用药等情况，对药物浓度监测结果给予具体的分析以及合理的解释，并提出调整给药方案的建议，协助临床医师制订科学合理的个体化给药方案，将 TDM 工作真正融入临床诊疗过程中。在这一过程中，应注重加强药师、医师、护士和患者的沟通与合作，使 TDM 结果的解释符合实际情况并具有可操作性。

监测结果的解读包括解读药物浓度与药物疗效、不良反应之间的关系，解读患者生理、病理状态和合并用药等对药动学和药效学的影响，以及应用药动学和药效学原理，计算个体参数，并设计个体化给药方案。具体过程主要包括以下两方面。

1. 资料收集 掌握必要的临床资料是 TDM 服务临床实践的前提与基础，一般包括患者的生理、病理状态、合并用药、被监测药物的使用过程、被监测药物的药动学参数群体值和有效血药浓度范围、被监测药物的剂量 - 血药浓度，效应间的相关程度及影响因素等，具体如下：

(1) 人口学资料：年龄、体重、身高等。药物在人体内的动力学性质与年龄有关，如表观分布容积(V_d)、半衰期($t_{1/2}$)、血药浓度参考范围等常与年龄有关。体重、身高等与表观分布容积、清除率等参数有关。特殊人群，如老年人、儿童、婴儿、新生儿、孕妇等，均有其特殊的药物动力学变异。

(2) 生理、病理情况：包括临床诊断、合并症、肝肾功能、血浆蛋白含量。如肝肾功能受损时，药物从体内的代谢和消除减慢，导致血药浓度升高。当胃肠道罹患疾病或受损伤时，影响口服药物的吸收，血药浓度下降。当病情危重时，脏器功能、体液容量等在短时间内变化较大，使得药物的动力学性质处于不断变化的状态，对此需慎重作出解释。

(3) 合并用药：药物与药物在吸收、分布、代谢、排泄或作用靶点上存在相互作用，可以引起药物动力学参数变化。合并用药对分析方法也可能存在干扰。此外，患者的个人史如吸烟、饮酒等亦可能与药物发生相互作用，应予以记录。

(4) 药物的使用过程：药物的剂型、剂量、给药途径、给药频次、溶媒、服药时间、采血时间等。

(5) 血药浓度参考范围：血药浓度范围在具体情况下可能发生变化。例如，老年患者长期服药时，往往对药物有一定的耐受性，但由于各脏器因年龄增加会引起的老年性改变，对药物的敏感性增强，结果使得药物的安全有效范围变得更窄。近年来发现抗癫痫药有效血药浓度范围相差甚大，可能与不同类型的癫痫对血药浓度的需求不同有关。

(6) 药物的药动学群体参数：表观分布容积(V_d)、半衰期($t_{1/2}$)、清除率(Cl)、生物利用度(F)、吸收速率常数(K_a)等。在设计个体化给药方案时，药动学群体参数是计算初始剂量和个体药动学参数的重要依据。

(7) 患者的依从性：患者的依从性是 TDM 结果解读中的重要影响因素。如果患者发生改变剂量、漏服或停服药物的情况，会导致药物浓度异常，应当加强患者沟通，了解患者真实的用药情况。

2. 结果解读

(1) 实测值与预测值比较：利用上述资料和药动学资料计算药物浓度水平的预测值，比较实际测定值与预测值的异同，分析可能的原因。当实测值与预测值不相符合时，应作出合理的解释(表 12-3)。

表 12-3 药物浓度实测值与预测值的比较

结果比较	可能的原因
实测值 > 预测值	患者是否按医嘱用药（用药量增加）
	药物制剂的生物利用度偏高
	蛋白结合率增加，游离型药物减少，影响分布与代谢，以致血药浓度升高
	表观分布容积（V_d）比预计的小
	消除速率下降
实测值 < 预测值	患者是否按医嘱用药（用药量减少）
	药物制剂的生物利用度偏低
	蛋白结合率下降，游离型药物增加，影响分布与代谢以致血药浓度下降
	表观分布容积（V_d）比预计的大
	消除速率增加

（2）求算药动学参数：根据药物浓度的测定值，求算患者个体的药动学参数，并与已知值的群体参数值作比较。值得注意的是，除了关注实测值与预测值的差异以外，还应观察患者的疗效。当血药浓度在有效范围内时，观察临床上是否表现为有效；当遇到血药浓度或药动参数和疗效的相关性不佳时，应分析患者的具体情况，主要是药动或药效的影响因素等，以确定是否需要修改给药方案。可能的情况和处理意见参见表 12-4。

表 12-4 患者的药动学参数与已知值的比较

比较结果			处理意见
实测药物浓度（C_p）	临床疗效	患者的药动学参数	
C_p 在有效范围内	有效	与文献一致	给药方案合适，无须修改
C_p 超出有效范围	不佳	与文献不一致	给药方案不合适，需修改；再监测
C_p 超出有效范围	有效	与文献不一致	给药方案合适，待病情有变化时再监测
C_p 超出有效范围	无效	与文献不一致	根据新参数修改给药方案；再监测
C_p 在有效范围内	不佳	与文献一致	修改给药方案，谨慎提高药物浓度，密切观察病情变化

在解读 TDM 监测结果的过程中，要注意血药浓度仅仅是反映药物效应的一个间接指标，对于那些血药浓度与疗效有相关性的药物，血药浓度的监测也不能完全取代临床疗效的观察、监测，不能因此而忽视患者病情和治疗目标的变化。因此，必须综合多方面的信息，同时监测药物的疗效和毒性，监测患者病情的发生发展过程，权衡血药浓度的利弊，才能制订出符合实际的用药方案。

第二节 个体化给药

一、概 述

（一）概念

传统的用药是参照推荐的平均剂量给药，而实际上不同患者对药物剂量的需求是不同的。采用同一药物剂量的患者常常在疗效和毒副作用方面表现出明显的个体差异，原因可能是多重因素的作用下，影响个体的药物动力学和药效学，如患者的种族、年龄、机体状况、并发症、是否抽烟或酗酒、合并用药物等。为了使药物的治疗真正实现安全有效，在临床治疗过程中需要通

笔记

过调整用药方式来应对这些个体差异性。因此，药物治疗学逐渐由群体治疗向个体化治疗方向转变。

个体化给药就是药物治疗"因人而异""量体裁衣"，在充分考虑每个患者的生理、病理、遗传因素等特征以及正在服用的其他药物等综合情况的基础上制订安全、有效、经济、可依从的药物治疗方案。制订个体化给药方案是TDM和临床药学服务的中心环节。临床实践通过TDM获取血药浓度数据，并结合患者病情及临床相关指标，根据血药浓度治疗窗调整用药，从而制订个体化给药方案，为临床提供可靠的依据，以达到更安全、有效的治疗目的。

（二）实现途径

目前，临床工作中，给药个体化主要通过凭借医生的工作经验和实施TDM两种手段实现。

1. 凭借临床医师的工作经验 临床医生可根据临床症状、实验室检查结果、辅助检查结果等，由工作经验判断患者的病情对药物的需求，尽可能使给药方案适合每一个具体患者的需要。如应用华法林时可根据凝血酶原时间的延长为指标。这就不仅要求药物要有客观明确的药理反应作为指标，而且要求医师要有丰富的临床经验。但当一些药物很难说清其疗效不佳是否由于剂量大小所致时，单凭经验调整剂量就具有一定的风险性。如苯妥英钠常用剂量为每日300mg，对部分患者尚不能控制癫痫发作，但对有些患者却已引起中枢神经系统的毒性反应，如果凭临床医师的工作经验用药，往往难以保证用药的安全、有效。

2. 实施治疗药物监测 以测定的血药浓度作为指标，计算出该患者个体的药动学参数，然后再根据这些参数，结合药物的目标疗效，设计合理的给药方案，这是目前最科学的手段。如上述药物苯妥英钠，可通过TDM，测定患者的血药浓度，计算患者的个体药动学参数，从而设计制定合理的给药方案，保证药物治疗的安全、有效。

二、制订个体化给药方案的方法

如前所述，个体差异的存在是制订个体化给药方案的前提。制订个体化给药的方法应考察个体差异的内容和影响因素，并结合科学的研究方法，遵循周密的制订流程，才能使得个体化给药方案做到"因人而异"，达到"量体裁衣"的效果。

（一）个体差异的主要影响因素

1. 生理因素 性别、年龄对药物的体内过程和效应均有影响。不同年龄，尤其是新生儿和老年人对药物的处置和效应与成年人有很大差别。新生儿的器官、组织发育尚不全，功能尚不完善，药物的体内分布、代谢和排泄有其自身的特点。如新生儿血浆蛋白结合率低，使血浆中苯妥英钠的游离浓度升高，可达成人的2倍。血脑脊液屏障发育不完善，使脂溶性高的全麻药易透过血脑脊液屏障进入脑内；因葡糖醛酸结合酶不足，使用氯霉素易产生灰婴综合征。老年人因肝、肾功能减退，对许多药物的代谢和消除能力降低，导致血药浓度升高。女性在妊娠、分娩和哺乳期对某些药物的反应有一定的特殊性。

2. 病理因素 病理因素可以改变药物的吸收、分布、代谢和排泄。胃肠道疾病影响口服药物的吸收速率和吸收程度。严重的低蛋白血症如肾病综合征、肝硬化患者的蛋白结合率降低，使苯妥英钠的游离型药物浓度增高；心肌梗死患者的心肌对利多卡因的摄取明显下降，引起血药浓度增高而产生毒性反应；肝炎、肝硬化和脂肪肝等疾病可不同程度地影响肝药酶活性，肾功能不全可使主要经肾脏排泄药物的消除减慢，均可致半衰期延长、药效增强，甚至产生毒性反应。

3. 遗传因素 不同种族或同种族不同个体之间药物代谢酶活性存在先天差异，从而影响代谢药物的能力，使代谢呈现多态性。肝药酶的遗传多态性具有临床意义的有三大类：氧化代谢酶（如CYP2D6和CYP2C19）、S-甲基转移酶和N-乙酰转移酶（NAT2）。地西泮在体内进行的去甲基化代谢具有明显的个体差异，弱代谢者的血药浓度比强代谢者高约1倍，血浆消除半衰期可延长1倍之多。另外，发现中国人地西泮的氧化代谢能力显著地低于白种人，强代谢者的

笔记

血浆半衰期相当于白种人的弱代谢者，为 80 小时，这可以解释临床上白种人应用地西泮的剂量几乎大于中国人用量 1 倍的现象。

4. 药物相互作用　药物相互作用（drug-drug interaction，DDI）指当两种或两种以上的药物同时应用时，一种药物在体内的吸收、分布、代谢、排泄等过程可能会受到其他药物的影响，使得血药浓度发生改变进而影响药效的发挥。例如，当多种药物联合应用时，一种药物可以通过改变另一种药物的转运或药物的结合而影响另一种药物的分布。当药物之间竞争血浆蛋白结合部位时，其中蛋白结合能力较强的药物将占据蛋白结合位点，使其他药物不能得到充分的结合，游离型药物增加，药物的分布、半衰期、清除等也会随之受到影响。这种相互作用对一些蛋白结合率较高而表观分布容积较低的（主要分布在血浆中）的药物影响尤为显著。因此，要特别注意那些药效强烈、毒性反应较大、治疗窗较窄的药物，以防止由于药物从结合部位被置换下来使得游离血药浓度的大幅增加，进而造成药物效应的改变和不良反应的产生。

5. 食物与药物相互作用　食物与药物的相互作用（food-drug interaction，FDI），是指食物与药物之间存在着某种物理、化学或药理的配伍变化。这种变化可能会对药物治疗产生一定的影响。FDI 表现为药动学和药效学两个方面。药动学方面主要包括食物对药物吸收、分布、代谢和排泄的影响，是最主要的作用，药效学方面的相互作用较少见，如单胺氧化酶抑制剂与酪胺食品的相互作用。临床上最常见的 FDI 是食物通过影响药物吸收，导致药效延迟或药物生物利用度改变而导致治疗失败，这是药品说明书推荐某些药物饭前服用的原因之一。食物对机体的生理过程（如胃酸的分泌、胃排空、肠蠕动、胆汁分泌等）的影响能改变药物（如氨苄西林、阿奇霉素、他克莫司等）的吸收过程。对少数治疗窗窄的药物而言，峰浓度或生物利用度的波动可能出现中毒（如他克莫司）。此外，食物中的某些成分可以与药物（如阿仑膦酸和四环素等）发生螯合，也可影响药物的生物利用度。临床需要注意一些药物的 FDI 非常复杂，既包含药动学相互作用也包含药效学相互作用。例如华法林是常用的口服抗凝血药，其抗凝效果极易受食物的影响。高蛋白、低糖水化合物饮食、豆浆等均可降低华法林抗凝效果。食物中蛋白摄入不足可引起低蛋白血症，低白蛋白血症可以导致华法林血浆结合蛋白水平降低，血浆中游离型药物浓度增加，疗效增强，消除加快，容易发生华法林中毒反应。此外，富含维生素 K 的食物（如花菜、卷心菜、豆角、菠菜、豌豆、胡萝卜、番茄、马铃薯等）可抵消华法林对由维生素 K 决定的凝血因子合成的影响，从而降低其抗凝效果。

6. 其他因素　工作环境中长期接触一些化学物质如 DDT、多环芳香烃类和挥发性全麻药等可诱导肝药酶的活性，加速药物的代谢；铅中毒可抑制肝药酶活性，减慢药物的代谢。人体的昼夜节律对药物的体内过程也有影响。如口服吲哚美辛，早晨比下午服药的血药浓度明显偏高；与日内其他时间相比，血药浓度在早晨 7:00 服药时偏高 20%，而 19:00 服药时偏低 20%。

（二）个体差异的研究方法

1. 变异的分类与研究方法　在临床治疗药物监测过程中，仅通过测定体内药物浓度，往往无法很好解释引起个体间差异的原因，难以实现真正意义的个体化给药。个体化给药方案的制订需要科学的研究方法，整合药物浓度数据和导致个体差异的影响因素。群体分析的方法可以定量分析个体间或个体内药物浓度和疗效差异（即变异）的来源和影响程度，通过建立相应的数理统计学模型，计算患者个体的药动学药效学特征参数，为患者制订个体化给药方案。

群体分析中的变异指个体间和个体内药动学 / 药效学行为的差异又称为变异。变异可导致相同剂量下产生不同的药物疗效和不良反应，是个体化治疗的主要原因。群体中的总变异即群体参数变异（population parameter variability，PPV），可分为个体间变异（between subject variability，BSV）和个体内变异（within subject variability，WSV）。个体间变异是个体参数与群体参数均值的差异。若对某个体在多个场合下进行了研究，则该个体在某场合的个体参数和多个场合下个体参数均值的差异称为个体内变异。它们之间存在下列关系式：$PPV^2 = BSV^2 + WSV^2$。

笔记

个体间变异和个体内变异都包含可预测变异（predictable variability）和随机变异（random variability）。其中，个体间可预测变异（predictable between subject variability，BSVP）及个体内可预测变异（predictable within subject variability，WSVP）主要来源于患者的生理、病理、合并用药等特征，这些变异的来源和影响是相对明确、固定且可测量的，故称之为可预测变异。而影响因素则称为协变量（covariate）。个体间可预测变异和个体内可预测变异共同组成了可预测群体参数变异（predictable population parameter variability，PPVP）。随机变异是不可预测的变异，其中随机个体间变异（random between subject variability，BSVR）指个体间变异中可预测变异以外的变异。随机个体内变异（random within subject variability，WSVR）是指个体在不同研究场合之间不可预测的变异。随机个体间变异和随机个体内变异共同组成了随机变异，又称随机群体参数变异（random population parameter variability，PPVR），它们之间存在下列关系式：

$PPVR^2=BSVR^2+WSVR^2$；

$PPV^2=PPVR^2+PPVP^2$。

对变异的定量描述可以用于判断哪些因素是显著影响模型预测性的协变量，以及判断协变量对总变异的贡献程度的大小。

2. **安全有效变异** 为了帮助确定某种药物采用何种给药方法可获得最大获益，需引入一个安全有效变异（safe and effective variability，SEV）的概念。临床治疗中，将可接受的变异定义为SEV。当血药浓度的变化可以反映疗效的变化时，SEV可通过血药浓度的变异来表示。临床实践中给药方法的选取可依据变异情况（表12-5）。

表12-5 基于有效安全变异（SEV）的给药方案制订标准

变异	举例	给药方案
SEV＞PPV	SEV＝90%	药物安全，通常只需给予所有患者相同的剂量
PPV＞SEV＞PPVR	SEV＝55%	需采用群体分析法找出影响变异的因素，如体重、肝肾功能、合并用药、遗传多态性等。然后，根据相关因素进行给药方案的调整
PPVR＞SEV＞WSVR	SEV＝35%	需要基于个体的药物效应实施个体化给药
WSVR＞SEV	SEV＝15%	表明该药物不能安全使用，临床上不建议使用

注：PPV——群体参数变异；SEV——安全有效变异；PPVR——随机群体参数变异；WSVR——随机个体内变异。

（三）制订个体化给药方案的方法

1. **稳态一点法** 多次用药当血药浓度达到稳态水平时，采血测定血药浓度，若此浓度与目标浓度相差较大，可根据下式对原有的给药方案进行调整。

$$D_{new}/C_{ss,\,new}=D_{old}/C_{ss,\,old}$$

其中D是剂量，C_{ss}是稳态浓度，old指患者可达目前稳态浓度的用药剂量，new则指达到预期稳态浓度的用药剂量。

该法的优点是采样次数少、快速简单，无须求算药动学参数；缺点是需要测定稳态浓度，对于半衰期长的药物需耗费较长的时间，且只适用于具线性动力学特性的药物。消除常数k值（或$t_{1/2}$）的变动可影响该方法的误差大小，对个体的半衰期较长或较短的患者，得出的剂量可能有较大的误差。稳态一点法一般用来推算预测维持剂量。

2. **重复一点法** 对于一些药物动力学参数偏离正常值或群体参数变异较大的患者，往往需要根据其个体药动学参数值来设计给药方案。测定和求算患者药动学参数的系统方法是在给药后采取一系列的血样，应用计算机拟合相应的房室模型并算出数据。密集采样的优点是所得参数齐全、准确，缺点是采集的血样较多，患者难以接受，并且分析计算需要较长的时间。重复一点法（repeated one-point method）是对"一点法"的改进，只需采血两次，即可求算出与给药方案相关的两个重要参数：消除速率常数（k）和表观分布容积（V_d）。

笔记

具体方法是在初次和第二次用药时给予患者两个相同的试验剂量 D，在每一个试验剂量后同一时间，分别取两次血样测定药物浓度。按下述公式求算 k 和 V_d。

$$k=\ln\left[\frac{C_1}{C_2-C_1}\right]\div\tau$$

$$V_d=D\cdot e-k\tau/C_1$$

$$D_{new}=k\cdot V_d\cdot C_{ss}\cdot\tau/F$$

τ 为给药时间间隔，C_{ss} 为欲达到的稳态血药浓度，F 为药物的生物利用度。

需要注意的是，该方法只适合于初次和第二次给药，而不能在血药浓度达到稳态时使用，且要求两次取血的时间间隔应等于两次给药的时间间隔，同时必须在消除相采样取血。另外，当患者有肥胖、水肿、心肌梗死、肝肾功能不全和低蛋白血症等时，V_d 可有较大的变化，而肝肾功能不全时还会引起 k 的变化，这些都会影响计算的结果。在 k 和 V_d 这两个参数中，如果其中一个参数有变化，另一个参数无变化或变化很小，本法仍然适用。

3. 非线性混合效应模型法 非线性混合效应模型法（nonlinear mixed effect model，NONMEM）是一种基于房室模型的群体分析方法，是研究群体药动学参数变异的主要方法。该方法可同时考虑生理、病理等因素的影响，将经典药动学模型、固定效应模型和统计学模型结合起来，通过扩展的最小二乘法，一步估算出群体药动学参数。

该法具有以下优点：①可分析临床的零散数据，取样点少，利于患者接受，较易开展；②可定量考察患者生理、病理、合并用药等多种混杂因素对参数的影响；③可考察随机变异的影响；④群体参数可以通过同时考察全部的患者获得；⑤群体参数结合个体患者的 1～2 个血药浓度点，采用 Bayes 法可估算个体药动学参数，进而计算个体化给药方案。

4. 多元回归法 非房室模型的群体分析法中，常用方法为多元回归分析法（MRA）。通过多元回归理论，分析和筛选群体参数的影响因素及其大小。当多元回归分析的影响因素（自变量）与群体参数（因变量）之间呈线性关系时，可用多元线性回归模型表征。

$$Y=b_0+b_1X_1+\ldots+b_kX_k$$

式中 Y 为因变量，即药动学或药效学群体参数；$X_1, X_2\cdots X_k$ 为自变量，即协变量如体重等，b_0 为常数项，$b_1, b_2\cdots b_k$ 为系数。

在治疗药物监测中，常用的药动学参数如药时曲线下面积（AUC），可用多元回归分析计算。方法是以密集采样的血药浓度数据作为建模数据，通过多元回归法，计算不同时相的浓度观测值的组合，以获得最佳的 AUC 估算值，计算公式为：

$$AUC=M_0+M_1\times C_{t1}+M_2\times C_{t2}+\cdots+M_i\times C_{ti}$$

M_0 为一个常量，表示曲线在 y 轴的截距。C_{ti} 表示在时间 t_i 测定的血药浓度。M_i 为多元回归分析确认的相关系数。

基于 MRA 的 AUC 估算，可用于设计 TDM 的采样方案，达到用尽可能少量的采样和血药浓度测定值，来获取最大的信息量如个体药动学参数，从而帮助制订和调整给药方案。

5. Bayes 法 应用群体参数进行个体化给药时，可结合 Bayes 法利用个体血药浓度和已有信息进行个体药动学参数估算，具有准确且灵活的优点。群体模型结合 Bayes 法在临床个体化给药中已发挥了重要的作用。

Bayes 法以患者 1～2 个实测的血药浓度为反馈，结合 Bayes 条件概率模型，使下列目标函数取得最小值时，可得到更准确的个体药动学参数，进一步优化个体给药方案。

$$\text{OBJ}=\sum_{j=1}^{m}\left(\frac{\theta_j-\hat{\theta}_j}{\omega_j}\right)^2+\sum_{i=1}^{n}\left(\frac{C_i-\hat{C}_i}{\sigma_i}\right)^2$$

式中：m 为药动学参数个数，n 为血药浓度点数，θ_j 为药动学参数的个体预测值，$\hat{\theta}_j$ 为药动

学参数的群体值，C_i 为血药浓度实测值，$\hat{C}_i$ 为血药浓度预测值，ω_j 为个体间变异，σ_i 为个体内变异，其中 $\hat{\theta}_j$、ω_j、σ_i 都可用 NONMEM 法估算。

（四）制订个体化给药方案的流程

根据患者生理、病理、遗传和合用药物等信息（如年龄、体重、肝肾功能、基因型、药物相互作用等），结合药动学和药效学原理，分析、解释药物浓度和药物效应之间的关系以及相关的影响因素，可制订个体化的给药方案，其一般流程见图 12-1。

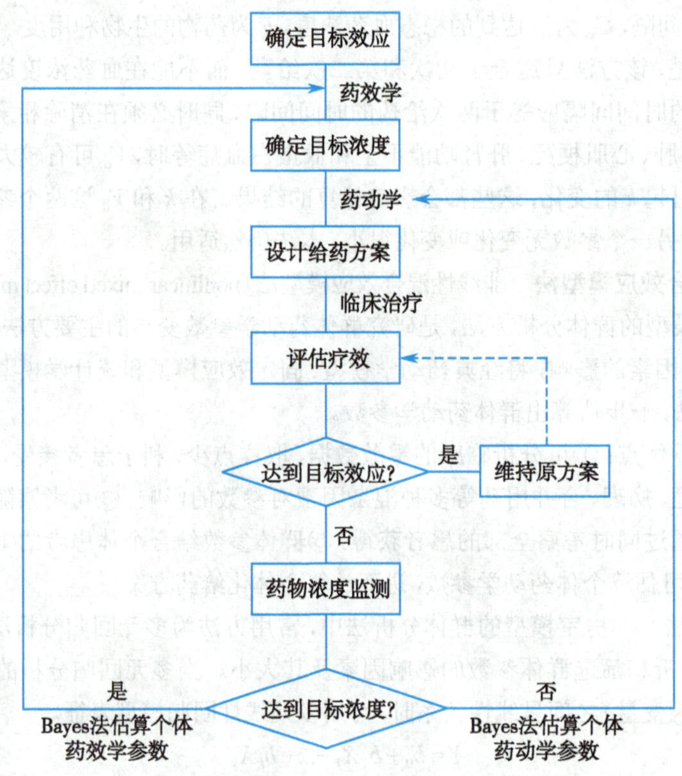

图 12-1 个体化治疗干预示意图

上述流程主要包括：①治疗目标包括“目标效应”及“目标浓度”的两个方面，将期望的药物效应定义为目标效应，将达到目标效应所需的药物浓度称为目标浓度，并使药物疗效与不良反应间达到最佳平衡；②在个体化给药过程中，不以体内药物浓度监测值作为唯一指标，强调患者的疗效；③运用群体方法可研究引起个体间疗效差异（即变异）的原因；④应用 Bayes 法，基于药动学 - 药效学和患者的个体特征等制订给药方案，而不是依据临床经验进行给药调整。

个体间药动学和药效学差异的多样性限制了传统治疗药物监测在个体化给药中的应用。运用定量药理学的方法和理论，可定量解释变异的来源和大小，在实践中结合完善的实施流程，可促进个体化治疗的实现。

三、个体化给药的原则与药物基因组学

（一）个体化给药的原则

1. 一般原则 个体化给药方案应当遵循安全、有效、经济和可依从的原则。在制订个体化给药方案的过程中，应充分考虑用药方案的安全性和有效性，科学地权衡用药方案的获益和风险，并获得患者的知情同意。首先，要充分掌握各种临床检查和实验室检查资料，应详尽了解患者的生理、病理状况；患者的用药情况；掌握被测药物剂量、血药浓度与效应之间的关系，掌握药物的动力学特征等。在此基础之上，对监测结果做出切合实际的分析、判断，得出专业的结论，制订出符合患者实际的用药方案。其次，要充分认识到血药浓度仅仅是反映药物效应的

一个间接指标，有些药物的血药浓度与效应之间并没有明确的相关性，切忌生搬硬套。即使对那些血药浓度与疗效有相关性的药物，血药浓度的监测也不能完全取代临床疗效的观察、监测，更不能忽视患者病情的变化。应当对患者的药动学、药效学和不良反应指标坚持定期随访，根据指标的变化及时调整用药方案。

由于个体化治疗方案需要收集多方面的诊疗信息，复杂检查和药品会增加患者的医疗支出，应当在注意简化，保证个体化治疗方案的经济性。例如 TDM 必须在具有临床指证时才考虑实施；又如老年人用药应少而精，尽量减少用药种类。此外，制订个体化给药方案还应注意对患者的支持和关爱，通过精神、饮食或运动疗法等促进患者自身调节功能，通过鼓励关心患者的精神状态，通过用药教育提高疾病治疗的依从性和综合疗效。

2. **肝功能不全患者**　肝脏是药物体内代谢的主要器官，当肝功能受损时，药物代谢减慢，游离型药物增多，影响药物的效应甚或增加药物毒性。因此肝功能不全患者应谨慎用药，以免进一步加重肝损伤。初始用药剂量宜小，应做到用药方案个体化，用药原则建议如下：

(1) 合理选择药物：尽量避免选用对肝脏有损害的药物。对肝脏有损害的药物如果是治疗必需，则应减小剂量，或延长给药间隔，并且不要长期服用。如对乙酰氨基酚达到解热效果后，就不要过量服用。

(2) 用药期间注意临床观察，并定期检查肝功能：应用对肝脏有损害的药物时，要密切观察患者是否出现黄疸、肝大、肝区叩痛等症状和体征，并要定期检查肝功能，如出现肝功能损伤加重，应及时调整用药方案。

(3) 改善生活方式，戒除烟酒嗜好。烟中含有多种有毒物质，可损害肝功能，抑制肝细胞再生和修复；酒精主要经肝脏代谢，酒精可使肝细胞的正常酶系受到干扰破坏，进而损害肝细胞，甚至使肝细胞坏死。因此，肝功能不全患者必须戒除烟酒，以免加重肝损害。

(4) 科学、正规治疗，避免盲目用药。肝病患者一定要选择正规医院接受科学治疗，不要轻信广告宣传，切勿盲目自行选购药品或长期大量使用一些游医的草药，以免加重肝脏负担，造成进一步的肝脏损害。

3. **肾功能不全患者**　肾脏是人体最重要的排泄器官，绝大多数药物及其代谢产物都是由肾脏排泄，当肾功能不全时，肾脏排泄药物的能力大为减弱，主要经肾排泄的药物消除减慢，影响药物疗效并增加毒性，因此肾功能不全患者必须根据肾功能损害的具体情况，酌减其给药剂量，延长其给药时间间隔，特别是给予具有肾毒性的药物时更需慎重。

对于肾功能不全患者的个体化给药原则建议如下：

(1) 详细了解患者病情：首先要明确诊断，并应了解患者肾功能受损的程度；其次是要了解患者有否合并症（尤其是老年患者），准确分析其病理生理状况。选择药物时，需要在考虑适应证的同时排除禁忌证；在对因治疗的同时，也应做好对症治疗和支持治疗。

(2) 充分熟悉药物特性：对所用药物的药效学和药动学特性应该清楚，特别是药物的生物半衰期和一些速率常数。临床需要用药时，应尽可能选用具有相同药理作用但不影响肾功能或对肾功能影响甚微的药物；避免合用具有相同肾毒性的药物，以免加重肾脏损害，如氨基糖苷类和多黏菌素类不宜合并应用。

(3) 定期化验肾脏功能：应定期进行尿常规检查，当出现蛋白尿和管型尿时，应及时停药和换药；定期查验血清尿素氮和血肌酐，密切监测患者的肾功能，以便及时调整用药方案。

(4) 综合考虑肝肾功能：肾功能受损的患者，会影响肝脏的蛋白合成，造成肝脏生物转化功能的降低，药物代谢减慢而效应增强。另一方面，患者血浆蛋白结合率下降，也会使血中游离型药物浓度增加。因此，肾功能患者用药时，应综合考虑肝肾功能，合理制订或调整用药方案。

(5) 合理调整用药方案：一般情况下，可根据患者肾功能受损的程度调整用药方案，必要时，可进行 TDM，根据监测的结果，调整制订个体化的给药方案。

对于肾功能不全患者，可按前述“血清肌酐法”制订或调整用药方案，也可采取下述方法进行用药方案调整。

1）减少维持剂量法：即首剂用量不变，给药间隔不变，但需根据肾衰程度减少药物维持剂量，可按如下公式计算调整：

肾衰竭时药物维持量 = 正常血肌酐浓度 × 正常时药物维持量 ÷ 肾衰竭时血肌酐浓度

正常血肌酐浓度以 1.3mg/dl 计。该法药物的有效浓度可维持较长时间，药效优于延长用药间隔法。但该法不适于血肌酐浓度大于 10mg/dl、肾功能严重损害的患者，此时即使每次给予较小的剂量，也可能达到中毒水平。

2）延长用药间隔法：即每次药物用量不变，但需延长给药间隔时间，可按下式推算：

肾衰竭时用药间隔 = 肾衰竭时血肌酐浓度 × 正常时用药间隔 ÷ 正常血肌酐浓度

该法因用药时间间隔较长，药物浓度波动较大，维持有效血药浓度时间短，故而常影响药物疗效。

如果患者的肾功能损害较为严重，也可以把上述两种方法结合，既减少剂量又延长给药间隔。

3）根据肾功能损害程度估计用药剂量：根据肾功能常用评价指标血尿素氮（BUN）、血肌酐（Scr）和肌酐清除率（*Clcr*）等，对肾功能进行综合评价，将肾功能损害分成轻度、中度、重度三种情况，从而提出三种不同的药物用量参考。不同药物情况可能不同，具体参考药品说明书。

（二）药物基因组学

1. 概念 药物基因组学（pharmacogenomics）是 20 世纪 90 年代末发展起来的一门基于分子药理学与功能基因组学的新兴学科，以药物效应和安全性为目标，研究药物体内处置过程和药物效应差异的遗传特性，从基因水平研究遗传因素与药物效应多样性间的关系，以及基因突变所致不同个体对同一药物的不同反应，即体内处置、临床效应和安全性的差异性，进而指导新药研制、开发、评价，以及个体化药物治疗方案的设计、修饰、调整。

现代医学和药物基因组学研究证明，遗传因素（基因多态性）是造成药物体内处置过程、药物效应个体差异的主要原因之一。不同的遗传背景、进化过程所形成的基因多态性可致药物效应的多样性，即不同个体对相同药物、同一剂量，体内处置过程和临床效应的差异性，进而导致无效治疗和毒性。分子生物学、分子遗传学和遗传药理学技术的发展推动了药物基因组学的产生和发展，使人们可更早认识和发现遗传多态性及其与药物效应强弱、药源性疾病发生发展的关系，并进行基因多态性检测，实现以基因型为基础的个体化药物治疗和药物临床评价。

基因多态性（genetic polymorphism）是药物基因组学的基础。基因是遗传物质的基础，是 DNA 分子上具有遗传信息的特定核苷酸序列，由 A、T、C、G 四个单核苷酸组合而成。每个正常基因的序列在不同的人群中绝大多数是相同的，那些由单个碱基的转换或颠换所引起的单个核苷酸变异在人群中有一定的分布，称之为单核苷酸多态性（single nucleotide polymorphism，SNP）。某些单核苷酸的变异只在疾病情况下出现，而在正常人群中不出现，这种变异属于基因突变。SNP 的不同或基因突变，都可以对基因的功能产生影响。基因只有表达才能发挥功能，基因表达水平的不同，对功能会产生很大的影响。SNP、基因突变、基因调控的变化均可以影响基因的表达水平。通过检测药物代谢酶、药物转运体和药物靶点的基因结构变异或表达变异，可以判断个体中相应蛋白质的功能，从而指导用药。

2. 研究内容 药物基因组学是研究对包括药物在内的外界化学物质（有毒外源物质）反应的遗传多样性，其主要内容包括：支持对药物反应的个体多样性的重要机制研究；建立决定个体药物反应的蛋白质多样性的数据库；鉴定重要序列的多样性，重点研究对药物反应表现型相关的基因型。其中，基因多态性是药物基因组学的基础和重要研究内容，主要包括药物代谢酶、药物转运体（或蛋白）、药物作用靶点等基因多态性。

（1）药物代谢酶的基因多态性：药物代谢酶通常是药物体内代谢过程的主要影响因素，尤

其是药物消除的限速步骤，可直接影响药物半衰期、清除率等重要的药动学参数，使药物在体内的过程呈多样性。药物代谢酶遗传多态性在人群中普遍存在，目前已发现的药物代谢CYP酶通常都有十个或者几十个等位基因，说明了在人群中表现为个体的表型差异的原因。药物代谢酶基因多态性的研究，对于实现个体化给药，减少药品不良反应，提高药效有着积极的作用。

体内药物代谢分为Ⅰ相代谢反应和Ⅱ相代谢反应，参与Ⅰ相代谢反应的酶主要是细胞色素P450家族，迄今已知有57个家族，17个亚族，约221种酶。目前参与药物氧化代谢最重要的酶为CYP3A4、CYP2D6、CYP2C9和CYP2C19，其次为CYP1A2、CYP2E1。其中CYP2C9、CYP2C19和CYP2D6的基因多态性与个体间差异有很大关联性。而CYP2D6是最早被发现存在药物氧化代谢遗传多态性的CYP450酶，至今已发现75个CYP2D6的不同等位基因，它们的变化可直接影响药物的代谢率。

此外，参与Ⅰ相反应的代谢酶基因多样性还包括二氢嘧啶脱氢酶基因（DPYD）、葡糖-6-磷酸脱氢酶基因（G6PD）、维生素K环氧化物还原酶复合物1（VKORC1）基因等多种基因。例如2007年，FDA批准了第一种遗传分子检测，该检测根据CYP2C9和VKORC1基因多态性预测抗凝药华法林的敏感性，预示着药物基因组学已经开始由实验室研究走向实际应用。

参与Ⅱ相代谢反应的酶主要包括硫嘌呤甲基转移酶（TPMT）、*N*-乙酰基转移酶（NAT）、谷胱甘肽-*S*-转移酶（GST）、胆红素-尿苷二磷酸葡糖醛酸转移酶（UGT1A1）基因等。编码这些酶的基因中一些重要的多态性将影响这些酶的活性，从而影响药物在体内的代谢。例如TPMT基因中至少有4种等位基因的变异体，从而导致药物代谢的多样性。群体研究表明，人群中89%的人为高TPMT活力，11%的人为中等活力，0.33%的人活力极低或缺失。治疗白血病的巯嘌呤在体内主要由TPMP代谢，因此治疗时就应按照TPMP的活性调整剂量，以免血药浓度达不到治疗要求或药物中毒。

根据药酶的变异将其分为正常代谢型，亦称快代谢型（EM），慢代谢型（PM），中间代谢型（IM），超快代谢型（UM），从而判定，同一推荐治疗剂量仅适用于占人群大多数的EM患者，而对UM患者无效，但对PM患者却易发生中毒。所以，引入药物基因组学检测，可以降低药品不良反应发生率，提高药物应用的针对性，从而实现个体化给药。

（2）药物转运体（蛋白）的基因多态性：所有药物在体内的转运都有各自的转运机制。转运蛋白通过各自不同的构造特性，决定着影响药物透过各自生物膜的转运能力，最终影响药效。转运体如ABC转运蛋白、有机阴离子转运体、有机阳离子转运体的基因多态型性对于药物的代谢具有重要的影响，这也是当前药物基因组学研究的新方向。其中ABCB1基因编码P-糖蛋白，而ABCB1基因的突变可以影响经P-糖蛋白代谢的药物在体内的清除，如免疫抑制剂环孢菌素和他克莫司，抗心衰药物地高辛。ABCB1的突变还与抗血小板药物氯吡格雷的疗效有关。

（3）受体和其他药物靶体的基因多态性：药物代谢酶和转运体的活性可以决定药物在体内的浓度，而药物作用的靶受体才是决定药物效应的直接因素。包括β肾上腺素受体、血管紧张素Ⅱ1受体（AT1受体）、血小板P2Y12受体、5-羟色胺受体、表皮生长因子受体（EGFR）等。研究显示，对于EGFR基因19、21号外显子突变纯合子或突变杂合子患者，使用含吉非替尼等酪氨酸激酶抑制剂的化疗方案可以取得较好疗效，显著延长生存期；无突变者和20号外显子T790M突变者不推荐使用酪氨酸激酶抑制剂。

与药物结合的血浆蛋白也具有基因多态性，人血清类黏蛋白（ORM）或称α_1-酸性糖蛋白（α_1-AGP），是弱碱性药物在血浆中主要结合的蛋白质。ORM受控于2个紧密连锁的基因座位，ORM1和ORM2。所有人群的ORM1座位表现为高度基因多态性，而ORM2座位为单态。不同ORM1表型蛋白质结构的不同，必然会引起其功能（与血浆中的药物结合）的差异。

（4）疾病通道的基因多样性：除药物代谢过程中出现的基因突变外，导致疾病的致病基因

笔记

本身发生突变，也同样会导致机体对药物的反应变化。例如，载脂蛋白E基因的突变与阿尔茨海默病患者对他克林反应性的改变；胆固醇雌激素转运蛋白多态性和冠状动脉粥样硬化患者进行普伐他汀治疗的有效性的影响。另有研究表明，药品不良反应与易倾向于毒性的基因多态性有一定的关联，例如钾通道突变与药物诱导的节律障碍是药物敏感性基因突变的重要来源。

（三）药物基因组学与个体化治疗

当患者的体重、年龄、肝肾功能一致的情况下，同一治疗方案对不同的患者在疗效和毒副作用方面仍表现出明显的差异时，应当在个体化治疗方案中考虑遗传特征的影响。药物基因组学研究开启了个体化治疗的新模式，表现为以下几个方面：

1. 确认某些基因型患者为某种药物治疗不良反应的易感和多发人群 正常个体阿托伐他汀肌酸激酶活性改变与CYP3A5基因A6096G多态性无关，但肌痛患者，CYP3A5纯合子（GG）个体肌酸激酶活性明显高于杂合子（AG）个体，揭示携带CYP3A5纯合子基因个体，服用阿托伐他汀更易发生肌肉损伤。因此，应根据CYP3A5基因型调整阿托伐他汀剂量，避免肌肉损伤等不良反应的发生。

2. 确认某些基因型患者采用某种治疗方案更多获益 氯吡格雷是一种新型的抗血小板药物。CYP2C19基因的变异体对氯吡格雷的药物动力学及药效动力学均有不同程度的影响，有些变异可使药效下降，有些变异则可增加出血的危险。氯吡格雷在中国的使用日益普遍，价格也比较昂贵，如果不进行基因检测就盲目用药，既对身体造成危害，还要蒙受较大的经济损失。

3. 根据药物代谢酶、转运体或药物作用靶点的基因多态性研究数据选择合适的药物剂量 2005年7月，美国FDA批准抗肿瘤药伊立替康（irinotecan）说明书中对UGT1A1*28型患者降低剂量的修改，确立了药物基因多态性监测在临床药物使用以及剂量调整中的重要作用。

值得注意的是，应用药物基因组学指导用药应符合以下原则：患者的基因变异已经被证明可以影响药物疗效或不良反应；基因检测必须准确；基因检测结果应尊重个人意愿进行保密。

实训项目十二 他克莫司治疗药物监测与个体化给药实训

【实训目的】

1. 通过实地教学实验或模拟实训，使学生理论和实践相结合，掌握治疗药物监测与个体化给药的基本知识（药动学公式与应用、群体分析法和贝叶斯法等）和基本技能（分析测定技术、实验记录和报告的书写），培养学生独立观察、分析和解决临床实际问题的能力。

2. 使学生熟悉治疗药物监测与个体化给药的主要内容和制度规范，树立正确的临床思维方法。

3. 使学生了解治疗药物监测与个体化给药的模式（工作流程、工作重点和注意事项）和意义。

【实训条件】 分管教学的院系领导或带教老师与相关医院（附属医院、教学医院）联系，获得对方支持，实地参加该医院相关科室的治疗药物监测项目；不具备开展实地观摩治疗药物监测项目的学校，可建立一间模拟实验室进行模拟血药浓度测定和模拟病例个体化给药实训。

【实训要求】 所选治疗药物监测病例应典型，具有教学价值，能给学生留下较深印象，能锻炼其实施治疗药物监测，制订个体化给药方案的技能。

【实训准备】

1. 治疗药物监测的组织 ①联系开展治疗药物监测示范教学的医院及其临床科室。②由本项目带教老师主持，实习学生、临床药师、临床医生和患者（或学生扮演的临床药师、临床医生、患者）等参加。

笔记

2. 治疗药物监测准备 ①查房前一天查阅患者病历，查看病史记录和用药史记录，熟悉患者的基本情况（病情、用药情况）。②如果是模拟实训则还应准备好相关病例资料，并进行角色安排。③查阅相关文献资料，制订好血药浓度测定的方案和实施计划；根据病例资料，初步判断是否存在治疗药物监测的必要性、血药浓度和疗效的影响因素等。④了解治疗药物监测和个体化给药的工作流程、主要内容和注意事项，准备好发言和提问。

【实训内容】 针对某一使用免疫抑制剂他克莫司的具体病例，实地参加治疗药物监测和个体化给药模拟实训。内容包括：

1. 床边查视患者。以 5～8 人为一小组，在带教老师带领下，到所联系的医院实地床边查视患者，记录患者现病史、既往病史、过敏史、家族史和个人史、体格检查、实验室检查、临床诊断、用药情况、联系方式等信息。或由学生分别扮演临床药师、医生、护士、患者、患者家属等进行床边查视患者的情景模拟实训。评估患者接受治疗药物监测的必要性。

2. 进行教学示范。由带教老师演示，对治疗药物监测方案设计、血药浓度的测定、药动学参数的计算等整个流程进行集中讲评，让学生积极参与，检查学生提供 TDM 服务的基本技能，纠正其不规范的思路与操作。

3. 现场阅读病历，讨论影响血药浓度和疗效的潜在因素，应用治疗药物监测的结果解决用药问题，讨论个体化药物治疗方案。

4. 参与的学生应该规范书写、记录治疗药物监测的整个过程，将治疗药物监测结果和拟定的个体化治疗方案反馈给医护人员，在与医师沟通后，及时将用药建议反馈给患者。

【实训过程】

1. 采样类型和时间　他克莫司与血细胞结合广泛，故一般取全血进行测定。同时，该药消除半衰期($t_{1/2}$)一般为 12 小时，达到稳态一般需要 5 个半衰期($5t_{1/2}=5\cdot 12h=60h$)。因此，口服他克莫司一般 3 天可以达到稳态血药浓度。对于大多数患者，一般测定他克莫司给药前稳态谷浓度。

2. 血药浓度的测定　一般他克莫司的测定多采用免疫分析法，可根据商品化的免疫分析试剂盒的要求进行测定。

3. 用 TDM 结果调整他克莫司剂量　分别对“药动学参数法”和“线性药动学法”两种估算他克莫司剂量的方法进行示范教学。

典型病例：肾移植患者，男性，50 岁，75kg(1.78m)，肝功能正常。口服他克莫司胶囊每 12 小时 5mg，目前的稳态血药浓度为 24ng/ml，超出了他克莫司的常用治疗范围（全血浓度 5～20ng/ml）。请计算稳态血药浓度为 15ng/ml 所需的剂量。

4. 将基于 TDM 设计的给药方案反馈给临床学生应该将治疗药物监测结果和拟定的个体化治疗方案反馈给医护人员和患者。

(1) 学生与医师沟通 TDM 的结果，商量最佳治疗效果需要的血药浓度，解释新的治疗剂量的计算过程。取得医生的认同后，将新的给药方案反馈给护士，征询临床实际操作的可行性。

(2) 学生与患者沟通 TDM 的结果，告知其血药浓度偏高，解释血药浓度偏高对用药安全的影响。将新的给药方案反馈给患者，重点强调用法用量的变更和使用注意事项，教育患者自我监测常见的不良反应。

实训路径示意图：

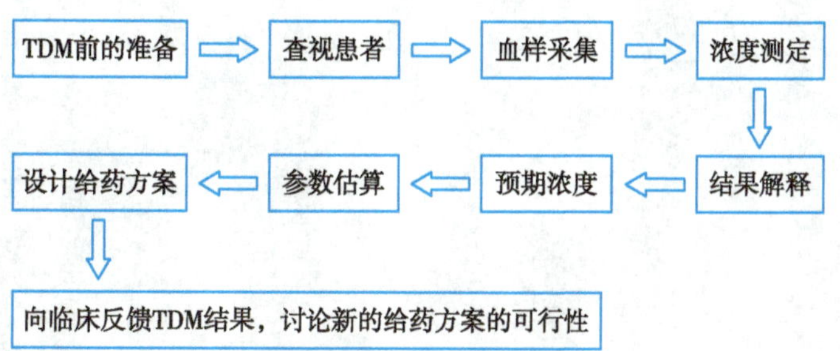

笔记

【实训考核】

1. 对实训内容在班级组织一次汇报和答辩，各组同学在预先充分讨论的基础上推选 1 名代表参加，其他同学做补充。

2. 指导老师在汇报和答辩结束时进行点评和总结，指出各组在项目完成过程中的成功和不足之处。

3. 指导老师根据各组在治疗药物监测、制订个体化给药方案过程中的表现，汇报、答辩和回答问题的情况等进行现场综合评分。

【思考题】

1. 临床药师开展治疗药物监测和个体化给药服务需具备哪些基本技能和职业素养？

2. 如何判断治疗药物监测的必要性？

3. 影响血药浓度和疗效的因素有哪些？

4. 病例思考题：肾移植患者，女性，22 岁，67kg（1.65m），肝功能正常，目前患者处于移植后 36 小时，移植肾恢复正常功能。需口服他克莫司。请计算稳态血药浓度为 15ng/ml 所需的剂量［已知成人他克莫司的平均清除率为 0.06L/（h•kg）］。

5. 上述患者连续 3 天服用他克莫司胶囊每 12 小时 3mg，目前的稳态血药浓度为 11ng/ml。请分析有哪些可能原因导致稳态血药浓度偏低？请计算稳态血药浓度为 15ng/ml 所需的剂量，并讨论如何进行个体化给药方案调整与监护。

（焦 正）

第十三章 用药评价与研究方法

第一节 概 述

用药评价是对使用的药品在治疗效果、不良反应、用药方案、贮存稳定性及药物经济学等方面的客观的、实事求是的评论及估价工作，其结论对指导临床安全、有效和经济用药具有重要意义，评价结果不仅为临床药物选用提供证据支持，指导合理用药，同时也广泛用于基本药物遴选、卫生决策评估等相关方面。用药评价主要包括药物使用过程中安全性、有效性、经济性及依从性等方面的评价。其中用药有效性与安全性评价开展较早，主要评价药物用于特定疾病时的疗效和不良反应，其临床流行病学研究方法发展也较成熟。近年来，经济性与依从性评价也开始受到重视。药物的安全性、有效性、经济性和依从性是用药评价重要的四个方面，以下将分别介绍用药安全性评价、用药有效性评价、用药经济性评价和用药依从性评价的具体内容。

一、用药安全性评价

药物安全性是指按规定的适应证和用法、用量使用药品后，人体产生毒副作用的程度。大多数药品均有不同程度的毒副作用，因此，只有在衡量有效性大于毒副作用，或可解除、缓解毒副作用的情况下才能使用某种药品。假如某物质对治疗、诊断疾病有效，但是对人体有致癌、致畸、致突变的严重损害，甚至可能致死，则不能将该物质作为药品使用。

药物上市后，监测与评价其安全性十分重要。尽管药物上市前，动物试验与临床试验都评价了药物安全性，但此期间即便未发现药物安全性问题也不足以保证药物是绝对安全的。因为在临床试验阶段，病例数有限、试验周期有限，一些发生率较低或在特殊人群中才会发生的药物安全性问题不易被发现。药物可引起100多种药源性疾病或综合征，有的可以造成不可逆性损害，甚至死亡。美国疾病预防控制中心（Centers for Disease Control and Prevention，CDC）报告显示，2011年药源性疾病导致的死亡率占该年总体死亡率的12.9%。在我国，有相当比例的感音神经性聋是由链霉素、庆大霉素、卡那霉素、新霉素等氨基糖苷类抗生素使用不当引起的。有研究称我国每年5000万住院患者中，至少有250万人治疗与药品不良反应有关，其中50万人属于严重不良反应。

用药安全性评价可采取的研究方法包括系统评价、队列研究、病例对照研究等。

二、用药有效性评价

药品的有效性是指在规定的适应证、用法和用量的条件下，能满足预防、治疗、诊断人的疾病，有目的地调节人的生理功能的要求。有效性是药品的固有特性，但必须在一定前提条件下，即一定的适应证和用法、用量。药物有效性研究包括动物实验中的药效学研究和人体临床试验中的有效性研究。在药物开发过程中，药物的有效性评价是决定药物最终能否上市的关键之一。人体临床试验证明药物安全有效后，药物才能最终上市、广泛应用。药物上市后评价用药有效性，一般只涉及许可的适应证，是考察广泛应用条件下药物在普通或特殊人群中使用的利益与风险关系，改进给药剂量等，往往对优化药物的使用有重要作用。用药有效性评价可能采取多种研究方法，包括系统评价、随机对照试验研究、队列研究、病例对照研究等。

三、用药经济性评价

药品的经济性是指药品所产生的收益与药品寿命周期成本之比。收益是指使用药品所产生的有益的或有利的结果，可根据需要和可能将收益具体表示为效益、效果或效用。效益是指以货币形态表现的收益；效果是指以健康效果或药品临床指标表现的收益；效用是指以满足人们在消费医药商品和服务时所感受到的满足程度来表现的收益。药品寿命周期成本是指在药品的研究开发、生产、流通及使用全过程中所消耗的资源和所付出的代价。药品寿命周期成本既包括固定成本和变动成本、直接成本和间接成本等人们熟知的一般意义上的资源消耗性的成本，也包括因使用药品而产生的疼痛（如注射剂的使用）、不便（如静脉滴注带来的行动不便）等通常被忽视的无形成本，以及药品所产生的不良反应对人体造成的伤害等特定意义上的成本。药品的经济性由成本和收益两大要素决定，讲求药品的经济性既不是单纯地追求成本最低，也不是单纯地追求收益最大，而是对成本和收益进行综合、全面的考虑。

在长期医药卫生的实践过程中，人们逐渐认识到对药品的研究开发和利用，不仅应该考虑药品的安全性和有效性，还应考虑药品的经济性。在社会经济持续发展的形势下，社会医药资源的有限性和人们对医药资源需求的无限性，已成为社会现实生活中不可忽视的矛盾。随着社会发展和进步，医药保健消费亦在不断提高，医药费用增长速度甚至超过国民生产总值增长速度，导致社会和个人沉重的经济负担，成为世界各国面临的重大民生问题。因此，如何充分有效地利用现有医药资源、合理使用社会医药保健费用，是当今社会人们共同关注的重要问题。20 世纪 90 年代以来，我国开始重视药物经济性研究和应用。药学工作者运用药物经济性分析方法评价药物治疗方案的优劣，为合理用药提供依据。1988 年全国药物经济性研讨会开始要求在遴选国家基本药物目录时运用药物经济性原则，由此推动我国药物经济学研究和应用取得进步，成为医药卫生工作关注的重点内容之一。

药物经济性评价是应用卫生经济学原理和方法，结合流行病学、决策学、生物统计学等多学科研究成果，全方位地确定、测量、比较、分析不同药物治疗方案、药物治疗方案与其他治疗方案（如手术治疗），以及不同医疗或社会服务项目（如社会养老和家庭病床等）的成本与结果（效益、效果与效用）关系。药物经济性评价建立在成本（费用）分析的基础上，常用研究方法包括实况研究、模型法等。

四、用药依从性评价

依从性也称为顺从性或顺应性，是指患者按照医务工作者规定进行治疗或与医嘱一致的行为，对于患者具体使用药品进行干预的依从性即为用药依从性。良好的患者用药依从性是合理用药的一个重要标准，它可增强药物疗效、促进疾病转归，尤其在治疗方案有效的情况下，患者用药依从性成为影响疗效的决定性因素。但目前无论是国内还是国外，不依从用药已成为一种普遍现象。不依从用药不仅导致不合理用药，影响医、患关系，还可能降低患者的生活质量，导致发病率和死亡率上升。影响患者用药依从性的因素主要包括：①剂型剂量、给药途径，如药品本身是否具备如划痕一样方便拆分剂量的设计，儿童剂量是否可分；②（每天的）给药次数、用药疗程；③外观性状，如异味、异嗅、异形、特殊颜色是否会影响患者（尤其是儿童患者）服药意愿；④包装，如包装数量、药名标示、字体、颜色、外形精致与否，药品本身是否已按疗程用量进行包装；⑤用药方法难易，如用药方法是否需要经过培训（如吸入剂），是否需要在他人帮助下才能给药（如灌肠剂），是否需要做过敏试验等；⑥价格，如疗程费用对于患者来说可否承受，患者的自付比例，与同类药相比的性价比差异；⑦发生不良反应的耐受程度、自愈程度、解救的难易程度、后遗症，不良反应的发生率，是否可预防；⑧起效速度，如患者会因起效慢而误认为药品无效；⑨说明书编写是否准确、全面、清楚无歧义；⑩用药期间的限制条件；⑪广告的影响；

笔记

⑫供应是否充足；⑬是否导致成瘾；⑭特殊携带与保存条件等。

此外，医务人员在用药治疗过程中同样存在给药依从性，即医务人员的给药倾向。影响医务人员给药依从性的因素主要包括：①药名的长短、是否容易被混淆；②药品的疗效，包括药品临床价值、指南推荐级别、同行专家共识与患者认可度；③给药间隔，是否需要护士按照特殊给药时间发药或配制；④药物作用个体差异、药物相互作用；⑤对患者用药培训的难易程度；⑥医药护人员分别需要承担的责任；⑦用药监测；⑧药品配制的难易程度；⑨药品贮存条件；⑩用药后随访或复查的周期；⑪其他技术和管理要求，如麻醉药处方权、麻醉药管理等。

评价用药依从性的方法较多，常用研究方法包括系统评价、横断面调查等。

第二节　用药评价常用的研究方法

本节将介绍评价安全性、有效性、经济性及依从性常见的几种研究方法。我们将研究方法按其设计类型首先分为原始研究和二次研究，原始研究主要介绍随机对照试验、实况临床试验、交叉研究、队列研究、前后对照研究、病例对照研究、横断面调查研究、叙述性研究、模型法，二次研究则介绍系统评价。

一、原始研究

（一）随机对照试验

1. 随机对照试验概述　随机对照试验（randomized controlled trial，RCT）是采用随机的方法，将合格研究对象分别分配到试验组和对照组，然后接受相应的干预措施，在相同的条件或环境中，同步地进行研究和观察试验的效应，并用客观的效应指标衡量试验结果。随机的原理是将研究对象以相同的概率分配进入不同的研究组（干预组和对照组），使其组间的基线特征基本平衡，从而达到组间的可比性（图 13-1）。随机对照试验设计主要注意随机、对照、盲法三点。

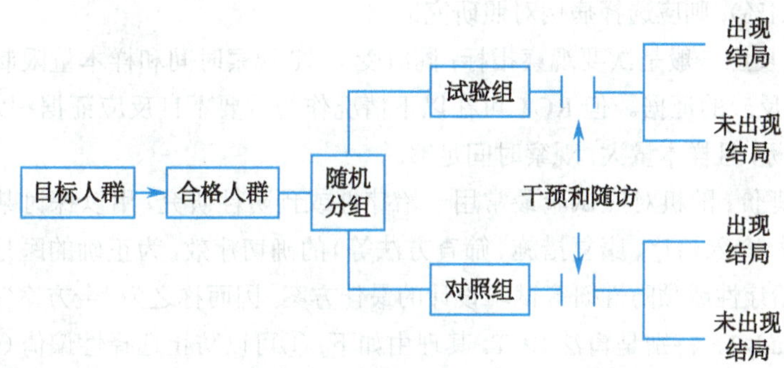

图 13-1　随机对照试验实践模式

2. 随机对照试验的特点

（1）随机：实施随机化的原则，是为了防止人为主观因素（研究者和被研究者两个方面）对研究对象选择和分组的干扰，从而避免选择性偏倚的影响。在科研设计中，随机的方法包括随机抽样和随机分组。在临床科研工作中，由于人力、物力和财力以及时间的限制，不可能将所有的研究对象纳入研究，只能按照需要，将一定数量的研究对象作为研究对象，这就要求使用随机抽样的方式，使合格的研究对象具有同等被选择的机会参与研究。抽样后又要运用随机分组的方式，使研究对象具有同等的机会进入试验组和对照组。

常用的随机化的方法包括简单随机法，电子计算机或电子计算器随机分配法，分层随机分配法，区组随机法，系统随机抽样法，多级随机抽样法，半随机法。采取何种方法随机选择研究

笔记

对象以及对选择的合格研究对象如何随机分配，都必须详细交代使用的随机方法。而不是冠以“采用随机对照试验”一言代之。

(2) 盲法：随机对照试验最好能达到盲法，目的是使研究者和被研究者均不知道接受试验的组别和干预措施的具体内容，使观测记录到的临床现象和资料以及分析的结果，都不受主观意愿所左右，能实实在在地记录客观而真实的状态，保证研究结果的真实性，避免测量偏倚及霍桑效应(Hawthorne effect)的影响。盲法一般分为单盲，双盲和三盲。单盲是指受试的研究对象处于盲态，双盲是指执行者和受试的研究对象处于盲态，三盲是在“双盲”试验的基础上，加上试验的数据处理和资料分析及其评价的人员，通常以双盲法居多。

(3) 基线可比性：随机对照试验组间的基线状况，应保持主要临床特点及人口学特征的可比性。必须保证样本量足够，若样本量不够大，不能保证影响预后的主观因素在组间都均衡分布，导致基线不可比。

(4) 一致性：试验组和对照组，试验期间应保持一致。

3. 随机对照试验应用范围

(1) 安全性评价：评价不良反应的证据种类较多，通常可分为试验性和观察性研究及所有相关证据进行系统全面的系统评价。试验性研究证据通常以 RCT 为主。不良反应在 RCT 中一般作为次要目的进行研究。由于发生率低，观察时间较短，单个 RCT 对不良反应事件的分析效能通常较低。因其通过随机尽量避免了混杂因素的影响，更可能得到真实的结果；但 RCT 中研究对象挑选通常比较严格，药品不良反应的暴露和实际人群可能有差异。因此，单个 RCT 多数情况下常作为不良反应评价的辅助证据。单个 RCT 仅在极少情况下(很大样本量和很长观察时间)可能作为评价低发生率不良反应的主要依据，但这对绝大多数医疗干预可行性低，且可能受伦理限制。

不良事件发生率的高低会影响不同研究设计证据的适用性：①若不良反应发生率较高，则 RCT、队列研究均可观察到该不良反应；②若不良反应发生率较低(如发生率 $<5\%$)，RCT 因样本量小，观察时间短，很难有效观察到不良反应，宜选择队列研究证据；若该不良反应为罕见时间(如发生率 $<0.1\%$)，则应选择病例对照研究证据。

RCT 中不良反应一般是次要观察指标；同时受 RCT 观察时间和样本量限制，单个 RCT 很难成为评价不良反应的证据。但 RCT 可在以下情况作为重要不良反应证据：以相关不良反应作为主要评价指标，且样本量大，观察时间足够。

(2) 有效性评价：随机对照试验最常用于治疗性或预防性研究，用以探讨某一干预或预防措施(药物、手术、介入治疗、康复措施、筛查方法等)的确切疗效，为正确的医疗决策提供科学依据，是公认的治疗性或预防性研究试验设计的最佳方案，因而称之为“金方案”(gold design for the therapeutic study)。特别是盲法 RCT，其理由如下：①可以防止选择性偏倚(selection bias)。通过对受试的合格对象实施随机抽样以及随机分组，可以防止研究者随主观意愿地选择研究对象，避免主观地分配自己感兴趣的研究对象到试验组或对照组而接受不同的治疗。②可以防止研究者、观测者乃至资料分析者对试验客观反应结果的测量性偏倚(measurement bias)。由于受试对象是随机化分组的，对研究的执行、干预及观测和资料分析是执行盲法的，因而试验研究人员在破盲前不知何组为试验组或对照组，这样，他们只知道试验的客观反应及其结果，却不知是哪种治疗的反应，因而可以防止主观的测量性偏倚。③可以防止混杂因素的影响。由于受试对象是随机化分组的，虽然在入组前制定了相应的纳入标准，在一定程度上可排除已知混杂因素，但对未知混杂却难以排除。由于采取了随机分组，组间的未知混杂则可相互抵消，防止了其对治疗试验的影响。但是，机遇(chance)的影响却不可消除，设计者可通过限制 α 型错误和 β 型错误、增大样本量，以使其对试验的影响减少到最低的容许水平。

临床防治性研究是一个十分复杂，但又十分重要的研究领域，虽然随机对照试验是最佳的

"金方案"，但不是每一个治疗性研究都必须照此设计，还是应该根据临床疾病防治的具体情况进行试验方案的选择。如发病率极低的"渐冻症"(一组运动神经元疾病)，要做随机对照试验不大可能，为了解决这类临床难题以更好地挽救患者的生命，又不得不研究和探索，为此，就应该选择非随机对照试验的研究设计方法。

(3) 经济性评价：经济学评价的证据可来自患者水平的随机临床干预研究，也可来自多个临床试验或综述和系统评价结果。患者水平的随机临床干预数据包括围绕 RCT 开展的平行经济学研究数据和实况临床试验的数据。广泛采用 RCT 的数据用于经济分析存在很多问题：①RCT 是在理想和控制条件下的一种药物/治疗方法的表现，试验中尽可能排除了其他干扰因素，而经济学评价的重点是现实状态多因素作用下的成本和结果；②若 RCT 对照组用安慰剂将缺乏完整的经济学评价对照组的信息；③研究时限和人群等也不符合经济学评价要素的要求。

(二) 实况临床试验

1. 实况临床试验概述　实况临床试验(pragmatic clinical trial，PCT)又称为实效性临床试验、真实世界研究，是指用以了解某干预措施在临床实践中是否有效及其实际效应量的试验。关键要素是随机化和隐蔽分组，避免选择性偏倚。试验组和对照组受试者在相似可比的情况下进行对照，从而获得干预措施的净效益。在采取充分的措施避免选择性偏倚的情况下，受试者可不强求同质，干预措施在无本质变化的情况下可整调干预量、干预形式和干预期。实况临床试验虽然对试验条件不加限制，满足临床实践中每位患者需要不同的处理和治疗方法的需要，试验过程中有很多混杂因素，但仍然满足随机对照试验相似人群基线可比的基本条件。

2. 实况临床试验特点　实况临床研究实施地点和条件为真实的临床实践环境；对受试者的要求远不如严格控制条件的随机对照试验，除了不能坚持试验者外，一般对受试者不加特别限制和选择；干预措施的使用也如临床实际中一样的灵活，可根据患者情况进行适当调整，干预时间和结果测量时间也可随病情变化调整。其通过比较相似人群扣除混杂因素后的平均效应量来确定干预措施是否比对照措施更加有效和更加安全。因此，其获得的干预措施疗效效应量与临床实践完全一样或十分接近，与临床实践的关系是直接的，可据此获得更加准确的疗效和预后评估，更加利于做出正确的临床决策。

与之相对的是辨析性试验(explanatory trial)，即我们通常所实行的严格控制试验条件的随机对照试验，"辨析性"是指为了达到了解某种干预措施对某种疾病的疗效，必须将所有影响因素剥离，尽量减少各种偏倚(bias)和混杂因素(confounder)对结果的影响，如严格选择试验实施地点，使环境理想化；严格制定纳入和排除标准，以保证受试者同质性，凡有合并症或任何可能影响疗效评价的健康因素的受试者均须排除；干预措施严格一致，干预期间不能混杂任何可能影响疗效的因素，有些试验，如观测代谢指标的试验，患者生活条件也须严格控制，尽可能保持一致，干预时间严格一致；由于疾病处于变化中，多数情况下需限定治疗和结果测量时间。但这样获得的只是理想条件下干预措施在单位时间内的疗效效应量，并不一定能反映临床实践中的真实效应量。当把辨析性试验结果证据应用于临床实践时，必须结合临床实际情况进行综合分析，才可能做出正确的临床决策。因此，其与临床实践的关系是间接的。辨析性试验和实况临床研究的比较如表 13-1。

3. 实况临床研究的应用范围

(1) 安全性评价：实况临床研究关注药品上市后患者真实的用药情况，着重观察和记录用药前后临床病情变化，在收集大宗病例的基础上建立数据库，对资料进行整体分析和评价，可以发现药物的慢性及潜伏的反应及罕见的不良反应。

(2) 有效性评价：实况临床试验适合于确定干预措施的效果，即在临床实践中真实的效益、风险和治疗价值。在新治疗措施获准面市前，随机对照试验提供安全性及有效性方面信息，从而使具有临床功效且相对安全的质量措施及时面市；在新治疗措施获准面市后，实况临床试验

表 13-1 辨析性试验和实况临床研究比较

	辨析性试验	实况临床研究
研究目标	评价干预措施功效（efficacy）	确定干预措施的效果
实施环境	严格控制试验环境	真实的临床实践环境
受试者	严格挑选	不加特别限制和选择
干预	严格实施，并密切关注依从性	实施灵活，更接近真实实践
方法	安慰剂对照、盲法	非安慰剂对照，无法施盲
结果指标	通常为短期中间指标或过程指标	直接与受试者、资助者和临床实践者相关
与临床实践的相关性	间接的	直接的
效度	内部高，外部低	内部低，外部高
样本量	有限	大样本，尽量覆盖广泛患者
随访时间	短期随访	长期随访

反映实际用药的真实效果，作为随机对照试验的补充。由于其特点，实况试验尤其适用于中医药疗效评价、大样本人群预防性研究等。

(3) 经济性评价：实况临床研究更接近于实际临床应用的结果，有助于制定合理的药品政策。另外，实况临床试验中所采用的对照品是治疗某种疾病的临床常用药品、最低成本药品或/及最有效的药品，这也符合药物经济学评价及相关药品政策制定的要求。在研究中，结果指标的选择兼顾了经济、临床和人文的信息，经济性方面如资源利用、成本 - 效果比等；临床结果方面如病症或死亡率等；人文性结果指标方面如健康相关生命质量、患者对治疗措施满意度等。在不适合或无法采用基于随机临床试验的平行试验进行数据收集的情况下，如急性的危及生命的、慢性的必须终生治疗的疾病等，实际临床试验由于其贴近现实和低试验性的治疗措施而仍然适用，并收集到真实世界的数据，据此进行进一步的药物经济学评价。

（三）交叉试验

1. 交叉试验的概述 交叉设计（cross-over design）在临床研究中属于一级设计方案，它对两组被观察对象使用两种不同的处理措施，然后将两种处理措施相互交换，使两组中每例观察对象都能接受到两种处理措施，最后将结果进行对照比较的设计方法。通常这种研究方法应用于临床慢性病或慢性复发性疾病的治疗性研究中。

交叉试验设计有两种分组方法，一种是随机交叉试验，另一种是非随机交叉试验。前者可减少人为的偏倚以及药物的顺序效应，但无论采用哪种分组方法，每位受试者都要交叉接受两种不同的治疗措施。交叉设计要求样本量为偶数，最好将条件相近的配对，随机分配决定进行处理方式的顺序。

基于交叉设计的临床试验可分两个处理阶段，两个阶段之间有一个洗脱期（wash-out period），旨在使第一阶段的药物效应完全消失后，再进行第二阶段处理，否则第一阶段的药物效应必然对第二阶段的初期效应产生影响，另一方面也可避免患者的心理效应。洗脱期的长短视不同的处理措施而定，需要结合药物的半衰期，一般来讲至少需要 5 个半衰期的时间。交叉设计应尽量避免受试者的失访。

交叉设计应尽可能采用盲法，使研究者和患者都不知道有效药物在哪一阶段使用，以免产生偏倚。特别是容易使患者在第一阶段使用有效的药物后，便退出试验，这将会严重影响研究结果。因此应注意控制患者退出试验的比例，尽可能使其降低到最低程度。

2. 交叉试验的特点

(1) 优点：①节约样本含量；②患者自身先后做了两种疗效的比较，因而消除了个体差异；③随机分组可避免人为的选择性偏倚；④每一个实验对象同时接受实验因素和对照（如安慰剂），从医德的观点出发，均等地考虑了每一个患者的利益。

笔记

(2) 缺点：①应用范围受限，只能用于慢性复发性疾病的对症治疗；②用药周期较长，患者失访、退出、依从性降低等事件的概率增加。

3. **交叉试验的应用范围**　因研究观察期间较长，常有拖延，导致依从性下降，失访率较高；且不适用于发病急、病程短的病症，适用范围相对有限，主要集中在慢性疾病的治疗效果观察，特别适合症状或体征在病程中反复出现的慢性疾病，如溃疡病、支气管哮喘和抗高血压药的筛选以及对症治疗药物或预防药物的效果观察等。

在慢性疾病药物评价中，为更确切比较药物疗效，而又不增加样本量，节约研究成本，可采用交叉设计。该研究方法中要求患者自身比较，可消除个体差异。在个体差异大的药物评价中，尤为适用。如，观察解痉平喘药对第一秒用力呼气量(FEV1)的改变，由于患者间 FEV1 的差别很大，不同的病例，在两组间无法保持基线平衡。但同一病例的 FEV1 值差异，反复测定差异不大，此时选用交叉设计对比同病例两种不同解痉平喘药的疗效则最为理想。

(四) 队列研究

1. **队列研究概述**　队列研究(cohort study)又称定群研究、群组研究，是重要的医学研究方法之一，在评价治疗措施的效果、药物的不良反应、影响预后的因素、病因等方面应用较多。尽管队列研究属于非实验性研究，但在循证医学证据等级中为Ⅱ级证据，仅次于随机对照试验，是临床医疗防治措施评价的重要证据来源之一，尤其在安全性评价中是可行性最好的经典研究方法，能直接反映因果关系。在采用随机对照试验评价临床治疗可能面临方法学和伦理学限制的时候，有时队列研究是唯一选择。

队列研究是在“自然状态下”，根据某暴露因素的有无将选定的研究对象分为暴露组和非暴露组，随访观察两组疾病及预后结果，如发病、治愈、药物反应、生存、死亡等的差异，以验证暴露因素与研究疾病之间有无因果联系的观察分析方法。在随访过程中，研究者可通过调查与记录，获得暴露与疾病发生的动态情况。研究是在疾病发生前开始的，需经过一段时间随访观察后，才能获得发病的病例，是一种先有原因存在，再去追寻相应疾病结果是否发生，即由因找果的研究。

队列研究根据研究对象构成队列的特点可以分为固定队列和动态队列，前者是研究对象在固定时期或者一个短时期之内进入队列并随访至终止，不加入新成员，后者是在某时期确定队列后，可随时增加新的观察对象。前者适合人群研究，后者适合临床研究。

依据队列研究对象进入队列时间是过去还是即时还是两者兼有，分为前瞻性队列、历史性队列和双向队列研究。

前瞻性队列研究是指暴露组与非暴露组是根据每个观察对象现时的暴露状态确定的，研究结局。其特点偏倚小，结果可信性强，但需要定期随访，观察时间长，浪费时间、人力及物力。

历史性队列研究又称回顾性队列研究，该研究暴露组和非暴露组是根据过去某时期是否暴露于某因素而定，观察结局，在研究开始时可以从历史资料中获得。该方法仍属于前瞻性研究，只是观察时间提前，而非由果到因的研究。其与前瞻性队列研究相比，节省人力、物力，特别是因为研究开始时所研究的结局已经发生，无须多年随访等待，资料收集及分析可在较短时间内完成。缺点是暴露与结局跨度时间长，偏倚大。

双向队列研究是将前瞻性队列研究与回顾性队列研究结合起来，进行双向队列研究，即在回顾性队列研究之后，继续进行一段时间的前瞻性队列研究。

2. **队列研究的特点**　队列研究方法主要用于检验病因和预后假设。使用这种方法可以直接观察到人群暴露于可以病因因素后疾病的变化规律和预后假设。通过比较暴露和非暴露人群发病率和死亡率的差别来确定危险因素与疾病的关系以及对预后的评价。队列研究具有以下几个基本特点：

(1) 属于观察法：队列研究属于观察性研究，而非实验性研究。其暴露不是认为给予的，不

是随机分配的，而是在研究开始前就已客观存在，这一点与实验性研究有本质区别。

（2）设立对照组：队列研究作为一种分析流行病学研究方法区别于描述流行病学的根本特点就是设立对照组以利于比较。研究对象按是否暴露与某因素进行分组，而非随机分组。对照组的选择有多种方法，对照组可与暴露组来自同一人群，也可以来自不同人群。

（3）由"因"及"果"：在研究过程中先确知其因（暴露因素），再纵向前瞻观察而研究其果（发病或死亡），这一点与实验性研究一致。

（4）能明确暴露与疾病的因果联系：由于研究者能切实知道研究对象的暴露状况及随后结局的发生且结局是发生在有确切数目的暴露人群中，所以能据此准确地计算出结局的发生率，估计暴露人群发生某结局的危险度，因而能判断其因果关系。

3. 队列研究的应用范围

（1）安全性评价：由于药物的不良反应是少发事件，RCT受研究观察的时间及样本量限制，只能发现药物的短期和发生率相对高的不良反应。前瞻性队列研究为研究药品不良反应的最佳研究类型，但需要大样本量及较长的随访期。如，干扰素的长期应用与精神障碍是否有关？设计时可选择需长期应用干扰素的乙型肝炎患儿为暴露组，以采用其他方法治疗的乙型肝炎患儿为非暴露组，对比两组人群精神障碍发生率的差异。另外，由于队列研究药物与不良反应的因果关系，在药物安全性评价过程中，病例报道、病例分析可发现某药品不良反应的线索，从而产生研究的假设，可以用前瞻性队列研究加以验证假设。

（2）有效性评价：队列研究作为观察性研究，研究者不能主动控制试验干预，亦不能有效地控制若干偏倚因素对研究观察的影响，论证强度弱于RCT，并非是防治性研究的最佳设计方案。但可作为RCT等试验性研究不可行时的最佳替代方案。

（五）前后对照研究

1. 前后对照研究概述 前后对照研究是将同一受试对象在应用处理措施或者对照措施前后的观察性指标进行对比研究。试验过程分为试验前、后相等的两个阶段，分别使用两种不同的处理措施。试验结束时，将前后两阶段的观察效果进行比较。前、后两个阶段的试验结束时，整个治疗性试验才算完成。该方案是用于比较两种不同的处理措施或治疗方案（图13-2）。

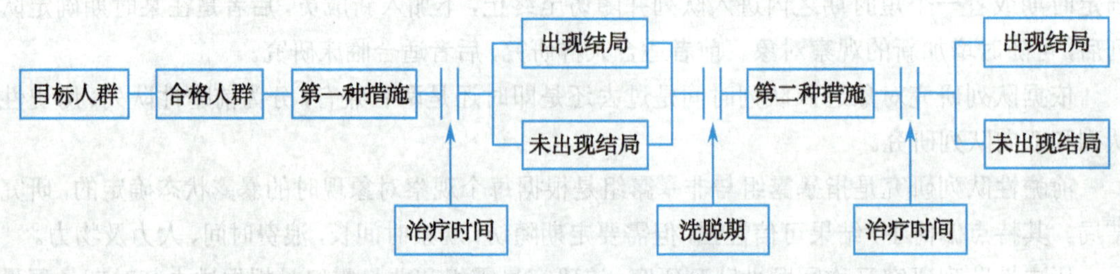

图13-2 自身前后对照研究实践模式

在前后对照研究的设计方案中，通常有两个相等的治疗阶段，在前一个治疗阶段，使用一般治疗措施（对照方案）或者安慰剂，在后一个治疗阶段则使用新的治疗措施（研究方案），治疗时间应与前一阶段相同。为了消除第一阶段治疗措施对后一阶段治疗效果的影响，两阶段之间应设计洗脱期，其时间的长短或者洗脱期是否必要，可以根据药物的半衰期、采取的措施、研究的目的而定。

在前后对照研究中，对前阶段和后阶段治疗措施的安排可采用盲法，也可用随机的方案安排，有助于获得更真实的结论。

2. 前后对照研究的特点

（1）时间不同的两个阶段进行自身对照，在研究过程中，每个受试者均有接触新治疗措施的机会。由于采用相同病例作为观察对象，因此可消除个体差异，所需样本量小，统计学效率

高，也可消除自愿者偏倚。

(2) 必须至少要两种或两种以上的处理措施。在前一个阶段内，可以使用一般治疗措施或者安慰剂，但不能不做处理而只做临床观察。试验前后两个阶段观察期或者用药期必须相等，否则会出现结果不可比的现象。

(3) 纳入病种的选择范围受限，只能用于慢性病或慢性复发性疾病。试验前后两个阶段，若干患者有不同的并发症时，会对结果产生负面影响。

(4) 洗脱期要有明确的规定。洗脱期过长，可能使部分患者病情加重。试验前后应根据处理措施的效应与研究的目的确定两阶段之间的洗脱期是否必要以及时间的长短。由于疾病性质与药物作用各不相同，因此可以依照药物的性能和患者机体情况而定。一般来讲，洗脱期应规定在药物的5个半衰期以上。

3. 前后对照研究的应用范围 前后对照研究可用于不同治疗药物的有效性评价。前后对照研究的应用与随机对照和交叉对照试验较类似，多应用于临床治疗研究，比较不同药物治疗的效果。所不同的是，它不是试验前随机分组的结果比较，而是同一研究对象试验前后的疗效对比。前后对照多用于慢性疾病，病程较长或者是慢性复发性疾病的研究，如风湿病、高血压、溃疡等。由于每个病例必须要经过前、后两个阶段接受两种不同的处理措施，因此，需要相对较长的治疗时间。如小剂量螺内酯治疗糖尿病肾病疗效的研究中，研究者使用前后对照研究，选择血压、血糖均控制良好，但仍有持续蛋白尿的糖尿病肾病患者37例（男性27例，女性10例），采用原治疗方案治疗6个月，观察疗效。之后通过洗脱期，加用螺内酯，20mg/d，再治疗6个月，比较前后血压、生化指标、蛋白尿及TGF-β_1排泄。最后评价血压、血糖控制良好的糖尿病肾病患者对小剂量螺内酯的受益状况。

（六）病例对照研究

1. 病例对照研究概述 病例对照研究又称回顾性研究，属于非实验性研究方法，是通过病例与对照的对比探讨某暴露因素与疾病之间是否可能存在因果关系。经典病例对照研究是以确诊的某特定疾病的现患患者作为病例，以未患有该病但具有可比性的个体作为对照，通过询问调查，实验室检查等方法，搜集既往各种可能的危险因素的暴露史，测量并比较病例组与对照组中各因素的暴露比例，经统计学检验，若两组差别有意义，则可认为因素-疾病之间存在统计学的关联。在评估了各种偏倚对研究结果的影响之后，再借助病因判定标准推断出某个或某些暴露因素与疾病间的关系，从而达到探索和检验疾病病因假说的目的。如口服华法林抗凝治疗中出血并发症危险因素的病例对照研究中，连续选取住院及门诊患者口服华法林治疗中出现出血者为病例组，以口服华法林未发生出血的住院及门诊连续病例为对照组。对可能与华法林出血有关的因素进行调查，结果发现国际标准化比值，有房颤史、心脏瓣膜换瓣术后可能是华法林治疗中出血的危险因素。

在临床研究中，可选择具有某特征的患者作为“病例组”，选择无此特征的患者作为“对照组”，然后比较两组患者接受的治疗措施或药物及能影响疾病特征的因素的差异，若“病例组”接受某种治疗措施或者药物比例低于“对照组”，可以认为这种疗法有一定的效果。

2. 病例对照研究的特点

(1) 该方法与队列研究相比较，所需样本量少，省时、省人力和物力，可以快速获得结果，因此很适合临床医生在医院内实施，用来探讨疾病的危险因素，评价药物的有效性、安全性及预后因素等。

(2) 病例对照研究属于观察性研究，不是实验性研究。需要设立对照组，病例对照研究属于回顾性研究，但回顾性研究并不都有对照组。病例研究是由“果”到“因”的研究。“果”指的是疾病或者特征，“因”是指病因或者因素，它是强调先由疾病入手，去发现可能导致疾病发生的原因。

笔记

(3) 病例对照研究的优点是适用于罕见病的研究;适用于慢性病的研究;研究时间段,花费少;可调查多个因素与疾病联系,易出结果。但该方法的确定是不能直接估计因果关系;暴露信息不是很准确;不适用于罕见暴露的研究;存在着选择偏倚。

3. **病例对照研究的应用范围** 病例对照研究用途极为广泛,既可用于病因的探索,又可用于新药上市后的评价,即上市后监察。病例对照研究因其有严格的对照,所需样本量少,省时、省力等特点,在评价新药上市后的有效性和安全性有其独特的优势。

具体包含内容如下:

(1) 评价干预措施的效果或预后,如某种药物应用与否及不同的应用剂量对疾病结局的影响。针对发病率很低的疾病很难用随机对照试验来完成,此时病例对照研究就很适用。如Horwit用改良的病例对照研究评价了利多卡因控制心肌梗死后心室颤动的作用,解决了研究30多年仍无定论的问题。

(2) 研究药品不良反应,即通过病例组和对照组对某种可能存在不良反应药物暴露率的比较,判断该药是否存在不良反应。当高度怀疑某种药物可能存在不良反应时,病例对照研究是验证其结果切实可行的方法,因为由于伦理问题的限制,RCT等试验性方法已经不合适了。

(七) 横断面研究

1. **横断面研究概述** 横断面调查(cross-sectional survey)是在某个时点或较短时间内调查和收集一个特定人群中有关疾病或临床事件的发生状况,及其与一些因素的相关关系,所以又称为现况研究或现场调查。横断面调查的研究目的是了解某一疾病或临床事件的发生状况及其影响(暴露)因素,根据不同研究目的可获得不同的结果。如研究在特定事件与特定范围人群中暴露于药品后发生不良反应的分布状态 / 特点,以便获得药品与不良事件的关系,研究结果仅为风险研究提供假设。

横断面调查研究主要通过普查和抽样调查方式进行,研究目标人群的疾病或临床事件的发生率及其暴露(这里的暴露是指广义的含义,包括诊断和防治措施)状况,其研究实践模式如图13-3。

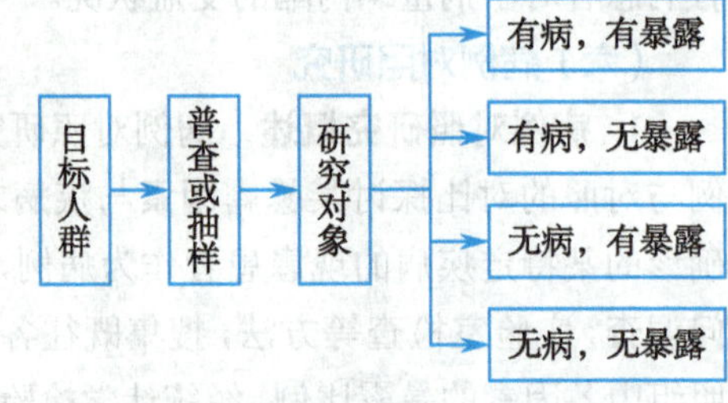

图13-3 横断面调查的研究实践模式

横断面调查研究设计步骤如下:

(1) 明确目的:要达到何种目的,解决什么问题,对该问题的进展有何种推动作用必须十分明确。依据调查的目的和所具备的条件可选用普查抑或抽样调查。

(2) 调查表的设计:调查表实际是一个问卷,其设计要紧紧围绕调查目的,本着有关项目一项不缺、无关项目一项不多的原则。文字应通俗易懂,使被调查者能准确无误回答。调查提问时应"标准化",即调查员对所有调查对象采用同样方法和态度提出问题,花费的时间也应差别不大,力求选用能以客观指标来回答的问题询问调查对象,防止易出现的信息偏倚。

调查表的内容主要包括一般项目和调查研究项目两部分。前者如姓名、年龄、职业等。后者为调查的实质部分,因调查的目的而不同。

部分调查所涉及的项目和数据比较庞大,故也常应用计算机的各种软件进行数据提取和资料的统计处理。

(3) 确定抽样方法:随机抽样是应该遵循的基本原则。常见的抽样方法有单纯随机抽样、系统抽样、分层抽样、整群抽样和多级抽样。

(4) 样本含量的估计:正确估算样本含量是设计的重要内容。若样本含量过少,所得结果往往不稳定,检验效能过低,结论缺乏充分依据;若样本含量过大,又会增加临床研究难度,样本含量估算应在保证科研结论具有一定可靠性的条件下,确定最少观察例数。估算样本含量可借助相应的公式进行计算。

（5）调查实施：横断面调查在实施过程中，质量控制非常重要。主要的控制要点有：①调查前对调查员进行有计划的培训考核；②选择客观性和关联性强的测量或检测指标，勿重复及贪多求全；③调查前做好充分准备，制定并严格执行调查的日程，调查时间不宜过长，以免外界环境等条件影响结果；④随机抽取5%的样本人群进行预调查，及时发现问题修正调查设计；⑤熟悉容易发生的各类偏倚，事前控制；⑥经随机抽取的样本不得随意更改，变换他人也必须不违背随机的原则；⑦对调查和测量的结果要做出可靠性和有效性的评价；⑧按资料的性质和变量分布特征恰当地选用统计学方法，应用计算机时采取双录入，做到逻辑检错，表明所用的统计软件包。

（6）资料分析：资料分析前必须先做资料的审核与整理，保证数据完整、真实。

2. 横断面研究的特点

（1）不设对照组：横断面研究在研究设计和实施过程中，无须设立对照组，调查研究对象在特定时间点的暴露与某种事件的关联。依靠事件（疾病或药品不良反应）发生频率与样本量大的优势，提示某种可能性，为进一步研究奠定基础。

（2）具有明确的研究时点或时期：横断面研究调查的是某个时点或时期，某人群中疾病与健康状况、暴露和疾病的联系等，反映疾病在某一时间点上的剖面，如全国门诊医疗调查，要求医师报告一星期内处理的门诊患者和处方。

（3）确定因果关系受限制：横断面研究的研究结果仅能说明暴露与疾病或某种事件之间存在统计学联系，仅为因果分析提供线索，是分析性研究的基础，不能做出因果推断。

（4）先确定人群再确定个体：横断面研究根据研究目的确定研究人群后，再确定该人群中每个个体在某特定时点上暴露与疾病或某种事件的关联。

3. 横断面研究的应用范围　横断面调查广泛用于安全性、依从性及影响因素的研究，其研究的基本思路为在某一特定时间点，采用恰当的抽样方法收集患者的基线资料和感染率、不良反应发生率、依从情况等现状，运用统计学方法，了解安全性和依从性现状以及相关因素，为分析性研究奠定基础。

（1）安全性评价：横断面研究可用于描述药物安全性的现状及分布特征，描述在目标群体中药品不良反应在不同人群、地区和时间的分布情况。比如：调查某年全国各级医院住院患者的不良反应发生率现状及相关的影响因素。

（2）依从性评价：横断面研究也用于慢性疾病患者用药依从性的现状及影响因素的研究，在某一个时间点，采用相应的抽样方法，收集患者的基线资料和依从性现状，运用统计学方法，了解用药依从性现状并分析影响依从性的相关因素。如张淼等人用随机整群抽样方法，从唐山市10县中随机整群抽取两个县，从两个县中各抽取1个镇，对镇里符合纳入标准的所有2型糖尿病患者，调查患者遵医服药依从性及其影响因素，采用多因素的分析方法，研究结果显示并发症、检测血糖次数、独居、家族史是影响糖尿病患者遵医服药依从性的独立影响因素，有并发症、监测血糖次数多、非独居、无家族史者遵医服药依从性好。

（八）叙述性研究

1. 叙述性研究概述　叙述性研究（descriptive study）是研究者将既成事实的现成临床资料，加以叙述描写、统计分析、得出结论。研究没有对照组，是通过描述与药品有关时间的时间、地点和人群方面的基本分布特征，建立药品相关因果关系假设，为进一步确认研究打下基础。研究实践模式如图13-4，比如某医院2009～2010年应用血管紧张素Ⅱ受体拮抗剂治疗了200例原发性高血压患者（BP≥160/95mmHg），治疗一年后结果有140例血压降至正常水平（BP<140/90mmHg），有效率为70%。

2. 叙述性研究特点

（1）容易收集资料，短时期内即可获得研究结果，为临床常见研究方式。

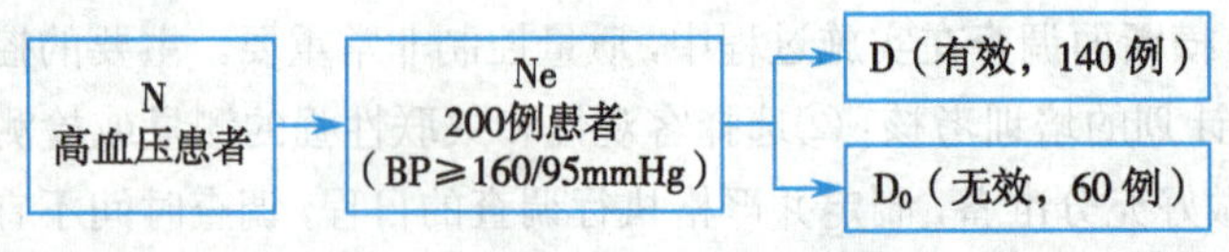

图 13-4 叙述性研究实践模式

（2）没有对照组，结果缺乏可比性，研究结论较易受偏倚的影响，重复性差，故论证强度较弱。

（3）对于大型的临床叙述性研究的报道，临床发现的某些特殊病例或新发现的严重不良反应，叙述性研究仍有一定的重要意义。

（4）识别一种新的疾病或暴露的不良反应的第一个重要线索，以个案报告为例，其作为监测罕见事件的唯一手段，常可激发人们去研究某种疾病或现象。

3. 叙述性研究的应用范围 在用药评价方面，叙述性研究常用于评价有效性和安全性，从防治措施观察结果，分析疗效或可能的不良反应。例如，某市疾病控制中心对新生儿普遍接种乙肝疫苗，追踪检测乙肝表面抗原和抗体阳性率，分析乙肝疫苗对乙肝母婴传播的预防效果。

（九）模型研究

1. 模型研究概述 模型是现实的简化表达，并且能够捕捉现实状况的某些本质和关系（如逻辑关系、定量关系、因果关系等）。不同于单纯的概念性模型（如数学公式），此处的模型尤指用某种功能方程或因素间交互作用的体系来表达一个现实的或假设的系统，即一些文献中所称的“模拟”。模型研究主要被应用于药物经济学评价中，如决策树模型、Markov（马尔科夫）模型、微观模拟模型等。

2. 模型研究的特点

（1）数据包容性。模型研究可纳入各类数据，如临床研究数据、成本、医疗保险数据、生活质量数据等。

（2）比较灵活性。能间接比较不同的治疗方案。

（3）分析方便性。可在各类假设条件下寻找对结果影响最大的因素，制定最优市场策略。

（4）外推长期性。可评价治疗方案的远期效益。

以上特点决定了模型具有以下重要作用：当现实试验不可能进行时，模型是最好的替代解决方法。同时，模型可以帮助更好地理解和预测我们正在研究的系统，无论是真实的或假设的。而且，通过敏感度分析，模型可以产生支持或反对假设的一系列证据，帮助研究者了解真实的或假设的系统的本质。当必须在不确定条件下做出决策时，模型可以辅助决策、评估不同策略的产出、预测系统随时间变化的情况，据此制定出最佳决策。

模型研究也存在一定的缺陷。使用模型时，对其可靠性进行质疑是合理的考虑。建模时使用的数据有多种来源，且大多数会由于所选择的患者和分析方法等的影响而有不同程度的偏倚。如更长期的跟踪试验数据的收集结果就质疑了决策分析模型中关于齐多夫定治疗会具有长期收益的假设。模型的另一个普遍问题是缺乏透明性。因为决策分析模型的复杂性特点，其常被称作“黑盒子”，并受到批评。然而，大多数复杂问题可以通过对概率、效用、成本以及模型的主要假设的详细阐述而得到解决。需要慎重考虑的问题是建模者在决定模型的参数和假设时拥有的自由程度，选择不同，会使模型产生支持或不支持某个特定决策的偏倚。针对这种缺陷，建议对模型的参数和假设进行敏感度分析，有助于解决分析偏倚的问题。

3. 模型研究的应用范围 模型研究主要用于药物经济学评价。有两种最常用的研究模型：决策树模型和Markov（马尔科夫）模型。

（1）决策树模型：决策树（decision tree，DT）模型利用药物在不同治疗阶段的治疗效果和成本来构建决策树的各个分支，进而获得药物的总体成本－效果信息。

笔记

决策树分析的主要步骤是：①根据逻辑关系将分析问题绘制成一个树形图，按照从树梢至树根的顺序，列出所有可能事件的发展过程和概率；②逐步计算各节点治疗选项的潜在健康产出和成本；③通过敏感度分析检验结果的可靠性及假设条件下关键参数的变异，以观察不确定因素在一定范围内变化对预期结果的影响，并以最终的结果作为决策依据。决策树结构如图 13-5。

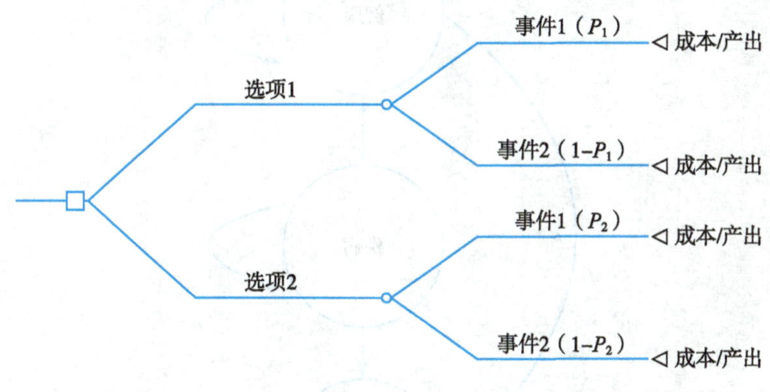

图 13-5 决策树示例

决策树中包含了一个患者所有可能的临床结局与事件。决策树模型由节点和分支构成，不同的节点代表不同的含义：①"□"代表决策结，放在决策树的左端，是决策树的起点，每个备选方案用从该节点引出的分支表示；②"○"代表机会结，在这一点上实施每一个具体的方案时都能发生一系列受机遇控制的机会事件，从它引出的分支成为概率分支（或状态分支）；③"△"代表结局结，也称决策终点，是决策产出值的末端节点。每个机会结可以有多个直接结局，例如某种治疗方案有 3 个结局（治愈、改善、药物毒性致死），则机会结有 3 条分支，结局结放在决策树的右端。

除节点与分支外，与决策树模型密切相关的另外两个术语是路径和期望值。决策树当中不同分支的组合决定了患者在决策树中通过的路径。患者通过每条路径的概率称为路径概率。根据路径概率可以得到每条路径的概率加权结果，将某种决策的所有路径的加权结果求和便得到某种决策的期望值。概率通常来自于文献，也可来自于现存数据库，或利用原始数据收集或专家判断法获得。期望值通常通过折回（folding back）决策树分支的方法来计算。折回的过程通常是从决策树的末梢（产出）开始，按照从右向左的顺序，把路径概率作为权重，与每个成本或效用相乘，然后把每个路径的所有加权产出进行求和，就得到某种决策的期望值。产出值（如效用）可以从文献、对受试者的直接测量或专家判断中获得。

如采用决策树模型评价基于 CT（computed tomography，电子计算机断层扫描）、CTP（computed tomography perfusion，CT 灌注成像）和 MRI（magnetic resonance imaging，磁共振成像）选择卒中患者进行溶栓治疗成本效果。临床效果来源于 2012 年我国一项基于卒中登记的大样本研究。根据已发表文献估算≤3 小时溶栓率和 3～6 小时内溶栓率、成本和效用值。结果显示：3 种诊断策略 CTP 成本效果最佳，与 CT 相比其增量成本效果为￥12 461 元 /QALY。

（2）Markov（马尔科夫）模型：Markov 模型在医疗决策分析中，尤其适用于模拟慢性疾病的进展。待研究的疾病被划分为不同的状态（Markov 状态），并根据各状态在一定时间内相互间的转移概率模拟疾病的发展过程，结合每个状态上的资源消耗和健康结果，通过多次循环运算，估算每个阶段疾病治疗的成本、效果以及获得的 QALY。

以图 13-6 为例，患者健康状态会转化为三个截然不同的状态：分别是健康、疾病、死亡。状态间的箭头表示患者在某个周期中可在状态间按箭头方向发生转移，而指向自身的箭头表示患者将仍处于原状态。处于死亡状态的患者不能向其他状态转移。状态间的转换由转移概率决

定。分析时间被分割为等长的时间段，成为 Markov 周期，在每个周期，患者只能出现在唯一的一个状态中。卫生资源的使用应在每个状态下分别进行估算，经过多个周期的运算可以获得长期的卫生成本与健康获益。

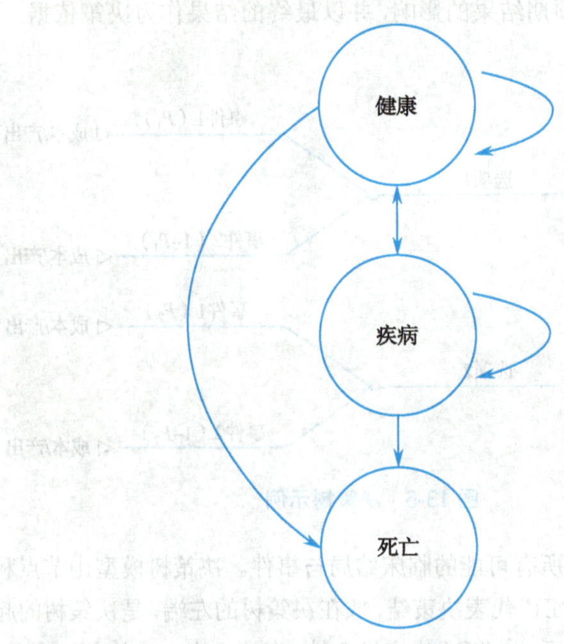

图 13-6　马尔科夫模型示例

Markov 模型的建模步骤主要有：①设立 Markov 状态，并确定可能的状态转移；②选择合适的 Markov 周期。Markov 周期的大小需要根据临床与分析的需求决定。如果分析时间是终生，则周期可以定为一年。如果时间范围较短，事件发生的频率较大，选择的周期也应短，如月甚至星期；③确定每个周期中各状态间的转移概率。转移概率通常结合相关临床研究及流行病学研究结果进行估计，一般从已发表的文献中获得。对于难以从文献中得到的转移概率，可以应用德尔菲法咨询相关领域的专家（通常需要 7～15 名专家）；④对每个健康状态赋予成本和效用。根据各状态间的转换概率计算出每个循环周期内状态的分布。结合各状态的健康效用值和费用，计算出每个循环周期内的质量调整生命年数和消耗的费用，其中费用和效果估计还应考虑贴现问题。

模型的计算方法有矩阵法、队列模型、monte carlo 模拟等，但计算复杂，可借助计算机软件进行，如 DATA 和 Treeage Pro 软件。

以拉帕替尼治疗晚期乳腺癌患者的成本效果分析为例，采用 Markov 模型评价拉帕替尼的经济性。Markov 模型的建立基于一个实际的临床试验，这个临床试验中患者复查的实际时间间隔为 1.5 个月，故 Markov 周期选择为 1.5 个月。分析中包含了 4 种健康状态，即病情稳定、治疗响应、病情恶化和死亡。同时，模型中的转移概率也主要来源于该实际的临床试验。成本数据来自于已有的文献，采用 2007 年的美元价值表示，而不同状态的效用值来自于先前的临床试验研究。通过对 20 000 个患者的 monte carlo 模拟，拉帕替尼的使用成本增加 19 630 美元，期望获得 0.12 个 QALY 增量成本效果比率为 166 133 美元 /QALY，拉帕替尼治疗晚期乳腺癌具有成本效果。

二、二次研究

（一）二次研究概述

笔记

在面对临床上实际的用药疑问时，我们不仅可以通过实施以上原始研究方法来对相关药物、干预手段的安全性、有效性、经济性与用药依从性做出评价，还可以通过对现有的科学证据

进行收集、筛选与分析来获取更加综合、可靠的结论。这种二次研究的方法通常包括了文献综述(review)、系统评价(systematic review)、meta 分析、Cochrane 系统评价等。

文献综述大多为相关专业领域的研究者围绕某一领域的题目所作的叙述性文章。研究者通过收集大量与该题目有关的文献，对文章中的研究目的、方法、结果与结论进行评述，往往研究者也会在文献综述中加入自己的工作体会或观点。通常文献综述会引用大量该领域研究的新进展，为感兴趣的读者提供更多的信息以便在较短时间里了解该领域研究动态，也为读者所接触的临床疑问提供更多的选择，解决实际的问题。但这种较为传统的文献综述通常采用定性分析的方法，会受限于研究者的主观思维影响以及所采集文献结论的偏倚，当将其作为证据运用时还需要谨慎斟酌。

相对于前者，系统评价是一种更新更客观科学的文献评价方法。有别于文献综述将围绕一个专业领域展开叙述，系统评价则将关注点集中于某一个具体的临床问题，如某药物或某个干预手段应用于临床的有效性、安全性、经济性与依从性等。它将临床研究系统地集中在一起，在定性或定量的合成分析之后，得出较为可靠的综合结论。因为有着明确的研究过程，系统的研究方法，良好的重复性，系统评价所得出的结论相对于传统综述可信度有时更高。但有时也会受研究中所纳入原始研究质量以及研究者自身专业水平等多方面的影响而产生偏倚。因此在面对系统评价所得出的观点与结论，读者也需要谨慎对待。

Cochrane 系统评价是 Cochrane 协作网的注册研究人员在遵循 Cochrane reviewers' handbook 的严格指导下进行的系统评价，其结果发表在 Cochrane Library 的光盘或互联网上。因为 Cochrane 协作网严谨完善的管理与质量控制，此类系统评价从格式、内容、数据录入、数据分析、计划书撰写等环节都有着统一且高标准的要求：运用相同统一的系统评价软件 RevMan，有着完善的方法学培训体系，具备健全的指导审稿编辑系统、文章修改机制、临床研究资料库以及全面的检索策略，并且相关研究者会被要求在发表后定期对所负责的研究展开内容上的更新。基于以上一系列完善、科学、规范的标准，使 Cochrane 系统评价从一开始发表到后续不断的更新都有着非常高的质量，也被业界视为评价各种干预措施有效性的最佳证据资源，Lancet、JAMA 等业内高水平杂志愿意同时或先后发表 Cochrane 系统评价。

meta 分析最早由心理学家 Glass 自 20 世纪 70 年代提出，其本身为一种运用于教学研究领域中对多项研究综合定量的统计学方法。随后，meta 分析被广泛应用于医学领域。在 20 世纪 80 年代，已有近 50 种国际权威学术杂志发表了有关 meta 分析或应用了的论文。如今，不计其数的有关 meta 分析的论文已经蔓延至医学研究的多个领域，包括了诊断、治疗、预后研究等。meta 分析的定义分为狭义与广义两种，在 Cochrane Library 中，meta 分析被定义为"statistical technique for assembling the results of several studies in a single numerical estimate"，即 meta 分析是一种把多个研究合并为一个单独量化指标的统计学方法；在原版循证医学书中，则将 meta 分析定义为"a systematic review that uses quantitative methods to summarize the results"，意为一种运用定量方法总结多个研究结果的系统评价。所以 meta 分析是系统评价的一种，而系统评价则可能是 meta 分析，也可能不是 meta 分析。

(二) 二次研究的应用范围

1. **安全性评价** 药物在通过各种途径进入人体之后，伴随着药物治疗疾病的同时也可能引起机体的不适感甚至功能与实质性损伤，这是药物治疗所带来的不良反应。因此，用药安全性是药物反应研究与药物评价的重点内容。

关于运用已有证据评价药物的安全性，研究者们应该根据所需要的问题制订全面的证据采集计划，并对采集到的证据进行严格评价，决定是否用于决策指导。有关药品不良反应的记载、研究证据有很多，深度层次与质量等级也大不相同。

对于临床工作者来说，药品的安全性信息包括药品上市前与上市后的安全性信息两部分，

笔记

上市前的安全性信息包括：①药品的毒理学、致癌、致畸与生殖毒性、不良反应、禁忌证、注意事项、特殊人群（如妊娠及哺乳期妇女、儿童、老年与肝肾功能损害患者等）用药、药物相互作用、药物过量及人种间安全性差异等，以上资料的来源大都来自药品说明书；②临床研究与接受治疗的人数，资料的来源大都为企业资料或文献。上市后出现的不良事件与不良反应的资料可以来源于国内外权威的数据库、检索平台，不仅包括药品的临床研究（包含上市前与上市后的安全性研究），也包含秉持"可疑即报"原则的一些国际权威数据库，如：WHO Adverse Reaction Database，FDA Drug Approvals and Database，EMEA Pharmacovigilance Guidelines and Documents，MHRA Safety Information，Canadian Adverse Reaction Newsletter 以及药源性疾病信息网（www.cdidin.com）与合理用药国际网络 INRUD 临床安全用药监测网（http://inrud.cdidin.com/）。此外，主要包含了用药差错、事故信息的用药差错案例、原因分析、预防方法，也应该作为评价用药安全性时重要的证据被系统采集，其资料来源主要为 ISMP、FDA、CNKI、万方、维普、药源性疾病信息网与合理用药国际网络 INRUD 临床安全用药监测网等网站、数据库。

从资料中采集获取的各种有关药品不良反应的证据，必须进行严格的评价来确定其真实性。因为药物临床试验（尤其是Ⅱ期、Ⅲ期）主要目的是用于评价药物的有效性，而非不良反应，且临床试验往往因样本量小，出现的不良反应概率较低，程度较轻。所以许多资料的证据真实性论证强度比较有限，对于评价以上药品不良反应证据的质量，主要应该从证据的真实性、重要性与适用性三个方面来进行。

评价此类证据的真实性，共有 4 条主要参考标准：

(1) 除了治疗措施或其他相关因素，证据中所涉及的所有患者的临床特点基线状况是否清晰界定，而且是否组间相似或一致，这将直接决定两组间数据是否有可比性。一般来说，符合这一标准的往往是随机对照试验与高质量的系统评价的有关药品不良反应证据，而来自于其他队列研究或病例对照研究的有关药品不良反应的证据，其论证强度会受到各种偏倚的影响而使真实性相对减弱。而对于没有设置对照的论述性报道以及包括个别病例的不良反应报告，仅可作为参考依据。

(2) 有关药品不良反应的证据是否为盲法观测的结果。盲法测试可以防止测量性偏倚，确保证据的客观与真实。

(3) 关于药品不良反应的观测追踪期是否足够长，资料完整性如何。鉴于一般的临床试验的周期不会过长，所以当药物投入到市场后的Ⅳ期临床试验，有关药品不良反应的证据十分有价值。另外药品不良反应监测与追踪资料的完整性也需要引起足够重视，追踪率高的证据（如追踪率高于 80%、90% 者）可靠性也十分有保证，反之则证据的真实性会受到限制。

(4) 有关药品不良反应的证据是否满足病因 / 危险因素的判断标准。药品不良反应的重要性评价的目的在于确认该不良反应具体的危害程度和它的精确程度。首先应该明确药品不良反应因果效应的强度，一般来说，依据药品不良反应的总体概率与严重度分层，可以计算出相对危险度（relative risk，RR），绝对危险增高度（ARI），治疗多少病例出现一例不良反应（number needed to harm，NNH）等指标。针对回顾性的病例对照研究，应计算优势比（odds ratios），对于 RCT 与队列研究，应计算 RR。一般以 RR > 3.0（病例对照研究 OR > 4.0）为有意义。其次，有关药品不良反应的因果效应指标的精确性应根据计算上述指标的 95% 可信区间。可信区间窄，则精确度高，反之如果药品不良反应的 95% 可信区间过宽，则精确度低。

对于既真实又重要的药品不良反应证据，还应该针对其临床适用性做评价，看该证据是否能指导循证医学实践。药品不良反应的适用性评价应该考虑：①被评价的证据与实际临床所面对的患者群体是否一致；②计算治疗的利弊比值，LHH[likelihood of help vs harm，LHH =（1/NNT）/（1/NNH）]，根据该值大小来决定治疗的有益效果与药品不良反应所招致负面效果的比值来指导临床决策；③所分析的决策也应遵从患者的期望与要求；④构建备选的治疗方案，如证据评

笔记

价结果不理想可作为备用方法。

2. **有效性评价**　当我们面临实际的临床问题时，如需要评价某种药品或干预手段治疗某一个群体患者的某种症状是否有效，我们可以通过查找已有的二次研究证据来做出合理的临床决策。此外，当缺乏适当的二次研究证据，我们也可以通过查找、收集原始研究证据（如治疗性文献）来制作一个循证分析评价，针对所遇到的问题整合出当前较为科学的治疗决策。

因此，我们首先应该针对实际情况构建出自己期望解决的问题，然后根据这个具体问题去查阅有关的研究文献。所构建的问题需要依照循证医学经典的PICOS原则，包含以下要素：P（patients），具体的患者人群（如性别，年龄，所患疾病，是否进行过其他干预等）；I（intervention），干预手段（在此处主要是拟评价其疗效的某种药物）；C（control），对照组；O（outcomes），结局指标（用来评级治疗效果的具体指标）；S（study design），研究类型（如卫生技术评估HTA、循证指南、系统评价、meta分析、随机对照试验、观察性研究等）。在查阅与收集临床证据时，应注意遵循有的放矢的原则，详细关注治疗目的（治愈、控制环节或是防止复发）、患者的具体状况以及文献本身的质量。

在确定了研究题目、制订了系统评价计划书后，应根据自己所构建的问题就文献展开全面、系统的检索。用药有效性评价所需要检索的中英文文献数据库应该包括：英文（国际卫生技术评估机构网络INAHTA，EMBASE，PubMed，Cochrane Library），中文（中国期刊全文数据库CNKI，中文科技期刊全文数据库维普，万方数字化期刊全文库）。检索起始与终止时点应选在数据库建立直至检索当日。在选择、纳入所需证据时，应注意所选择文献应根据事先拟定好的纳入或排除标准，大体上应分为初筛、阅读全文以及联系作者三个步骤。

在文献采集、筛选、阅读完成之后，应按照预先设计好的数据提取表进行数据提取。一般应由一名研究者独立进行提取，再由另一名研究者核对提取的数据，如果出现了争议，必要时可以由第三位研究者做出评价。对于纳入的卫生技术评估研究，其基本特征至少提取出应包括研究名、疾病、干预措施、有效性、安全性、适用性与经济性；对于纳入的指南，其提取的基本特征则应包括年代、国家机构、是否推荐待评价药物、所推荐的适应证、证据级别、推荐强度；对于纳入的系统评价或meta分析，则应提取研究名、检索时间、疾病、研究个数、干预措施、结局指标与结论等信息；对于纳入的RCT，应提取出的基本特征包括研究名、患者的基本信息（如疾病、性别、年龄）、干预措施（分别列入试验组与对照组的人数）、疗程、失访人数、结局指标等。

文章证据的质量是不可忽视的一点，总的来说，前瞻性研究相对质量好过回顾性研究或断面研究，随机对照试验相对于半随机对照试验、非随机对照试验质量更好，试验过程中采用盲法分配比非盲法试验的质量更好，而以上的文献质量评价需要通过之前文章的详细阅读与相应的文献质量评价标准作出判断。文章的质量评价一般由两名研究者独立地完成，若存在争议则应该通过讨论解决或是请第三位研究者做出裁判。对于所纳入的卫生技术评估研究，目前还没有全球已达成共识的质量评价工具，因此可以参考澳大利亚2011年所采用的NHMRC（2000a）与CRD（2009）更新条目来进行评价。对于所纳入的指南，其质量常使用AGREEⅡ表来做评价，其评价领域包括了指南的总体目标与涵盖人群、指南制作参与的人员、制定的严谨性、明确清晰的陈述与表达、指南的适用性以及编撰指南的独立性（如资助机构对指南内容是否有影响与成员的利益冲突），AGREEⅡ的评价按照不同评价领域又向下细分了条目，可按此逐条评分。对于纳入的SR/meta分析，可采用AMSTAR标准来做质量评价，它主要从11个条目来评价文献的质量，包括：①是否提供了前期设计；②研究的选择和数据提取是否具有重复性；③是否进行全面的文献检索；④发表情况是否考虑在纳入标准中；⑤是否提供纳入、排除文献清单；⑥是否描述纳入文献基本特征；⑦是否评价和报道纳入研究的科学性；⑧纳入研究的科学性是否恰当地运用在结论的推导上；⑨合成纳入研究结果的方法是否恰当；⑩是否评估了发表偏倚的可能性；⑪是否说明相关利益冲突。对于纳入的RCT研究，主要按照Cochrane手册的要求评价其

笔记

质量，它包括了以下条目：随机系列产生、分配隐藏、盲法的采用、不完整结局的报告、选择性报道以及其他潜在的偏倚，通过高（high）、低（low）与不清楚（unclear）三个等级来进行逐条评价。

对于已收集的所有相关证据，应进行数据的合并以便对结果进行评价。对于纳入的卫生技术评估研究和循证指南，应进行描述性评价和分析。对纳入的系统评价 /meta 分析与随机对照试验进行描述性评价和分析，有需要的时候应对纳入的 RCT 进行 meta 分析。对最终所获得的证据进行评价，应该利用 GRADE 评价标准，其中它将 RCT 研究列为高质量证据，观察性研究列为低质量证据，根据影响证据质量的因素可以对证据进行质量评价的升、降级。

总体来说，二次研究结果的真实性依赖于所纳入原始研究的质量。如对于所构建的用药有效性问题，在研究中所纳入证据的质量越高，所做出的二次研究的结果就越真实可信，越可以被专业医务工作者所采纳。

3. **经济性评价** 目前中国尚无官方发布的指南提示有方法可用于药物经济学的系统评价，仅有科学出版社在 2015 年出版的《中国药物经济学评价指南与导读》一书可作参考，而国外评估的标准、方法与结果也存在现实中适用性上的差异，并不一定可以完全借鉴。因此，在将系统评价研究结果运用于药物经济性评价与药品相关决策时应注意质量与可适用性。评价用药经济性应该包括制定选择标准、检索策略，同样需要系统、全面的采集待评价药物的经济性评价研究资料，并对所获得的资料进行分析。评价结果的质量与可借鉴性十分重要。

有关用药经济性评价的文献检索，其资料来源除了常用数据库、检索平台包括：Embase、Ecolit、Cochrane Library、CHKI、维普信息资源系统、PubMed、OVID、EBSCO 和 Springer 等。还可以重点关注 Value in Health、PharmacoEconomics 等药物经济学专业期刊。此外，政府部门、高校数据库以及制药企业的数据库资料同样应该引起关注。

在检索该类证据时，可以从关键词“药品 +clinical trial，药品 +clinical，药品 +pharmacoeconomics，economics evaluation + 药品，cost + 药品名等”进行分析。在列出文献检索条件（包括文献检索实施时间、检索的时间跨度、检索范围、检索词等）、阐述文献筛选的纳入排除标准之后，应对所纳入研究进行初步的汇总分析。为了保证证据的涵盖面充足、全面，还应利用已检索到的研究综述中的参考文献，检索后得到的文献，按照作者、题目、杂志名、杂志期数、页码的格式列举出来。

随后，研究者应该将所获取的所有证据进行汇总，并有针对性地绘制药物经济性评价文献汇总表，该表囊括了包括病例数、研究角度、研究设计、执行国家、研究评价方法、干预组治疗方案、对照组治疗方案、替代方案、成本主要内容、评价方法、产出指标、敏感性分析、时间与贴现、简要介绍评价结论、结论可能存在的偏倚与局限性以及参考文献共 16 个评价指标。值得注意的是：①对于研究涉及的病例数量，如果纳入的某项研究为 meta 分析时则数量为选用的资料来源个数；②执行国家为病例来源的国家而非研究者的国家，且因为具体差异明显，药物经济评价一般不宜轻易地跨国使用，评价后的结果是否可以转移需要根据研究方法和参数选择进行判定；③干预组的治疗方案可能为待评价的该药物或是联合用药；④此处的对照组通常为其他常用的治疗药物，而不可以是空白对照组或是安慰剂组。

此外，研究者们还应根据评价文献的增量分析（ICER 增量成本效果比）对药品经济学评价简要的介绍与总结。在实际研究过程中，药物经济学评价不可避免地存在着来自不同方面的不确定因素，这其中包括了样本数据不确定性（如抽样误差、数据采集的局限性等），结果的普遍性（不同管理或医疗背景下所得治疗结果是否一致性），外推性（包括短期向长期，中间临床结果向治疗最终结果的外推，模型建立的局限性），分析方法中的不确定性（如抽样误差、数据采集的局限性等）。因为描述研究结果中存在的偏倚和局限性将影响研究结论的适用性，所以研究者们需要根据研究设计，将各种偏倚和混杂因素考虑其中，通过统计学方法、敏感性分析来处理以上不确定性因素，并对研究结论的局限性展开说明。

笔记

第三节 用药评价的研究实例

一、用药安全性评价实例

尽管在药物上市前后都有不同阶段的临床试验对药物安全性进行监控，但样本量小、周期较短等因素使得一些潜在的药物安全性问题不容易被发现。以下将运用实例介绍如何通过开展系统评价研究评价用药安全性。

尼美舒利是一种选择性 COX-2 抑制剂，具有良好的止痛、抗炎和退热作用，一度被认为是其他非甾体抗炎药（NSAID）的替代药物，也普遍用于儿童退热治疗。近年来，中国儿童口服尼美舒利处方量较大，其安全性受到社会广泛关注。为此，现通过全面收集儿童口服尼美舒利的安全性研究和相关信息，采用系统评价方法就该治疗手段的安全性进行综合评估。

为获取尼美舒利用于儿童的安全性相关数据，研究者检索了常用数据库及药品不良反应监测平台。电子数据库检索包括 PubMed、EMBASE、Cochrane 图书馆、Cochrane 临床对照试验数据库、中国生物医学文献光盘数据库、中国期刊全文数据库、中国维普科技期刊数据库和万方数据库，检索时间均从建库至研究当时，同时手工检索中国《药品不良反应信息通报》、WHO Pharmaceuticals Newsletter、MHRA Drug Safety Update 和 FDA Drug Safety Newsletter。由于本研究是安全性系统评价，在纳入文献类型时，不仅纳入随机对照试验，还纳入队列研究、病例对照研究和病例报告研究，以补充可能存在的罕见的、长期的不良反应，此外还获取上市后药品不良反应监测，各国药物监督和管理机构对尼美舒利的风险利益评估、适应证修改等资料。按纳入和排除标准筛选文献，评价文献质量，提取资料。所纳入的 RCT 文献采用 Rev Man5.0 软件进行 meta 分析，其余文献采用描述性分析，采用 WHO-UMC 评价体系评价病例报告中不良反应与尼美舒利的关联性。

本项研究结果提示儿童口服尼美舒利胃肠道反应发生率可能低于布洛芬和对乙酰氨基酚，体温过低和神经系统不良反应发生率可能高于布洛芬，肝酶升高发生率可能与布洛芬和对乙酰氨基酚相似，严重肝脏不良反应有待进一步研究明确其与尼美舒利的因果关系。

二、用药有效性评价实例

评价用药有效性包含了多种方法，其中大样本多中心随机临床试验因设计方法科学，不仅能为循证医学提供高质量的证据，也可以作为修改临床治疗指南的主要依据，是用药有效性评价的“金方案”。以下将运用实例介绍如何通过随机对照试验评价用药有效性。

剖宫产手术预防性使用抗生素可降低产后感染的风险，因此许多指南均推荐剖宫产预防使用抗生素，但抗生素的使用时机存在争议。美国妇产科医师学会（American College of Obstetricians and Gynecologists，ACOG）和加拿大妇产科医师协会（Society of Obstetricians and Gynaecologists of Canada，SOGC）推荐剖宫产术前一小时预防使用抗生素，但 2009 年我国《卫生部办公厅关于抗菌药物临床应用管理有关问题的通知》中规定剖宫产抗生素预防使用在结扎脐带后使用，与国外指南和研究证据相悖，为我国产科临床使用抗生素带来了困扰。基于此，有研究者通过随机对照试验的方法，比较剖宫产切皮前给药与断脐后给药的疗效。

该研究为双臂多中心随机对照试验，在中国西部三家医院实施。该研究患者纳入的标准为：择期剖宫产的孕妇，年龄在 18～40 周岁，孕周 >37 周。排除标准为：头孢硫脒过敏，剖宫产前两周使用抗生素，术前体温 >37.5℃，妊娠合并前置胎盘、胎盘早剥或胎膜早破，拒绝参加试验的患者。观察主要结果指标为：①母体：子宫内膜炎发生率、伤口感染发生率、症状性的尿路感染发生率；②新生儿：新生儿败血症发生率、新生儿败血症血标本送检率、NICU 立即入院率、

笔记

新生儿大便菌群失调发生率。次要结果指标为：①母体：术后 6 小时、12 小时、24 小时、48 小时体温，术后 48 小时白细胞和中性粒细胞数量；②新生儿：新生儿大便细菌总数和球/杆比。

将受试者分为切皮前组（切皮前 30～60 分钟接受抗生素）和断脐后组（脐带结扎后立即使用抗生素）。该研究的随机序列通过 SPSS 16.0 产生，按 1∶1 分配到切皮前组和断脐后组；使用密封信封保存随机序列码以达到分配隐藏；由于本研究为给药时机的比较，在实施时无法采用盲法。该研究采用正确的随机方法和分配隐藏，控制选择性偏倚产生，使研究结果更可信。研究结果显示择期剖宫产切皮前和断脐后预防性使用抗生素的疗效无显著差异。

三、用药经济性评价实例

药物经济学的初衷是将经济学基本原理、方法与分析技术运用于临床药物治疗，力求最大限度地合理利用现有医药卫生资源。当前我国面临着医疗卫生费用逐年递增的问题，而药品费用所占比例过大，所以对其费用的控制成为药物经济学发展、药品政策研究以及医疗可持续性发展的关键。以下将运用实例介绍如何运用随机对照试验评价用药经济性。

围术期应用抗生素预防手术部位感染。因氟喹诺酮类抗菌药物具有抗菌谱广、抗菌活性较强、组织浓度高、安全性良好和使用前不需要进行皮试等优点，生殖内分泌科围术期常选择氟喹诺酮类药物预防感染。近年来，氟喹诺酮类药物耐药率升高，且持续增加，大肠埃希菌对环丙沙星的耐药率已超过 60%。原卫生部于 2004 年颁布《抗菌药物临床应用指导原则》，2008 年下发《卫生部办公厅关于进一步加强抗菌药物临床应用管理的通知》（卫办医政发[2008]48 号），2009 年下发《卫生部办公厅关于抗菌药物临床应用管理有关问题的通知》（卫办医政发[2009]38 号），要求严格控制氟喹诺酮类药物作为外科围术期预防用药。卫办医政发[2009]38 号文推荐妇产科手术预防用药为第 1、2 代头孢菌素或头孢曲松或头孢噻肟；涉及阴道时可加用甲硝唑。一项在中国进行的随机对照试验结果显示头孢噻肟钠与环丙沙星预防生殖内分泌科围术期感染的有效性差异无统计学意义。研究者从药物经济学角度出发，对环丙沙星和头孢噻肟钠预防生殖内分泌科围术期感染进行经济学分析，为临床合理用药提供参考。

研究者将受试者按 SAS 9.1 软件产生的随机数字表 1∶1 随机分配，将 240 例患者分成试验组和对照组，患者基本情况一致。试验组给予头孢噻肟钠 2.0g+ 甲硝唑 0.5g，对照组给予环丙沙星 200mg+ 甲硝唑 0.5g。结果采用最小成本分析，即测定具有相同临床效果的不同治疗方案成本间的差异，成本低的方案为优选方案。随后研究对两种治疗方案的成本进行了确定，成本 = 直接成本 + 间接成本；直接成本 = 药物成本 + 手术成本 + 检查成本 + 住院成本 + 护理成本 + 其他治疗成本）。间接成本是由于疾病、伤残或死亡所造成的收入损失，如时间成本。患者因病缺勤造成的误工费用：按四川省 2009 年人均工资水平每天 38.09 元计算，受试者及负责照顾受试者的家属两人每天共 76.18 元。药品费用、手术成本、检查成本、住院成本、护理成本及其他治疗成本均按研究实施医院收费标准计算。研究统计分析两组受试者住院天数，药品费用和抗生素费用，住院天数，手术费用 + 检查费用 + 住院费用 + 护理费用 + 其他治疗费用，时间成本和总成本，抗生素成本差异有统计学意义（$P<0.05$），试验组药物更便宜，其他成本差异均无统计学意义。药物经济学中所用的变量较难准确测量，每个治疗方案在不同的医疗单位或人群中有可能不同，很多难以控制的因素对分析结果都可能产生影响，因此进行敏感度分析。随着医疗卫生改革的不断深入，药品费用下降、劳动价值提高已成必然。假设药品价格下调 10%，手术成本 + 检查成本 + 住院成本 + 护理成本 + 其他治疗成本上调 5%，时间成本上调 5%，价格调整后没有导致最小成本分析结果发生质的变化。最小成本分析结果显示头孢噻肟钠与环丙沙星在预防生殖内分泌科围术期感染方面的经济性相似（$P>0.05$），但应用头孢噻肟钠治疗的抗菌药物成本较低（$P<0.05$）。头孢噻肟钠与环丙沙星在预防生殖内分泌科围术期感染有效性、安全性方面差异均无统计学意义。所以该药物经济学评价结果提示，在条件允许的情况下应用头孢

噻肟钠预防生殖内分泌科围术期感染。

该随机对照试验先评价头孢噻肟钠和环丙沙星的有效性，结果显示差异无统计学意义。在此基础上采用最小成本法比较这两种方案成本的大小，计算直接成本、间接成本和隐性成本，费用低的方案更经济。随机设计时研究对象选择性偏倚小，可靠性良好。缺点是严格的试验条件可能引起成本增加，不能反映临床真实使用情况，外推强度不高。该试验设计或可采用实际临床试验，能反映药物在真实世界里的成本效果。它与随机临床试验同属于前瞻性研究设计，不同之处是不要求对研究组和对照组做相同的检查或采用其他相同的治疗手段，允许临床医生根据自己的临床经验修改治疗方案。如该案例中，若采用实际临床试验可不排除合并原发性疾病的患者，头孢噻肟钠和环丙沙星的剂量和频次也可根据实际情况调整。这种试验结果更接近于实际临床应用的"效果"(effectiveness)而非"功效"(efficacy)。

四、用药依从性评价实例

衡量用药依从性目前并没有绝对的"金标准"，目前较为常用的方法包括视觉模拟评分法(visual analogue scale，VAS)、患者自陈法、电子检测法、药片计数法等。以下将运用实例介绍如何通过系统评价研究评价用药依从性。

去氨加压素作为治疗小儿遗尿症常用药物，在临床治疗中有不同的剂型的选择，为研究不同剂型去氨加压素治疗小儿遗尿症的依从性、疗效和安全性，研究者系统检索了常用中英文数据库，纳入不同剂型的去氨加压素(片剂，或鼻喷剂或舌下含片)治疗小儿遗尿症的随机或半随机对照研究，采用视觉模拟评分作为结局评价指标。共纳入4篇研究，研究结果显示去氨加压素片剂与非片剂治疗小儿遗尿症疗效比较无统计学差异($MD=-0.33$，95%CI：$-0.68\sim0.01$，$P=0.06$)。去氨加压素舌下含片治疗小儿遗尿症的疗效与采用去氨加压素片剂比较，差异无统计学意义($MD=-0.02$，95%CI：$-0.31\sim0.26$，$P=0.87$)。去氨加压素舌下含片治疗小儿遗尿症，其依从性显著优于去氨加压素片剂($OR=2.19$，95%CI：$1.20\sim4.01$，$P=0.01$)。最终得出了治疗小儿遗尿症的去氨加压素片剂、喷鼻剂和舌下含片3种剂型疗效是相同的，但考虑到儿童的特殊依从性，舌下含片更易为儿童所接受的结论。

由此可见，系统评价和meta分析除了可应用于药物有效性和安全性评价，也可采用系统评价的方法评价患者用药依从性，该研究全面地检索了相关数据库，采用meta分析的方法，发现舌下含片的依从性显著优于其他剂型，为提高患者用药依从性提供依据，但本研究只纳入了随机对照试验和半随机对照试验，只关注了患者短期内的用药依从性，故针对长期服药的慢性疾病，在未来研究中需关注患者长期用药的依从性，并考虑纳入观察性的研究。

实训项目十三　抗生素、抗肿瘤药、降压药、降血糖药(选择其一)用药情况调查与评价实训

【实训目的】

1. 使学生了解对医院科室不同种类用药的情况调查基本知识与方法(如调查对象的遴选、抽样方法、数据采集等)。

2. 使学生了解运用二次研究方法实施用药评价的基本内容与流程(如文献检索、筛选，资料提取，分析方法等)。

3. 使学生能够将理论与实践知识相结合，逐步培养学生正确的科研思维与独立思考、解决该类临床研究问题的能力。

【实训条件】

1. 用药情况调查　分管教学工作的院系领导或带教老师与相关合作医院联系，获得对方

笔记

支持，实地调研该医院相关科室用药情况；不具备开展实地调研的学校，可建立一间模拟病房进行模拟实训。用药情况调查的内容应主要包含医院医生信息、患者具体资料、处方、病历、患者疾病情况等，应注意根据实际研究情况决定采集资料的类型，如对于高血压患者，采集信息还应包括患者疾病伴发情况、血压控制情况与相关用药信息。

2. 运用二次研究方法实施用药评价　开展实训前应具备高校图书馆的数据库支持以便获取全面、准确的证据资料，其中应包括美国生物医学文献数据库（PUBMED）、荷兰医学文摘（EMBASE）、中国生物医学数据库（CBM），中国知网（CNKI），维普数据库（VIP）等。

【实训要求】 学生应该针对所选择种类药物、特定患者人群详细查阅不同专业分支的指南与文献，制订详细的研究计划书，用药情况调查应包含详细的患者纳入标准信息（如高血压患者的年龄范围应控制一定范围，临床诊断为高血压即在未使用药物的情况下收缩压≥140mmHg 或舒张压≥90mmHg 的患者，而应排除孕妇、计划怀孕或哺乳期妇女与继发性高血压患者），运用二次研究方法进行用药评价应制订完善的文献检索策略，同样应包含详细的文献纳入排除标准（如仅纳入质量等级较高的随机对照试验）。用药调查的选题应具有一定的临床意义，用药评价的选题应对临床决策有一定帮助。

【实训准备】 参加实训的学生拟定好研究的计划书并确定人员分工，如制定好研究对象的遴选标准与筛除标准、不同科室患者资料的采集（需要采集的数据内容、数据来源）、数据资料的分类与录入等。查阅权威的相关指南与文献为研究的设计提供支撑，如超说明书用药的判断标准应遵循国家食品药品监督管理总局批准的最新版药品说明书判断超说明书用药情况，高血压患者血压测量及分级应按照国家 2010 年高血压防治指南界定。

运用二次研究进行用药评价需要根据 PICOS 原则确立好期待解决的临床问题并构建完善的检索策略。

所有的实训项目开始前应对全部参与人员进行统一培训，并制订好定期组会的计划，通过组内阶段性的讨论小结以随时掌握研究进展与所遇到的问题。

【实训内容】

1. 用药情况调查　通过准备过程中制订的具体研究计划书，所查的权威文献资料、指南等，对相关医院或科室展开信息采集，确定好研究对象与具体样本抽取方法（如单纯随机抽样，分层随机抽样等），根据纳入、排除标准采集、录入所需要患者的用药信息，对所获取的信息进行归类总结。应制订详细表格总结纳入患者的信息，包括患者性别比例、患者年龄分布、疾病分级与分期的患者比例、伴有其他不同种类疾病患者的比例、有不同家族病史患者的比例等。同样，应制订详细表格总结所纳入患者的药物使用情况（如单一用药，二联用药或多联用药）与药物种类使用情况（如治疗同一种疾病所使用不同种类药物的患者比例）。对数据资料进行必要的统计分析，得出可靠结论。

2. 运用二次研究进行用药评价　根据已构建好的文献检索策略在各大数据库展开全面、系统的检索。文献选择应根据事先拟定好的文献纳入、排除标准，大体上应分为题目与摘要的初筛、无法确定具体内容的进行全文阅读再筛选、无法获取全文或需要进一步确定文献信息时联系文章作者这三个步骤。文献的数据提取应由一名学生独立进行，由同组另一名学生进行核对，如果出现争议应由组内第三位学生做出评价或进行组会讨论。证据纳入之后，应使用证据质量评价工具进行文献质量评价，再对文献资料中的结局指标进行合并做进一步分析，最终根据合并结果得出可靠结论。

【实训过程】

1. 以 5～8 人为一小组，在带教老师的指导下，每组从抗生素、抗肿瘤药、降压药、降血糖药（选择其一）开展用药情况调查与评价，选题兼顾原始研究和二次研究。

2. 在带教老师的指导下，每组先制订详细的研究路线，画出研究路线图。

3. 路线图经带教老师审核通过后，以组为单位开展实施。

4. 实施结果由每组代表进行汇报，带教老师进行现场集中讲评。

实训路径示意图：

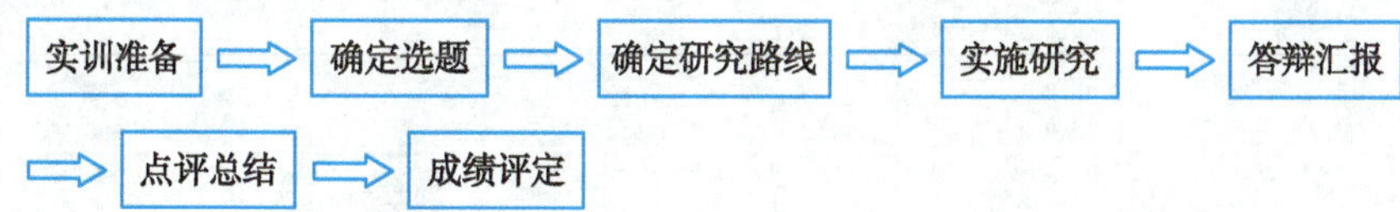

【实训考核】

1. 对具体的实训内容组织一次汇报和答辩，各研究小组同学在预先充分讨论的基础上推选1名代表参加，其他同组同学再做补充。

2. 指导老师在汇报和答辩结束时进行点评和总结，指出各组在课题项目完成过程中的优点和不足之处。

3. 指导老师根据各组的实训项目计划书、其具体设计与开展情况，汇报、答辩和回答问题的情况等进行综合评分。

【思考题】

1. 用药情况调查中所涉及的抽样方法有哪些？

2. 如何做好在具体科室中研究对象的遴选与筛除？

3. 二次研究中，文献资料的检索应注意哪些问题？

（张伶俐　孙树森）

笔记

第十四章 社区药学服务

第一节 概 述

一、社区药学服务的定义

社区药学服务(community pharmaceutical care，CPC)是指拥有药学专业技术优势的药学人员以社区卫生服务站、社区药店等为载体，向医护人员、患者及其家属提供直接的、负责的与药物相关的技术服务，以期提高药物治疗的安全性、有效性及经济性，改善和提高社区居民的生活质量。社区药学服务是以社区为载体的药学服务，强调药师以患者为中心，以社区为范围，主动提供全方位的药学服务，是社区卫生服务的重要组成部分，社区药学服务的质量与社区居民健康水平的提高直接相关。

社区药学服务是医院药学服务的延伸和拓展，主要工作内容是为社区公众提供与药品使用相关的药学服务，具体包括处方审核、处方调配、药物使用指导、药品不良反应监测、药物信息咨询及用药依从性教育等，在保障公众得到安全、有效、经济的药物治疗的基础上，提高用药依从性，降低药品不良反应发生率，减少医疗资源浪费。同时针对社区卫生服务的特殊性，社区药学服务还可以开展与公众健康相关的其他服务，包括慢性病管理和康复服务、优生优育咨询、预防保健、医疗器械使用、合理饮食建议等，从而促进公众整体健康水平、保健水平的提高。

二、社区药学服务的背景

美国学者 Hepler 和 Strand 最先提出药学服务的概念。20 世纪 90 年代初，我国药学学者引入了这一概念，但在 20 世纪 90 年代后期药学服务才真正开始在我国付诸实践。

随着医疗模式从“以疾病为中心”提升为“以患者为中心”，药师也逐渐从传统的调剂岗位上走出来，主动与其他医护人员配合，参与到药物治疗团队中，提供用药信息与药学咨询服务，向公众宣传合理用药知识，对患者进行用药教育，提高患者的治疗依从性，从而保障公众用药安全、有效。1998 年，世界卫生组织发布题为“药师在自我保健和自我药疗中的作用”的文件，提出社会药房药师的五项功能：①作为交流者：与患者主动交流，获得详细病史，推荐药物和提供信息；②作为合格药品的提供者：确保药品来自正规渠道并是合格产品，确保药品的正确储存；③作为培训者和监督者：参加继续教育，确保非药师人员的工作符合相应标准；④作为合作者：药师必须与其他医疗保健从业人员、制药业、全国性协会、政府以及公众建立良好合作关系；⑤作为健康促进者：作为医疗保健队伍成员，药师应参与健康促进活动。

2009 年，中共中央国务院在《关于深化医药卫生体制改革的意见》中提出：“完善以社区卫生服务为基础的新型城市医疗卫生服务体系。加快建设以社区卫生服务中心为主体的城市社区卫生服务网络，完善服务功能，以维护社区居民健康为中心，提供疾病预防控制等公共卫生服务、一般常见病及多发病的初级诊疗服务、慢性病管理和康复服务。转变社区卫生服务模式，不断提高服务水平，坚持主动服务、上门服务，逐步承担起居民健康‘守门人’的职责”。随着我国医疗卫生体制改革逐步推进，分级诊疗制度建设、社区卫生服务综合改革、老年医疗护理服务体系建设等重点改革意见的逐步落实，城乡居民社区医疗服务将成为全民保健的重要一环，社会公众尤其是慢性病患者对合理用药及自我保健的需求必将不断增加，社区药学服务作为社

笔记

区卫生服务的一个重要组成部分，其重要性与必要性日益突显，其服务水平和质量也直接关系到社区居民健康水平的提高。

三、社区药学服务的目的

社区药学服务以社区公众的健康为中心，其目的是确保社区公众用药安全、有效、经济、合理。社区药师应发挥自己药学专业优势，帮助患者选择合适的药物，同时对患者整个用药过程进行管理，降低药品不良反应发生率，提高用药依从性。社区药学服务还可通过开展慢性病管理和康复服务、合理饮食建议等与公众健康相关的其他服务，促进公众整体健康水平、保健水平的提高。

四、社区药学服务的意义

（一）开展好社区药学服务是深化医疗体制改革的需要

为实现“小病进社区，大病进医院，急、危、重症和疑难杂症到三级医院”的目标，我国将逐步完善合理分级诊疗模式，建立社区医生和居民契约服务关系。分级诊疗是指按照疾病的轻、重、缓、急及治疗的难易程度进行分级治疗，不同级别的医疗机构承担不同疾病的治疗，以促进各级医疗机构分工协作，合理利用医疗资源。而且，通过医疗、医保、医药“三医联动”改革将逐步引导参保对象合理选择医疗机构就诊，推进城市医院与基层医疗卫生机构分工协作机制建设，形成基层首诊、分级诊疗、急慢分治、双向转诊的诊疗模式。未来我国大部分的门诊药物调配将在社区卫生服务中心及社区药房完成，开展社区药学服务工作必将成为患者疾病诊治过程的必要补充。因此，全面开展社区药学服务是深化医药卫生体制改革的需要，它对提高医疗质量，减少药品不良反应的发生，能够起到事半功倍的效果。

（二）开展社区药学服务是医院药学纵深发展的需要

医院药学已经由以往保障合格药品供应为主逐渐向以患者为中心的模式转换，目前国内各大医院逐步发展的临床药学就是医院药学服务发展的最好着力点，但由于临床药师数量少，远远不能满足患者的服务需求，而社区药师有更充分的时间与患者面对面进行交流，可以更好地体现以患者为中心的服务模式，因此社区药学服务是医院药学服务的延伸。

（三）开展社区药学服务可以充分发挥药师的职能，提供全方位、全程化的药学服务

社区药师除了认真做好处方调剂与药品管理的基本工作外，还可以利用社区卫生服务中心的有利条件，提供全方位、全程化的药学服务。例如，通过主动给予用药指导；为社区居民提供用药咨询以及为医护人员和患者提供药品信息；为广大社区患者建立个体化药历；开展用药知识讲座和健康教育；参与常见病、慢性病的管理等与公众健康相关的其他服务，从而提高公众自我保健、自我药疗的水平，提高公众的整体健康水平。

五、社区（药房、药店）药师的职责

随着医药卫生体制改革的深入，社区（药房、药店）在初级卫生保健和促进社区公众健康方面发挥着重要的作用。社区（药房、药店）药师能否为患者提供质量合格的药品以及指导合理用药，关系到购药患者的身体健康和生命安全。因此，保证经营药品的质量、为患者购药提供咨询服务是社区（药房、药店）药师应尽的职责和义务。

社区（药房、药店）的药师既是保证药品质量的监督和管理者，也是药学服务的提供者。其主要职责是：

1. 必须遵守职业道德，忠于职守，以对药品质量负责，保证人民用药安全有效为基本准则。

2. 必须严格执行《中华人民共和国药品管理法》及国家有关药品生产、经营各项法规及政策。对违反《中华人民共和国药品管理法》及有关行为等有责任提出劝告、制止，并向上级部门报告。

3. 在工作药店范围内负责对药品质量进行监督和管理，参与药品的全面管理，以确保本单位范围内药品质量安全有效。

4. 负责处方的审核及监督调配，提供用药咨询与信息指导用药，开展治疗药物的监测及药品疗效的评价等工作。

总的言之，社区（药房、药店）药师职责：一是药品管理法律、法规的宣传、贯彻、实施者；二是药品零售部门药品质量的监督和管理者；三是负责处方复核和处方调配的实施者；四是患者购药咨询、信息和合理用药的提供者；五是开展治疗药品不良反应监测和药品疗效的评价者。

第二节 社区药学服务发展现状

一、美国社区药学服务现状

目前，美国大约有55 400家社区药房，其中40%左右为私立药房。美国的社区药房由各个州政府管理，处方由有执照的药师（执业药师）进行处理，其余的药店人员为技术人员，这些技术人员分为两类：接受过培训的有资质的技术员和无资质的技术员。药学技术人员必须在药师的指导下进行药品调配工作。

社区药学服务从提出、接受和实施在美国药学界经历了10多年的时间，20世纪90年代发展起来的药物治疗管理服务，转变了传统意义上的社区药师药品调配和分发的角色，赋予了社区药师以患者为中心，满足患者药物治疗需要为目的新职责。2008年，美国药师协会和全国连锁药房协会基金会联合发表专题，提出了社区药师开展药物治疗管理服务的核心要素：药物治疗审核，个体药疗记录，药物治疗行动方案，干预、转诊、文件管理和随访。

美国社区药师的服务内容主要包括：

1. **处方调配** 美国社区药房是患者取药的主要途径，处方调配仍是社区药房药师的主要工作。社区药师对医师开具的处方进行审核和调配，将过度用药、用药不足或错误用药的可能性降低到最小。

2. **药学咨询服务** 美国的社区药师通常为患者提供良好的药学咨询服务，咨询内容十分广泛，主要包括药品名称、成分、规格、剂型、有效期、贮存方法、药理知识、用法用量、药品不良反应与注意事项、药物相互作用、特殊患者用药等。药学咨询服务的形式包括口头药学咨询服务和书面的药学咨询服务，对于第一次使用的药品，部分社区药师还制作一些药学服务小册子。

3. **药学专业性服务** 主要包括药学保健服务、药物治疗管理服务等。社区药师对患者的药物治疗进行管理可以提高治疗结果。根据调查，美国社区药师在一些慢性疾病如支气管哮喘、糖尿病、高血压的治疗管理中发挥了很大的作用。例如：社区药师参与支气管哮喘患者的治疗管理，指导患者正确使用吸入器，提高吸入剂的疗效和患者的用药依从性，能有效改进呼气峰流速值，减少患者的呼吸困难和喘息率，减少哮喘疾病的并发症，可以明显改善患者的生活质量和临床疗效。

4. **药物和毒物信息服务** 美国药物信息服务已经从医院扩展到社区药房，药师通过网络、电子杂志等形式向医护人员和公众提供药物数据信息，内容包括药物适应证、用法用量、药物相互作用、药品不良反应、特殊人群用药、药物毒性和中毒解救以及循证医学信息服务等。

5. **临终关怀服务** 美国许多社区药房与临终关怀中心建立联系，药师为患者提供临终关怀服务，服务的内容主要包括：评估医师处方的合理性，及时提供有效的药物治疗；为治疗团队提供药物治疗的咨询与指导；确保医护人员和患者了解药物，并能按照提供的说明进行操作；为非标准剂量药物的使用提供临床配制服务；安全、合法地处理患者死后的剩余药物等。

笔记

6. **健康教育与健康促进**　健康教育与健康促进是促进人类健康最有效、最经济的手段，世界卫生组织把健康教育与健康促进列为预防和控制疾病的三大措施之一。美国社区药师提供的与疾病预防和健康促进相关的服务包括：

（1）免疫服务：美国医疗系统药师协会发布了《关于药师在免疫中的任务指南》，强调药师在宣传和实施免疫中的重要作用。药师接受免疫常识和技能的培训，主动开展社区免疫预防工作，由药师实施疫苗接种已成为药房工作的重要内容。

（2）美国部分州允许社会药房药师无须处方向妇女提供紧急避孕药，提高紧急避孕药可获得性的干预措施包括：加强药师相关知识教育，批准部分紧急避孕药转换为非处方药，建立医师和药师的协作关系等。

（3）为毒品滥用者及性传播疾病患者提供防治服务：美国社区药师作为最易获得的卫生保健者，其公众信任度很高，社区药师每天可以接触大量的治疗信息和感染人群，可为患者提供相关疾病的防治方法和信息。

（4）戒烟服务：美国社会药房药师开展戒烟药学服务项目，药师通过电话咨询的方式提供戒烟干预服务。

知识拓展

健康教育：健康教育是通过信息传播和行为干预，帮助个人和群体掌握卫生保健知识、树立健康观念，自觉采纳健康行为和生活方式的教育活动与过程。

健康促进：健康促进指个人、家庭、社区和国家一起采取行动，鼓励人们采纳健康行为，增强人们改进和处理自身健康问题的能力。

健康促进的5个优先活动领域：①制定促进健康的公共政策；②创造健康支持环境；③增强社区应对健康问题的能力；④发展个人技能；⑤调整卫生服务方向。

二、我国社区药学服务现状

近年来，我国随着医药卫生体制改革的推进，基层医疗机构逐步向社区卫生服务机构转轨，社区卫生服务中心和社会药房蓬勃发展，药品供应的重心逐渐由医院药房向社会药店转移。同时，随着药品分类管理制度的实行及社会公众自我保健、自我药疗的意识不断增强，社区药师在药物治疗中的作用不断突出，促进了我国社区药学服务的开展。

21世纪以来，随着社区卫生服务的实施和推进，“小病进社区，大病进医院”已逐渐被广大居民接受，国内部分城市，如上海、北京、广州等已开始推进社区药学服务工作。我国现阶段社区药学服务开展的工作包括以下几方面：

1. **处方调配**　处方调配仍是我国社区药房药师的主要工作。社区药师对医师开具的处方进行审核和调配，向患者提供正确的药品并提供用药指导。

2. **药学咨询服务和用药教育**　药学咨询服务和用药教育是保证社区用药安全的有效形式，也是社区健康教育的重要内容之一，国内许多社区多采取提供药学专业资料，开辟合理用药知识宣传专栏、建立网络交流渠道和开展药学知识相关讲座等方式，开展社区用药咨询服务和药物知识科学普及工作。例如，国内越来越多的社区开展宣教活动指导社区居民正确识别药品名称，正确地储存并确保药品在有效期内使用，了解药物的不良反应等。

3. **参与慢病的管理**　社区卫生服务中心的就诊人群中，老年慢性病患者占很大比例，药物治疗是老年慢性病患者疾病防治的主要手段之一。这类患者用药相对复杂，药品知识相对薄弱，更加需要专业人士进行指导。社区药学服务的开展可以提高患者的用药依从性和治疗效

笔记

果，减少药品不良反应，改善患者的生活质量。例如：国内许多社区卫生服务中心通过药师进行糖尿病、高血压等慢病的健康宣教，举办用药知识讲座，开展患者随访，加强与患者的沟通交流，及时了解患者的疾病控制情况和药物使用情况，提高了患者的用药依从性和疾病控制率。

现阶段我国社区卫生服务站除了开展上述药学服务外，部分社区卫生服务中心还逐步开展了药学信息服务、药品不良反应监测、对重点患者定期随访进行药学监护等服务。虽然近几年我国的社区药学服务取得了一定的进展，但与国外相比，仍存在很大的差距。我国的药师队伍主要由执业药师（通过国家食品药品监督管理总局考试取得执业药师资格的人员）和从业药师（通过卫生系统考试取得药师职称的人员）组成，而多数药师主要分布在各级医院。目前在我国社区卫生服务中心和各社区卫生服务站药房工作的人员，相当部分是通过卫生系统短期培训的非药学专业人员，专职社区药师的数量很少，专业素质整体偏低，药师知识结构不合理，服务能力不够。尽管许多社区药学服务中心开设了用药咨询窗口，也有一些开展了药品不良反应监测报告等项目，少数药师还为居民举办合理用药知识讲座、社区慢性病管理及帮助居民清理家庭小药箱等，但社区药师的绝大多数工作仍局限于药房内部，所提供的服务还只是停留在保证药品供应和调配的水平，所能提供的其他专业性服务还处于起步阶段，水平较低，深度不够，社区药师既没有成为社区医务人员的用药参谋，也没有成为患者安全、合理用药的指导者。

与社区药学服务的低水平形成鲜明对比的是公众对社区药学服务的巨大需求，社区卫生服务是以社区居民为服务对象，以妇女、儿童、老年人、慢性病患者等特殊人群为服务重点，这些人群因其特殊的病理、生理状况和心理特点，对社区药学服务的需求更大。随着我国医疗卫生体制改革的不断深入，对社区药学服务的需求将飞速增长。社区药师应努力提高自身的专业素质和服务能力，有效地为公众提供优质的社区药学服务，以满足飞速增长的社会需求。

知识拓展

慢病：慢性非传染性疾病简称慢病或慢性病，是相对于急性疾病和传染性疾病而提出的一组疾病的总称。是指以心血管疾病、糖尿病、恶性肿瘤和慢性阻塞性肺疾病为代表的一组疾病。具有病程长、病因复杂、健康损害和社会危害严重等特点。

第三节 社区药学服务工作

一、社区药学服务工作模式

社区药学服务是医院药学服务的延伸和拓展，主要满足基本卫生服务需求，包括预防、治疗、保健、康复、计划生育等方面，社区药学服务作为发挥基础医疗服务功能的重要组成部分，不同于一般医疗机构的药学服务，其服务目的和服务对象都有其特殊性，因此服务模式和内容也相应地有所不同。社区药学服务的对象非常广泛，为社区范围内的所有居民，包括患者、亚健康人群和健康人群，药学人员利用医药学专业知识和技能，提供与医疗卫生相关的各类服务，主要针对妇女、儿童、老年人、慢性病患者等重点人群提供药学相关服务。社区药学服务工作模式除保障社区药品供应模式、药物咨询室模式、窗口（柜台）服务模式、临床药学模式、热线电话服务模式外，还包括药学服务平台模式、公共健康教育模式。

1. 保障社区药品供应模式 保障药品供应是社区药学服务的基础工作之一，社区卫生服务中心应该有完善的药品供应体系，包括正常的采购途径，规范的药品验收和养护程序，严谨的药品价格监控体系等。社区药师应及时总结本社区服务人群特点，结合季节变化、疾病谱变化、

笔记

地域特点等及时做好药品供应保障工作，为社区居民提供合格的药品，这是目前社区药学服务的主要内容之一。

2. **窗口(柜台)服务模式** 患者在药房购药时，由药师对患者进行用药指导和咨询，该模式是药师最常用、最普遍的一种药学服务模式，其特点是药师在调配药物的同时对患者进行药物指导、咨询，但该模式的缺点较明显，患者在取药时，并不知道自己在用药时会遇到什么问题，需要什么帮助，只能被动地接受药师的用药指导。药师应主动向患者提供指导，包括药物的用法用量、使用过程中的注意事项、可能出现的不良反应等。在窗口（柜台）服务模式中，药师可以使用口头指导与书面指导相结合的方法，例如在调配药物的同时，药师口头指导患者正确阅读和理解说明书，同时为患者打印或书写一张清晰、醒目的药物标签或准备一张采用通俗易懂的文字形式说明的用药指导。由于在窗口（柜台）服务模式中，患者是被动接受药师的用药指导，因此药师提供药学服务的主动性和积极性将明显影响患者对药学服务的信赖程度。

3. **药物咨询室模式** 在社区（药房、药店）设立药物咨询室，可方便患者随时进行药物咨询，有利于加强药师与患者之间的交流沟通，提高患者的用药依从性。但是，由于目前药物咨询室服务模式比较单一，多数患者在取药时已经得到了一定的用药指导，导致前来药物咨询室咨询的患者并不是很多。为了吸引更多的患者前来咨询，可将药物咨询室建设成为患者提供各种药学服务的活动平台，开展多种多样的药学服务活动，真正体现药师服务的价值。

4. **临床药学工作模式** 社区药师可以借鉴医疗机构临床药师的工作模式，与社区医护人员一起参与药物治疗方案的设计与实施，协助医师选择合适的药物，协助护理人员正确使用药物，提高药物治疗水平，减少与用药有关的损害，从而改善患者的生活质量。临床药学工作模式对社区药师的专业素质要求较高，不仅要求药师具备相关的药学知识，而且要掌握一定的医学知识，特别是与常见病、慢性病相关的医学知识，熟悉相关疾病的用药方案设计和个体化给药方案的设计，具备发现、解决、预防潜在或实际存在的用药问题的能力。但现阶段我国药学教育体系专业设置严重失衡，与社会需求存在较大差距，分布在医药院校的临床药学专业规模很小，临床药师的数量尚不能满足医院的需要，更无法满足社区药学服务的需要。

5. **健康教育与健康管理模式** 健康教育是公共卫生的重要组成部分，是疾病防治不可或缺的有效手段，是促进基本公共卫生服务逐步均等化的重要内容。2006 年 2 月，《国务院关于发展城市社区卫生服务的指导意见》指出，“基层医疗卫生机构开展健康教育、预防、保健、康复、计划生育技术服务和一般常见病、多发病的诊疗服务”。2009 年 3 月，《中共中央国务院关于深化医药卫生体制改革的意见》明确指出，“加强健康促进与教育。医疗卫生机构及机关、学校、社区、企业等要大力开展健康教育”。2011 年 3 月，《中华人民共和国国民经济和社会发展第十二个五年规划纲要》明确指出，“普及健康教育，实施国民健康行动计划，全面推广公共场所禁烟”。

健康教育是国家基本公共卫生服务项目之一，既是一项独立的服务内容，又是开展其他基本公共卫生服务项目的重要内容和方法，引领并贯穿于落实基本公共服务项目的全过程。面向社区居民开展健康教育是社区卫生服务职能的要求，是落实医药卫生体制改革的要求，是满足人民群众对健康需求的要求。国家基本公共卫生服务项目，主要通过乡镇卫生院、村卫生室和社区卫生服务中心（站）等城乡基层医疗卫生机构直接向辖区居民提供。基层医疗卫生机构开展健康教育对于提高社区居民健康素养、预防和控制疾病、提高社区居民健康知识和自我保健能力以及社区精神文明建设具有重要意义。

社区药师可以通过直接与社区患者和社区居民面对面的交流，介绍药物和疾病的知识，提供健康教育资料，或开展与用药相关的健康知识讲座、电话咨询等方式进行健康宣传教育，普及预防疾病的基本知识，引导社区居民培养良好的生活与卫生习惯。根据社区卫生服务中心就诊人群的特点，社区药师还可以开展糖尿病、高血压、慢性阻塞性肺疾病等慢病的健康管理，及

笔记

时了解患者的疾病控制情况和药物使用情况，指导患者安全、经济、合理地使用药物，提高患者的用药依从性和疾病控制率。

6. **药学服务平台模式** 当今社会现代信息技术发展迅速，网民人数逐年增加，互联网普及率高，社区药师可依托互联网媒介构建药学服务平台，药师与患者之间不但能比较方便地进行互动交流，而且可以通过开展家庭用药知识宣传教育、药学专家讲座、在线互动答疑等形式，广泛普及药学知识，传播药学信息。社区药学服务平台还可以依托卫生信息平台，通过网络建立链接，有效地整合社区居民电子健康档案、诊疗记录等相关信息，针对居住在社区长期用药的慢性病患者建立电子药历，实现医疗信息共享。

目前，国内的社区药学服务总体尚处于探索阶段，服务方式缺乏规范化，服务范围较小，服务质量较低。社区药师应努力提高自身的知识水平和服务能力，找准社区药学服务的切入点和着手点，积极为社区居民提供高质量、系统的社区药学服务，尽快地从“以药品为中心”的服务模式向“以患者和社区居民为中心”的服务模式转变。

二、社区药学服务工作内容

现阶段社区卫生服务中心的药学服务仍以保证药品供应为主，难以满足社区居民对药学服务的需求。在医疗卫生体制改革的形势下，社区卫生服务中心的药学服务将会成为社区卫生服务的重点之一，我国社区药师的工作重点也将会从药品的供应和调配逐步转向为社区居民提供以人为中心的全面的药学服务，社区药学服务应该更加贴近于社区患者的需要。社区药师可以从以下几方面开展药学服务：

（一）处方审核和调配

根据处方管理办法的规定，社区药师接收处方后，应当认真逐项检查处方前记、正文和后记书写是否清晰、完整，并确认处方的合法性。在进行处方调配前应审核处方的用药适宜性，审核内容包括：规定必须做皮试的药品，处方医师是否注明过敏试验及结果的判定；处方用药与临床诊断的相符性；剂量、用法的正确性；选用剂型与给药途径的合理性；是否有重复给药现象；是否有潜在临床意义的药物相互作用和配伍禁忌等。对于用药适宜的处方，药师应当按照操作规程准确调配药品，正确书写药袋或粘贴标签，注明患者姓名和药品名称、用法、用量；按照药品说明书或者处方用法，主动对患者进行用药交待与指导，包括每种药品的用法、用量、注意事项等。

处方审核案例分析

定点医疗机构编码：00000000

科别：普内科　　病历号：00001　　性质：省医保　　××××年××月××日

姓名	林××	性别	女	年龄	49岁
临床诊断： 呼吸道感染 过敏试验：	R： 酚麻美敏片（泰诺） 20片*1盒 1盒 3片，q.i.d，p.o*5 对乙酰氨基酚缓释片 0.65g*18片 5片 0.65g，q.d，p.o*5 复方甘草口服溶液 100ml*1瓶 1瓶 1ml，t.i.d，餐后口服*5 医师签名（盖章）：×××				

金额：×××　　审核/调配签名（盖章）：×××　　核对/发药签名（盖章）：×××

笔记

分析：

1. 酚麻美敏片为复方制剂，每片含有对乙酰氨基酚325mg，与对乙酰氨基酚缓释片合用属重复用药，每日使用对乙酰氨基酚剂量太大可能会造成肝功能损害，因此每日剂量不宜超过2g。

2. 酚麻美敏片（泰诺）常用量为一次1～2片，每6小时服1次，24小时内不超过4次，酚麻美敏片用量过大。

3. 复方甘草口服溶液常用量10ml，每日3次，处方中用量错误。

（二）用药咨询与用药教育

社区药师应利用社区卫生服务站的有利条件，开展用药咨询与用药教育服务。用药咨询与用药教育服务的形式应该多样化，包括面对面交流的方式、电话咨询的方式、开展讲座、上门随访及建立药学网站等方式。用药教育的内容可以侧重于社区居民用药过程中普遍存在的用药误区。例如：听信广告买药，贵药就是好药，中药没有副作用，病情或症状好转可以随便停药，输液是最好的治疗方法等。针对这些误区，药师可以通过用药教育，逐步消除公众的错误认识，树立合理用药观念。通过用药指导和用药教育，可以合理使用有限的医疗卫生资源，减少因错误认识而导致的危害，引导公众合理安全用药，减少药品引起的不良反应，提高患者的用药依从性。

（三）药学信息服务

药学信息服务是所有涉及药学信息的活动，是指药学技术人员进行药学信息的收集、保管、整理、评价、传递、提供和利用等工作。随着药学信息数量的激增，医护人员对药学信息的掌握变得十分困难，社区医护人员对药品的知识相对不如药师广泛，药师应凭借自身的专业特长，成为医护人员和患者获取药物信息的主要来源。药学信息服务可将医师、药师、护士和患者紧密联系起来，以合理用药为共同目的，形成一个相互协作的整体，推动整体合理用药水平的发展和提高。开展药学信息服务不但能使药师的专业特长得到发挥，更重要的是强化了药师在治疗团队中的作用。

（四）药品不良反应监测和报告

药品不良反应监测和报告是指把分散的不良反应病例资料收集起来，进行因果关系的分析和评价，并及时上报。其目的是为了及时发现、正确认识不良反应，保证不良反应信息渠道畅通和准确，减少药源性疾病的发生，防止药害事件，保障社会公众用药安全，为评价、整顿、淘汰药品提供服务和依据，为临床用药提供信息。社区药师与医院的药师相比，有更多的时间与患者进行交流，应注意了解患者在用药过程中出现的不良反应，积极主动地收集、上报药品不良反应信息。

（五）为广大社区患者建立药历

药历是患者治疗或预防疾病过程中对药物治疗进行全面、客观的记录和评价，也包括药师对患者进行的与用药相关的教育与指导，以及对药物治疗过程的干预等。通过为社区患者建立药历，社区药师可以及时发现和解决患者在治疗过程中出现的与药物有关的问题。药历是药学服务过程中产生的新事物，病历是对病史的记录，药历则是对用药情况的记录。作为社区卫生服务站的药师，可以为广大社区患者设计一份药历，详细记录患者最近的治疗史和服药史，包括患者的基本资料信息、家庭史、过敏史等，同时也应该详细记载既往和本次用药的名称、用法用量、治疗疗程、疗效及不良反应等信息，通过药历管理、服药指导以及跟踪随访等工作对患者进行药学监护。社区药师也可以依托卫生信息平台，通过网络建立链接，有效地整合社区居民电子健康档案、诊疗记录等相关信息，为社区患者建立电子药历，完整记录患者用药信息，根据患者的这些资料，药师可以为医师和患者提出治疗建议，实现医疗信息共享。

笔记

（六）开展健康教育

社区药师可针对辖区居民的健康需求，开展各种形式的健康教育活动，向辖区居民普及医药卫生知识，提倡文明、健康、科学的生活方式，提高居民的健康水平与文明素质，促进个体和群体选择有益于健康的行为，并为社区居民提供具体的行为指导和示范，帮助居民提高自我保健能力。

社区药师除了通过向社区居民提供健康教育资料、设置健康教育宣传栏、开展公众健康咨询活动和举办健康知识讲座等形式提供健康教育外，还可开展个体化健康教育。个体化健康教育包括门诊健康教育和上门访视健康教育两种形式。服务对象包括门诊患者和不方便就诊的患者、重点人群等，如老年人、重症护理患者、高危孕产妇、新生儿等。

1. 个体化评估

（1）门诊健康教育的个体化评估：评估患者疾病严重程度、就医行为、不健康的生活方式（如吸烟、酗酒、不规律饮食等）、服药依从性等；评估患者的健康教育需求，找出患者健康知识和技能的不足之处；评估影响个体化健康教育效果的因素，如患者的文化程度、接受信息的能力等。

（2）上门访视健康教育的个体化评估：针对老年人、重症护理患者、高危孕产妇、新生儿等重点人群的上门访视健康教育，其工作思路与门诊患者个体化评估相同，但需要注意结合各类重点人群的特点。例如：对高危孕妇的个体化评估，要了解其产前检查情况、妊娠期疾病、饮食和身体活动情况，以及孕期保健、分娩、新生儿护理等相关知识的掌握情况等。

2. 确定健康教育内容 在个体化评估基础上，综合考虑服务对象的年龄、性别、职业、文化程度、性格等生理、心理和社会特征，确定适宜的健康教育工作内容。

个体化健康教育内容主要包括：

（1）针对疾病或健康问题的指导，包括疾病的预防和治疗知识、合理用药知识、自我保健技能、康复技能等。

（2）针对行为生活方式的指导，如饮食指导、戒烟限酒指导、运动指导等。

（3）针对心理问题的指导，如常见心理问题及调适方法指导等。

3. 个体化健康教育的方法

（1）解释：指从医学和心理学角度对患者及咨询者提供疾病防治相关知识和技能。通过解释，让患者或咨询者对所患疾病或所关心的健康问题，有比较清楚和详细的了解，增强患者或咨询者战胜疾病的信心和能力。首先要以患者能够听懂的方式解释问题；其次要考虑患者的受教育程度、心理承受能力和人格特点。

（2）指导与建议：指为了使患者尽快康复，医务人员根据患者的个体情况，提出的合理用药、自我保健、改善不健康生活方式等方面的忠告。医务人员通常在提出建议的同时，也要向患者传授知识和技能，这样更有利于患者接受并且执行医务人员的建议。

（3）健康教育处方：指医务人员向患者提供的、医嘱形式的健康教育文字资料。健康教育处方既包含患者所患疾病的防治知识和技能，也包含医务人员提出的建议。在社区门诊使用健康教育处方便于患者保存阅读，是指导患者进行自我保健和家庭护理的一种有效的非药物治疗手段。健康教育处方常常涉及的内容有合理用药、合理膳食、戒烟限酒及适量运动等。合理用药主要针对用药剂量、时间、服用方法、不良反应处理等；合理膳食包括每日建议摄入的食物种类、数量、餐次、搭配等；适量运动内容包括运动量、运动频次、运动强度、运动时间、运动注意事项等。

（七）参与慢病管理

慢病管理是指组织慢病专业医生、药师及护理人员，为慢病患者提供全面、连续、主动的管理，以达到促进健康、延缓慢病进程、提高生活质量并降低医药费用的一种科学管理模式。做

好慢病管理工作，既能使慢病患者得到更好的治疗，减少并发症的发生率、致残致死率，又有利于满足我国群众日益增长的健康需求，提高群众的健康素养水平。在国外，药师已经广泛参与到慢病管理的药学服务中，药师与医生、护士等团队成员相互协作，制订慢病管理计划，帮助患者发挥自我管理的作用。在国内，部分社区药师也已开始开展糖尿病、高血压等慢病管理工作，及时了解患者的疾病控制情况和药物使用情况，指导患者安全、合理、经济地使用药物，提高患者的用药依从性和疾病控制率。通过基于药师的慢病管理服务，包括药物咨询，特殊药物的用药指导，系统介绍药物治疗目标及正确合理使用，可以提高患者及高危人员对疾病的认知和治疗依从性，降低并发症的发生率，改善患者的生活质量。

1. **高血压患者健康管理** 社区药师可单独或与社区医生一起对已确诊的原发性高血压患者进行随访参与高血压患者的健康管理，以提高患者对治疗的依从性，及时发现患者的异常，实现对高血压患者的管理与控制的过程（图 14-1）。

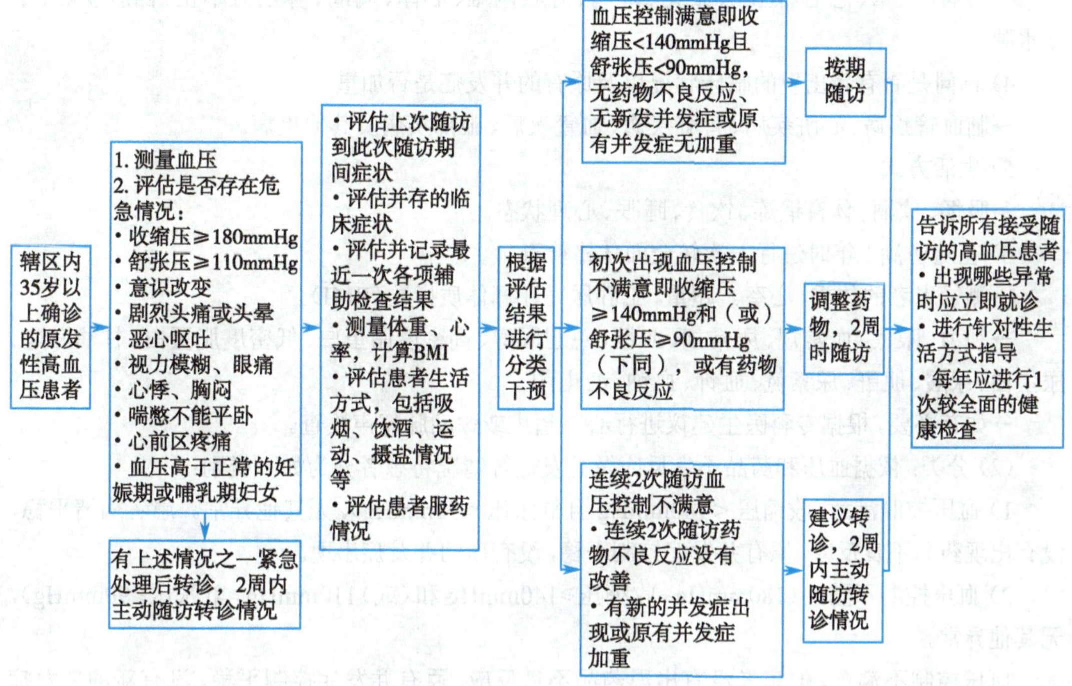

图 14-1 高血压患者随访流程图

（1）评估：社区药师应主动对患者进行随访，提醒患者遵从医嘱，发现危急体征应迅速转诊。

1）测量血压：随访过程中，如果没有危急体征，可只测量上臂血压。

根据血压值判断：

A. 若收缩压≥200mmHg 和（或）舒张压≥120mmHg，根据高血压紧急情况处理原则处理后，在安全条件下，立即转诊至有急诊条件的医院。

B. 若收缩压≥180mmHg 和（或）舒张压≥110mmHg，同时监测其他重要生命体征（脉搏、心率等），根据高血压紧急情况处理原则处理，观察 2 小时，若病情不能得到控制，随时转诊至有专科条件的医院。

C. 收缩压＜180mmHg 并且舒张压＜110mmHg，继续以下步骤。

2）检查患者是否存在危险情况

A. 患者有意识改变吗？

→当患者出现意识模糊、谵妄、昏迷等情况时，须在紧急处理后立即转诊。

B. 当时是否有如下危险情况？

→剧烈头痛或头晕 ——怀疑出现脑血管意外

→恶心、呕吐 ——怀疑出现脑血管意外

→视物模糊、眼痛 ——怀疑出现视网膜病变或脑血管意外

→心悸、胸闷 ——怀疑出现心血管意外

→喘憋、不能平卧 ——怀疑出现心功能不全

→心前区疼痛 ——怀疑心肌缺血或是心肌梗死

→患者是否处于妊娠期或哺乳期

出现上述危险情况之一或存在难以处理的其他疾病，须在紧急处理后立即转诊。对转诊的患者，应在2周内与患者或其家属联系，了解其转诊过程。

经危险情况评估后，若居民不需要立即转诊，继续如下评估步骤。

3）询问近期是否有如下症状和体征

→头痛、头晕、恶心、呕吐、眼花、耳鸣、呼吸困难、心悸、胸闷、鼻出血不止、四肢发麻、下肢水肿。

4）询问是否有新出现的临床状况以及原有的并发症是否加重

→脑血管疾病、心脏疾病、肾脏疾病、血管疾病、眼部疾病及其他疾病。

5）生活方式

→吸烟、饮酒、体育锻炼、饮食、睡眠、心理状态。

6）在随访满1年时进行一次较全面体格检查。

→测量患者的体重、心率。超重、肥胖居民计算体质指数(BMI)。

→视力、眼底、血常规、尿常规、血糖、总胆固醇、高密度脂蛋白、低密度脂蛋白、甘油三酯、尿蛋白、尿酸、肌酐、尿素氮、血钾、血钠、心电图。

→如有必要，根据专科医生建议进行心脏超声或颈动脉超声检查。

(2) 分类：依据血压和药品不良反应及并发症等情况将患者分为如下类别：

1）血压控制满意（收缩压＜140mmHg且舒张压＜90mmHg），无其他异常。患者病情平稳，没有出现药品不良反应，原有并发症控制平稳，没有新的并发症出现。

2）血压控制不满意（180mmHg≥收缩压≥140mmHg和（或）110mmHg≥舒张压≥90mmHg），无其他异常。

血压控制不满意，但患者没有出现药品不良反应，原有并发症控制平稳，没有新的并发症出现。

3）有较严重难以耐受的药品不良反应，无论患者血压控制情况如何，根据患者用药情况，出现与目前所用降压药物有关的不良反应。

4）有新的并发症出现或原有并发症出现异常，无论患者血压控制情况如何。

(3) 处理：根据分类结果进行不同的处理。同时针对每位就诊者的具体情况进行生活方式指导，具体如下：

1）根据分类结果进行不同的处理

A. 血压控制满意，无其他异常

→继续原方案治疗，告诉患者要规律服药，3个月内至少随访一次。

B. 血压控制不满意，没有其他异常：询问患者是否按照医生要求规律服药，是否存在药品不良反应和出现新的并发症或原有并发症出现异常。

询问患者是否按照医生要求规律服药：

→患者是规律服药

若血压异常为现用药物无效果，建议就诊换用不同类的另一种药物，2周内随访。

若血压异常原因为现用药物有部分效果，建议就诊调整现用药物剂量或加用不同类的第二种药物，2 周内随访。

若患者上次就诊时已调整过用药，此次血压仍未达到控制目标，建议并协助患者转诊到上级医院，2 周内随访。

→患者未规律服药

若未规律服药的原因为现用药品不良反应较大，则对患者进行对症治疗并建议就诊换用不同类的另一种药物，2 周内随访。

若未规律服药的原因为经常遗忘或担心药物的不良反应，则要向患者强调坚持服药在高血压控制中的重要意义，督促患者按医嘱服药，2 周内随访。

C. 出现难以耐受的药品不良反应

→患者在治疗过程中出现难以耐受的不良反应，建议就诊换用不同类的另一种药物，2 周内随访。

→若患者上次就诊时已调整过用药，此次血压仍未达到控制目标，建议并协助患者转诊到上级医院，2 周内随访。

D. 出现新的并发症或原有并发症出现异常：患者出现新的与高血压相关的并发症或原有的并发症加重，建议并协助患者向上级医院转诊，并在 2 周内随访，待转回后按照上级医生的治疗意见进行治疗，继续进行患者健康管理。

2）对所有的就诊者

A. 若同时患有其他疾病，应同时根据其他疾病诊疗规范进行管理。

B. 根据患者的生活方式进行有针对性的健康教育，提出改善意见，参照年度目标，在每次随访时评估进展。

C. 告诉患者如有下列异常须立即复诊

→头晕、头痛。

→恶心、呕吐。

→心悸、胸闷。

→夜间、憋醒。

→心前区疼痛。

→视物模糊、眼痛。

→四肢麻木、无力，下肢水肿，行走时出现下肢疼痛。

D. 填写随访服务记录表（表 14-1）

→对于已确诊高血压患者，每年进行一次较全面体检和评估，将评估内容记录在健康体检表上。

→高血压患者在每次管理过程中，随访内容记录在高血压患者随访服务记录表上，此表每次随访时填写。

3）对治疗依从性差或长期血压不达标患者的管理

A. 对治疗依从性差患者的识别与管理

→通过与患者本人和家属的交流以及观察患者对医嘱的遵循情况，定期评估患者对治疗的依从性。

→对评估结果显示治疗依从性差的患者建立特殊档案，由专人管理。

→加强管理和照顾（如提高电话随访或预约就诊的频率、延长就诊交谈时间等）。

→对高龄患者或行动不便者，建立适当的家访制度。

B. 对长期血压不达标患者的管理

→对患者建立特殊档案，由专人管理。

→加强对患者的随诊和管理，包括建立通畅、及时的转诊渠道、加强对生活方式改善的指导、及时发现和针对性地处理影响患者血压达标的因素等。

→定期评估治疗依从性。

→对无法及时就诊取药的患者，建立适当的家访制度。

2. 2 型糖尿病患者健康管理 社区药师可单独或与社区医生一起对已确诊的 2 型糖尿病患者进行随访，参与患者的健康管理，提醒患者遵从医嘱，以提高患者对治疗的依从性，及时发现患者的异常，发现危险情况应迅速转诊（图 14-2）。

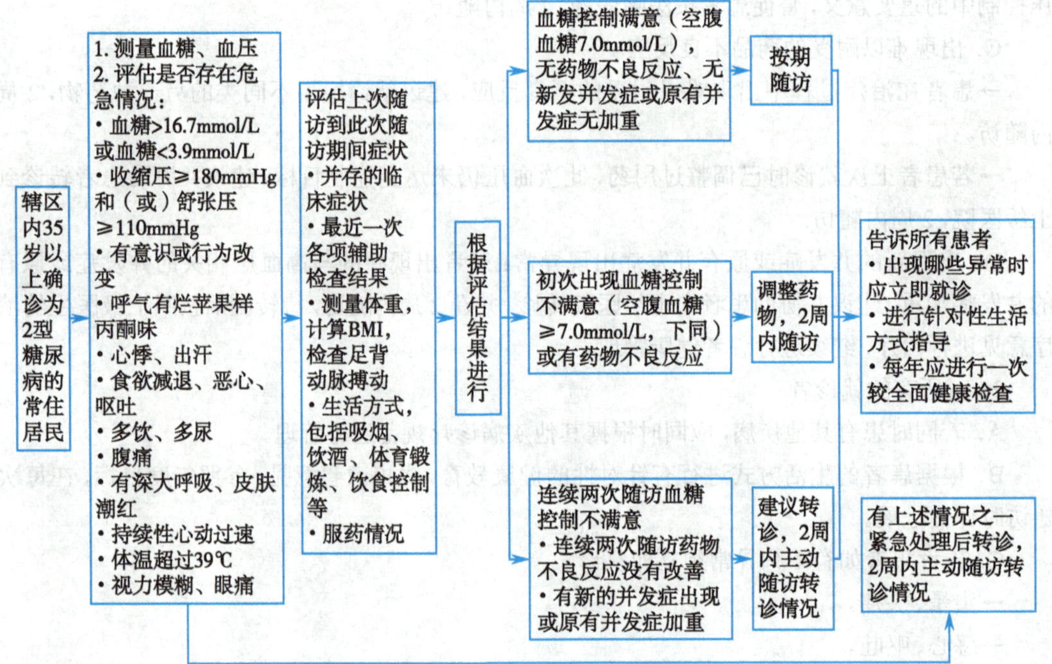

图 14-2 2 型糖尿病患者随访流程图

（1）评估：主要步骤包括测量血糖、血压，评估是否存在需要转诊的危急症状。如不需转诊，则对居民进行分类：

1）测量血糖、血压

A. 如患者就诊时符合空腹血糖条件，测量值为空腹血糖值，否则为随机血糖值。

说明：空腹血糖指被检测居民在 8～14 小时内无任何热量摄入。

B. 如果患者在就诊时没有危险体征，可只为患者测量单侧血压。根据血糖和血压结果进行判断。

C. 血糖：如果空腹血糖＞16.7mmol/L，怀疑酮症或酮症酸中毒，血糖＜3.9mmol/L，怀疑低血糖，应紧急处理后转诊。

D. 血压：如果收缩压≥180mmHg 和（或）舒张压≥110mmHg，怀疑高血压危象，应紧急处理后立即转诊。

糖尿病患者的理想血压应控制在 130/80mmHg 以下。如果首次发现患者的收缩压≥130mmHg 和（或）舒张压≥80mmHg，则应建议患者去上级医院确诊高血压，若确诊，同时纳入高血压病例管理。

E. 如果 3.9mmol/L＜空腹血糖＜16.7mmol/L 或 3.9mmol/L＜随机血糖＜20mmol/L 且收缩压＜180mmHg 并且舒张压＜110mmHg，继续以下步骤。

笔记

2）检查患者是否存在危险情况

A. 患者有意识改变吗？

当出现意识模糊、谵妄、昏迷等情况时，须在紧急处理后立即转诊。

B. 当时是否有如下情况？

患者呼气是否有酮臭味（烂苹果味）？　　　—怀疑酮症酸中毒

患者是否心慌、出汗？　　　—怀疑低血糖症

是否有深大呼吸、皮肤潮红、发热？　—怀疑酮症酸中毒

是否有持续性心动过速（每分钟心率超过 100 次 / 分）

　　　—怀疑低血糖症

是否发热，体温超过 39℃？　　　—糖尿病患者体温过高时血糖难以控制

是否有其他的突发异常，如视力突然骤降？　—怀疑患者出现新的并发症

患者是否处于妊娠期或哺乳期？

出现上述危险情况之一或有不能处理的其他疾病，须在紧急处理后立即转诊。

若没有需要转诊的情况，继续以下评估。

3）对患者进行评估

A. 记录患者基本信息：姓名、病历号、就诊日期等。

B. 询问近期是否有如下症状和体征：多食、多饮、多尿、消瘦、乏力、视物模糊、水肿、手脚麻木、手足疼痛、四肢发凉、皮肤感染等。

C. 询问是否有新出现的临床状况：脑血管疾病、肾脏疾病、眼部疾病、神经系统。

D. 生活方式：吸烟、饮酒、体育锻炼、饮食、睡眠、心理状态。

E. 随访时记录上次随访到目前的实验室检查结果。在随访满 1 年时进行一次较全面体格检查。

建议每 3～6 个月检查一次糖化血红蛋白，或记录患者在其他医院 1 个月内检查的结果。

建议每年检查一次心电图、视力、眼底、血常规、尿常规、24 小时尿白蛋白定量或尿白蛋白与肌酐比值、总胆固醇、高密度脂蛋白、低密度脂蛋白、甘油三酯、尿蛋白、尿酸、肌酐、尿素氮。如有必要，根据专科医生建议进行超声或 X 线检查。

4）测量患者的体重、腰围、心率

体质指数（BMI）：BMI 在 18.5～23.9kg/m^2 为正常体重，超过 24kg/m^2 提示超重或肥胖。

腰围：男性超过 85cm（2 尺 6 寸）、女性超过 80cm（2 尺 4 寸）提示向心性肥胖。

（2）分类：依据血糖和药品不良反应及并发症等情况将患者分为如下类别：

1）血糖控制满意（空腹血糖 <7mmol/L），无其他异常：患者病情平稳，血糖控制满意，没有出现药品不良反应，原有并发症控制平稳，没有新的并发症出现。如有糖化血红蛋白的结果，则首先以糖化血红蛋白 <7% 作为血糖控制满意的指标。

2）初次血糖控制不满意（空腹血糖 >7mmol/L）或出现药品不良反应：患者没有出现药品不良反应，原有并发症控制平稳，没有新的并发症出现。没有创伤、急性感染等情况下，上次血糖控制满意，但此次发现血糖控制不满意，空腹血糖 >7mmol/L。如有糖化血红蛋白的结果，则首先以糖化血红蛋白 >7% 作为血糖控制不满意的指标。

或者患者血糖控制满意，但此次发现与目前所用降血糖药相关的不良反应。

3）连续两次随访血糖控制不满意（空腹血糖 >7mmol/L）：无论是否有药品不良反应，连续两次患者出现血糖控制不满意的情况。

4）连续两次随访药品不良反应没有改善：无论患者血糖控制情况如何，根据患者用药情况，上次调整药物后患者与目前所用降血糖药相关的不良反应没有改善。

笔记

5）有新的并发症出现或原有并发症加重：无论患者血糖控制情况如何，患者原有并发症加重或出现新的并发症。

（3）处理：对于不同的患者应根据分类结果进行不同的处理。同时，针对每位患者的具体情况进行生活方式指导。具体如下：

1）此次血糖控制满意，无其他异常。

继续原方案治疗，告诉患者要规律服药，每3个月时至少面对面随访一次。

2）初次血糖控制不满意或出现药品不良反应：询问患者是否按照医生要求规律服药。

患者是规律服药：

若血糖异常为现用药物无效果，建议患者就诊，加用不同类的另一种药物，2周时随访。

若血糖异常原因为现用药物有部分效果，建议患者就诊，调整现用药物剂量或加用不同类的第二种药物，2周时随访。

若患者上次就诊时已调整过用药，此次血糖仍然未达到控制目标，建议并协助患者转诊到上级医院，2周内随访。

患者未规律服药：

若未规律服药的原因为现用药品不良反应较大，建议患者就诊，对患者进行对症治疗并换用不同类的另一种药物，2周时随访。

若未规律服药的原因为经常遗忘或担心药物的不良反应，则要向患者强调坚持服药在糖尿病控制中的重要意义，督促患者按医嘱服药，2周时随访。

患者在治疗过程中出现无法耐受的不良反应，建议患者就诊，换用不同类的另一种药物，2周时随访。

3）连续两次随访血糖控制不满意（空腹血糖 >7mmol/L）：询问患者是否按照医生要求规律服药。

患者是规律服药：

若患者上次就诊时已调整过用药，此次血糖仍然未达到控制目标，建议并协助患者转诊到上级医院，2周内随访。

患者未规律服药：

若未规律服药的原因为现用药品不良反应较大，建议患者就诊，对患者进行对症治疗并换用不同类的另一种药物，2周时随访。

若未规律服药的原因为经常遗忘或担心药物的不良反应，则要向患者强调坚持服药在糖尿病控制中的重要意义，督促患者按医嘱服药，2周时随访。若患者上次就诊时已调整过用药，此次血糖仍然未达到控制目标，建议并协助患者转诊到上级医院，2周内随访。

4）连续两次随访药品不良反应没有改善：若患者上次就诊时已调整过用药，此次血糖仍然未达到控制目标，建议并协助患者转诊到上级医院，2周内随访。

5）若有新的并发症出现或并发症出现异常：建议并协助患者向上级医院转诊，并在2周内随访，待转回后按照上级医生的治疗意见进行病例管理。

6）对所有的患者

A. 若同时患有其他疾病，要根据其他疾病诊疗规范进行管理。

B. 根据患者的个体情况，进行有针对性的健康教育。

C. 告诉患者如有下列异常须立即复诊：意识改变，出现意识模糊、谵妄、昏迷等情况；呼气有酮臭味（烂苹果味）；心慌、出汗；有深大呼吸、皮肤潮红、发热；视物模糊。

D. 建立健康档案，填写记录表：对于已确诊糖尿病患者，每年进行一次较全面体检和评估，填写健康体检表。

糖尿病患者在每次管理过程中，应填写2型糖尿病患者随访表（表14-2）。

表 14-1　高血压患者随访服务记录表

姓名：　　　　　　　　　　　　　　　　　　　　　　　　　　编号×××-×××××

随访日期		年　月　日	年　月　日	年　月　日	年　月　日
随访方式		1门诊　2家庭 3电话　　□	1门诊　2家庭 3电话　　□	1门诊　2家庭 3电话　　□	1门诊　2家庭 3电话　　□
症状	1无症状 2头痛、头晕 3恶心、呕吐 4眼花、耳鸣 5呼吸困难 6心悸、胸闷 7鼻出血不止 8四肢发麻 9下肢水肿	□□□□ □□□□ 其他：	□□□□ □□□□ 其他：	□□□□ □□□□ 其他：	□□□□ □□□□ 其他：
体征	血压(mmHg)				
	体重(kg)	/	/	/	/
	体重指数	/	/	/	/
	心率				
	其他				
生活方式指导	日吸烟量(支)	/	/	/	/
	日饮酒量(两)	/	/	/	/
	运动	次/周 分钟/次	次/周 分钟/次	次/周 分钟/次	次/周 分钟/次
	摄盐情况(咸淡)	轻/中/重	轻/中/重	轻/中/重	轻/中/重
	心理调整	1良好　2一般 3差　　□	1良好　2一般 3差　　□	1良好　2一般 3差　　□	1良好　2一般 3差　　□
	遵医行为	1良好　2一般 3差　　□	1良好　2一般 3差　　□	1良好　2一般 3差　　□	1良好　2一般 3差　　□
辅助检查					
服药依从性		1规律　2间断 3不服药　□	1规律　2间断 3不服药　□	1规律　2间断 3不服药　□	1规律　2间断 3不服药　□
药品不良反应		1无　2有____□	1无　2有____□	1无　2有____□	1无　2有____□
此次随访分类		1控制满意 2控制不满意 3不良反应 4并发症　□	1控制满意 2控制不满意 3不良反应 4并发症　□	1控制满意 2控制不满意 3不良反应 4并发症　□	1控制满意 2控制不满意 3不良反应 4并发症　□
用药情况	药物名称1				
	用法用量	每日　次　每次　mg	每日　次　每次　mg	每日　次　每次　mg	每日　次　每次　mg
	药物名称2				
	用法用量	每日　次　每次　mg	每日　次　每次　mg	每日　次　每次　mg	每日　次　每次　mg

续表

用药情况	药物名称3								
	用法用量	每日 次	每次 mg	每日 次	每次 mg	每日 次	每次 mg	每日 次	每次 mg
	其他药物								
	用法用量	每日 次	每次 mg	每日 次	每次 mg	每日 次	每次 mg	每日 次	每次 mg
转诊	原因								
	机构及科别								
下次随访时间									
随访人员签名									

填表说明：

1. 体征 体重指数 = 体重(kg)/[身高(m)]^2，体重和体重指数斜线前填写目前情况，斜线后下填写下次随访时应调整到的目标。如果是超重或是肥胖的高血压患者，要求每次随访时测量体重并指导患者控制体重；正常体重人群可每年测量一次体重及体重指数。如有其他阳性体征，请填写在“其他”一栏。

2. 生活方式指导 在询问患者生活方式时，同时对患者进行生活方式指导，与患者共同制订下次随访目标。

日吸烟量：斜线前填写目前吸烟量，不吸烟填“0”，吸烟者写出每天的吸烟量“×× 支”，斜线后填写吸烟者下次随访目标吸烟量“×× 支”。

日饮酒量：斜线前填写目前饮酒量，不饮酒填“0”，饮酒者写出每天的饮酒量相当于白酒“×× 两”，斜线后填写饮酒者下次随访目标饮酒量相当于白酒“×× 两”。白酒 1 两相当于葡萄酒 4 两，黄酒半斤，啤酒 1 瓶，果酒 4 两。

运动：填写每周几次，每次多少分钟。即“×× 次 / 周，×× 分钟 / 次”。横线上填写目前情况，横线下填写下次随访时应达到的目标。

摄盐情况：斜线前填写目前摄盐的咸淡情况。根据患者饮食的摄盐情况，按咸淡程度在列出的“轻、中、重”之一上画“√”分类，斜线后填写患者下次随访目标摄盐情况。

遵医行为：指患者是否遵照医生的指导去改善生活方式。

3. 辅助检查 记录患者在上次随访到这次随访之间到各医疗机构进行的辅助检查结果。

4. 服药依从性 “规律”为按医嘱服药，“间断”为未按医嘱服药，频次或数量不足，“不服药”即为医生开了处方，但患者未使用此药。

5. 药品不良反应 如果患者服用的降压药物有明显的药品不良反应，具体描述哪种药物，何种不良反应。

6. 此次随访分类 根据此次随访时的分类结果，在 4 种分类结果中选择一项在“□”中填上相应的数字。“控制满意”指血压控制满意，无其他异常；“控制不满意”指血压控制不满意，无其他异常；“不良反应”指存在药品不良反应；“并发症”指出现新的并发症或并发症出现异常。如果患者同时并存几种情况，填写最严重的一种情况，同时结合上次随访情况确定患者下次随访时间，并告知患者。

7. 转诊 如果转诊要写明转诊的医疗机构及科室类别，如 ×× 市人民医院心内科，并在原因一栏写明转诊原因。

8. 下次随访日期 根据患者此次随访分类，确定下次随访日期，并告知患者。

表 14-2　糖尿病患者随访服务记录表

姓名:　　　　　　　　　　　　　　编号×××-×××××

随访日期					
随访方式		1门诊　2家庭 3电话　□	1门诊　2家庭 3电话　□	1门诊　2家庭 3电话　□	1门诊　2家庭 3电话　□
症状	1无症状 2多饮 3多食 4多尿 5视物模糊 6感染 7手脚麻木 8下肢水肿	□□□□ □□□□ 其他	□□□□ □□□□ 其他	□□□□ □□□□ 其他	□□□□ □□□□ 其他
体征	血压(mmHg)				
	体重(kg)	/	/	/	/
	体重指数	/	/	/	/
	足背动脉搏动	1未触及　2触及 □	1未触及　2触及 □	1未触及　2触及 □	1未触及　2触及 □
	其他				
生活方式指导	日吸烟量	/	/	/	/
	日饮酒量	/	/	/	/
	运动	次/周 分钟/次	次/周 分钟/次	次/周 分钟/次	次/周 分钟/次
	主食(克/天)	/	/	/	/
	心理调整	1良好　2一般 3差　□	1良好　2一般 3差　□	1良好　2一般 3差　□	1良好　2一般 3差　□
	遵医行为	1良好　2一般 3差　□	1良好　2一般 3差　□	1良好　2一般 3差　□	1良好　2一般 3差　□
辅助检查	空腹血糖值	mmol/L	mmol/L	mmol/L	mmol/L
	其他检查	糖化血红蛋白 ____% 检查日期: ____月____日 ________ ________	糖化血红蛋白 ____% 检查日期: ____月____日 ________ ________	糖化血红蛋白 ____% 检查日期: ____月____日 ________ ________	糖化血红蛋白 ____% 检查日期: ____月____日 ________ ________
服药依从性		1规律　2间断 3不服药　□	1规律　2间断 3不服药　□	1规律　2间断 3不服药　□	1规律　2间断 3不服药　□
药品不良反应		1无　2有　□	1无　2有　□	1无　2有　□	1无　2有　□
低血糖反应		1无　2偶尔 3频繁　□	1无　2偶尔 3频繁　□	1无　2偶尔 3频繁　□	1无　2偶尔 3频繁　□
此次随访分类		1控制满意 2控制不满意 3不良反应 4并发症　□	1控制满意 2控制不满意 3不良反应 4并发症　□	1控制满意 2控制不满意 3不良反应 4并发症　□	1控制满意 2控制不满意 3不良反应 4并发症　□

笔记

续表

用药情况	药物名称 1								
	用法	每日 次	每次 mg	每日 次	每次 mg	每日 次	每次 mg	每日 次	每次 mg
	药物名称 2								
	用法	每日 次	每次 mg	每日 次	每次 mg	每日 次	每次 mg	每日 次	每次 mg
	药物名称 3								
	用法	每日 次	每次 mg	每日 次	每次 mg	每日 次	每次 mg	每日 次	每次 mg
	胰岛素								
转诊	原因								
	机构及科别								
下次随访时间									
随访人员签名									

填表说明：

1. 体征　体重指数 = 体重(kg)/[身高(m)]^2。如有其他阳性体征，请填写在“其他”一栏。体重斜线前填写目前情况，斜线后下填写下次随访时应调整到的目标。

2. 生活方式指导　询问患者生活方式的同时对患者进行生活方式指导，与患者共同制定下次随访目标。

日吸烟量：斜线前填写目前吸烟量，不吸烟填“0”，吸烟者写出每天的吸烟量“×× 支”，斜线后填写吸烟者下次随访目标吸烟量“×× 支”。

日饮酒量：斜线前填写目前饮酒量，不饮酒填“0”，饮酒者写出每天的饮酒量相当于白酒“×× 两”，斜线后填写饮酒者下次随访目标饮酒量相当于白酒“×× 两”。白酒 1 两相当于葡萄酒 4 两，黄酒半斤，啤酒 1 瓶，果酒 4 两。

运动：填写每周几次，每次多少分钟。即“×× 次 / 周，×× 分钟 / 次”。横线上填写目前情况，横线下填写下次随访时应达到的目标。

主食：根据患者的实际情况估算主食（米饭、面食、饼干等淀粉类食物）的摄入量，为每天各餐的合计量。

遵医行为：指患者是否遵照医生的指导去改善生活方式。

3. 辅助检查　为患者进行空腹血糖检查，记录检查结果。若患者在上次随访到此次随访之间到各医疗机构进行过糖化血红蛋白或其他辅助检查，应如实记录。

4. 服药依从性　“规律”为按医嘱服药，“间断”为未按医嘱服药，频次或数量不足，“不服药”即为医生开了处方，但患者未使用此药。

5. 药品不良反应　如果患者服用上述药物有明显的药品不良反应，具体描述哪种药物，何种不良反应。

6. 低血糖反应　根据上次随访到此次随访之间患者出现的低血糖反应情况。

7. 此次随访分类　根据此次随访时的分类结果，在 4 种分类结果中选择一项在“□”中填上相应的数字。“控制满意”指血糖控制满意，无其他异常；“控制不满意”指血糖控制不满意，无其他异常；“不良反应”指存在药品不良反应；“并发症”指出现新的并发症或并发症出现异常。如果患者并存几种情况，填写最严重的一种情况，同时结合上次随访情况，决定患者下次随访时间，并告知患者。

8. 用药情况　填写患者服用的药物名称，写明用法用量。胰岛素具体写明胰岛素的种类、时间、剂量。

9. 转诊　如果转诊要写明转诊的医疗机构及科室类别，如××市××医院××科，并在原因一栏写明转诊原因。

实训项目十四　慢性阻塞性肺疾病用药知识宣传实训

【实训目的】 通过慢性阻塞性肺疾病用药知识宣传实训，培养学生与患者沟通和交流的能力，加强学生理论与实践相结合的能力，提高学生的社区药学服务能力。

【实训条件】 带教老师与相关社区卫生服务中心联系，获得对方支持，实地参加该社区慢性阻塞性肺疾病患者的用药知识宣传。

【实训要求】

1. 带教老师提前与社区卫生服务中心联系，就实训内容、安排与对方详细沟通，并制订详细实训计划。

2. 实训学生必须掌握与患者沟通和交流的能力。

【实训准备】

1. 实训学生根据实训要求，查阅相关资料，熟悉慢性阻塞性肺疾病的相关疾病知识和用药知识。

2. 提前制作慢性阻塞性肺疾病的相关宣传资料或宣传小册。

【实训内容】

1. 与慢性阻塞性肺疾病患者进行沟通，取得其信任、理解及配合。采用面对面的交流方式，收集患者的基本信息、疾病控制和用药情况及相关知识知晓情况。

2. 由患者演示其吸入剂的使用步骤，学生对患者吸入剂的使用是否规范进行评价。

3. 学生对患者的用药进行指导，重点指导患者如何正确使用吸入剂。

4. 对患者进行慢性阻塞性肺疾病相关知识普及、用药依从性教育及戒烟教育等。

【实训过程】

1. 以5～8人为一小组，在带教老师带领下，到所联系的社区实地参加用药知识宣传。

2. 向社区居民发放慢性阻塞性肺疾病的宣传材料；与慢性阻塞性肺疾病患者进行面对面交流，了解其药物使用情况、疾病控制情况及相关知识知晓情况，注意发现和纠正存在的不合理或不正确的用药问题，对患者进行用药教育和用药指导，并对活动内容做详细记录，对患者进行慢性阻塞性肺疾病相关知识普及、用药依从性教育及戒烟教育等。

3. 重点进行吸入剂规范化使用的指导。

4. 用药知识宣传实训结束后，带教老师进行现场集中讲评。

实训路径示意图：

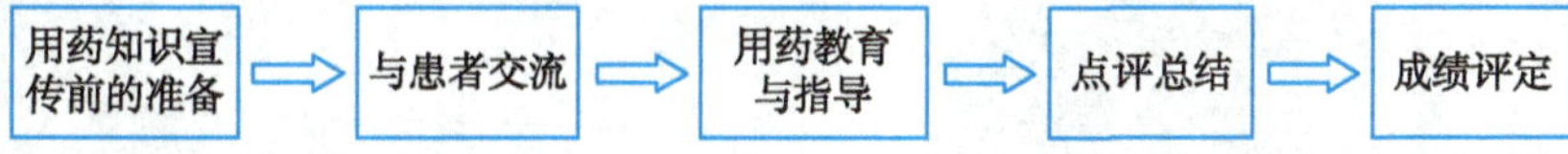

【实训考核】

1. 围绕常用吸入剂使用步骤的要点和注意事项进行提问。

2. 围绕慢性阻塞性肺疾病相关知识、用药依从性教育等内容进行提问。

3. 带教老师对每位同学的沟通技能、吸入剂的使用指导及用药依从性教育能力进行点评，总结各位同学在与患者沟通和用药教育过程中存在的问题及注意事项。

4. 指导老师根据各位同学在实践过程中的沟通技能、用药教育能力和回答问题的情况等进行综合评分。

【思考题】

1. 社区药师开展用药知识宣传需具备哪些基本技能？
2. 影响吸入剂正确使用的因素有哪些？
3. 吸入剂规范使用的注意事项有哪些？
4. 影响患者用药依从性的因素有哪些？

（曾晓芳）

笔记

第十五章 中药药学服务

第一节 概 述

随着医疗事业的发展和医疗改革的逐步深入，使得药师的工作不再局限于药品供应，而是要深入临床，成为医疗团队一员，参与临床疾病诊断、治疗，提供药学技术服务，以更好地提高医疗质量。

在我国，药学服务包括中药药学服务。中药，是指在中医学理论指导下用于预防、诊断、治疗或调节人体功能的药物。中药药学服务随中药临床药学的发展而产生，早在20世纪90年代就有不少中医院开展了中药临床药学工作，积极探索中药临床药学工作模式。临床中药学、中药临床药学、中药药学服务这三者既有联系又有区别。

一、临床中药学

临床中药学，是研究中药基本理论及其在中医理论指导下进行中药临床应用的一门学科。它既是中医学理、法、方、药体系中重要的一个组成部分，又是大中药学学科中的核心和基础。由于临床中药学主要是研讨中医临床各科所涉及药物是如何应用的，所以，它又具有与临床学科密不可分的关系。它直接根源于临床，其任务就是要实现老药新用，常药特用，优化量效。

二、中药临床药学

中药临床药学，是指在中医药理论指导下，以患者为对象，研究中药及其制剂与人体相互作用和安全、有效、经济、合理用药及应用规律的一门综合性学科。其核心是中药治疗的安全性、有效性、经济性和合理性。中药临床药学，就其属性来说，它是临床药学下面的分支学科。临床中药学与中药临床药学虽各有侧重，但大体的内容是一致的。中药临床药学，因其更侧重于合理用药，更符合现代临床药学的核心内容。两者研究对象都是中药，研究范畴均限于临床。两者是在中医药理论指导下，而不是现代临床药学的翻版；但从狭义上讲，两者的逻辑定义却各有侧重。

三、中药药学服务

中药药学服务，是中医药与现代科学相结合而发展起来的新学科，也是中药临床药学的一个新分支。因此，开展中药药学服务对提高中医药临床疗效，减少不良反应具有十分重要的意义。中药师在临床中发挥“桥梁纽带”作用，不但为临床提供质量合格的中药，而且在安全、有效、经济、合理用药等方面提供科学依据，中药药学服务也为医院药品购销、成本核算、中药经济学研究提供了择药依据。

中药药学服务工作内容：①中药用药知识咨询。中药师利用中药学专业知识和技能，向服务对象（包括医药护、患者及其家属、其他关心用药的群体等）提供与中药使用相关的各类服务和咨询。②解答患者及医务人员的各种用药问题。③定期进行处方分析，不合理用药点评和干预，分析其危害并刊登通报。④定期向全院医务人员举办有关中药血药浓度监测、中药药动学、中药药效学等学术报告。⑤中药临床药师参加医院合理用药信息化建设等。

笔记

第二节 中药药学服务的特点

由于中医药有其独特的理论体系和特点，因此，中药药学服务工作的开展不能完全套用西药的模式，必须依据中医药理论，发挥中医药的特点。

中药是我国传统中药的总称，是指在中医理论指导下使用的药品。和西药相比，中药有其显著的特殊性。比如，中药要在合适的时间进行采摘才能够保证药效；中药坚持辨证论治，对症用药，要因人、因时、因地、因症用药，考虑患者个体与身体整体的综合辨证施治，合理配伍；中药饮片大部分采用水煎煮，煎煮与服用需要中药师指导合理用药，有些需要先煎、后下、包煎、烊化等特殊用法。中药师只有具备过硬的中药基础知识，才能够更好地开展中药药学服务工作。

1. **中药逢时采摘要求** 因不同药用植物的根、茎、叶、花、果实、种子或全草都有一定的生长期和成熟期，而其有效成分含量的高低将随不同入药部位和植物各部分的不同生长期而异，故采药时间应随着中药的品种和入药部位的不同而不同。薄荷在开花盛期采收，挥发油含量最高；青蒿中所含抗癌成分青蒿素在7～8月花前盛叶期含量高达0.6%，开花后含量逐渐下降。中药师要有鉴定药材真伪技能，从源头上把关药材质量。

2. **中药合理配伍** 中医药理论博大精深，传统的中医药理论与现代医药学理论、思维模式均存在差异，中药讲究合理配伍使用。相须、相使的配伍方法，目的是发挥中药的协调作用，提高疗效；对于有毒或药性强烈的中药，应采取相畏相杀的配伍方法，以减少毒副作用；对于相恶相反的中药，应避免配伍。这些都是中药临床配伍应用中应遵循的原则。

3. **中药先煎后下等特殊用法** 中药煎煮与服用是否合理，会严重影响其疗效。有些中药需要先煎后下等特殊用法。比如，龙骨、牡蛎等一些介壳类和矿物类中药质地比较坚硬，需要先煎；薄荷类气味芳香的中药宜后下；旋覆花中有管毛，服用后吸附食管会引起呕吐，所以应包煎使用；人参等贵重药材应单独炖或煎2～3小时等。诸如此类，中药师必须做到丰富的知识储备，为患者提供合理的用药指导。

4. **中药师必须具备过硬的中药鉴定技能** 随着人类对野生资源的过度利用，已知的可利用药用动植物资源日趋减少，加上市场经济利益的驱动，使得中药饮片掺伪使假现象屡见不鲜。如在防风中掺入党参细根，在加工茯苓粗粒时掺粉，北五味子掺入大量的南五味子，在黄芪中掺入棉花根，在紫河车片中混入猪、羊胎盘片，海金沙中掺黄泥细粉，蝉蜕中掺泥土，在炮制穿山甲时掺入明矾。这些都需要中药师有过硬的实践能力，能够区分真伪，保证合理用药。

第三节 中药药学服务的主要内容

一、中药调剂处方合理服务

中药调剂系指按照中医师临床处方所开列的中药，准确地为患者配制包括饮片、中成药制剂、中药注射剂的调配操作技术，通常应有审方、计价、调配、复核、包装、发药六个程序，涵盖临时配制其他药剂等工作。中药调剂是一项具有很强的专业性、技术性的工作。“调剂”与“处方”一样，具有法律赋予中药师的责任，是中药药学服务第一关口，因此必须把好中药调剂关，确保中药质量才能保证患者用药安全、有效。

笔记

中医诊疗过程的最后环节是中药取药，中药调剂的准确性对于中药使用的安全和效果有着直接的影响。因此，从事调剂工作的中药师，不仅要具备高度的责任心，还必须具有扎实的业务知识；还要具备审核中医处方用药准确性的能力，反之正确的处方若调配不当，往往导致疗效不佳，甚至可改变处方的治疗作用。因此，中药处方调配的重要性显而易见，调配出符合质量要求的中药处方，是提供临床药物治疗放心服务的关键。

1. **饮片调剂设施**　饮片的调剂设施主要有饮片"斗架"、调剂台、计量用具、碎药用具等，另外备有临时特殊加工炮炙等工具。每个"斗架"装"药斗"数十个，一般按横七竖八或横八竖七排列，每个"药斗"中又分成2～3个小格；另外，"斗架"最下层设几个大"药斗"。依调剂室大小和工作量可设置数个"斗架"，按一字形或丁字形排列。

斗谱原则："药斗"内分装饮片的编排药斗图称为"斗谱"。"斗谱"的编排原则通常根据临床用药频率，将饮片分为常用药、一般药、不常用药。将常用药饮片装入靠近操作者的中层药斗中；一般饮片装入靠近常用药的药斗内；不常用药装入再远一点或上层药斗里。质重的饮片如磁石、自然铜、龙骨等宜装入下层药斗中；质轻体积大的饮片如淡竹叶、通草、灯心草等宜装入最下层的大药斗内。

每个药斗内各小格装药编排：通常按饮片的功能编组，如解表药、清热药、活血药，宜将相仿的药味装入同一药斗或邻近的药斗各格内；也有按入药部位编组，如植物药的根、茎、叶、花、果实、种子；动物药及矿物药等分类装入各药斗里。另外属特殊保管的中药，如毒性药、细料药、易燃易爆药等均应设专柜或铁柜保管。还有鲜药如鲜薄荷、鲜藿香、鲜生地、鲜石斛等亦应另加保管，以便于配方。总之，在编排"斗谱"与装斗时，除依据上述原则外，编排出与合理调剂相吻合的"斗谱"，是中药合理用药的第一步。

2. **中药调剂一般程序**　中药调剂的一般程序分审方、计价、调配、复核、包装、发药六个程序。

(1) 审方：系指中药师在配方操作之前对中药处方所写的各项内容进行全面认真审阅核准的过程。它是中药调剂工作的首要环节，是提高配方质量，保证患者用药安全有效的关键。合格的处方经审方人签字后即可交计价员计价收费，对于有疑问或不合格的处方，应立即与处方中医师联系后修改处方，决不能只凭主观臆断或随意处理。审方着重审查以下项目：①患者姓名、年龄、性别、处方日期、中医师签字等是否清楚；②药名书写是否清楚准确，剂量是否超出正常量，对儿童及年老体弱者尤需注意；③毒、麻药品处方是否符合规定，处方中是否有"十八反""十九畏""妊娠禁忌"等配伍禁忌药存在；④需特殊用法处理的中药有否"脚注"，"并开药"是否明确，即已经经医院药物治疗与药事管理委员会同意后协定处方开具的中药，如二冬即指天冬和麦冬，知柏即指知母和黄柏；⑤标出本调剂室未备的饮片，中药师提出建议替代中药等。

中药师审方应分为"处方规范审核"和"用药安全审核"两大质控点，分别见表15-1和表15-2。

表15-1　审方质控区段各质控点

类别	合法性	特殊性	规范性	随意性	风险性	时效性	对应性
处方规范审核	处方医师资质是否符合	特殊使用药品是否用规定处方笺开写	处方内容是否完整、清晰			处方日期是否超过3天	
用药安全审核	处方是本院医师经辨证论治开具还是转抄外来处方或民间土验方，必要时需要求患者说明处方来源并记录签字	方中使用毒性中药是否按照《医疗用毒性药品管理办法》执行	药名、剂量及用法是否规范	应付饮片是否符合处方标明的炮制要求	是否有配伍禁忌和妊娠禁忌		用药是否与中医诊断与辨证符合

笔记

表 15-2 影响调配质量的各种因素质控点设定

步骤因素	执行因素	技术因素	工具因素	环境因素	精神因素
1. 急诊处方是否优先调配 2. 配方时是否按处方药物顺序自上而下、自左到右逐味称量和间隔摆放 3. 处方是否按接方顺序逐张调配 4. 特殊药品容器是否在称量后及时密闭并放回原位 5. 配方人是否签名	1. 需特殊处理的药物如先煎、后下、包煎、另煎等是否单独包装并注明处理方法 2. 调配中成药处方是否按处方规定的品名、规格、药量调配 3. 对贵重、毒性、麻醉等药品是否及时登记记账卡，且无超规定量使用 4. 中药处方应付是否执行当地制定的炮制规范 5. 调配饮片是否随意代用 6. 中成药效期管理是否规范	1. 一方多剂时是否按等量递减、逐级复戥的原则分称量，每一剂的重量误差应控制在±5%以内 2. 中药饮片称取过程中是否将不易拣出的品种混入其他饮片	1. 特殊药品（贵重药、毒性药及特殊性状药等）是否用专用工具称取（精确度和对器具的腐蚀性） 2. 称量用衡器是否定期经过计量效验	1. 调配工作台、称量器具及用具等是否整齐清洁、摆放有序 2. 为防止混淆，与其他调配人员工作区域是否有合理间隔	调配人员操作过程中是否精神集中

(2) 计价：目前，医院以缩短患者取药时间为服务患者宗旨，计价交款做到了电脑信息化，准确且迅速。

(3) 调配：系指调剂中药师根据审方人签字，已交款的中医师处方，准确地调配中药的操作过程。

(4) 草药配方时按处方中药顺序逐味称量，需特殊用法处理的中药如先煎、后下、包煎、另煎等应单独包装，并注明处理方法。

(5) 若调配中成药处方，则按处方规定的品名、规格、药量调配；调配中药师必须精神集中，认真仔细，切勿拿错药品或称错用量；处方应逐张调配，以免混淆；急诊处方应优先调配；保持配方室的工作台、称量器具及用具等整齐清洁等。总之，必须按标准调剂操作规程配方，确保质量。调配完毕，自查无误后签名盖章，交另一中药师核对。

(6) 复核、包装与发药：为保证患者用药有效安全，防止调配差错与遗漏，对已调配好的药剂在配方自查基础上，再由有经验的中药师进行一次全面细致核对，重点核对调配的中药：①用量与处方是否相符；②需特殊用法处理的中药是否按要求作了特殊调剂；③配制的中药有无虫蛀和发霉等质量问题；④毒性药和有配伍禁忌药及贵重细料药的合理调剂；⑤调配者有否签字等，经核对无误后复核中药师签名盖章，即可装袋发药。包装的药袋上写明患者的全名，中成药还须写明用法与用量。发药是调剂工作中最后一环，按取药牌发药，发药时要与患者核对姓名、剂数，无误后再向患者耐心地交代煎服法和注意事项，务必使患者完全明了，以保证患者用药有效、安全。

3. 中药处方调剂中影响疗效的常见因素 中医药是中华民族的瑰宝，中药则是中医治疗疾病的重要武器。处方书写的规范及正确规范的调剂是确保临床用药质量，提高中药疗效的重要环节之一。只有中药调剂符合中医师的意图且准确无误调配，才能使中医的理、法、方、药取得一致。中药处方调剂与临床疗效有着密切的关系，中药质量问题、处方审核、处方调配、处方复核、发药交待不规范为中药处方调剂中影响疗效的常见因素。

笔记

(1) 中药质量问题

1) 药典品种混用：用广金钱草代替金钱草，用香加皮代替五加皮，用槲寄生代替桑寄生，用玄明粉代替芒硝，北五味子和南五味子混用等。

2) 药用部位不正确：细辛在2015年版药典中明确规定药用部位是根和根茎，有的医院现仍用全草；吴茱萸药用部位为果实，现常带长果柄入药；牡丹皮药用部位为根皮，现常用根等。

3) 同一中药等级不稳定：金银花，山东产，一般简单按色泽来分级：一等品黄白色，二等品黄棕色，三等品棕褐色。有时用三等品，有时用一等品或二等品。川贝母由于市场紧缺，更是存在代用和等级不稳定现象。

4) 中药储藏中存在的变质问题：中药大多数是天然植物和动物药，含有丰富的蛋白质、糖、油脂、水分等，极易发生霉变、生虫、泛油等现象。如柏子仁、薏苡仁、瓜蒌、土鳖虫等极易生虫，桃仁、杏仁、当归等极易泛油，茵陈、菊花等药材由于包装前未干燥好或仓库内湿度太大，容易出现发霉现象。

5) 中药掺杂问题：虽然各地的炮制规范明确规定了各类中药杂质的最高含量，但现在掺杂问题依然严重，特别是贵重中药：如全蝎体内注入石灰、蛋清，盐分量大等；白僵蚕药材中白僵菌含量大等。全草类中药常掺有泥土、小石子、塑料袋等杂质，并普遍存在水分含量大的问题。

(2) 不规范处方审核：处方管理办法规定，调配处方应做到"四查十对"，并认真、正确而全面审方。

1) 项目审核：指前记、正文和后记内容是否填写齐全。

2) 规范化书写：包括处方中各药味的名称、用量、剂数、脚注、用法等是否清楚明确，名称有无重开或写错。

3) 配伍审核：中药处方中有无"十八反""十九畏""妊娠禁忌"等不合理配伍，处方剂量配伍是否适当以及有无特殊用法处理的中药等，剧毒中药是否为专用处方，有无中医师双签字，是否为安全用量等，有无短缺药品等。只有仔细审方，才能按照中医师处方中的用药意图进行正确的中药应对，为用药的安全、有效、经济、合理把好第一关。

(3) 处方调配中存在的不规范现象

1) 需特殊处理的中药，如先煎、后下、包煎、另煎、烊化、冲服的中药，在中药调剂学中规定，即使中医师在处方中未加脚注，也应按规定调剂。不能因为中医师未开脚注，就随意给药。如生龙骨、生石膏、石斛等先煎；薄荷、砂仁、沉香、大黄等后下；海金沙、葶苈子、旋覆花等包煎；人参另煎；琥珀、羚羊角粉、三七冲服；阿胶烊化等。

2) 中药的妙用在炮制，中医师应具备中药炮制知识，对于千变万化的病情，若不能正确选用适应病症的炮制品，很难达到预期的临床治疗效果。中药师参与临床中医师合理选用中药炮制品工作。

由于长期的调配习惯，只有中医师开炒制品时才会付炒制品，否则一般用生品，这是不正确的。有些中药处方直接写正名应付规格情况为：苏子、苍耳子、草决明、麦芽、山楂、薏苡仁等应付炒制品；百合、款冬花应付蜜炙品；车前子、小茴香应付盐炙品；香附、乳香、没药、元胡等应付醋炙品；竹茹、厚朴等应付姜炙品；龙骨、牡蛎等应付煅制品；莱菔子、五味子应付捣碎品。中药房主任可以规范中医师处方，但用生品调剂必然会影响临床疗效。

中药师在调配时不认真，存在剂量欠缺和分剂量不准现象。有时还会因非一人调配同一处方而造成少付或多付药味的情况。

(4) 处方复核时的不规范现象：调剂复核是中药调剂工作中最重要的把关环节。处方调配完毕，应由经验丰富、认真负责的高年资中药师按处方要求逐项复核。但有的医院不重视此环节，有的中药师干脆省略此程序，这属于违规行为。

1) 复核时的注意事项：首先，应复核处方的前记部分，包括科别、姓名、性别等。其次，应

检查处方药味是否有漏配、多配现象，脚注是否执行，有无配伍禁忌，剧毒药品的剂量以及每天中医师双签名，剂数与处方是否一致等。

2）要注意饮片质量、真假优劣：尽管中药饮片已经过库房验收中药师的验收，但由于种种原因，难免有假劣、变质中药混入。因此，复核是调剂的把关环节，处方调配完毕，核对无误后方可发药。

（5）发药时对患者交代不规范

1）认真交代服药方法：服用方法对于临床疗效有一定影响，元代名医王好古在《汤液本草》中指出："药气与食气不欲相逢，食气消则服药"，一般汤剂宜在饭前服用，对肠胃有刺激的药剂应在饭后服用。驱虫、攻下药宜在空腹服，安神药则宜睡前服用，滋补药宜在饭后服用。汤剂在服用时对其药液的温度也应适当掌握，一般汤剂宜温服，热证用寒药可冷服，真寒假热者宜热药冷服，滋补药宜冷服。解表药、急证药、寒证用药宜热服，真热假寒药宜热服。服药时给患者"用药指导单"，不容忽视。

2）认真交代煎煮方法：如内服或外用，先煎、后下、包煎、烊化、冲服等特殊用法，认真交代煎煮方法，并让患者仔细阅读"怎样煎药指导单"。

3）忌口问题：如服用人参忌食白萝卜，服用荆芥忌食蟹，一般服用中药宜少食生冷、油腻、辛辣及其他不易消化的食物。

4）认真答复患者提出的有关用药问题。

以上几方面因素是在中药处方调配中遇到的常见问题，严重地影响了临床疗效，非常值得我们中医药工作者重视。但由于中药师业务素质参差不齐，工作态度认真程度不一，对中药处方监督管理力度不够，导致中药处方在书写和调配上仍存在着很多不规范现象。要把中医、中药继承好并发扬光大，任重且道远。

二、中药合理应用指导

中药是中医治病的主要工具，中药应用时应在中医药理论指导下合理炮制、配伍、煎服、制剂来减毒增效。合理应用则事半功倍，达到防病治病的目的。不合理应用，不仅无效，甚或导致医疗事故。

1. 中药饮片合理应用原则

（1）用药性理论指导合理用药：药性理论是中药理论的核心，主要包括四气、五味、升降浮沉、归经、有毒无毒等，是指导临床合理用药的基本理论之一。

1）四气（四性）：指中药具有的寒热温凉四种药性（另有平性之说）。四气是中医临床合理用药的依据，以病症寒热为基准，减轻或消除热症的为寒凉药，减轻或消除寒症的为温热药，疗热以寒药，疗寒以热药。如治亡阳厥逆，投性热的附子、干姜等。

2）五味：指中药因作用和功效不同而具有辛甘酸苦咸五种基本滋味。其既是中药作用的基本范围，又是部分中药真实滋味的具体表示。辛能发散、行气、活血；甘能补虚、和中、缓急、调和药性；酸能收敛固涩；苦能降泄燥湿、搏火存阴、降气通便；咸能软坚散结、泻下通便。淡附于甘，能渗湿利水。中药气味相同，功效相近；气味相异，功效不同。

3）升降浮沉：指中药在人体的作用趋势。升浮属阳，沉降属阴。掌握中药升降浮沉性能可以更好地指导临床用药。升浮性中药能治疗病势向下的病证，沉降性中药能治疗病势向上的病证。根据这一理论，临床用药凡病势逆上的肝阳上亢之头痛，当用牡蛎、石决明潜降；病势下陷之久泻脱肛可用人参、黄芪益气升阳。

4）归经理论：是药性理论的重要组成部分，归经即中药作用的定位概念，它把中药作用与人体的脏腑经络密切联系起来，与疾病的定位密不可分。掌握归经理论，能更好地提高临床用药的准确性。

笔记

5）中药的有毒与无毒：指中药用于人体后能否造成不良反应而言，也是药性理论的范畴，这对于临床安全用药具有重要指导作用。为确保用药安全，必须认识中药毒性，时刻注意运用中药的毒性理论指导用药。

（2）用配伍理论指导合理用药：配伍理论是指导临床合理用药的重要依据。君、臣、佐、使理论是中医用药的主要配伍理论之一。七情配伍理论，包括单行、相须、相使、相畏、相杀、相恶和相反。配伍禁忌包括“十八反”“十九畏”。此外，尚有妊娠用药禁忌，服药时的饮食禁忌等。用配伍理论指导合理用药，可有效降低中药的不良反应。

（3）用整体观念指导合理用药：整体观念即使用中药不能简单的“头痛医头，脚痛医脚”，要根据疾病发生与发展，多环节全面合理用药，或杜绝发病之源，或控制疾病转变，综合治疗，标本兼顾。

（4）用三因制宜理论指导合理用药：结合患者年龄、性别、体质、病程及季节气候环境等因素，用三因制宜理论（因人制宜、因时制宜、因地制宜）指导合理用药，根据变化灵活调整应用，发挥中药最大疗效。

2. **中成药临床应用原则**　中成药定义：具有循证或公认疗效的单味或复方符合现代制剂要求，具有传统剂型式样，疗效不低于汤剂的中药制剂。

（1）中成药临床应用基本原则

1）辨证用药：依据中医理论，辨认、分析疾病的证候，针对证候确定具体治疗方案，选定适宜的中成药。注意辨证在临床上常会遇到各种情形，同病服用同一种药，疗效截然不同，这是由于病因、病机不同，个体差异等原因。因此，在用药时也应区别对待，如人们感冒后习惯于买点大青叶片等中成药回家自服，一听感冒随便去药店拿几种感冒药了事，殊不知，并不是所有的感冒都可用同一种药。一般来说对恶寒发热，鼻塞流清涕，肢节酸痛等风寒表症，用复方大青叶片较好；而感冒发热、鼻塞、咽喉肿痛等用西羚解毒丸效果较好；当风热表证出现身热口渴，气逆咳嗽时可用桑菊感冒片，而流感应用复方大青叶合剂。另外，在选药时也要注意季节的变化，如春季容易出现外感风邪为主的感冒，用防风通圣丸效果较好，而夏季感冒暑湿较重，宜用藿香正气丸（水）。同时，不要滥用贵重药，如同是用于温邪热毒性病症的安宫牛黄丸、紫雪丹、至宝丹，皆为名贵中成药，但在临床应用时又各有其特点，不能滥用。由此可见，应用中成药时一定要注意辨证施治，只有对症下药，才能使其更好地发挥疗效。

2）辨病辨证结合用药：辨病用药是针对中医的疾病或西医诊断明确的疾病，根据疾病特点选用相应的中成药。临床使用中成药时，可将中医辨证与中医辨病相结合、西医辨病与中医辨证相结合，选用相应的中成药，但不能仅根据西医诊断选用中成药。

3）剂型的选择：应根据患者的体质强弱、病情轻重缓急及各种剂型的特点，选择适宜的剂型。

4）使用剂量的确定：对于有明确使用剂量的，慎重超剂量使用。有使用剂量范围的中成药，老年人使用剂量应取偏小值。

5）合理选择给药途径：能口服给药的，不采用注射给药；能肌内注射给药的，不选用静脉注射或滴注给药。

6）中成药使用注意事项：避免长期使用“清热”“解毒”“活血化瘀”类的中成药；避免多种近似功效的中成药联用；避免使用含有西药成分的中成药；尽可能选择有循证学或临床实验数据的中成药；尽可能选择指南推荐的中成药；关注本专科用药进展和药学通报。

（2）孕妇使用中成药的原则

1）妊娠期妇女必须用药时，应选择对胎儿无损害的中成药。

2）妊娠期妇女使用中成药，尽量采取口服途径给药，应慎重使用中药注射剂；根据中成药治疗效果，应尽量缩短妊娠期妇女用药疗程，及时减量或停药。

3）可以导致妊娠期妇女流产或对胎儿有致畸作用的中成药，为妊娠禁忌。此类中成药多为含有毒性较强或药性猛烈的中药组分，如砒霜、雄黄、轻粉、斑蝥、蟾酥、麝香、马钱子、乌头、附子、土鳖虫、水蛭、虻虫、三棱、莪术、商陆、甘遂、大戟、芫花、牵牛子、巴豆等。

4）可能会导致妊娠期妇女流产等不良反应，属于妊娠慎用中药。这类中成药多数含有通经祛瘀类的桃仁、红花、牛膝、蒲黄、五灵脂、穿山甲、王不留行、凌霄花、虎杖、卷柏、三七等；行气破滞类枳实、大黄、芒硝、番泻叶、郁李仁等；辛热燥烈类的干姜、肉桂等；滑利通窍类的冬葵子、瞿麦、木通、漏芦等。

（3）儿童使用中成药的原则

1）儿童使用中成药应注意生理特殊性，根据不同年龄阶段儿童生理特点，选择恰当的中成药和用药方法，儿童中成药用药剂量，必须兼顾有效性和安全性。

2）宜优先选用儿童专用药，儿童专用中成药一般情况下说明书都列有与儿童年龄或体重相应的用药剂量，应根据推荐剂量选择相应用药剂量。

3）非儿童专用中成药应结合具体病情，在保证有效性和安全性的前提下，根据儿童年龄与体重选择相应用药剂量。一般情况 3 岁以内服 1/4 成人量，3～5 岁的可服 1/3 成人量，5～10 岁的可服 1/2 成人量，10 岁以上与成人用药剂量相差不大即可。

4）含有较大的毒副作用成分的中成药，或者含有对小儿有特殊毒副作用成分的中成药，应充分衡量其风险收益，除没有其他治疗中成药或方法而必须使用外，一般情况下不应使用。

5）儿童患者使用中成药的种类不宜多，应尽量采取口服或外用途径给药，慎重使用中药注射剂。

6）根据治疗效果，应尽量缩短儿童用药疗程，及时减量或停药。

（4）中药注射剂临床应用原则

1）用药前应仔细询问过敏史，对过敏体质者应慎用。

2）严格按照药品说明书规定功能主治使用，辨证施药，禁止超功能主治用药。

3）中药注射剂应按照药品说明书推荐的剂量、配伍溶媒要求、给药速度和疗程使用药品，不超剂量、过快滴注和长期连续用药。

4）中药注射剂应单独使用，严禁混合配伍，谨慎联合用药。对长期使用的，在每疗程间要有一定的时间间隔。

5）加强用药监护。用药过程中应密切观察用药反应，发现异常，立即停药，必要时采取积极救治措施。尤其对老人、儿童、肝肾功能异常等特殊人群和初次使用中药注射剂的患者应慎重使用，加强监测。

（5）中药联合用药原则

1）当疾病复杂，一种中成药不能满足所有证候时，可以联合应用多种中成药。

2）多种中成药的联合应用，应遵循药效互补原则及增效减毒原则。功能相同或基本相同的中成药不宜叠加使用原则。

3）药性峻烈的或含毒性成分的中成药应避免重复使用。

4）合并用药时，注意中成药的各药味、各成分间的配伍禁忌。

5）一些病证可采用中成药的内服与外用药联合使用。

6）中药注射剂联合使用时，还应遵循以下原则：①两种以上中药注射剂联合使用，应遵循主治功效互补及增效减毒原则，符合中医传统配伍理论的要求，无配伍禁忌；②谨慎联合用药，如确需联合使用时，应谨慎考虑中药注射剂的间隔时间以及中药相互作用等问题；③需同时使用两种或两种以上中药注射剂，严禁混合配伍，应分开使用。除有特殊说明，中药注射剂不宜两个或两个以上品种同时共用一条静脉通道。

（6）中成药与西药的联合使用原则：误以为中西药同时服用可以加强疗效，殊不知中西药

如配伍不当就会降低原有的药效，甚至产生毒副作用。中成药舒肝丸与西药甲氧氯普胺合用，因舒肝丸中含芍药苷，有解痉、镇痛作用，而甲氧氯普胺则能加强胃的收缩，两者合用作用相反，会互相减低药效；西药格列本脲等降血糖药在使用期间忌与含有人参、甘草、鹿茸的中成药合用，因能产生拮抗作用，减弱降血糖药的效果。如降压片、帕吉林等降压药，不宜与含麻黄的中成药如麻杏止咳糖浆、止咳定喘丸、防风通圣丸、先声咳喘宁等合用，因中药麻黄中含的麻黄碱可使血管收缩，有升高血压的作用。山楂丸、保和丸、乌梅丸、五味子丸等中成药含有酸性成分，不能与碳酸氢钠、氢氧化铝、复方氢氧化铝、氨茶碱等碱性中药同服，否则，中药疗效就会降低。强心苷类药不宜与含钙离子的中成药合用，因为大量的钙离子对心脏的作用类似强心苷类西药，如合用毒性会增强，而导致心律失常和传导阻滞。六神丸、麝香保心丸等中成药不能与普罗帕酮、奎尼丁同服，因为它们的合用可使心搏骤停而出现危险。骨刺消痛液等含乙醇的中成药药酒、若与西药阿司匹林同服会加大对消化道的刺激，严重时可导致消化道出血。含中药贝母的中成药不能与氨茶碱同用，以免造成中毒。中药冠心苏合丸不能与亚硝酸异戊酯同用，因为两者能生成含汞离子的有毒沉淀物使人中毒。

中成药切莫盲目与西药配伍应用，只有在明确中、西药药性的前提下合理配伍应用，才能使其更好地发挥药效并避免毒副作用的发生。

针对具体疾病制订用药方案时，考虑中西药的主辅地位确定给药剂量、给药时间、给药途径。

1）中成药与西药如无明确禁忌，可以联合应用，给药途径相同，应分开使用。

2）应避免不良反应相似的中西药联合使用，也应避免有不良相互作用的中西药联合使用。

3）中西药注射剂联合使用时，还应遵循以下原则：①谨慎联合使用。如果中西药注射剂确需联合用药，应根据中西医诊断和各自的用药原则选药，充分考虑中药之间的相互作用，尽可能减少联用中药的种数和剂量，根据临床情况及时调整用药。②中西药注射剂联用，尽可能选择不同的给药途径（如穴位注射、静脉注射）。必须同一途径用药时，应将中西药分开使用，谨慎考虑两种注射剂的使用间隔时间以及中西药相互作用，严禁混合配伍。

4）中西药物联用对药效学的影响

A. 协同增效：黄连上清丸可有效增加青霉素类、头孢类和喹诺酮类的抗菌效应，对细菌性呼吸道、消化道感染有增效作用；逍遥丸可增加苯二氮䓬类药物的催眠镇静作用等；参麦注射液、丹参注射液可以提高间羟胺、多巴胺的升压作用；玉屏风散增加匹多莫德的免疫刺激调节作用等。

B. 药效拮抗：部分含麻黄中成药（急支糖浆、通宣理肺丸等）具有兴奋受体和收缩周围血管的作用，与部分降压药和镇静剂联用时会降低疗效；部分含鹿茸、鹿角的中成药因具有类糖皮质激素样作用，会降低磺酰脲类降血糖药的疗效。

C. 增加不良反应几率：部分含有蟾酥、罗布麻、夹竹桃等的中成药（麝香保心丸），可能会增加洋地黄中毒的风险；解表药中含荆芥、羌活、生姜、细辛等成分（九味羌活丸、防风通圣丸等），在与解热镇痛药阿司匹林、对乙酰氨基酚、氨基比林、安乃近等合用时，可致过度发汗。

5）中西药物联用对药动学的影响

A. 透生物膜吸收：中成药中的某些成分如鞣质、药用炭、生物碱、果胶及金属离子等易与西药结合或吸附，使西药透膜吸收量减少。如含鞣质较多的牛黄解毒丸、麻仁丸、七厘散等不建议与红霉素同用；止血类中成药所含蒲黄炭、荷叶炭、煅瓦楞子等不宜与生物碱、酶制剂同服；含有果胶类药物，如六味地黄丸等不宜与林可霉素同服，前者可使林可霉素的透膜吸收减少可达90%。

B. 药物的胃肠道稳定性：中成药中可能含有某些重金属或金属离子（石膏、海螵蛸、自然铜、赤石脂、滑石、明矾等），当与具有还原性的西药配伍使用时，会生成不溶性螯合物，影响药物在胃肠道的稳定性。

C. 药物的分布：银杏叶与地高辛合用可促进主动脉内皮细胞内 Ca^{2+} 水平，使地高辛的游离血药浓度明显升高，临床上两者联合使用时应适当降低地高辛剂量，并进行血药浓度的监测。

6）中西药物联合使用举例

例1：慢性阻塞性肺疾病（COPD）。

急性期：联合使用双黄连、银黄颗粒、清开灵颗粒、蒙石滚痰丸。

缓解期：联合使用养阴清肺颗粒、蛤蚧定喘丸、桂龙咳喘宁、强力枇杷露等。

康复期：联合使用补中益气丸、金匮肾气丸、玉屏风颗粒等。

例2：单纯性失眠症。

急性期：联合使用逍遥丸、血府逐瘀口服液、稳心颗粒。

缓解期：联合使用枣仁安神胶囊、天王补心丹、柏子养心丸。

(7) 含毒性中药的临床应用原则

1）含毒性中药分类

A. 毒性中药材是指按已经公布的相关法规和法定药材标准中标注为“大毒（剧毒）”“有毒”的药材。其中属于大毒的，是国务院《医疗用毒性药品管理办法》(1988年)颁布的28种毒性药材，包括砒石（红砒、白砒）、砒霜、水银、生马钱子、生川乌、生草乌、生白附子、生附子、生半夏、生南星、生巴豆、斑蝥、青娘虫、红娘虫、生甘遂、生狼毒、生藤黄、生千金子、生天仙子、闹羊花、雪上一枝蒿、红升丹、白降丹、蟾酥、洋金花、红粉、轻粉、雄黄。

B. 剧毒药如服用不当，一样会引起不良反应。这些中药包括巴豆、苍耳子、雷公藤、甜瓜蒂、木通、牵牛、苦楝子等。长期服用朱砂安神丸、活络丹、补心丹等可引起汞中毒。

C. 一些历代本草学著作中没有毒性记载的饮片及其制剂，近年来有研究报道其具有严重不良反应，如马兜铃、关木通、广防己、青木香、天仙藤等含马兜铃酸，处方中含有这些中药材的中成药，若长期服用，可能造成马兜铃酸的蓄积，导致肾间质纤维化，引起肾衰竭等不良反应。

2）临床使用含毒性中药的注意事项

A. 辨证使用是防止中毒的关键。不同的病证选用不同的中药治疗，有的放矢，方能达到预期效果。另外，还应注意因人、因时、因地制宜，辨证施治，尤其对小儿、老人、孕妇、哺乳期妇女、体弱者，更应注意正确辨证使用中药。

B. 注意合理配伍。利用中药间的相互作用进行合理配伍用药，既可增强功效，又可减少毒性，如配伍相杀、相畏药。

C. 注意用量。含毒性中药材的中成药安全范围小，容易引起中毒，因而要严格控制剂量。既要注意每次用药剂量，还要注意用药时间，防止中药在体内蓄积中毒，同时还要注意个体差异，如孕妇、老人、儿童、体弱者要考虑机体特点。使用此类药，通常从小量开始，逐渐加量，而需长期用药的，必须注意有无蓄积性，可逐渐减量，或采取间歇给药，病愈即止，防止蓄积中毒。

D. 建立、健全保管、验收、调配、核对等制度，坚持从正规渠道购进药品。

三、中药用药教育

随着人们生活水平的提高，自我保健和药疗意识越来越强，中药师需要全面及时地为患者提供正确的中药信息知识，保证中药使用正确、经济、安全、有效，从而指导患者合理用药。另一方面，随着中药行业的激烈竞争，中成药品种日益增加，前来咨询的患者对中药信息的需求量越来越大，涉及中药咨询的信息范围也越来越广，患者对用药指导的需求量越来越多。

1. 辨别处方药与非处方药 药品分类管理是国际通行的管理办法。它是根据药品的安全性、有效性原则，依其品种、规格、适应证、剂量及给药途径等的不同，将药品分为处方药和非处方药并作出相应的管理规定。处方药，是指经国务院药品监督管理部门批准生产，必须凭执业中医师或执业助理中医师处方才能购买和使用的中药。非处方药，也是我们说的OTC药，它是

笔记

指经国务院药品监督管理部门批准生产，不需要凭借中医师处方，消费者可自行判断、购买和使用的药品。这类中药都是在临床使用多年，经过科学评价，被实践证明由消费者自我使用时，比较安全的药品。实行处方药与非处方药分类管理，其核心目的就是有效地加强对处方药的监督管理，防止消费者因自我行为，导致滥用中药以致危及健康。另一方面，通过规范对非处方药的管理，引导消费者科学、合理地进行自我保健。

2. **指导患者辨认中成药的"有效期""失效期"**　中药的有效期是指在一定的贮藏条件下，能够保持药品质量的期限。因此，在购药时和服药前，一定要特别注意看清药品是否过期。药品标签上或说明书上有的印的是有效期或失效期。各种药品有着不同的理化特性，如果贮存时间过久或保管不当，往往会变质失效。失效的药品不仅仅对疾病治疗无效，延搁和加重病情，而且更主要的是不少中药在失效的同时，伴有毒性的增加。

3. **识别中药剂量安全范围**　中药的用量不同，其功效和适用范围也不相同。如桂枝汤中，桂枝和白芍的用量相等，有调和营卫解肌的作用；桂枝加芍药汤中，白芍的用量比桂枝多1倍，就为治太阳病误下，转属太阴，因而腹满时痛的方子；小建中汤中，白芍比桂枝的用量多1倍，又配用饴糖，就成为温建中焦、止腹中痛的方剂了。厚朴三物汤、小承气汤、厚朴大黄汤，三个药方都是厚朴、枳实、大黄三味药组成，因三味药的用量不同，因此方名不同，治证就不同。又如甘草4g以内，在药方中起调和作用；用5～10g有温胃养心功能；用30g以上就有类似激素样反应。活血化瘀药川芎，小剂量可以收缩子宫、兴奋心脏，但大剂量反使子宫收缩抑制，并抑制心脏、扩张血管、降低血压。苦寒药黄连及龙胆草，小剂量可清火健胃、增强食欲，量大则引起胃肠道反应。临床中药的用量还与年龄、体重、性别、病邪的盛衰、体质强弱、气候等都有密切的联系。因此，临床用药如果不注意药量大小的变化，即使辨证、立方、处方基本正确，往往治疗效果也不甚理想。

4. **指导患者读懂药品说明书中的"慎用""忌用""禁用"**

(1) 慎用：是提醒中医师和药师应用这种中药时，对患者的某种病情或个体情况能有一定的影响，必须在开药时认真权衡利弊，在利大于弊的情况，谨慎而又细致地观察用药后的不良反应。如有不良反应，就立即停止使用，在没有出现不良反应的情况下才可以继续服用。

(2) 忌用：比"慎用"意思进一层，程度已达不宜使用或避免使用。"忌用"的中药一般说的不良反应是比较明确的，发生不良反应的机会相当大，不使用为宜。但个体差异比较大，有些人完全不能用的情况下，而其他人应用时可不出现应该出现的不良反应。

(3) 禁用：是对用药最严厉的警告，用药中的"禁用"就是绝对不能使用。

5. **中药个体差异指导**　中药师也要掌握根据个体差异选择中药的技能，不同患者对同一种中药的反应存在着量与质的差别，即使患者的年龄、性别和生活条件完全相同，对于同一剂量的同一种药也有不同的反应，这种个体与个体间的差别，称中药的个体差异。个体差异在临床上有以下3种表现形式：

(1) 特异性：有人对某种中药的反应超出该中药正常的药理反应。同种中药有人一接触就出现中毒反应，而对大部分人来说，即使使用最大剂量也不会出现这种反应，这就是特异性反应。

(2) 高敏性：有些人对某些中药比一般人敏感，使用少量就能产生明显的疗效，用量稍大，就会出现中毒反应，临床称之为高敏性。对高敏性的中药，应当酌情减量使用。

(3) 耐受性：有些人对某些中药的敏感性较低，使用常用量时疗效不明显，甚至无效。也不出现不良反应，直至最大量，甚至最小中毒量时才出现疗效，且机体能耐受。对于具有耐受的患者，应酌情增量使用这种中药。

6. **老人用药的注意事项**　老年人因各脏器的组织结构和生理功能都有不同程度的退行性改变，因而影响了中药在体内的吸收、分布、代谢和排泄过程。老年人多体弱多病，患病的种类很多，服用药物的品种及数量也多，引起中药不良反应和中药中毒的可能性也增多。因此，老

笔记

年人在用药时，必须特别慎重。应选用最常用的中药品种，尽量减少同时用药的种类，尽量用小剂量。

7. 中成药的不良反应报道集锦

（1）与毒性成分相关：朱砂、冰片、附子、乌头、关木通。

（2）与动物成分有关：蛤蚧、蜈蚣、全虫。

（3）与过量服用相关：大黄、罂粟壳、首乌、阿胶。

（4）与注射剂相关：清开灵、醒脑静。

（5）与西药成分相关：消渴丸、珍菊降压片。

四、中药不良反应监测

广义的中药不良反应是指用药引起的任何对机体的不良作用。国家食品药品监督管理总局颁布的《药品不良反应监测管理办法》规定：药品不良反应是指合格药品在正常用法、用量下出现的与用药目的无关的或意外的有害反应。

A型不良反应（量变型异常）：与中药的剂量有直接关系，并随剂量的增加而加重。一般可以预测，发生率高，死亡率低，如副作用、毒性反应、首剂效应、撤药反应、继发反应等。

B型不良反应（质变型异常）：与中药剂量无关，发生率较低，但死亡率高，难以预测，用一般的毒理学筛选难以发现，如中药变态反应，特异质反应，中药致畸、致癌、致突变等特殊毒性反应。

发生A型中药不良反应的有关因素有：药动学因素，如吸收、分布、代谢、排泄；中药异常因素：新剂型；中药有效成分的分解产物；添加剂、增溶剂、稳定剂、着色剂等赋形剂；中药中的杂质；不恰当的给药途径；患者异常因素，如遗传异常、免疫异常（过敏反应）。

中药合理用药的四要素为安全、有效、经济、适当。其中的“适当”包含了适当的时间、适当的剂量、适当的用药时间和适当的用药方法。中药服用的方法与疗效有着颇为重要的关系，准确的服用方法有助于疾病的康复，甚至可起到事半功倍的效果。古人依据“天人合一”的理论在这方面积累了很多经验。在中医学中，中药有各种制剂，而每种制剂服用方法不同，对疗效有明显影响。同时，中药也有很多饮食禁忌，遵从这些原则，有助于疾病尽快痊愈。

在合理使用中药的同时，加强其不良反应的监测工作，逐步建立起完善的中药不良反应监测一级管理一级的网络监测体系，降低漏报率。一旦出现不良反应立即停药，并采取相应处置措施。特别要加强中药注射剂、含毒性中药材、中成药的不良反应集中监测，临床用药前应详细询问过敏史，重视个体差异，辨证施治。制订科学用药方案，避免中西药联合应用的不良反应，掌握含毒性药材、中成药的用药规范。建立中药严重不良反应紧急处理预案，并建立严重病例报告追踪调查制度。对中药严重不良反应关联性进行分析评价，必要时应追踪原始病案、药品生产厂家、批号及原料药的产地、采集、加工、炮制与制剂的工艺方法等。对上市5年以内的药品和列为国家重点监测的中药，要报告该中药引起的所有可疑不良反应；对上市5年以上的中药主要报告该药品引起严重、罕见或新的不良反应。各省、自治区、直辖市药品监督管理部门和卫生行政部门是本地区实行药品不良反应报告制度的监管部门。国家对药品不良反应实行逐级、定期报告制度。严重或罕见的药品不良反应须随时报告，必要时可以越级报告。医疗预防保健机构发现严重、罕见或新的不良反应病例和在外单位使用中药发生不良反应后来本单位就诊的病例，应先经中医师诊治和处理，并在15个工作日内向所在省、自治区、直辖市药品不良反应监测部门报告。

监测中药不良反应的意义：

1. 收集中药在临床应用中引起的不良反应，以及涉及到中药安全性方面的信息，要及时反馈给医药护理人员，既可丰富中药师的专业知识，提高中药安全和有效性的认识，又可为临床、为患者正确使用中药，积累中药信息，提供向患者咨询服务的第一手循证用药信息。院内网站

有不良反应中心方面的资料，以供医护人员查询，会促进中医师用药的合理性。

2. 中药师应积极收集药学信息，不仅收集本院或本地区中药用药信息，还可收集国内其他省市中药不良反应信息，从各种药学专业书刊、杂志及临床中药与药物评价编写成药讯加强与中医师的交流沟通，这也是中药药学服务的工作范围。

3. 中药师紧密地与医师合作，中医师是中药治疗的主体，只有中医师掌握中药有效安全的信息，患者才能得到真正意义上的获益。例如，中药师为艾滋病患者建立长期中药治疗的药历，加强患者中药服用指导，及时提供用药咨询，监测重点患者的用药过程，借助艾滋病志愿者的力量将心理治疗、人文关爱贯穿于整个药学服务的始终，保证患者服药的依从性，取得了显著效果。但开展这种中药药学服务的医院毕竟还不够多。开展中药的药学信息服务工作是中药临床药学工作者的重要工作内容。目前，中药及中成药的药学信息服务较为落后，特别是对于中药安全性方面的信息传递、宣传不够，导致了许多不该发生的不良反应发生了，这也是中药临床药学工作的重要任务。

知识拓展

中药毒性新认识

云南白药是一种名贵中草药，治疗内外出血和血瘀肿痛有良效，成人一次剂量为0.2～0.3g。如果一次服量超过0.5g，就可能引起头晕、恶心、呕吐、面色苍白、四肢厥冷，甚至发生肾衰竭。六神丸、六应丸、梅花点舌丹等中成药用于治疗咽喉肿痛、扁桃体炎等，有较好的疗效，但因内含蟾酥，具有一定毒性。若服用过多，可出现头晕、胸闷、心悸、气短、恶心、呕吐、腹痛、腹泻、口周及四肢麻木、大汗淋漓等中毒症状。有的中成药（如牛黄解毒丸）还可引起过敏，应加警惕。

第四节　中药药学服务的实施方法

中药临床药学工作者应紧紧围绕处方合理、对症下药、依方炮制、中药剂量与煎服法、中西药复方制剂与中西药配伍、临床用药咨询、不良反应监测及中药安全性宣传、中药临床药师及其培养等方面实施中药药学服务的工作。中药无论单味还是复方使用均是多种组分，能够进行血药浓度监测的药物为数极少，所以大中药学的现代化发展才能更好地推动中药药学服务工作的实施。

一、中药药学服务的实施需要具备的基本知识和理论

1. 掌握与中药临床药学相关的化学、生物学和人文社会科学等基础知识。

2. 熟悉疾病的发生机制、中医辨证施治、对症下药的基本知识和理论，了解常见病和多发病的基本中药和常用中药。

3. 掌握与临床合理用药相关的中药化学、中药药剂学、中药方剂学、中药药理学等学科的基本知识和理论。

4. 掌握中药依方炮制、中药剂量与煎服法、中西药复方制剂与中西药配伍等方面的基本知识和理论。

5. 掌握临床中药安全性评价的基本知识和理论。

6. 掌握临床中药治疗学的基本知识和理论。

笔记

7. 掌握中药经济学的基本知识和理论及中药药事管理的相关法规、政策，掌握中药剧毒药品管理要求。

二、中药药学服务的实施需要具备的基本技能

1. 了解中药信息资源，能应用并开发中药信息软件；具备全面、系统、正确地收集患者信息，以及规范书写药历的基本技能。

2. 具备运用循证中药学的理论，收集和评价中药情报，提供中药信息服务的基本技能。

3. 掌握中药处方审核的基本内容及处方的调配技能，具备开展审核处方（医嘱）、调配处方，进行患者用药指导、临床用药咨询和教育等的能力。

4. 具备合理用药所需要的中药咨询、中药不良反应监测、中药监测和个体化中药方案制订等临床中药药学服务的能力；掌握指定病种临床中药治疗方剂学和评价的方法，初步具备预防、发现、解决潜在或实际存在的用药问题的能力。

5. 具备开展药品（质量）管理，以及充分考虑患者及其家属利益，开展中药利用评价的能力。

6. 具备与患者及其家属、医务工作者进行有效沟通交流的能力。

7. 具备对患者和公众进行中药基本知识、合理用药等方面健康教育的能力。

8. 掌握中药师职业道德规范，培养良好的人际沟通能力和团队合作精神；具备与医护及患者沟通的基本技能；掌握药学服务礼仪与规范等。

9. 具备检索和阅读中外文文献的能力。

三、中药药学服务的实施需要注意的问题

1. **保证中药质量为核心** 保证中药质量十分困难，包括采购、贮存、炮制、制剂诸多环节。

（1）中药饮片贮存：养护环境稍有不慎常出现各种各样的变异现象，更谈不上确保药效发挥了。

（2）饮片“裸藏”：中药某种意义上是可以食用的“点心”，做好防鼠、防虫措施非同小可。

（3）饮片没有有效期规定，要重视装斗工作，保证饮片质量，采取先进先出的原则，装药时要经常彻底翻新药柜，不可有剩药就加新饮片药。

（4）贮存过多，周转率特长的饮片，要制定标准给予更换掉。

（5）其他岗位的中药师在使用中药饮片过程中也要检查药品的外观质量，如发现有质量问题的药品，就放入不合格药品柜。

严格把好中药采购、使用等各个环节的质量关，某种程度上把好中药质量关与中药药学服务的实施有着密切的关系。

2. **中药药学服务的人才培养** 绝大多数三甲中医院都开展了中药临床药学工作，除了上述的基础工作外，重点放在安排中药师下临床参加会诊与查房，开展处方点评，收集、整理、上报、反馈药物安全信息，提供药物咨询服务等工作。但是，中药临床药学工作的开展与实际工作的要求以及与西药临床药学工作相比较有很大的差距，而中药药学服务专门人才的培养存在很大的问题。

（1）中医药院校要开设中药临床药学专业，医院决策者要高度重视中药临床药学工作，定编定岗。要加强毕业后医学教育和继续医学教育工作，从各个层面加大临床中药师培训力度。可以参考目前西药临床药学人员培养模式，把一些中药临床药学工作开展较好的三甲中医院设为中药临床药师培训基地，选拔一些基层医院的中药临床药学工作者，从事中药药学服务工作。

（2）增加中药临床药师数量，以便为中药临床药学培养更多的专业技术人才。

人才是发展事业或影响事业成败的关键，理应把培养人才的工作提到重要的议事日程上来，并落到实处。一要选好和加速学科带头人的培养，并注意发挥学术带头人的作用；二要形

成梯队，防止人才断层；三要在中医学专家和已取得专业技术资格者中选拔优秀管理人才；四要按照不同人才类型，落实在职培训和继续教育，要使每个人均不断实现智力延伸，提高技能，在所从事的工作领域内和专业技能上保持较高水准；五要培养一批既精通中医学理论，又具有一定临床诊疗知识，精通某一类或某几类药物治疗学知识的人才，以适应中药药学服务职能转换的要求。政府部门制定中药临床药师培训大纲，进行为期1～2年的在职培训。

中药药学服务应以临床用药咨询、处方用药调查分析为切入点，在可能情况下可配合临床，就中医内科某一系统某几个病证同时分别设计提出A、B、C药物治疗方案，进行中药的安全性、有效性、经济性分析，确定中药性价比较高的治疗方案，以推动中药药学服务的发展。

(3) 加强中药师的自学、自修、自强能力的培养

1) 临床中药师的继续教育和培养远远不能达到医院对中药药学服务的需求。中药师自己要不断学习和更新知识，除了拥有扎实的专业知识外，还要自觉地系统学习中医理论知识，对中医学基础有一定的认识，还需具备一定的西药专业知识及技能。

2) 随着我国医疗体制改革的深入，医院中药药学服务模式的提出，医务人员面临着新形势下的巨大挑战。中药药学服务是中药学人员的职责，药学服务的目的是改善患者的生活质量。为了保证患者用药的安全、有效、经济、合理，因而研究和指导合理用药是药学服务的关键，是药学服务的核心，也是立志为药学事业工作一辈子专业人才的自修课，坚持活到老学到老。

3) 中药师除了拥有良好的医德医风外，还要具有一定的心理学知识、良好的社会交往能力和良好的职业形象，才能取得医护和患者的认可与信任，融洽同患者的关系。中药师应该持之以恒地加强和提高自身综合素质，不断适应新时期中药学的发展需求，为提供优质高效的中药药学服务而努力。

实训项目十五　中药药学服务现状调查实训

【实训目的】

1. 了解医疗机构中药药学服务开展状况。

2. 熟悉医疗机构中药药学服务的工作内容。

【实训条件】 分管教学工作的院系领导或带教老师与相关中医院联系，获得对方支持，实地考察该院中药药学服务开展现状。

【实训要求】

1. 带教老师提前与相关中医院联系，就实训内容、安排与对方详细沟通，并制订详细实训计划。

2. 实训学生必须具备一定的中医药理论知识，掌握中药药学服务相关概念和知识。

【实训准备】

1. 实训学生根据实训要求，查阅相关资料，补充相关知识储备。

2. 制订合理的调查方案和实施具体计划。

【实训内容】

1. 中药处方调配，尤其是中药饮片的调剂。

2. 中药处方点评。

3. 门诊或临床进行中药用药咨询服务。

【实训过程】

1. 以5～8人为一小组，在带教老师带领下，到所联系的中医院实地考察中药药学服务。

2. 中药处方调配实训过程中，要结合中药饮片的特殊性(炮制与否、配伍禁忌等)进行处方调配实训。

3. 中药处方点评实训过程中，重点关注：①用药是否符合辨证施治的原则；②药物组方配伍是否合理，有无“十八反”“十九畏”“妊娠禁忌”；③是否存在超剂量用药；④中药注射剂应用是否合理。

4. 中药用药咨询服务实训过程中，了解临床药师工作程序、方法。

5. 实训结束，带教老师和临床药师根据学生实训过程中的表现进行现场集中讲评。

实训路径示意图：

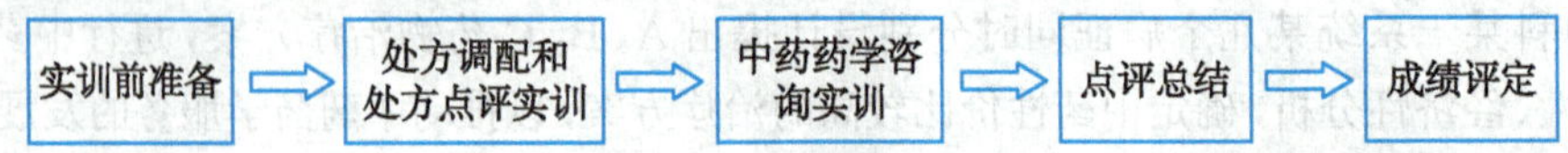

【实训考核】

1. 实训结束后，各组同学在预先充分讨论的基础上推选 1 名代表做总结发言，其他同学补充。

2. 指导老师在汇报和答辩结束时进行点评和总结，指出各组在实训项目完成过程中的成功和不足之处。

3. 指导老师根据各组在实训过程中的表现，汇报、答辩和回答问题的情况等进行现场综合评分。

【思考题】

1. 中药药学服务相对于一般药学服务，其主要特点有哪些？

2. 中药处方调配应注意哪些问题？

3. 中药处方点评的基本要点有哪些？

4. 谈谈你对开展中药药学服务的意见或建议。

（方 芸）

第十六章 常用医疗器械知识

第一节 体温计

一、体温计

体温计又称“医用温度计”，它可以记录温度计所曾测定的最高温度。

（一）工作原理

体温计的工作物质是水银，体温计的下部靠近液泡处的管颈是一个很狭窄的曲颈，在测体温时，液泡内的水银受热体积膨胀，水银可由颈部上升到管内某位置，当与体温达到热平衡时，水银柱恒定。当体温计离开人体后，外界气温较低，水银遇冷体积收缩，就在狭窄的曲颈部分断开，使已升入管内的部分水银退不回来，仍保持水银柱在与人体接触时所达到的高度。由于玻璃泡容积比上面细管的容积大，受到体温的影响，泡里水银产生的膨胀，使管内水银柱的长度发生明显的变化。体温计的刻度通常是35～42℃，而且每度的范围又分成为10份，因此体温计可精确到1/10度。

（二）使用方法

体温计测量体温常见位置包括腋下、口腔和直肠。腋下温度采集前，将体温计的水银汞柱甩到35℃以下。体温计水银端放在腋下最顶端（即腋窝深处），用上臂将体温计夹紧，以免脱位或掉落。测量5～10分钟，取出体温计，读取温度数据后，用卫生纸擦拭体温计，以便下次使用。读数时，一手拿住体温计尾部，即远离水银柱的一端，使眼与体温计保持同一水平，然后慢慢地转动体温计，从正面看到很粗的水银柱时就可读出相应的温度值。读数时注意不能用手碰体温计的水银端，这样会影响水银柱而造成测量不准。口腔温度的采集由病患将温度计正确且安全地放置到口腔。由于水银式温度计需要长的时间来反映温度，儿童或是无力抵抗咳嗽、虚弱或是呕吐的人不适宜用此位置检测体温。另外，当患者饮用热饮或冷饮时，也必须选用其他的温度测量方法。直肠温度的测量，特别是由另一人来测量时，应该要使用润滑剂来帮助。虽然直肠温度最为准确，但是要考虑到这样的行为在某些国家或是文化中是令人难为情的。如果置入温度计的方式不正确则会让患者感到不舒服甚至疼痛。婴儿通常使用直肠温度测量，然而还是要借由护士来操作比较妥当。另外，有利用红外线测量技术测量耳内鼓膜的耳内温度计以及测量前额的前额温度计。

（三）注意事项

1. 腋下如有汗液，需擦干再量。

2. 若测量时间未到，松开腋下，则需重新测量，时间应重新计算。

3. 在测量体温前凡影响实际体温的因素（如饮开水或冷饮等）均应避免，喝热饮、剧烈运动、情绪激动及洗澡需待30分钟后再测量。

4. 玻璃体温计最高温度值是42℃，因此在保管或清洁时温度不可超过42℃，不可将体温计放入热水中清洗或用于测量水及其他物体的温度。

5. 特别注意玻璃体温计易破碎，存在水银（汞）污染的可能。

6. 用后的体温计应回表，即拿着体温计的上部用力往下甩，可使已升入管内的水银，重新回到玻璃泡里。

二、医用电子体温计

常规的水银玻璃体温计测量时达到热平衡所需要的时间较长（一般需要3～4分钟），测量速度慢。此外，它采用折光原理读取数据时，末位数需要估计，正确度较低，使水银复位也极不方便，并易于破碎，而且易引起交叉感染。近年来，以微电子为核心的数显式电子体温计在我国正在普及中。与传统的水银玻璃体温计相比，读数和携带方便，测量时间短，测量精度高，误差一般不超过±0.1℃，能记忆并有蜂鸣提示的优点，尤其是电子体温计不含水银，无须用手或机械甩下水银，跌落或误咬嚼不易损坏，对人体及周围环境无害，特别适合于家庭、医院等场合使用，可作为避免交叉感染的重要措施之一。

（一）工作原理

电子体温计由温度传感器、液晶显示器、纽扣电池、专用集成电路及其他电子元器件组成。电子体温计是利用温度传感器输出电信号，直接输出数字信号或者再将电流信号（模拟信号）转换成能够被内部集成的电路识别的数字信号，然后通过液晶显示器显示温度数字，能记录、读取被测温度的最高值。电子体温计最核心的元件就是感知温度的传感器，传感器的分辨率可达±0.01℃，精确度可达±0.02℃，反应速度＜2.8秒，电阻年漂移率≤0.1%（相当于小于0.025℃）。但电子体温计测量稳定性相对于玻璃体温计稍差。

（二）使用方法

1. 体温计使用前，应先用酒精对体温计头部进行消毒。

2. 按压开关，蜂鸣器马上发出蜂鸣音，时间约2秒钟。

3. 显示器显示上次测量的温度，持续2秒钟左右。然后显示器的“℃”符号闪烁，表示体温计已处于待测状态。

4. 测量体温时显示出的温度值逐渐上升，同时“℃”符号不断闪烁。

5. 当体温上升速度在16秒内小于0.1℃时，“℃”符号停止闪烁，同时体温计发出约5秒钟的蜂鸣提示声，这时体温计测量完毕，可以读取显示出的体温值。

6. 测量结束后，按压电源键关闭电源。

（三）注意事项

1. 当显示屏出现闪烁符号时，即表示内藏电池电压不足，此时测量值误差增大，应及时更换电池。

2. LCD显示屏不宜承受过高温度，因此不宜放置在任何热源处。

3. 电子体温计严禁采用浸泡式消毒，用完可用医用酒精棉球擦抹干净，待干后放入盒内。

4. 电子体温计在家庭内也不宜共用，以避免可能引起的交叉感染。

第二节 血压计

一、水银（汞柱式）血压计

血压计是意大利科学家希皮奥内·里瓦-罗奇在1896年发明的。血压计由气球、袖带和检压计三部分组成，袖带的橡皮囊两管分别与气球和检压计相连，三者形成一个密闭的管道系统。充气的袖带阻断血液的流动，医生用一个听诊器听脉搏的搏动，同时在刻度表上读出血压数。

（一）工作原理

测量血压时先用气球向缠缚于上臂的袖带内充气加压，压力经软组织作用于肱动脉。当所加压力高于心收缩压力时，由气球慢慢向外放气，袖带内的压力即随之下降，当袖带内的压力等于或稍低于心缩压时，随着心缩射血，血液即可冲开被阻断的血管形成涡流，用听诊器便开

始听到搏动的声音，此时检压计所指示的压力值即相当于收缩压。继续缓慢放气，使袖带内压力逐渐降低，当袖带内压力低于心收缩压，但高于心舒张压这一段时间内，心脏每收缩一次，均可听到一次声音。当袖带压力降低到等于或稍低于舒张压时，血流又畅通，伴随心搏所发出的声音便突然变弱或消失，此时检压计所指示的压力值即相当于舒张压。

听诊法存在其固有的缺点：一是在舒张压对应于第四相还是第五相问题上一直存在争论，由此引起的判别误差很大。二是通过听柯氏声来判别收缩压、舒张压，其读数受医生的情绪、听力、环境噪声、被测者的紧张等一系列因素的影响，易引入主观误差，难以标准化。

（二）使用方法

1. 患者取坐位时背部应靠在椅背上，双腿不要交叉，足要放平。无论患者是坐位还是仰卧位，上肢的中点都应位于心脏水平的位置，摆好姿势后静息5分钟。

2. 袖带的气囊应能环绕上臂的80%和儿童上臂的100%，宽度应覆盖上臂的40%。袖带缚在患者裸露的上臂肘上2.5cm，将气囊置于肱动脉上方，当充气时可通过触摸肱动脉的波动获取收缩压的估计值，在测到收缩压时搏动将消失。

3. 将听诊头置于袖带下缘的动脉上，迅速充气使袖带达到按脉搏所估计的血压值上20～30mmHg（2.67～4.00kPa），然后打开放气阀，使气囊以每秒钟2～3mmHg（0.267～0.400kPa）的速度放气。

4. 注意第一个声音的出现（Korotkoff Ⅰ期），何时出现变音（Ⅳ期）以及何时声音消失，当听到Korotkoff声音时，应以每搏动2mmHg（0.267kPa）的速度放气。

5. 当听到最后一声Korotkoff声音时，应继续缓慢放气达到1.33kPa以查明是否存在听诊间隙，然后以适当的速度放气。分别在Korotkoff的Ⅰ期和Ⅴ期记录收缩压和舒张压。

（三）注意事项

1. 减少测血压时的生理变化，测血压时应在安静温暖的房间进行，确保患者短时间内没有进食、吸烟、饮用咖啡或膀胱充盈，并向患者解释测血压的方法以减少患者的焦虑感。

2. 因为血液流向的关系，通常左臂与右臂所量出的血压会有些差异。通常左臂的血压值会略高于右臂，但差异在10～20mmHg都属正常。不过，记录时应以高的测量数据为准。若两臂相差超过40～50mmHg，可能是血管出现阻塞问题，最好请教医师查明原因。

3. 测量血压不宜只算一次，应在一天之中多量几次血压，并且加以记录，以便了解自己血压在一天之内的变化。

4. 最好在自己家中心情放松的情况下测量血压，因有些人在医疗院所量血压时，会因面对身穿白衣的医护人员造成心情紧张，从而使血压升高，医学称“白大衣高血压”，在家中测量血压能克服此情况发生。

5. 传统水银式血压计会受热胀冷缩的影响，平均每半年应校正归零一次。

二、电子血压计

电子血压计是利用现代电子技术与血压间接测量原理进行血压测量的医疗设备。电子血压计有臂式、腕式之分，其技术经历了最原始的第一代、第二代（半自动血压计）、第三代（智能血压计）的发展。电子血压计已经成为家庭自测血压的主要工具，也越来越多地被用于医院等医疗机构。

（一）工作原理

电子血压计技术从使用原理上经历了听诊法（又称柯氏音法）和示波法（又称振荡法）两个阶段的发展，以听诊法原理制成的电子血压计，虽然实现了自动检测，但仍未彻底解决其固有缺点，即误差大、重复性差、易受噪声干扰。目前，绝大部分主流电子血压计制造企业均使用示波法。示波法测量血压的过程与柯氏音法是一致的，都是将袖带加压至阻断肱动脉血流，然后

笔 记

缓慢减压，其间手臂中会传出声音及压力小脉冲。柯氏音法是靠人工识别手臂中传出的声音，并判读出收缩压和舒张压，而示波法则是靠仪器识别从手臂中传到袖带中的小脉冲，并加以差别，从而得出血压值。因此，示波法测血压通过建立收缩压、舒张压、平均压与袖套压力震荡波的关系来判别血压。

（二）使用方法

腕式血压计是电子血压计的一种。手掌大小，外形与手腕间隙更小的腕带，抗菌材料制作，数字显示血压及脉搏数。腕式血压计测量简单、迅速，全自动设计，测量收缩压/舒张压/心率，只需按一个按钮即可，记忆功能方便进行血压对比。测量前安静休息片刻，以消除紧张、劳累对血压的影响；被检查者手臂应与心脏位置同高；袖带放置平展，松紧度以插入两个手指为宜；一般连测2～3次即可，取其最低值作为本次血压的数据。

手臂式电子血压计测量方法与传统水银血压计相近，测的是肱动脉。手臂式电子血压计正确使用前，静坐数分钟，将手臂穿入臂带并绑定裸露手臂或仅穿薄衣进行测量；臂带捆绑力度适中，以能放进一根手指为宜；臂带中心与心脏处于同一高度；臂带下方距肘关节1～2cm。按用户键，即自动开始测量。测量时手掌放松，手掌向上；测量过程中保持平静，身体放松；勿在测量过程中说话、移动身体。结果显示血压值、脉搏值，测量完成手动关机或自动关机。

语音电子血压计是在原有电子血压计的基础上加上了语音播报功能，解决了老年人看不清等难题，更为人性化。

（三）注意事项

1. 腕式血压计由于所测的压力值为腕动脉“脉搏压力值”，对于大多数中、老年人，特别是血液黏稠度高者、微循环不佳者、血管硬化症患者等较特殊的人群，用腕式血压计与用上臂式血压计多次测量的平均值之间，会有较大的差别，它所测的不是习惯上所说的“血压值”，而是“腕部脉搏压力值”，因此腕式血压计不适合老年人使用。

2. 手臂式电子血压计因其臂带放至上臂，其测量稳定性优于腕式血压计，更适合年纪较大、心律不齐、糖尿病引起末梢血管老化等患者使用。

第三节 便携式血糖仪

便携式血糖仪是血糖仪的一种，因为体积小、便于操作，所以叫做便携式血糖仪。

一、基本原理

便携式血糖仪一般由四部分组成：便携式血糖仪机器、试纸条、采血笔、采血针头。血糖仪是通过试纸上的酶与血样中的葡萄糖反应，产生有颜色的中间物，血糖仪向试纸发射光束，并接收试纸的反射光，将这些反射光的强度转化成葡萄糖浓度。

二、测量方法

1. 将采血针头安装到采血枪，并调节好深度，将血糖仪调节到试纸条的型号。
2. 用医用酒精把要采集血液的手指头消毒，用干棉棒擦干净，把试纸条插到血糖仪上边。
3. 用采血笔扎手指头，将血滴弄到试纸条的感应区。
4. 用干棉棒按住伤口止血，等待结果。

三、注意事项

1. 血糖仪不宜放置于阳光直射或高温、潮湿的场所，勿将机器掉至地面并避免碰撞，禁止自行拆卸或修理。

2. 血糖仪必须配合使用同一品牌的试纸，不能混用。试纸条于开封后3个月内使用完毕。有的血糖试纸每批次有区别，换用前需要把新试纸的条形码数字输入仪器，否则会影响测试结果。

3. 检测前用酒精消毒，待酒精干透以后再取血，以免酒精混入血液。不能用碘酒消毒，因为碘会与试纸上的测试剂产生化学反应，影响测试准确性。

4. 患者不宜通过测量结果自行诊断或是未经医师许可变更自己的医疗方案。

5. 采血量必须足以完全覆盖试纸测试区。取血时不能挤手指，否则会混入组织液，干扰血糖浓度。为保证采血量足够，之前手可以在温水中泡一下，再下垂30秒。

6. 保持试纸条干净，放在干燥、避光的地方。

第四节 卫生材料及敷料

一、医用脱脂棉

医用脱脂棉是指经化学处理去掉脂肪的棉花，比普通棉花容易吸收液体，由纯净的脱脂原棉纤维组成，不含废旧棉纤维和化学纤维。医用脱脂棉是医疗行业用作患者伤口包扎、保护、清理等用途的主要卫生材料。医用脱脂棉作为医院消毒器械清理外伤及手术必用的医用敷料，是与伤口直接接触的医疗器械产品，也是医疗卫生工作中大量和广泛使用的卫生敷料。

因为化学纤维刺激机体组织，会引起过敏和炎性反应，特别是与伤病组织长时间直接接触可能造成严重后果。YY0330-2002医用脱脂棉标准规定了医用脱脂棉的要求、试验方法、检验规则、标志、包装、运输和贮存。主要检验项目包括性状、白度、水中可溶物、酸碱度、易氧化物、吸水时间、荧光物、干燥失重等指标。

二、脱脂棉纱布、脱脂棉粘胶混纺纱布

脱脂棉纱布是经脱脂、漂白或染色、纯化而成的无味平织棉布，无明显的棉叶、棉籽壳或其他的杂质。脱脂棉粘胶混纺纱布是以棉线为经纱线、粘胶或棉与粘胶的混合线为纬纱线织成的、有织边的各种宽度的连续机织布，经脱脂、漂白或染色、纯化而成，无明显的棉叶、棉籽壳或其他的杂质。脱脂棉纱布与粘胶混纺纱布是医疗行业用作患者伤口包扎、保护、清理等用途的主要卫生材料。YY0331-2006《脱脂棉纱布、脱脂棉粘胶混纺纱布的性能要求和试验方法》标准对脱脂棉纱布与粘胶混纺纱布提出了15项技术考核指标，同时针对每项技术指标制订了相应的试验方法。

三、医 用 绷 带

医用绷带主要成分是脱脂纱布，主要用于外科伤口包扎、下肢静脉曲张、四肢骨折石膏拆除后的肿胀疾病的包扎等。绷带作为医用纺织品的典型产品，能防止伤口再伤害，对伤口的温度和湿度进行妥善调节，减少并发症和防止自然愈合过程中的感染现象，并使受伤者感觉舒适。创伤生理学家的研究表明，伤口保持一定的湿度有利于皮肤细胞的扩散，加速伤口的愈合。伤口愈合过程中，湿环境可防止收缩过速而形成瘢痕，伤口最初渗出的大量体液易使细菌繁殖和导致感染，因此有效吸收这些体液，在伤口处保持一个无菌环境是十分必要的。所以，理想的绷带应具以下几个作用：①在伤口处保持湿环境以加速伤口的愈合；②能够去除伤口渗出的液体及有毒物质；③必须具有一定的弹性；④保持伤口处不受感染；⑤无毒、无黏性，绷带在拆掉时不产生新创伤；⑥经受各种消毒处理而不变质。

笔记

四、医用胶带

医用胶布以氧化锌为原料，主要有作为处理伤口、固定医用材料的绑带，但是不同类型的胶布又有着其特殊功能和作用。常见的医用胶布有压敏医用胶带、防水防过敏医用胶带、纸质防过敏医用胶带、透明透气型医用胶带。

压敏医用胶带就是我们通常所说的医用胶布，它是由棉布和黏合剂组合而成的。这种胶布对黏合剂的比例有着严格的要求，在手术中压敏医用胶带主要用于材料的固定、伤口的处理、输液针管的固定，这就要求其必须具备较高的黏合性。这种胶布在伤口包扎的过程中起到了固定药物和固定伤口的作用。经过胶带的包扎能够有效防止伤口拉扯撕裂形成二次伤害。但是，因压敏医用胶带黏合剂比例较大是不能直接用于胶布过敏的患者皮肤表层。防过敏型的医用胶布包括纸质医用胶布和胶质防过敏胶布。这两种胶布很好地剔除了皮肤过敏原，缺点是黏合度比较低，所以只能作为压敏医用胶带的替代品来使用。防水透气型的医用胶布的特点是黏合性较好，胶布体全透明且有众多细小的透气孔。由于它的透气性，这种防水透气型的医用胶布主要用于大面积的皮肤黏合、固定。另外，防水透气型的医用胶布还经常用于美容行业，优越性在于其选材的健康型、先进的透气技术和较低的过敏性。

五、苯扎氯铵贴

苯扎氯铵贴又名创可贴，具有止血、护创作用，是人们生活中最常用的一种外科用药。它是由一条长形的胶布，中间附以一小块浸过药物的纱条构成。

苯扎氯铵贴适合创伤较为表浅、伤口整齐干净、出血不多而又不需要缝合的小伤口使用，从而起到暂时的止血、保护创面的作用。苯扎氯铵贴本身没有消炎作用，主要作用是吸收渗出物，保持伤口干燥。使用苯扎氯铵贴前，应先仔细检查伤口内是否留有污物。如有不洁物，需用生理盐水将伤口清洗、擦干、涂上碘甘油，然后再贴上苯扎氯铵贴。如果伤口是被带铁锈之物划破，应先注射破伤风抗毒素，贴苯扎氯铵贴时应稍加压，以起到压迫止血作用。伤口贴上苯扎氯铵贴后，患者要注意保护伤口，避免活动性出血，避免污染，注意观察伤口变化，定期更换，防止伤口感染化脓。另外，苯扎氯铵贴不宜使用时间过久，由于胶布不透气，会使伤口和伤口周围的皮肤发白、变软导致细菌继发感染。

第五节 一次性使用无菌医疗器械

一次性使用无菌医疗器具在临床上有效地预防、控制了医院感染，对防病治病起到了积极的作用，对医疗诊治水平、护理质量、工作效率等的提高起到极其重要的作用。

一、一次性使用无菌注射器

一次性使用无菌注射器是临床上主要用于皮内、皮下、肌内、静脉注射及抽取药液等方面的注射穿刺器械。一次性使用无菌注射器能避免交叉感染，使用方便，已取代了传统的玻璃注射器。它是一种结构简单、技术含量低、附加值低的传统医用耗材。

为了安全使用一次性注射器，彻底解决其重复使用所导致的交叉感染以及医护人员的职业暴露问题，20 世纪 80 年代国际上开始研制自毁式注射器。自毁式一次性注射器是可以自毁、不可重复使用的一次性注射器，它以技术手段纠正了“只换针头、不换针管”的不安全使用行为，消除了一次性注射器回流市场、重复使用的可能性，用经济、可行的技术手段限制某些医务人员的不良行为，弥补管理的不足。

笔记

二、一次性使用无菌注射针

一次性使用无菌注射针由注射针座、针管和保护套组成，与无菌注射器或输液器配套使用，用于人体皮下、肌内、静脉等注射药液和抽取血液、配制药液。我国于20世纪80年代开始引进一次性注射针生产设备和技术，制定了行业标准。形成其先进的生产装备、技术标准验测手册和质量保证体系。

三、一次性使用输液器

一次性使用输液器主要用于静脉输液的经过无菌处理的、建立静脉与药液之间通道的常见的一次性的医疗耗材。一般由静脉针、护帽、输液软管、药液过滤器、流速调节器、滴壶、瓶塞穿刺器、进气管空气过滤器连接组成。一次性使用输液器与一次性使用静脉输液针配套使用，主要用于临床重力式输液。在大气压力作用下，瓶内液体顺着较细的输液软管流入滴斗，当滴斗水柱压力大于静脉压时，瓶内的液体顺着软管流入静脉。医务人员使用前检查一次性输液器的消毒有效期及包装有无漏气及其他异常，取出输液器，将圆锥接头部分插入输液瓶，挂输液瓶于输液杆上，排气至药液流至输液管下端，关紧调节器，再将静脉针刺入消毒好的静脉，固定好之后，解开止血带，调整流速。

第六节　天然胶乳橡胶避孕套

天然胶乳橡胶避孕套（俗称安全套）是一种目前广泛使用的避孕产品，按照FDA的定义，避孕套由天然胶乳橡胶制成的套，用紧贴体表的胶膜完全覆盖男性生殖器，用于避孕、降低性疾病传播的风险。

一、质 量 要 求

由于避孕套不仅具有避孕作用，同时可以有效预防性病、艾滋病的传播，因此，避孕套产品的质量状况受到越来越多的重视。材料配方是考核产品安全有效的重要依据。材料配方，特别是润滑剂的配方，还有含有药物成分时的药物配方，对避孕套的物理、化学和生物性能是有影响的，配方不良的润滑剂和药物会对人体产生一定的伤害。例如，现行市场上有以杀精剂作润滑液的避孕套；也有含磺胺嘧啶银或碘剂，以及含其他抗生素的避孕套，用来抑制人类免疫缺陷病毒、梅毒螺旋体、淋球菌和疱疹病毒；还有的是含有局部麻醉剂的避孕套用来帮助男性治疗早泄。而使用表面涂有添加剂的避孕套时，部分添加剂如滑石粉，可能在性交中通过女性阴道进入其腹腔，并可能造成慢性损害。而在有些避孕套上使用的杀精剂可能使避孕套的预防性病功能受到影响，以及有些药物浓度过大会导致天然胶乳橡胶避孕套具有重度细胞毒性等。

二、选 购 原 则

1. **适宜的型号**　根据阴茎勃起后的长度和粗细程度，选用不同的型号。

2. **质地要求**　优质的超薄型避孕套最好，可保证避孕效果，也不致削弱性感；波纹型或颗粒型避孕套可增加摩擦力，增强性感。

3. 根据双方的心理状态及具体情况可选择不同颜色、香型或释放药物的避孕套。

4. 避孕套均为橡胶制品，购买时应注意有效期限，过期后橡胶老化、变质，可影响效果。建议一次购买量不要过大，过期产品不要再用。

笔记

三、注意事项

1. 每次使用一只新的避孕套，使用前检查有效期，过期的不能使用。

2. 小心打开包装，不让手指划破避孕套，如果避孕套发生粘连或变脆，应换新的。

3. 从阴茎勃起、开始性接触前戴上避孕套，包皮过长者先翻开包皮再戴上避孕套，戴避孕套时先捏住中间的小气囊，再从龟头向阴茎根部展开，如不能展开，应把避孕套翻过来再试一次，不可先展开再往阴茎上戴。

4. 不可使用凡士林、按摩油等油质润滑剂，也不要以唾液润滑，应该使用水质润滑剂。现在很多市售避孕套包装内已含有润滑剂，如使用有杀精子功效的润滑剂效果更好。

5. 射精后在阴茎疲软前将阴茎连同避孕套一起抽出，摘下避孕套后应避免生殖器官的直接接触。

实训项目十六　血压计检测血压实训

【实训目的】通过使用血压计检测血压的训练，使学生理论和实践相结合，掌握检测血压的基本的技能。

【实训条件】联系合作医院或者模拟病房，准备普通水银（汞柱式）血压计和手臂式电子血压计进行模拟实训。

【实训要求】实训学生必须掌握血压计相关理论知识，了解血压计基本操作方法和注意事项。

【实训准备】

1. 复习血压计基本原理和使用方法。

2. 传统水银式血压计会受热胀冷缩的影响，使用前最好校正归零。

3. 检测前保持情绪稳定，应在安静的室内休息 10～15 分钟消除疲劳、紧张等对血压的影响，检查前 5 分钟不要做体位变动。

4. 保持室温应以 20℃左右为宜，太冷、太热对血压高低都有影响，检查血压前半小时内，避免进食，不吸烟，不饮酒，排空膀胱。

【实训内容】

1. 掌握血压计的组成和结构。

2. 学生每 2 人为一组，互相检测对方血压。

【实训过程】

1. 袖带缠于上臂应平服紧贴，气囊中间部位正好压住肱动脉，气囊下缘应在肘弯上 2.5cm。

2. 打开血压计开关，快速充气，待触知桡动脉脉搏消失后再加压 30mmHg（4kPa）。

3. 将听诊器胸件置于袖带下肘窝处肱动脉上，然后放松气阀，使压力以每秒 2～3mmHg 的速度下降。

4. 当水银柱在下降过程中，从听诊器听到第一个脉搏音时数值即为收缩压，当听诊器里脉搏音消失时的数值即为舒张压。如果水银柱到零位脉搏音仍不消失，则以变音时数值为舒张压。

5. 放松气囊阀门，使水银柱回到零位，关闭血压计开关，把所测的收缩压 / 舒张压数值记录下来。

6. 使用腕式血压计时，被检查者手臂应与心脏位置同高；袖带放置平展，松紧度以插入两个手指为宜。

7. 一般连测 2～3 次即可，取其最低值作为本次血压的数据。

实训路径示意图：

【实训考核】 每3人为一组，每位同学接受另两位同学的血压检测，记录和比较所测血压值，分析造成血压差异可能的操作原因。根据操作熟练程度、正确性进行综合评分。

【思考题】

1. 哪些因素会影响高血压患者的血压检测？

2. 不同类型的血压计有哪些优点和缺点？

（徐　明）

主要参考文献

1. 蒋学华. 临床药学导论. 第 2 版. 北京：人民卫生出版社，2014
2. 蔡卫民. 临床药学理论与实践. 北京：人民卫生出版社，2012
3. 闫素英. 药学服务与沟通技能. 北京：人民卫生出版社，2015
4. 李俊. 临床药物治疗学总论. 北京：人民卫生出版社，2015
5. 胡晋红. 实用医院药学. 第 2 版. 上海：上海科学技术出版社，2007
6. 高清芳，刘高峰，颜青. 临床药师工作指南. 第 2 版. 北京：人民卫生出版社，2009
7. 张静华. 医院药学. 北京：中国医药科技出版社，2001
8. 吴永佩，焦雅辉. 临床静脉用药调配与使用指南. 北京：人民卫生出版社，2010
9. 中华人民共和国卫生部. 静脉用药集中调配质量管理规范. 北京：人民卫生出版社，2010
10. 汪复，张婴元. 实用抗感染治疗学. 北京：人民卫生出版社，2004
11. 汪复. 感染性疾病与抗微生物治疗. 第 3 版. 上海：复旦大学出版社，2008
12. 陈灏珠，林果为. 实用内科学. 第 13 版. 北京：人民卫生出版社，2009
13. 李金恒. 临床治疗药物监测的方法和应用. 北京：人民卫生出版社，2003
14. 印晓星. 治疗药物监测. 北京：人民军医出版社，2011